Sailer | Grabener

Immobilien-Fachwissen von A-Z

7. Auflage

Erwin Sailer | Henning J. Grabener

Volker Bielefeld
Peter Dietze-Felberg
Prof. Dr. Stephan Kippes
Rudolf Koch
Heinz-Josef Simons

Immobilien-Fachwissen von A-Z

Das Lexikon mit umfassenden Antworten
auf Fragen aus der Immobilienwirtschaft

7. Auflage

Grabener Verlag

Bibliografische Information der Deutschen Bibliothek
Die Deutsche Bibliothek verzeichnet diese Publikation in der Deutschen Nationalbibliografie;
detaillierte bibliografische Daten sind im Internet über http://dnb.ddb.de abrufbar.

© 2004 | Grabener Verlag | Kiel
Postanschrift: Niemannsweg 8 | 24105 Kiel
Telefon: 0431 - 560 1 560 | Fax: 0431 - 560 1 580
Internet: www.grabener-verlag.de
E-Mail: info@grabener-verlag.de

Fotos: Grabener Verlag | Kiel
Satz | Umschlaggestaltung: Astrid Grabener

Die 1. Auflage erschien 1996

Druck: Druckerei Fotosatz Nord | Wittland 8a | 24109 Kiel | www.dfn-kiel.de

7. Auflage 2004

ISBN 3-925573-21-6

Vorwort:

Prof. Dr.
Hansjörg Bach

Nicht alltäglich: immobilienwirtschaftliche Literatur in der 7. Auflage – ein Buch geht in die 7. Auflage. Das ist ein Indikator für einen bemerkenswerten Erfolg, man könnte auch von einem Gütesiegel reden. Der Autor Erwin Sailer (mit den weiteren Autoren u.a. Volker Bielefeld, Peter Dietze-Felberg, Henning J. Grabener, Prof. Dr. Stephan Kippes, Rudolf Koch, Heinz-Josef Simons) trifft mit seiner Konzeption die Erwartungen, die in ein Buch, in diesem Fall ein Lexikon, gesetzt werden.

Die Philosophie dieses Lexikons ist gleichzeitig auch die Erklärung für den Erfolg: Es enthält kein Glossarium im üblichen Sinne, das oft nur Kurzerklärungen von Wortinhalten liefert. Es wird erfolgreich versucht, die Stichworte in ihren Gebrauchszusammenhang einzubetten und ein Hintergrundwissen mitzuvermitteln.

Das ursprünglich sehr stark auf das Geschäft der Immobilienmakler fokussierte Lexikon hat mit jeder Auflage zunehmend mehr das ganze immobilienwirtschaftliche Spektrum abgedeckt und damit an Attraktivität gewonnen.

Was ist neu in der 7. Auflage?
Seit 2001, dem Erscheinungsjahr der 6. Auflage des „Immobilien-Fachwissen von A-Z", hat sich wieder viel getan. Der Gesetzgeber hat dafür gesorgt, dass es denjenigen, die in der Immobilienwirtschaft arbeiten, nicht langweilig wird. Stichworte wie Energieeinsparverordnung, Geldwäschebekämpfungsgesetz, Trinkwasserverordnung oder Wohnraumförderungsgesetz zeugen davon.

Noch mehr schlagen die vielfältigen Gesetzesänderungen zu Buche, insbesondere auf dem steuerlichen Sektor, was etwa unter den Stichworten AfA, Betriebsveräußerungen, Einkommensteuergesetz, Gefälligkeitsmiete und vielen anderen zum Ausdruck kommt.

Auch die Fördertöpfe mussten der aktuellen Haushaltlage angepasst werden, was Stichworte wie Arbeitnehmersparzulage oder Eigenheimzulage nicht unberührt ließ.

Positiv zu vermerken ist, dass Stichwortlücken gefüllt wurden, von Abgabenordnung über das Bankgeheimnis dem „Due Diligence", dem Forwarddarlehen und dem Handelsregister bis hin zur Standort- und Marktanalyse und dem Total Quality Management.

Bei vielen weiteren Stichworten wurden zusätzliche Aspekte berücksichtigt oder inhaltlich vertieft. Terminologische Neuerungen und ihre inhaltliche Neuakzentuierung mussten berücksichtigt werden, etwa auf dem Weg von der „Verdingungsordnung für Bauleistungen" zur „Vergabe- und Vertragsordnung für Bauleitungen (VOB 2002)". Aus dem Kapitalanlagengesetz wurde das Investmentgesetz.

Das Lexikon beschäftigt sich zunehmend auch mit historischen Dimensionen, wovon Stichworte wie Behausungsziffer, Charta von Athen, Grundrente (Bodenrente), Straßennamen oder Zuckerbäckerstil zeugen.

Aspekte des mit dem Immobilienmarkt korrelierenden Kapitalmarktes wurden stärker berücksichtigt (vom DIX jetzt auch zum DAX).

Der besondere Reiz des Lexikons besteht darin, dass es Online beständig aktualisiert wird. Im Zweifel kann man unter www.grabener-verlag.de/fachwissen/index.htm fündig werden und ein neues oder erneuertes Stichwort herunterkopieren. Eine interessante Ergänzung zur „Papierversion", die dem hohen Aktualisierungsbedarf eines solchen Buches über die Immobilienwirtschaft Rechnung trägt.

Prof. Dr. Hansjörg Bach
Leiter des Studiengangs Immobilienwirtschaft der Hochschule Nürtingen

August 2004

Vielen Dank

Dass dieses Lexikon auch als Online-Lexikon allen Lesern und Internet-Nutzern kostenfrei zur Verfügung steht, verdanken wir unsereren Sponsoren, den wir an dieser Stelle herzlich danken:

BFW – Bundesfachverband Wohnungs- und Immobilienverwalter e.V., Berlin
Contecta Immobilienverwaltung GmbH, Gersthofen
Degen Immobilien, Tassu Martin Degen, Meinerzhagen
Evangelisches Siedlungswerk in Bayern,
    Gemeinnützige Bau- und Siedlungsgesellschaft mbH, Nürnberg
Frankfurter Sparkasse, Frankfurt
Hamburger Sparkasse AG, Hamburg
Hochschule Nürtingen, Nürtingen University, Fachbereich Immobilienwirtschaft
I.D.G., Immobilien Dienstleistungs Aktien Gesellschaft, Düsseldorf
LBS Immobilien GmbH, Potsdam
ML Fachinstitut für die Immobilienwirtschaft, Hamburg
Norderney-Immobilien, Jann Ennen e.K., Norderney
PATRIZIA Immobilien AG, Augsburg
Lothar G. Stalter Immobilien, Hattingen
immomaxx Deutschland, Köln
Verband der Immobilienverwalter Baden-Württemberg e.V., Bietigheim-Bissingen

Wir freuen uns über diese Unterstützung ...

Immer aktuell im Internet

Unter der Adresse www.grabener-verlag.de finden Sie dieses Lexikon als Online-Lexikon. Hier können Sie sich jederzeit schnell informieren. Die Redaktion und die Autoren für die verschiedenen Fachgebiete, z.B. Immobilienrecht, Immobiliensteuern, Immobilienwirtschaft, Immobilien-Marketing ... u.s.w. aktualisieren die Inhalte regelmäßig.

Inhalt

Vorwort 7
Vielen Dank
Immer aktuell im Internet 8

Lexikon

A 11
B 53
C 107
D 115
E 127
F 149
G 167
H 195
I 207
J 227
K 229
L 241
M 253
N 277
O 289
P 293
Q 307
R 309
S 325
T 349
U 358
V 368
W 388
Z 411

Jetzt sind Sie gefragt 422
Die Autoren 423
Der Verlag 425
Empfehlungen 426

a.F
Abkürzung für: alte Fassung

AAI
Abkürzung für: Arbeitsgemeinschaft der Akademien der Immobilienwirtschaft

AB
Abkürzung für: Altbau

ABB
Abkürzung für: Allgemeine Bedingungen für Bausparverträge

Abb.
Abkürzung für: Abbildung

Abbruchanordnung
In Fällen, in denen eine bauliche Anlage gegen geltendes Baurecht verstößt, kann die Bauaufsichtsbehörde den Abbruch anordnen. Formelle Verstöße liegen vor, wenn eine erforderliche Baugenehmigung nicht erteilt, eine Bauanzeige nicht erstattet oder eine Genehmigung durch Zeitablauf oder Aufhebung unwirksam wurde. Materielle Verstöße, bei denen von vornherein eine Genehmigungsunfähigkeit vorliegt, wiegen schwerer. Eine Abbruchanordnung (auch Abbruchverfügung genannt) ist eine Ermessensentscheidung, bei der auch die Verhältnisse des Betroffenen mit zu berücksichtigen sind. Liegt nur eine Illegalität vor, kommt ein Abbruchgebot nur als äußerste Konsequenz in Frage.

Abbruchgebot
Siehe: Rückbau- und Entsiegelungsgebot

AbfG
Abkürzung für: Abfallgesetz

AbfRestÜberwV
Abkürzung für: Abfall- und Reststoffüberwachungsverordnung

Abgabenordnung (AO)
Die Abgabenordnung enthält die Grundregeln des deutschen Steuerrechts. Sie besteht aus neuen Teilen mit insgesamt über 400 Paragraphen und enthält Begriffsdefinitionen sowie Zuständigkeitsvorschriften, Vorschriften über das Steuergeheimnis, das Steuerschuldrecht (Entstehen von Steueransprüchen) das Verfahrensrecht mit Fristen und Terminen, Durchführung der Besteuerung (Steuererklärungen), Steuererhebung mit Regeln über Fälligkeit und Verjährung, Vollstreckung, außergerichtliche Rechtsbehelfsverfahren, sowie Straf- und Bußgeldvorschriften.

Abgeld
Siehe: Disagio

Abgeschlossenheit / Abgeschlossenheitsbescheinigung
Damit an Räumen rechtlich selbständiges Alleineigentum als Wohnungseigentum (Sondereigentum an Wohnungen) oder als Teileigentum (Sondereigentum an nicht zu Wohnzwecken dienenden Räumen) entstehen kann, müssen die jeweils zugehörigen Räume nach den Vorschriften des Wohnungseigentumsgesetzes abgeschlossen sein (§ 3 Abs. 2 Satz 1 WEG).
Als abgeschlossen im Sinne des Gesetzes gelten Wohnungen und nicht zu Wohnzwecken dienende Räumlichkeiten dann, wenn sie baulich vollkommen gegenüber anderen Wohnungen und Räumen abgeschlossen sind. Die Zugänge vom Freien, vom Treppenhaus oder von Vorräumen aus müssen verschließbar sein.
Wohnungen müssen über Wasserversorgung, Ausguss und WC verfügen. Zusätzliche Räume (Keller- / Boden- und / oder Abstellräume), die außerhalb der abgeschlossenen Wohnung liegen, müssen ebenfalls verschließbar sein.
Auch Balkone und Loggien gelten im Allgemeinen wegen ihrer räumlichen Umgrenzung als abgeschlossen. Ebenerdige Terrassen vor Erdgeschosswohnungen gelten dagegen nur dann als abgeschlossen, wenn sie direkt an die

Wohnung anschließen und gegenüber der übrigen Grundstücksfläche vertikal durch eine Ummauerung abgegrenzt sind.

Stellplätze in einer (Tief-)Garage gelten als abgeschlossen, wenn sie durch Wände oder Geländer abgegrenzt oder auch dauerhaft markiert sind (§ 3 Abs. 2 Satz 2 WEG). Das gleiche gilt für Stellplätze auf einem Garagenoberdeck. Kfz.-Stellplätzen im Freien und ebenso Carports gelten dagegen grundsätzlich nicht als abgeschlossen.

Die Abgeschlossenheit ist bei der sogenannten Begründung von Wohnungs- oder Teileigentum durch eine von der zuständigen Baubehörde auszustellende Abgeschlossenheitsbescheinigung gegenüber dem Grundbuchamt nachzuweisen.

Siehe auch: Aufteilungsplan, Teilungserklärung, Sondereigentum, Wohnungseigentum, Teileigentum

Abgrenzungssatzung (Klarstellungssatzung)

Um Klarheit darüber zu schaffen, wo die Innenbereichsgrenzen eines Baugebietes bzw. eines im Zusammenhang bebauten Ortsteils (§34 BauGB) verlaufen, kann die Gemeinde eine Abgrenzungssatzung beschließen. Die Abgrenzungssatzung legt die „Grenzziehung" fest.

Siehe auch: Ergänzungssatzung

ABlEG

Abkürzung für: Amtsblatt der Europäischen Gemeinschaften

ABl

Abkürzung für: Amtsblatt

abl

Abkürzung für: ablehnend

Ablaufleistung

Bei der Ablaufleistung handelt es sich um den Betrag, den der Versicherungssparer bei einer Kapital-Lebensversicherung am Ende der Vertragslaufzeit ausbezahlt erhält. Die Ablaufleistung setzt sich zusammen aus der Versicherungssumme zuzüglich der Überschussbeteiligung. Die Überschüsse ergeben sich aus den mit der Anlage des Sondervermögens bis dahin erwirtschafteten Zinsen und Zinseszinsen, den etwaigen Überschüssen aus kalkuliertem und tatsächlichem Risiko sowie etwaigen Kostenunterschreitungen. Die Summe der Ablaufleistung errechnet sich, vereinfacht ausgedrückt, wie folgt:

Versicherungssumme - Abschlusskosten + Überschüsse = Ablaufleistung.

Wird ein Festdarlehen in Verbindung mit einer Lebensversicherung aufgenommen, erfolgt die Rückzahlung des Darlehens oft aus der Ablaufleistung.

Vorsicht! Überwiegend müssen von Versicherungsgesellschaften ursprünglich prognostizierte Überschüsse nach unten korrigiert werden, so dass bei einer entsprechenden Gestaltung der Darlehensbedingungen zum Ablaufzeitpunkt Unterdeckungen entstehen können. Die Gefahr besteht nur dann nicht, wenn für den Rückzahlungszeitpunkt der Darlehensbetrag ausschließlich durch die Lebensversicherungssumme gedeckt werden und der Überschussbetrag zusätzlich ausbezahlt werden soll.

Seit Beginn der Baisse an den internationalen Aktienmärkten im März des Jahres 2000 haben die in Deutschland tätigen Versicherungsgesellschaften die Überschussbeteiligung für ihre Kunden erheblich verringert. Dies ist zum einen darauf zurückzuführen, dass die Assekuranzen einen enormen Wertberichtigungsbedarf bei ihren Aktien-Portefeuilles hatten.

Aber auch die Gesamtverzinsung von Staatsanleihen und anderen Festverzinslichen Wertpapieren sank hauptsächlich aufgrund der Turbulenzen an den Aktienmärkten auf ein rekordverdächtig niedriges Niveau, so dass es den Versicherungsgesellschaften mitunter schwer fiel, ihren Kunden auch nur den garantierten Rechnungszins von 3,25 Prozent (bis Ende 2003) zu überweisen. Seit 1. Januar 2004 beträgt der Rechnungszins nur noch 2,75 Prozent. Und die Gesamtverzinsung von Kapital- und privaten

Renten-Policen ist im Branchenschnitt auf vier bis fünf Prozent zurückgenommen worden. Früher lag sie bei deutlich über sechs Prozent oder sogar bei mehr als sieben Prozent.

Folge: Wer seine Immobilienfinanzierung über die Kombination aus endfälligen Darlehen und einer Lebensversicherung realisiert hat, wird aufgrund der drastisch reduzierten Überschüsse häufig Nachfinanzierungsbedarf haben. Die bei Vertragsabschluss hochgerechneten Ablaufleistungen werden oft deutlich unter den tatsächlichen Auszahlungen liegen.

Siehe auch: Lebensversicherung, Überschussbeteiligung / Lebensversicherung

Ablaufplan
Siehe: Bauzeitenplan

Ablösung
Siehe: Bankvorausdarlehen

Abluftanlage
Bei der Abluftanlage handelt sich um eine klimatechnische Anlage, die für ein Abströmen der Luft eines Raumes (meist nach außen) sorgt. Abluft wird oft oberhalb von abgehängten Decken abgeleitet.

ABM
Abkürzung für: Arbeitsbeschaffungsmaßnahmen

Abmahnung

• allgemein:

Mit einer Abmahnung soll verhindert werden, dass bestimmte Handlungen oder Verhaltensweisen wiederholt oder fortgesetzt werden. Abmahnungen sind bekannt in den Bereichen des Arbeits- Miet- und Wettbewerbsrechts. Im Gegensatz dazu steht die Mahnung, die sich darauf bezieht, den säumigen Schuldner zu bewegen, eine fällige Leistung zu erbringen, bzw. eine Handlung vorzunehmen, zu der er verpflichtet ist. Eine Abmahnung muss das Fehlverhalten bzw. die „verwerfliche Handlung" bezeichnen

und auf die drohenden Folgen hinweisen, die entstehen, wenn sie nicht beachtet wird. Die Abmahnung ist in der Regel Voraussetzung für ein weiteres rechtliches Vorgehen.

• Mietrecht:

Im Mietrecht bezieht sich die Abmahnung darauf, einen vertragswidrigen Gebrauch der Mieträume durch den Mieter zu unterbinden. Es kann sich dabei z.B. um eine nicht tolerierbare Tierhaltung in der Wohnung, um das Anbringen von Schildern am Hauseingang, um eine Zweckentfremdung der Mieträume oder eine unbefugte Gebrauchsüberlassung (Untervermietung) handeln. Der Mieter wird zur Unterlassung aufgefordert. Ignoriert der Mieter die Abmahnung, kann der Vermieter auf Unterlassung klagen.

Gegenstand mietrechtlicher Abmahnung können auch erhebliche Pflichtverletzungen sein, die bei Wohnraummietverhältnissen zu einem berechtigten Interesse des Vermieters zur Kündigung des Mietverhältnisses führen. Eine Abmahnung ist zwar bei besonders schweren Pflichtverletzungen nicht erforderlich, erscheint aber zweckmäßig, etwa bei sich laufend wiederholenden nächtlichen Ruhestörungen und sonstigen den Hausfrieden beeinträchtigenden Handlungen des Mieters. Bei laufend unpünktlichen Mietzahlungen ist eine Abmahnung dann erforderlich, wenn als Folge weiterer Unpünktlichkeiten eine fristlose Kündigung ins Auge gefasst wird.

• Wettbewerbsrecht:

Wettbewerbsrechtliche Verstöße im „geschäftlichen Verkehr" berechtigen die davon beeinträchtigten Mitbewerber als auch Vereine, deren satzungsgemäßer Zweck in der Förderung des lauteren und Bekämpfung des unlauteren Wettbewerbs besteht, Unterlassungsansprüche geltend zu machen. Auch Industrie- und Handelskammern und Handwerkskammern können unlauteren Wettbewerb verfolgen. Diese bedienen sich in der Regel jedoch der maßgeblich von ihnen mit getragenen „Zentrale zur

Bekämpfung unlauteren Wettbewerbs". Schließlich haben auch noch Verbraucherschutzverbände eine Legitimation, wenn durch die unlautere oder irreführende Wettbewerbshandlung wesentliche Interessen der Verbraucher berührt werden. Dies ist zum Beispiel bei rechtswidrigen Allgemeinen Geschäftsbedingungen der Fall. Mitbewerber können sich zur Abmahnung eines Rechtsanwalts bedienen, dessen Kosten der Abgemahnte in der Regel ersetzen muss, außer bei einem Serienabmahner. Das UWG Gesetz gegen den unlauteren Wettbewerb schränkt die Klagebefugnis des Mitbewerbers auf den Fall ein, dass ein konkretes Wettbewerbsverhältnis vorliegt. Dies ist der Fall, wenn ein gleichartiges Angebot an einen weitgehend identischen Kundenkreis vorliegt. Ob dies eine wirksame Hilfe gegen Abmahner ist, die eigentlich unter den Missbrauchsparagraphen fallen sollten, wird die Zukunft entscheiden. Die Gerichte haben leider auch in der Vergangenheit gute Ansätze des Gesetzgebers zu verhindern gewusst.

Die gerichtliche Verfolgung unlauteren Wettbewerbs setzt regelmäßig eine Abmahnung voraus, in welcher der Wettbewerbsverstoß genau bezeichnet werden muss. Sinn der Abmahnung ist es, die Wiederholungsgefahr auszuräumen. Dies geschieht dadurch, dass der „Wettbewerbssünder" aufgefordert wird, innerhalb einer bestimmten (kurzen) Frist eine Unterlassungserklärung abzugeben, in der für den Wiederholungsfall eine bestimmte Vertragsstrafe versprochen wird. Mit der Abgabe der Unterlassungserklärung kommt ein Vertrag zustande, mit dem die Wiederholungsgefahr als ausgeräumt gilt. Für Unterlassungsforderungen weiterer Mitbewerber in der gleichen Angelegenheit entfällt dann das Rechtsschutzinteresse. Allerdings muss der Betroffene jedem weiteren Abmahnenden gegenüber offen legen, dass er bereits eine strafbewehrte Unterlassungsverpflichtung abgegeben hat.
Siehe auch: Berechtigtes Interesse, Wettbewerbsrecht

Abmahnverein
Siehe: Wettbewerbsrecht

Abnahme
Der Begriff der Abnahme bezieht sich auf eine erbrachte Leistung, die vertraglich geschuldet ist z.B. Bauabnahme oder Abnahme einer Mietwohnung zum Zeitpunkt der Beendigung des Mietverhältnisses.
Siehe auch: Bauabnahme, Gebrauchsabnahme

Abnahmeprotokoll
Niederschrift über das Ergebnis einer Abnahme. Mit Unterzeichnung des Abnahmeprotokolls durch den Schuldner wird dieses Ergebnis vom diesem anerkannt.
Siehe auch: Bauabnahme

Abrundungssatzung
Die Abrundungssatzung dient der flächenmäßigen Abrundung bei der Grenzziehung zwischen Innen- und Außenbereich i.S.d. §§34 und 35 BauGB. Dabei werden in der Regel im Außenbereich liegende bebaute Teile eines Ortes in den mit Baurecht ausgestatteten Innenbereich einbezogen.Die Abrundungssatzung ist eine besondere Form der Abgrenzungssatzung.
Siehe auch: Ergänzungssatzung, Abgrenzungssatzung (Klarstellungssatzung)

Absatzmarkt
Aus der Perspektive der Unternehmen, die Produkte und Dienstleistungen anbieten, handelt es sich beim Absatzmarkt um die Gesamtheit der Marktbeziehungen, die sich auf den Vertrieb dieser Produkte und Dienstleitungen beziehen. Bei Bauträgern, Maklern und sonstigen Immobilienanbietern sind dies regelmäßig die Marktbeziehungen zu Interessenten für Kauf- und Mietobjekte.
Dem Absatzmarkt steht der „Beschaffungsmarkt" gegenüber, bei dem in der Regel dem beschaffenden Unternehmen die „Kundenrolle" gegenüber dem Anbieter zukommt.
Dies gilt nicht im Maklergeschäft, wo auch der

Objektanbieter als Auftraggeber Kunde des Maklers ist.
Siehe auch: Beschaffungsmarkt

Absatzwege-Politik

(Vertriebspolitik) Der Kunde schaltet den Makler - abgesehen von den seltenen Fällen, bei denen es nur darum geht, Beratungsleistungen über die Objektgestaltung von ihm abzurufen - ein, wenn er ein Objekt auf dem Markt anbieten oder nachfragen will, weil der Makler über eine breite Marktübersicht verfügt und eine qualifizierte Vertriebs- sowie Kommunikationspolitik anbieten kann. Deshalb muss die Politik der Absatzwege einen hohen Stellenwert innerhalb des auf das derivate Marketing zielenden Instrumentariums des Maklers einnehmen. Stellvertretend für seinen Auftraggeber legt er fest, auf welchem Markt (regional oder überregional) das Objekt anzubieten, wie die Zielgruppe zu definieren und anzusprechen ist und er prüft welcher Zugangsweg zu dieser Zielgruppe zu be-schreiten ist (Möglichkeiten und Methoden der Kontaktanbahnung und -pflege).
Als Marketingleistung des Maklerunternehmens im Rahmen der Absatzwege-Politik ist vor allem der Fragenbereich der Vertriebsorganisation angesprochen, konkret die Organisation des Außendienstes (angestellte Außendienstmitarbeiter, freie Mitarbeiter, Wege über das Gemeinschaftsgeschäft, Geschäft über einen Maklerverbund usw.).
Siehe auch: Marketing

Abschlagszahlung

Die Abschlagszahlung bezieht sich auf eine ausgeführte, eingrenzbare Teilleistung einer Gesamtbauleistung. Abschlagzahlungen sind nach § 16 VOB B 2002 in Höhe des Wertes dieser Leistungen einschließlich darauf entfallender Umsatzsteuer innerhalb von 18 Werktagen nach Zugang der Aufstellung über die erbrachten Bauleistungen zu überweisen. Im Gegensatz zu Abschlagszahlungen werden bei vereinbarten Vorauszahlungen keine erbrachten Bauleistungen vorausgesetzt. Sie sind auf nächst-

fällige Abschlagszahlungen anzurechnen. Für Vorauszahlungen auf noch nicht erbrachte Leistungen wird auch die Mehrwertsteuern fällig.
Siehe auch: VOB-Vertrag, Werkvertrag

Abschlussgebühr

Eine Abschlussgebühr zahlt der Bausparer zur Deckung eines Teils der Abschlusskosten beim Bausparvertrag. Sie wird entweder mit den ersten Sparraten verrechnet oder separat vom Bausparer überwiesen und beträgt je nach Bauspartarif zwischen 1 und 1,6% der Bausparsumme.Nimmt der Bausparer später kein Darlehen in Anspruch, wird die Abschlussgebühr oft - abhängig vom Tarif - erstattet. Die Abschlussgebühr wird bei der Berechnung des effektiven Jahreszinses des Bauspardarlehens nicht berücksichtigt.

Abschreibung

Der Tatsache, dass Bauwerke im Zeitverlauf abgenutzt werden und daher mit einer zeitlich beschränkten Nutzungsdauer gerechnet werden muss, ist in den verschiedenen Teilbereichen der Immobilienwirtschaft Rechnung zu tragen.•
Abschreibung bei Mietenkalkulation:
Bei der Mietenkalkulation im Rahmen der Wirtschaftlichkeitsberechnung wird nach der II. Berechnungsverordnung für Wohngebäude eine hundertjährige Nutzungsdauer unterstellt, was zu einem linearen Abschreibungssatz von 1% führt. Dieser Satz erhöht sich für Einrichtungen und Teile, die erfahrungsgemäß in kürzeren Zeitabschnitten erneuert werden müssen. So liegen etwa die Sätze für die Sammelheizung und für Einbaumöbel bei 4%, für Gemeinschaftsantennen oder maschinelle Wascheinrichtung bei 10%. Achtung! Die II. BV ist nur noch anzuwenden für Mietpreisanpassungen im sozialen Wohnungsbau, bei dem die Wohnungen nach dem II. Wohnungsbaugesetz gefördert wurden. Für Wohnraum, der seit nach dem Wohnraumförderungsgesetz gefördert wird (also seit 1.1.2002 bzw. 1.1.2003), ist nicht mehr die nach der II BV berechnete Kostenmiete, sondern die „vereinbarte Miete" relevant.

• **Abschreibung bei Wertermittlung:**

Die WertV kennt den Begriff Abschreibung nicht. Dort wird von Wertminderung gesprochen. Er entspricht jedoch dem, was in der Abschreibung zum Ausdruck kommt, nämlich die Berücksichtigung der Tatsache, dass die Nutzbarkeit eines hergestellten physischen Gutes u.a. durch den laufenden Nutzungsprozess zeitlich begrenzt ist. Es wird deshalb am Bewertungsstichtag auf die (wirtschaftliche) Restnutzungsdauer abgestellt. Im Ertragswertverfahren ist die sich aus Restnutzungsdauer ergebende „Abschreibung" Teil des Vervielfältigers mit dem der Gebäudereinertrag multipliziert wird.

Beim Sachwertverfahren wird die der wirtschaftlichen Alterswertminderung entsprechende Abschreibung teils linear, teils nach statistisch-empirischen und teils in Form von mathematisch-theoretischen Ableitungen ermittelt. Sie führt vom ursprünglichen Herstellungswert zum Zeitwert des Gebäudes. Grundsätzlich kann zwischen einem progressiven, linearen und degressiven Abschreibungsverlauf unterschieden werden. Das bedeutet, dass die Abschreibungsquoten im Zeitverlauf steigen, gleich bleiben oder fallen können. Entspricht der Ausgangswert des neu hergestellten Gebäudes einem nachhaltig hohen Gebäudestandard, der auch im längeren Zeitverlauf durch altersbedingte Nutzungsminderungen in hohem Maße marktfähig bleibt, wird eher eine progressive Verlaufsform der Abschreibung unterstellt werden können. Die Abschreibungsquoten sind in den ersten Jahrzehnten gering und werden erst später zunehmend größer. Bei einem durchschnittlichen Zustandsniveau des Gebäudes wird der Abschreibungsverlauf eher linear sein. Die degressive Verlaufsform wird in Fällen zu unterstellen sein, in denen die Nutzungsfähigkeit und –intensität im ersten Zeitabschnitt der Gesamtnutzungsdauer stark abnimmt. Auf welche Abschreibungsmethode im Verfahren auch immer zurückgegriffen wird – der Sachverständige muss die Heranziehung der jeweiligen Methode einleuchtend begründen.

• **Abschreibung im Rechnungswesen:**

Im Rechnungswesen bezieht sich die Abschreibung nicht nur auf „Sachanlagen", sondern auch auf Finanzanlagen und Forderungen (insbesondere Mietforderungen). Bei den Abschreibungen auf Anlagevermögen wird zwischen linearer und degressiver Abschreibung einerseits sowie planmäßiger und außerplanmäßiger Abschreibung andererseits unterschieden. Außerplanmäßige Abschreibungen können wirtschaftlich (z.B. fehlende Anpassung an technischen Fortschritt, der zu erheblichen Einsparungen im Bereich der Bewirtschaftungskosten führen würde) oder faktisch (z.B. Zerstörung durch Brand) bedingt sein. Abschreibungen können auch steuerlich von den Einkünften aus Vermietung und Verpachtung oder aus Gewerbebetrieb „abgesetzt" werden. Man spricht hier von „Absetzung für Abnutzung", die in den Einkommensteuerrichtlinien auch mit dem Kürzel „AfA" bezeichnet wird. Daneben kennt das Einkommensteuerrecht auch „erhöhte Absetzungen für Abnutzung" bei Gebäuden in Sanierungs- und städtebaulichen Entwicklungsgebieten und bei Baudenkmalen. Siehe auch: Absetzung für Abnutzung (AfA), Baudenkmal

Absetzung für Abnutzung (AfA)

Bei der AfA handelt es sich um einen Begriff des Einkommensteuerrechts. Mit ihm wird der Teil von Werbungskosten bzw. Betriebsausgaben bezeichnet, der sich auf die abnutzungsbedingte Wertminderung eines Wirtschaftsgutes bezieht. Unterschieden wird stets zwischen linearer und degressiver AfA. Im Rahmen der Immobilienwirtschaft gelten folgende Sätze:
• Die lineare AfA beträgt 2% (bei Gebäuden mit Baujahr vor dem 1.1.1925 2,5%). Berechnungsgrundlage sind die Anschaffungs- oder Herstellungskosten des Gebäudes. Nicht einbezogen wird der Wert des erschlossenen Baugrundes, auf dem das Gebäude errichtet wurde. Bei Gebäuden, die sich im Betriebsvermögen befinden, betrug der AfA-Satz 4%. Dieser wur-

de mit dem Steuerreformgesetz vom 14.07.2000 zum 1.1.2001 auf 3% gesenkt. Wird das Gebäude verkauft, können Veräußerer und Erwerber die AfA jeweils zeitanteilig geltend machen, wobei für die zeitliche Aufteilung der Tag des Besitzüberganges maßgebend ist.

• Die degressive AfA, die für neu hergestellte Wohngebäude in Anspruch genommen werden kann, beträgt - wenn der Bauantrag nach dem 31.12.1995 gestellt oder das Gebäude bis Ende des Jahres der Fertigstellung angeschafft wurde - für die ersten acht Jahre 5%, in den darauffolgenden sechs Jahren 2,5% und in den restlichen 36 Jahren 1,25%.

Bei vermieteten Immobilien, deren Kaufvertrag nach dem 31.12.2003 unterzeichnet bzw. deren Bauantrag nach diesem Datum bei den zuständigen Behörden abgegeben worden ist, gelten spürbar verringerte degressive Abschreibungssätze in den ersten Jahren. Zwar hat sich an der Gesamt-Abschreibungsdauer von 50 Jahren nichts geändert. Doch durch die Verschiebung der Abschreibungssätze resultiert aus einer Investition in vermietete Immobilien in der Anfangszeit weniger Steuerersparnis als zuvor. Die neuen degressiven AfA-Sätze im Überblick: In den ersten zehn Jahren beträgt die Gebäude-AfA jeweils vier Prozent. In den acht Jahren danach sinkt sie auf je 2,5 Prozent. In den restlichen 32 Jahren beträgt sie jeweils 1,25 Prozent.

• Erhöhte Absetzungen gibt es darüber hinaus bei Gebäuden die in städtebaulichen Sanierungs- und Entwicklungsgebieten liegen und durch bauliche Maßnahmen modernisiert, instandgesetzt oder erneuert wurden. Das gleiche gilt für Herstellungskosten, die durch Baumaßnahmen an siehe Baudenkmälern entstehen. Diese Kosten konnten, sofern die Baumaßnahmen vor dem 1.1.2004 begonnen hatten, innerhalb von 10 Jahren mit je 10% als Werbungskosten abgesetzt werden. Außerhalb der Absetzung für Abnutzung und Substanzverringerung sind Absetzungen für außergewöhnliche technische und wirtschaftliche Abnutzung möglich. Diese Afa-Sätze wurden zum 1.1.2004 verrin-

gert (siehe unten: Denkmal-Objekte)

Auch bei Immobilien in städtebaulichen Sanierungs- und Entwicklungsgebieten sowie bei Denkmal-Objekten wurden die Verteilung der AfA-Sätze geändert, die Steuerersparnisse in der Folge auf einen längeren Zeitraum verteilt. In den ersten acht Jahren dürfen Eigentümer Modernisierungs- und Instandhaltungskosten über die Sonder-AfA mit nur noch jeweils neun Prozent geltend machen. In den darauffolgenden vier Jahren beträgt der Satz nunmehr jeweils sieben Prozent. Somit verlängert sich die Abschreibungsdauer der Kosten von zuvor zehn auf jetzt zwölf Jahre.

Achtung! Die Summe der steuermindernd geltend gemachten AfA muss in den Fällen, in denen ein Veräußerungsgewinn zu versteuern ist (war), bei Ermittlung des Gewinns wieder addiert werden.

Was Vermieter von den Einkünften aus Vermietung und Verpachtung steuerlich absetzen können

Kauf oder Bau einer neuen Wohnimmobilie – degressive AfA

Kaufvertrag oder Bauantrag zwischen 28.2.1989 und 31.12.95	Bauantrag oder Bauantrag nach 1.1.1996	Kaufvertrag oder Bauantrag nach 13.12.2003
1. bis 4. Jahr je 7%	1. bis 8. Jahr je 5%	1. bis 10. Jahr je 4%
5. bis 10. Jahr je 5%	9. bis 14. Jahr je 2,5%	11. bis 18. Jahr je 2,5%
11. bis 16. Jahr je 2%	15. bis 50. Jahr je 1,25%	19. bis 50. Jahr je 1,25%
17. bis 40 Jahr je 1,25%		

Kauf einer Immobilie aus dem Bestand – lineare Normal AfA

Fertigstellung vor 1.1.25	Fertigstellung nach 31.12.24	–
2,5%	2%	–

Kauf oder Bau einer neuen Wohnimmobilie in den neuen Bundesländern

(Steuervergünstigung lief 1998 aus)

Kaufvertrag oder Bauantrag vor 1.1.1997	Kaufvertrag oder Bauantrag zwischen 1.1.1997 und 31.12.1998	–
1. bis 5. Jahr	1. bis 5. Jahr	–
50%	25%	–
+ Normal-AfA	+ Normal-AfA	–
2% pro Jahr	2% pro Jahr	–
6. bis 50. Jahr:	6. bis 50. Jahr:	–
Rest	Rest	–

Modernisierung von Baudenkmälern und Städtebauliche Sanierungsmaßnahmen

(bei Eigennutzung Behandlung wie Sonderausgaben)

Kaufvertrag nach dem 31.12.1996	–	Kaufvertrag nach dem 31.12.2003
1. bis 10. Jahr	–	1. bis 8. Jahr
10%	–	je 9%
	–	9. bis 12. Jahr
	–	je 7%

Erhöhte Absetzungen für Wohnungen mit Sozialbindung (Bedingung: keine Förderung mir öffentlichen Mitteln, Vermietung an Personen mit Wohnberechtigungsschein. Bei Anschaffung darf der Bauherr keine degressive, erhöhte oder Sonderabschreibung vorgenommen haben.)

Kaufvertrag oder Bauantrag nach dem 28.2.1989	Herstellung vor dem 1.1.1996	–
1. bis 5. Jahr	1. bis 5. Jahr	–
bis zu 10%	bis zu 10%	–
6. bis 10. Jahr	6. bis 10. Jahr	–
bis zu 7%	bis zu 7%	–

Siehe auch: Baudenkmal, Absetzung für außergewöhnliche Abnutzung, Privates Veräußerungsgeschäft

Absetzung für außergewöhnliche Abnutzung

Es handelt sich um eine AfA in bestimmten Fällen. Eine solche Absetzung kann in Frage kommen, wenn beispielsweise ein Gebäude abgebrochen wird oder wenn ein Brandschaden entstanden ist. Vorausgesetzt wird immer ein ungewöhnlicher Umstand, der die wirtschaftliche Nutzbarkeit des Gebäudes in dem Jahr hat sinken lassen, in dem die Absetzung geltend gemacht wird. Weitere Gründe hierfür können eine verkürzte Nutzungsdauer durch einen schlechten Gebäudezustand sein, mangelhafte Pflege oder die nach Beendigung eines Mietverhältnisses nur eingeschränkte Vermietbarkeit eines Objektes, das nach den speziellen Wünschen des vorherigen Mieters errichtet worden war.

Siehe auch: Spezialimmobilien

Abstandsfläche

Im Bauordnungsrecht wird als Abstandsfläche der Mindestabstand bezeichnet, der vor den Außenwänden eines Gebäudes oder Gebäudeteils gegenüber der Grundstücksgrenze oder anderen Gebäuden freigehalten werden muss ("Bauwich"). Nach den Bestimmungen der jeweiligen Landesbauordnungen entspricht im Regelfall die Tiefe der Abstandsfläche der Gebäudehöhe. Beträgt die Gebäudehöhe (H) z.B. 10 m, dann muss zur Nachbargrenze ein Abstand von ebenfalls 10 m eingehalten werden. Der Lichteinfallswinkel beträgt damit 45°. Die vorgeschriebenen Mindesttiefen liegen zwischen 2,5–3 m. Stellplätze und sog. "Grenzgaragen" sind in Abstandsflächen meist zulässig. Abstandsflächen dürfen auch auf öffentlichen Verkehrs- und Grünflächen liegen, jedoch nur bis zu deren Mitte. Bindende Festsetzungen in Bebauungsplänen über die Tiefe der Abstandsflächen haben Vorrang. Mit Abstandsflächen sollen eine ausreichende Belichtung und Belüftung eines Gebäudes sichergestellt werden. Außerdem dienen sie dem Brandschutz, dem ungestörten Wohnen aber auch dem Nachbarschutz.

abw

Abkürzung für: abweichend

Abwasser

Wasser, das im Haushalt gebraucht und verunreinigt in das kommunale Abwassersystem abgeleitet wird. Früher wurde auch das Niederschlagswasser (z.B. Regen, Schnee auf überbauten oder befestigten Grundstücksflächen) in den Kanal eingeleitet. Bevor es in den natürlichen Gewässerhaushalt zurückgeführt wird, muss es gereinigt und geklärt werden. Großer Wert wird heute darauf gelegt, die Abwassermengen dadurch zu verringern, dass Niederschlagswasser direkt in den entsiegelten Boden gelangt. Werden Schmutz- und Regenwasser getrennt abgeleitet, spricht man vom sogenannten Trennsystem. Für die Einleitung von Abwasser in die öffentliche Kanalisation wird eine Entwässerungsgebühr verlangt.

abzgl

Abkürzung für: abzüglich

AEB

Abkürzung für: Allgemeine Einbruchdiebstahlsversicherungsbedingungen

ÄndVO

Abkürzung für: Änderungsverordnung

AERB

Abkürzung für: Allgemeine Bedingungen für die Versicherung gegen Schäden durch Einbruchdiebstahl und Raub

AEVO

Abkürzung für: Ausbilder-Eignungsverordnung

AfA

Abkürzung für: Absetzung für Abnutzung
Siehe auch: Absetzung für Abnutzung (AfA)

AfaA

Abkürzung für: Absetzung für außergewöhnliche technische oder wirtschaftliche Abnutzung
Siehe auch: Absetzung für außergewöhnliche Abnutzung

AFB

Abkürzung für: Allgemeine Feuerversicherungsbedingungen

AFG

Abkürzung für: Arbeitsförderungsgesetz

AFS

Abkürzung für: Arbeitsgemeinschaft Fortbildung in der Grundstücks- und Wohnungswirtschaft

AfS

Abkürzung für: Absetzung für Substanzverringerung

After-Sales-Selling

Siehe: After-Sales-Service

After-Sales-Service

After-Sales-Service (auch: After-Sales-Selling, Post-Sale-Selling) ist die Kunden-Nachbetreuung, findet also nach der Abwicklung des eigentlichen Geschäfts statt und dient der Kundenbindung sowie der Imagebildung. Die Kunden sollen weiterhin, d.h. auch nach dem Kauf bzw. Verkauf der Immobilie an das Unternehmen gebunden werden, so dass der Kontakt zwischen den Kunden und dem Immobilienunternehmen aufrecht gehalten wird. Der After-Sales-Service stellt ein hohes Maß an Kundenorientierung dar, denn es ist das aktive Bemühen um den Kunden und stellt die Service-Qualität des Immobilienunternehmens dar. Die Zufriedenheit des Kunden soll durch die Nachbetreuung sichergestellt werden, da ein zufriedener Kunde die beste Werbung für ein Immobilienunternehmen ist und der Kunde bei zukünftigen Immobilientransaktionen wieder eine Dienstleistung benötigen könnte. Auch eine Rückfrage des Immobilienmaklers, ob sich der Käufer in der neuen Umgebung wohl fühlt, Grußkarten zu bestimmten Anlässen oder die Zusendung von Unternehmens-Zeitungen bringen das Unternehmen immer wieder in das Gedächtnis des Kunden.

AFWoG

Abkürzung für: Gesetz über den Abbau der Fehlsubventionierung im Wohnungswesen

AG

Abkürzung für: Aktiengesellschaft

AG

Abkürzung für: Amtsgericht
Siehe auch: Amtsgericht

AG

Abkürzung für: Auftraggeber

AG

Abkürzung für: Ausführungsgesetz

Ag

Abkürzung für: Antragsgegner

AGB

Abkürzung für: Allgemeine Geschäftsbedingungen
Siehe auch: Allgemeine Geschäftsbedingungen (AGB)

AGBG

Abkürzung für: Gesetz zur Regelung des Rechts der Allgemeinen Geschäftsbedingungen

Agenda 21

Die Agenda 21 (21.Jahrhundert) ist eines von fünf Dokumenten, die auf der Konferenz der Vereinigten Nationen für Umwelt und Entwicklung im Juni 1992 in Rio de Janeiro von über 170 Teilnehmerstaaten (darunter auch Deutschland) verabschiedet wurden.
Sie enthalten Grundprinzipien, Strategieelemente und Maßnahmen, die sich auf den Schutz und die Entwicklung der bedrohten Umwelt zur Erhaltung der menschlichen Existenz beziehen. Die Agenda 21 ist das „Aktionspapier" unter diesen Dokumenten (Agenda kommt von agere = agieren) und enthält detaillierte Handlungsaufträge, um einer weiteren Verschlechterung der globalen Umweltbedingungen entgegenzu-

wirken und schrittweise eine Verbesserung zu erreichen. Die Umsetzung soll auf breiter Basis unter besonderer Einbeziehung von Nichtregierungsorganisationen" (NRO) erfolgen, wobei auf der untersten Ebene die Initiativen von den Kommunen ausgehen sollen („Lokale Agenda 21"). Die Kommune sucht dabei den Dialog mit den Bürgern und örtlichen Organisationen. Diese bieten ihr Fachwissen, wirken als Multiplikatoren und sollen eine kontrollierende und bewertende Funktion hinsichtlich der von den Kommunen initiierten Programme zur Verwirklichung der Lokalen Agenda 21 übernehmen.
Zur Umsetzung der Agenda 21 auf kommunaler Ebene in Europa wurde im Mai 1994 in Dänemark die „Charta von Aalborg" verabschiedet. In diesem Rahmen können sich die Gemeinden verpflichten, in Lokale-Agenda-21-Prozesse einzutreten. Im Februar 1999 wurde ermittelt, dass über 200 Gemeinden dabei sind, eine lokale Agenda 21 zu erstellen. Hessen, Nordrhein-Westfalen, das Saarland und Bayern spielen dabei eine Vorreiterrolle. Viele Agenda-21 Initiativen werden im Internet dokumentiert. Die Agenda 21 enthält u.a. auch ein Kapitel über die Förderung einer nachhaltigen Siedlungsentwicklung, ein Aspekt, der auf der HABITAT II (Weltsiedlungskonferenz der Vereinten Nationen) in Istanbul vertieft wurde. Die Beratungen wurden von der Erkenntnis getragen, dass das 21. Jahrhundert weltweit zu einem Verstädterungsprozess und vor allem in den Entwicklungsländern vermehrt zu Verslumungserscheinungen führen wird. 27 der derzeit insgesamt 33 „Megastädte" (Städte jeweils mit über 8 Millionen Einwohner) liegen in den Entwicklungsländern. 600 Millionen Menschen der Stadtbevölkerung leben heute bereits in Slums am Rande von Großstädten. Nach der Erklärung von Istanbul geht es um die Entwicklung globaler Aktionspläne für lebenswerte Städte durch Stärkung der kommunalen Selbstverwaltung, einer entsprechenden Finanzausstattung und Förderung des Selbsthilfegedankens in einem Zeitrahmen von 20 Jahren.
Siehe auch: HABITAT

AGG
Abkürzung für: Allgemeine Geschäftsgrundsätze

Agio
Aufgeld beim Wertpapierkauf, das sich bei der Wertpapieremission als Differenz zwischen dem Nennwert und dem tatsächlich zu zahlenden Preis darstellt. Auch bei geschlossenen Immobilienfonds findet man die Bezeichnung Agio. Es handelt sich um eine Provision, die direkt an den Initiator oder die Vertriebsgesellschaft bezahlt wird. Bei offenen Immobilienfonds und anderen Investmentfonds wird von „Ausgabeaufschlag" gesprochen, der in den jeweiligen Ausgabepreis einbezogen wird. Er entspricht der Differenz zwischen dem Ausgabe- und dem Rücknahmepreis. Aus dem Ausgabeaufschlag wird u.a. die Vertriebsprovision an den Berater bezahlt. Bei sog No-load-Fonds gibt es keinen Ausgabeaufschlag und damit auch keine Beratung. Die Höhe des Agios oder des Ausgabeaufschlages liegt zwischen 3 und 5,5 %. Im Gegensatz zum Agio beim Erwerb von Forderungen in Form von Wertpapieren wird bei Schuldverschreibungen oder Darlehen häufig ein Disagio (Abgeld) vereinbart.
Siehe auch: Disagio, Immobilienfonds

AGK
Abkürzung für: Allgemeine Geschäftskosten

AGIB
Abkürzung für: Allgemeine Versicherungsbedingungen für Glasversicherungen

AGLB
Abkürzung für: Automatisiertes Grundbuch- und Liegenschaftsbuchverfahren
Siehe auch: Grundstücks- und Bodeninformationssystem

AGW
Abkürzung für: Arbeitsgemeinschaft großer Wohnungsunternehmen

AHB
Abkürzung für: Allgemeine Versicherungsbedingungen für die Haftpflichtversicherung

AHG
Abkürzung für: Altschuldenhilfegesetz

AIDA-Technik
Die AIDA-Technik wird als Vorgabe und Prüfmethode in der Werbung genutzt. Sie setzt sich aus vier grundsätzlichen Funktionen zusammen. die eine Werbeaktivität erfüllen sollte: Attract (Aufmerksamkeit gewinnen), Interest (Interesse des Lesers an der Anzeigenbotschaft wecken), Desire (systematisches Wecken eines Kundenwunsches) und Action (Handlungsaufforderung). Die beste Anzeige hilft letztendlich nichts, wenn sie nicht mit einer klaren und kraftvollen Handlungsaufforderung an den potentiellen Kunden verbunden ist.

AK
Abkürzung für: Architektenkammer
Siehe auch: Architektenkammer

Akquise
Akquisition bezeichnet die Beschaffung von Aufträgen, in der Immobilienwirtschaft also den Immobilieneinkauf, mit dem Ziel, die ins Angebot aufgenommenen Objekte zu vermitteln. Zu unterscheiden ist zwischen passiver und aktiver Akquise, der sog. Kaltakquise. Die Begriffe lassen sich aus der Art der Beschaffung ableiten: Bei der passiven Akquise kommt der Immobilienverkäufer auf den Immobilienmakler zu, mit der Bitte sein Objekt am Markt zu platzieren und zu verkaufen. Geschieht die Kontaktaufnahme durch den Immobilienmakler, so ist das der aktive Akquisitionsweg. Durch die aktive Akquisition kann ein Immobilienmakler die Qualität seines Angebots erhöhen und Angebotsdefiziten vorbeugen. Als rechtliche Grundlage für die Entstehung des Lohnanspruchs bei der aktiven Akquisition dient der § 652 BGB.
Der Nachteil der aktiven Akquisition liegt dar-

in, dass der potentielle Auftraggeber die Beauftragung eines Maklers möglicherweise bisher gar nicht erwogen hatte, Misstrauen gegenüber Maklern besitzt oder dass sich die Provisionsvorstellung negativ verfestigt hat. Zum anderen bewerben sich auch andere Makler um einen Auftrag, und so kann es sein, dass der potentielle Auftraggeber bereits einen anderen Makler beauftragt hat. Die Vorteile der aktiven Akquisition liegen in der Bereitschaft des Maklers, sich um den Kunden zu bemühen, ihn bestmöglich zu beraten und eventuell durch schnelle Reaktion Wettbewerbsvorteile zu erreichen.

Akquisition
Siehe: Akquise

Akquisitionsstrategien
Ganz allgemein wird Akquisition definiert als „Bemühungen, die darauf gerichtet sind, im Interesse der Erzielung von Geschäftsabschlüssen Kontakte anzubahnen beziehungsweise zu festigen". Mit der Akquisition will ein Unternehmen in der Immobilienbranche sein Angebot an Objekten, welches später an potentielle Käufer weitergeleitet wird, erweitern. So kann das Unternehmen Interessenten ein breites Angebot an Objekten anbieten und die Wahrscheinlichkeit erhöhen, dass Kunden ein passendes Objekt finden. Damit steigen die Chancen eines. In Zusammenhang mit Akquisitionsstrategien muss auch kurz auf die Marktteilnehmer eingegangen werden, sowohl auf die aktuellen als auch auf die potentiellen Marktteilnehmer.
Die aktuellen Marktteilnehmer sind die derzeitigen Anbieter von Objekten und die Nachfrager auf dem Gegenwartsmarkt. Die potentiellen Marktteilnehmer sind die Marktteilnehmer, die mittelfristig entweder einen Bedarf an Immobilien haben werden, oder es sind Marktteilnehmer, die mittelfristig Immobilien verkaufen oder vermieten wollen. Potentielle Marktteilnehmer sind „Marktteilnehmer von morgen", die derzeit noch nicht am Markt präsent sind mit ihrer Nachfrage oder ihrem Angebot. Sie befinden sich noch im Marktvorfeld, werden jedoch mittelfristig Marktteilnehmer werden. Diese Unterscheidung ist für die Akquisition von besonderer Bedeutung, da der Erfolg der Akquisition abhängig ist, zu welchem Zeitpunkt der Makler auf den potenziellen Objektanbieter zugeht. Potenzielle Marktteilnehmer kann man durch Marktforschung ausfindig machen. Die Akquisition betrifft sowohl die aktuellen wie auch an die potenziellen Marktteilnehmer. Entscheidend ist, mit welchen Maßnahmen sich Makler an die Marktteilnehmer wenden.
Spezielle Akquisitionsstrategien gibt es nicht. Die Maßnahmen, die der Makler anwenden kann, sind das Imagemarketing, das Beziehungsmarketing, das Beschaffungsmarketing und die Strategien aus der Beschaffung, d.h. die genaue Analyse des Marktes. Als Hilfe für die Akquisition kann der Makler jedoch das Marketing-Mix heranziehen.
Die Aufgabe des Marketing-Mix besteht darin, herauszufinden, welche der vier klassischen Marketinginstrumente wie, und mit welcher Intensität eingesetzt werden sollen, um die Marketingziele des Unternehmens zu erreichen. Das Marketing-Mix enthält auf der einen Seite das originäre Marketing für den Makler selbst und auf der anderen Seite das derivate Marketing für den Kunden. Die einzelnen Instrumente des Marketing-Mixes können nur sinnvoll eingesetzt werden, wenn sie kombiniert werden. Zwischen den einzelnen Instrumenten besteht eine Wechselbeziehung, da der Einsatz eines Instrumentes Auswirkungen auf ein anderes haben kann. Die Planung des Marketing-Mixes erfolgt zur optimalen Kombination der Marketing-Instrumente. Aus dieser Planung kann der langfristige Marketingplan mit den Marketingstrategien festgelegt werden. Diese Strategien beziehen sich auf die Marktteilnehmer.
Siehe auch: Marketingmix

Aktenzeichen
Das Aktenzeichen ist ein zum Zweck der Unterscheidung einer Akte zugeteiltes, individuelles Kennzeichen bei Gerichten und Ämtern.

AktG

Abkürzung für: Aktiengesetz

AktienG

Abkürzung für: Aktiengesetz

Aktivgeschäft (Kreditinstitute)

Das Aktivgeschäft umfasst alle, das Anlagevermögen eines Kreditinstituts beeinflussenden Geschäfte (Kreditausleihungen, Festgeldanlagen, Erwerb von Wertpapieren, Beteiligungen usw.) Die Refinanzierung dieser Anlagen erfolgt über das Passiv-geschäft (Verbindlichkeiten des Kreditinstituts in ihren verschiedenen Ausprägungsformen) Dabei ist auf Fristenkongruenz zu achten. Die Aktiv-Passiv-Steuerung verfolgt den Zweck, einen möglichst hohen Deckungsbeitrag aus dem Zinsgeschäft zu erwirtschaften.

Akustikdecken

Akustikdecken dienen der Verbesserung der Akustik eines Raumes durch Dämmung oder Lenkung des Schalls. Mit Hilfe einer Akustikdecke kann durch gezielten Einsatz von bestimmten Deckenelementen auch die Sprachverständlichkeit erhöht werden (Anwendungsbereiche sind Seminarräume, Konferenzräume, Hörsäle, Konzertsäle Theater). Akustikdecken sind regelmäßig als Unterdecken, ohne Flächenverbindung mit der Hauptdecke des Raumes konstruiert.

Alarmanlage

Alarmanlagen dienen der Gebäudesicherung gegen Einbrüche und Beschädigungen. Zu unterscheiden ist zwischen Anlagen, die die Außenhaut des Gebäudes überwachen und raumüberwachende Anlagen. Die Überwachungssysteme, die sich auf die Außenhaut (Fenster, Hauseingänge) beziehen, lösen den Alarm bereits vor Eindringen in das Gebäude aus. Der Raumüberwachung dienen vor allem Bewegungsmelder innerhalb des Gebäudes, die einen Alarm (Sirene, Blitzleuchter) auslösen. Die Alarmanlage kann auch mit einer Notruf-zentrale verbunden werden, die automatisch angewählt wird.

AIDA-Technik

Die AIDA-Technik ist eine Text-Methode. Sie setzt sich aus vier grundsätzlichen Funktionen zusammen. die eine Werbeaktivität erfüllen sollte: Attract (Aufmerksamkeit gewinnen), Interest (Interesse des Lesers an der Anzeigenbotschaft wecken), Desire (systematisches Wecken eines Kundenwunsches) und Action (Handlungsaufforderung). Die beste Anzeige hilft letztendlich nichts, wenn sie nicht mit einer klaren und kraftvollen Handlungsaufforderung an den potenziellen Kunden verbunden ist.

ALK

Abkürzung für: Automatisierte Liegenschaftskarte

All-Risk-Versicherung

Als All-risk-Versicherung wird eine umfassende Gebäudeversicherung bezeichnet, welche die Substanz einer Immobilie vor Schäden aus Gefahren aller Art absichert. Sie wird auch All-Gefahrenversicherung genannt. Die in Deutschland relativ neue All-risk-Versicherung deckt mehr Risiken ab als die traditionellen Gebäudeversicherungen (Feuerversicherung, Zusatzdeckung und erweiterte Zusatzdeckung). Im Gegensatz zu herkömmlichen Versicherungen, die einzeln in der Police aufgelistete Risiken berücksichtigen, schließt die All-risk-Versicherung nur wenige Schadensfälle aus.

Versicherte Gefahren je Versicherung

Traditionelle Versicherung	Gefahren	All-Gefahren-Versicherung
Feuerversiche-rung gemäß AFB	Feuer, Blitz Explosion Anprall bemannter Flugkörper	alle Gefahren in einer Police
EC-Deckung gemäß ECB	Politische Gefahren, böswillige Beschädi-	

	gungen, Fahrzeuganprall, Rauch, Überschall, Sprinklerleckage, Leitungswasser, Sturm (ab Windstärke 8), Hagel	alle Gefahren in einer Police
Erweiterte Zusatzdeckung	Erdbeben, Vulkanausbruch, Hochwasser, Über-, schwemmung, Erdsenkung, Sturm (bis Windstärke 8), Schwelbrand, Schneedruck, Lawine, Anprall, unbemannter Flugkörper, sonstige bekannte Gefahren	alle Gefahren in einer Police
Nicht versicherbar	Unbekannte Gefahren	

Alleinauftrag

Alleinauftrag (auch Makler-Alleinauftrag oder Exklusivauftrag) ist eine besondere Art des Maklervertrages. Er ist nicht im BGB geregelt. Der Alleinauftrag verleiht dem Makler eine besondere Vertrauensposition gegenüber dem Auftraggeber. Entgegen dem gesetzlichen Recht wird der Makler durch den Alleinauftrag verpflichtet, zur Erreichung des Auftragszwecks tätig zu werden. Er bedarf der Schriftform. Eine Verkaufsverpflichtung des Auftraggebers ist mit dem Alleinauftrag nicht verbunden. Unterschieden wird zwischen dem einfachen und qualifizierten Alleinauftrag.

• Einfacher Alleinauftrag

Beim einfachen Alleinauftrag genießt der Makler während der Auftragsdauer Konkurrenzschutz. Kein anderer Makler darf während der Auftragslaufzeit für den Auftraggeber tätig werden.

• Qualifizierter Alleinauftrag

Beim qualifizierten Alleinauftrag ist der Auftraggeber darüber hinaus verpflichtet, Interessenten, die an ihn herantreten, an den Makler zu verweisen und den Makler zu Verhandlungen mit solchen Interessenten hinzuzuziehen. Im Gegensatz zum einfachen Alleinauftrag darf die Verweisungs- oder Hinzuziehungsvereinbarung nicht im Rahmen Allgemeiner Geschäftsbedingungen, also nicht auf Maklervertragsformularen vereinbart werden.

Entgegen landläufiger Meinung sichert der qualifizierte Alleinauftrag, den ein Verkäufer erteilt, nicht vor einem Verlust einer etwaigen Käuferprovision. Auch wenn der Verkäufer seine Verweisungs- und Hinzuziehungspflicht erfüllt, muss es dem Makler gelingen, mit dem in Aussicht genommenen Kaufinteressenten eine Provision zu vereinbaren. Verweigert der Käufer ein Provisionsversprechen, darf der Makler nicht versuchen, den sonst möglichen Verkauf „zu Fall" bringen. Dies wäre ein Treueverstoß gegenüber dem Alleinauftraggeber und würde gegebenenfalls auch noch zur Verwirkung seines Provisionsanspruches diesem gegenüber führen.Bei Alleinaufträgen ist grundsätzlich zu raten, die Provision ausschließlich mit dem Verkäufer zu vereinbaren, weil dem Makler nur auf diese Weise eine vollständige Markterschließung zugunsten des Auftraggebers gelingen kann.

Einfacher Alleinauftrag

Pflichten des Auftraggebers	Rechte des Auftraggebers
• darf keinen weiteren Makler beauftragen	• keine Verpflichtung zum Abschluss
	• keine Verpflichtung zur Unterlassung eigener Aktivitäten

Rechte des Maklers	Pflichten des Maklers
• Makler kann als Doppelmakler nur tätig werden, wenn ausdrücklich vereinbart	• intensiver Einsatz (BGH, NJW 1969 1626)
	• Verschaffen möglichst günstiger Vertragsbedingungen

- kein Ersatz von Aufwendungen ohne ausdrückliche Vereinbarung
- kann Tätigkeit nicht vor Ablauf der Bindungsfrist aufgeben (BGH, NJW-RR 1987,944)

Qualifizierter Alleinauftrag

Pflichten des Auftraggebers	Rechte des Auftraggebers
• darf keinen weiteren Makler beauftragen	• keine Verpflichtung zum Abschluss

Rechte des Maklers	Pflichten des Maklers
• Makler kann als Doppelmakler nur tätig werden, wenn ausdrücklich vereinbart • Verpflichtung zur Unterlassung eigener Aktivitäten • Verpflichtung, Interessenten an Makler zu verweisen bzw. ihn hinzuzuziehen	• intensiver Einsatz (BGH, NJW 1969 1626) • Verschaffen möglichst günstiger Vertragsbedingungen • kein Ersatz von Aufwendungen ohne ausdrückliche Vereinbarung • kann Tätigkeit nicht vor Ablauf der Bindungsfrist aufgeben (BGH, NJW-RR 1987,944)

Siehe auch: Maklervertrag

allgA

Abkürzung für: allgemeine Ansicht

Allgemeine Bausparbedingungen (ABB)

In den allgemeinen Bausparbedingungen sind die rechtlichen Grundlagen des Bausparvertrages zwischen Bausparkasse und Bausparer gemäß dem Bausparkassengesetz geregelt. Die Bausparkasse händigt dem Sparer bei Vertragsabschluss die ABB aus.

Regelungsinhalte sind insbesondere Höhe und Fälligkeit der Leistungen des Bausparers und der Bausparkasse, die Verzinsung der Bauspareinlagen und der Bauspardarlehen, Zuteilungsvoraussetzungen und Zuteilungsverfahren Auszahlungsbedingungen, die Höhe der Gebühren u.a.

Allgemeine Geschäftsbedingungen (AGB)

Allgemeine Geschäftsbedingungen sind vorformulierte Vertragsbedingungen, die der Verwender dieser Bedingungen dem Geschäftsverkehr mit Kunden stellen will. Sie unterliegen einer besonderen Inhaltskontrolle durch die Gerichte. Diese entscheiden im Rechtsstreit darüber, ob bestimmte Bedingungen den Vertragspartner unangemessen benachteiligen oder ob sie zulässig sind. Die Regelungen fanden sich früher in einem eigenen Gesetz, dem ABG-Gesetz, bis sie dann im Zuge der Schuldrechtsreform in teils veränderter Fassung in das BGB übernommen wurden.

Im Geschäftsverkehr zwischen Kaufleuten gelten die Vorschriften über AGB nur eingeschränkt. Dabei gelten nur solche vorformulierten Vertragsbedingungen als AGB, die bestimmt sind, in einer „Vielzahl" von Fällen eingesetzt zu werden. Bei vorformulierten Geschäftsbedingungen im Geschäftsverkehr mit Verbrauchern kommt es nicht dagegen auf diesen Bestimmungszweck an. Das Gesetz unterwirft hier bereits die einmalige Verwendung dieser Geschäftsbedingung der gerichtlichen Inhaltskontrolle. Unter die Inhaltskontrolle fallen auch notarielle Verträge. Gerichtlicher Beurteilungsmaßstab dafür, ob eine Geschäftsbedingung den Vertragspartner, der sich ihr unterworfen hat, unangemessen benachteiligt, ist das gesetzliche Leitbild.

Beim Maklervertrag ist gesetzliches Leitbild vor allem § 652 BGB, in dem die Voraussetzungen für das Entstehen eines Provisionsanspruchs geregelt sind. Wird in Vertragsbedingungen hiervon wesentlich abgewichen, können diese im Rechtsstreit nicht durchgesetzt werden. Dies gilt z.B. für den qualifizierten Alleinauftrag, der bei einer entsprechenden Konstellation dem Makler auch dann zu einem Provisionsanspruch verhelfen würde, wenn er einen Kunden, mit dem der Vertrag geschlossen wurde, weder nachgewiesen noch mit ihm Verhandlungen geführt hat.

Ursprüngliche Allgemeine Geschäftsbedingungen können nachträglich dadurch wirksam werden, dass sie vom Verwender für den Vertragspartner deutlich erkennbar zur Verhandlungssache erklärt werden.

Es genügt dabei nicht, dass nur ihr Inhalt erklärt wird. Vielmehr muss für den Vertragspartner die Möglichkeit bestehen, die Bedingung durch eine andere, von ihm vorgeschlagene Bedingung ersetzen zu können. Ob der Vertragspartner von dieser Möglichkeit Gebrauch macht, ist dabei nicht entscheidend. Eine so zur Disposition gestellte Bedingung wird zur „Individualvereinbarung".

Siehe auch: Alleinauftrag, Individualvereinbarung, Maklervertrag

Allgemeines Wohngebiet
Siehe: Wohngebiete (nach BauNVO)

allgM
Abkürzung für: allgemeine Meinung

Allokation
Ein Begriff aus der Volkswirtschaft. Er bezeichnet die Phänomene, wonach knappe Ressourcen stets von Produktionen mit abnehmender zu Produktionen mit zunehmender Produktivität wechseln.

Hiervon abgeleitet wird in der Immobilienwirtschaft das Anlageverhalten bezeichnet, das zur höchstmöglichen Ergiebigkeit der Gesamtanlage führt. Dabei steht eine gezielte Streuung des Immobilienbesitzes nach Entwicklungschancen Vordergrund.

Alt
Abkürzung für: Alternative

Altbau/Neubau

Zwischen Alt- und Neubau wird in vielen Rechtsgebieten unterschieden. Sie sind aber allgemeingültig an keiner Stelle genau definiert. Es handelt sich vielmehr um ein Unterscheidungsmerkmal, welches vorwiegend wohnungswirtschaftlich und steuerlich von Bedeutung ist. Je nach Art der Vorschrift sind die Abgrenzungen unterschiedlich:

1. Wohnungswirtschaft

Alle Wohnungen, die nach dem 20.6.1948 (Tag der Einführung der Deutschen Mark) bezugsfertig geworden sind, gelten im Sinne der Neubaumietenverordnung im Rahmen des preisgebundenen Wohnungsbaus als Neubauten. Im Umkehrschluss ergibt sich daraus, dass die vorher fertiggestellten Wohnungen dem Altbau zuzuordnen sind.

2. Steuerrecht

Begriff der Fertigstellung: Bei der steuerlichen Unterscheidung zwischen Alt- und Neubau kommt es in der Regel auf den Zeitpunkt der Fertigstellung an. Ein Objekt gilt als fertiggestellt, wenn alle wesentlichen Arbeiten ausgeführt worden sind und die Wohnung bewohnbar ist. Ob es bereits durch die Baubehörde abgenommen wurde, ist steuerlich unbedeutend. Zieht der Eigentümer bereits in das Haus ein, bevor alle wichtigen Arbeiten abgeschlossen sind, so gilt das Objekt als nicht fertiggestellt. Solche wichtigen Arbeiten sind zum Beispiel Türen oder Fenster, sanitäre Einrichtungen oder

der Anschluss an die Versorgungsleitungen. Es muss die Möglichkeit zum Anschluss einer Küche bestehen. Geringfügige Restarbeiten schließen die Bezugsfertigkeit nicht aus. Auch ist für die steuerliche Fertigstellung nicht die endgültige Gesamtfertigstellung (einschl. Außenanlagen) maßgeblich.

2.1. Selbstgenutzte Immobilien/ Eigenheimzulagengesetz

Eine Immobilie gilt im Sinne des Eigenheimzulagengesetzes als Neubau, wenn sie spätestens bis zum Ende des zweiten auf das Jahr der Fertigstellung folgenden Jahres angeschafft worden ist. Bei Anschaffung eines Objektes im Jahr 2003 muss für einen Neubau die Fertigstellung somit im Jahr 2001, 2002 oder 2003 erfolgt sein. Ob ein Objekt schon einmal bezogen (= gebraucht) war, ist für die Abgrenzung Altbau/Neubau hier unerheblich. Auch bei erheblichen Baumaßnahmen an einer Gebrauchtimmobilie kann ein steuerlicher Neubau vorliegen. Dies ist dann der Fall, wenn der Wert der Sanierungsmaßnahmen mehr als der Wert der anteiligen Gebäudealtsubstanz beträgt.

2.2. Vermietungsobjekte

Die Abgrenzung zwischen Alt- und Neubau ist für die Art und Höhe der Abschreibung von Bedeutung. Die attraktiveren Abschreibungen, wie degressive AfA oder erhöhte AfA, kann der Eigentümer nur für einen steuerlichen Neubau beanspruchen. Ein solcher liegt vor, wenn die Immobilie im Jahr der Fertigstellung angeschafft wird. Ein beispielsweise im Jahr 2001 fertiggestelltes Objekt gilt somit nur dann als Neubau, wenn dieses auch im selben Jahr vom Verkäufer an den Käufer übergeben worden ist. Wird eine bautechnisch neue Immobilie erst im Folgejahr der Fertigstellung angeschafft, dann liegt ein steuerlicher Altbau vor. Bei erheblichen Sanierungen kann auch bei einer Altimmobilie ausnahmsweise ein steuerlicher Neubau vorliegen, wenn im Zuge der Baumaßnahmen auch die wesentliche Substanz, wie die tragenden Gebäudeteile, erneuert worden ist.Eine

stichtagsbezogene Altersunterscheidung ergibt sich bei der normalen AfA, wo zwischen Fertigstellungszeiträumen vor dem 1. 1. 1925 (2,5 % AfA) und solchen nach dem 31.12.1924 (2 % AfA) unterschieden wird.

Altengerechtes Wohnen

Den speziellen Wohnbedürfnissen alter Menschen sollen Empfehlungen gerecht werden, die unter dem Schlagwort des altengerechten Wohnens vom Bundesministerium für Verkehr, Bau- und Wohnungswesen zusammengestellt worden sind. Sie gehen von einer mit zunehmendem Alter einhergehenden Einschränkung der Bewegungsfähigkeit der älter werdenden Menschen aus. Die Empfehlungen beziehen sich vor allem auf Ausstattungsnotwendigkeiten im Sanitärbereich (Bad, WC, Dusche), in den Küchen und Schlafzimmern, sowie innerhalb des Gebäudes auf Zugänge und Treppen. Mit Hilfe entsprechender Wohnkonzepte soll älteren Menschen eine möglichst lange Zeit ein selbständiges, unabhängiges Wohnen in vertrauter Umgebung ermöglicht werden.

Genaue Informationen erhalten Sie durch Abruf der Broschüre „Wohnen im Alter – am liebsten zu Hause" per eMail unter:
buergerinfo@bmvbw.bund.de

Altenteil

Das Altenteilrecht bezieht sich auf dinglich gesicherte Nutzungen sowie Sach- und Dienstleistungen aus oder auf einem Grundstück. Zweck des Altenteils ist die leibliche und persönliche Versorgung des Berechtigten. Die dingliche Absicherung des Altenteils erfolgt über eine Reallast und - hinsichtlich der Nutzungsrechte – über eine beschränkte persönliche Dienstbarkeit.
Siehe auch: Reallast, Beschränkte persönliche Dienstbarkeit

Altersvorsorge

Da die gesetzliche Altersrente aufgrund der sich ständig wandelnden Altersstruktur in Zusammenhang mit dem Generationenvertrag zunehmend zu Anpassungszwängen führt, ist jeder in Deutschland gut beraten, privat für den Lebensabend vorzusorgen. Das bedeutet nichts anderes, als sich möglichst früh für eine langfristig rentable Kapitalanlage zu entscheiden, die im Alter entweder von bestimmten Kosten entlastet oder aber für zusätzliche Einnahmen sorgt. Die optimale Form der privaten Altersvorsorge besteht aus einem ausgewogenen Portfolio, in dem Immobilien einen wertbeständigen Teil darstellen – unabhängig von ihrer Nutzung. Grundgedanke: Eine schuldenfreie Wohnung oder ein durch Kredite nicht belastetes Haus ersparen in späteren Jahren Mietzahlungen. Instandhaltungsmaßnahmen können beim selbst genutzten Haus, wenn erforderlich, individuell „gestreckt" und vom Kostenvolumen geplant werden. Ein Haus kann nötigenfalls auch „konsumiert" oder im Rahmen des Verkaufes „verrentet" werden. Die Einnahmen aus einem Mietobjekt können nach Steuern und Kosten eine deutliche Aufbesserung der Renteneinnahmen bringen. Aus diesem Grund sollte jeder versuchen, möglichst früh Wohneigentum anzuschaffen.

Die private Zusatzrente

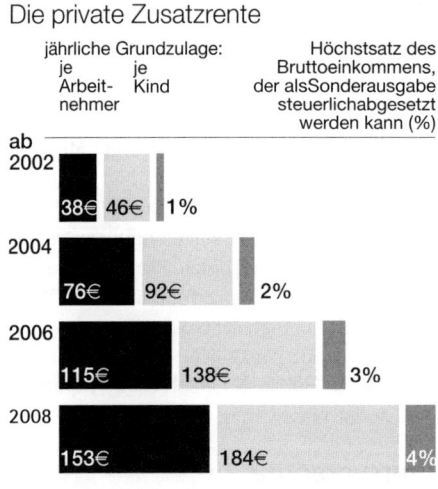

jährliche Grundzulage: je Arbeitnehmer	je Kind	Höchstsatz des Bruttoeinkommens, der als Sonderausgabe steuerlich abgesetzt werden kann (%)
ab 2002		
38€	46€	1%
2004		
76€	92€	2%
2006		
115€	138€	3%
2008		
153€	184€	4%

Siehe auch: Immobilienverrentung

Altlasten

Nach der Definition des Bundes-Bodenschutzgesetzes vom 1.März 1999 gibt es zwei Gruppen von Altlasten nämlich
• Stillgelegte Abfallbeseitigungsanlagen und Grundstücke, auf denen Abfälle behandelt, gelagert oder abgelagert worden sind (Altablagerungen)
• Grundstücke stillgelegter Anlagen und sonstige Grundstücke, auf denen mit umweltgefährdenden Stoffen „umgegangen" worden ist („Altstandorte"). Hierzu zählen nicht Anlagen, deren Stillegung einer Genehmigung nach dem Atomgesetz bedarf.

Von Altlasten zu unterscheiden sind „schädliche Bodenveränderungen", die die „Bodenfunktionen" insoweit beeinträchtigen, als dadurch aktuelle Gefahren, erhebliche Nachteile oder Belästigungen für den einzelnen oder die Allgemeinheit ausgehen. Sie entsprechen dem Begriff der „schädlichen Umwelteinwirkungen" nach dem Bundes-Immissionsschutzgesetz. Zur Gefahrenabwehr gegen drohende schädliche Bodenveränderungen sind nur der Grundstückseigentümer bzw. derjenige, der die tatsächliche Gewalt über das Grundstück inne hat, verpflichtet. Dagegen erstreckt sich die Sanierungspflicht bei Altlasten (und – falls schädliche Bodenveränderungen eingetreten sind – auch bei diesen) auf einen viel größeren Personenkreis. Hierzu gehören der Verursacher und dessen Gesamtrechtsnachfolger, aber auch der aktuelle Bodeneigentümer und derjenige, der die tatsächliche Gewalt über das Grundstück ausübt. Zum Schutz des Erwerbers altlastenbehafteter Grundstücke oder von Grundstücken mit schädlichen Bodenveränderungen gibt es jetzt bundeseinheitliche Bestimmungen. Danach ist bei allen Kaufvertragsabschlüssen nach dem 1. März 1999 der frühere Eigentümer zur Sanierung verpflichtet, sofern er die Altlast oder schädliche Bodenveränderung kannte bzw. kennen musste. Unabhängig davon sollte in Kaufverträgen dafür gesorgt werden, dass dem Grundstückserwerber das Recht eingeräumt wird, Regressansprüche gegen den Voreigentümer geltend machen zu können, falls die Behörde auf ihn zurückgreift. Der sonst in Grundstückskaufverträgen übliche Sachmängelausschluss kann sonst zu fatalen Folgen für den Erwerber führen.

Auch bei bloßen „Verdachtsflächen" ist auf jeden Fall ratsam, ein Bodengutachten erstellen zu lassen. Der Erwerber eines Altlastengrundstücks kann jedenfalls sein Grundstück erst nutzen, wenn er durch ein Bodengutachten nachweist, dass von den Ablagerungen keine Gefährdung mehr ausgeht. Um das zu erreichen, muss das Grundstück im Zweifel saniert werden.

Siehe auch: Bodenfunktionen (Bodenschutzgesetz)

Altlastenkataster

Nach Landesrecht sind Altlastenkataster zu führen. Das Umweltbundesamt informiert über die in den Bundesländern hierfür zuständigen Stellen. So findet etwa in Bayern die Erfassung der Altlastenverdachtsflächen und der ermittelten Altlasten durch das Bayerische Landesamt für Umweltschutz statt. Es hat bis März 1998 9725 Altablagerungen und 3194 Altstandorte erfasst. Die EDV-gestützten Altlastenkataster werden ständig erneuert und erhalten als Informationsgrundlage für Eigentümer und Grundstücksinteressenten ein immer größer werdendes Gewicht.

Siehe auch: Altlasten

AMA

Abkürzung für: American Marketing Association

Amtl.Begr.

Abkürzung für: amtliche Begründung

Amtsgericht

Das Amtsgericht ist das Gericht für Zivil- und Strafsachen sowie für Verfahren der freiwilligen Gerichtsbarkeit, z.B. in Wohnungseigentumssachen. Im Zivilrechtsstreit besteht eine Zuständigkeit bei Streitwerten bis 5.000 Euro, so dass die weitaus überwiegende Zahl von Rechtsstreiten zunächst vor dem Amtsgericht

verhandelt werden, z.B. bei den Mietgerichten. Beim Amtsgericht wird u.a. auch das Grundbuch geführt (Grundbuchamt). Es führt auch Versteigerungen durch (Vollstreckungsgericht).

Siehe auch: Grundbuch, Grundbuchamt

Amtskasse

Siehe: Gerichtskasse

AMVO

Abkürzung für: Altbaumietenverordnung

AN

Abkürzung für: Auftragnehmer

Anchor

Der Anchor ist der Publikumsmagnet in einem Shopping-Center. Dieser ist für den nachhaltigen Erfolg des Centers geradezu überlebensnotwendig. Mit dem Ziel die Lauffrequenz im gesamten Center zu erhöhen ist der Anchor häufig im hinteren Teil des Komplexes untergebracht, um die Passantenströme möglichst weit in das Gewerbeobjekt hineinzuziehen.

Anchor können große Kaufhäuser, Supermärkte oder bei kleineren Einkaufs-Komplexen ein größeres Textilgeschäft bzw. ein TV-Markt sein. Auch ein Multiplex-Kino, ein großer Food-Court (d.h. ein Gastronomiebetrieb mit zahlreichen unterschiedlichen Essensständen) können eine solche Magnet-Funktion erfüllen.

Je nach Dimensionierung des Einkaufskomplexes sind auch mehrere Anchor denkbar, wobei hier die teilweise divergierenden Interessen unter einen Hut gebracht werden müssen.

Anchor im Office-Bereich

Der Anchor, also der Hauptmieter, ist im Shopping-Centerbereich ein gängiger Begriff. Er hat allerdings, auch wenn dies vielfach übersehen wird – auch im Büroimmobilienbereich seine Bedeutung, da bei größeren Flächen wichtige Mieter von Großflächen auch weitere Mieter von der Sinnhaftigkeit einer Anmietung überzeugen und es zum anderen Mieter gibt, die in der Nachbarschaft zu diesem Hauptmieter

Synergien sehen.

Insofern ist etwa ein Ärztehaus eine denkbare Möglichkeit. Auch bei Büroflächen ist also auf den Mieter-Mix zu achten, da bestimmte Vorzeige-Mieter mit ihrem Ansehen das Objekt aufwerten oder andere dem Ansehen eher abträglich sind. So wurde z.B. in Berlin das Haus der Verbände kreiert als speziell für Geschäftsstellen von Verbänden konzipiertes Objekt. Wenn es bei solch einem Objekt gelingt, namhafte Schlüssel-Mieter zu finden, so kann die Vermietung der übrigen Flächen im Idealfall zum Selbstläufer werden.

Ein Beispiel für die Wichtigkeit des Mieter-Mixes auch im Office-Bereich: Ein großes Bürogebäude stand zur Vermietung an. Als Hauptmieter für die obersten zwei Stockwerke konnte eine große international agierende Kanzlei gewonnen werden, die ein relativ hohes Mietniveau akzeptierte. Im Gegenzug dafür musste sich der Vermieter verpflichten, keine weiteren Kanzleien in das Gebäude zu nehmen. Insofern wurde die Chance verschenkt, ausgehend von der Spezialisierung der Kanzlei durch andere Kanzleien hier etwa ein Haus der juristischen Beratungskompetenz oder Anwalts-Haus zu kreieren. bei dem dieses rechtliche Know-how noch durch artverwandte Dienstleister wie etwa international agierende Patent-Anwaltskanzleien ergänzt würde. Statt dessen wurden die Flächen ohne ein weitergehendes Konzept gestreut.

Anderkonto

Unter einem Anderkonto versteht man ein Treuhandkonto, das vom Notar bei der Abwicklung von Immobiliengeschäften zur zwischenzeitlichen Verwahrung von Fremdgeldern benutzt wird. Ist der Notar von den Vertragsparteien mit der Abwicklung der Kaufpreiszahlungen beauftragt, hält er den vom Käufer entrichteten Kaufpreis so lange auf einem Anderkonto zurück, bis sämtliche Verpflichtungen aus dem Kaufvertrag erfüllt sind. Hierzu können gehören: Löschung der Vorlasten, Eintragung der Auflassungsvormerkung, behördliche Genehmigungen usw.. Für die Führung eines Anderkontos verlangt der Notar eine zusätzliche Gebühr.

Andienungsrecht

Als Andienungsrecht wird das einem Vertragspartner eingeräumte Recht bezeichnet, dem anderen Vertragspartner eine bestimmte Sache zum Kauf „anzudienen". Teilweise wird auch synonym von einer Verkaufsoption gesprochen. In der Regel werden bei derartigen Vereinbarungen auch Festlegungen über den Zeitpunkt bzw. den Zeitraum getroffen, in dem der andere Vertragspartner die betreffende Sache zurückkaufen muss, sofern ihm dies dann von der anderen Vertragspartei angeboten wird.

Initiatoren geschlossener Immobilienfonds räumen Fondszeichnern mitunter Andienungsrechte ein. Sie bietet den Anlegern damit die Möglichkeit, ihre Fondsanteile zu einem festgelegten Zeitpunkt und zu einem vorab feststehenden Preis zurückzugeben.

AnfG

Abkürzung für: Anfechtungsgesetz

Angebot

Angebot im Rechtssinne ist die an eine bestimmte Person gerichtete verbindliche Willenserklärung auf Abschluss eines Vertrages. Wird das Angebot zu den genannten Bedingungen angenommen, kommt der Vertrag zustande. Weicht die Annahmeerklärung inhaltlich vom Angebot ab, ist dies als wiederum annahmebedürftiges Gegenangebot zu werten. Bei Grundstücksgeschäften bedarf sowohl das (rechtsverbindliche) Angebot als auch die Annahmeerklärung der notariellen Beurkundungsform nach §313 BGB. Angebote in einem rein tatsächlichen Sinne sind unverbindlich. So spricht man im Maklergeschäft auch von einem Objektangebot, über das erst Verhandlungen geführt werden müssen, wenn es zu einem rechtswirksamen notariellen Vertragsabschluss kommen soll. Dieser Angebotsbegriff liegt auch der Preisangabenverordnung zugrunde,

die vorschreibt, dass beim „Anbieten" von Waren und Leistungen stets der End- und der Grundpreis anzugeben ist.
Siehe auch: Grundpreis

Angehörige

Angehörige im zivilrechtlichen Sinne sind nicht nur Familienangehörige, sondern auch in gerader Linie Verwandte und Verschwägerte einschließlich adoptierter Personen. Im Sinne der Abgabenordnung und damit im steuerrechtlichen Sinne zählen auch Verlobte, geschiedene Ehegatten sowie Pflegeeltern und Pflegekinder – auch wenn die häusliche Gemeinschaft nicht besteht – zu den Angehörigen. Sie haben im Besteuerungsverfahren ein Auskunftsverweigerungsrecht.

Angehörigendarlehen

Immobilien-Darlehen von Verwandten. Damit das Finanzamt keine verdeckte Schenkung vermutet, auf die Schenkungsteuer zu entrichten ist, darf das Darlehen nicht zinslos sein. Am sichersten ist ein schriftlicher Darlehensvertrag mit Konditionen, die normalerweise auch unter Dritten, z.B. Freunden, üblich sind.

Ankaufsrecht

Das Ankaufsrecht (Optionsrecht) gibt dem Berechtigten die schuldrechtliche Befugnis, das Grundstück zu erwerben, wenn bestimmte vertraglich vereinbarte Voraussetzungen eingetreten sind. Dem Ankaufsrecht entspricht eine Veräußerungspflicht des Eigentümers. Zu seiner Wirksamkeit bedarf es der notariellen Beurkundung. Die grundbuchliche Absicherung kann nur über eine Auflassungsvormerkung erfolgen.
Siehe auch: Auflassungsvormerkung

Anlagemix

Anlagekonzepte umfassen oft eine Mischung aus spekulativen und sicheren Investments. Ein „klassisches" Anlagemix könnte so aussehen: 10% liquide Mittel (etwa als Geldmarktpapiere) 30% Aktien, 30% festverzinsliche Wertpapiere und – als sicheres Element – 30% Immo-

bilien. Je nach Größe des Portfolios kann es sich bei den Immobilien um ganze Gebäude, einzelne Wohnungen oder auch Anteile an geschlossenen Immobilienfonds handeln.
Siehe auch: Immobilienfonds – Offener Immobilienfonds

Anlagevorschriften

(Offene Immobilienfonds):
Die gesetzlichen Regelungen für die Anlagen von Immobilienfonds finden sich seit 1.1.2004 im Investmentgesetz, das das Kapitalanlagegesetz abgelöst hat.
Mit den Anlagevorschriften sollen vor allem die Kleinanleger als Investoren bei Investmentfonds geschützt werden. Die Liquiditätsvorschriften, die sich auf offene Immobilienfonds beziehen, sind kurz folgende: Mindestens 5% ihres Sondervermögens müssen die Fondsmanager flüssig halten.Die liquide Reserve darf maximal 49% betragen. Dadurch kommen die Verwalter insbesondere kleinerer Fonds dann in Verlegenheit, wenn die Grenze nahezu erreicht, ein lohnendes Objekt jedoch nicht in Sicht ist. Außerdem wirkt sich der Grad der Liquidität auf die Wertentwicklung der Fondsanteile aus, da am Markt derzeit nur selten mehr als 5% Verzinsung für liquide Mittel (Bankguthaben, festverzinsliche Wertpapiere, Geldmarkttitel) erzielt werden können. Neben den Vorschriften zur Liquidität gibt es qualitative Regeln.
So müssen sich offene Immobilienfonds von vornherein auf den Kauf solcher Objekte beschränken, die einen Gewinn erwarten lassen. Spekulative Anlagen wie Bauerwartungsland sind demnach ausgeschlossen. Beteiligen dürfen sich die Fonds an Mietwohn- und Geschäftsgrundstücken sowie an gemischt genutzten Grundstücken. Bis zu 10% des Sondervermögens dürfen in unbebaute Flächen investiert werden, sofern eine eigene Bebauung vorgesehen ist. Zudem darf jedes Objekt im Verkehrswert höchstens 15% des Fonds-Sondervermögens ausmachen. Seit 1. Juli 2002, dem Inkrafttreten des 4. Finanzmarktförderungsgesetzes, können bis zu 30 % des Fondssondervermögens außer-

halb der Europäischen Union angelegt werden. Außerdem haben die Kapitalanlagegesellschaften eigene Regeln erlassen, die etwa eine Obergrenze bei der Kreditaufnahme festlegen. Siehe auch: Immobilienfonds, Immobilienfonds – Offener Immobilienfonds, Finanzmarktförderungsgesetz

Anliegergebühren
Siehe: Erschließung – Erschließungsbeitrag

Anmietrecht
Das Anmietrecht besteht darin, dass der Verpflichtete (Vermieter) dem Berechtigten (Mietinteressent) die Mietsache zur Miete anbieten muss, bevor er sie an einen anderen vermietet. Die näheren Bestimmungen werden erst dann getroffen, wenn der Hauptvertrag geschlossen wird.

Annuitätendarlehen
Beim Annuitätendarlehen handelt es sich um ein Immobiliendarlehen, für das gleichbleibende Jahresraten an Zins- und Tilgungsleistungen zu zahlen sind. Die jährliche Belastung (Annuität) setzt sich zusammen aus dem für das Darlehen vereinbarten Zinssatz sowie der Darlehenstilgung, die sich um den geringer werdenden Zinsbetrag jeweils erhöht. Dieser Effekt führt dazu, dass z.B. ein Darlehen mit einem Zinssatz von 6% und 1% Tilgung in 33,5 Jahren, bei 2 % Tilgung in 24 Jahren getilgt ist.

Laufzeit von Annuitätendarlehen in Jahren

Tilgung	Zinszahlung (Nominalzins) pro Jahr					
	5,0%	7,0%	7,5%	8,0%	9,0%	9,5%
1%	33,4	30,7	29,6	28,5	27,6	26,7
2%	23,8	22,2	21,5	20,9	20,3	19,7
3%	18,8	17,8	17,3	16,8	16,4	16,0
4%	15,7	14,9	14,6	14,2	13,9	13,6
5%	13,5	12,9	12,6	12,4	12,1	11,9
6%	11,9	11,4	11,2	11,0	10,8	10,6
7%	10,6	10,2	10,0	9,9	9,7	9,6
8%	9,6	9,3	9,1	9,0	8,8	8,7
9%	8,8	8,5	8,3	8,2	8,1	8,0

Anpflanzungen

Anpflanzungen sind Bäume, Sträucher und Hecken auf einem Grundstück. Dabei spielt es keine Rolle, ob diese Pflanzen auch ohne menschliches Zutun gewachsen sind. Nicht dazu gehören Stauden, (z.B. Sonnenblumen), Bäume, die Bestand eines Waldes sind, und Hecken, die als Grundstückseinfriedung an die Grenze gepflanzt worden sind. Für Anpflanzungen gelten nach dem Nachbarrechtsgesetz eines Landes bestimmte Grenzabstände. Bebauungspläne enthalten vielfach Pflanzgebote.

Anschaffung (steuerlicher Begriff)
Im steuerlichen Sinne gelten Immobilien als „angeschafft", wenn der Besitzübergang erfolgt ist. Dies ist der Tag, an dem laut Kaufvertrag Nutzen, Lasten und Gefahr auf den Käufer übergehen.Für die Berechnung der Spekulationsfrist und die Beurteilung der Fälle des gewerblichen Grundstückshandels rechnet das Finanzamt anders. Hier zählt das Beurkundungsdatum des Kaufvertrages.
Siehe auch: Gewerblicher Grundstückshandel

Anschaffungskosten
(Berechnungsgrundlage für AfA):Die für die Berechnung der AfA (Absetzung für Abnutzung) relevanten Anschaffungskosten beziehen sich beim Immobilienerwerb auf den Kaufpreis ohne den Wertanteil des erschlossenen Bodens. Die Aufteilung des Kaufpreises in Boden- und Gebäudeanteil erfolgt in der Regel durch Feststellung des Verkehrswertes des Bodenanteils (Bodenrichtwert) der vom Kaufpreis abgezo-

gen wird. Im Verhältnis Boden-/Gebäudewertanteil werden auch die Erwerbsnebenkosten (Notar- und Gerichtsgebühren, Maklerprovision, Grunderwerbsteuer) aufgeteilt in einen zum Bodenwert gehörenden Anteil und einen für die AfA relevanten Teil. Kosten der Finanzierung (einschließlich der Notar- und Grundbuchkosten für die Grundschuldbestellung) zählen nicht zu den Anschaffungs-, sondern zu den Werbungskosten.

Siehe auch: AfA, Absetzung für Abnutzung (AfA), Herstellungskosten

Anschaffungsnaher Aufwand

Der anschaffungsnahe Aufwand (auch Herstellungsaufwand bzw. – aus der Gegensicht – Erhaltungsaufwand) bezeichnet die steuerlich relevante Grenze für Erhaltungsaufwand für eine Immobilie nach der Anschaffung. Wer eine Immobilie erworben hat, muss aufpassen, dass er innerhalb der ersten 3 Jahre nicht mehr als 15% des Gebäudewertes für normalen Erhaltungsaufwand investiert. Maßgeblich sind hier die Nettorechnungsbeträge ohne MwSt. Kosten für normale, jährlich wiederkehrende Maßnahmen zählen nicht mit. Gleiches gilt für Aufwendungen, die zur Beseitigung von verdeckten Mängeln nötig sind. Ist die kritische 15%-Grenze überschritten, wird der Aufwand wie Herstellungskosten behandelt. Er ist dann nicht mehr sofort abziehbar, sondern geht in die Gebäudeabschreibung ein. Aus Vereinfachungsgründen kann ein Herstellungsaufwand, sofern er 4.000 Euro (für Anschaffungen nach dem 1.1.2004) nicht übersteigt, sofort abgezogen werden. Andererseits kann auf Antrag größerer Erhaltungsaufwand, der nach dem 31.12.2003 entstanden ist, wie dies früher schon einmal galt, wieder auf bis zu fünf Jahre verteilt werden.

Der Bundesfinanzhof hat mit zwei grundlegenden Entscheidungen vom 12.9.2001 (veröffentlicht am 12.6.2002) die frühere Handhabung der Finanzämter modifiziert. Für die Frage der sofortigen Abzugsfähigkeit des Erhaltungsaufwandes oder seiner Aktivierung folgt er nunmehr § 255 HGB. Danach sind nach Erwerb einer nicht genutzten Immobilie alle Aufwendungen, die dazu dienen, sie in einen „betriebsbereiten Zustand" zu versetzen, Anschaffungskosten. Werden die Immobilien zum Zeitpunkt des Erwerbs genutzt, ist von einem betriebsbereiten Zustand auszugehen. Allerdings sind alle innerhalb des oben genannten Zeitraumes erfolgten Instandsetzungen- und Modernisierungsmaßnahmen Herstellungsaufwand, wenn sie in ihrer Gesamtheit eine wesentliche Verbesserung der Immobilie darstellen.

Anschaffungsnaher Erhaltungsaufwand

Siehe: Anschaffungsnaher Aufwand

Anschlussfinanzierung

Die Anschlussfinanzierung ist eine Finanzierung zu neu verhandelten Konditionen, die nach dem Auslaufen der Zinsbindung bei einem Darlehen gelten sollen. Je nach Zinsentwicklung kann die Anschlussfinanzierung mit höheren oder niedrigeren Zinsbelastungen verbunden sein.

Bei der Prüfung von Investitionsvorhaben oder im Rahmen von Prognosen in den Prospekten geschlossener Immobilienfonds sollte – auch in Niedrigzinsphasen – aus Gründen der kaufmännischen Vorsicht für Anschlussfinanzierungen stets mit einem Zinssatz gerechnet werden, der mindestens dem langfristigen Durchschnittswert für vergleichbare Finanzierungen entspricht.

Anschlussgebühren

Siehe: Anschlusskosten und Benutzungsgebühren

Anschlusskosten und Benutzungsgebühren

Anschlusskosten sind Aufwendungen, die der Gemeinde bei Herstellung, Erneuerung, Veränderung und Beseitigung sowie durch die Unterhaltung eines Haus- oder Grundstücksanschlusses an Versorgungsleitungen und Abwasserbeseitigungsanlagen entstehen und zu ersetzen

sind. Es handelt sich um einen reinen Kostenersatz.Für Bauherren besteht im Rahmen einer Gemeindesatzung Anschluss- und Benutzungszwang. Energieversorgungsunternehmen sind im Gegenzug auch ihrerseits verpflichtet, alle im Versorgungsgebiet befindlichen Anwohner an ihr Versorgungssystem anzuschließen. Die Regelungen hierüber finden sich in den länderunterschiedlichen Kommunalabgabegesetzen. Zu unterscheiden sind solche reinen Anschlusskosten vom Erschließungsbeitrag, den die Kommune zur Deckung des Aufwandes zur Herstellung ihrer Erschließungsanlagen (Kanal, Wasserleitungen usw.) erhebt. Die Anschlusskosten können jedoch durch Gemeindesatzung in den Erschließungsbeitrag einbezogen werden. Die Kosten werden in tatsächlich entstandener Höhe oder nach Durchschnittssätzen errechnet. Die Benutzungsgebühren für die Wasserversorgung und den Kanal hängen vom Wasserverbrauch ab. Über sie wird auch der Aufwand für die laufende Unterhaltung und Instandsetzung abgedeckt. Gemeinden können aber auch beschließen, die Anschlusskosten nicht gesondert zu erheben, sondern sie in die laufenden Benutzungsgebühren einzurechnen.
Siehe auch: Erschließung - Erschließungsbeitrag

Anschlussvermietung

Als Anschlussvermietung wird die erneute Vermietung von Immobilien nach dem Auslaufen eines Mietvertrages oder nach Ausfall eines Mieters bezeichnet. Für den Eigentümer bzw. Investor kommt es bei der Anschlussvermietung darauf an, wie schnell und zu welchen Konditionen sie gelingt.
Bei der Beurteilung möglicher Investitionen oder von Prognoserechnungen geschlossener Immobilienfonds sollte stets kritisch geprüft werden, inwieweit es realistisch ist, dass eine Anschlussvermietung zu den gleichen Konditionen erfolgen kann, wie sie mit dem Vormieter vereinbart waren. Hier sind vor allem eventuelle Indexierungen der Mieten zu berücksichtigen. Abweichungen von diesen Konditionen

wirken sich – positiv oder negativ – auf die Rendite des Investments aus.
Darüber hinaus ist zu bedenken, dass Anschlussvermietungen häufig nur dann möglich sind, wenn vom potenziellen neuen Mieter gewünschte Anpassungen, Umbauten o. ä. vorgenommen werden. Diese können erhebliche Kosten verursachen, die in die Berechnungen einbezogen und durch Bildung entsprechender Rückstellungen abgesichert werden sollten.

Anspargrad

Anspargrad ist der Prozentsatz des bereits eingezahlten Bausparguthabens im Vergleich zur Bausparsumme. Sobald der Bausparer das vereinbarte Mindestguthaben angespart hat und eine ausreichende Bewertungszahl erreicht ist, erfolgt die Zuteilung des Bauspardarlehens.
Siehe auch: Bewertungszahl (Bausparen)

Anteilsfinanzierung

Als Anteilsfinanzierung werden Kredite bezeichnet, die ein Anleger aufnimmt, um Anteile an geschlossenen Immobilienfonds zu erwerben. Im Hinblick auf die Regelungen des Paragraphen 2b EStG („Fallenstellerparagraph") ist zu beachten, dass ein eventuelles negatives steuerliches Ergebnis in der Anfangsphase für den Anleger nicht zu einer Steuerermäßigung führt, die das vom Anleger eingebrachte Eigenkapital ohne Berücksichtigung modellhaft fremdfinanzierter Eigenkapitalanteile übersteigt.
Anderenfalls wird unterstellt, dass die Erzielung des steuerlichen Vorteils im Vordergrund stand. Für diese Fälle gilt die Verlustausgleichsbeschränkung nach Paragraph 2b EStG, so dass das negative steuerliche Ergebnis nicht im Rahmen des vertikalen Verlustausgleichs mit positiven Ergebnissen aus anderen Einkunftsarten verrechnet werden darf.
Siehe auch: Fallenstellerparagraph

Anteilwert

Wer Anteile an Investmentfonds besitzt, kann diese zum jeweiligen Anteilwert („Nettoinventarwert") an die Kapitalanlagegesellschaft zurückgeben. Dieser Wert errechnet sich aus der Teilung des Fondsvermögens (Sondervermögens) durch die Zahl der ausgegebenen Anteilscheine. Der Anteilwert ändert sich durch die Rückgabe von Zertifikaten naturgemäß nicht, da nur ein Tausch Anteil gegen Geld stattfindet. Zum Fondsvermögen gehören die darin enthaltenen Wertpapiere zzgl. Dividenden oder Zinsen. Die täglich veröffentlichten Ausgabe- und Rücknahmepreise unterscheiden sich durch die Höhe des „Ausgabeaufschlags". Bei Immobilienfonds errechnet sich das Vermögen aus dem Wert der Immobilien und den liquiden Mitteln. Die Übertragung des Eigentums an einem Anteil erfolgt durch Übergabe des Anteilscheines.

Antrag und Bewilligung (Grundbuch)

Das Grundbuchamt wird nur auf Antrag tätig. Ausnahmsweise erfolgen Rechtsänderungen im Grundbuch auch von Amts wegen (etwa Anlage von Wohnungsgrundbüchern aufgrund einer Teilungserklärung). Anträge können sich auf Eintragungen, Löschungen aber auch auf Vermerke beziehen. Werden Rechte Dritter oder des Grundstückseigentümers berührt, müssen sie die Änderung im Grundbuch bewilligen. So ist etwa zur Löschung einer Grundschuld die Bewilligung des Grundschuldgläubigers erforderlich, zur Eigentumsübertragung auf den Erwerber die Bewilligung des bisherigen Eigentümers, der sein Eigentumsrecht aufgibt. Antrag und Bewilligung muss inhaltlich deckungsgleich sein („Konsensprinzip"). Überwiegend werden Antrag und Bewilligung in einer Urkunde zum Ausdruck gebracht. Die häufig anzutreffende Formulierung des Notars lautet in solchen Fällen etwa: „Die Parteien beantragen und bewilligen die Rechtsänderung im Grundbuch."

Anwaltszwang

Beim Amtsgericht kann – abgesehen von Ausnahmefällen – jeder Bürger seine Rechte selbst wahrnehmen. Ein Zwang zur Einschaltung eines Anwalts besteht dagegen bei Rechtsstreiten, vor dem Landgericht und den höheren Instanzen, wenn also die Eingangsinstanz das Landgericht ist oder gegen ein Urteil Berufung bzw. Revision eingelegt wird. Der Verstoß gegen den Anwaltszwang führt dazu, dass die nicht vertretene Partei vor dem Gericht keine relevanten Willensäußerungen abgeben kann, so dass eine Situation entsteht, als wäre sie gar nicht anwesend.

AnwBl

Abkürzung für: Anwaltsblatt

Anwesenheitsliste (Wohnungseigentümerversammlung)

Vor Beginn einer Wohnungseigentümerversammlung muss vom Verwalter zu Zwecken der Dokumentation und zur Ermittlung der Beschlussfähigkeit geprüft werden, wer von den eingeladenen Wohnungseigentümern erschienen ist. Der Verwalter bedient sich hierzu einer Anwesenheitsliste. Sie enthält dementsprechend die Namen sämtlicher Wohnungseigentümer und die auf sie jeweils treffenden Miteigentumsanteile. Die bevollmächtigten Vertreter nicht erschienener Wohnungseigentümer tragen sich mit dem Zusatz „i.V." hinter dem Namen des Vertretenen ein. Die Anwesenheitsliste wird zu den Protokollunterlagen genommen und unbefristet aufbewahrt.

Siehe auch: Beschlussfähigkeit

Anzeigen (Inserate)

Anzeigen in Zeitungen und Zeitschriften sind wichtige Werbemittel im Maklergeschäft. Unterschieden werden Objektangebots- Such- und Imageanzeigen.

• **Objektangebotsanzeigen**

Durch Objektangebotsanzeigen lenkt der Makler die Aufmerksamkeit der Leser auf die von ihm angebotenen Immobilienangebote. Diese Anzeigen können als Sammelanzeigen (Darstellung mehrerer Objektangebote) oder als Einzelanzeige (Darstellung eines Objektangebots) veröffentlicht werden. Bei der Gestaltung der Anzeige ist auf das Leseverhalten einerseits und die Rubrizierung des Inseratenteils des Werbeträgers andererseits Rücksicht zu nehmen. Sammelanzeigen sind deshalb nur dann sinnvoll, wenn damit Objekte einer Objektart dargestellt werden und der Werbeträger (die Zeitung) nur eine flache Rubrikstruktur anbietet. Im Hinblick auf das Leseverhalten sollte bei Sammelanzeigen eine Anordnung in aufsteigender Größenreihenfolge (z.B. von 2-Zimmer zur 5-Zimmereigentumswohnung) angestrebt werden. Kundennutzen kann in Sammelanzeigen nur in geringem Ausmaße vermittelt werden. Im Vordergrund stehen daher Einzelanzeigen.Reine Maklerunternehmen geben für Angebotsanzeigen im Schnitt zwischen 15% und 20% ihrer Provisionseinnahmen aus. Es ist daher notwendig, in bestimmten Abständen durch Werbeerfolgskontrollen die Effizienz der Angebotsanzeigen zu ermitteln. Objektangebotsanzeigen werden der „Objektwerbung" des Maklers zugerechnet. Zu den Werbestrategien gehörte dabei, den Kundennutzen des angebotenen Objektes für die angesprochene siehe Zielgruppe in den Vordergrund zu stellen (Headline). Besondere Bedeutung kommt der ersten Objektanzeige zu, die zu den relativ häufigsten Erstleserkontakten führt. Bei der zweiten und dritten Schaltung nimmt tendenziell der Anteil der Zweit- und Drittleser zu und der Anteil der Neuleser ab. Zu häufige Schaltung mindert das „Objektansehen" was sich besonders auf den erzielbaren Preis auswirkt.

• Suchanzeigen

Mit Suchanzeigen wendet sich der Makler an Anbieter von Immobilienobjekten. Sie werden nur dann als sinnvoll angesehen, wenn für den Leser kenntlich wird, dass der Makler über konkrete Interessenten verfügt. Es ist daher wichtig in der Suchanzeige ein Kurzprofil des/der Interessenten mitzuliefern. Dass ein Makler „laufend" Objekte sucht, ist selbstverständlich und braucht nicht erst mitgeteilt zu werden.

• Imageanzeigen

Imageanzeigen werden der Firmenwerbung des Unternehmens zugerechnet. Über sie soll der (positive) Bekanntheitsgrad und das spezifische Profil des Unternehmens in der Öffentlichkeit oder bei speziellen Zielgruppen gesteigert werden. Speziell für Maklerunternehmen ist ein Positivimage wichtig, da die Art des Maklergeschäftes einen großen Vertrauensvorschuss der Auftraggeber erfordert.Mit Imageanzeigen wendet sich das Unternehmen vor allem an potentielle Auftraggeber (Auftraggeber von morgen). Sie sichern das „Geschäft der Zukunft" ab. Imageanzeigen sind deshalb bedeutsam für die passive Auftragsakquisition.

Während eine zu häufige Schaltung ein und derselben Objektangebotsanzeige sich für das Objekt eher schädlich auswirkt, gewinnt die auf Verfestigung des Erinnerungswerts basierende Imageanzeige mit zunehmender Wiederholung an nachhaltiger Wirkung. Allerdings ist die Imageanzeige nur eine von mehreren Möglichkeiten der Imagewerbung.Bei einer inhaltlichen Verbindung von Objekt- und Imagewerbung in einer Zeitungsanzeige im Rahmen des Immobilieninseratenteils sollte in den Hervorhebungen jedenfalls das Objekt im Vordergrund stehen. Der durchschnittliche Zeitungsleser sucht zunächst nicht einen Makler, sondern ein Objekt. Der Weg muss also erst vom Objekt zum Makler führen.

Siehe auch: Auftragsakquisition (Maklergeschäft)

Anzeigengestaltung

Im Gegensatz zu Fließtextanzeigen handelt es sich bei „gestalteten Anzeigen" um größere, häufig mit Rahmen, grafischen Elementen und Bildern versehene Anzeigen. Derart gestaltete Anzeigen werden insbesondere bei teuren Immobilien oder bei Bauträgerobjekten geschaltet, bei denen zugleich mehrere Objekte angeboten werden und ein höheres Werbebudget zur Verfügung steht. Ein Vorteil der gestalteten Anzeige gegenüber einem Fließsatztext besteht darin, dass über die Gestaltung stärker die emotionale Tiefenschicht der ausgewählten Zielgruppe angesprochen werden kann.

Hilfsmittel bei der Gestaltung von Anzeigen können in einer Datei gespeicherte Textblöcke sein, die im Laufe der Zeit nach Objektspezifika geordnet angesammelt werden oder auch andere Anzeigen-Organizer wie z.b. der „Immo-Profitexter".

Anzeigepflicht

• gewerberechtlich

Ein Betrieb, der den Vorschriften der Makler-Bauträger-Verordnung unterliegt, ist nach §9 MaBV verpflichtet, personelle Änderungen in der Leitung des Betriebes oder einer Zweigstelle – bei juristischen Personen derjenigen, die nach der Satzung das Unternehmen vertreten – der Gewerbebehörde unverzüglich anzuzeigen. Damit soll die Behörde in die Lage versetzt werden, prüfen zu können, ob bei den neuen Personen die Voraussetzungen für die Erlaubnis nach §34c GewO gegeben sind. Ein Unterlassen der Anzeige stellt eine Ordnungswidrigkeit dar und wird mit Bußgeld geahndet.

• baurechtlich:

Baurechtliche Anzeigepflichten beziehen sich auf die beabsichtigte Ausführung kleinere Baumaßnahmen, für die eine Genehmigung nicht erforderlich ist. Diesbezügliche Einzelregelungen sind Ländersache.

• nach dem Geldwäschebekämpfungsgesetz:

Jeder Makler ist im Zusammenhang mit Immobiliengeschäften verpflichtet der Staatsanwaltschaft oder der Zentralstelle für Verdachtsanzeigen beim Bundeskriminalamt zu melden, wenn er Barbeträge, Wertpapieren oder Edelmetall annehmen soll die den Wert von 15.000 Euro überschreiten. Dies gilt dann. Wenn gleichzeitig Verdachtsmomente gegeben sind, die darauf hindeuten, dass dies im Zusammenhang mit einer beabsichtigten Straftat ge-

schieht. Er ist außerdem zur Identifizierung des Kunden (Vorlage des Personalausweises) verpflichtet.

Siehe auch: Meldepflicht, Geldwäschebekämpfungsgesetz

AO

Abkürzung für: Abgabenordnung
Siehe auch: Abgabenordnung (AO)

AOK

Abkürzung für: Allgemeine Ortskrankenkassen

API

Abkürzung für: Angabepflichtiger Prospektinhalt

ARB

Abkürzung für: Allgemeine Bedingungen für die Rechtsschutzversicherungen

Arbeitgeberdarlehen

Das Arbeitgeberdarlehen zählt zu den freiwilligen Sozialleistungen vieler Unternehmen und ist oft – besonders in Hochzinsphasen – günstiger als ein Darlehen von Kreditinstituten. Der subventionierte Zins darf aus steuerlichen Gründen bestimmte Grenzen nicht unterschreiten. Liegt der vereinbarte effektive Zinssatz unter dem Zinssatz am Kapitalmarkt, muss der Darlehensnehmer den Zinsgewinn als geldwerten Vorteil versteuern.

Arbeitnehmerähnliche Selbstständige

Wer im Zusammenhang mit seiner beruflichen Tätigkeit außer Familienangehörige keinen versicherungspflichtigen Arbeitnehmer beschäftigt und regelmäßig und im wesentlichen nur für einen Auftraggeber tätig wird, gilt seit 1.1.1999 als arbeitnehmer-ähnlicher Selbstständiger. Hierunter fallen auch Handelsvertreter der Makler, wenn sie – was üblich ist – nur für einen Makler tätig werden.Allerdings werden sie, sofern sie am 2.1.1999 nicht schon das 50. Lebensjahr vollendet haben, sozialversicherungspflichtig, wenn sie nicht vor dem

10.12.1998 einen privaten Lebens- oder Rentenversicherungsvertrag abgeschlossen haben, wobei sie mindesten ebensoviel Beiträge aufwenden müssen, wie bei der Sozialversicherung. Für den Makler, für den ein solcher Handelsvertreter tätig wird, ergeben sich aus der neuen Zuordnung des Handelsvertreters zum arbeitnehmerähnlichen Selbstständigen keine Konsequenzen.Besondere Gefahr droht jedoch dann, wenn in Wirklichkeit gar keine arbeitnehmerähnliche Selbstständigkeit, sondern eine „Scheinselbstständigkeit" vorliegt.
Siehe auch: Scheinselbstständigkeit

Arbeitnehmersparzulage

Staatliche Förderung der Vermögensbildung von Arbeitnehmern auf der Grundlage der Neuregelung des Vermögensbildungsgesetzes zum 1.1.1999. Voraussetzung für die Gewährung der Arbeitnehmersparzulagen sind bestimmte Einkommensgrenzen, die nicht überschritten werden dürfen. Danach darf das „zu versteuernde Einkommen" ab 1999 nicht mehr als 17.900 bzw. 35.800 Euro bei Alleinstehenden bzw. Verheirateten betragen.
Wer die vermögenswirksamen Leistungen in Bausparverträge anlegt oder zum Bau, Erwerb, Ausbau, Erweiterung oder zur Entschuldung seines Wohneigentums verwendet, erhält seit dem 1 Januar 2004 9% aus maximal 470 Euro. Gleiches gilt für den Erwerb eines Baugrundstücks für den Bau eines Wohngebäudes.
Bei Beteiligungen, die sich auf Anteilscheine an Aktienfonds, Aktien und Beteiligungen am eigenen Betrieb und ähnliches beziehen, liegt der Fördersatz bei 18% (in en neuen Bundesländern bei 22%) aus einem Sparbetrag von höchsten 400 Euro. die Höchstförderung bei 400 Euro. Die beiden Förderungen (9% und 18 bzw. 22%) werden nebeneinander gewährt, so dass der Staat im Jahr bis zu 114,30 bzw. 130,50 Euro ausschüttet.
Die Sperrfrist für Sparverträge über Wertpapiere liegt bei 7 Kalenderjahren. Für Anlagen, die auch im Rahmen des Wohnungsbauprämiengesetzes gefördert werden, gelten die Verwen-

dungsvoraussetzungen des Wohnungsbauprämien-Gesetzes

ArbeitsschutzVO

Abkürzung für: Arbeitsschutzverordnung

Arbeitszimmer

Für wen das Arbeitszimmer Mittelpunkt der gesamten betrieblichen und beruflichen Betätigung ist, darf die damit verbundenen Kosten in voller Höhe als Werbungskosten steuermindernd geltend machen. Hierzu zählen Schuldzinsen, Mietanteil bzw. bei Wohneigentum die anteilig auf den Arbeitsraum entfallende Abschreibung, sowie Kosten für Heizung, Strom, Wasser, Reinigung usw.
Das Arbeitszimmer darf keine Einrichtungsgegenstände enthalten, die auf eine private Mitbenutzung schließen lassen. Es muss sich um einen abgeschlossenen Raum handeln. Die übrigen Wohnräume müssen dem Wohnbedarf der Familie gerecht werden. Wer sein Arbeitszimmer (lediglich) zu mehr als 50% beruflich nutzt, darf maximal 1.250 2 (bisher 2.400 DM) pro Jahr einkommensmindernd geltend machen. Das gleiche gilt, wenn für die berufliche oder gewerbliche Tätigkeit kein anderer Arbeitsplatz zur Verfügung steht.
Alle anderen Steuerzahler können keine Aufwendungen für das Arbeitszimmer steuerlich geltend machen.

ArbGG

Abkürzung für: Arbeitsgerichtsgesetz

ArbStättVO

Abkürzung für: Arbeitsstättenverordnung

Architektenbindung

Eine Vereinbarung in einem notariellen Grundstückskaufvertrag, wonach sich der Erwerber verpflichtet, zur Planung oder Ausführung des Bauwerks die Leistung eines bestimmten Architekten oder Bauingenieurs in Anspruch zu nehmen („Architektenbindung"), ist unwirksam. Sind Architektenleistungen vorher bereits erbracht und werden sie vom Erwerber genutzt, hat der Architekt allerdings Anspruch auf Honorar nach den Mindestsätzen der HOAI.

Architektenkammer

Die Architektenkammern (AK) bilden die berufsständischen Vertretungen der Architekten, Innenarchitekten, Landschaftsarchitekten und Stadtplaner. Es handelt sich um Körperschaften öffentlichen Rechts, zu deren Mitgliedern alle in die Architektenliste des jeweiligen Bundeslandes eingetragenen Angehörigen der genannten Berufe zählen. Aufgaben und Tätigkeit der Architektenkammern werden durch die Architektengesetze der einzelnen Bundesländer geregelt. Die Eintragung in die Architektenliste und mithin die Mitgliedschaft in einer Architektenkammer ist Voraussetzung für das Führen der entsprechenden Berufsbezeichnung. Unerheblich ist dabei, ob die betreffende Person ihren Beruf freiberuflich, gewerblich, im Angestelltenverhältnis oder mit Beamtenstatus ausübt.
Siehe auch: Bundesarchitektenkammer

Architektenleistungen

Das Leistungsbild der Architekten ergibt sich aus der Honorarordnung für Architekten und Ingenieure (HOAI).Von den 11 großen Leistungsbereichen sind für den immobilienwirtschaftlichen Bereich vor allem die in Teil II (Leistungen bei Gebäuden, Freianlagen und raumbildenden Ausbauten) und die sich darauf beziehenden zusätzlichen Leistungen von Bedeutung. §15 enthält im Rahmen des Leistungsbildes für Objektplanung für Gebäuden neun Grundleistungen. Diese sind in folgende Leistungsphasen zusammengefasst:

- Grundlagenermittlung
- Vorplanung
- Entwurfsplanung
- Genehmigungsplanung
- Ausführungsplanung
- Vorbereitung der Vergabe
- Mitwirkung bei der Vergabe
- Objektüberwachung
- Objektbetreuung, Dokumentation

Besondere Leistungen ergeben sich aufgrund besonderer Anforderungen. Teilweise handelt es sich um Leistungen, die normalerweise zum Aufgabenbereich des wirtschaftlichen Baubetreuers zählen, etwa Aufstellung eines Finanzierungsplanes und Mitwirkung bei der Beschaffung der Finanzierungsmittel, Aufstellen und Überwachen eines Zahlungsplanes, Objektverwaltung.

Die „zusätzlichen Leistungen" beziehen sich auf die Entwicklung und Herstellung von Fertigteilen, Rationalisierungsmaßnahmen, die Projektsteuerung und die besonderen Maßnahmen im Zusammenhang mit der Durchführung eines Winterbaus.Bauherr und Architekt können im Rahmen der Vertragsfreiheit ihr Geschäftsverhältnis frei gestalten. Es gilt das Werkvertragsrecht des BGB.

Seitens der Architekten wird häufig der sog. Architekteneinheitsvertrag verwendet. Ein neu gefasster Einheitsvertrag, den die Interessentenverbände der Architekten durchsetzen wollten, wurde, nachdem er vom Bundeskartellamt bereits veröffentlicht war, wieder zurückgezogen.

Der alte Architekteneinheitsvertrag verstößt indes in mehrerlei Hinsicht gegen die Vorschriften über AGB. Die obsoleten Klauseln beziehen sich auf dienstvertragsrechtliche, also nicht erfolgsbezogene Fälligstellungen von Honoraren, vom Gesetz abweichend geregelte Kündigungsvoraussetzungen, Vergütungsverpflichtungen des Bauherrn, wenn Kündigung vom Architekten zu vertreten ist, Vergütungsregelungen für nicht erbrachte Leistungen und dergleichen.

Die Geschäftsbeziehung zwischen Bauherrn und Architekten wird durch Verwendung eines solchen Vertrages jedenfalls problematisiert.

Architektenvertrag
Siehe: Architektenleistungen

Architektenwettbewerb
Ein Architektenwettbewerb dient dem Finden unterschiedlicher Lösungsalternativen für eine bestimmte Planungsaufgabe und dem Auswählen der geeignetsten Lösung. Die Durchführung von Architektenwettbewerben wird durch die GRW 1995 (Grundsätze und Richtlinien für Wettbewerbe auf den Gebieten der Raumplanung des Städtebaus und des Bauwesens) geregelt. Konkrete Wettbewerbsverfahren sind mit der Architektenkammer des betreffenden Bundeslandes abzustimmen. Treten Bund oder Länder als Bauherren auf, so sind generell Wettbewerbe nach GRW durchzuführen.

Die Vorschriften der GRW für die Durchführung von Wettbewerben beinhalten unter anderem die folgenden Anforderungen an Wettbewerbsverfahren: Entscheidung durch ein unabhängiges Preisgericht, anonyme Abwicklung des Verfahrens, Auslobung von Preisen sowie Verpflichtung des Auslobers, einen oder mehrere Preisträger mit der weiteren Bearbeitung des Projekts zu beauftragen.

Je nach Zielstellung und Art der Planungsaufgabe unterscheiden die GRW mehrere Wettbewerbsarten und -verfahren. So wird zwischen Ideenwettbewerben und Realisierungswettbewerben, einstufigen und mehrstufigen Verfahren sowie zwischen offenen und beschränkten Wettbewerbsverfahren differenziert. Darüber hinaus existieren mit den Kombinierten Wettbewerben und den Investorenwettbewerben noch zwei besondere Verfahren, bei denen es sich nicht um Architektenwettbewerbe im eigentlichen Sinne handelt.
Siehe auch: Kombinierter Wettbewerb, Investorenwettbewerb

Architekturmodell

Bei Architekturmodellen handelt es sich um maßstabsgerechte Modelle von geplanten Gebäuden, die ihre äußere Wirkung bezogen auf die Umgebungsbebauung erkennen lassen. Es kann sich um ganze städtebauliche Modelle handeln, aber auch um Präsentationsmodelle für ein bestimmtes Objekt. Vielfach wird mit Architekturmodellen im Rahmen von Architektenwettbewerben gearbeitet.

Arenen
Derzeit werden auch in Deutschland zunehmend Arenen nach dem Muster amerikanischer Super-Domes konzipiert. Bei dieser Sonderimmobilie findet alles von internationalen Sportveranstaltungen bis zu großen Musik-Happenings statt. Der grüne Rasen des Sports kann mit vernünftigem Aufwand jeweils aufgebracht oder entfernt werden.

Die amerikanischen Super-Domes, die zunehmende hochgradige Kommerzialisierung und Professionalisierung des Spitzensports, speziell des Fußballs und nicht zuletzt die Vergabe der Fußball-WM 2006 an Deutschland haben das Thema Arenen deutlich an Bedeutung gewinnen lassen. Über lange Jahre war das Thema Arenen eine Veranstaltung öffentlicher Stellen, die Stadien vorhielten und letztendlich auch die Verluste berappten. Jetzt wird über Modelle nachgedacht, bei denen private Betreiber in diesem Segment aktiv werden. Diese Arenen bieten sich aber nicht nur für Freiluftveranstaltungen, sondern ganz speziell auch für Indoor-Events an.

Der Erfolg einer Arena ist nur dann möglich, wenn sie sich durch ein hohes Maß an Multi-Funktionalität auszeichnet und eine Vielzahl unterschiedlicher Nutzungen ermöglicht. Nutzungsflexibilität bedeutet bei Arenen nicht nur, dass unterschiedliche Nutzungen grundsätzlich möglich sind, sondern dass ein schneller und effizienter Wechsel hinsichtlich der unterschiedlichen Nutzungsform möglich ist. Oder anders ausgedrückt: Eine Arena hilft nicht viel, wenn es drei Tage dauert, den Fußballrasen abzutragen und das Stadion für eine normale Konzertveranstaltung umzurüsten.

ARGE

ARGE ist die Abkürzung für Arbeitsgemeinschaften. Es handelt sich um Zusammenschlüsse von Unternehmen des Baugewerbes zur gemeinsamen Durchführung eines (in der Regel größeren) Bauvorhabens. Der Zusammenschluss ist rechtlich eine BGB-Gesellschaft.Die Zusammenarbeit im Rahmen einer ARGE führt einerseits zu Synergieeffekten, andererseits zur Reduktion des Risikos jedes der beteiligten Unternehmen. Der Vorteil für den Bauherrn liegt darin, dass er nur einen Ansprechpartner hat.

ARGEBAU

Abkürzung für: Arbeitsgemeinschaft der für das Bau-, Wohnungs- und Siedlungswesen zuständigen Minister und Senatoren der Länder

ARICS

Abkürzung für: Associate of the Royal Institution of Chartered Surveyors
Siehe auch: Chartered Surveyor

Arkade

Arkaden sind auf Säulen ruhende Bogenreihen, die in der Regel als Dachstütze dienen. Die darunter befindlichen Bogengänge spenden Schatten und schützen vor Regen. Vielfach werden diese Bogengänge auch zur Erweiterung von Gastronomiebetrieben außerhalb des Gebäudes genutzt. Arkaden bieten auch für die Geschäfte mit ihren Schaufenstern und Auslagen Vorteile.

ARR

Abkürzung für: Average Room Rate
Siehe auch: Average Room Rate

Arrondierung

Unter Arrondierung (Abrundung) versteht man eine Neuordnung von Grundstücken im Zusammenhang mit der Flurbereinigung. Im Interesse einer effizienten Felderbewirtschaftung soll zersplitterter Grundbesitz durch Flächentausch (Felderregulierung) zu sinnvollen Einheiten zusammengefasst werden. Landwirtschaftliche Flurbereinigungsmaßnahmen sind das Pendant zur städtebaulichen Bodenordnung.
Siehe / Siehe auch: Bodenordnung

Art

Abkürzung für: Artikel

Art der baulichen Nutzung

In einem Flächennutzungsplan können Bauflächen ausgewiesen werden, die die allgemeine Art der baulichen Nutzung bezeichnen (W =

Wohnbauflächen, M = gemischte Bauflächen, G = gewerbliche Bauflächen und S = Sonderbauflächen). Es besteht auch die Möglichkeit des Ausweises von Baugebieten. Im Bebauungsplan können nur Baugebiete festgesetzt werden. Sie enthalten nähere Festsetzungen der Nutzungsart. Allerdings ist darauf hinzuweisen, dass auch in Flächennutzungsplänen Baugebiete „dargestellt", aber nicht „festgesetzt" werden können. Vorgesehen ist bei der Novellierung des BauGB, auch Ausweisungen im Flächennutzungsplan als „Festsetzung" zu qualifizieren.

Nach der Baunutzungsverordnung (BauNVO) gibt es 10 verschiedene Baugebiete, darunter vier Wohngebietsarten nämlich Kleinsiedlungsgebiet (WS), reines, allgemeines und besonderes Wohngebiet (WR, WA, WB), drei Mischgebietsarten nämlich Dorfgebiet, „Mischgebiet", Kerngebiet (MD, MI, MK) und drei gewerbliche Gebietsarten. Zu diesen gehören Gewerbegebiet, Industriegebiet und Sondergebiet (GE, GI, SO).

Eine „Nebenart" des Sondergebiets sind Wochenendhausgebiete. Das eigentliche Sondergebiet bezieht sich auf die Beschreibung eines Baugebietes, in dem besondere bauliche Anlagen errichtet werden können wie Flughäfen, Hochschulen, Großkliniken, Einkaufszentren, Kurgebiete u. dergl. (Beispiel SO KLINIK für ein Sondergebiet, für das der Bau einer Klinik festgesetzt ist.).

Jede Baugebietsart wird in einem eigenen § beschrieben. Im ersten Absatz steht die Zwecksetzung: z.B. bei § 3 Reine Wohngebiete: „Reine Wohngebiete dienen dem Wohnen". Es folgt im 2. Absatz jeweils der Katalog der baulichen Nutzung, der zulässig ist und damit die Baugebietsart charakterisiert z.B. bei § 2 Kleinsiedlungsgebiete:

„Zulässig sind 1. Kleinsiedlungen einschl. Wohngebäude mit entsprechenden Nutzgärten, landwirtschaftliche Nebenerwerbsstellen und Gartenbaubetriebe sowie 2. die der Versorgung des Gebietes dienenden Läden, Schank- und Speisewirtschaften sowie nicht störende Handwerksbetriebe." Der 3. Absatz ist schließlich

den zulässigen Ausnahmen gewidmet. So können bei Gewerbegebieten (§ 8) ausnahmsweise zugelassen werden:

• Wohnungen für Aufsichts- und Bereitschaftspersonen sowie Betriebsinhaber und Betriebsleiter.

• Anlagen für kirchliche, kulturelle, soziale und gesundheitliche Zwecke

• Vergnügungsstätten.

Bei der konkreten Gestaltung eines Bebauungsplanes muss sich eine Gemeinde für eine Nutzungsart entscheiden, wobei sie allerdings von den Vorgaben der Verordnung durch Festsetzungen abweichen kann, soweit dadurch der Gesamtcharakter des Baugebietes nicht wesentlich beeinträchtigt wird. Im Übrigen wird die jeweilige Baugebietsbeschreibung der Baunutzungsverordnung Bestandteil des Bebauungsplans.

Die festgesetzt Baugebietsart enthält wichtige Informationen für die Lageanalysen von Maklern und Sachverständigen und Standortanalysen von Projektentwicklern."

Siehe auch: Ausnahmen und Befreiungen (öffentliches Baurecht)

Asbestzement

Da Asbest ein Mineral mit großer Hitzebeständigkeit ist, wurde es früher vielfach im Baugewerbe eingesetzt. Es wurde zur Herstellung von Asbestzement verwendet.

Da freischwebende Asbestfasern, die beim Arbeiten mit Asbestplatten auftreten, in der menschlichen Lunge zu Krebs führen können, wurde der Einsatz in Deutschland mit wenigen Ausnahmen verboten. Die im Rahmen von Asbestsanierungen anfallenden asbesthaltigen Baustoffe dürfen nach entsprechender Vorbehandlung nur von bestimmten sachkundigen Firmen auf ausgewiesenen Asbestdeponien entsorgt werden.

Sind in Gebäuden Bauteile mit Astbestzement verwendet worden, kann sich dies erheblich wertmindern auswirken.

ASR
Abkürzung für: Arbeitsstättenrichtlinien

Asset Management
Siehe: Vermögensmanagement
(Assetmanagement)

Ast
Abkürzung für: Antragsteller

AStB
Abkürzung für: Allgemeine Bedingungen für die Sturmversicherung

AtomG
Abkürzung für: Atomgesetz

ATV
Abkürzung für: Allgemeine Technische Vertragsbedingungen für Bauleistungen

Aufgeld
Siehe: Agio

Auflassung
Auflassung bezeichnet die Einigung zwischen Verkäufer und Käufer über den Eigentumswechsel beim Grundstückskauf. Die Auflassung muss zusätzlich zum Kaufvertrag erfolgen und von beiden Vertragsseiten bei gleichzeitiger Anwesenheit vor einem Notar erklärt werden. Die Vertragsparteien können sich auch vertreten lassen. Anschließend wird der Eigentümerwechsel im Grundbuch eingetragen. Beim Immobilienkaufvertrag wird die Auflassung in der Regel bereits in der Kaufvertragsurkunde erklärt. Existiert das Kaufgrundstück noch nicht als handelsbares Gut, weil es erst Vermessen werden muss, kann die Auflassung erst dann erklärt werden, wenn das Grundstück als Rechtsobjekt entstanden ist.

Auflassungsvormerkung
Die Auflassungsvormerkung sichert den Anspruch des Grundstückserwerbers auf Übertragung des Eigentums am Grundstück. Sie ist üblich, da sich die Auflassung nicht unmittelbar nach der Unterzeichnung des Kaufvertrags vollziehen lässt. Die Auflassungsvormerkung wird in Abteilung II des Grundbuchs eingetragen und Zug um Zug mit der Eigentumsumschreibung wieder gelöscht.

Aufmaß
Sofern ein Bauvertrag auf Einheitspreisen (Preise für Leistungseinheiten) beruht, ist es erforderlich, die erbrachte Leistung quantitativ zu erfassen. Dies erfolgt durch das Aufmaß, einem Zählen und Nachmessen der Längen (z.B. Rohre), Flächen (z.B. Wände) und Massen (z.B. Mauerwerk).
Zum Aufmaß sollte der Architekt des Bauherrn hinzugezogen werden ("gemeinsames Aufmaß").

Aufteilungsplan

Aufteilungsplan

Um Wohnungseigentum rechtswirksam durch Anlegung der Wohnungsgrundbücher zu begründen, ist es erforderlich, der Eintragungsbewilligung neben der Abgeschlossenheitsbescheinigung eine von der Baubehörde mit Siegel und Stempel versehene Bauzeichnung beizufügen, die allgemein als Aufteilungsplan bezeichnet und zum Betandteil der Grundakte wird.
Der Aufteilungsplan soll Aufschluss geben über die Aufteilung des Gebäudes sowie über die Lage und Größe der im Sondereigentum und der

im Gemeinschaftseigentum stehenden Gebäudeteile. Bei bestehenden Gebäude muss der Aufteilungsplan grundsätzlich den aktuellen Bauzustand zutreffenden wiedergeben.

Alle zu demselben Sondereigentum gehörenden Einzelräume sind mit der jeweils gleichen Nummer zu kennzeichnen (§ 7 Abs. 4 WEG).

Zur klaren Abgrenzung von Sondereigentum und Gemeinschaftseigentum ist es erforderlich, dass der Aufteilungsplan nicht nur die Grundrisse, sondern auch Schnitte und Ansichten des Gebäudes enthält.

Die Numerierung der zu einem Sondereigentum gehörigen Räume, einschließlich Balkone, Loggien, Keller-, Boden- und Abstellräume, Garagenstellplätze muss mit der entsprechenden Numerierung des Sondereigentums in der Teilungserklärung übereinstimmen.

Ist Sondereigentum in der Teilungserklärung und im Aufteilungsplan nicht hinreichend und übereinstimmend ausgewiesen, zum Beispiel bei abweichender oder fehlender Numerierung, ist Sondereigentum nicht rechtswirksam entstanden.

Ebenfalls im Aufteilungsplan auszuweisen sind Sondernutzungsrechte, also alleinige Gebrauchs- und Nutzungsrechte an gemeinschaftlichen Flächen (Gartenflächen, PKW-Stellplätze im Freien) und Räumen.

Siehe auch: Wohnungsgrundbuch, Sondernutzungsrecht, Sondereigentum, Gemeinschaftseigentum

Auftragsakquisition (Maklergeschäft)

Auftragsakquisition im Maklergeschäft kann als Beschaffung von Objektaufträgen zu Bedingungen verstanden werden, die einen positiven Beitrag zum betriebswirtschaftlichen Ergebnis des Maklerbetriebs erwarten lassen.

Die Beschaffung von Interessentenaufträgen zur Objektsuche gehört zwar auch zur Auftragsakquisition. Sie spielt aber im deutschen Maklergeschäft kaum eine Rolle, obwohl sich ein solcher Marktzugang für Makler auch anbieten würde.

Im Rahmen der Auftragsakquisition sind folgende Rahmenbedingungen zu beachten:
• Die Angebotskonditionen für das Objekt müssen marktrealistisch sein
• Die Maklervertragsbedingungen müssen so beschaffen sein, dass dem Makler auch ein genügend großer Spielraum für den Einsatz von Auftragsbearbeitungskosten bleibt
• Der Auftraggeber sollte sich zur Provisionszahlung im Abschlussfall verpflichten

Durch marktrealistische Angebotsbedingungen kann der Makler weitgehend die Auswirkungen des siehe Erfolgsprinzips ausschalten. Marktrealistische Angebotsbedingungen liegen auch im Interesse des Auftraggebers, weil ein zu hoher Preisansatz zu einem sukzessiven Absenken der Preise führen muss. Dies ruft bei den Interessenten eine „Baissespekulation" hervor. Das Objekt ist dann nur unter Wert zu verkaufen.

Die Maklervertragsbedingungen sollten so gestaltet sein, dass der Makler über seinen Einsatz für den Auftraggeber auf der Ebene einer hohen Erfolgswahrscheinlichkeit agieren kann.

Bemühen sich z.B. drei oder vier Makler gleichzeitig um den Verkauf, bestehen aus der Sicht jedes Einzelnen nur noch geringe Erfolgschancen, was den Kosteneinsatzspielraum erheblich reduziert. Als geeignetes Instrument zur Absicherung eines erfolgsorientierten Einsatzes bietet sich der siehe Alleinauftrag an.

Durch ihn werden die Auswirkungen des „Prinzips der Entscheidungsfreiheit des Auftraggebers" im Interesse beiden Parteien erheblich reduziert.

Die letzte Rahmenbedingung geht von der Überlegung aus: „Wer zahlt schafft an." Übernimmt der Verkäufer die gesamte Maklerprovision, dann wird der Makler zum ausschließlichen Interessenvertreter des Verkäufers, was sich in der Regel im Gesamtergebnis des vermittelten Vertrages auswirkt.

Siehe auch: Erfolgsprinzip (Maklergeschäft), Alleinauftrag

Aufwendungsdarlehen und Aufwendungszuschüsse

Als rückzahlbares Aufwendungsdarlehen werden vom Staat im sogenannten 2. Förderweg für Neubauten gewährte Darlehen bezeichnet, das Bauherren oder Käufern mit niedrigen Einkommen erhalten konnten. Der Bauherr erhielt mehrere Jahre einen bestimmten Darlehensbetrag pro Quadratmeter Wohnfläche, dessen Höhe sich nach der Zahl der Familienmitglieder richtete.

Im Vergleich dazu brauchten Aufwendungszuschüsse nicht zurückgezahlt werden. Sie wurden oft bei Wohnungen, die im 1. oder 2. Förderweg gefördert wurden, von den Bundesländern zusätzlich gewährt. Diese staatliche Förderung richtete sich in ihrer Höhe nach der Wohnfläche. Der Aufwendungszuschuss verringerte sich außerdem alljährlich um einen bestimmten Satz, bezogen auf die Anfangsleistung.

Durch die Aufhebung des 2. Wohnungsbaugesetzcs zum Ablauf des 31. Dezember 2002, (optional des 31. Dezember 2003) das hierfür die Gesetzesgrundlage war, ist diese Förderung auf dieser Rechtsgrundlage nicht mehr möglich. Heute gilt das Wohnraumförderungsgesetz, das allerdings ähnliche Förderungsmöglichkeiten vorsieht.

Siehe auch: Wohnraumförderungsgesetz

AufzV

Abkürzung für: Aufzugsverordnung

Auktion (Immobilien)

Außer der Zwangsversteigerung gibt es die Form der freiwilligen Versteigerung einer Immobilie – auch Auktion genannt. In Niedersachsen hat diese Form der „Vermittlung über einen Auktionator eine lange Tradition. Mit der Gründung eines ersten Auktionshauses in Berlin im Jahre 1985 durch den damaligen Berliner Wirtschaftssenator Hans Peter Plettner begann eine neue Entwicklung. Das Unternehmen existiert heute unter dem Namen Deutsche Grundstücksauktionen AG (DGA). 1992 erfolgte ebenfalls in Berlin die Gründung der Karhau-

sen Immobilien Organisationen GmbH & Co (KIA). Weitere neuere Auktionshäuser für Immobilien sind die Deutsche Haus- und Grundauktionen AG in Stuttgart, Bremen und Düsseldorf, die die Auktionen der EXPO-Pavillions in Hannover übernahm. Zu nennen sind auch Waitz & Richter GmbH in Leipzig sowie Jones Lang LaSalle die mit Engels & Völkers sich um Grundstücksauktionen unter dem Dach des Auktionshauses Sothebeys bemühen.

Die beiden Berliner Versteigerungshäuser zusammen versteigern im Jahresschnitt Objekte im Wert zwischen 45 und 100 Millionen Euro. Die Erfolgsquote bei Versteigerungen liegt relativ hoch. Es wird geschätzt, dass über 90% der eingelieferten Objekte auch im Versteigerungsverfahren umgesetzt werden. Allerdings liegt in vielen Fällen die Zuschlagsumme nicht oder nicht wesentlich über dem Mindestgebot. Andererseits können hier auch Objekte am Markt untergebracht werden, die bei Verkaufsbcmühungen am normalen Markt kaum Chancen haben.

Über den Versteigerungserfolg (Versteigerungserlös im Vergleich zum Mindestgebot) entscheidet auch die Vermarktungsstrategie. Für einen Versteigerungstermin werden oft bis zu 50.000 Objektkataloge versandt. Wichtig ist, dass die Zielgruppenschärfe der Werbemaßnahmen.

Der Versteigerer bedarf einer Erlaubnis nach § 34 b der Gewerbeordnung. Sie wird erteilt, wenn der Antragsteller geordnete Vermögensverhältnisse nachweisen kann, und die das Versteigerergewerbe erforderlich Zuverlässigkeit besitzt. Außerdem muss der Grundstücksversteigerer die erforderlichen Kenntnisse über den Grundstücksverkehr nachweisen. Besonders sachkundige Versteigerer können öffentlich bestellt und vereidigt werden.

Weder der Versteigerer noch seine Angestellten dürfen als Bieter auftreten.

Nähere Regelungen über den Versteigerungsvorgang enthält die Versteigerer-Verordnung (VerstV). In ihr sind u.a. geregelt Form und Inhalt des Auftragsverhältnisses mit dem Auftraggeber (u.a. das von ihm zu entrichtende „Aufgeld"), die Versteigerungsbedingungen, die der Versteigerer festlegen muss, die etwaige Hinzuziehung eines vereidigten Sachverständigen zur Ermittlung des Verkehrswertes sowie die Anzeigepflicht eines Versteigerungstermins bei der zuständigen Behörde.

Wird im Grundstücksversteigerungsverfahren der Zuschlag erteilt, erfolgt in der Regel die notarielle Beurkundung durch den anwesenden Notar. Denkbar ist im Übrigen auch dass der Notar selbst eine Auktion leiten kann und den Zuschlag beurkunden kann. Zuständig für die Versteigerung ist er „kraft Amtes" etwa dann, wenn er darum ersucht wird, eine freiwillige Versteigerung von Wohnungseigentum durchzuführen, wenn die Wohnungseigentümer rechtsgültig ein Veräußerungsverlangen gegenüber einem Wohnungseigentümer wirksam beschlossen haben. Das Verfahren ist in §§ 53 ff WEG geregelt.

Siehe auch: Zwangsversteigerung

Aus- und Weiterbildung

Unter Ausbildung versteht man die systematische Vermittlung von Kenntnissen und Fertigkeiten. Bei der Ausbildung wird zwischen akademischer und beruflicher Ausbildung unterschieden. Die akademische Ausbildung findet an Universitäten / Hochschulen, Fachhochschulen und Berufsakademien statt. Es handelt sich um den sogenannten tertiären Ausbildungssektor.

Im Bereich immobilienwirtschaftlicher Studienmöglichkeiten konzentriert sich die akademische Ausbildung vor allem auf Fachhochschulen und Berufsakademien. Es gibt derzeit an elf Fachhochschulen und vier Berufsakademien in Deutschland, die Studiengänge oder Studienschwerpunkte mit immobilienwirtschaftlichem Inhalt anbieten.

Im Universitätsbereich gibt es zwei Stiftungslehrstühle für die Immobilienwirtschaft, nämlich an der Universität Leipzig und an der ebs. An der Universität Regensburg werden derzeit zwei Stiftungslehrstühle eingerichtet, nämlich für Immobilienökonomie (Real Estate Econo-mic) und für Immobilienmanagement (Real Estate Management). Zwei weitere Stiftungslehrstühle für Immobilienfinanzierung und Immobilienrecht sind geplant.

Die Berufsausbildung in der Immobilienwirtschaft erfolgt nach dem Ausbildungsberufsbild des Kaufmanns/der Kauffrau in der Grundstücks- und Wohnungswirtschaft. Die Zahl der Ausbildungsverhältnisse stieg seit 1989 (=1.895) beträchtlich an. Sie betrug im Jahr 1999 bereits 5.446 – das ist ein Zuwachs von 283%! Auch die Zugangsqualifikation zu diesem anspruchsvollen Ausbildungsberuf ist überdurchschnittlich hoch. Der Anteil der Abiturienten an den Auszubildenden beläuft sich auf 67% (bei den übrigen Ausbildungsbetrieben aus dem Bereich Industrie und Handel nur 23%). Allerdings liegt auch das Einstiegsalter in den Ausbildungsberuf mit 20,8 Jahren um 1,7 Jahre über dem Durchschnitt. Der Frauenanteil ist mit 61% sehr beachtlich.

Die Regelausbildungsdauer liegt bei 3 Jahren. Abiturienten und Realschüler können allerdings auf 2 1/2 Jahre abkürzen.

Obwohl die Neufassung des Ausbildungsberufsbildes erst aus dem Jahre 1996 stammt, wird derzeit über eine Novellierung nachgedacht, der stärker als bisher auch Ausbildungsinhalte aus dem Bereich des Facility Managements berücksichtigen soll.

Eine Veröffentlichung von Ausbildungsstellen im Internet kann bei der Bundesanstalt für Arbeit im Rahmen des Arbeitgeber-Informations-Service (ais) veranlasst werden.

Die Angebote sind unter dem Ausbildungs-Stellen-Informations-Service (asis) abrufbar. http://www.arbeitsamt.de/hst/index.htmlUnter Weiterbildung versteht man eine Anpassungs- oder Aufstiegsfortbildung von Personen, die bereits im Berufsleben stehen und ihren Berufsbildungsstand entweder dem aktuellen Wissensstand anpassen wollen oder einen Aufstieg in ihrem Unternehmen anstreben.

Nachfolgend finden Sie eine Auflistung von Aus- und Weiterbildungsträgern.

Akademie der Immobilienwirtschaft (ADI)

AFM Akademie für Facility Management

Akademie Langenfeld

AWB Akademie für Wirtschaft und Bildung

Akademie der Immobilienwirtschaft (ADI) GmbH

AWI - Akademie der Wohnungs- und Immobilienwirtschaft Baden-Württemberg GmbH

BBA - Berlin-Brandenburgische Akademie der Wohnungswirtschaft e.V.

Berliner Fachseminare Bernd Heuer Dialog Düsseldorf GmbH

Berufsakademie Mannheim - Fachrichtung Immobilienwirtschaft

Berufsakademie Sachsen Staatliche Studienakademie Leipzig

Betriebswirtschaftliches Institut der Bauindustrie (BWI-Bau)

Bundesverband Deutscher Sachverständiger und Fachgutachter e.V. (BDSF)

DIA - Deutsche Immobilien-Akademie - an der Universität Freiburg

ebs IMMOBILIENAKADEMIE GmbH EUROFORUM Deutschland GmbH

Europäische Immobilien Akademie

Europäisches Institut für postgraduale Bildung an der TU Dresden e.V. EIPOS

Fachhochschule Oldenburg / Ostfriesland / Wilhelmshaven - Standort Oldenburg

ewm Wirtschaftssemninare MD GmbH

FH Biberach - Hochschule für Bauwesen und Wirtschaft

FH Lippe Abteilung Detmold - Fachbereich ImmobilienwirtschaftFH Nürtingen - Standort Geislingen

FWI Führungsakademie der Wohnungs- und Immobilienwirtschaft e.V.GBS - Gemeinn. GmbH f. berufsb. Schulen München

gtw Weiterbildung GmbH

Handelskammer Hamburg

Bildungs-Service GmbH

Haufe Akademie

Haus der Technik e.V. - HDT

Akademie Helf Recht-Unternehmerzentrum

Hochschule Anhalt (FH) - Hochschulstandort Bernburg, Fachbereich Wirtschaft

IBS Lippstadt International Business School

IHK Giessen-Friedberg - Geschäftsstelle Friedberg

IHK Hanau-Gelnhausen-Schlüchtern

IHK Rhein-Neckar - Fort- und Weiterbildung

IHK Südthüringen - Weiterbildungszentrum

IHK Südwestsachsen - Chemnitz-Plauen-Zwickau

IHK-Weiterbildungsakademie GmbH

IHK-Zentrum für Weiterbildung GmbH

IMI Immobilien-Institut-Reinhold Pachowsky

immopromot Bernd Eger OHG

Institut für Baubiologie und Ökologie, unabhängige private GmbH

Institut für City- und Regionalmanagement Ingolstadt e.V.- Fachhochschule Ingolstadt

Institut für deutsches und internationales Baurecht e.V. - an der Humbold-Universität zu Berlin

Internationales Institut für Facility Management

Josef-Humar-Institut e.V. - Institut für Wohnungseigentum und Wohnungsrecht

Klaus Nielen Institut für Immobilienwirtschaft GmbH

MA Management Akademie - Gesellschaft zur Fortbildung von Fach- und Führungskräften

Management Forum Starnberg GmbH

Management GmbH

ML Fachinstitut für die Immobilienwirtschaft

Oldenburgische Industrie- und Handelskammer

PROTEKTOR - Fachschule für Dienstleistungen

RDM-Bayern GmbH - Institut für Immobilienmarktforschung und Berufsbildung

REA - Real Estate Fernakademie

Rudolf Haufe Verlag GmbH & Co. KG SSB Spezial Seminare Bau GmbH

Sächsische Verwaltungs- und Wirtschaftsakademie - VWA

Steintechnisches Institut Mayen-Koblenz im IHK-Bildungszentrum Koblenz e.V.

Südwestdeutsche Fachakademie der Immobilienwirtschaft e.V.

Tasche & Partner Sachverständigen-NetzwerkUniversität Leipzig - Wirtschaftswissenschaftliche Fakultät - Stiftungslehrstuhl Grundstücks- und Wohnungswirtschaft

VDM Verband Deutscher Makler Landesverband Bayern

VDM Verband Deutscher Makler Landesverband Nordrhein-Westfalen

Verkaufstraining f. d. Immobilienwirtschaft

WAK Wirtschaftsakademie Schleswig-Holstein

WEKA MEDIA GmbH

WF-Akademie

Wirschaftsschule Küster - Gesellschaft für
Erwachsenenbildung mbH

Württembergische Verwaltungs- und Wirtschafts-
Akademie

Siehe auch: Studiengänge (immobilienwirtschaftliche), Kaufmann/Kauffrau in der
Grundstücks- und Wohnungswirtschaft
(IHK), Berufliche Bildung in der Immobilienwirtschaft

Ausbauhaus

Haus, das in verschiedenen Ausbaustufen angeboten wird, wobei der Restausbau durch den
Bauherrn erfolgt. Insbesondere die Eigenleistungen und damit die Restkosten werden häufig falsch eingeschätzt. Ebenfalls gestaltet sich
die Bewertung der Immobilie und damit auch
die Beleihung in der Regel nicht einfach.

Ausbietungsgarantie (Zwangs-
versteigerungsverfahren)

Unter Ausbietungsgarantie versteht man ein
notariell beurkundetes Versprechen eines Bie-
ters gegenüber dem betreibenden Gläubiger, im
Versteigerungstermin ein Gebot in bestimmter
Mindesthöhe abzugeben. Die Verpflichtung ist
einseitig und daher nicht empfehlenswert. Zumindest sollten die Kosten der Ausbietungsgarantie vom begünstigten Gläubiger getragen
werden. Makler können Ausbietungsgarantien
vermitteln.

Ausgabeaufschlag

Siehe: Agio

Ausgleichsflächen

Die im Zusammenhang mit der Aufstellung,
Änderung, Ergänzung oder Aufhebung von
Bauleitplänen zu erwartende mögliche Versiegelung des Bodens erfordert einen Ausgleich
durch Bereitstellung von sog. Ausgleichsflächen etwa in Gestalt von Grünflächen

(Streuwiesen), Biotopen, extensiv genutzte
Wiesen, die einer intensiven landwirtschaftli-
chen Nutzung entzogen sind. Diese sind in den
Flächennutzungsplänen darzustellen und in den
Bebauungsplänen festzusetzen.

Die Ausgleichsflächen müssen nicht im räumlichen Zusammenhang mit dem Baugebiet stehen. Die Kosten für die Bereitstellung der Ausgleichsflächen sind nach bestimmten Umle-
gungsmaßstäben, die sich am Versiegelungsgrad des Bodens durch die Bebauung orientieren (überbaubare Grundstücksflächen, zulässige Grundfläche, zu erwartende Versiegelungs-
fläche, Schwere des Eingriffs), auf die Eigentümer der Flächen des neuen Baugebietes abzu-
wälzen. Im Gegensatz zum Erschließungsauf-
wand werden die Gesamtkosten der Aus-
gleichsmaßnahmen umgelegt.Beschaffung und
Bereitstellung von Ausgleichsflächen können
auch durch städtebaulichen Vertrag auf Unternehmen übertragen werden.

Siehe auch: Erschließung - Erschließungsbeitrag, Erschließungsvertrag, Ersatzmaßnahme (für Ausgleich)

Auskunfteien

Auskunfteien sind Unternehmen, die über Personen, Firmen, Verbände und Vereinigungen
Informationen sammeln und diese interessier-
ten Nachfragern als Auskünfte gegen Vergü-
tung zur Verfügung stellen. Teilweise überneh-
men Auskunfteien auch noch Inkassodienste.
Die bekanntesten sind: Schimmelpfeng Inkasso
GmbH – dieses Unternehmen wurde 1999 erworben von D & B – Dun und Brandstreet
Deutschland GmbH (seit 2001 geht man aber
wieder getrennte Wege)Bürgel, Creditreform,
Schufa, KSV-Kreditschutz-Vereinigung
GmbH. Letztere teilt sich die Arbeit mit der
Schufa. Die Schufa bearbeitet Aufträge über
Privatpersonen, die KSV Aufträge über Firmen.
Für den Versicherungsbereich ist als Auskunfts-
stelle der „Versicherungsaußendienst e.V." zu-
ständig. Wer als Kaufmann ein größeres Ge-
schäft mit einem neuen Kunden abschließen
will, möchte unter Umständen dessen Zah-

lungsfähigkeit prüfen. Wer Kredite vergeben will, muss wissen, wen er als Kunden vor sich hat. Hier bringen Auskünfte mehr Sicherheit. Wer als Kunde keine Kredite bekommt, wer plötzlich aufgefordert wird, seine Außenstände umgehend auszugleichen, sollte prüfen, was die Auskunfteien gespeichert haben. Kaufleute sollten regelmäßig Eintragungen über sich bei den Auskunfteien auf ihre Richtigkeit hin überprüfen.

Auslandsinvestment

Auslandsinvestments sind Kapitalanlagen außerhalb Deutschlands. Im Immobilienbereich erwerben zunehmend insbesondere institutionelle Anleger auch ausländische Büro- und Einzelhandelsobjekte, wobei Großbritannien, die Niederlande, Frankreich, die USA und Spanien derzeit zu den interessantesten Märkten zählen. Der Vertrieb ausländischer Investmentanteile ist seit 1.1.2004 im Investmentgesetz (früher im Auslandinvestmentgesetz) geregelt, das insbesondere auch Vorschriften über den Verkaufsprospekt und Antragsvordruck enthält.
Siehe auch: Investmentgesetz

AuslInvestmG
Abkürzung für: Auslandsinvestmentgesetz

Ausnahmen und Befreiungen (öffentliches Baurecht)
Festsetzungen in Bebauungsplänen können Ausnahmeregelungen enthalten, die ein Bauherr für sich in Anspruch nehmen kann. (Beispiele bei: Art der baulichen Nutzung) Von Be-

freiungen im Sinne des Bauplanungsrechts (§ 31 BauGB) dagegen spricht man, wenn zugelassen wird, dass der Bauherr von Festsetzungen des Bebauungsplanes abweichen darf.
Die Befreiung ist möglich, wenn mit der beabsichtigten Abweichung die Grundzüge des Bebauungsplanes unberührt bleiben und entweder Gründe des Gemeinwohls dies erfordern oder die Abweichung städtebaulich vertretbar ist.
Befreiungen sind ferner dann möglich, wenn die Durchführung des Bebauungsplanes zu einer nicht beabsichtigten Härte führen würde. Stets muss dabei abgewogen werden, ob die Abweichung auch mit den öffentlichen Belangen (Interessen) vereinbar ist.
Auch in den Landesbauordnungen finden sich Möglichkeiten, von der Einhaltung zwingender Vorschriften insbesondere im Genehmigungsverfahren befreit zu werden („Dispens").
Bei Befreiungen im Rahmen des öffentlichen Baurechts muss nicht selten auch auf nachbarrechtliche Belange Rücksicht genommen werden.
Siehe auch: Nachbarrecht,
Art der baulichen Nutzung

Ausschreibung
Unter Ausschreibung versteht man die Aufforderung an Bauunternehmer und Handwerker zur Angebotsabgabe. Grundlage ist die detaillierte Darstellung der gewünschten Bauleistung mit Hilfe von Leistungsverzeichniss und Leistungsbeschreibung.
Die Regeln für die Ausschreibung enthält die VOB Teil A. Sie haben Empfehlungscharakter, soweit nicht die öffentliche Hand Bauherr ist.
Unterschieden wird zwischen:
- öffentlicher Ausschreibung z.B. in Tageszeitungen, die umfangreiche Informationen enthalten muss,
- beschränkte Ausschreibung an 3 – 8 Bewerber (wenn die öffentliche Ausschreibung zu keinem Ergebnis oder einem zu hohen Aufwand führt)
- beschränkte Ausschreibung nach öffentlicher Aufforderung

- freihändige Vergabe in ganz bestimmten Fällen

Die Ausschreibung dient dazu, die Vergabe von Bauleistungen im Regelfall auf die Grundlage des Wettbewerbs zu stellen.

Außenanlagen

Zu den Außenanlagen gehören nach Anlage 1 der (außer Kraft gesetzten) II BV u.a.
• Entwässerungs- und Versorgungsanlagen vom Hausanschluss bis zum öffentlichen Netz, Kleinkläranlagen, Brunnen u. dergl.,• Befestigungen von Wegen, Höfen, Spielplätzen,• Gartenanlagen mit Pflanzungen, Stützmauern, Teppichklopfstangen usw.

Die Kosten für Außenanlagen sind Teil der Baukosten.

Nach der DIN 276 (Kosten im Hochbau) zählen zu den Außenanlagen Arbeiten an Geländeflächen (z.B. Pflanzen, Rasen, Wasserflächen), befestigte Flächen (Wege, Höfe u.s.w.), Baukonstruktionen in Außenanlagen (Einfriedung, Mauern, Rampen usw.), technische Anlagen (z.B. Abwasser- und Wasseranlagen, Fernmelde- und informations-technische Anlagen), Einbauten und sonstige Maßnahmen für Außenanlagen.

Außendienstorganisation

Eine wichtige Größe bei der Außendienstorganisation ist die Anzahl der Objekte, die ein einzelner Mitarbeiter betreut. Hier ist - will er diese sinnvoll bearbeiten und den Eigentümer informiert halten – eine Obergrenze von 20 bis maximal 25 Objekte vorstellbar. Der langjährige Chefredakteur des Branchendienstes Immobilienwirtschaft heute (IWh), Henning Grabener, sieht diese Grenze bei klassischen Maklerunternehmen sogar deutlich niedriger, nämlich bei 10 Objekten.

Diese 25-Objekte-Obergrenze ist jedoch nur dann möglich, wenn der Mitarbeiter nicht zu stark in Akquisitionsaktivitäten involviert ist wie z.B. bei Banken, wenn ein großer Anteil der Kunden aus dem klassischen Finanzgeschäft des Instituts kommt. Insofern sollte es ein Alarmsignal sein, wenn einzelne Vertriebsmitarbeiter, wie vom Autor gelegentlich bei Unternehmensberatungen festgestellt, zwischen 70 und 80 Objekten mit insgesamt bis zu 120 Wohneinheiten zu betreuen haben. Die Folge hiervon sind zumeist sehr lange Vermarktungszeiten und mangelhaft betreute Objekte, was sich letztendlich wiederum in einem unglücklichen Objektanbieter niederschlägt.

Der Außendienst kann aus angestellten aber auch aus freien Mitarbeitern bestehen. Freie Mitarbeiter sind selbständig und bedürfen für ihre Maklertätigkeit eine eigene Erlaubnis nach § 34c GewO. Die vertragliche Regelung erfolgt über einen Handelsvertretervertrag. Das Vergütungssystem muss anreizorientiert ausgestaltet werden.

Im Hinblick auf den Außendienst ist zudem wichtig, dass der Kunde trotz der hohen Mitarbeiterfluktuation in der Immobilienbranche nicht ständig mit neuen Ansprechpartnern konfrontiert wird. Die im Vergleich zu anderen Branchen überdurchschnittlich hohe Fluktuation in der Immobilienwirtschaft ist besonders fatal, da die (Service-)Dienstleistungen von Immobilienunternehmen hochgradig personenbezogen sind.

Außenfinanzierung

Der Begriff der Außenfinanzierung kann in immobilienwirtschaftlichen Zusammenhängen mit zweierlei Bedeutung gebraucht werden.

Zum einen wird darunter in einem allgemeinen betriebswirtschaftlichen Sinne die Finanzierung eines Unternehmens verstanden, soweit dabei Kapital von außen zugeführt und nicht durch Umsätze im Rahmen der Geschäftstätigkeit des Unternehmens erwirtschaftet wird. Mögliche Formen der Außenfinanzierung sind die Zuführung von Eigenkapital (Einlagen- bzw. Beteiligungsfinanzierung) oder die Finanzierung über Kredite (Fremdfinanzierung). Zum anderen wird bei Geschlossenen Immobilienfonds von Außenfinanzierung gesprochen, wenn ein Fondszeichner sich die zur Leistung seiner Eigenkapitaleinlage erforderlichen Mittel ganz oder teilweise durch Aufnahme eines Darlehens beschafft. Dabei kann ein solches Darlehen mit dem erworbenen Fondsanteil besichert werden. Dagegen kommt die Fondsimmobilie selbst nicht als Sicherheit in Betracht, weil sie sich im Gesamthandvermögen der Fondsgesellschaft befindet. Daher entstehen durch die individuelle Darlehensaufnahme eines Fondszeichners keine Haftungsrisiken für andere Anleger desselben Fonds.

Außenwand (eines Gebäudes)

Die Außenwände eines Gebäudes sind die Wände, die das Gebäude nach allen Seiten abschließen und die Funktionen des Wärme- Schall- und Witterungsschutzes haben. Das Dach des Gebäudes gehört nicht dazu. Der Begriff hat Bedeutung im Rahmen des Fenster- und Lichtrechtes. Die Außenwand ist ferner die Bezugsfläche zur Berechnung der Abstandsflächen.
Siehe auch: Abstandsfläche, Fenster- und Lichtrecht

AUV

Abkürzung für: Auslandsumzugskosten-Verordnung

AV

Abkürzung für: Allgemeine Verfügung

AVB

Abkürzung für: Allgemeine Versicherungsbedingungen

AVBElt

Abkürzung für: Allgemeine Bedingungen für die Versorgung mit Elektrizität

AVBFernwärme

Abkürzung für: Allgemeine Bedingungen für die Versorgung mit Fernwärme

AVBGa

Abkürzung für: Allgemeine Bedingungen über die Gasversorgung von Tarifkunden

AVBWasser

Abkürzung für: Allgemeine Bedingungen für die Versorgung mit Wasser

Average Room Rate

Kennziffer aus der Hotelbranche, die den durchschnittlichen Zimmerpreis angibt. Dieser weicht von den Angaben in der Preisliste eines Hotels insofern ab, als ein Hotelzimmer nicht immer zu denselben Preisen vermietet wird. Für die Zeit von Messen oder zu bestimmten Jahreszeiten mit vergleichsweise hoher Nachfrage werden teilweise höhere Preise berechnet, während es in nachfrageschwächeren Phasen vielfach zu Preisnachlässen und Sonderangeboten kommt.
Die Average Room Rate gibt wichtige Anhaltspunkte zur Beurteilung der Wirtschaftlichkeit von Hotelimmobilien bzw. zum Vergleich mehrerer Hotels untereinander. Sie errechnet sich aus dem mit einem Zimmer erzielten Gesamtumsatz, geteilt durch die Anzahl der belegten Nächte innerhalb der betrachteten Periode.

AVV

Abkürzung für: Allgemeine Verwaltungsvorschrift

AVVLärm

Abkürzung für: Allgemeine Verwaltungsvorschriften zum Schutz gegen Baulärm

AWA

Abkürzung für: Allensbacher Werbeträger-Analyse

AWB

Abkürzung für: Allgemeine Bedingungen für die Versicherung gegen Leitungswasserschäden

AWC

Abkürzung für: Außentoilette

AWG

Abkürzung für: Außenwirtschaftsgesetz

AWI

Abkürzung für: Akademie der Wohnungs- und Immobilienwirtschaft, Baden-Württemberg GmbH

AWOS

Abkürzung für: Arbeitsgemeinschaft für Wohnungswesen, Städteplanung und Raumordung

AZ./Az.

Abkürzung für: Aktenzeichen

B to B

Abkürzung für: Business to Business
Begriff aus dem Marketing, auch B2B, der die
Zielansprache eines Unternehmens an ein
Unternehmen bezeichnet.
Siehe auch: Business-to-Business, B to C

B to C

Abkürzung für: Business to Consumer
Begriff aus dem Marketing, auch B2C, der die
Zielansprache eines Unternehmens an Kunden
bezeichnet.

B-Plan

Abkürzung für: Bebauungsplan

BAB

Abkürzung für: Betriebsabrechnungsbogen

BAG

Abkürzung für: Bundesarbeitsgericht

Bahnhöfe

Bei vielen Einzelhandelsimmobilien werden
seitens des Center Managements große Anstrengungen unternommen, eine hohe Lauffrequenz in das Objekt zu bekommen. Ganz im
Gegensatz zu den Bemühungen klassischer
Shopping-Center, eine signifikante Frequenz
im Objekt zu generieren, wird bei der Frequen-
zimmobilie Bahnhöfe, speziell bei Großbahn-
höfen, wo eine hohe Frequenz eigentlich fast
zwangsläufig vorhanden wäre, nur sehr wenig

getan, um diese auch zu nutzen. Ein Beispiel
hierfür sind vielfach auch S- und U-Bahn-Zwi-
schengeschosse. Hier gilt: Attraktive Bahnhöfe
generieren einerseits Umsatz im Einzelhandel,
andererseits sind sie ein wichtiger Beitrag die
Attraktivität des Verkehrsmediums Bahn zu erhöhen und damit das klassische Kerngeschäft
der Eisenbahngesellschaft zu stützen.
Siehe auch: Spezialimmobilien

BAK

Abkürzung für: Bundesarchitektenkammer
Siehe auch: Bundesarchitektenkammer

BAKred

Abkürzung für: Bundesaufsichtsamt für
das Kreditwesen

Balanced Scorecard

Die Balanced Scorecard ist ein „ausbalanciertes
Kennzahlen-system", bei dem nicht nur – wie
früher – die finanzielle Perspektive eines Unternehmens in Kennzahlen ausgedrückt wird,
sondern auch die Kundenperspektive (Messlat-
te für die Kundenorientierung), die innere Pro-
zessperspektive (Qualität der internen Prozess-
abläufe) und die Lern- und Entwicklungs-per-
spektive (Qualifzierungs- und Motivationsgrad
der Mitarbeiter sowie ihrer Eingebundenheit in
den betrieblichen Informationsstrom).
Sie zusammengenommen ergeben die Kenn-
größen, die entscheidend für den Unternehmen-
serfolg sind. Ausgegangen wird von den strategischen Zielen eines Unternehmens.
Die Balanced Scorecard liefert auf den vier
genannten Feldern das Gerüst, das die operative
Umsetzung ermöglicht. Die Balanced Scorecard bildet neue Grundlagen für das Controlling.
Im immobilienwirtschaftlichen Dienstleistungs-
bereich (Makler, Verwalter, Betreuer) steht in
besonderem Maße die Lern- und Entwicklungs-
perspektive als „Leistungstreiber" im Vordergrund. Neuere Entwicklungen schenken dabei
der „HR-Scorecard" ihre besondere Aufmerksamkeit. Bei den Human Resources werden für

die Personalarbeit Kennzahlen für die Soll- und Istkompetenzen der Mitarbeiter verglichen und daraus die erforderlichen Schlussfolgerungen für eine zielgerichtete Personalentwicklung gezogen. Messbar gemacht werden auch die Motivation und der Grad der Identifizierung der Mitarbeiter mit ihrem Unternehmen.

Balkon

Unter Balkon versteht man eine nach mindestens einer Seite offene, mit einer Brüstung gesicherte, begehbare Fläche in Obergeschossen, die – im Gegensatz zur Loggia – über die Außenwand eines Gebäudes hinausragt. Ist der Balkon von einer Wohnung aus zugänglich, kann die Balkonfläche bis zur Hälfte zur Wohnfläche zählen. Die Bewertung der Fläche hängt von der Stockwerkslage und Himmelsrichtung (Südbalkon / Nordbalkon) ab.
Siehe auch: Loggia

Bankbürgschaft

Der Bankbürgschaft liegt ein Vertrag zwischen der bürgenden Bank und einem Schuldner zugrunde, in der sich die Bank verpflichtet, für die Verbindlichkeit des Schuldners gegenüber dessen Gläubiger einzustehen. Die Bürgschaftserklärung bedarf der Schriftform.
Der Bürge kann die Einreden geltend machen, die dem Schuldner zustehen. In der Regel wird die Einrede der Anfechtbarkeit, der Aufrechenbarkeit und der Vorausklage ausgeschlossen. Die Bürgschaft kann zeitlich befristet oder unbefristet gewährt werden. Die Bürgschaft endet, wenn die der Bürgschaft zugrunde liegende Forderung erlischt oder die Bürgschaftsurkunde zurückgegeben wird. Befriedigt die bürgende Bank den Gläubiger, geht dessen Forderungsrecht auf die Bank über.
Bankbürgschaften spielen bei der Baufinanzierung eine große Rolle.
Eine Bankbürgschaft wird gegen eine Bürgschaftsgebühr (Aval) gewährt, die eine Risikoprämie darstellt und zusätzlich den Prüfungs- und Verwaltungsaufwand abdeckt. Sie wird entweder einmalig oder laufend in Rechnung gestellt.

Bankgeheimnis

Das Bankgeheimnis beruht auf einer vertraglichen Verpflichtung des Bankkunden mit der Bank zur Verschwiegenheit über alle kundenbezogenen Tatsachen und Wertungen. Durch gesetzliche Vorschriften (Auskunftspflichten) wird das Bankgeheimnis begrenzt. Aber auch der Bankkunde kann die Bank zur Auskunft ermächtigen. Einer unbeschränkten Auskunftspflicht unterliegt die Bank in Strafverfahren und Steuerstrafverfahren. Gegenüber dem Nachlassfinanzamt bestehen bestimmte Meldepflichten.

Bankvorausdarlehen

Langfristiges und grundbuchlich abgesichertes Baudarlehen einer Bank, bei dem die Tilgung ausgesetzt wird und als Tilgungsersatz Einzahlungen in einen Bausparvertrag erfolgen. Nach Zuteilung des Bauspardarlehens wird damit das Bankvorausdarlehen abgelöst.

BAnz

Abkürzung für: Bundesanzeiger

Bargebot

Zwangsversteigerungsverfahren
Als Bargebot wird der Teil des Gebotes bei einer Zwangsversteigerung bezeichnet, der bei Erteilung des Zuschlags zu zahlen ist. Darin nicht enthalten sind die zu übernehmenden Rechte und Lasten. Dabei kann es sich um das

jeweils an 1. Rangstelle eingetragene Erbbaurecht handeln, aber auch um ein Altenteil, das nach länderrechtlichen Regelungen selbst dann übernommen werden muss, wenn es im Rang außerhalb des bestrangig betreibenden Gläubigers liegt. (Unter bestimmten Voraussetzungen kann jedoch auch das Altenteil untergehen.) Notwegerechte und Überbaurechte sind bestehen bleibende Rechte. Belastungen, die im Falle des Zuschlags außerhalb des Bargebots liegen, entfallen. Vom Bargebot nicht abgedeckt, also zusätzlich zu erbringen, sind die Grunderwerbsteuer, die Gebühren für die Erteilung des Zuschlags und für die Umschreibung im Grundbuch. „Bargebot" bedeutet nicht, dass man den Preis bar während des Versteigerungstermins zahlen muss. Von Bietern kann aber sofort eine Sicherheitsleistung in Höhe von 10% des Verkehrswertes der Immobilie verlangt werden.

Barrierefreiheit

§554a BGB gewährt dem Mieter einen Anspruch auf Zustimmung des Vermieters zu baulichen Veränderungen, wenn diese für eine behindertengerechte Nutzung des Mietobjektes erforderlich sind. Der Vermieter kann die Zustimmung nur verweigern, wenn sein Interesse an der unveränderten Erhaltung der Mietsache das Interesse des Mieters überwiegt, wobei die Interessen der anderen Mieter in den Abwägungsprozess einzubeziehen sind,

Barwertkalkulation

Die Barwertkalkulation wird im Rahmen der Investitionsrechnung verwendet. Der Barwert einer künftigen Zahlung wird durch Abzinsung auf den Gegenwartszeitpunkt ermittelt. Die Differenz der Summe der Barwerte aller investitionsbedingten Einzahlungen und der Summe der Barwerte aller investitionsbedingten Auszahlungen ergibt den Kapitalwert einer Investition. Wird der Kapitaleinsatz einer möglichen Investition mit den auf den Investitionszeitpunkt abgezinsten Einnahmen aus dieser Investition verglichen, lässt sich daraus ein

Schluss auf die Vorteilhaftigkeit bzw. Nachteiligkeit der Investition ziehen. Wenn Investitionen mit Hilfe von Barwertkalkulationen verglichen werden sollen, muss ihnen ein einheitlicher Abzinsungsfaktor zugrunde gelegt werden. Es handelt sich dann um eine Gegenüberstellung aller investitionsbedingten Ausgaben mit den aus der Investition erwarteten Einnahmen. Im angelsächsischen Raum spricht man deshalb auch von der „discounted cash-flow method".

Basel II

Die Eigenkapitalrichtlinie Basel II, die ab 2005 ein externes Ratingsystem für Kreditinstitute vorsieht, nimmt Abschied von der bisher praktizierten und für erforderlich angesehenen pauschalen Eigenkapitalunterlegungsquote von mindestens 8%. Bisher wurde dabei keine Rücksicht auf die Risikostruktur der Ausleihungen der Kreditinstitute genommen. Nach Basel II soll nunmehr diese Risikostruktur berücksichtigt werden. Das Risiko der Kreditinstitute kommt in der Rückzahlungswahrscheinlichkeit von vergebenen Krediten zum Ausdruck. Ihre Bewertung erfolgt in einem externen Rating. Danach wird bei höherem Risiko eine höhere Eigenkapitalunterlegungsquote gefordert, bei niedrigerem Risiko eine niedrigere. Nachdem der Bewegungsspielraum der Kreditinstitute dadurch entweder verringert oder erhöht wird, folgt als Konsequenz, dass Kreditinstitute risikoreiche Engagements eher meiden werden.

Quasi parallel zum Rating der Kreditinstitute erfolgt deshalb ein Rating der potentiellen Darlehensnehmer. Dabei kann der Bankkunde selbst durch Beauftragung einer Ratingagentur für Klarheit sorgen. Andernfalls übernimmt die Rolle des Raters das Kreditinstitut. Beim Rating kommt es neben der tatsächlichen Risikostruktur des Geschäftes entscheidend auf die Unter-nehmenstransparenz und die Kooperationswilligkeit und -fähigkeit an, die dem Kreditinstitut gegenüber vom Unternehmer an den Tag gelegt werden.

Betroffen davon sind in der Immobilienwirt-

schaft insbesondere klein- und mittelständisch einzuordnende Unternehmen, die sich schwerpunktmäßig mit immobilienwirtschaftlicher Projektentwicklung auf eigene Rechnung befassen, sowie Bauträger und Wohnungsunternehmen. Besonderes Merkmal ist hier ja die langfristige Bindung von Fremdkapital. Die Dokumentation eines professionell gehandhabten Risikomanagements dieser Unternehmen ist besonders wichtig. Auch die Unternehmerpersönlichkeit selbst steht auf dem Prüfstand.
Siehe auch: Risiko, Risikomanagement

BAT
Abkürzung für: Bundesangestelltentarif

Bau- und Kauffinanzierungsinstitute

Baugeld können Bauherren und Immobilienerwerber von unterschiedlichen Partnern erhalten. Baufinanzierungsinstitute sind:
• Realkreditinstitute. Dazu zählen alle öffentlichen und privaten Hypothekenbanken.
Neben reinen Hypothekenbanken gibt es gemischte Hypothekenbanken und Landesbanken mit Pfandbriefprivileg. Ihre Hauptaufgabe ist die Gewährung von langfristigen Krediten („Realkredite") in Form von grundschuldgesicherten Darlehen und Kommunaldarlehen. Refinanzierungsmittel sind u.a. Pfandbriefe und Kommunalobligationen.
• Sparkassen. Sie haben einen regional bestimmten Geschäftsbereich und sind spezialisiert auf Baudarlehen mit überwiegend kurzer Zinsbindung und mit variabler Verzinsung. Refinanzierungsmittel sind überwiegend Spareinlagen.
• Groß- und Privatbanken. Sie sind überregional durch ein Filialsystem haben sich in aller Regel auf die Gesamtbaufinanzierung spezialisiert.
• Genossenschaftsbanken vor allem Volksbanken und Raiffeisenkassen. Sie haben eine ähnliche Angebotspalette wie Sparkassen. Auch sie bieten in der kurzfristigen Finanzierung und bei Darlehen mit variabler Zinsanpassung attraktive Konditionen, da sie ebenfalls über einen hohen Bestand zinsgünstiger Spareinlagen (Refinanzierungsmittel) verfügen.
• Bausparkassen. Im Vordergrund steht das Bauspardarlehen, wobei die für eine wohnungswirtschaftliche Mittelverwendung vorgesehenen Bausparguthaben das bestimmende Refinanzierungsinstrument der Darlehen sind.•
Versicherungsgesellschaften. Für Versicherungs-Hypotheken verlangen sie in der Regel um 0,5 bis 0,75 Prozentpunkte niedrigere Zinsen als Hypothekenbanken. Statt der regelmäßigen Tilgung zahlt der Kreditnehmer nur Zinsen, die Rückzahlung des Darlehens erfolgt am Ende der Versicherungslaufzeit in einem Betrag durch die Versicherungssumme bzw. die Ablaufleistung.

Wer finanziert den Wohnungsbau?

Bausparkassen

| | 36,6 |

Sparkassen

| | 35,5 |

Kredit-, Genossenschaftsbanken

| | 22,9 |

Realkreditinstitute

| | 14,8 |

Lebensversicherungen

| 6,3 |

Quelle: Verband der Privaten Bausparkassen 2003, Angaben in Milliarden Euro

Bauabnahme

Zu werkvertraglichen Leistungspflicht des Auftragnehmers (Unternehmers) gehört es, dass er dem Auftraggeber die Bauleistung (das Bauwerk) zum Zeitpunkt der Abnahme nach der vereinbarten Beschaffenheit frei von Sachmängeln verschafft.
Der Bauherr (Auftraggeber) ist stets zur Abnahme der von ihm in Auftrag gegebenen Baulei-

stungen verpflichtet. Die Abnahme kann nicht verweigert werden, wenn die Bauleitung noch unwesentliche Mängel aufweist. Am besten erfolgt die Bauabnahme mit Unterstützung eines Sachverständigen, der nach erfolgter Abnahme eine Fertigstellungsbescheinigung ausstellt. Diese Abnahme erfolgt zu dem zwischen Bauherren und Bauunternehmen, bzw. Erwerber und Bauträger vereinbarten Termin. Im Abnahmeprotokoll listet der Bauherr alle Mängel auf, die noch beseitigt werden müssen.

Neben dieser förmlichen Abnahme, die innerhalb von 12 Tagen nach Aufforderung durch den Auftragnehmer erfolgen muss, gibt es eine stillschweigende, die dadurch zustande kommt, dass der Bauherr das Gebäude in Gebrauch nimmt. Von „fiktiver Abnahme" im Sinne der VOB 2002 wird gesprochen, wenn sechs Werktage nach Beginn der Nutzung des Bauwerkes eine Abnahme nicht verlangt wird. Im Gegensatz zum BGB-Recht setzt VOB 2002 bei der fiktiven Abnahme keine Abnahmereife voraus.

Mit der Bauabnahme sind wichtige rechtliche Konsequenzen für den Bauherrn verknüpft: Zum einen beginnt ab diesem Zeitpunkt die Mängelbeseitigungsfrist zu laufen. Darüber hinaus wird – bei fehlerfreier Arbeit – der Anspruch der Unternehmer auf die vereinbarte Vergütung fällig. Außerdem tritt eine Beweislastumkehr ein. Den Beweis dafür, dass später auftretende Schäden „Baumängel" sind, hat der Bauherr zu führen. Schließlich geht mit der Bauabnahme auch die Gefahr auf den Bauherrn über. Wurde eine Vertragsstrafe für den Verzugsfall vereinbart, muss sie im Abnahmeprotokoll vermerkt werden, da sonst der Anspruch verloren geht.
Siehe auch: Gebrauchsabnahme

Bauabzugsteuer

Um Umsatzsteuern zu „sparen" kam es vor, dass Unternehmen Auftraggebern Angebote unterbreiteten, Bauleistungen ohne Berechnung der Umsatzsteuer, also am Finanzamt vorbei, auszuführen. Diese Praxis soll seit 1.1.2002 durch die Bauabzugsteuer unterbun-

den werden. Es handelt sich um die Verpflichtung des Auftraggebers, 15% des Rechnungsbetrages direkt an das für den Bauunternehmer zuständige Finanzamt zu überweisen. Wenn der Bauunternehmer eine Freistellungsbescheinigung des Finanzamtes vorlegt, darf dessen Rechnung ohne diesen Abzug beglichen werden. Die Regelung gilt für solche Auftraggeber die „Unternehmer" i.S.d. Umsatzsteuergesetzes sind. Hierzu zählen auch Eigentümer von Wohnhäusern, soweit sie mehr als zwei Wohnungen vermietet haben. Wer einen Abzug – obwohl er dazu verpflichtet wäre, nicht vornimmt, verliert die Möglichkeit, die in Rechnung gestellten Leistungen als Werbungskosten bzw. Betriebsausgaben geltend zu machen.

Der Steuerabzug kann auch ohne Vorlegen einer Freistellungsbescheinigung des Bauhandwerkers unterbleiben, wenn die Gegenleistung im Jahr voraussichtlich 5000 Euro nicht überschreitet (Bagatellgrenze). Bei „Unternehmen" (private Vermieter), die ausschließlich umsatzsteuerbefreite Vermietungsumsätze erzielen, erhöht sich die Bagatellgrenze auf 15.000 Euro im Kalenderjahr.

Bauantrag

Mit dem Bauantrag leitet der Bauherr das Baugenehmigungsverfahren ein. Ganz gleich, wie die Baugenehmigung im jeweiligen Bundesland geregelt ist, muss der Bauherr in jedem Fall dem Bauantrag einen Lageplan, Bauzeichnungen, eine Baubeschreibung, sowie statische Nachweise beifügen.Im vereinfachten Genehmigungsverfahren gelten teilweise abweichende Vorschriften. Der Bauantrag ist bei der Gemeinde oder der Kreisbehörde (je nach Länderrecht) einzureichen. Er ist vom Bauherrn und dem Entwurfsverfasser zu unterschreiben.
Siehe auch: Bauvorlagen

Bauaufsicht

Die Aufgabe der Bauaufsichtsbehörden ist es, die Einhaltung der Vorschriften und Anordnungen bei Errichtung, Änderung, Abbruch, Unterhaltung baulicher Anlagen zu überwachen. Sie entscheiden u.a. über alle Genehmigungsverfahren bei Bauvorhaben. Der Aufbau der Bauaufsichtsbehörden ist in den meisten Bundesländern dreistufig (untere, höhere, oberste Bauaufsichtsbehörde).

Bauausschlussklausel

(Rechtsschutzversicherung) Um kostspielige Rechtsstreitigkeiten im Zusammenhang mit dem Bau eines Gebäudes nicht übernehmen zu müssen, sichern sich Versicherungsunternehmen mit der Bauausschlussklausel ab. Danach sind solche Streitigkeiten nicht durch eine Rechtsschutzversicherung gedeckt.

Baubeschränkung

Ein Grundstück kann nicht nach dem Belieben des Grundstückseigentümers bebaut werden. Seine „Baufreiheit" wird durch viele Gesetze (siehe Baugesetzbuch, siehe Baunutzungsverordnung, Bauordnungen der Bundesländer, Nachbarschaftsgesetze) eingeschränkt. Diese Einschränkungen werden als Baubeschränkung bezeichnet.
Siehe auch: Baugesetzbuch (BauGB), Baunutzungsverordnung

Baubeschreibung

Die Baubeschreibung ist Teil der Bauvorlagen und hat gleichzeitig die Funktion einer Art Leistungsbeschreibung (Bauprospekt) für den Erwerbsinteressenten. Sie ist Teil des Bauträgervertrages. Die Baubeschreibung ist allerdings nicht identisch mit der wesentlich differenzierteren Leistungsbeschreibung nach VOB, die Grundlage der Vergabe einer einzelnen Bauleistung ist. Die Baubeschreibung beruht aber auf der Leistungsbeschreibung.

Baubetreuung

Baubetreuer ist, wer Bauvorhaben im Namen und auf Rechnung des Bauherrn vorbereitet oder durchführt. Zu unterscheiden ist zwischen Teil- und Vollbetreuung.Die Vollbetreuung umfasst sowohl die wirtschaftliche als auch die technische Betreuung. Die Teilbetreuung bezieht sich entweder auf die wirtschaftliche oder technische Betreuung. Bei der wirtschaftlichen Betreuung schaltet der Baubetreuer im Namen und für Rechnung des Bauherrn den Architekten und die Sonderfachleute ein. Bei der Vollbetreuung übernimmt der Baubetreuer auch die technischen Leistungen entweder durch einen hauseigenen Architekten oder durch einen freischaffenden Architekten, der dann für den Baubetreuer tätig wird.

Das Leistungsbild des Baubetreuers entspricht dem des siehe Bauträgers. Er ist – stellvertretend für den Bauherrn – der Organisator des Baugeschehens. Die Zulassungsvoraussetzungen des §34c GewO und die einschlägigen Vorschriften der MaBV beziehen sich auf den wirtschaftlichen Baubetreuer. Das bedeutet u.a., dass der Baubetreuer Sicherheit in Höhe der Vermögenswerte des Bauherrn leisten muss, über die er im Zusammenhang mit der Durchführung des Bauvorhabens verfügt. Die Sicherheit kann durch eine Bankbürgschaft erbracht werden, die so ausgestattet ist, dass Bürgschaftszahlungen stets auf erste Anforderung durch den Bauherrn zu leisten sind. Keine Sicherheit muss geleistet werden, wenn der Baubetreuer nur gemeinsam mit dem Bauherrn über das Baukonto verfügen darf.

Der wirtschaftliche Baubetreuer haftet nach dem Auftrags- und Dienstvertragsrecht. Haftungsfälle können sein: Erhebliche Bausummenüberschreitung, Fehlerhafte Kostenermittlung, vorvertragliche Pflichtverletzungen (z.B. Verschweigen der Tatsache, dass der Baubetreuer nicht über eine Erlaubnis nach §34c GewO verfügt), aber auch Prospekthaftung. Der Vollbetreuer haftet nach dem Werkvertragsrecht und muss deshalb auch Gewähr für eine mängelfreie technische Planungsleistung übernehmen. Die Haftung erweitert sich in den Fällen, in denen auf eine Überprüfung der Einhaltung von bauordnungsrechtlichen Vorschriften im Rahmen eines Baugenehmigungsverfahrens verzichtet und eine der Formen des genehmigungsfreien Bauens (z.B. „Genehmigungsfreistellungsverfahrens" in Bayern oder „Kenntnis-

gabeverfahrens" in Baden Württemberg) gewählt wird.
Siehe auch: Bauträger

BauBl
Abkürzung für: Baublatt

BauBoden
Abkürzung für: Deutsche Bau- und Bodenbank AG

Baubuch
Nach dem Gesetz über die Sicherung der Bauforderungen ist von denjenigen, die Baugeld empfangen, ein Baubuch zu führen, aus dem sich die Verwendung der für die Durchführung eines Bauvorhabens zur Verfügung gestellten Gelder ergibt. Im Baubuch müssen angegeben werden: Die Namen der Bauunternehmer, die übertragenen Leistungen, die vereinbarten Vergütungen, die Höhe der zugesicherten Mittel und Namen der Geldgeber, die geleisteten Zahlungen sowie etwaige Abtretungen, Pfändungen oder sonstigen Verfügungen über die gewährten Finanzierungsmittel. Das Baubuch dient dem Nachweis dafür, dass die Baugelder ausschließlich für das Bauvorhaben verwendet wurden. Das Baubuch ist 5 Jahre aufzubewahren.

Baudenkmal

Gebäude bzw. einzelne Bauteile, können je nach landesrechtlichen Vorschriften durch einen Verwaltungsakt eine Rechtsverordnung oder schlicht durch Eintrag in ein Denkmalbuch oder eine Denkmalliste die Eigenschaft eines Baudenkmals erhalten. Unterstellt werden muss dabei ein öffentliches Interesse an der Erhaltung und Nutzung des Baudenkmals. Für eine Reihe von Maßnahmen wie Beseitigung, Änderungen am geschützten Gebäude/Gebäudeteil, Nutzungsänderungen bis hin zu Modernisierungen bedürfen der Erlaubnis der zuständigen Denkmalschutzbehörde. Der Eigentümer ist im Rahmen der Zumutbarkeit zur Erhaltung, Instandsetzung und sachgemäßen Behandlung verpflichtet.

Bauerwartungsland
Bauerwartungsland sind Flächen, die nach der Definition der Wertermittlungsverordnung im Flächennutzungsplan einer Gemeinde als Bauflächen ausgewiesenen sind. Darüber hinaus müssen sie nach ihrer Eigenschaft, sonstigen Beschaffenheit und Lage eine bauliche Nutzung in absehbarer Zeit erwarten lassen.
Davon ist auszugehen, wenn ein entsprechendes Verhalten der Gemeinde oder die allgemeine städtebauliche Entwicklung der Gemeinde den Schluss nahe legen, dass in absehbarer Zeit ein Bebauungsplan erstellt und beschlossen wird.Ein „Restrisiko" der Einschätzung bleibt allerdings bestehen, da die Gemeindepolitik nicht immer mit der wünschenswerten Deutlichkeit vorhersehbar ist.

Baufenster
Als Baufenster bezeichnet man die planerische Darstellung des Flächenteils eines Baugrundstücks in einem Bebauungsplan, innerhalb der die Gebäude errichtet werden dürfen (siehe überbaubare Grundstücksfläche). Baufenster werden begrenzt durch Baugrenzen, Baulinien und Bebauungstiefen. Zu unterscheiden ist die überbaubare Grundstücksfläche von der zulässigen Grundfläche, die sich aus der siehe „Grundflächenzahl" ergibt. Außerhalb des Baufensters können in der Regel Garagen (Grenzgaragen), Carports, Gartenhäuschen und dergl. errichtet werden.
Das Baufenster kann die sich aus der Grundflächenzahl (GRZ) ergebende Bebauungsmög-

lichkeit einschränken.Baufenster ist kein baurechtlich definierter Begriff, sondern ein Begriff aus der Baupraxis.
Siehe auch: Überbaubare Grundstücksfläche, Grundflächenzahl (GRZ) Grundfläche (GR)

Baufertigstellungsversicherung

Sie übernimmt Mehrkosten, die entstehen, wenn ein Bauunternehmen während der Bauphase zahlungsunfähig und ein Insolvenzverfahren eingeleitet wird. Die Mehrkosten ergeben sich aus der Beauftragung eines oder mehrerer anderer Unternehmen zur Fertigstellung.

Baufinanzierung

Die Baufinanzierung bezieht sich auf die langfristige Finanzierung von Bauvorhaben oder einen Immobilienerwerb mit Hilfe eines oder verschiedener Finanzierungsbausteine.
Die klassische Baufinanzierung besteht im Einsatz von erstrangigen Immobiliendarlehen von Banken und Versicherungen und zweitrangigen Bauspardarlehen. Um eine solide Baufinanzierung zu gewährleisten, sollte die Eigenkapitalquote des Bauherrn oder Käufers 25%-30% des insgesamt für die Anschaffung benötigten Kapitals nicht unterschreiten. Allerdings können die Einkommensverhältnisse und Lebensumstände und Lebensgewohnheiten dessen, der die Finanzierung beansprucht, eine höhere Eigenkapitalquote nahe legen oder eine auch eine niedrigere ermöglichen.
In bestimmten Fällen (z.B. im sozialen Wohnungsbau) können ergänzende Finanzierungsmittel eingeplant werden. Bei der modernen Baufinanzierung wird zunehmend auf die individuellen Verhältnisse (z.B. Lebensarbeitszeit, Arbeitsplatzrisiko, Familienstand, Vermögenshintergrund, Entschuldungsziele) des Bauherrn oder Erwerbers abgestellt.

Bauflächen

Bauflächen werden im Flächennutzungsplan nach der vorgesehenen allgemeinen Art ihrer baulichen Nutzung dargestellt. Unterschieden wird dabei zwischen Wohnbauflächen (W),
gemischte Bauflächen (M), gewerblichen Bauflächen (G) und Sonderbauflächen (S).
Siehe auch: Bauleitplanung

BauGB

Abkürzung für: Baugesetzbuch

BauGB-MaßnG

Abkürzung für: Baugesetzbuch-Maßnahmegesetz

Baugebiet

In einem Flächennutzungsplan können außer Bauflächen auch Baugebiete „dargestellt" werden. Im Bebauungsplan muss die Baugebietsart verbindlich „festgesetzt" werden. Unterschieden wird zwischen Baugebieten, für die ein qualifizierter Bebauungsplan besteht, und Baugebieten mit einfachem Bebauungsplan, auf die die Vorschriften über die Innenbereichsflächen anzuwenden sind.
Der qualifizierte Bebauungsplan enthält neben Festsetzungen über die Art der Nutzung auch Nutzungsmaße, sowie Festsetzungen der überbaubaren Grundstücksflächen und der Verkehrsflächen. Bei den Innenbereichsflächen richtet sich die Bebauung nach der Bebauung der näheren Umgebung.
Siehe auch: Flächennutzungsplan, Art der baulichen Nutzung, Bebauungsplan

Baugebot

Voraussetzung für den Erlass eines Baugebotsbescheides gegenüber einem Grundstückseigentümer ist entweder das Vorliegen eines rechtskräftigen Bebauungsplanes oder ein Grundstück, das sich im Innenbereich befindet. Dem Baugebot entspricht auch ein Anpassungsgebot für bestehende Gebäude, wenn diese den Festsetzungen des Bebauungsplans bzw. der umliegenden Bebauung nicht entsprechen. Allerdings kann die Gemeinde das Baugebot nicht durchsetzen, wenn die festgesetzte Bebauung dem Eigentümer aus wirtschaftlichen Gründen nicht zuzumuten ist.
Der Eigentümer kann auch von der Gemeinde

die Übernahme des Grundstücks verlangen.
Siehe auch: Innenbereich

Baugeldkonto

Das Baugeldkonto ist ein Kontokorrentkonto, über das der aus einer Baufinanzierung resultierende Geldverkehr abgewickelt wird. Ein Baugeldkonto ist sinnvoll, wenn sich die Finanzierung aus mehreren Bausteinen zusammensetzt und deshalb unterschiedliche Zahlungstermine und -ströme berücksichtigt werden müssen. Für Baubetreuer sind bei Vorbereitung und Durchführung von Bauvorhaben Baugeldkonten als offene Fremdkonten (vom eigenen Vermögen getrennte Vermögensverwaltung) vorgeschrieben.

Baugenehmigung

Die Baugenehmigung ist eine Unbedenklichkeitsbescheinigung der Baubehörde für ein Bauvorhaben. Da die Regelung von Baugenehmigungen Ländersache ist, fallen die Baugenehmigungsverfahren je nach Bundesland unterschiedlich aus. Regelungsgrundlage sind die Länderbauordnungen.

Mit Erteilung der Genehmigung entsteht ein Rechtsanspruch auf Durchführung des Bauvorhabens. Die Genehmigungsbehörde übernimmt die Haftung. Genehmigte Bauten genießen Bestandsschutz. Die Geltungsdauer einer Baugenehmigung liegt zwischen drei und vier Jahren.Für Ein- und Zweifamilienhäuser, sowie andere kleinere Gebäude (in Bayern bis zur Hochhausgrenze) die im Geltungsbereich eines Bebauungsplanes gebaut werden sollen, bieten die meisten Länder vereinfachte Verfahren an. Der Bauherr muss dabei unter Einreichung der Bauvorlagen lediglich anzeigen, dass er bauen will. (Anzeigeverfahren, Kenntnisgabeverfahren, Genehmigungsfreistellungsverfahren usw.).

Erhebt die Behörde gegen sein Vorhaben innerhalb der geltenden kurzen Fristen (überwiegend 2 Wochen) keinen Einspruch, kann der Baubeginn angezeigt und mit dem Bau begonnen werden. Die Haftung für die Einhaltung der Bauvorschriften z.B. über Standsicherheit,

Wärmeschutz usw. geht bei diesen Verfahren auf den Architekten über.

Baugesetzbuch (BauGB)

Rechtsgrundlage für das Bauplanungs- und Städtebaurecht. Im einzelnen regelt das BauGB
* die Bauleitplanung und deren Sicherung,
* die Zulässigkeit von Bauvorhaben,
* Bodenordnung,
* Enteignung,
* Erschließung,
* Maßnahmen für den Naturschutzund im Rahmen des besonderen Städtebaurechts
* tädtebauliche Sanierungs- und Entwicklungsmaßnahmen,
* Erhaltungssatzung und städtebauliche Gebote
* Sozialplan und Härteausgleich
* Aufhebung von Miet- u. Pachtverhältnissen
* städtebauliche Maßnahmen zur Verbesserung der Agrarstruktur
* Wertermittlung
* Zuständigkeiten, Verfahrens und Überleitungsvorschriften.

Das BauGB enthält die Ermächtigungsvorschriften für den Erlass der Baunutzungsverordnung (BauNVO), der Planzeichenverordnung (PlanzV) und der Wertermittlungsverordnung (WertV).

Baugrenze

Die Baugrenze ist eine Festsetzung im Bebauungsplan. Ein neu zu errichtendes Gebäude darf die Baugrenze nicht überschreiten.
Darstellung im Bebauungsplan: — — · — · — —
Siehe auch: Baulinie, Bebauungsplan

Baugrunduntersuchung

Bei der Baugrunduntersuchung wird die Beschaffenheit des Bodens geprüft. Die Tragfähigkeit des Bodens wird in aller Regel anhand von geologischen Karten und durch Probebohrungen festgestellt. Erst nach Abschluss der Baugrunduntersuchung kann das Fundament sachgerecht erstellt werden. Grundwasserstände ergeben sich aus hydrographischen Karten.

Bauhandwerkersicherungs- hypothek

Bauhandwerker, bzw. Bauunternehmen haben entsprechend § 648 BGB die Möglichkeit, ihre Forderungen aus der Durchführung von Bauleistungen durch Eintrag einer Bauhand- werkersicherungshypothek auf dem Grund- stück des Bauherrn absichern zu lassen. Ent- sprechendes gilt auch für Umbauten und sonsti- gen „wesentlichen" Veränderungen bei Be- standsobjekten. Voraussetzung für die Geltend- machung dieses Verlangens ist stets, dass es sich um Bauleistungen handelt, die erbracht wurden. Das Liefern von Küchen zum Beispiel, die nicht speziell für das Bauvorhaben zum Einbau angefertigt wurden, lässt einen Siche- rungsanspruch noch nicht entstehen. Weigert sich der Eigentümer, die Eintragung zu bewilli- gen, kann der Handwerker auf Zustimmung klagen.

Das Urteil ersetzt dann die Bewilligung. Alter- nativ zu dieser etwas unhandlichen und in der Praxis kaum gebräuchliche Absicherungs- methode einer Sicherungshypothek kann auch eine Sicherheitsleistung des Bestellers (Bau- herrn) nach §684a erbracht werden, eine Rege- lung, die 1993 durch das Bauhandwerkersiche- rungsgesetz eingeführt wurde.

Diese Sicherheit kann durch eine Garantie oder eines Zahlungsversprechens eines Kreditinsti- tuts geleistet werden.

Seit August 99 ist ein Gesetzesvorschlag in der Diskussion, wonach die Vorschrift des § 684 in das Bauvertragsgesetz übernommen werden soll. Überhaupt soll die faktische Rechtspositi- on der Bauhandwerker wesentlich besser als bisher abgesichert werden.

Bauhelferversicherung

Bei vielen Bauvorhaben werden in erheblichem Umfang Eigenleistungen durch den Bauherrn, Verwandte oder Freunde geleistet. Für diese Helfer besteht in der Regel Versicherungs- pflicht. Nur der Bauherr und dessen Ehegatte sind von der Versicherungspflicht befreit. Eine Versicherungspflicht besteht auch dann nicht, wenn es sich um geringfügige Bauarbeiten han- delt und die Gesamtarbeitszeit aller Beschäftig- te nicht mehr als 39 Stunden beträgt.

Eine preiswerte Möglichkeit, die Helfer gegen Unfälle auf der Baustelle abzusichern, ist der Abschluss einer kurzfristigen Unfallversiche- rung. Bereits ab ca. 150 Euro können drei Hel- fer für drei Monate in folgendem Umfang ver- sichert werden: Invalidität 50.000 Euro, Unfall- tod 5.000 Euro, Krankenhaus-Tagegeld 10 Eu- ro. Auskunftsquelle ist diejenige regional zu- ständige Bauberufsgenossenschaft, an die auch die vom Gesetz vorgeschriebenen Meldungen der Helfer und deren Arbeitsstunden gehen muss.

Bauherr

Wer in eigenem Namen, auf eigene Rechnung und Gefahr und auf eigenem Grundstück ein Bauvorhaben durchführt oder durchführen lässt ist Bauherr. Kennzeichnende Merkmale des Bauherrn sind das Bauherrenrisiko und die Bau- herreninitiative. Im Gegensatz zum Bauträger ist der Privatbauherr kein Gewerbetreibender.
Siehe auch: Bauträger

Bauherrenhaftpflichtversicherung

Die Bauherrenhaftpflichtversicherung deckt Schäden ab, die sich aus der Verletzung der Verkehrssicherungspflicht des Bauherren ergeben. Der Bauherr ist immer für die Schäden, die andere Personen aufgrund des Bauvorhabens erleiden, verantwortlich. Er muss dafür sorgen, dass die Baustelle ausreichend beleuchtet und abgesperrt ist, dass Gruben abgedeckt und alle am Bau Beteiligten (Bauunternehmer, Architekten usw.) zuverlässig sind. Unfälle von Handwerkern und anderen an der Durchführung des Baus beteiligte Arbeiter werden über deren Versicherung abgedeckt. Die Prämie für die Bauherrenhaftpflichtversicherung berechnet sich nach der Bausumme.

Bauherrenmodell

Version eines Steuermodells, bei dem durch den Kauf von Grundstücken und die Errichtung eines Gebäudes neben den in Jahresraten absetzbaren Baukosten möglichst hohe Werbungskosten entstehen und dadurch die Einkommensteuerbelastung vermindert wird. In Anspruch genommen wurde diese Art von Steuermodellen – vor allem in den 70er Jahren – durch Kapitalanleger, die zugleich Mieteinnahmen erzielen wollten. Heute sind Bauherrenmodelle aufgrund eingeschränkter Auslegung des Bauherrenbegriffs (Erbauer eines Gebäudes auf eigene Rechnung und eigene Gefahr) und anderer Einschränkungen von steuerlichen Absetzungsmöglichkeiten durch den Bauherrenerlass vom 13.1.1981 praktisch bedeutungslos geworden.

Baukapitalsparbrief

Spareinlage bei einer Bausparkasse, die mit einem festen Zinssatz und einer Laufzeit von in der Regel fünf Jahren versehen ist. An den Bewertungsstichtagen wird ein bestimmter Prozentsatz der Einlage einschließlich der Zinsen auf einen Bausparvertrag eingezahlt.

Baukindergeld

Siehe: Kinderzulage

Baukonjunktur

Die Zahl der Baugenehmigungen erhöhte sich im Jahr 2003 gegenüber 2002 um 8 Prozent oder 23.000. Die Erhöhung wird von Fachleuten nicht als Wende bezeichnet, sondern mit dem Vorzieheffekt begründet, der sich aus der Diskussion um die Streichung der Eigenheimzulage ergeben habe. Bauherren haben ihre Pläne vorgezogen, um noch in den Genuss der staatlichen Förderung zu kommen.

Insgesamt setzt sich der Abwärtstrend seit Mitte der Neunziger Jahre beim Wohnungsneubau fort, besonders bei der Zahl der Genehmigungen im Mehrfamilienhausbau. Die Fertigstellungszahlen hinken den Genehmigungen um etwa ein Jahr hinterher. In Westdeutschland beträgt der Rückgang bei den Fertigstellungszahlen im Jahr 2003 knapp 10% gegenüber dem Vorjahr und 50% gegenüber dem Rekordjahr 1994. Im Osten ist der Rückgang überproportional hoch und beträgt gegenüber dem Vorjahr 30% und gegenüber dem Rekordjahr 1997 80%.

Baugenehmigungen in Deutschland

Jahr	Anzahl
1991:	406
1992:	485
1993:	607
1994:	713
1995:	639
1996:	576
1997:	528
1998:	476
1999:	438
2000:	349
2001:	291
2002:	274
2003:	297

Angaben in 1000
Quelle: Stat. Bundesamt

Baukosten

Teil der Gesamtkosten einer Baumaßnahme. Hierzu zählen die „reinen Baukosten" (Kosten der Gewerke), die Kosten für die Außenanlagen, die Baunebenkosten, die Kosten der besonderen Betriebseinrichtung sowie die Kosten des Geräts und besonderer Wirtschaftsausstattung. Die Baukostenentwicklung wird mit Hilfe des Baukostenindex des Statistischen Bundesamtes Wiesbaden gemessen. Es handelt sich um eine in Prozent ausgedrückte Messzahl auf der Grundlage eines Basisjahres = 100. Als Basisjahr wird derzeit 1995 genommen. Der Baukostenindex wird monatlich vom Statistischen Bundesamt Wiesbaden ermittelt.

Bei durchschnittlicher Ausstattung für Wohngebäude teilen sich die Baukosten prozentual in etwa auf wie in folgender Tabelle. In der Planungsphase können Ihnen diese Angaben bei der Kalkulation und der Auftragsvergabe helfen. Anschließend können Sie die über den m³-Preis des umbauten Raumes ermittelte Bausumme anteilig auf die einzelnen Gewerke aufteilen, um so eine genauere Kostenübersicht bei der Vergabe der einzelnen Bauleistungen zu erhalten, in denen sich die Kosten bewegen dürfen.

Aufteilung der reinen Bauleistung in %

Rohbau:

Erdarbeiten	2,5
Maurer-, Beton- und Stahlbetonarbeiten	38,0
Zimmererarbeiten	4,5
Dachdecker- und Spenglerarbeiten	4,5
Summe Rohbau	**49,5**

Ausbau:

Sanitärarbeiten	7,0
Heizungsarbeiten	4,5
Elektroarbeiten	4,0
Fenster	6,5
Steinmetzarbeiten	1,0
Putzarbeiten (Innen- und Außenputz)	8,0
Estricharbeiten	3,0
Fliesenarbeiten	3,0
Innentüren	3,5
Schlosserarbeiten	2,0
Bodenbeläge	2,5
Rolläden	1,0
Malerarbeiten	2,5
Dachgeschossausbau	2,0
Summe Ausbau	**50,5**
Gesamtsumme	**100,0**

Siehe auch: Außenanlagen, Baunebenkosten, Besondere Betriebseinrichtungen

Baukostenzuschuss

Ein verlorener Zuschuss die der Mieter im Zusammenhang mit der Anmietung einer Wohnung leistet. Im Gesetz über die Rückerstattung von Baukostenzuschüssen ist geregelt, dass der Mieter bei Beendigung des Mietverhältnisses den nicht „abgewohnten" Teil des Zuschusses zurückfordern kann. Dabei ist zu beachten, dass Zuschussbetrag von einer Jahresmiete in vier Jahren als getilgt gilt. Eine zum Nachteil des Mieters getroffene Vereinbarung ist unwirksam.

Bauland

Bauland bezeichnet im engeren Sinne Flächen, auf denen bauliche Anlagen errichtet werden dürfen („Baugrundstücke"). Baurechte können nach Vorliegen der bauordnungsrechtlichen Erfordernisse (Baugenehmigung) sofort genutzt werden. Die Erschließung muss gesichert sein. In diesem Sinne ist Bauland = baureifes Land.Im weiteren Sinne werden unter dem Baulandbegriff auch Flächen bezeichnet, für die zwar ein Baurecht besteht, das aber wegen fehlender Umlegung („Bruttorohbauland") und mangelnder Erschließungssicherheit noch nicht bebaut werden kann. Als Nettorohbauland bezeichnet man Einzelparzellen, bei denen die Erschließungsanlagen noch nicht vorhanden sind.

Baulast

Öffentlich-rechtliche Last, die sich aus einer freiwilligen Verpflichtung des Grundstückseigentümers gegenüber der Bauaufsichtsbehörde ergibt. Gegenstand einer solchen Verpflichtung ist ein Verhalten, das sich nicht bereits aus öffentlich-rechtlichen Vorschriften ergibt, z. B.

Duldung, dass der Nachbar das Grundstück befährt. Der häufigste Fall einer Baulast ist die Einräumung einer Bebauungsmöglichkeit im Grenzabstandsbereich. In diesem Fall muss der Eigentümer des belasteten Grundstücks bei Errichtung eines Gebäudes den nachbarlichen Grenzabstand zusätzlich übernehmen. Der Grundstückseigentümer muss eine Erklärung über die Einräumung der Baulast gegenüber der Baubehörde abgeben. Mit Eintrag in das Baulastenverzeichnis wird die Baulast eine öffentlich rechtliche Last. Baulastenverzeichnisse werden in Bayern nicht geführt. Hier wird auf beschränkte persönliche Dienstbarkeiten in den Grundbüchern zugunsten der Gemeinden ausgewichen.

Baulastenverzeichnis

Siehe: Baulast

Bauleistungsversicherung

Die Bauleistungsversicherung – früher Bauwesenversicherung – sichert den Bauherrn gegen Schäden am Bau ab. Diese können entstanden sein durch Diebstahl, höhere Gewalt und Elementarereignisse, insbesondere Witterungseinflüsse (Überflutungen, Sturm, Hagel), Vandalismus usw. Versichert sind ferner Schäden, die durch fehlerhafte statische Berechnungen, Konstruktions- und Materialfehler oder mangelnde Bauaufsicht entstehen.

Versichert sind alle Bauleistungen, Baustoffe und Bauteile einschließlich der einzubauenden Gebäudebestandteile wie Türen und Fenster, sowie Außenanlagen, aber nicht die Gartenanlagen und Pflanzen.

Berechnungsgrundlage für die Prämie sind die Bausumme, Höhe der Selbstbeteiligung und die Versicherungszeit (max. 24 Monate). Schäden, die durch innere Unruhen, Streik oder Aussperrung entstehen, sind (häufig) ebenfalls versichert mit der Einschränkung, dass diese Teile jederzeit von der Versicherungsgesellschaft gekündigt werden können.

Nicht abgedeckt durch die Versicherung sind hingegen Schäden, die das Ergebnis schlecht ausgeführter Handwerkerarbeiten sind. Beispiel: frisch gegossener Estrich, der nach einem Frosteinbruch im Winter nichts mehr taugt. Da ein versierter Estrichleger einen anderen Zeitpunkt für diese Arbeit hätte wählen müssen, springt die Versicherung nicht ein. Der Bauherr kann allerdings den Handwerker innerhalb der Fristen für Mängelhaftung (früher Gewährleistung) zur Nacherfüllung auffordern.

Bauleitplanung

Bauleitplanung ist der Oberbegriff für die planerischen Darstellungen und Festsetzungen hinsichtlich einer baulichen Nutzung von Flächen der Gemeinden oder gemeindlicher Planungsverbände. Bauleitpläne müssen sich an den Zielen der Raumordnung, d.h. an den Vorgaben der Regionalpläne orientieren.

Die Planungshoheit liegt bei den Gemeinden. Mehrere Gemeinden können sich zum Zweck einer gemeinsamen Bauleitplanung zu Planungsverbänden zusammenschließen. Die Aufstellung von Bauleitplänen ist im Baugesetzbuch, der Baunutzungsverordnung und der Planzeichenverordnung geregelt.

Die Bauleitplanung besteht aus dem Flächennutzungsplan, der sich grundsätzlich auf das gesamte Gemeindegebiet bezieht (vorbereitender Bauleitplan), und dem Bebauungsplan (verbindlicher Bauleitplan) dessen Geltungsbereich räumlich auf bestimmte Gemeindegebiete beschränkt ist. Auf beiden Planungsebenen ist eine Bürgerbeteiligung und eine Beteiligung der Träger öffentlicher Belange vorgesehen.

Siehe auch: Raumordnung, Flächennutzungsplan, Träger öffentlicher Belange (TÖB), Bebauungsplan, Flächenmanagement

Bauliche Veränderung (Wohnungseigentum)

Bauliche Veränderungen und Maßnahmen, die über die ordnungsmäßige Instandhaltung und Instandsetzung hinausgehen, können von den Wohnungseigentümern nicht mit Mehrheit beschlossen werden (§ 22 Abs. 1 WEG).

Das bedeutet allerdings nicht, dass bauliche

Veränderungen grundsätzlich immer der Zustimmung aller im Grundbuch eingetragenen Wohnungseigentümer bedürfen.

Vielmehr hängt die erforderliche Zustimmung davon, ob und welche Eigentümer im Sinne des Gesetzes von der baulichen Veränderung nachteilig betroffen sind (§ 14 Nr. 1 WEG).

Grundsätzlich kann allerdings davon ausgegangen werden, dass die Zustimmung aller Eigentümer immer dann erforderlich ist, wenn das Grundstück oder das Gebäude gegenüber seiner ursprünglichen Gestaltung baulich optisch verändert wird. Dies gilt beispielsweise bei Balkonverglasungen und bei der Errichtung von zusätzlichen Baulichkeiten wie zum Beispiel beim Anbau von Garagen oder bei der Errichtung eines Carports.

Beschließen allerdings die Wohnungseigentümer eine bauliche Veränderung mit Mehrheit, bespielsweise die Anbringung eines Vordaches über der Hauseingangstür, ist der Mehrheitsbeschluss wirksam und vom Verwalter durchzuführen, wenn er nicht innerhalb Monatsfrist angefochten und durch das Gericht für ungültig erklärt wird.

Die Eigentümer, die diesem Beschluss nicht zugestimmt haben, brauchen sich aber dann auch nicht an den Kosten zu beteiligen (§ 16 Abs. 3 WEG). Ob die Eigentümer auch durch mehrheitliche Beschlussfassung zur anteiligen Kostentragung herangezogen werden können, ist derzeit noch strittig. Grundsätzlich sollte, um die Zahlungspflicht zu vermeiden, ein solcher Beschluss vorsorglich angefochten werden.

Werden bauliche Veränderungen am gemeinschaftlichen Eigentum durch einzelne Eigentümer ohne die erforderliche Zustimmung der übrigen Eigentümer vorgenommen, kann jeder Eigentümer die Beseitigung dieser Baumaßnahme verlangen, auch wenn diese bereits durchgeführt worden ist.

Siehe auch: Instandhaltungsrückstellung - (Instandhaltungsrücklage)

Baulinie

Eine Baulinie ist die im Bebauungsplan festgesetzte Linie, an die gebaut werden muss. Sie kann in roter Farbe dargestellt werden.

Darstellungsform im Bebauungsplan: – ·· – ·· –

Siehe auch: Baugrenze

Baumangel

Weist die Leistung des Bauunternehmers bzw. Handwerkers nicht die „vereinbarte Beschaffenheit" auf und weicht sie von den anerkannten Regeln der Technik ab, liegt ein Baumangel vor. Fehlt eine Beschaffenheitsvereinbarung ist die Leistung mangelfrei, wenn sie sich „für die nach dem Vertrag vorausgesetzte", sonst „für die gewöhnliche Verwendung" eignet. Es ist immer ratsam, einen solchen Baumangel durch einen Sachverständigen begutachten zu lassen oder vor Anhängigkeit eines Rechtsstreites ein „Selbständiges Beweisverfahren" – früher Beweissicherungsverfahren – einzuleiten. Damit wird auch eine etwa drohende Verjährung unterbrochen. Wird dabei ein Baumangel festgestellt, stehen dem Bauherrn Mängelhaftungsansprüche (früher „Gewährleistung") nach dem Werkvertragsrecht des BGB oder – wenn vereinbart – nach VOB 2002 zu.

Siehe / Siehe auch: Bauschaden

Baumassenzahl (BMZ) - Baumasse (BM)

Durch die Festsetzung einer Baumassenzahl wird eine Begrenzung der Baumasse (ausgedrückt in m³) im Verhältnis zur Grundstücksgröße hergestellt. Sie ist nur in Gewerbe- und Industriegebieten sowie in „sonstigen Sondergebieten" als Festsetzungsmaß baulicher Nutzung zulässig. Da sie früher auch in Gewerbegebieten nicht festgesetzt werden konnte und deshalb auf die GFZ ausgewichen wurde, gibt es heute noch viele Bebauungspläne für Gewerbegebiete, die keine BMZ enthalten. In solchen Fällen gilt als Höchstmaß für die zu errichtende Baumasse die GFZ x 3,5. Höchstmögliches Verdichtungsmaß ist eine BMZ von 10,0.

Beispiel: Eine BMZ von 3,0 entspricht bei einem 10.000 m² Baugrundstück eine Baumasse von 30.000 m³. Alternative Festsetzungsmög-

lichkeit ist in diesem Falle BM = 30.000.
Darstellung der Baumassenzahl als Planzeichen:

$$3,0$$

Baumschutz

In vielen Gemeinden bestehen Baumschutzverordnungen, die das Fällen von Bäumen bestimmter Höhe bzw. Größe untersagen oder von einer Genehmigung abhängig machen. Solche Regelungen können die Bebaubarkeit eines Grundstücks und damit seinen Wert teilweise erheblich beeinträchtigen.

Baunebenkosten

Baunebenkosten sind Teil der Gesamtkosten eines Bauvorhabens.Zu ihnen zählen im wesentlichen:

- Kosten für Architekten, Ingenieure und Sonderfachleute
- Kosten der Verwaltungsleistungen des Bauherrn, (u.a. auch eine eventuelle Baubetreuungsgebühr)
- Kosten der Behördenleistungen wie Baugenehmigung, Gebrauchsabnahmen
- Kosten der Finanzierungsbeschaffung, Bauzeitzinsen, Bereitstellungszinsen
- Grundsteuern während der Bauphase
- Beiträge zur Bauherrenhaftpflicht und Bauleistungsversicherung

Siehe auch: Gesamtkosten
(eines Bauwerks)

Baunutzungsverordnung

Die Baunutzungsverordnung enthält Regelungen zur Bestimmung von Art und Maß der baulichen Nutzung sowie der Bauweise und der überbaubaren Grundstücksfläche. Bei der Aufstellung der Bauleitpläne (Flächennutzungsplan und Bebauungsplan) durch die Gemeinde sind die Vorschriften der Baunutzungsverordnung zu beachten. Die Baunutzungsverordnung stellt eine Ergänzung zum Baugesetzbuch dar.

BauNVO

Abkürzung für: Baunutzungsverordnung

BauO

Abkürzung für: Bauordnung

BauOBaWü

Abkürzung für: Bauordnung von Baden-Württemberg

BauONW

Abkürzung für: Bauordnung für Nordrhein-Westfalen

Bauordnungsrecht

Das Bauordnungsrecht hat sich aus früheren baupolizeilichen Vorschriften entwickelt. Es regelt, was bei der Errichtung, Änderung und dem Abbruch baulicher Anlagen zu beachten ist. Die Bestimmungen finden sich den Landesbauordnungen der einzelnen Bundesländer. Neben Begriffsdefinitionen wird u.a. folgendes in den Landesbauordnungen geregelt:
Abstandsflächen und Nachbarschutz, Sicherheit am Bau, Bauantrag, Bauvoranfrage, Baugenehmigung und Genehmigungsfreistellung, Ausnahmen und Befreiungen, Baulasten, Vorschriften zur Baueinstellung und Nutzungsuntersagung.

BauOSaar

Abkürzung für: Bauordnung des Saarlandes

BauPG

Abkürzung für: Bauproduktegesetz

Bauplanungsrecht

Das Bauplanungsrecht (Städtebaurecht) ist Bundesrecht. Es regelt umfassend die gemeindlichen Kompetenzen und Aufgaben im Zusammenhang mit der Bauleitplanung, sowie die Instrumente zu ihrer Sicherung, die Rechtsgrundlagen der baulichen Nutzung des Bodens, die Bodenordnung und Erschließung sowie die Enteignung.Relativ neu sind in diesem Zusammenhang Vorschriften über Maßnahmen für den Naturschutz. Zum Bauplanungsrecht zählt auch das besondere Städtebaurecht, zu dem die Vorschriften über städtebauliche Sanierungs- und Entwicklungsmaßnahmen, die Erhaltungssatzung und städtebauliche Gebote zählen.

Da im Zusammenhang mit der Enteignung, der Bodenordnung, Sanierung und Entwicklung Bewertungsprobleme entstehen, wurde auch das Recht der Wertermittlung im Rahmen des Bauplanungsrechts geregelt.Vorschriften dazu sind im Baugesetzbuch, der Baunutzungsverordnung, der Planzeichenverordnung und der siehe Wertermittlungsverordnung niedergelegt.
Siehe auch: Bauleitplanung, Baugesetzbuch (BauGB), Baunutzungsverordnung, Wertermittlungsverordnung

Bauproduktklassen

Die Bauprodukte (nach DIN 4102-1 „Baustoffe") werden nach Euronorm in nicht brennbar und brennbar eingeteilt. Nicht brennbar sind die Bauprodukte, die der Baustoffklasse A1 und A2 angehören.
Die Baustoffe der Klassen B, C, D und E unterscheiden sich hinsichtlich ihres unterschiedlichen Ausmaßes der Entflammbarkeit. Die Katalogisierung berücksichtigt Rauchentwicklung und brennendes Abtropfen. Die Euronorm gilt an Stelle von DIN 4102-1 seit 1.1.2001.

Bauprozess

(Zivilrecht) Beim Bauprozess stehen Rechtsstreitigkeiten im Mittelpunkt, die im Zusammenhang mit der Errichtung eines Bauwerkes entstehen. Die Risiken des Bauprozesses sind grundsätzlich nicht durch eine Rechtsschutz-

versicherung abdeckbar. Das finanzielle Risiko, das wegen der meist hohen Streitwerte ebenfalls hoch ausfällt, liegt deshalb zunächst beim klagenden Bauherrn. Hinzu kommen die Kosten für Gutachter, die in aller Regel eingeschaltet werden müssen. Diese Ausgaben müssen die Prozessparteien ebenfalls selbst tragen.Wer gerichtlich gegen Entscheidungen der Baubehörde vorgehen will, muss den Verwaltungsrechtsweg beschreiten.

BauR
Abkürzung für: Baurecht

Baureifes Land
Siehe: Bauland

Bauschaden

Im Gegensatz zum Baumangel, der auf eine mangelhafte Bauausführung zurückzuführen ist, entstehen Bauschäden durch unterlassene Instandhaltungsarbeiten oder durch Einwirkungen von außen (Sturm, Blitz u. dergl.). Bauschäden können aber auch einen Baumangel verursacht werden. Etwaige Sachmängelansprüche (Gewährleistungsansprüche) beziehen sich nicht auf Bauschäden, es sei denn, es handelt sich um Mangelfolgeschäden, die auf einen Baumangel eng und unmittelbar zurückzuführen sind.
Siehe auch: Baumangel

Bauspardarlehen

Bauspardarlehen sind Darlehen von Bausparkassen, auf die der Bausparer einen Anspruch hat, wenn er die Zuteilungsvoraussetzungen erfüllt hat. Der Bausparzins liegt in der Regel zwischen 4,5% und 5%. Die Regellaufzeit liegt zwischen 10 und 11 Jahren.Die Höhe der Annuität richtet sich nach dem gewählten Tarif und bewegt sich zwischen 3‰ und 10‰ der Bausparsumme pro Monat. In den Standardtarifen beträgt die Monatsrate, die an die Bausparkasse abzuführen ist, 6‰ der Bausparsumme. Die für die Zuteilung zu erreichende Bewertungszahl wird nach einem „Zeit-mal-Geld-System" ermittelt.

Bauspardarlehen können bis zur Höhe von 15.000 Euro ohne grundbuchliche Absicherung gewährt werden, wenn sich der Darlehensnehmer verpflichtet, eine mögliche Sicherung nicht durch Grundpfandrechte zugunsten anderer oder durch Veräußerung des Grundstücks zu verhindern. („Bauspardarlehen gegen Verpflichtungserklärung").

Siehe auch: Bausparen

Bausparen

Bausparen ist das Einzahlen von Beträgen bei einer Bausparkasse auf der Grundlage eines Bausparvertrages. Die Einzahlungen können regelmäßig, unregelmäßig bis hin zur Einmalzahlung erfolgen. Ziel des Bausparens ist es, später ein zinsgünstiges Darlehen zum Kauf, Bau oder zur Renovierung einer Wohnung bzw. eines Hauses aufnehmen zu können. Die Höhe der Einzahlungen richtet sich nach der Höhe der Bausparvertragssumme.

Der Bausparer spart 40% bis 50% auf seinem Bausparkonto an (Mindestansparsumme). Erreicht er eine vorgegebene Bewertungszahl – sie richtet sich danach, wie viel der Bausparer eingezahlt hat und wie lange die Einzahlungen zurück liegen – und erfüllt er die Wartezeit, erhält er ein Darlehen, das je nach Bausparkasse normalerweise mit 4,5 bis 5,0% zu verzinsen ist. Mit der Zuteilung bekommt er ebenfalls sein Bausparguthaben zurück. Das Guthaben enthält die angesparten Raten, die angefallenen Zinsen (üblicher Zinssatz 2,5 bis 3,0% im Jahr) und etwaige Förderbeträge. Die Tilgung ist relativ hoch, so dass die jährliche Annuität – bezogen auf das Darlehen – über derjenigen von üblichen Baudarlehen liegt. Bausparen wird durch die Wohnungsbauprämie und Arbeitnehmersparzulage staatlich gefördert. Welche der Förderungsmöglichkeiten im Einzelfall in Frage kommen, erläutern Finanzierungsberater und die Bausparkassen.Allerdings ist darauf hinzuweisen, dass die Bausparfinanzierung effektiv teurer sein kann, als eine Bankfinanzierung. Dies kann dann der Fall sein, wenn auf das Bankkonto in der Ansparzeit die gleiche Sparrate einbezahlt und höher verzinslich angelegt wird als bei einer Bausparkasse – selbst wenn später das Bankdarlehen für sich genommen teurer ist.

Nur bei relativ niedrigen Bausparvertragssummen, bei denen das Verhältnis zwischen der Einzahlungssumme einerseits und den staatlichen Förderungsmitteln plus Einlagenverzinsung andererseits zu einer höheren Gesamtverzinsung des Guthabens führt, erscheint Bausparen als geeignetes Restfinanzierungsinstrument attraktiv.

Siehe auch: Wohnungsbauprämie, Arbeitnehmersparzulage, Bauspardarlehen, Bausparvertrag

Bausparkassen

Bei den Bausparkassen handelt es sich nach dem Bausparkassengesetz von 1973 um Kreditinstitute, auf die das Kreditwesengesetz anzuwenden ist und die der Überwachung durch das Bundesaufsichtsamt für das Kreditwesen unterliegen.Die ersten Bausparkassen wurden Anfang des 19. Jahrhunderts in England gegründet. In Deutschland folgte nach englischem Vorbild 1868 in Breslau die erste Gründung als Genossenschaft. Durchgesetzt hat sich der Bauspargedanke allerdings erst mit Gründung der Wüstenrot 1924. Heute gibt es 21 private und 13 öffentliche Bausparkassen.

Siehe auch: Bausparen

Bausparsumme

Betrag, über den ein Bausparvertrag abgeschlossen wird. Die Bausparsumme setzt sich aus dem Bausparguthaben und dem Bauspardarlehen zusammen und wird ausgezahlt, wenn der Vertrag die Zuteilungsvoraussetzungen erfüllt.

Bausparvertrag

Der Bausparvertrag ist ein Vertrag, den ein Bausparer mit einer Bausparkasse abschließt. Damit strebt der Bausparer in aller Regel an, ein künftiges Bauvorhaben mit einem zinsgünstigen Darlehen zu finanzieren.Bausparverträge können nicht nur durch den Bausparer, sondern auch durch dessen nahe Verwandte für Bauzwecke genutzt werden. Welche Verwandte hierfür in Betracht kommen, regelt der Gesetzgeber. Einzahlungen auf Bausparverträge werden vom Staat durch Gewährung von Arbeitnehmersparzulage und Wohnungsbauprämie unterstützt. Die Verwendung der Bausparguthaben ist dafür zweckgebunden.Bausparverträge können nur für wohnungswirtschaftliche Zwecke verwendet werden. Hierzu zählen die Finanzierung von Erwerbsvorgängen und die Durchführung von Wohnbauvorhaben, Umbauten und Modernisierungen. Außerdem werden die Auszahlung von Miterben, die Ablösung von Fremdfinanzierungsmitteln (Umschuldungen) soweit jeweils wohnungswirtschaftliche Objekte betroffen sind, sowie die Modernisierung der Mietwohnung durch den Mieter als wohnungswirtschaftlicher Verwendungszweck anerkannt.Eine anderweitige Verwendung des Bausparguthabens vor Ende der 7-jährigen Sperrfrist führt dazu, dass die gewährten Wohnungsbauprämien wieder an den Fiskus zurückerstattet werden müssen.

Verschiedene Banken schließen mit Bausparkassen Bausparverträge ab, die sie selbst besparen und bei Zuteilung ausgewählten Kunden als Finanzierungsmittel anbieten. In Zeiten hoher Zinsen kann dies eine interessante Finanzierungsalternative darstellen. Es handelt sich um sogenannte Bauspar-Vorratsverträge.

Neben dem Standard-Bausparvertrag gibt es Schnellsparvarianten und Langsamsparvarianten wobei grundsätzlich einer kurzen/langen Darlehenslaufzeit immer eine kurze/lange Ansparzeit bis zur Zuteilung entspricht.

Im Zuge des Wandels der Tariflandschaft mit dem Ziel, den unterschiedlichen Bedürfnissen der Bausparer gerecht zu werden, werden heute auch Bausparverträge angeboten, bei denen ein Bauspardarlehen in Höhe der Bausparvertragssumme gewährt werden. Bei Tarifen mit hohen Guthabenzinsen (z.B. 5%) werden entsprechend höhere Darlehenszinsen gefordert.

Der Variationsreichtum ist mittlerweile außerordentlich groß. Bausparverträge können geteilt, ermäßigt oder erhöht werden. Auch eine Zusammenlegung mehrerer Verträge ist möglich. Bei Übertragung ist darauf zu achten, dass nur Angehörige den bereits entstandenen Anspruch auf Wohnbauprämien mit übernehmen können.

Siehe auch: Arbeitnehmersparzulage, Wohnungsbauprämie, Bausparen

BauStatG

Abkürzung für: Gesetz über die Durchführung vom Statistiken der Bautätigkeit und die Fortschreibung des Gebäudebestandes

Baustellenverordnung

Im Interesse des Gesundheitsschutzes musste eine EG-Richtlinie in deutsches Recht umgesetzt werden, die im Arbeitsschutzgesetz und insbesondere in der Baustellenverordnung vom Juni 1998 ihren Niederschlag fand. Der Anhang II enthält einen Katalog von „besonders gefährlichen Arbeiten", für die eine Vorankündigungspflicht gegenüber der zuständigen Behörde besteht.

Bei solchen Baustellen und bei Baustellen auf denen Beschäftigte mehrerer Arbeitgeber tätig sind, ist ein Koordinator zu bestellen, der einen Sicherheits- und Gesundheitsplan ausarbeiten (lassen) und nach den allgemeinen Grundsätzen des Arbeitsschutzes (Arbeitsschutzgesetz) koordinieren muss.

Er hat darauf zu achten, dass die Arbeitgeber/Unternehmen Ihren Pflichten aus der Verordnung nachkommen (insbesondere Instandhaltung der Arbeitsmittel, Vorkehrung zur Lagerung und Entsorgung insbesondere der Gefahrenstoffe, Anpassung der Ausführungszeiten und Zusammenarbeit zwischen Arbeitgebern und Unternehmen ohne Beschäftigte.

Bausummenüberschreitung

Liegen die vorab veranschlagten Kosten unter den tatsächlich vom Bauherrn aufgewendeten Ausgaben, liegt eine Bausummenüberschreitung vor. Der Finanzierungsplan sollte für einen solchen Fall genügend Spielraum vorsehen.

Die Haftung des Architekten, der im Rahmen der Honorarordnung für Architekten und Ingenieure hierzu Feststellungen getroffen hat, beginnt erst, wenn bestimmte, von der Rechtsprechung großzügig bemessene Toleranzgrenzen überschritten werden.

Bei Kostenschätzungen betragen sie etwa 30%, bei Kostenberechnungen 20% und bei der Zusammenstellung der Kostenanschläge als Ergebnis von Ausschreibungen 5–10%. Allerdings muss festgestellt werden, dass Rechtslehre und Rechtsprechung hierzu etwas uneinheitlich sind.

Siehe auch: Honorarordnung für Architekten und Ingenieure (HOAI)

BauSVO

Abkürzung für: Bauschmutzverordnung

Bautafel

Bautafeln sind an jeder Baustelle anzubringen. Sie informieren über die Art des Bauvorhabens, Name und Adresse des Bauherrn, der Bauleitung, des Architekten und des Statikers.Die Bautafel muss deutlich lesbar und von der Straße aus gut sichtbar angebracht werden. Bautafeln haben sich aus einer bauordnungsrechtlichen Zwangsmaßnahme längst zu einem Marketinginstrumentarium für den Bauherrn und die am Bau und am Vertrieb beteiligten Unternehmen entwickelt.

Schließlich soll auch für das entstehende Ob-

jekt geworben werden. Auch künstlerische Aspekte treten bei der Bautafelgestaltung immer mehr in den Vorder-grund. Bautafelausstellungen werden organisiert. Bautafelenthüllungen durch Repräsentanten des öffentlichen Lebens treten bei besonderen Bauvorhaben vor allem im öffentlichen Bereich immer häufiger an die Stelle des ersten „Spatenstichs".

Bautagebuch

Das Bautagebuch dient der Aufzeichnung der Vorgänge am Bau. Vor allem werden darin Beginn und Dauer der einzelnen Bauarbeiten, der tägliche Baufortschritt, die angelieferten Materialien usw. dokumentiert, wie auch der Zustand der Baustelle insgesamt und deren äußere Bedingungen. Die Dokumentation kann bei späteren Streitigkeiten mit den Vertragspartnern hilfreich sein. Die Führung des Bautagebuchs gehört zu den Grundleistungen eines Architekten, der damit aber auch einen Bauingenieur oder Baupolier beauftragen kann. Für genehmigungspflichtige Bauten ergibt sich der notwendige Inhalt aus DIN 1045.Eine Verpflichtung zur Führung des Bautagebuches besteht bei privaten Bauvorhaben nicht.

Bauträger

Bauträger führen in eigenem Namen, auf eigene Rechnung und auf eigenem Grundstück Baumaßnahmen durch, die sie am Markt an „Ersterwerber" im Rahmen eines Bauträgervertrages verkaufen. Sofern sich das Objekt beim Verkauf noch in der Bauphase befindet, geht der Bauträger eine Verpflichtung zur Fertigstellung nach Maßgabe der Baubeschreibung und der Bauzeichnungen ein. Der Bauträgervertrag mit dem Ersterwerber ist seiner Rechtsnatur nach ein Werkvertrag. Bedeutsame Folge hieraus sind werkvertragliche Sachmängelansprüche, die erst nach 5 Jahren ab Abnahme verjähren. Die auf neuerdings 4 Jahre dimensionierte VOB-Mangelhaftung scheidet innerhalb dieser Rechtsbeziehung zwischen Bauträger und Erwerber faktisch aus. Der Bauträger bedarf als gewerbsmäßiger Bauherr einer Erlaubnis nach §34c GewO und unterliegt zum Schutz der Vermögensinteressen der Erwerber speziellen Vorschriften der Makler- und Bauträgerverordnung.

Vom Generalunternehmer und Generalübernehmer unterscheidet sich der Bauträger dadurch, dass er Bauherr ist und auf eigenem Grundstück baut. Generalunternehmer wie Generalübernehmer bauen dagegen auf dem Grundstück des Bauherrn. Sie übernehmen dadurch einen Teil des Bauherrenrisikos, dass sie – gleich wie der Bauträger – Festpreise garantieren. Weder Generalunternehmer noch Generalübernehmer unterliegen wegen Fehlens der gewerblichen Bauherreneigenschaft dem Vorschriftenbereich des § 34c GewO und der MaBV.

Siehe auch: Generalunternehmer, Generalübernehmer

Bauträgervertrag

In einem Bauträgervertrag verpflichtet sich der Bauträger dem Erwerber des Bauträgerobjektes gegenüber zur Übertragung des Eigentums an dem erworbenen Grundstück und zur Herstellung des Bauwerkes. Im Vordergrund stehen nicht die kaufrechtlichen, sondern die werkvertragsrechtlichen Verpflichtungen. Neben den zivilrechtlichen Vorschriften des Werkvertragsrechts sind auch öffentlich rechtliche Vorschriften der MaBV zu beachten und in den Vertrag einzubeziehen. Ihr Sinn ist, die Vermögensinteressen der Erwerber von Bauträgerobjekten zu schützen.Der Bauträger darf deshalb nach § 3 MaBV über Baugelder des Erwerbers nur verfügen, wenn

- der mit dem Erwerber abgeschlossene Vertrag rechtswirksam ist und vorbehaltene Rücktrittsrechte des Bauträgers nicht mehr bestehen,
- zugunsten des Erwerbers eine Auflassungsvormerkung im Grundbuch eingetragen ist, (bei Wohnungs- und Teileigentum muss deshalb die Teilung im Grundbuch vollzogen sein)
- etwaige Grundpfandgläubiger, die einen

Grundstücksankaufskredit oder andere grundpfandrechtlich abgesicherte Vorfinanzierungsmittel zur Verfügung gestellt haben, eine unwiderrufliche Freistellungserklärung gegenüber dem Erwerber abgegeben haben und

- die Baugenehmigung erteilt ist oder – sofern sie nicht erforderlich ist – eine Bestätigung von der zuständigen Behörde vorgelegt wird, wonach die Voraussetzung für den Baubeginn gegeben ist.Außerdem dürfen bestimmte Baufortschrittsraten nicht überschritten werden.

Für den Abruf der Baufortschrittsraten werden Höchstbeträge genannt, die dem Bauträger jedoch einen gewissen Handlungsspielraum in der Zusammenstellung der Leistungen lassen, für die die Raten fällig gestellt werden. Wird eine Vereinbarung getroffen, die gegen die Bestimmungen des § 3 MaBV verstößt und wird dabei der Erwerber benachteiligt, ist dieser Teil des Vertrages unwirksam.

An seine Stelle tritt gesetzliches Recht mit der Folge, dass der Gesamtpreis erst mit Abnahme des Bauwerks fällig wird (Urt. des BGH vom 22.12.2000). Diese Entscheidung ist Folge der Regelungen, die durch das Gesetz zur Beschleunigung fälliger Zahlungen in das BGB eingegangen sind und zu einem neuen Leitbild geführt haben.

Die Entscheidung des BGH hat zugleich die Frage aufgeworfen, ob eine Ratenvereinbarung nach Maßgabe des § 3 MaBV selbst nicht auch schon gegen die Vorschriften über AGB verstößt, das sich ja an dem neuen Leitbild des § 632a BGB und nicht an der MaBV zu orientieren hat. Die Vorschrift setzt für die Vereinbarung von Abschlagszahlungen bereits die Eigentümerstellung des „Bestellers" (Erwerbers) und die Stellung einer Sicherheit voraus.

§7 MaBV, nach dem Baufortschrittsraten unabhängig von §3 MaBV vereinbart werden können, wenn Sicherheit für die Rückgewährsansprüche des Erwerbers geleistet werden, reicht offensichtlich auch nicht mehr aus, weil sich die nach § 632a zu leistende Sicherheit auf die weitergehende Vorschrift des §232 BGB bezicht. Die aktuellen Probleme bedurften der raschen Klärung bzw. eine Reparatur der rechtlichen Vorschriften.Mittlerweile ist durch die Verordnung über Abschlagszahlungen bei Bauträgerverträgen vom 22. Mai 2001 die weitere Anwendbarkeit der §§3 und 7 MaBV gesichert.

BauVerfO
Abkürzung für: Bauverfahrensordnung

Bauvertrag
Siehe: Werkvertrag, VOB-Vertrag

Bauvoranfrage
Will der Bauherr sicher gehen, dass seine Pläne über das Bauvorhaben auch tatsächlich genehmigt werden, kann er vorab beim örtlichen Bauamt einen Vorbescheid erwirken. Dazu muss er eine Bauvoranfrage stellen. Diese ist wesentlich zeit- und kostengünstiger für den Bauherrn als das eigentliche Genehmigungsverfahren. Bei einem späteren Baugenehmigungsverfahren sind die im Vorbescheid von der Baubehörde entschiedenen Punkte für den Zeitraum von 3 Jahren verbindlich.

Bauvorlagen
Bauvorlagen sind Unterlagen, die einem Bauantrag beigefügt werden müssen, um das Bauvorhaben genau darzustellen. Fast in allen Bundesländern verlangen die Behörden folgende Unterlagen:Baubeschreibung mit
- Übersichtsplan (Maßstab 1:2000)
- Lageplan (Maßstab 1:500)
- Bauzeichnungen, Schnitten und Ansichten (Maßstab 1:100)
- Nachweis der Standsicherheit
- Nachweis der Einhaltung der Energieeinsparverordnung
- Angaben zum Schallschutz
- Darstellung zur Grundstücksentwässerung
- Berechnung des umbauten Raums
- Berechnung der Wohn- und Nutzfläche.

Die Bauvorlagen sind auch einzureichen, wenn keine Genehmigung beantragt, sondern das Bauvorhaben im Rahmen eines der Verfahren durchgeführt werden soll, bei der der Planverfasser die Verantwortung für das Vorliegen aller gesetzlichen Bauvoraussetzungen übernimmt.
Siehe auch: Baugenehmigung

Bauweise
Neben der dem Maß der baulichen Nutzung wird in Bebauungsplänen auch die Bauweise festgesetzt. Dabei wird unterschieden zwischen einer offenen und geschlossenen Bauweise. Die offene Bauweise ist dadurch gekennzeichnet, dass bei den Gebäuden seitliche Grenzabstände einzuhalten sind. Zur offenen Bauweise zählen neben Einzel- und Doppelhäuser auch Hausgruppen bis maximal 50 m Länge. Garagen und Stellplätze können dabei in der Regel an die Grenze gebaut werden. Die geschlossene Bauweise kennt keine seitlichen Grenzabstände. Die Häuser werden zusammengebaut. Die Grenzwände sind als „Brandwände" bzw. „Gebäudeabschlusswände" zu errichten. Besondere Formen der geschlossenen Bauweise sind die Blockbebauung und die Kettenbauweise, bei der jeweils Einzelhäuser und Garagen wie an einer Kette aneinandergebaut sind.

Bauwirtschaft
Die Bauwirtschaft in Deutschland steckt in einer schweren Krise. Zwischen 1996 und 2002 gingen 600.000 Arbeitsplätze verloren. In rund 15.000 Betrieben arbeiteten im Jahr 2003 rund 800.000 Beschäftigte am Bau. Sechs Jahre vorher waren es noch rund 1,4 Mio. Beschäftigte in 25.000 Betrieben. Zwei Fünftel aller Betriebe habe die Krise nicht überlebt. Erste Anzeichen deuten darauf hin, dass ein Ende der Krise absehbar ist.

Entwicklung der Bauwirtschaft

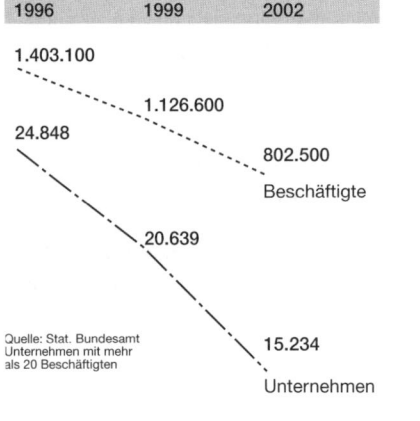

| 1996 | 1999 | 2002 |

1.403.100

1.126.600

24.848

802.500

Beschäftigte

20.639

Quelle: Stat. Bundesamt
Unternehmen mit mehr
als 20 Beschäftigten

15.234

Unternehmen

Bauzeitenplan

Im Bauzeitenplan wird der zeitliche Ablauf des Bauvorhabens und der dabei ineinandergreifenden Bauleistungen der verschiedenen am Bau beteiligten Gewerke dargestellt. Darstellungsform ist meist ein auf einen Kalenderbogen projiziertes Balkendiagramm. Teilweise werden auch Liniendiagramme verwendet. Bei Großbauvorhaben bedient man sich für die Bauzeitenplanung teilweise auch der „Netzplantechnik".

Der Bauzeitenplan ist ein Steuerungs- und Kontrollinstrument bei der Koordination der am Bauprozess beteiligten Unternehmen. Aus ihm können unmittelbar die Fristen, bis zu denen eine Arbeit fertiggestellt sein soll, abgelesen werden. In der Regel sind ausreichende Pufferzeiten berücksichtigt. Bauzeitenpläne werden sowohl vom Architekten als auch den beteiligten bauausführenden Unternehmen erstellt.

Bauzeitzinsen

Bauzeitzinsen sind Schuldzinsen, die bei Bauvorhaben im Zusammenhang mit einer Vor- oder Zwischenfinanzierung vor der Bezugsfertigkeit des Objektes anfallen.Soll das Objekt vermietet

werden, können die Zinsen vom Bauherrn als Werbungskosten abgezogen werden. Kalkulatorisch zählen sie zu den Baunebenkosten.
Siehe auch: Baunebenkosten

BauZVO

Abkürzung für: Bauzulassungsverordnung

BAV

Abkürzung für: Bundesaufsichtsamt für das Versicherungswesen

BayGO

Abkürzung für: Bayrische Gemeindeordnung

BayObLG

Abkürzung für: Bayrisches Oberstes Landesgericht

BBA

Abkürzung für: Berlin-Brandenburgische Akademie der Wohnungswirtschaft e.V.

BBauBl

Abkürzung für: Bundesbaublatt

BBauG

Abkürzung für: Bundesbaugesetz

BBD

Abkürzung für: Bundesbaudirektion

BBergG

Abkürzung für: Bergbaugesetz

BBiG

Abkürzung für: Berufsbildungsgesetz

BBR

Abkürzung für: Besondere Bedingungen und Risikobeschreibungen für die Berufshaftpflichtversicherung von Architekten, Bauingenieuren und Beratenden Ingenieuren

BBU

Abkürzung für: Verband Berlin-Brandenburgischer Wohnungsunternehmen

Bd

Abkürzung für: durchschnittlicher, relativer Bodenwert in % im Verhältnis zur Grundstückstiefe

BDA

Abkürzung für: Bund Deutscher Architekten

BDB

Abkürzung für: Bund Deutscher Baumeister, Architekten und Ingenieure

BDF

Abkürzung für: Bundesverband Deutscher Fertigbau

BDIA

. Abkürzung für: Bund Deutscher Innenarchitekten

BDLA

Abkürzung für: Bund Deutscher Landschaftsarchitekten

BDSG

Abkürzung für: Bundesdatenschutzgesetz

Bebauungsplan

Durch den Bebauungsplan werden Baurechte für die Eigentümer der Grundstücke geschaffen, die im Geltungsbereich des Bebauungsplanes liegen. Der „qualifizierte" Bebauungsplan enthält mindestens Festsetzungen über Art und Maß der baulichen Nutzung, überbaubare Grundstücksflächen und die örtlichen Verkehrsflächen. Ein Bebauungsplan, der diesen Mindestfestsetzungen nicht entspricht, gilt als „einfacher" Bebauungsplan.

Dieser enthält in der Regel nur die Festsetzung der Gebietsart und/oder von Baugrenzen bzw. Baulinien. Darüber hinaus richtet sich die Bebauung nach der Umgebung.

Einfache Bebauungspläne setzen also einen bestimmten Bebauungsbestand voraus, der Orientierungsgrundlage bei Beurteilung der Zulässigkeit eines Bauvorhabens ist. § 9 Abs. (1)

BauGB enthält 26 verschiedene Festsetzungsmöglichkeiten für einen Bebauungsplan bis hin zu Anpflanzungen mit Bäumen und Sträuchern. Den Bundesländern werden weitere Festsetzungsmöglichkeiten eingeräumt, deren Rechtsgrundlage Länderverordnungen sind. Ein Bebauungsplan gilt für einen genau abgegrenzten Teil des Gemeindegebietes.

Der Bebauungsplan besteht aus einem zeichnerischen Teil mit Erklärungen der verwendeten Planzeichen und einer „Begründung". Die Ziele, Zwecke und wesentlichen Auswirkungen des Bebauungsplanes sind dabei darzulegen. Im Hinblick darauf, dass manche Bebauungspläne in den schriftlichen Ausführungen bis zu 50 Seiten stark geworden sind, gibt es zunehmend Initiativen, die für „schlanke Bebauungspläne" plädieren.

Der Bebauungsplan kommt, wie folgt zustande: Nach einem öffentlich bekanntzugebenden Aufstellungsbeschluss wird ein Vorentwurf mit den Bürgern und den Trägern öffentlicher Belange (TÖB) erörtert. Dabei sich ergebende Erkenntnisse werden erwogen und im Entwurf des Bebauungsplanes, gegebenenfalls berücksichtigt. Die Gemeinde beschließt dann, diesen Entwurf öffentlich auszulegen.

Auch dieser Beschluss ist bekanntzumachen. Den Bürgern und den Trägern öffentlicher Belange ist damit wieder eine Möglichkeit gegeben, Bedenken und Anregungen zu äußern, die in die Abwägung durch den Gemeinderat einfließen. Der Bebauungsplan wird schließlich durch Satzung beschlossen. Er tritt mit der Bekanntmachung in Kraft.

Zur Beschleunigung des Planungsverfahrens hat es sich als zweckmäßig erwiesen, die Bürgerbeteiligung dem Aufstellungsbeschluss vorzuziehen („vorgezogene Bürgerbeteiligung"). Es kann dann auf die Erörterung des unter Mitwirkung der Bürger zustandegekommenen Entwurfs verzichtet werden. Welche Bedenken und Anregungen der Bürger und der TÖB berücksichtigt, teilweise berücksichtigt oder nicht berücksichtigt wurden, wird in einen Abwägungsbeschluss festgehalten.

Der Beschleunigung dient auch die Beteiligung der Träger öffentlicher Belange im sogenannten Sternverfahren. Alle in Frage kommenden TÖB werden unter Fristsetzung gleichzeitig zur Stellungnahme aufgefordert.In bestimmten Ausnahmefällen ist eine Genehmigung des Bebauungsplanes erforderlich, nämlich immer dann, wenn ein Flächennutzungsplan zum Zeitpunkt der Bekanntmachung des Bebauungsplanes (noch) nicht vorliegt. Überwiegend kann jedoch davon ausgegangen werden, dass Flächennutzungspläne bereits existieren, bevor ein Aufstellungsbeschluss über einen Bebauungsplan gefasst wird.

Siehe auch: Bauleitplanung, Träger öffentlicher Belange (TÖB)

Bedarfsbewertung

Bei der Bedarfsbewertung von Grundstücken handelt es sich um die Ermittlung des Grundbesitzwertes i.S.d. Bewertungsgesetzes zum Zwecke der Veranlagung zur Erbschaft- und Schenkungsteuer.

Siehe auch: Grundbesitzwert

Beendigung des Mietverhältnisses

Mietverhältnisse werden entweder durch Zeitablauf, Kündigung oder Mietaufhebungsvertrag beendigt.

Zeitablauf

Beim Wohnungsmietvertrag besteht seit 1.9.2001 keine Möglichkeit mehr, einen sog. „einfachen Zeitmietvertrag" zu vereinbaren. Er sah vor, dass dem Mieter das Recht auf Fortsetzung zustand, wenn der Vermieter kein berechtigtes Interesse geltend machen konnte.

Dagegen gibt nach wie vor der sog. „qualifizierte Zeitmietvertrag", bei dem schon bei Vertragsabschluss die Gründe für die vereinbarte Beendigung des Mietverhältnisses schriftlich dargelegt werden müssen.

Als Gründe kommen nur in Betracht: Eigenbedarf, die Absicht die Mieträume zu beseitigen oder sie so wesentlich zu verändern bzw. instandzusetzen, dass die Maßnahmen durch die Fortsetzung des Mietverhältnisses erheblich erschwert würden. Schließlich kann auch noch eine vorgesehene anderweitige Vermietung an eine zur Dienstleistung verpflichtete Person als Grund für die Beendigung des Mietvertrages angeführt werden. Beim Gewerberaummietvertrag endet der Zeitmietvertrag mit seinem Ablauf. Besteht zugunsten des Mieters eine Verlängerungsoption und wird sie entsprechend der Vereinbarung geltend gemacht, verlängert sich das Mietverhältnis um den für die Option maßgeblichen Zeitraum.

Kündigung

Die Beendigung des Mietverhältnisses durch Kündigung des Vermieters ist bei Wohnraum beschränkt auf das Vorliegen eines berechtigten Interesses. Dies gilt auch im Fall des Todes des Mieters, es sei denn, der verstorbene Mieter war alleinstehend. Der Vermieter muss zum Zeitpunkt der Kündigung im Grundbuch als Eigentümer eingetragen sein, es sei denn, er ist Zwischenmieter. Der Mieter kann das Mietverhältnis nach Maßgabe der Vereinbarungen im Mietvertrag kündigen.

Ein Sonderkündigungsrecht für Mieter besteht beim preisfreien Wohnraum, wenn der Vermieter ein Mieterhöhungsverlangen zur Vergleichsmiete stellt oder eine Mieterhöhung wegen baulicher Änderungen (Modernisierung) fordert.

Die Kündigung bedarf bei Wohnraum stets der Schriftform. Die Kündigungsfrist des Wohnungsmieters beträgt 3 Kalendermonate, wobei die Kündigung spätestens am dritten Werktag des ersten Monats erfolgt sein muss.

Eine längere Frist kann nicht vereinbart werden. Vereinbarungen in Mietverträgen, die vor der Mietrechtsreform abgeschlossen wurden und in denen schriftlich festgehalten wurde, dass der Mieter eine bestimmte Kündigungsfrist, die sich nach der Dauer der Mietzeit richtet, einzuhalten hat, gelten auch weiterhin. Dies betrifft alle entsprechend ausgestatteten unbefristeten Mietverträge (Kündigungsfrist für den Mieter bei einer Mietdauer bis 5 Jahre = 3 Monate, bis 8 Jahre = 6 Monate, bis 10 Jahre = 9

Monate und bei einer Mietzeit von mehr als 10 Jahren ein Jahr), die vor dem 1. September 2001 abgeschlossen worden sind (BGH, 18.6.03 - VIII ZR 240, 324, 339 und 355/02).
Für Vermieter von Wohnraum bei der ordentlichen Kündigung staffeln sich die Kündigungsfristen wie folgt: Drei Monate bei Mietverhältnissen bis 5 Jahre Dauer, sechs Monate bei Mietverhältnissen zwischen 5 und bis 8 Jahren Dauer, neun Monate bei Mietverhältnissen von über 8 Jahren Dauer. Diese Fristen sind zu Lasten des Mieters nicht abdingbar.Beim Gewerberaum gibt es keinerlei gesetzlichen Kündigungsschutz. Die gesetzliche Kündigungsfist beträgt ein halbes Jahr. Sie ist abdingbar.
•Mietaufhebungsvertrag
Die Mietaufhebungsvereinbarung ist angesichts der streng regulierten Kündigungsvorschriften bei Wohnraum ein beliebtes Mittel, um im Kompromisswege eine Beendigung des Mietverhältnisses zu erreichen. In der Regel werden in diesem Zusammenhang Ablösevereinbarungen zwischen Vermieter und Mieter getroffen. Der Mieter kann sich nach einer solchen Vereinbarung nicht mehr auf den Mieterschutz berufen.In tatsächlicher Hinsicht erfolgt die Beendigung des Mietverhältnisses nach Räumung durch Schlüsselübergabe vom Mieter an den Vermieter. Damit wird die Mietsache zurückgegeben. Der Mieter gibt seinen Besitz auf. Die Zurücknahme der Wohnung erfolgt in der Regel in Form der Abnahme. Dabei werden der Zustand im Hinblick auf die zuletzt durchgeführten Schönheitsreparaturen der Wohnung überprüft, sowie die Vollständigkeit des gemieteten Inventars, und die Stände der Wasser-, Strom- Gasverbrauchs- Wärme- und Warmwasserzähler festgestellt.Dies und etwaige Schäden, die nicht auf normale Abnutzung zurückzuführen sind, werden im Abnahmeprotokoll festgehalten, das vom Mieter unterzeichnet wird. Das Abnahmeprotokoll dient damit als Grundlage der privaten Beweissicherung für die spätere Abrechnung der Mietkaution.
Siehe / Siehe auch: Berechtigtes Interesse

Befreiungen
Siehe: Ausnahmen und Befreiungen (öffentliches Baurecht)

Behausungsziffer
Die Behausungsziffer gibt an, wie viele Bewohner durchschnittlich auf ein bewohntes Gebäude entfallen. Es handelte sich im 19. Jahrhundert um eine statistische Kennzahl, die Rückschlüsse auf den Wohnverdichtungsgrad einer Stadt, insbesondere aufgrund von Hausformen, Wohnweise und der Art der Bodenparzellierung ermöglichten.
Die Behausungsziffern in den Großstädten erreichten um die Wende des 19. zum 20. Jahrhundert einen oberen Kulminationspunkt. Beispielhaft seien die Behausungsziffern des Jahres 1905 für verschiedene Städte angeführt, die der 2. Auflage des Handbuchs für Wohnungswesen von Rudolf Eberstadt (1910) entnommen sind.

Berlin 1905: 2.040.148 Einwohner,
77,54 Bewohner pro Gebäude

Charlottenburg 1905: 239.559 Einwohner
64,78 Bewohner pro Gebäude

Breslau 1905: 470.904 Einwohner
51,97 Bewohner pro Gebäude

Hamburg 1905: 802.793 Einwohner
36,81 Bewohner pro Gebäude

München 1905: 538.983 Einwohner
36,53 Bewohner pro Gebäude

Dresden 1905: 516.996 Einwohner
27,69 Bewohner pro Gebäude

Leipzig 1905: 503.672 Einwohner
27,64 Bewohner pro Gebäude

Hannover 1905: 250.024 Einwohner
20,98 Bewohner pro Gebäude

Dortmund 1905: 175.577 Einwohner
20,48 Bewohner pro Gebäude

Düsseldorf 1905: 253.274 Einwohner
20,09 Bewohner pro Gebäude

Frankfurt 1905: 334.987 Einwohner
18,75 Bewohner pro Gebäude

Köln 1905: 428.722 Einwohner

16,41 Bewohner pro Gebäude

Bremen 1905: 214.861 Einwohner

7,96 Bewohner pro Gebäude

Bremen spielt hier eine Ausnahmerolle. Die historischen Nachwirkungen zeigen sich bis heute in dem relativ niedrigen Grundstücks-preisniveau der Stadt. Beim Vergleich mit aus-ländischen Städten gibt es zwei höchst unter-schiedliche Gruppen von Städten. Hohe Behau-sungsziffern hatten Wien (50,74) Budapest (41,28) und Prag (40,92), also Städte, die im österreichischen Entwicklungseinfluss lagen. Dagegen waren die Behausungsziffern vor al-lem in England aber auch in den Niederlanden und Belgien sehr niedrig. London – die größte europäische Stadt damals wie heute – hatte eine Behausungsziffer von 7,89, Birmingham 4,79, Manchester 4,80, Leeds 4,37, Liverpool von 5,57, Antwerpen 8,49, Rotterdam 10,9, Amster-dam 13,4.

Auch die amerikanischen Großstädte hatten ge-ringe Behausungsziffern.Vergleicht man die Si-tuation von damals mit heute, dann ergibt sich auch für Deutschland eine erhebliche Ausdün-nung hin zu einer niedrigeren Behausungszif-fer. Sie betrug z.B. im Jahr 1999 in Berlin nur noch 11,56. In München betrug sie im gleichen Jahr nur noch 8,3.Einschränkend muss gesagt, dass wegen der Unterschiede der statistischen Erhebungen in den Ländern und teilweise auch zwischen den Städten eines Landes die Aussa-gekraft der Behausungsziffer relativiert werden muss. Immerhin aber kann eine gegenläufige Parallelität zwischen der Eigentumsquote von heute und den Behausungsziffern von damals festgestellt werden. Die statistischen Erhebun-gen von Behausungsziffern wurden, wie viele anderen Erhebungen, nach dem 1. Weltkrieg gewissermaßen mit dem Auslaufen der histori-schen Schule der Nationalökonomie vielfach nicht mehr weiter geführt. Sie lassen sich aller-dings auf der Grundlage von Basisdaten leicht errechnen.

Entwicklung der Behausungsziffern für München

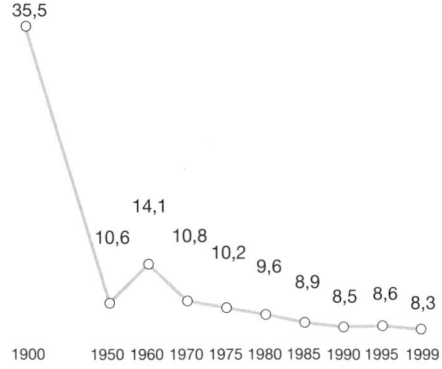

Siehe auch: Stadt

Beiträge

§ 16 Abs. 2 WEG verpflichtet jeden Wohnungs-eigentümer gegenüber den Miteigentümern zur anteiligen Tragung der Lasten und Kosten. Die-ser Beitragsanspruch ist unabhängig davon, ob die Wohnung genutzt wird oder leer steht. Die Höhe des Beitrages richtet sich nach dem in der Eigentümerversammlung beschlossenen Wirt-schaftsplan der Eigentümergemeinschaft.

Beitrittserklärung

Die Abgabe einer Beitrittserklärung ist die Vor-aussetzung dafür, dass ein Anleger Anteile an einem geschlossenen Immobilienfonds erwirbt. In der Regel wird die Beitrittserklärung mittels eines entsprechenden Formulars abgegeben, das auch als Zeichnungsschein bezeichnet wird. Es ist üblicherweise dem Emissionspro-spekt eines geschlossenen Fonds beigefügt oder beim Initiator und dessen Vertriebspartnern er-hältlich.

Der rechtswirksame Beitritt des Anlegers zum Fonds kommt erst mit der Annahme der Bei-trittserklärung durch die Geschäftsführung der Fondsgesellschaft zustande. Sie wird dem An-leger durch eine gesonderte, schriftliche An-

nahmebestätigung mitgeteilt.
Siehe auch: Immobilienfonds - Geschlossener Immobilienfonds

Bek

Abkürzung für: Bekanntmachung

Belastung

Dies sind alle Ausgaben, die regelmäßig (monatlich, vierteljährlich, halbjährlich, jährlich) zur fristgerechten Bedienung (Zins und Tilgung) des Darlehens anfallen. Hinzuzurechnen sind außerdem wiederholt anfallende Bewirtschaftungskosten (z.B. für die Verwaltung) sowie Betriebskosten (Gebäudeversicherung, Grundsteuer, Heizung, Wartung, Strom etc.) Die Belastung wird mit Hilfe einer Lastenberechnung ermittelt.
Das Schema der Lastenberechnung kann der II. Berechnungsverordnung entnommen werden, das für den mit öffentlichen Mitteln nach dem II. WoBauG geförderten Wohnraum Geltung hatte. Im übertragenen Sinne wird von Belastung auch im Zusammenhang mit auf einem Grundstück ruhenden Grundpfandrechten gesprochen.
Siehe auch: Wirtschaftlichkeitsberechnung (Wohnungswirtschaft)

Belegprüfung

Vor der Beschlussfassung über die Jahresabrechnung in der Wohnungseigentümerversammlung soll der Verwaltungsbeirat, wenn ein solcher von der Gemeinschaft bestellt ist, die vom Verwalter jährlich vorzulegende Jahresgesamt- und Einzelabrechnung prüfen und vor der Beschlussfassung der Versammlung gegenüber den Wohnungseigentümern eine Stellungnahme abgeben.
Diese Prüfung durch den Verwaltungsbeirat soll neben der rechnerischen und sachlichen Überprüfung auch durch eine stichprobenartige Überprüfung der Rechnungsbelege erfolgen.
Dabei ist zu prüfen, ob die durch Rechnungsbeleg ausgewiesenen Leistungen oder Lieferungen auch tatsächlich für die Gemeinschaft und nicht etwa für andere vom Verwalter ebenfalls

verwaltete Gemeinschaften oder für einzelne Eigentümer erbracht worden sind.
Anspruch auf Einsichtnahme in diese Belege hat auch jeder einzelne Wohnungseigentümer. Er kann auch die Anfertigung von Kopien dieser Belege gegen Kostenerstattung verlangen, nicht allerdings die Herausgabe der Originalbelege.
Siehe auch: Einsichtsrecht (Wohnungseigentum), Jahresabrechnung (Wohnungseigentum), Verwaltungsbeirat

Belegungsbindung

Wohnungen, die mit öffentlichen Mitteln gefördert wurden, dürfen nach dem Wohnungsbindungsgesetz nur an berechtigte Mieter vermietet werden. Berechtigt sind vor allem solche Personen, die die im Zweiten Wohnungsbaugesetz festgelegten Einkommensgrenzen nicht oder nur unwesentlich überschreiten und über einen Wohnberechtigungsschein verfügen. Bei der Ermittlung des Gesamteinkommens wird auch das Einkommen der Angehörigen, die in die Wohnung mit einziehen, berücksichtigt.
Siehe auch: Sozialer Wohnungsbau

Beleihung

Als Sicherheit für die Vergabe eines Immobilien-Darlehens dient das zu finanzierende Grundstück. Die maximale Kredithöhe richtet sich nach dem Beleihungswert und der Beleihungsgrenze des Objekts.
Der Beleihungswert ist nach §12 des Hypothekenbankgesetzes ein Wert, der den „Verkaufswert" nicht übersteigen darf und bei dem nur die dauernden Eigenschaften des Grundstücks und der Ertrag berücksichtigt werden dürfen, welches das Grundstück bei „ordnungsgemäßer Wirtschaft" (Bewirtschaftung) nachhaltig gewähren. Den Beleihungswert stellt ein Sachverständiger fest. Die Höhe beträgt in der Regel 70% bis 90 % des Preises, der für ein Objekt zu erzielen ist (siehe Verkehrswert). Der Beleihungswert ist Ausgangswert für die Beleihungsgrenze. Diese liegt beim Realkredit bei 3/5 (=60%) des Beleihungswertes.
Bei Bauspardarlehen, deren dingliche Absiche-

rung üblicherweise nachrangig erfolgt, liegt die Beleihungsgrenze bei 80% des Beleihungswertes. Die Versicherungsgesellschaften lehnen sich bei der Beleihung an die Beleihungsgrundsätze der Realkreditinstitute an.

Um die Forderung des Gläubigers dinglich abzusichern, wird das zu beleihende Objekt mit einer Grundschuld belastet. Darlehen von Realkreditinstituten, die die Beleihungsgrenze überschreiten, sind keine Realkredite, sondern „gedeckte" Personenkredite. Bei ihnen spielt die Bonitätsprüfung des Darlehensnehmers eine besondere Rolle.

Siehe auch: Verkehrswert

Beleihungsunterlagen

Für seine Entscheidung über die Beleihung und deren Höhe benötigt der Kreditgeber verschiedene Unterlagen vom Kreditnehmer.

Dies sind u.a. Grundbuchauszug, amtlicher Lageplan, Kaufvertrag, Fotos vom Objekt, Gesamtkostenaufstellung, bautechnische Unterlagen (Bau- und Lagepläne, Baubeschreibung), Flurkarte, Gebäude- und Feuerversicherungsnachweis, Grenz- und Erschließungsbescheinigung.

Beleihungswert

Siehe auch: Beleihung

Bemessungsgrundlage

Die Bemessungsgrundlage stellt im Steuerrecht einen betragsmässig bezifferbaren Ausgangswert für die Berechnung einer Steuer dar. So ist für die Ermittlung der Erbschaft- und Schenkungsteuer der sogenannte Grundbesitzwert einer Immobilie die Bemessungsgrundlage. Bei der steuerlichen AfA von Mietobjekten sind die Gebäudekosten die Bemessungsgrundlage, bei der Grunderwerbsteuer in der Regel der „Wert der Gegenleistung".

Benchmarking

Unter Benchmarking versteht man einen sich laufend anpassenden Prozess für die Ermittlung von Kennzahlen, um betriebliche Erfolge in ausgewählten Leistungsbereichen zählbar, ver-

gleichbar bzw. auch bewertbar zu machen. Unternehmen gleicher oder unterschiedlicher Branchenzugehörigkeit versuchen im Rahmen des Know-how-Transfers über solche Zahlensysteme eine interne Vergleichbarkeit herzustellen. Benchmarks sind dabei die Orientierungsgrößen für unternehmerische Zielüberlegungen. Benchmarks können auch Zahlen aus Betriebsvergleichen sein. In der Immobilienwirtschaft befindet sich die Entwicklung hin zum Benchmarking noch in den Anfängen.

Siehe auch: Betriebsvergleich

BerechnungsVO

Abkürzung für: Berechnungsverordnung

Berechtigtes Interesse

Grundbucheinsicht

Wegen des Datenschutzes kann nicht jedermann das Grundbuch einsehen. Vielmehr wird ein berechtigtes Interesse vorausgesetzt (§12 GBO), das „dargelegt" werden muss. Ausgenommen hiervon sind Notare und Behörden, denen die Einsicht jederzeit gestattet ist. Das Einsichtsrecht bezieht sich auch auf die beim Grundbuch geführten Grundakte (§46 GBV). Wer Einsichtsrecht hat, kann auch eine Abschrift des Grundbuchs und der Urkunden aus den Grundakten verlangen. Einsichtsrecht haben auch Makler, sofern sie belegen können, dass sie vom Eigentümer einen Auftrag zum Verkauf des Objektes haben, für das Grundbucheinsicht verlangt wird. Es ist zweckmäßig, sich vom Auftraggeber eine gesonderte Vollmacht ausstellen zu lassen.

Kündigung eines Wohnungsmietvertrages

Die Beendigung eines Mietverhältnisses über Wohnraum seitens des Vermieters setzt stets ein berechtigtes Interesse voraus. Was berechtigte Interessen sind, ist im BGB abschließend geregelt. Hierzu zählen:

• Eine nicht unerhebliche schuldhafte Verletzung der Pflichten des Mieters
• Eigenbedarf für den Vermieter, die zu seinem

Hausstand gehörenden Personen oder Familienangehörigen

• Behinderung einer angemessenen wirtschaftlichen Verwertung des Grundstücks, soweit dies zu erheblichen Nachteilen des Vermieters führt,

• Schaffung von Wohnraum zum Zwecke der Vermietung. Dabei bezieht sich das Kündigungsrecht auf nicht zum Wohnen bestimmte Nebenräume des Wohnungsmieters, z.B. Speicher im Dachgeschoss, wenn der Vermieter das Dachgeschoss ausbauen oder wenn er aufstocken will. Man spricht von Teilkündigung.

Als berechtigtes Interesse wird nur dasjenige anerkannt, das im Kündigungsschreiben enthalten ist. Wird der Eigenbedarf nur vorgespielt, macht sich der Vermieter gegenüber dem gekündigten Mieter schadensersatzpflichtig. Eine allgemeine Kündigungssperrfrist von 3 Jahren gilt für Mietverhältnisse über Wohnungen, die nach Überlassung an den Mieter in Wohneigentum umgewandelt wurden.

In Gemeinden oder Gemeindeteilen, in denen die Versorgung der Bevölkerung mit Mietwohnungen zu angemessenen Bedingungen besonders gefährdet ist, erhöht sich die Kündigungssperrfrist bis auf 10 Jahre. Diese Gebiete werden durch eine Rechtsverordnung des jeweiligen Bundeslandes mit einer Höchstgeltungsdauer von 10 Jahren bestimmt. Der Vermieter, der ein berechtigtes Interesse an der Kündigung hat, kann auch in diesem Sonderfall bereits nach Ablauf von 3 Jahren kündigen, wenn er dem Mieter Wohnraum vergleichbarer Art, Größe, Ausstattung, Beschaffenheit und Lage nachweist und die Umzugskosten des Mieters übernimmt. Eine vergleichbare Vorschrift gab es vor der Mietrechtsreform 2001 im „Sozialklauselgesetz", das außer Kraft gesetzt wurde.

Die Kündigungssperrfrist beginnt grundsätzlich an Tage der Umschreibung des Eigentums an der Wohnung im Grundbuch auf den Erwerber. Für Makler, die solche umgewandelten Eigentumswohnungen vermitteln, ist wichtig, dass sie sich erkundigen, ob das Mietverhältnis schon vor Umwandlung bestanden hat und ob

sich die Wohnung in einem „Wohnungsmangellagegebiet" befindet.

Bereitstellungszinsen

Kreditinstitute verlangen diese Finanzierungsnebenkosten, wenn das Darlehen nicht innerhalb einer bestimmten Frist abgerufen wird. Die Zeitspannen, wann die Bereitstellungszinsen fällig werden, variieren stark: Einige Kreditgeber verlangen sie bereits nach einem Monat, andere gedulden sich bis zu neun Monate.

Da Bereitstellungszinsen nicht in die Effektivzinsberechnung eingehen, können sie besonders für Bauherren, die ihr Darlehen nach Baufortschritt abrufen, teuer werden.

Deshalb sollte der Finanzierer über Fälligkeit (möglichst spät nach Darlehenszusage) und Höhe dieser zusätzlichen Kosten, die ebenfalls mit 1 bis 4% vom Darlehen erheblich schwanken können, verhandeln.

BerlinFG

Abkürzung für: Berlinförderungsgesetz

Berufliche Bildung in der Immobilienwirtschaft

Die berufliche Bildung nach dem Berufsbildungsgesetz umfasst die berufliche Erstausbildung sowie die berufliche Fortbildung. Das für die Immobilienwirtschaft maßgebliche Ausbildungsberufsbild ist in der „Verordnung über die Berufsausbildung zum Kaufmann/zur Kauffrau in der Grundstücks- und Wohnungswirtschaft" vom 11. März 1996 geregelt (siehe Ausbildung). Die berufliche Fortbildung, die im Gegensatz zur beruflichen Erstausbildung eine berufsbegleitende Erwachsenenbildung ist, bietet in der Immobilienwirtschaft zwei Abschlüsse an. Beim einen handelt es sich um den branchenorientierten „geprüften Immobilienfachwirt" (früher Fachwirt der Grundstücks- und Wohnungswirtschaft). Die Regelungen hierzu finden sich in der Verordnung über die Prüfung zum anerkannten Abschluss „Geprüfter Immobilienfachwirt/Geprüfte Immobilienfachwirtin" vom 23. Dez. 1998.

Beim anderen Abschluss handelt es sich um den funktionsorientierten „Fachkaufmann für die Verwaltung von Wohnungseigentum". Rechtsgrundlage hierfür sind Kammerregelungen aufgrund einer Ermächtigung nach §42 Abs. 2 Berufsbildungsgesetz. Zuständig für die Abnahme der Prüfungen bei der beruflichen Erstausbildung und der beruflichen Fortbildung sind die Prüfungsausschüsse, die bei den Industrie- und Handelskammern in periodischen Abständen konstituiert werden. Die berufliche Erstausbildung erfolgt im dualen System. Die Auszubildenden werden praktisch in den Ausbildungsbetrieben nach betrieblichen Ausbildungsplänen und theoretisch in den zuständigen Fachklassen der Berufsschulen nach dem Rahmenlehrplanbeschluss der Kultusministerkonferenz von 1995 ausgebildet. Grundlage für den betrieblichen Ausbildungsplan ist der Ausbildungsrahmenplan als Teil der Ausbildungsverordnung.

Auf Prüfungen im Bereich der beruflichen Fortbildung bereiten Lehrgänge vor, deren Inhalte durch Rahmenstoffpläne des DIHK bestimmt werden. Zu unterscheiden von diesen, auf der Grundlage des Berufsbildungsgesetzes geregelten, Aus- und Fortbildungsgängen. sind Berufsbildungsmaßnahmen von privaten Institutionen die auf institutseigene Prüfungen vorbereiten. Dies schließt allerdings nicht aus, dass diese auch Lehrgangsträger für Berufsbildungsmaßnahmen sein können, die zu einer Prüfung bei der IHK vorbereiten.

Die Bedeutung der beruflichen Erstausbildung und der beruflichen Fortbildung in der Immobilienwirtschaft ergab sich aus einer Umfrage der „Immobilien Zeitung" im Rahmen der siehe Expo Real 2000, an der 91 Unternehmen aus dem Bereich der Immobilienwirtschaft mit insgesamt ca. 40000 Beschäftigten beteiligt waren. Das Ranking der von den Unternehmen bevorzugten berufsbezogenen Abschlüsse ergibt sich aus folgender Übersicht, wobei Mehrfachnennungen möglich waren:

Immobilienfachwirt (IHK) 38%
Kaufmann der Grundstücks- und Wohnungswirtschaft 34%
Immobilienökonom / Immobilienwirt 26%
Chartered Surveyor 13%
Sonstige Abschlüsse 12%

Vor diesem Hintergrund ist die Erkenntnis wichtig, dass für 20,8% der Unternehmen ein Hochschulabschluss zwingend und für 57,1% wünschenswert ist.

Siehe auch: Aus- und Weiterbildung, Immobilienfachwirt, Fachkaufmann für die Verwaltung von Wohnungseigentum, Expo Real

Berufsbild des Verwalters

Das Berufsbild des Verwalters hat eine normative Typisierung durch die Verordnung über die Berufsausbildung zum „Kaufmann/Kauffrau der Grundstücks- und Wohnungswirtschaft" erfahren. Darauf aufbauend kommt eine Weiterbildung zum „Immobilienfachwirt" mit einer Prüfung durch die zuständige Industrie- und Handelskammer in Betracht, die einer Meisterprüfung gleicht. Die wohnungswirtschaftlichen Verbände haben mit dem Deutschen Industrie- und Handelstag die staatliche Anerkennung „Fachkaufmann / Fachkauffrau für die Verwaltung von Wohnungseigentum" als Fortbildungsberuf erreicht.

Das Berufsbild des Verwalters prägen ferner die Vorstellungen der Berufsangehörigen selbst und die Vorstellungen der Personen die mit ihm im beruflichen Kontakt stehen – vornehmlich der Wohnungseigentümer aufgrund der vertraglichen Grundlagen.

Eine Zulassungsvoraussetzung zum Beruf des Verwalters gibt es in Deutschland nicht (anders ist das z.T. im europäischen Ausland z.B. in Frankreich).

Berufsgenossenschaft

Die Genehmigung von Bauvorhaben wird automatisch der regional zuständigen Bauberufsgenossenschaft gemeldet. Gegen Zahlung eines Pflichtbeitrages ist der Bauherr – in allerdings relativ geringem Umfang – gegen Ansprüche Dritter versichert, die sich aus Unfällen auf der Baustelle ergeben können.

Beschaffungsmarketing

Während sich der Begriff des Marketing in der Literatur in der Regel auf die Absatzmärkte bezieht, ist das Beschaffungsmarketing auf den Beschaffungsmarkt (Einkauf) ausgerichtet. Beschaffungsmarketing ist überall dort erforderlich, wo sich Käufer einem beschränkten Gütermarkt gegenübersehen und deshalb eine starke Nachfragekonkurrenz um diese Güter besteht. Dies ist in der Regel auf dem Immobilienmarkt der Fall. Hier wiederum hat sich das Beschaffungsmarketing besonders im Maklergeschäft entwickelt.

Kernbestandteile des Beschaffungsmarketing sind die Akquisitionspolitik, die Preis- bzw. Konditionenpolitik und die Kommunikationspolitik. Zur Akquisitionspolitik zählen nicht nur die Methoden der Auftragsakquisition (aktive / passive Auftragsakquisition), sondern auch die Wege, die zur Bestimmung eines Auftrages eingeschlagen werden.

Es gilt der Grundsatz, dass sich der Akquisitionserfolg (d.h. die Erreichung eines Vermarktungsauftrages zu marktrealistischen Bedingungen) umso sicherer einstellt, je früher der Geschäftskontakt zum möglichen Auftraggeber zustande kommt. Unterschieden wird in diesem Zusammenhang zwischen aktuellen (d.h. am Gegenwartsmarkt agierenden) und potentiellen (zukünftigen) Auftraggebern. Potentielle Marktteilnehmer zeichnen sich dadurch auf, dass aufgrund der gegenwärtigen Gegebenheiten eine bestimmte Wahrscheinlichkeit dafür spricht, dass ein Immobilieneigentümer sich in absehbarer Zeit zum Verkauf seiner Immobilie entschließt. Für den Makler ist es wichtig, schon vor diesem Entschluss eine persönliche Beziehung zum Immobilieneigentümer aufzubauen. Zu dieser Zeit kann der Makler durch seine Beratung den Weg des Eigentümers zum Markteintritt steuernd beeinflussen.

Beschaffungsmarkt

Der Beschaffungsmarkt bezieht sich aus der Perspektive von Unternehmen auf die Marktseite, in denen sie die Rolle des Kunden einnehmen. In Bezug auf Fremdkapital sind sie die Kunden von Kreditinstituten, in Bezug auf Ausrüstungs- bzw. Einrichtungsgegenstände Kunden des Handels, in Bezug auf benötigte Räume Kunden der Vermieter usw.. Die Unternehmen stehen dabei in der Regel im Mittelpunkt der Absatzbemühungen dieser Anbieter.Erscheinen in den Augen die umworbenen Unternehmen die Bemühungen dieser Anbieter unzureichend, kann das Unternehmen in der Regel problemlos auf Alternativangebote ausweichen. Der Beschaffungsmarkt ist relativ unproblematisch. Es gibt aber auch Märkte und Marktsituationen, bei denen sich der sonst umworbene Interessent für ein Produkt oder eine Dienstleistung um den Anbieter bemühen muss. In solchen Fällen wird der Beschaffungsmarkt Gegenstand des Einsatzes von Marketingstrategien des Unternehmens. Vor allem im Bereich des Immobilienmarktes sind solche Situationen regelmäßig gegeben. Anbieter von Immobilienobjekten, werden im Rahmen des Beschaffungsmarketings zu Kunden von Maklern, wie naturgemäß auch Interessenten für Objekte seine Kunden sind. Die Tatsache, dass Makler es sowohl auf der Nachfragerseite, als auch auf der Anbieterseite mit Kunden zu tun hat und seine Marketinganstrengungen beiden Marktseiten gelten muss, kennzeichnet in besonderer Weise das Maklergeschäft.

Siehe auch: Absatzmarkt, Marketing

Bescheid

Schriftliche Form einer amtlichen Entscheidung von Verwaltungsbehörden. Übliche Bescheide sind zum Beispiel der Steuer- und Gebührenbescheide, aber auch der Bauvorbescheid = Bescheid über ein Bauvoranfrage. Es handelt sich hier um Verwaltungsakte, gegen die Widerspruch eingelegt werden kann. Die Beschreitung des Rechtsweges zum Verwaltungsgericht setzt voraus, dass einem Widerspruch nicht entsprochen wurde. Als Bescheid werden oft auch reine behördliche Auskünfte bezeichnet, die keine Verwaltungsakte sind.

Beschlagnahme

Siehe: Zwangsvollstreckung

Beschleunigungsvergütung

Zusätzliche Zahlung für die vorzeitige Fertigstellung des Bauwerks. Die Beschleunigungsvergütung ist – vereinfacht ausgedrückt – das Gegenstück zur Vertragsstrafe. Bauherren können sie mit den Bauunternehmern frei vereinbaren, um einen früheren Abschluss der Bauarbeiten herbeizuführen.

Beschluss / Beschlussanfechtung

Wohnungseigentumsrecht

Willensäußerungen der Wohnungseigentümer, die durch das Verhältnis der Miteigentümer bestimmt werden, finden in den Beschlüssen der Wohnungseigentümer ihren Niederschlag. Sie werden auf Wohnungseigentümerversammlungen gefasst. Im Grundsatz gilt für alle Beschlüsse im Rahmen der ordnungsmäßigen Verwaltung das Mehrheitsprinzip. Das WEG sieht das „Kopfprinzip" vor (pro Wohnungseigentümer – unabhängig von der Anzahl seiner Wohnungen – eine Stimme). In der Gemeinschaftsordnung kann abweichend davon für Abstimmungen auch das Wertanteilsprinzip festgelegt sein. (siehe Stimmrecht) Beschlüsse, die Regelungen betreffen, die über die ordnungsmäßige Verwaltung hinausgehen, können beim Wohnungseigentumsgericht angefochten werden. (Beispiel: Es wird der Ausbau des Dachgeschosses mit gemeinschaftlich zu nutzenden Räumen beschlossen). Solange eine gerichtliche Ungültigkeitserklärung von Eigentümerbeschlüssen nicht vorliegt, sind diese Beschlüsse für alle Beteiligten, also für Wohnungseigentümer und Verwalter, verbindlich – unabhängig davon, ob es sich um einstimmige – oder Mehrheitsbeschlüsse handelt. Der Antrag auf Ungültigkeitserklärung (Anfechtung) eines Beschlusses kann nur binnen eines Monats nach der Beschlussfassung gestellt werden. Es ist für den Fristablauf ohne Bedeutung, ob der (anfechtende) Wohnungseigentümer Kenntnis von dem Beschluss hatte oder nicht (Zugang des Versammlungsprotokolls). Nur Wohnungseigentümer und Verwalter sind zur Beschlussanfechtung befugt, nicht aber dritte Personen. Für eine Anfechtung ist Voraussetzung, dass überhaupt ein Beschluss vorliegt. Anträge der Wohnungseigentümer und des Verwalters, die in der Wohnungseigentümerversammlung keine zustimmende Mehrheit finden (negativer Beschluss), sind nicht anfechtbar. Von vornherein nichtig und damit nicht anfechtbar sind allerdings alle Beschlüsse, für die den Wohnungseigentümern die Beschlusskompetenz fehlt. Beispiel: durch Mehrheitsbeschluss soll einem Wohnungseigentümer ein Sondernutzungsrecht eingeräumt werden. (siehe Pseudobeschluss)

Wenn kein Beschluss – aus welchen Gründen auch immer – zustande gekommen ist, besteht kein Rechtsschutzbedürfnis für Antrag auf Aufhebung oder Ungültigerklärung durch das Wohnungseigentumsgericht. Ein Beschluss ist stets unwirksam, wenn er inhaltlich gegen zwingende gesetzliche Verbote, gegen die guten Sitten oder gegen unabdingbare gesetzliche Vorschriften verstößt oder willkürliche Eingriffe in die Rechtsstellung des Wohnungseigentümers darstellt. Eine Berufung auf die Nichtigkeit ist jederzeit möglich; die einmonatige Anfechtungsfrist entfällt.

Siehe auch: Stimmrecht (Wohnungseigentümerversammlung), Zitterbeschluss (Wohnungseigentümerversammlung), Pseudobeschluss

Beschlussfähigkeit

Damit eine Wohnungseigentümerversammlung rechtswirksame Beschlüsse fassen kann, muss sie beschlussfähig sein.

Beschlussfähig ist eine Versammlung nur dann, wenn die anwesenden und vertretenen (erschienenen) stimmberechtigten Wohnungseigentümer mehr als die Hälfte der für sie im Grundbuch verzeichneten Miteigentumsanteile vertreten (§ 25 Abs. 3 WEG).

Die Beschlussfähigkeit muss zu Beginn der

Versammlung und im Zweifelsfalle wiederholt im Verlaufe der Versammlung, wenn einzelne Eigentümer die Versammlung schon verlassen haben sollten, festgestellt werden, und zwar gegebenenfalls zu jedem Beschlusspunkt (Tagesordnungspunkt).

Sind einzelne Eigentümer nicht stimmberechtigt, sind deren Miteigentumsanteile nicht mitzuzählen.

Von dem sogenannten Quorum von „mehr als der Hälfte" der Miteigentumsanteile kann durch Vereinbarung, also auch in der Teilungserklärung oder der Gemeinschaftsordnung abgewichen werden.

Ist eine Versammlung nicht beschlussfähig, hat der Verwalter eine neue Versammlung mit gleicher Tagesordnung einzuberufen, die unabhängig von der Höhe der vertretenen Miteigentumsanteile beschlussfähig ist.

Fasst eine Wohnungseigentümersammlung trotz Beschlussunfähigkeit dennoch entsprechende Beschlüsse, sind diese Beschlüsse wirksam, wenn sie nicht innerhalb Monatsfrist angefochten und durch das Gericht für ungültig erklärt werden.

Die Beschlussfähigkeit ist durch eine Anwesenheitsliste festzustellen und gegebenenfalls nachzuweisen. In diese Liste haben sich alle anwesenden Eigentümer durch persönliche Unterschrift einzutragen. Zum Nachweis der Beschlussfähigkeit ist es erforderlich, dass in der Liste neben den Namen auch die Höhe der Miteigentumsanteile verzeichnet sind. Gehört eine Wohnung mehreren Eigentümern, sind sämtliche Eigentümer namentlich zu erfassen. Lassen sich einzelne Eigentümer vertreten, sind auch diese Vertreter, die ihre Vertretungsvollmacht nachweisen müssen, in die Anwesenheitsliste aufzunehmen.

Siehe auch: Stimmrecht (Wohnungseigentümerversammlung), Wohnungseigentümerversammlung

Beschränkte persönliche Dienstbarkeit

Das Wesen der beschränkten persönlichen Dienstbarkeit besteht darin, dass es ein auf eine Person bezogenes Nutzungsrecht an einem Grundstück gewährt. Die Absicherung im Grundbuch erfolgt in Abteilung II. Die beschränkte persönliche Dienstbarkeit ist weder vererblich noch sonst übertragbar. Sie kann sich aber auf mehrere Personen beziehen. So kann z.B. ein Wohnungsrecht für Ehegatten bestellt werden. Am besten werden in einem solchen Fall zwei gleichrangige Dienstbarkeiten ins Grundbuch eingetragen.

Die Dienstbarkeit kann nicht mit Leistungspflichten des Berechtigten verbunden werden, es sei denn, sie haben eine wirtschaftlich untergeordnete Bedeutung (z.B. Durchführung von Schönheitsreparaturen an der Wohnung durch die Wohnungsberechtigten, Zahlung der Strom-, Wasser-, Heizkosten). Beschränkte persönliche Dienstbarkeiten werden vielfach zugunsten von Versorgungsunternehmen eingetragen, die das belastete Grundstück zur Durchführung einer Leitung, Unterbringung einer Trafostation u.a. benutzen wollen.

Beschreibung der Mietsache

Im Mietvertrag muss der Mietgegenstand genau bezeichnet werden. Die Bezeichnung soll durch beschreibende Merkmale ergänzt werden. Durch die Beschreibung des Mietgegenstandes können insbesondere bei Gewerbeobjekten viele Problemen und Streitigkeiten von Anfang an vermieden werden. Sie ist wichtig für die Entscheidung, ob tatsächlich die geschuldete Mietsache überlassen worden ist und ob sie sich in einem für den vertragsgemäßen Gebrauch geeigneten Zustand befand. Die Definition des Mietgegenstandes ist wichtig für die Beurteilung,

• ob der Mieter von den Miethäumen einen vertragswidrigen Gebrauch macht,
• in welchem Umfang er unter Umständen anteilige Mietnebenkosten zu tragen hat,
• in welchem Umfang er zur Mitbenutzung von Gemeinschaftsflächen berechtigt ist,
• wer das Risiko öffentlich-rechtlicher Hindernisse für die vorgesehene Nutzung der gemie-

teten Räume trägt und
• in welchem Rahmen sich die Konkurrenzschutzverpflichtung des Vermieters bewegt.
Zur Beschreibung gehören Angaben über Lage und Größe der Mietflächen.
Bei Handelsobjekten wird vielfach entsprechend der Planung des Mieters gebaut. Grundrisse und Ladenfunktionspläne, sowie Flächenberechnung, Bau und Leistungsbeschreibungen werden dann in der Regel als Anlagen Bestandteil des Mietvertrages. Dabei wird eine Regelung für den Fall getroffen, dass im Laufe der Baumaßnahme Änderungen erfolgen und somit die abschließend festgestellten Flächen über- oder unterschritten werden.
Es ist ferner ausdrücklich festzulegen, welche Betriebsvorrichtungen bzw. welches Zubehör zur Mietsache gehört. Flächen oder Objekte (Abstell- und Lagerflächen, Ladezonen, Hofflächen, vor allem aber Pkw-Stellplätze), die außerhalb der Miethräume liegen und dem Mieter überlassen werden, sollten ebenfalls im Vertrag einzeln aufgeführt werden.

Beseitigungsanspruch

Wurde eine rechtwidrige bauliche Veränderung begonnen oder durchgeführt, so besteht gemäß §1004 Abs. 1 S. 1 BGB, der im Verhältnis der Wohnungseigentümer untereinander anwendbar ist, für jeden einzelnen Eigentümer ggf. i.V.m. §15 Abs. 3, 14 Nr.1 WEG ein Anspruch auf Beseitigung der Beeinträchtigung, den er ohne ermächtigenden Beschluss der übrigen Wohnungseigentümer geltend machen kann.

Besenrein

Besenrein bedeutet, dass der Mieter beim Auszug die von ihm gemieteten Räume in gesäuberten Zustand übergeben muss. Wenn nichts anderes vertraglich zwischen Vermieter und Mieter vereinbart wurde, ist er zu mehr nicht verpflichtet.

Besitz

Besitz ist die tatsächliche Sachherrschaft über eine Sache – sei sie beweglich oder unbeweglich. So ist der Mieter unmittelbarer Besitzer der von ihm gemieteten Wohnung. Der Eigentümer der Wohnung dagegen hat die alleinige Rechtsstellung, über die Wohnung zu verfügen (z.B. durch Abriss, Verkauf oder Vermietung). Bestehen Zweifel, gilt der Grundsatz, dass der Besitzer auch der Eigentümer sei.

Besitzeinweisung

Die Besitzeinweisung ist eine behördliche Anordnung, mit der dem Begünstigten der Besitz eines Grundstücks übertragen wird. Die Besitzeinweisung wird im Rahmen von Umlegungs- und Enteignungsverfahren durchgeführt. Mit der Besitzeinweisung findet der Besitzerwechsel statt.
Bei der Umlegung erfolgt die Besitzeinweisung mit der Bekanntmachung des Umlegungsplanes. Wenn es das Allgemeinwohl gebietet, kann die Besitzeinweisung vorzeitig, also schon vor Bekanntmachung des Umlegungsplanes erfolgen („vorzeitige Besitzeinweisung").
Auch im Rahmen des Enteignungsverfahrens ist eine vorzeitige Besitzeinweisung im Interesse des Gemeinwohls möglich, wenn etwa mit einem bestimmten Bauvorhaben unverzüglich begonnen werden muss.
Der begünstigte Antragsteller muss in der Regel Sicherheit leisten. Allerdings muss der Besitzeinweisung die für das Enteignungsverfahren vorgesehene mündliche Verhandlung vorausgehen. Die Anordnung über die Besitzeinweisung ist Voraussetzung für die Entschädigungsleistung durch den Begünstigten und die Grundbuchberichtigung.

Besondere Betriebseinrichtungen

Besondere Betriebseinrichtungen eines Wohngebäudes sind nach Anl. 1 zu § 5 der II BV:
• Personen- und Lastenaufzüge
• Müllbeseitigungsanlagen
• Hausfernsprecher
• Uhrenanlagen
• gemeinschaftliche Wasch- und Badeeinrichtungen u. dergl.
Sie zählen zu den Baukosten. Im Bewertungs-

verfahren und bei der Mietkalkulation gelten für besondere Betriebseinrichtungen wegen ihrer beschränkten Gesamtnutzungsdauer erhöhte Abschreibungssätze.

Siehe auch: Gesamtkosten (eines Bauwerks)

Besonderes Wohngebiet

Siehe: Wohngebiete (nach BauNVO)

Best Value

Mit „Best Value" wird der Wert einer Immobilie bezeichnet, der am Immobilienmarkt beim Verkauf „bestenfalls" erzielbar wäre. Dabei wird vorausgesetzt, dass im Verkaufsfall für die Vermarktung unter Berücksichtigung der jeweiligen Marktverfassung ein der Objektart angemessener Zeitraum zur Verfügung steht.Bei der Ermittlung des Wertes sind Angebote nicht in Betracht zu ziehen, die einem ganz speziellen, ungewöhnlichen Erwerbsinteresse entspringen. Im Gegensatz zum siehe Verkehrswert als „Wert für jedermann" (aus einer repräsentativen Zielgruppe für das Objekt), entspricht der „Best Value" somit dem Preis, der unter Zugrundelegung eines offenen Marktes in der Regel nur von einem der vielen Interessenten – dem in den Augen des Anbieters besten – bezahlt wird. Der „Best Value" ist mit dem „Market Value" – früher auch als "Open Market Value" bezeichnet – identisch. Die Begriffslogik führt zur Feststellung, dass der „Best Value" regelmäßig über dem Verkehrswert angesiedelt sein muss. Einschränkend muss jedoch gesagt werden, dass dem offenen Markt i.S.d. gewöhnlichen Geschäftsverkehrs unterschiedliche Informationsniveaus der Marktteilnehmer zugrunde liegen, die in der Regel dazu führen, dass der sich aus subjektiven Nutzenvorstellungen und subjektivem Verhandlungsgeschick der Marktparteien ergebende Preis in unterschiedlichem Ausmaß vom „objektiven" Verkehrswert abweicht.

Siehe auch: Verkehrswert

Bestellung des Verwalters

Die Bestellung ist der gemeinschaftsinterne und organschaftliche Akt, durch den eine natürliche oder juristische Person zum Verwalter berufen wird und der vom Abschluss des Verwaltervertrages zu unterscheiden ist. Sie gehört zu den Maßnahmen ordnungsgemäßer Verwaltung, die jeder Wohnungseigentümer verlangen kann. Die Bestellung kann durch Mehrheitsbeschluss der Wohnungseigentümer oder durch Vereinbarung in der Gemeinschaftsordnung erfolgen. Durch richterlichen Beschluss kann auch ein Notverwalter bestellt werden.

Betreiberimmobilien

Bei Betreiberimmobilien handelt es sich um Immobilien, die speziell für die Nutzung durch eine bestimmte Art von Betrieben konzipiert sind. Sie werden vom Eigentümer in der Regel an einen einzigen Betreiber vermietet oder verpachtet, der sie in eigener Regie bewirtschaftet. Beispiele für Betreiberimmobilien sind Sportanlagen, Bäder, Freizeitparks, Kinos, Theater, Hotels, gastronomische Einrichtungen, Parkhäuser, Tankstellen, Kliniken, Rehabilitationseinrichtungen, Seniorenheime, Bahnhöfe oder Flughäfen.

Der mit einer Betreiberimmobilie erzielbare wirtschaftliche Erfolg hängt neben den auch für alle anderen Immobilien relevanten Einflussfaktoren maßgeblich von den Qualitäten des Betreibers und seines Konzepts ab.

Ein spezifisches Problem ist die entweder nicht gegebene oder zumindest eingeschränkte Drittverwendungsfähigkeit von Betreiberimmobilien. Sie können bei Ausfall des Betreibers oder nach Auslaufen von Miet- oder Pachtverträgen meist nicht oder nur mit erheblichem Aufwand für andere Nutzungen umgewidmet werden. Eigentümer von Betreiberimmobilien sollten deshalb Rückstellungen in ausreichender Höhe für gegebenenfalls notwendige Umbaumaßnahmen bilden. Zeichner von geschlossenen Immobilienfonds, die in Betreiberimmobilien investieren, sollten kritisch prüfen, ob vom Fondsinitiator entsprechende Rückstellungen gebildet werden.

Siehe auch: Drittverwendungsfähigkeit

Betriebskosten

Die Betriebskosten sind neben der „Grundmiete" diejenigen Bestandteile der Wohnungsmiete, die der Vermieter auf den Mieter umlegen darf. Es können auch Betriebskostenpauschalen vereinbart werden. Wird weder eine Umlage noch eine Pauschale vereinbart, sind diese mit der Mietzahlung abgegolten (Inklusivmiete).

Der Vermieter kann aber durch eine einseitige Erklärung dem Mieter gegenüber Betriebskosten, die in der Miete enthalten sind bei entsprechender Senkung der Miete zum Anfang eines Jahres in Umlagen verwandeln. Das gleiche gilt für die Umwandlung von Pauschalen in Umlagen.

Nach den neuen Regeln sind verbrauchsunabhängige Betriebskosten „vorbehaltlich anderer Vorschriften" nach dem Anteil der Wohnfläche umzulegen. Betriebskosten, deren Höhe verbrauchs- oder verursachungsbedingt durch den Mieter entstehen, sind nach einem Maßstab umzulegen, der dem unterschiedlichen Verbrauch oder der unterschiedlichen Verursachung Rechnung trägt.

Was im Einzelnen Betriebskosten sind, ergibt sich aus der Betriebskostenverordnung, die die entsprechenden Vorschriften der II. Berechnungsverordnung ersetzt hat.

Nach Wohnfläche umlagefähig sind: Grundsteuer, Kosten der Straßenreinigung, der Müllentsorgung, des Aufzugbetriebes, der Hausreinigung und Ungezieferbekämpfung. Außerdem zählen hierzu die Kosten der Gartenpflege, der Außen-, Treppen- und Flurbeleuchtung, der Schornsteinreinigung, Prämien bestimmter Versicherungen (Wohngebäude-, Haftpflichtversicherung für Grundbesitzer usw.), Hausmeisterlöhne (mit Ausnahme von Lohnanteilen, die sich auf Reparaturarbeiten und die Verwaltung beziehen). In der Regel werden auch noch Kosten des Betriebs einer Gemeinschaftsantennenanlage sowie bestimmte sonstige Betriebskosten (z.B. für Gemeinschaftseinrichtungen wie Sauna oder Schwimmbad) nach Wohnfläche umgelegt werden können.

Verbrauchs- oder verursachungsbedingt sind Kosten der Wasserversorgung und (sofern daran gekoppelt) die Kosten der Entwässerung, die Heiz und Warmwasserkosten sowie die Kosten einer Gemeinschaftswaschmaschine. Bei den „sonstige Betriebskosten" muss analysiert werden, ob sie wohnflächen- oder verbrauchs- bzw. verursachungsbezogen abgerechnet werden können. Der Vermieter kann nach der gesetzlichen Neuregelung einen vereinbarten Umlageschlüssel durch eine einseitige Erklärung dem Mieter gegenüber anpassen.

Die Betriebskostenabrechnung muss künftig innerhalb von 12 Monaten nach dem Abrechnungszeitraum dem Mieter zugehen, sonst können etwaige Nachforderungen nicht mehr geltend gemacht werden. Für die Abrechnung der Heiz- und Warmwasserkosten gilt zusätzlich die Heizkostenverordnung.

Das kontinuierliche Ansteigen der Betriebskosten vor allem Anfang der 90er Jahre führt zu der Bezeichnung „zweite Miete".

Anstieg der Wohnnebenkosten

Verbraucherpreise	5,1
Altbauwohnungen	5,2
Neubauwohnungen	3,7
Gas	21,3
Zentral- / Fernwärme	19,8
Strom	14,6
Müllabfuhr	6,6
Abwasser	6,4
Wasser	3,7
Heizöl	- 14,7

Quelle: Stat. Bundesamt
Anstieg von 2000 bis Ende 2003, in Prozent

Siehe auch: Werkvertrag, Heiz- und Warmwasserkosten, Nebenkosten (mietrechtliche)

Betriebspflicht

Grundsätzlich ist ein Vermieter / Betreiber eines Shopping-Centers gut beraten, mit den Mietern eine Betriebspflicht zu vereinbaren, damit der Umsatz nicht durch eine zu kurze wöchentliche Öffnungszeit des Ladenlokals geschmälert wird. Der Vermieter muss hierbei die Berechnungsgrundlage der Umsatzmiete genau kontrollieren können.

Eine Betriebspflicht sollte auch aus marketingstrategischen Gründen grundsätzlich bei größeren Laden-Agglomerationen vereinbart werden, da es einen sehr schlechten, Käufer abschreckenden Eindruck macht, wenn z.B. in einem Shopping-Center nur ein Teil der Läden geöffnet ist, während bei anderen schon die Rollgitter heruntergelassen sind. Insofern ist es notwendig, bereits im Gewerbemietvertrag die Betriebszeiten genau festzulegen. Durch geschlossene Läden werden außerdem auch die übrigen, noch geöffneten Läden geschädigt, da die gesamte Kundenlauffrequenz leidet. Außerdem sollte das Sortiment abgegrenzt werden; und zwar so, dass es Kunden anzieht.

D.h. eine Betriebspflicht bringt dem Shopping-Center letztendlich nicht viel, wenn das Sortiment uninteressant ist.

Betriebsprüfung

Gewerbebetriebe und Freiberufler müssen damit rechnen, dass das Finanzamt Überprüfungen vornimmt. Sie erfolgen bei Großbetrieben turnusmäßig und bei Mittelbetrieben häufiger als bei Klein- und Kleinstbetrieben.

Der Prüfungszeitraum bezieht sich in der Regel auf die letzten drei Besteuerungszeiträume.

Die Außenprüfung muss angemeldet werden. Sie kann auf Antrag des zu überprüfenden Betriebes auch in der Kanzlei des Steuerberaters durchgeführt werden.

Bestimmte Regularien sind einzuhalten (Bereitstellung eines Arbeits-platzes für den Prüfer und Stellung einer Auskunftsperson, die dem Prüfer „zur Seite" steht).

Wird im Prüfungsbericht eine Steuernachzahlung gefordert, kann über sie verhandelt werden. Möglicher Vorteil der Prüfung: Der Prüfer muss auch solche während des Prüfungsverfahrens festgestellte Sachverhalte berücksichtigen, die zu einer steuerlichen Entlastung führen.

Betriebsveräußerung / Betriebsaufgabe

Wer seinen Betrieb aufgibt oder veräußert, kann einen Betrag von 45.000 Euro als Freibetrag auf den privaten Vermögenszuwachs bzw. Veräußerungsgewinn bei der Einkommensteuer geltend machen. Allerdings ermäßigt sich dieser Betrag im gleichen Ausmaß, in dem der Veräußerungsgewinn 136.000 Euro übersteigt. Er kann sich also bei entsprechend hohem Veräußerungsgewinn auf Null reduzieren.

Bis zu 5 Millionen Euro ist der Veräußerungsgewinn allerdings nur mit 56% des regulären Steuersatzes zu versteuern, mindestens aber mit 16%. Diese Vergünstigung kann der veräußernde Betriebsinhaber erst nach Erreichung des 55. Lebensjahres und auch nur einmal geltend machen. Mit dieser Regelung soll die Altersabsicherung des Unternehmers erleichtert werden.

Betriebsvergleich

Der Betriebsvergleich dient der Lieferung von Kennzahlen, die zuverlässige Aussagen über betriebliche Strukturen, Abläufe, Entwicklungen und Ergebnisse zulassen. Es gibt zwei verschiedene Grundformen des Betriebsvergleiches, den betriebsinternen Vergleich und den zwischenbetrieblichen Vergleich. Jede der beiden Grundformen dient heute dem Controlling.

In Deutschland werden für verschiedene Branchen des Groß- und Einzelhandels und des Dienstleistungsgewerbes vom Institut für Handelsforschung an der Universität Köln Betriebsvergleiche seit langer Zeit durchgeführt. Im Immobilienbereich sind zwei Untersuchungen bekannt:

Seit 1975 finden im Auftrag des Ring Deutscher Makler an diesem Institut entsprechende Erhebungen bei den Mitgliedern des RDM statt. Erfasst werden Strukturdaten (Zahl der Betriebe, der jeweils beschäftigten Personen, der Bürofläche und eine Aufgliederung des Umsatzes nach Geschäftsbereichen), Nettoumsätze, Kosten und steuerliches und betriebswirtschaftliches Ergebnis.

Betriebsvermögen

Der Gesetzgeber unterscheidet im Steuerrecht zwischen Betriebsvermögen und Privatvermögen. Für Immobilieneigentümer ist vor allem wichtig, dass sie sich durchweg einer schärferen Besteuerung unterziehen, falls ihr Eigentum dem Betriebsvermögen zuzurechnen ist. Gegebenenfalls wird nämlich Gewerbesteuer fällig. Negativ ist auch, dass der Gesetzgeber für Immobilien im Betriebsvermögen keine Spekulationsfristen kennt. Dies bedeutet: Selbst wenn ein Haus oder eine Eigentumswohnung im Betriebsvermögen nach der Spekulationsfrist von zehn Jahren ab Erwerb wieder verkauft wird, muss der dabei erzielte Gewinn versteuert werden.

BetrVG

Abkürzung für: Betriebsverfassungsgesetz

BeurkG

Abkürzung für: Beurkundungsgesetz

Bevölkerungsbewegung

Die Bevölkerungsbewegung ist ein wesentlicher Bestimmungsgrund der Wohnungsnachfrage und einer der Bestimmungsgründe des Wohnungsangebots. Zu unterscheiden ist dabei zwischen der Wanderungsbewegung und der natürlichen Bevölkerungsbewegung.

Wanderungsbewegung

Nimmt die Bevölkerung bei konstanter Haushaltgröße zu, steigt die Nachfrage, nimmt sie ab, sinkt die Nachfrage. Unmittelbaren Einfluss auf die Wohnungsnachfrage hat dabei der Teil der Bevölkerungsbewegung, der auf Wanderungen zurückzuführen ist. Von ganz geringen Ausnahmen abgesehen, ist jeder von außerhalb der Grenzen eines Raumes zuwandernde Haushalt und jeder innerhalb der Grenzen des Raumes umziehende Haushalt Ausdruck einer befriedigten Wohnungsnachfrage. Bei Wanderungen innerhalb eines Ortes spricht man von „Umzügen". Es gilt allerdings nicht der Umkehrschluss. Nicht jeder fortziehende Haushalt

ist Ausdruck eines entstehenden Wohnungsangebotes. Haushaltsgründungen, die sich aus der Teilung vorhandener Haushalte ergeben (Eheschließungen, Ehescheidungen), sind in der Regel nur auf der Nachfrageseite des Wohnungsmarktes aktiv.

Natürliche Bevölkerungsbewegung

Die natürliche Bevölkerungsbewegung, die sich aus den Geburten und Sterbefällen innerhalb eines Raumes ergeben, wirken sich nur teilweise unmittelbar auf den Wohnungsmarkt aus. Dies ist der Fall beim Tod von Einzelpersonen, die einen Einpersonenhaushalt geführt haben. Die frei gewordene Wohnung wird in der Regel am Wohnungsmarkt wieder angeboten. Dagegen führt die Geburt eines Kindes, wenn überhaupt, dann nur mittelbar zu einer Wohnungsnachfrage. Dies ist der Fall, wenn der aktuelle Wohnflächenbedarf durch die Haushaltsvergrößerung wächst. Dies wirkt sich dann entweder bereits im zeitlichen Vorlauf aus – wenn im Hinblick auf die Familienplanung bereits eine größere Wohnung gemietet oder gekauft wurde - oder mit zeitlicher Verzögerung, wenn der Bedarf nach mehr Wohnfläche erst akut wird.

Bevölkerungsstatistik

In Deutschland sinkt die Bevölkerung im Bereich der natürlichen Bevölkerungsbewegung seit Jahren. Trotz zunehmenden Durchschnittsalters sterben mehr Menschen als geboren werden. Die aus der natürlichen Bevölkerungsbewegung ausgehenden unmittelbaren Impulse auf die Wohnungswirtschaft sind deshalb relativ gering. Wesentlich größere Bedeutung haben dagegen Wanderungsbewegungen, die überwiegend auf wirtschaftliche Ursachen zurückzuführen ist.

Nachfolgend werden die Entwicklungen in Deutschland in den letzten vier Jahren nach den Zahlen des Statistischen Bundesamtes dargestellt.

Entwicklung der Bevölkerungszahlen

Jahr	1999	2000	2001	2002
Zuzüge	874,0	841,2	879,2	842,5
Fortzüge	672,0	674,0	606,5	623,3
Wanderungssaldo	202,0	167,2	272,7	219,2
Geburten	770,7	766,9	734,5	719,3
Sterbefälle	846,3	838,8	828,5	841,7
Sterbeüberschuss	75,6	71,8	94,0	122,4

alle Angaben in 1.000

Bevölkerungsprognose

Neuere Bevölkerungsprognosen gehen davon aus, dass künftig europaweit die angestammte Bevölkerung abnimmt. Das Institut für Bevölkerungsforschung und Sozialpolitik an der Uni Bielefeld hat in einem vom Verband der Hypothekenbanken in Auftrag gegebenen Gutachten prognostiziert, dass die deutsche Bevölkerung bis 2050 von 82 auf 62 Millionen Menschen schrumpft. Nicht berücksichtigt dabei ist ein etwaiger positiver Wanderungssaldo. Die Bevölkerung der Europäischen Union würde unter der gleichen Voraussetzung von derzeit 380 Millionen um 73 Millionen auf 307 Millionen Menschen zurückgehen. Die relativ stärkste Abnahme ist für Spanien, gefolgt von Italien prognostiziert. Deutschland nimmt Platz 3 ein, während Frankreich sich mit einer Bevölkerungsabnahme von 4 Millionen auf 55 Millionen im Jahr 2050 noch relativ stabil zeigt.

BewÄnG

Abkürzung für: Bewertungsänderungsgesetz

BewDV

Abkürzung für: Durchführungsverordnung zum Bewertungsgesetz

Beweislast (Beweismittel)

Die Partei eines Rechtsstreites, die bei Gericht einen Anspruch geltend macht, muss die Klage nicht nur durch Vortrag aller Tatsachen begründen, sondern diese Tatsachen – falls sie von der Gegenseite bestritten werden – auch beweisen.

Erst danach ist die Gegenseite gehalten, gegebenenfalls den Gegenbeweis zu führen. So muss der Vermieter im Mieterhöhungsrechtsstreit beweisen, dass der Mietzins tatsächlich um die begehrte Höhe gestiegen ist. Erst dann kann der Mieter versuchen, den Gegenbeweis anzutreten, dass z.B. die Vergleichswohnungen mit seiner Wohnung gar nicht zu vergleichen sind. Auch ein Makler, der seinen Provisionsanspruch geltend macht, muss im Falle des Bestreitens beweisen, dass ihm diese Provision versprochen wurde. Teilweise gibt es aber auch gesetzliche Beweislastregeln, die die Beweislast anders, als im Grundsatz dargestellt, verteilen. Demjenigen, den die Beweislast trifft, stehen folgende Mittel zur Verfügung: Zeugen (dazu gehören auch Familienangehörige und sachverständige Zeugen), Sachverständige, Urkunden und richterlichen Augenschein. Die Beweismittel müssen so gut sein, dass sie jeden vernünftigen Zweifel des Gerichtes an der Richtigkeit der behaupteten Tatsache ausräumen. Dann ist der Vollbeweis erbracht. Dieser ist zu unterscheiden von dem Indiz und der Glaubhaftmachung.

Bewertung von Immobilien (allgemein)

Bei Immobilien werden mehrere Wertbegriffe unterschieden. Der Verkehrswert ist der zum Bewertungsstichtag zu ermittelnde fiktive Preis, der im gewöhnlichen Geschäftsverkehr unter Außerachtlassung persönlicher oder ungewöhnlicher Umstände zu erzielen wäre. Dabei sind Grundstücksbeschaffenheit, rechtliche Gegebenheiten und die Lage auf dem Grundstücksmarkt zu berücksichtigen. Für die Ermittlung des Verkehrswertes einer Immobilie werden drei alternative Verfahren herangezogen, nämlich das Vergleichswert-, das Sachwert- und das Ertragswertverfahren. Zu Zwecken der Beleihung wird der Beleihungswert ermittelt, der vom Verkehrswert abgeleitet werden kann.Neben dem Verkehrs- und Beleihungswert einer Immobilie spielen noch der Einheits- und der Grundbesitzwert eine Rolle.Der Einheitswert ist weiterhin Bemessungsgrundlage für die Berechnung der Grundsteuer. Die Bewertung des Grundstücks erfolgt zum Hauptfeststellungszeitpunkt. Der Grundbesitzwert ist Bemessungsgrundlage für die Erbschaft- und Schenkungsteuer bei der Immobilienübertragung und in Sonderfällen auch für die Grunderwerbsteuer. Die Bewertung erfolgt zum Zeitpunkt der Erbanfalles.

Im Bereich der Versicherungen wird von Ersatzwert gesprochen. Dabei ist zu unterscheiden zwischen dem Ersatzwert als Neuwert (Wiederherstellungswert) und dem Ersatzwert als Zeitwert. Letzterer ist der um die Alterwertminderung verminderte Neuwert.

Siehe auch: Verkehrswert, Grundbesitzwert, Beleihung, Einheitswert

Bewertungsgesetz

Das Bewertungsgesetz enthält die Vorschriften über die Bewertung von Vermögen aller Art für steuerliche Zwecke. Insbesondere sind dort die Vorschriften über die Ermittlung des Einheitswertes (maßgeblich für die Grundsteuer) und des Grundbesitzwertes (maßgeblich für die Erbschaft- und Schenkungsteuer) geregelt.

Bewertungsstichtag

Bausparen

Als Bewertungsstichtage gelten die Termine, zu denen Bausparkassen die für die Zuteilung relevanten Bewertungszahlen ermitteln. Bei den meisten Bausparkassen erfolgt dies zwei oder viermal jährlich. Einige wenige Bausparkassen ermitteln die Bewertungszahlen monatlich. Für Bausparer ist es vorteilhaft, wenn die Bausparkasse möglichst häufig im Jahr die Bewertungszahlen ermittelt.

Wertermittlung

Für die Ermittlung des Verkehrswertes ist die Bestimmung des Bewertungsstichtages von wesentlicher Bedeutung. Liegt der Bewertungsstichtag weit zurück, dürfen nur die damals vorhandenen Erkenntnisquellen für die Bewertung benutzt werden. Dies gilt z.B. auch für die zum Bewertungszeitpunkt geltende Gesetzeslage, soweit sie für die Bewertung relevant ist.In bestimmten Fällen muss bei der Grundstückswertermittlung zwischen dem Bewertungsstichtag und dem „Zustandsstichtag" bzw. „Qualitätsstichtag" unterschieden werden. Wird am Bewertungsstichtag ein vor oder nach ihm liegender „Zustand" unterstellt, sind die Zustandsmerkmale zum Bewertungsstichtag irrelevant. Bei Bewertung von Grundstücken, die in einem Sanierungsgebiet liegen, ist z.B. der sanierungsunbeeinflusste Wert der in das Sanierungsgebiet einbezogenen Grundstücke zu ermitteln. Es wird so getan, als sei die Werterhöhung, die durch Bekanntwerden der Sanierungsabsicht im allgemeinen entsteht, nicht gegeben. Es wird der Zustand vor Bekanntwerden der Sanierungsmaßnahme unterstellt. Bei Bewertung von erst in der Zukunft realisierten Projekten weicht der Bewertungsstichtag ebenfalls vom Zustandsstichtag ab. Der Zustands-/Qualitätsstichtag ist nicht kalendarisch zu definieren, sondern gilt allgemein als der Tag, an dem der definierte Zustand (die definierte Qualität) eintritt bzw. eingetreten ist. Dieser wird sodann als maßgeblich für den Bewertungsstichtag unterstellt.

Bewertungszahl (Bausparen)

Für jeden Zuteilungszeitraum wird von den Bausparkassen eine Bewertungszahl festgelegt. Sie zu erreichen ist Voraussetzung für die Zuteilung eines Bauspardarlehens. Nach dieser Bewertungszahl richtet sich die Reihenfolge der Zuteilung. Sie errechnet sich aus dem vorhandenen Sparguthaben und der dafür benötigten Ansparzeit (Geld-mal-Zeit-Prinzip).

Die Ermittlung der Bewertungszahl erfolgt zu den Bewertungsstichtagen. Die Bewertungszahl wird dem Bausparer jeweils auf dem Jahreskontoauszug mitgeteilt.

Siehe auch: Bewertungsstichtag

BewG

Abkürzung für: Bewertungsgesetz

Bewirtschaftungskosten

Bewirtschaftungskosten sind regelmäßig und nachhaltig anfallende Kosten, die sich aus der laufenden Bewirtschaftung einer Immobilie ergeben.

Hierzu zählen sowohl nach der II. BV als auch nach der WertV die Abschreibung, Verwaltungs- und Instandhaltungskosten sowie das Mietausfallwagnis. Soweit Betriebskosten durch Umlagen auf die Mieter gedeckt werden, bleiben sie unberücksichtigt. Bewirtschaftungskosten sind Teil der laufenden Aufwendungen bei der Ermittlung der Kostenmiete.

Im Bewertungsverfahren werden Bewirtschaftungskosten oft pauschal angesetzt. Nach Anlage 3 der WertR ergeben sich für Mietwohnobjekte (die wirtschaftlichen Verhältnisse 1977/78 zugrunde gelegt) folgende mittleren Werte, wobei nur die Kosten für Verwaltung, Instandhaltung und das Mietausfallwagnis berücksichtigt sind:

Bewirtschaftungskosten nach Baujahr / Wohnungen ohne Bad und Zentralheizung bzw. mit Bad und Zentralheizung:

bis 1925:	40% bzw. 33%
1926–'48:	35% bzw. 29%
1949–'55:	31% bzw. 26%
1956–'68:	27% bzw. 22%
nach 1968:	22% bzw. 15%

Die %-Sätze, sind mit Vorsicht zu betrachten, da sie sich auf eine andere unabhängige Variable, den Rohertrag, beziehen. Ein Sinken des Mietniveaus führt aber nicht auch zu einem Sinken der Bewirtschaftungskosten, ein Steigen der Mieten nicht zu einem linear gleichlaufenden Steigen der Bewirtschaftungskosten. Vor allen können die oben wiedergegebenen Sätze, wenn es um neuere Baujahre geht, nicht beliebig nach unten korrigiert werden. Immerhin bietet der Überblick einen groben Orientierungsrahmen.

Bewirtschaftungsphase

Als Bewirtschaftungsphase wird bei einem ge-schlossenen Immobilienfonds der Zeitraum zwischen dem Abschluss der Investitionsphase und der Auflösung des Fonds bezeichnet. Während der Bewirtschaftungsphase werden mit dem betreffenden Investitionsobjekt bei planmäßigem Verlauf Erträge erwirtschaftet.
Siehe auch: Investitionsphase, Immobilienfonds - Geschlossener Immobilienfonds

BewRGr

Abkürzung für: Bewertungsrichtlinien Grundvermögen

Beziehungsmarketing

Der Aufbau einer langfristigen Beziehung zum Kunden, das gesellschaftliche Engagement des Immobilienmaklers bzw. Immobilienunternehmens – wie z.B. in der Kommunalpolitik, in Verbänden oder Vereinen – also der gezielte Aufbau eines Beziehungsnetzwerkes zu Marketingzwecken wird als Beziehungsmarketing bezeichnet und ist bei Immobilienunternehmen von großer Bedeutung.

Neun von zehn Kunden geben ihre schlechten Erfahrungen in der Regel weiter, positive Erfahrungen hingegen werden jedoch nur von maximal zwei Kunden weitererzählt. Das macht deutlich, wie wichtig das Beziehungsmarketing bei der Akquisition ist. Der Aufbau und die Pflege der Kundenbeziehungen erfordert mehr Engagement als der Verkauf.

Die Hauptaufgabe des Beziehungsmarketings liegt in der Zusammenarbeit zwischen den Anbietern. Die Anbieter und die Kunden werden als Partner mit gemeinsamen Interessen verstanden. Das Kundenvertrauen wird als Basis langfristiger Geschäftsbeziehungen hervorgehoben. Besonders die passive Akquisition lebt von dem Beziehungsmarketing. Nur durch gute Erfahrungen, die von anderen Kunden weiter gegeben werden, kann ein Makler sein Angebot durch passive Akquisition erweitern. Zufriedene Kunden, der gute Ruf und das öffentliche Vertrauen eines Unternehmens sind von besonderer Bedeutung.

BF

Abkürzung für: bebaute Fläche

BfA

Abkürzung für: Bundesversicherungsanstalt für Angestellte

BFH

Abkürzung für: Bundesfinanzhof

BfLR

Abkürzung für: Bundesforschungsanstalt für Landeskunde und Raumordnung

BFW

Abkürzung für: Bundesfachverband Wohnungs- und Immobilienverwalter e.V.
Abkürzung für: Bundesverband Freier Immobilien- und Wohnungsunternehmen e.V.

BGB

Abkürzung für: Bürgerliches Gesetzbuch

BGB-Vertrag (Baurecht)

Siehe: Werkvertrag

BGBl

Abkürzung für: Bundesgesetzblatt

BGF

Abkürzung für: Brutto-Geschossfläche / Brutto-Grundfläche

BGH

Abkürzung für: Bundesgerichtshof

BGHSt

Abkürzung für: Entscheidungen des Bundesgerichtshofes in Strafsachen (Zeitschrift)

BGHZ

Abkürzung für: Entscheidungen des Bundesgerichtshofes in Zivilsachen

BHG

Abkürzung für: Bauherrengemeinschaft

BImSchG

Abkürzung für: Bundesimmissionsschutzgesetz

BImSchV

Abkürzung für: Bundesimmissionsschutzverordnung

Bindungsfrist

Wohnungswirtschaftliche Begriffs-Verwendung beim Bausparvertrag
Siehe auch: Bausparvertrag

Binnenwanderungen

Unter Binnenwanderungen versteht man Wanderungen innerhalb eines Raumes. Die Bundesstatistik weist jährlich die Wanderungssalden der Wanderungsbewegung zwischen den Bundesländern aus. Die Richtungsbewegung dieser Wanderungssalden gilt im Allgemeinen als Indikator für die Verschiebungen der immobilienwirtschaftlichen Raumgewichte zwischen den Bundesländern, soweit es sich um Flächenstaaten handelt. Deutlich wurde in den letzten fünfundzwanzig Jahren eine Wanderungsbewegung von Nord nach Süd, was hinsichtlich der Immobilienpreise zur Umkehrung des ursprünglichen Nord-Süd-Gefälles in den Nachkriegsjahren in ein Süd-Nord-Gefälle führte.
Seit der Wiedervereinigung gibt es zusätzlich eine Wanderungsbewegung von Ost nach West. In der Zeit zwischen 1991 und 2001 betrug der Wanderungssaldo zu Lasten Ostdeutschlands 620.000 Personen. Der wanderungsbedingte Bevölkerungsverlust belief sich im Osten zwischen 5,7 % (Thüringen) und 7,4 % (Sachsen Anhalt).

Bj

Abkürzung für: Baujahr

BK

Abkürzung für: Betriebskosten

BKleingG

Abkürzung für: Bundeskleingartengesetz

BKR
Abkürzung für: Baukoordinierungsrichtlinie

Bl
Abkürzung für: Blatt

Blankodarlehen
Die Bausparkassen haben die Möglichkeit, kleinere Bauspardarlehen (i.d.R. bis 5.100 1) ohne Stellung von Sicherheiten an den Bausparer auszubezahlen. Dies erspart das aufwendige Bestellen von Grundschulden.

BlGBW
Abkürzung für: Blätter für Grundstücks-, Bau- und Wohnrecht

Blind Pool
Beim Blind Pool handelt es sich um ein Beteiligungsmodell, bei dem zum Beteiligungszeitpunkt weder Anlageobjekt, in dass investiert werden soll, noch die Anlagesumme feststehen. Erst nach Schließung des Fonds nach Einzahlung prospektierten Fondkapitals entscheidet das Fondsmanagement über die Anlage. Bis dahin können die verzinslich angelegten Einlagen mit vierteljährlicher Kündigungsfrist gekündigt werden. Scherzhaft wird ein Blind Pool als „Pool für Verrückte" bezeichnet.

Blk
Abkürzung für: Balkon

Blockheizkraftwerk
Bei Blockheizkraftwerken handelt es sich um Motoren, die mit Gas, Heizöl, Dieselöl, oder Pflanzenöl (Rapsöl) betrieben werden. Bei größeren Anlagen werden Gasturbinen eingesetzt. Die Stromerzeugung erfolgt über die an die Motoren angeschlossenen Generatoren.
Mit Hilfe der Kraft-Wärme-Kopplung wird auch die entstehende Motorwärme zur Warmwasseraufbereitung genutzt. Es können auf diese Weise Wirkungsgrade von 85% erreicht werden. Hauptsächlich werden Blockheizkraftwerke zur Versorgung kleinerer Wohnanlagen eingesetzt. Überschüssiger Strom kann in das öffentliche Netz eingespeist werden.

Blueprinting
Blueprinting ist ein Verfahren, bei dem letztendlich die Kontakte des Kunden mit dem Unternehmen im Zeitablauf, d.h. sequentiell, abgebildet werden. Damit ergibt sich eine Line of Visibility; dies sind die Punkte, bei denen das Immobilienunternehmen jeweils von seinen Kunden wahrgenommen wird.

BM
Abkürzung für: Baumasse

BMBau
Abkürzung für: Bundesministerium für Raumordnung, Bauwesen und Städtebau

BMF
Abkürzung für: Bundesministerium für Finanzen

BMG
Abkürzung für: Bemessungsgrundlage

BMG
Abkürzung für: Bundesmietengesetz

BMietenG
Abkürzung für: Bundesmietengesetz

BMJ
Abkürzung für: Bundesminister für Justiz

BMWF
Abkürzung für: Bundesministerium für Wirtschaft und Finanzen

BMZ
Abkürzung für: Baumassenzahl

BNatSchG
Abkürzung für: Bundesnaturschutzgesetz

BNotO
Abkürzung für: Bundesnotarordnung

Boardinghouse

Mischform zwischen Appartementhaus und Hotel. Insbesondere Gäste mit längerer Verweildauer sind Zielgruppe eines Boardinghouse, dessen Betreiber ein vielfältiges Angebot an Dienstleistungen wie Grundreinigungs- und Wäscheservice, Telefonzentrale und Einkaufsservice bieten. Auf kostenträchtige Einrichtungen wie Schwimmbad oder Restaurant wird meist verzichtet. Falls Langzeitgäste ausfallen, kann das Haus in den wachstumsträchtigen 2-Sterne-Hotelmarkt ausweichen.

Ein Boardinghouse ist vielfach Anlageobjekt für institutionelle Investoren wie Versicherungen und Pensionskassen, aber auch für private Anleger im Rahmen geschlossener Immobilienfonds.

Siehe auch: Immobilienfonds - Geschlossener Immobilienfonds

Bodenerhöhung

Künstliche Hügel, Terrassen, Dämme, Bodenaufschüttungen und/oder Erdwälle zu Einfriedungszwecken nicht nur vorübergehender Art, wie z.B. Aufschüttungen aus dem Aushub von Baugruben, bezeichnet man als Bodenerhöhungen.

Diese müssen so angelegt sein, dass Schädigungen der Nachbargrundstücke, z.B. durch Abrutschen des Bodens, ausgeschlossen sind. Der Grundstückseigentümer hat eine Sicherungspflicht, deren Verletzung einen Schadensersatzanspruch des Nachbarn nach sich zieht.

Bodenfunktionen (Bodenschutzgesetz)

Das Bodenschutzgesetz bezweckt die nachhaltige Sicherung oder Wiederherstellung der Funktionen des Bodens. Es sollen schädliche Bodenveränderungen abgewehrt, der Boden von siehe Altlasten und Gewässerverunreinigungen befreit und Vorsorge gegen nachteilige Einwirkungen auf den Boden getroffen werden.

Bei Einwirkungen auf den Boden sollen Beeinträchtigungen seiner natürlichen Funktionen sowie seiner Funktion als Archiv der Natur- und Kulturgeschichte soweit wie möglich vermieden werden. Unterschieden wird dabei zwischen den drei Hauptfunktionen

• Natürliche Funktionen als Lebensgrundlage für Menschen Tiere und Pflanzen, als Bestandteil des Naturhaushalts und als Filtermechanismus zum Schutz des Grundwassers

• Funktionen als Archiv der Natur- und Kulturgeschichte

• Nutzungsfunktionen als Rohstofflagerstätte, Fläche für Siedlung und Erholung, Standort für die land- und forstwirtschaftliche Nutzung, Standort für sonstige wirtschaftliche und öffentliche Nutzungen, Verkehr, Ver- und Entsorgung.Anliegen des Gesetzes ist es u.a., den beiden erstgenannten Funktionen gegenüber der (wirtschaftlichen) Nutzungsfunktion einen gleichrangigen Stellenwert zu verleihen.

Siehe auch: Altlasten

Bodeninformationssysteme

Siehe: Grundstücks- und Bodeninformationssystem

Bodenmanagement

Bodenmanagement ist Teil des Immobilienmanagements. Es umschreibt die Steuerungsprozesse, die darauf abzielen, im Rahmen des Gebotes des sparsamen und schonenden Umganges mit Grund und Boden („haushälterisches Bodenmanagement") vorhandenes Bauland für den vorgesehenen städtebaulichen Bedarf verfügbar zu machen und erforderlichen Baulandausweisungen vorzunehmen. Zum Bodenmanagement gehören neben Aufstellung von Bebauungsplänen die amtlichen und freiwilligen Umlegungsmaßnahmen, die Durchführung der Erschließung, Maßnahmen der Bodensanierung und die Herstellung der infrastrukturellen Einrichtungen, die im Rahmen der künftigen Bodennutzung als Wohn- oder Gewerbestandorte erforderlich sind.

Im Vordergrund steht dabei die Wiederverwendung alter aufgegebener Standorte (Recyclingflächen, Konversionsflächen) vor allem innerhalb alter Siedlungsgebiete. (Flächenressourcen-Management). Diese Flächen sollen bevorzugt einer neuen Standortnutzung zugeführt werden, bevor neues Bauland ausgewiesen wird. Da den Gemeinden das „Produktionsmonopol" für Bauland zusteht, kommt es entscheidend darauf an, wie und in welchem Umfang seitens der Gemeindeverwaltungen Bereitschaft besteht, dem Siedlungsdruck gerecht zu werden. In der Regel werden Gewerbegebiete gerne ausgewiesen. Bei Wohnbaugebieten besteht dagegen oft vornehme Zurückhaltung.

Soweit es darauf ankommt, mangels alter erneuerbarer Siedlungsflächen neue Siedlungsgebiete zu erschließen, kann die Gemeinde selbst als Bodenmanager fungieren.

Eine Strategie des gemeindlichen Bodenmanagements besteht dabei darin, Flächen zu erwerben, die noch nicht Bauerwartungsland sind, später aber im Flächennutzungsplan als Bauflächen ausgewiesen werden. Dies ist dann die Grundlage für die Schaffung von Baurechten im Rahmen von Bebauungsplänen und Vorhaben- und Erschließungsplänen. Mit dem Verkauf an spätere Bauherrn und Investoren können „Planungsgewinne" ganz oder teilweise abgeschöpft werden. Soll billiges Bauland bereitgestellt werden, wird die Gemeinde auf die Abschöpfung von Planungsgewinnen verzichten.

Eine andere Strategie besteht darin, keine eigenen Haushaltmittel der Gemeinde einzusetzen und die Baulandproduktion (Beplanung, Erschließung, Zurverfügungstellung von Ausgleichsflächen) nach den Vorgaben der Gemeinde durch Einschaltung von Investoren abwickeln zu lassen.

Auch Public-Private-Partnership Gesellschaften, an denen die Gemeinde beteiligt ist, können als Instrumente des Bodenmanagements genutzt werden.

Bodennutzung

(tatsächliche Nutzungsverhältnisse) Bei den Katasterämtern, die alle Grundstücke ihres Katasterbezirks im Liegenschaftsbuch und der Liegenschaftskarte erfasst haben, wird die Art der Bodennutzung bundeseinheitlich mit den gleichen Begriffen bezeichnet. Diese Begriffe finden seit einigen Jahren auch Eingang in die Spalte „Wirtschaftsart" der Bestandsverzeichnisse der Grundbücher. Zu den Hauptnutzungsarten gehören:

• Gebäude- und Freifläche
• Verkehrsfläche
• landwirtschaftliche Fläche
• Waldfläche
• Wasserfläche
• Betriebsfläche (unbaute Abbauflächen)
• Erholungsflächen
• Flächen anderer Nutzung einschließlich Umland

Das Statistische Bundesamt veröffentlicht in Abständen von vier Jahren die Flächennutzungsstruktur Deutschlands. Gebäude- und Freifläche zusammen mit Verkehrsfläche, Erholungsfläche und einem Teil der Betriebsfläche werden als „Siedlungs- und Verkehrsfläche" bezeichnet (siehe Tabelle nächste Seite). Diese nahm im Jahr 2000 um 129 ha zu. Allerdings schwächt sich die Zunahme ab. So betrug der Zuwachs 1991 täglich 117 ha und im Jahre 2002 nur noch 105 ha pro Tag. Mit einem weiteren Schwund des Siedlungsflächenwachstums wird bei stagnierender oder gar abnehmender Bevölkerungszahl gerechnet.

Bodenflächen nach Art der tatsächlichen Nutzung

Nutzungsart	1993*		1997*		2001*	
	1.000 ha	%	1.000 ha	%	1.000 ha	%
Bodenfläche						
insgesamt	35.697	100	35.703	100	35.703	100
Gebäude und						
Freifläche	2.073,3	5,8	2.193,7	6,1	2.308,1	6,5
Betriebsfläche	242,7	0,7	251,4	0,7	252,8	0,7
darunter:						
Abbauland	187,8	0,5	189,4	0,5	179,6	0,5
Erholungsfläche	225,5	0,6	237,4	0,7	265,9	0,7
Verkehrsfläche						
	1.644,1	4,6	1.678,6	4,7	1.711,8	4,8
Landwirtschaftsfläche						
	19.511	54,7	19.307,5	54,1	19.102,8	53,5
Waldfläche	10.453,6	29,3	10.490,8	29,4	10.531,4	29,5
Wasserfläche	783,7	2,2	794,0	2,2	808,5	2,3
Flächen anderer Nutzung						
	763,0	2,1	749,7	2,1	721,9	2,0
darunter:						
Friedhof	32,7	0,1	33,5	0,1	35,0	0,1
Siedlungs- und Verkehrsfläche **						
	4.030,5	11,3	4.205,2	11,8	4.393,9	12,3

* Stichtag 31.12 des Vorjahres, ** Summe aus den Nutzungsarten: Gebäude- und Freifläche, Betriebsfläche (ohne Abbauland), Erholungsfläche, Verkehrsfläche, Friedhof. „Siedlungs- und Verkehrsfläche" und „versiegelte Fläche" können nicht gleichgesetzt werden, da in die Siedlungs- und Verkehrsfläche auch unbebaute und nicht versiegelte Flächen eingehen.
Quelle: Statistisches Bundesamt

Bodennutzung (geplante Nutzung)

Während die Statistik der Art der tatsächlichen Bodennutzung auf den Ergebnissen der Aufzeichnungen der Liegenschaftskataster beruht, bezieht die Statistik der geplanten Nutzung des Bodens ihre Informationen aus den Darstellungen in den Flächennutzungsplänen bzw. Festsetzungen in den Bebauungsplänen der Gemeinden. Die Statistik ist nur teilweise aussagekräftig, etwa hinsichtlich der Wohnbauflächen und der Gewerbebauflächen. So betrugen am 31.12.1996 die Wohnbauflächen in Deutschland 1.243.359 ha - das sind 3,5 % der Gesamtfläche des Bundesgebietes - die Gewerbebauflächen (Gewerbegebiete und Industriegebiete) 491.551 ha, das sind 1,4 % der Fläche des Bundesgebietes. Alle Bauflächen (Wohnbauflächen, Gewerbebauflächen, gemischte Bauflächen und Sonderbauflächen) umfassten 7,4 % der Gesamtfläche.

Bodenordnung

Unter Bodenordnung versteht man Maßnahmen der Umlegung und Grenzregelung im Zusammenhang mit der Erstellung eines Bebauungsplanes oder städtebaulichen Sanierungs- und Entwicklungsmaßnahmen. Zweck der Umlegung ist es, die Grundstücke nach den Vorgaben des Bebauungsplanes so zu ordnen, dass bebaubare Parzellen entstehen. Die Umlegung kann von Amts wegen oder freiwillig durchgeführt werden.Im Umlegungsgebiet werden alle Grundstücke zunächst zu einer rechnerischen Gesamtmasse vereinigt (Umlegungsmasse). Nach Abzug der Erschließungsflächen verbleibt die „Verteilungsmasse". Die Zuteilung der neu entstandenen Grundstücke erfolgt nach Maßgabe der Werte, die der jeweilige Grundstückseigentümer mit Einwurf seines Grundstücks beigetragen hat, oder nach Flächen.
Die Verteilung soll so erfolgen, dass die erforderlichen Ausgleichszahlungen möglichst gering gehalten werden.Mit Bekanntgabe des Umlegungsbeschlusses tritt eine Verfügungs- und Veränderungssperre in Kraft, die in den Grundbüchern der betroffenen Eigentümer durch Eintrag eines Umlegungsvermerks ihren Niederschlag findet. Der Verkauf von Grundstücken ist ebenso wie die Durchführung wertbeeinflussender Veränderungen genehmigungsbedürftig.
Eine Grenzregelung kommt nur in Betracht, wenn die Bodenordnung ausschließlich durch neue Grenzziehungen erreicht werden kann.Makler, die sich mit der Vermittlung von Baugrundstücken befassen, sollten sich im

Zweifel vor Entgegennahme von Aufträgen vergewissern, wie weit der Stand des Umlegungsverfahrens gediehen ist, um nicht Grundstücke anzubieten, die noch zur „Einwurfmasse" zählen. Zuständig für die Umlegung ist die jeweilige Gemeinde, die einen Umlegungsausschuss bildet. Die Umlegung wird von der Gemeinde aber häufig übertragen auf die staatlichen Vermessungs- und Katasterämter, oder, wo Flurbereinigungsbehörden vorhanden sind, auch auf diese.
Siehe auch: Flächenmanagement

Bodenrichtwert

Bodenrichtwerte sind Wertkonstrukte, die unter Berücksichtigung der Entwicklungszustände (Bauland, Bauerwartungsland usw.) aus Grundstückskaufpreisen abgeleitet werden. Sie werden vom Gutachterausschuss für ein Gemeindegebiet ermittelt und veröffentlicht.
Einem Bodenrichtwert liegt meist eine bestimmte bauliche Nutzungskennzahl (GFZ) zugrunde. Bei gleichwertiger Lage können aus Bodenrichtwerten Verkehrswerte von unbebauten Grundstücken oder Bodenwertanteile von bebauten Grundstücken auch dann abgeleitet werden, wenn die zugelassene bauliche Nutzungsintensität kleiner oder größer ist als diejenige, die dem Wert des ideellen Bezugsgrundstücks zugrunde liegt.
Hilfsmittel hierbei sind Umrechnungskoeffizienten.Bodenrichtwerte werden von Gutachterausschüssen auf der Grundlage ihrer Kaufpreissammlung errechnet und in Bodenrichtwertkarten dargestellt. Der Bodenrichtwert ist eine bedeutsame Größe im Rahmen der Ermittlung von Verkehrswerten für bebaute und unbebaute Grundstücke.
Er dient auch als Bemessungsgrundlage für die Ermittlung der Erbschaft- bzw. Schenkungsteuer, wenn ein unbebautes Grundstück übertragen wird. Als steuerrelevanter Wert werden dabei 80% des Bodenrichtwertes angesetzt. Ferner findet er Eingang in die Berechnung des (abschreibungsfähigen) Gebäudewertanteils bei Hausverkäufen, in dem vom Kaufpreis der sich am Bodenrichtwert orientierende Bodenwert abgezogen wird.
Siehe auch: Bodenwert

Bodenrisiko

Bauherren und Eigentümer eines Grundstücks tragen grundsätzlich das Risiko für unvorhergesehene Boden- und Wasserverhältnisse des Grundstücks. Allerdings muss sich der mit der Planung beauftragte Architekt im Rahmen eines gesonderten Auftrags zur Baugrundbeurteilung aufgrund von Bodenproben ein verlässliches Bild über die Bodenbeschaffenheit machen. Informationen über die Bodenbeschaffenheit können sog. Baugrundkarten, hydrographischen Karten und dem Altlastenkataster entnommen werden. Im Altlastenkataster sind allerdings (noch) nicht alle mit Altlasten behaftete oder altlastenverdächtige Böden erfasst.
Siehe auch: Altlastenkataster

Bodenschätzung

Die Bodenschätzung bezieht sich auf landwirtschaftliche Böden. Grundlage ist das Bodenschätzungsgesetz von 1934. Nachgewiesen wird das Vorkommen der verschiedenen Böden, ihre genaue Kennzeichnung und Beschaffenheit sowie ihre Ertragsfähigkeit.Grundsätzlich wird zwischen Acker- und Grünlandboden unterschieden. Beim Ackerland spielt Bodenart (z.B. stark lehmiger Sand) Zustand des Bodens („Noten" 1-7), Entstehungsart (z.B. Verwitterungsböden) und Wertzahl, welche die Werteinstufung auf der Grundlage von Bodenart, Zustand und Entstehungsart wiedergibt.Ähnlich wird bei der Ermittlung der Wertzahl von Grünland verfahren. Die Ergebnisse der Bodenschätzung werden in Bodenschätzkarten eingetragen, die bei den Liegenschaftsämtern geführt werden. Diese Ergebnisse sind Grundlage für die Bewertung land- und forstwirtschaftlichen Vermögens nach dem Bewertungsgesetz.

Bodenschutz

Der Umweltschutz ist in einer Fülle von Gesetzen geregelt. Er bezieht sich auf den Naturschutz, Tierschutz, Gewässerschutz, Immissionsschutz und Bodenschutz. Hinzu kommen umfangreiche Gesetze und Verordnungen zur Vermeidung, Verwertung und Beseitigung von Abfällen, zur Energieeinsparung und dem Schutz vor gefährlichen Stoffen.

Das Bodenschutzgesetz vom 17. März 1998 führte zu einer bundeseinheitlichen Regelung des Bodenschutzes mit nunmehr einheitlichen Begriffsbestimmungen zu Bodenfunktionen und die diese Funktionen beeinträchtigenden schädlichen Veränderungen.

Siehe auch: Altlasten, Verdachtsflächen, Bodenfunktionen (Bodenschutzgesetz)

Bodenuntersuchung

Siehe: Bodenrisiko, Baugrunduntersuchung

Bodenversiegelung

Eine Bodenversiegelung liegt vor, wenn Teile der Erdoberfläche mit einer wasserundurchlässigen Schicht überdeckt werden. Dies geschieht vor allem beim Straßenbau und der Bebauung des Bodens mit Gebäuden. Der Versiegelungsgrad kann vermindert werden, wenn z.B. bei der Gestaltung von Parkplätzen und Garagenzufahrten am eigenen Haus wasserdurchlässiges Befestigungsmaterial verwendet wird, so dass ein Grasbewuchs in den nichtversiegelten Zwischenräumen noch möglich ist. Um der unbedachten Bodenversiegelung entgegenzuwirken, wurde bei der Grundflächenzahl eine „Kappungsgrenze" eingeführt, die dazu führt, dass auch bei einer dichten Bebauung ein unversiegelter Rest verbleibt.

Siehe auch: Grundflächenzahl (GRZ) Grundfläche (GR), Kappungsgrenze

Bodenwert

Der Bodenwert ist der kapitalisierte Betrag der „Grundrente". Dabei ist zwischen der „absoluten" Bodenrente (Knappheitsrente) und den Differentialrenten, die sich aus der unterschiedlichen Lage, Qualität und möglichen Nutzungsintensität der Böden ergeben zu unterscheiden.Bodenwerte werden heute entweder mit

Hilfe von Bodenrichtwerten (indirekte Bodenwertermittlung) oder von Preisen vergleichbarer Grundstücke (direkte Bodenwertermittlung) ermittelt. Soweit diese Ausgangsgrößen von dem zu bewertenden Bodengrundstück abweichen, ist dies durch Zu- oder Abschläge oder durch Umrechnungskoeffizienten (bei unterschiedlicher Nutzungsintensität) und/oder Indexreihen (wenn die Preise der Vergleichsgrundstücke sich in unterschiedlichen Zeiten gebildet haben) zu berücksichtigen. Ebenso sind Bodenwertanteile bebauter Grundstücke im Rahmen der Bewertungsverfahren (Vergleichs- Ertrags- und Sachwertverfahren) zu ermitteln. Die Ermittlung des Bodenwertes durch den direkten Vergleich mit Kaufpreisen anderer Bodengrundstücke setzt eine größere Zahl von vergleichbaren Bodengrundstücken voraus, damit Ausreißer leichter identifiziert und ausgeschieden werden können. Die Standardabweichung wird auf diese Weise verringert.

Siehe auch: Grundrente (Bodenrente), Bodenrichtwert

Bodenwertanteil (Erbbaurecht)

Bedingt durch die Tatsache, dass die Bodenwerte in der Regel schneller steigen als die Barwerte der Erbbauzinsen (die nicht den jeweils aktuellen Bodenwerten angepasst werden können), fließt den Erbbauberechtigten mit zunehmender Laufzeit des Erbbaurechts ein Bodenwertanteil zu. Bei Verkauf des Erbbaurechts bezahlt der Käufer in der Regel nicht nur das Gebäude, das auf dem Erbbaugrundstück steht, sondern auch diesen Bodenwertanteil.

Allerdings wird die Entwicklung des Bodenwertanteils durch Einflüsse gebremst, die sich als Nachteile für den Erbbauberechtigten gegenüber dem normalen Hauseigentümer niederschlagen (Zustimmungserfordernisse des Grundstückseigentümers bei Veräußerung und Belastung, Gebäudeänderungen usw. Heimfallansprüche). Der Bodenwertanteil wird deshalb niedriger sein als die ermittelte Differenz zwischen dem Barwert des Erbbauzinses und dem Wert des unbelasteten Grundstücks. Dem wird bei der Bewertung des Bodenwertanteils durch einen Wertfaktor Rechnung getragen.Dieser liegt nach der in den WertR zum Ausdruck gebrachten Auffassung zwischen 0,3 (bei sehr starker Beeinträchtigung) und 0,9 (bei geringer Beeinträchtigung). Praktiker schätzen diese Wertfaktoren vielfach als zu hoch gegriffen ein.

BörsG
Abkürzung für: Börsengesetz

Bonität
Unter Bonität versteht man die Kreditwürdigkeit eines Darlehensnehmers. Vor Darlehenszusage für ein Immobiliendarlehen werden nicht nur die Beleihungsunterlagen angefordert und geprüft („Beleihungsprüfung").
Die Zusage wird auch abhängig gemacht vom Ergebnis einer Kreditwürdigkeitsprüfung des Darlehensnehmers. Die Prüfung erstreckt sich auf Einkommens- Vermögens- und Familienverhältnisse des Darlehensnehmers. Bei einem entsprechend guten Ergebnis kann sogar eine „Vollfinanzierung" gewährt werden.
Siehe auch: Vollfinanzierung

BPersVG
Abkürzung für: Bundespersonalvertretungsgesetz

BPflV
Abkürzung für: Bundespflegeverordnung

Bpl
Abkürzung für: Bauplatz

Br
Abkürzung für: relativer Bodenwert in % im Verhältnis zur Frontbreite

BR
Abkürzung für: Bundesrat

BR-Drucks
Abkürzung für: Bundesratsdrucksache

BRAGO
Abkürzung für: Bundesrechtsanwaltsgebührenordnung

Brand Lands
Automobilhersteller versuchen der zunehmenden Erlebnisorientierung der Kunden bei der Gestaltung von Verkaufslokalitäten Rechnung zu tragen. Ein besonders weitgehender Ansatz sind hier die Brand Lands. Diese sind als ein vom Automobilhersteller betriebenes Marken spezifisches Erlebniszentrum zu verstehen, in dem neben der Darstellung des Unternehmens und seiner Produkte primär eine ganzheitliche Präsentation der Marke angestrebt wird. Ziel ist dabei eine direkte Kundenansprache.
Das Spektrum von Brand Lands ist sehr breit: Es reicht von den klassischen Kundenzentren der Herstellerwerke, zur Auslieferung von Fahrzeugen, über Kundenkontaktpunkte in innerstädtischen Lagen bis hin zu Erlebnisparks mit produktübergreifenden Themen-Arrangements." (Diez, W., 2000, Automobilmarketing) Angesichts des Bestrebens der Automobilhersteller im Marketing neue Wege zu gehen und ihre Absatzkanalstruktur zu optimieren, dürfte sich dieser Objekttyp in der Wachstumsphase befinden. Diese wird allerdings dann sehr schnell in die Reife- und Sättigungsphase übergehen, wenn jeder der deutschen Automobilkonzerne über ein eigenes Brand Land verfügt, da speziell vor dem Hintergrund der damit verbundenen Kosten nicht davon auszugehen ist, dass pro Konzern eine größere Anzahl dieser Brand Lands entstehen wird.

Brandschutz
Zum Brandschutz gehören alle baulichen Maßnahmen, die getroffen werden, um die Ausbreitung von Feuer, Rauch und Strahlung zu verhindern. Regelungen finden sich in DIN 4109. Verwendete Bauteile und Baustoffe müssen, was Brennbarkeit und Feuerwiderstandsdauer (DIN 4201 T 1) anlangt, im Interesse des Brandschutzes einer bestimmten Bauproduktklasse (Baustoffklasse) angehören.

Die Feuerwiderstandsklasse (F30–F180) bezeichnet die Feuerwiderstandsdauer (0–180 Minuten). In bestimmten Fällen sind Brandschutzfenster und Brandschutztüren vorzusehen. Bestimmte Gebäude sind mit Rettungswegen, Fluchtfenster, Nottreppen und –leitern auszustatten. Zum Brandschutz gehören auch Zufahrtsmöglichkeiten für Rettungs- und Feuerwehrfahrzeuge.
Siehe auch: Bauproduktklassen

BReg
Abkürzung für: Bundesregierung

BRI
Abkürzung für: Brutto-Rauminhalt

BRS
Abkürzung für: Baurechtssammlung/Rechtsprechung des Bundesverwaltungsgerichts, der Oberverwaltungsgerichte der Länder und anderer Gerichte zum Bau- und Bodenrecht

Bruchteilseigentum
Das Eigentum an einem Grundstück kann mehreren Personen zustehen. Sofern nicht ausnahmsweise eine Gesamthandsgemeinschaft gegeben ist, steht das Miteigentum mehreren zu Bruchteilen zu, d.h. jedem Miteigentümer gehört ein bestimmter, ideeller (nicht realer) Anteil an dem Grundstück. Das Bruchteilseigentum entsteht durch Rechtsgeschäft oder kraft Gesetzes. Die Bruchteilsgemeinschaft kann nur in gegenseitigem Einvernehmen oder mittels Teilungsversteigerung aufgelöst werden.

Brunnen
Brunnen bestehen aus Schächten, die von der Erdoberfläche bis zum Grundwasser hinabreichen. Zum Brunnenbau werden in der Regel Fertigschachtringe aus Beton verwendet. Man kann damit bei einem Durchmesser von 1,5 Metern Tiefen bis zu 10 Meter erreichen.Mit Hilfe eines Stahlrohrs, das bis zur wasserführenden Schicht hinabgeführt wird, kann das Wasser nach oben gepumpt werden. Für die Anlage eines Brunnens ist eine wasserrechtliche Genehmigung erforderlich, die allerdings widerrufen werden kann.Sofern das Wasser als Trinkwasser verwendet wird, ist eine regelmäßige Qualitätskontrolle erforderlich.

Bruttogrundfläche (BGF) nach DIN 277:
Siehe: Grundfläche nach DIN 277/1973/87

Bruttomiete
Die Bruttomiete setzt sich aus dem eigentlichen Mietzins sowie den anfallenden Betriebskosten zusammen. Wird in einem Mietvertrag die Zahlung einer Bruttomiete vereinbart, so bedeutet dies für den Vermieter, dass er einen eventuellen Anstieg von Betriebskosten allein tragen muss, bis er eine Mieterhöhung durchsetzen kann.
Siehe auch: Nettokaltmiete

Bruttorauminhalt
Bruttorauminhalt ist in DIN 277 aus 1973 und 1987 definiert. Es handelt sich um den Rauminhalt eines Baukörpers, der nach unten von der Unterfläche der konstruktiven Bauwerkssohle und im übrigen von den äußeren Begrenzungsflächen des Bauwerks umschlossen wird.
Bei Berechnung des Bruttorauminhaltes eines Geschosses ist die Höhe maßgeblich, die sich aus dem Abstand zwischen der Oberfläche des Fußbodens und der Oberfläche des Fußbodens des darüberliegenden Geschosses ergibt.
Bestimmte Bauwerksteile wie Mauervorsprünge, Außentreppen, Außenrampen und dergleichen bleiben unberücksichtigt. Die Faktoren zur Berechnung des Nettorauminhaltes sind einerseits die Nettogrundrissflächen (Bezeichnung aus der DIN 277 von 1973) bzw. Nettogrundfläche (Bezeichnung der DIN 277 von 1987) und die lichten Höhen der Räume andererseits.

Bruttorohbauland
Siehe: Rohbauland

BSG
Abkürzung für: Bundessozialgericht

BSHG
Abkürzung für: Bundessozialhilfegesetz

BSpkG
Abkürzung für: Bausparkassengesetz

BStatG
Abkürzung für: Bundesstatistikgesetz

BStBl
Abkürzung für: Bundessteuerblatt

BSW
Abkürzung für: Beamten-Selbsthilfe-Werk

BT
Abkürzung für: Bundestag

BT-Drs.
Abkürzung für: Bundestags-Drucksache

Btx
Abkürzung für: Bildschirmtext

Bündelungsinitiative
Bündelungsinitiative in der deutschen Immobilienwirtschaft
Siehe auch: Maklerverbände

Bürgschaft
Vertrag zwischen Bürgen und dem Gläubiger eines Dritten. Bürgschaften von Angehörigen, Bekannten oder Geldinstituten dienen häufig der Absicherung der Baufinanzierung.Der Bürge haftet zusätzlich zum Kreditnehmer für die Rückzahlung der Schuld, wenn dieser zahlungsunfähig wird. Von selbstschuldnerischer Bürgschaft wird gesprochen, wenn die Einrede der Vorausklage im Bürgschaftsvertrag ausgeschlossen ist und der Bürge auf erstes Anfordern hin bezahlen muss.

Bürogebäude
Gebäude, das überwiegend von Unternehmen der Dienstleistungsbranche oder der öffentlichen Verwaltung genutzt wird. Aufgrund der vergleichsweise einfachen Verwaltung ist die Büroimmobilie bei privaten und institutionellen Kapitalanlegern gleichermassen beliebt. Allerdings sind gerade in den letzten Jahren die Qualitätsansprüche an solche Objekte sehr stark gestiegen, was in älteren Gebäuden zu ansteigenden Leerstandsraten geführt hat. Die Renditen schwanken zwischen etwa 5% und maximal 9%. Die Marktgängigkeit von Büroobjekten hängt nicht nur von der Raumflexibilität, dem Grad der Gebäudeautomation, dem Versorgungsstandard hinsichtlich der Kommunikationsleitungen, der verkehrsmäßigen Infrastruktur und der Abstellmöglichkeiten für Pkws ab, sondern auch von „weichen Lagefaktoren" (Adresse) und der großräumigen Lagestruktur. Die Streubreite der erzielbaren Mieten ist außerordentlich hoch.Zur Flächenberechnung bei Büroobjekten wurde ein eigenes Regelwerk entwickelt. siehe: Flächendefinition MF-B-Business Center:
Siehe auch: Flächendefinition (außerhalb DIN und II BV)

BUKG
Abkürzung für: Bundesumzugskostengesetz

Bundesamt für Wirtschaft
Institution, die beim Bundesministerium für Wirtschaft angesiedelt ist. Seit 1.1.1999 ist das Bundesamt nach der „Preisklauselverordnung" zuständig für die Erteilung von Genehmigungen von Wertsicherungsklauseln. Anschrift: Bundesamt für Wirtschaft, Postfach 5171, 65726 Eschborn/TaunusTel. 0 61 96 / 40 44 79, Fax: 0 61 96 / 9 42 26, Internet: http://www.bawi.de (Ref. III 6).Zu finden ist das Amt in der Frankfurter Str. 29 - 31, 66760 Eschborn

Bundesarbeitsgemeinschaft der Deutschen Immobilienwirtschaft
Siehe: Maklerverbände

Bundesarchitektenkammer
Die Bundesarchitektenkammer e. V. (BAK) vertritt die Interessen der deutschen Architekten aller Fachrichtungen gegenüber der Politik und der Öffentlichkeit sowohl auf nationaler als auch auf internationaler Ebene. Ihre Mitglieder sind die sechzehn Architektenkammern der einzelnen Bundesländer.
Siehe auch: Architektenkammer

Bundesverband der Deutschen Immobilienwirtschaft e.V.
Siehe: Maklerverbände

Bungalow

Eingeschossiges Einfamilien- oder Sommerhaus, das durch ein Flachdach gekennzeichnet ist.
Siehe auch: Dachformen

Business Center
Das Business Center ist ein Bürokonzept, nach dem Unternehmen jeder Branche und Größe für vertraglich zu definierende Zeiträume kurzfristig möblierte, voll ausgestattete Büroräume vermietet werden. Es bietet Büro-Dienstleistungen wie Sekretariatsservice, Nutzung von Bürotechnik und Videokonferenzräumen an. Ein Teil der Dienstleistungen ist mit der Miete abgegolten. Andere sog. Wahlleistungen werden gesondert abgerechnet. Der Bundesverband Büro- und Service hat im November 1999 festgestellt, dass 1999 für Business Center 161 774 m² Flächen zur Verfügen standen die sich auf 4 087 Büroeinheiten verteilten. Als Marktführer gilt die Regus Business Center Gruppe, die an 230 Standorten in 40 Ländern Business Center unterhält. Bei einem Preisvergleich zwischen einer konventionellen Büronutzung und der Nutzung im Rahmen eines Business Centers zeigt sich, dass die Kostenersparnis um so größer ist, je kürzer die Mietdauer und je geringer die Zahl der benötigten Büroplätze ist. Typische Nutzer sind Existenzgründer, temporäre Nutzer (Ausweichstandort, weil das eigene Bürohaus umgebaut wird), Handelsvertreter und internationale Nutzer.
Business Center befinden sich überwiegend in den besten Lagen in Großstädten, vor allem Landeshauptstädten. So gibt es in München 16 Standorte mit 642 Büroeinheiten, in Berlin 12 Center mit 516 Büroeinheiten und Hamburg 11 Center mit 350 Büroeinheiten.Eine Variante des Business Centers bildet das Office Center, das für bestimmte Kunden nach deren Anforderungsprofil, eingerichtet wird. Hier wird der Bürobedarf von Unternehmen für zeitlich begrenzte Projekte befriedigt. (Beispiel Siemens Real Estate Office Center am Flughafen München). Die Mindestlaufzeit des Mietvertrags liegt bei Office Centern bei drei Jahren.

Business-to-Business
Der Begriff Business-to-Business (B2B) bezeichnet Transaktionen, Leistungsaustausch und Vorgänge zwischen Geschäftspartnern sowohl innerhalb eines Unternehmens als auch zwischen verschiedenen Unternehmen. Je nach Markt tritt ein Unternehmen als Anbieter oder Nachfrager auf. Informationen, die an Geschäftspartner übermittelt werden, sind ein Teil der Transaktionen der Geschäftspartner. Diese können z.B. die Übersendung von Angeboten, Katalogen, Preislisten oder auch Einkäufe und Verkäufe sein. Im Zusammenhang mit dem Begriff Franchise bedeutet Business-to-Business, dass der Franchise-Geber seine Lizenz nicht an Existenzgründer vergibt, sondern sich als neue

Franchise-Nehmer bereits am Markt bestehende Unternehmen wünscht.

Bußgeld

Wer Ordnungsvorschriften verletzt und damit „ordnungswidrig" handelt, wird mit Bußgeld bedroht. Eine Ordnungswidrigkeit kann, muss aber nicht geahndet werden. Es handelt sich dabei nicht um eine Geldstrafe im strafrechtlichen Sinne. Vielmehr wird ein Bußgeld von der zuständigen Verwaltungsbehörde verhängt. In der Immobilienwirtschaft gibt es eine fast unüberschaubare Anzahl von Ordnungsvorschriften, die von Unternehmen und sonstigen Zugehörigen zu diesem Witschaftszweig zu befolgen sind. Es handelt sich vor allem um Vorschriften aus dem Bauordnungsrecht und dem Gewerberecht.

Buying Center

Im klassischen Wohnimmobilien-Bereich hat es der Makler meist mit Familien zu tun. Gewerbeimmobilien werden demgegenüber in den meisten Fällen nicht von einem einheitlichen Entscheidungsträger gekauft bzw. angemietet, sondern von einer ganzen Personengruppe, in der es durchaus unterschiedliche Gewichtungen und Interessen geben kann. Für die erfolgreiche Vermarktung von Immobilien ist es daher essentiell herauszufinden, wer in diesen Gruppen welche Funktion hat, bzw. welche formelle oder informelle Rolle er spielt. Ein Ansatz hierfür ist der sogenannte Buying Center-Ansatz, der sich gut auf die Immobilienwirtschaft übertragen lässt. Hierbei werden jeweils verschiedene Rollen differenziert. Und zwar: Benutzer, Einkäufer, Entscheidungsträger, Einflussagenten und Gatekeeper.

Bei Gewerbeimmobilien wird die Situation dadurch erschwert, dass ein Teil der Aktoren im Ausland sitzt. Bei den Start-Ups war dies etwa in den früheren Boom-Zeiten des Neuen Marktes in den unterschiedlichsten Konfigurationen zu beobachten. Nutzer und Einflussträger, letztere häufig Form der zukünftigen Geschäftsfüh-

rer, waren in Deutschland vor Ort, während die Entscheider etwa in den USA weilten.

Wer bei Verkaufs- bzw. Vermietungsverhandlungen, in denen Personengruppen auftreten, nicht systematisch zwischen diesen fünf unterschiedlichen Aktoren im Buying Center unterscheidet und seine Verkaufsargumente nicht gruppengerecht formuliert, wird sich einer undurchsichtigen Vielzahl von Akteuren gegenübersehen, deren letztendliches Entscheidungsverhalten er nur sehr bedingt nachvollziehen kann. Daher ist es wichtig herauszufinden, wer im Aushandlungsprozess welche Funktion und damit verbunden auch welche weitergehenden Interessen hat.

BV

Abkürzung für: Berechnungsverordnung (wohnungswirtschafliche)

BV

Abkürzung für: Bauvorschrift(en)

BVerfG

Abkürzung für: Bundesverfassungsgericht

BVerfGE

Abkürzung für: Amtliche Sammlung der Entscheidungen des Bundesverfassungsgerichts

BVerwG

Abkürzung für: Bundesverwaltungsgericht

BVG

Abkürzung für: Bundesversorgungsgesetz

BVI Bundesverband Investment und Asset Management e. V.

Der BVI Bundesverband Investment und Asset Management e. V. versteht sich als zentrale Interessenvertretung der Investmentbranche in Deutschland.

Der Verband wurde 1970 unter dem Namen BVI Bundesverband Deutscher Investmentgesellschaften e. V. von sieben Unternehmen gegründet und zählt inzwischen mehr als 70 Kapitalanlagegesellschaften, darunter auch Anbieter von Offenen Immobilienfonds, zu seinen Mitgliedern. Seit 31.10.2002 führt der Verband den Namen BVI Bundesverband Investment und Asset Management e. V.

Der BVI vertritt nach eigenen Angaben 99 Prozent des von deutschen Investment-Gesellschaften verwalteten Fondsvermögens. Er veröffentlicht regelmäßig Statistiken zu Publikumsfonds und Spezialfonds in Deutschland, unter anderem zur Entwicklung der Mittelzuflüsse und der Fondsvolumina.

Siehe auch: Immobilienfonds - Offener Immobilienfonds

BVM

Abkürzung für: Bedingungen für die Versicherung gegen Mietverlust

BVO / BV

Abkürzung für: Berechnungsverordnung

BWfl

Abkürzung für: Bruttowohnfläche

CAD

Abkürzung für: Computer Aided Design
Unter CAD versteht man EDV-Programme u.a. für Architekten und Bauzeichner. CAD ist vielfältig vor allem in den Bereichen maßstabsgerechter Entwurfs- Genehmigungs- und Ausführungsplanung einsetzbar. Die Gebäude können zwei- und dreidimensional dargestellt werden. Den Bauteilen können Materialeigenschaften zugewiesen werden. Daraus lassen sich Raumbücher erstellen und Leistungsverzeichnisse generieren. Daneben besteht häufig die Möglichkeit, digitalisierte Papierpläne und Fotos zu bearbeiten, was vor allem bei Altobjekten von Vorteil ist.

Call Center

Call Center ist ein multifunktionales System, das eine interaktive Beziehungsebene per Telefon zwischen Kunden und Unternehmen schafft. Es gilt heute als Marketinginstrument der Zukunft. Call Center können als externe Dienstleister eingesetzt oder in den Betrieb implementiert werden. Die Einsatzbereiche sind vielfältig und reichen beispielsweise vom Direktmarketing, der Ermittlung spezieller Bezugsquellen, der Veranstaltungsorganisation über das Beschwerdemanagement bis hin zur telefonischen Rechtsauskunft.

Die Technik besteht darin, ankommende Anrufe beim 24-Stunden durchgehend empfangsbereiten Call Center durch ein ACD-System (Automatic Call Distribution) nach bestimmten Kriterien an solche „Agenten" zu vermitteln, die über eine entsprechende fachliche Gesprächspartnerqualifikation verfügen. Die eingehenden Anrufe können auch mit einer Datenbank verknüpft werden (Computer Thelephone Integration Technologie), die den Agenten in die Lage versetzt, sich während des Telefongespräches sachbezogene Informationen anzeigen zu lassen. In Spitzenzeiten werden sprachgesteuerte Computersysteme eingesetzt, die eine automatische Anrufbeantwortung und -steuerung ermöglichen.

Der Versuch, über ein Call Center Immobilien zu vertreiben, wird von der Metro Holding und der Deutschen Bau- und Bodenbank mit einigen EDV und Marketingspezialisten in Berlin unternommen. Die Immobilien Scout GmbH versendet die bei ihr von Privatanbietern Maklern, Verwaltern und Wohnungsunternehmen hereingegebenen Angebote (von Mietwohnungen bis zum Einfamilienhaus) an Interessenten, die sich dort melden. Die Anbieter zahlen für jedes ausgedruckte und versandte Exposé zwischen 2,50 und 15,- Euro.

Cap-Darlehen

Darlehen mit variabler Verzinsung. Bei diesem Darlehen ist für eine bestimmte Laufzeit eine Ober- und eine Untergrenze des Zinssatzes im Voraus festgelegt. Da diese Grenzen nicht über- oder unterschritten werden, ist das Risiko, das üblicherweise mit einer variablen Verzinsung einhergeht, teilweise eingeschränkt.

Carport

Allseitig offener oder nur zum Teil geschlossener aber überdachter Kraftfahrzeugunterstellplatz. Für Fundamente und Konstruktion sind statische Nachweise erforderlich. Es gibt auch Fertigteilcarports oder als Bausatz zum Selbstbau lieferbare Carports.

Cash-flow

Kennzahl für die Bewertung von Unternehmen. Ausgangspunkt für die Ermittlung des Cash-flow ist der Bilanzgewinn der Periode, auf die sich die Cash-flow-Analyse bezieht, bereinigt durch den Saldo von Auflösung und Zuführung zu den Rücklagen, plus Abschreibungen. Weiterhin sind die Zu- bzw. Abgänge bei Wertberichtigungen und Pensionsrückstellungen zu berücksichtigen.

Bei der Analyse von Aktiengesellschaften werden als Cash-flow-Kennzahlen einerseits der Quotient aus dem Cash-flow und der Anzahl der Aktien und andererseits der Quotient aus dem Kurs der Aktie und dem Cash-flow pro Aktie herangezogen.

cbm
Abkürzung für: Kubikmeter

CD
Abkürzung für: Corporate Design
Siehe auch: Corporate Design

Center Management
Verwaltung von Centern, die insbesondere das professionelle Management des Centers und Marketing für dieses beinhaltet.
Siehe auch: Center Manager

Center Manager
Kernaufgabe des Center Managers ist es, für ein zentral gesteuertes professionelles Management insbesondere bei Gewerbeparks, Einkaufs- oder Shoppingcenter zu sorgen. Der Center Manager verfügt über weitreichende Kompetenzen. Zu seinen Detailaufgaben gehören die technische Verwaltung, das kaufmännisch-wirtschaftliche Management der Immobilien sowie die Steuerung der wirtschaftlichen Entwicklung des Centers. Diese umfasst die Durchführung von Kundenanalysen, Herstellung und Pflege von Kontakten zu potentiellen Mietern, Aufbau und Leitung der Mieterbzw. Werbegemeinschaft, Kontaktpflege zur regionalen Presse und Fachpresse sowie Motivation der Centermieter zur Erhöhung ihrer Betriebsergebnisse. Er ist zuständig für die Imagepflege des von ihm betreuten Centers.

Charta von Athen
1933 fand in Athen ein Architektenkongress mit Teilnehmern aus 20 Ländern statt, auf dem eine Resolution verabschiedet wurde, die später als Charta von Athen in die Geschichte des Städtebaus einging. Maßgeblich daran war der französische Architekt Le Corbusier beteiligt. Die Charta besteht aus drei Teilen. Im ersten wird die Bedeutung der Stadt hinsichtlich ihrer ökonomischen, sozialen, geographischen Aspekte erläutert und festgestellt, dass das „Maschinenzeitalter" ein jahrtausende altes Gleichgewicht zerstört habe.

Im 2. Teil werden Untersuchungsergebnisse von 33 Städten dargestellt und daraus Forderungen an den Städtebau begründet.
Im 3. Teil werden die abschließenden Schlussfolgerungen gezogen. Ausgehend von der Erkenntnis, dass der Mensch der Maßstab für alle Größenbestimmungen im Plan der Stadt sein müsse, wurde die Vorstellung von der funktionalen Stadt entwickelt. Die Schlüssel zum Städtebau lägen in den vier Funktionen: Wohnen, Arbeiten, sich Erholen (Freizeit) und sich Bewegen (Verkehr). Ein großer Teil der Forderungen aus der Charta von Athen floss in der Folge in die städtische Siedlungspolitik ein.
Während nach der Charta eine räumliche Trennung von Wohnen und Arbeiten angestrebt wurde, wird heute einem Mit- und Nebeneinander im Interesse der Reduzierung des Verkehrsaufkommens das Wort geredet.

Chartered Surveyor
Ein Chartered Surveyor ist Mitglied der traditionsbewussten Royal Institution of Chartered Surveyors (RICS), eines staatlich anerkannten, weltweit tätigen Fachverbandes von Immobiliensachverständigen, der 1868 in London gegründet wurde. Mitglieder führen die Bezeichnungen MRICS (Member of the Royal Institution of Chartered Surveyors) und FRICS (Fellow of the Royal Institution of Chartered Surveyors).
Siehe auch: Royal Institution of Chartered Surveyors (RICS)

Charts
Charts sind die für Analysen verwendeten graphischen Darstellungen. Charts werden insbesondere eingesetzt, um Verläufe darzustellen z.B. indizierte Branchenkennzahlen und Wertpapierentwicklungen. Aus typischen Verlaufsformen können Prognosen abgeleitet und visualisiert werden.

Chiffre-Anzeigen
Immobilienangebotsinserat, das anstelle von Namen und Anschrift des Inserenten eine Chif-

frenummer erhält. Der Leser des Inserats kann sich nur schriftlich über den Zeitungsverlag mit dem Inserenten in Verbindung setzen. Der Verlag ist verpflichtet, eingehende Schreiben an den Inserenten weiterzuleiten. Dies gilt auch für „allgemeine Anpreisungen" und Maklerschreiben. Maklern ist es aus Wettbewerbsgründen untersagt, Chiffreanzeigen aufzugeben.

CI
Abkürzung für: Corporate Identity
Siehe auch: Corporate Identity

Clienting (auch Kunden- oder Customer-Service)
Die Kernüberlegung die hinter Clienting steht, ist folgende: Es ist einfacher, mit einem ehemaligen Kunden wieder eine Immobilientransaktion durchzuführen oder durch seine Empfehlung ein neues Geschäft vermittelt zu bekommen, als mühsam neue Kunden zu suchen. Clienting ist in hohem Maße kundenorientiert. Es geht darum, sich aktiv um die Interessen und Wünsche des Kunden zu kümmern. Es wird darauf verzichtet, ihm ein Objekt um jeden Preis verkaufen zu wollen. Clienting zielt auf langfristige Kundenbindung ab. Deshalb ist das Bestreben kennzeichnend, lieber zugunsten einer dauerhaften Kundenbeziehung auf ein Geschäft in der Gegenwart zu verzichten.

Concierge
Das Wort Concierge stammt aus dem Französischen und bedeutet Hausmeister oder Portier, auf Englisch auch Doorman, weil am Eingang der Gebäude ein Bereich für den Concierge / Doorman eingerichtet ist. Das moderne Konzept des Doormans stammt aus den USA. Ursprünglich diente es in Deutschland in problematischen Wohnanlagen zur Überwachung von Fluren und Gängen, um Vandalismus entgegenzuwirken, zum Beispiel in Berlin Marzahn. Der Concierge-Service wurde von Projektentwicklern aufgegriffen, um eine Immobilie für bestimmte Zielgruppen interessant zu machen. Als 24-Stunden-Dienst erledigt er Bewohner-

Wünsche, organisiert die Sicherheit und sorgt für Privatsphäre. Alle angebotenen Dienstleistungen werden vom Doorman-Desk bzw. Concierge-Desk organisiert. Postpakete können ebenso abgegeben werden wie per Internet bestellte Einkäufe von Lebensmitteln oder auch Lieferungen einer Reinigung. Weitere Dienstleistungen können z.B. Wohnungsreinigungen, Wäsche-Service, das Auffüllen des Kühlschrankes, Botendienste, Reparaturservice, Sekretariats- oder Butlerservice sein oder die Bereitstellung von modernen Kommunikationsmitteln. Die Kosten für die Inanspruchnahme der einzelnen Leistungen werden separat abgerechnet, Dienste für die Allgemeinheit, wie z.B. die Bewachung der Wohnanlagen, werden anteilig auf die Eigentümer umgelegt.

Contracting
Contracting ist eine besondere Form des Outsourcing. Man versteht darunter die vertraglichen Vereinbarungen zwischen Gebäudeeigentümer und einem Contractor – einem auf Energieeinkauf, Energieanlagen und dem Anlagenbetrieb spezialisiertes Unternehmen. Im dem Vertrag verpflichtet sich der Contractor, die Investitionskosten zu übernehmen, die im Zusammenhang mit der Herstellung, der Modernisierung, Sanierung oder dem Austausch der Energie- (und Wasser)versorgungsanlagen eines Gebäudes entstehen. Er erwirbt an diesen ein dinglich abgesichertes Nutzungsrecht oder er pachtet diese Anlagen. Gleichzeitig übernimmt er den Reparaturdienst und stellt zudem einen Not- und Stördienst zur Verfügung. Er betreibt die Anlage und ist für die Energie- und Wärmeversorgung der Nutzer zuständig. Der Contractor erstellt unmittelbar gegenüber den Nutzern die Jahresabrechnung für die Heizung und Warmwasserversorgung. Über den Energieverkauf refinanziert der Contractor seine Investitions- und Betriebskosten. Dabei nutzt er aufgrund seiner fachlichen Kompetenz die in der Anlage steckenden Energieeinsparungspotenziale ebenso aus wie die Preisvorteile, die ihm als Energiegroßabnehmer zufließen.

In der Praxis wird zwischen dem Anlagencontracting und dem Einsparcontracting unterschieden. Beim Anlagencontracting steht die mit dem Ziel der Effizienzsteigerung zu entwickelnde Konzeption der Energie- und Wärmeversorgungsanlagen eines Gebäudes im Vordergrund. Beim Einsparcontracting liegt das Hauptaugenmerk auf der Erschließung und Ausschöpfung aller Energieeinsparungspotenziale. Für den Gebäudeeigentümer (dem „Contractnehmer") entstehen durch Contracting eine Reihe von Vorteilen:

- Entlastung von eigenen Investitionskosten und Instandhaltungskosten, den Verwaltungsarbeiten und der Verantwortung für die Anlagen,
- Einnahmen aus dem Verkauf des Nutzungsrechtes, bzw. Pachteinnahmen,
- Senkung der Energiekosten,• Notdienst für die Nutzer."

Controlling

Controlling steckt als Instrument zur Planung, Koordinierung und Steuerung von Leistungsprozessen in der Immobilienwirtschaft noch in den Anfängen, obwohl es viele Bereiche gibt, in denen schon seit langem Controlling unter anderem Namen praktiziert wird. Beispiele sind Projektsteuerung, Baustellenüberwachung usw.. Controlling kreiert betriebs- oder branchentypische Kennzahlensysteme. Diese stammen nicht nur aus dem Rechnungswesen, sondern aus allen betrieblichen Bereichen, vorwiegend aus solchen, hinter denen sich die größten Risiko- und Kostenpotenziale verbergen. Controlling setzt eine betriebliche Zielsetzung voraus, wobei die Ziele quantifiziert werden müssen, damit gemessen werden kann, ob oder in wieweit sie erreicht wurden (Soll-Ist-Abweichungsanalysen). Im Bereich der Maklerbetriebe sind Kennzahlen der Erfolgsquotient pro Abteilung, Objektart, Aussendienstmitarbeiter, sowie die Ergebnisse der Werbeerfolgskontrolle (Beitrag von Inseraten und Exposé zum Erfolg). Aber auch die „Misserfolgsanalysen" können zu Ergebnissen führen, die Entschei-

dungsgrundlage für Verbesserungsmaßnahmen im betrieblichen Ablauf sein können. Gemessen werden können auch die Auswirkungen des Erfolgsprinzips und des Prinzips der Entscheidungsfreiheit des Auftraggebers, als unterschiedliche Ursachen für den „Nichterfolg". Zum Controlling gehört auch die Auswertung von Zahlen des RDM-Betriebsvergleiches und von Benchmarkingkonferenzen miteinander kooperierender (Makler-) Unternehmen.
Siehe auch: Erfolgsprinzip (Maklergeschäft), Prinzip der Entscheidungsfreiheit des Auftraggebers (Maklergeschäft)

Coop-Housing

Unter Coop-Housing ist eine kooperative Form des Wohnens zu verstehen, wie es sich in Skandinavien und vor allem in Kanada eingebürgert hat. Dort leben 250.000 Personen in den insgesamt 2.200 Coops. Vergleichbar ist Coop-Housing mit einer genossenschaftlichen Art des Wohnens. Die Familien sind Miteigentümer des Hauses. Sie kommen für den Unterhalt gemeinsam auf und entscheiden – ähnlich wie eine Wohnungseigentümergemeinschaft – mit Stimmenmehrheit. Die Coopgemeinschaft lebt von der freiwilligen Mitarbeit der Bewohner.
Größere Coops bilden für die verschiedenen Verwaltungsbereiche eigene Komitees. Jeder kann (und soll) sich dort einbringen, wo er am nützlichsten ist. Die Eigentümerstellung ist an die Mitgliedschaft gebunden, die mit Auszug aus der Wohnung zu Ende ist. Über die Vergabe der frei werdenden Wohnung entscheiden wiederum die Mitglieder. Die Coops bestehen im Schnitt aus 40 – 80 Wohneinheiten.

Corporate Communication

Kommunikationsarbeit von Unternehmen (CC)

Corporate Design

Corporate Design ist ein Element der Corporate Identity und umfasst die Bereiche Logo, Typographie und Farbe. Corporate Design trägt wesentlich zum Wiedererkennungswert eines Unternehmens in der Öffentlichkeit bei. Daher muss zum Beispiel das Logo sowohl in Schwarzweiß als auch in Farbe und in allen Größen seine positive Wirkung entfalten. Eine Hausfarbe, die zur Philosophie des Unternehmens passt (z.b. rot = aktiv) und sich in allen Drucksachen, Werbebannern etc. wiederfindet, setzt zusätzliche Akzente. Weitgehend unterschätzt wird die Bedeutung der Typographie, bei der etwa der Wahl der Schriftart (z.B. serifenlose Helvetica = sportlich-modern) oft nicht die notwendige Aufmerksamkeit geschenkt wird. Der Einsatz einer Werbeagentur ist zwar recht teuer, lohnt sich aber wegen der Grundsätzlichkeit der Entscheidung.

Siehe auch: Corporate Identity, Corporate Real Estate Management (CREM)

Corporate Design-Manuals

Die CD-Manuals, auch Handbücher genannt, enthalten alle grundsätzlichen Bestandteile des Corporate Designs (CD) eines Unternehmens. In einem CD-Manual werden unter anderem die Unternehmensidee sowie das Unternehmenskonzept ausführlich dargelegt. Des weiteren beinhalten die Manuals exakte Angaben zum Geschäftstyp, zur CD, zur Unternehmensphilosophie sowie exakte Anweisungen zur Erledigung von Aufgaben im Arbeitsprozess. Im Allgemeinen gliedern sich CD-Manuals in:

• Die Definition der Unternehmensphilosophie mit Beschreibung der Aufgabenfelder, die Dokumentation der Corporate Identity sowie die Darstellung der Unternehmensmethoden

  • Die Gebrauchsanweisung mit einer Anleitung für den täglichen Geschäftsbetrieb, einer Anleitung für Allgemeines und einer Darstellung der Situation für die Mitarbeiter des Unternehmens.
  • Die Verkaufs- und Vertriebsförderung durch das Marketing, die Werbung, die Verwaltung und technische Anleitungen
  • Das Organisationsverzeichnis mit speziellen Anleitungen für die einzelnen aber speziellen Unternehmensbereiche (z.B. spezielle Anleitungen für die Immobilienwirtschaft)

Das Manual ist das Nachschlagewerk und gleichzeitig der Leitfaden mit detaillierten Arbeitsanweisungen für die Mitarbeiter. Beschrieben werden im Handbuch das Marketing-Konzept und dessen Umsetzung aber auch Hinweise zur Personalbeschaffung, zum Aufbau des Geschäftes, Organigramme, Richtlinien und Bestimmungen, Musterverträge und -formulare sowie Formblätter, Bestellformulare, usw.

Ein Manual trägt durch das Setzen von Standards dazu bei, den Erfolg eines Unternehmens zu sichern. Der Wiedererkennungswert eines Unternehmens wird durch die einheitliche und konsequente Verwendung erhöht und gleichzeitig stellt es die Seriosität des Unternehmens dar. Als Grundlage für die Erarbeitung eines Manuals ist eine verständlich strukturierte und detaillierte Gliederung die Voraussetzung. Die ausführlichen Informationen eines Manuals umfassen unter anderem: die Marktsituation, den Geschäftstyp, die Wettbewerbsvorteile, die verschiedenen Leistungen. Weiter können in den verschiedenen Manuals folgende Punkte beschrieben werden: das Unternehmens-Konzept, Gebrauchsanweisung für das Manual, die Darstellung des Marktes, das Kundenpotential, die Kundenstruktur sowie die Kundenanforderungen, das Marketing-Konzept, das Corporate Design und damit verbunden die Corporate Identity, die Werbung, die Kommunikation. Von ganz besonderer Bedeutung sind die Manuals im Zusammenhang mit einem Franchise-Unternehmen.

Siehe auch: Corporate Design, Corporate Identity, Corporate Real Estate Management (CREM)

Corporate Governance Kodex der deutschen Immobilienwirtschaft

Der Corporate Governance Kodex der deutschen Immobilienwirtschaft setzt auf den sog. „Cromme-Kodex" auf, der von der Cromme-Kommission des Bundesjustizministeriums für Aktiengesellschaften verabschiedet wurde. Zusätzlich berücksichtigt werden die Besonderheiten der Immobilienwirtschaft.

Die „Initiative Corporate Governance Kodex der deutschen Immobilienwirtschaft" (z. Z. etwa 50 Mitglieder) hat sich zum Ziel gesetzt, durch Herstellung erhöhter Professionalität und Transparenz die internationale Wettbewerbsfähigkeit der deutschen Immobilienwirtschaft zu stärken. Bei den Mitteln zur Erreichung dieses Zweckes stehen vor allem im Vordergrund aktuelle Immobilienbewertungen, Regelung von Interessenskonflikten und wachsende Fachqualifikation. Reagiert wird damit auf die Fehlentwicklungen von Aktiengesellschaften mit großem Immobilienbestand, die insbesondere dadurch entstanden sind, dass die Immobilien mit unrealistischen Werten in der Bilanz standen. Erhebliche Wertberichtigungen waren die Folge. Den Schaden trugen die Aktionäre.

Der Corporate Governance Kodex der deutschen Immobilienwirtschaft enthält Sollbestimmungen, die den sich ändernden Unternehmensbedingungen in regelmäßigen Abständen angepasst werden. Im Focus stehen dabei deutsche börsennotierte oder zur Börsennotierung vorgesehene Immobilienaktiengesellschaften. Die Anwendung wird aber auch anderen Unternehmen, die Immobiliengeschäfte betreiben, empfohlen.

Besonderer Wert wird auf die Qualifikation von Vorstand und Aufsichtsrat gelegt. Der Aufsichtsrat bzw. ein von ihm bestimmter Ausschuss soll mit der Bewertung der Immobilien befasst werden. Eine angestrebte grundlegende Änderung von Bewertungsverfahren wird von der Zustimmung durch den Aufsichtsrat abhängig gemacht. Der Geschäftsbericht soll die Marktwerte der unternehmenseigenen Immobilien enthalten.

Neben dem Kodex wurden 10 „Grundsätze ordnungsgemäßer und lauterer Geschäftsführung der Immobilienwirtschaft" entwickelt. Einer dieser Grundsätze bezieht sich auf die Notwendigkeit der Einrichtung und Fortentwicklung eines Systems der Risikosteuerung.

Die Grundsätze sind abrufbar unter www.ivg.de/download/CGKodexImmo_040203.pdf, der Kodex selbst unter www.ivg.de/download/CGKodexImmo_040203.pdf.

Corporate Identity

Corporate Identity ist eine Unternehmensphilosophie. Sie umfasst die Elemente Corporate Communications (Kommunikation des Unternehmens), Corporate Behavior (einheitliche Ausrichtung des Verhaltens aller Unternehmenszugehörigen) und Corporate Design. Der Begriff Corporate Identity stammt aus den 60er Jahren und tauchte in Deutschland erstmals um 1978 auf. Ziel der Corporate Identity ist es, ein einheitliches Image in der Öffentlichkeit aufzubauen und so Vertrauen, Glaubwürdigkeit und Akzeptanz zu erzeugen. Corporate Identity eignet sich sowohl für Großunternehmen als auch für kleine Betriebe und hilft bei der Positionierung im Markt. Für Makler, die in besonderer Weise Vertrauenspositionen zu ihren Auftraggebern aufbauen müssen, sollte die Bedeutung von Corporate Identity für ihr Unternehmen nicht unterschätzt werden.

Siehe auch: Corporate Design-Manuals, Corporate Design

Corporate Real Estate Management (CREM)

Corporate Real Estate Management (unternehmerisches Immobilienmanagement) bezieht sich auf die Ökonomisierung betrieblicher Immobilien. Es geht dabei um die Ausschöpfung der ökonomischen Potentiale der unternehmerischen Liegenschaften. Dazu zählen die Entwicklung, Beschaffung, Betreuung und Verwertung aus dem Blickwinkel der Unternehmensstrategie. Corporate Real Estate Management spielt bei großen Unternehmen mit umfangreichen Liegenschaften eine zunehmende Rolle. Vielfach werden zum Zweck des CREM eigene Tochtergesellschaften gegründet, die Aufgaben aus dem Bereich des Facility Managements, Vermarktungs- und Projektentwicklungsaufgaben wahrnehmen und zunehmend auch Betreuungsleistungen für andere Immobilieneigentümer übernehmen.

Cost-Average-Effekt

Mit dem Begriff Cost-Average-Effekt (Durchschnittskosteneffekt) wird das Phänomen beschrieben, dass ein Anleger der regelmäßig einen bestimmten, gleich bleibenden Betrag in einen Investmentfonds investiert, insgesamt einen günstigeren durchschnittlichen Preis je Fondsanteil bezahlt als beim regelmäßigen Kauf einer bestimmten Anzahl von Anteilen.

Der Effekt beruht darauf, dass bei gleich bleibenden Einzahlungen über einen längeren Zeitraum hinweg bei hohen Anteilspreisen relativ wenige und bei niedrigen Preisen relativ viele Fondsanteile erworben werden. Je länger die Dauer der Einzahlungen und je stärker die Schwankungen der Anteilspreise, desto stärker wirkt sich der Cost-Average-Effekt aus.

Während der Cost-Average-Effekt im Rahmen von Sparplänen (z. B. bei Aktienfonds, Rentenfonds, Offenen Immobilienfonds) eine Möglichkeit darstellt, Preisschwankungen vorteilhaft zu nutzen, kehrt sich der Effekt bei Entnahmeplänen um. Hier würden bei regelmäßigen Auszahlungen eines bestimmten Betrages zu hohen Rücknahmepreisen nur wenige, bei niedrigen Rücknahmepreisen dagegen viele Anteile verkauft. Die Vereinbarung von Entnahmeplänen mit festen Auszahlungsbeträgen ist daher unter diesem Aspekt für den Anleger nicht sinnvoll.

Courtage

Siehe: Maklerprovision

Cross Docking Center

Cross Docking Center gehören zu den Logistikimmobilien. Es handelt sich um Warenumschlagzentren, in denen ankommende Sendungen von verschiedenen Absendern eingehen und ohne Zwischenlagerung zu Sendungen für verschiedene Empfänger neu zusammengestellt werden. Da Cross Docking Center lediglich dem Warenumschlag, nicht aber der Lagerung dienen, werden sie auch als „bestandslose Umschlagpunkte" bezeichnet.

Beim Cross Docking im engeren Sinne sind die ankommenden Sendungen in der Regel bereits von den Lieferanten empfängerbezogen vorkommissioniert worden, so dass sie im Terminal des Cross Docking Centers nur noch empfängerbezogenen Sendungen zusammengefasst werden müssen.

Beispielsweise könnten in einem Cross Docking Center Waren unterschiedlicher Hersteller von Käse, Schokolade und Kosmetikprodukten eintreffen, die bereits entsprechend den Bestellungen einzelner Supermärkte abgepackt sind. Aus diesen einzelnen Teillieferungen werden die Lieferungen für die Supermärkte zusammengestellt und an diese versandt.

Siehe auch: Logistikimmobilien, Transshipment Center

Cross-Selling

Die im Marketing eines Immobilienunternehmens wichtige Frage zur Produktpolitik lautet: „Welche Dienstleistung kann ich meinen Kunden noch anbieten?" Für den Makler gibt es etwa neben dem klassischen Einstiegsprodukt der Objektvermittlung die Möglichkeit als Cross-Selling-Potential dem Kunden Zusatzprodukte z. B. Versicherungen, Gutachten, Hausverwaltungstätigkeiten und u.U. sogar Bauträgeraktivitäten oder aber im Rahmen eines Trading-up über das ursprüngliche Einstiegsprodukt hinausgehende, wesentlich umfassendere Dienstleistungspakete anzubieten.

Customer Recovery

Customer Recovery umfasst Maßnahmen zur Kundenrückgewinnung. In diesem Zusammenhang ist ein fünfstufiges Customer Recovery-Programm denkbar. Es beginnt bei der Identifikation verlorener Kunden, geht weiter auf die Analyse der Abwanderungsursachen ein, beschäftigt sich mit Problemlösungen der anschließenden Rückgewinnung und – ganz wichtig – der Nachbetreuung der zurückgewonnenen Kunden.

Customer-Service

Siehe: Clienting (auch Kunden- oder Customer-Service)

Dach und Fach

Bei dem Begriff handelt es sich um eine alte Wendung, deren genauer Sinn vor allem wegen des mehrdeutigen Wortes „Fach" nicht leicht zu bestimmen ist. Etymologisch scheint das Wort mit „Fangen" zusammenzuhängen, was für Umfangen, Einfassung, Abgrenzung als ursprüngliche Bedeutung sprechen könnte. Als architektonischer Begriff bezeichnet es neben „Wand, Mauer, Abteilung in Häusern" auch das Fachwerksgebälk der Wände und sowohl die leeren Räume dazwischen als auch die Füllung. Eine Beschränkung auf Außenmauerwerk lässt sich nicht feststellen. Letztlich kann man unter „Dach und Fach" auch „Wohnung und Gebäude" verstehen, zumindest deren wesentliche Substanz. Anders als vielleicht zu der Zeit, aus der die Wendung stammt, gehören heute auch dazu Leitungssysteme, wenn sie unter Putz in der Wand verlegt sind. Generalisierend sollte man feststellen, dass zu den Arbeiten an Dach und Fach alle Verrichtungen zählen, die der Erhaltung der Gebäudesubstanz dienen.

Dachbegrünung

Dachbegrünungen sind schon seit langer Zeit in den skandinavischen Ländern üblich. In Deutschland gewinnen sie unter ökologischen Gesichtspunkten an Bedeutung. Zu unterscheiden sind Dachbegrünungen nach der Intensität der Bepflanzung. Eine extensive Begrünung erfolgt durch Kräuter, Moose, Trockengräser und Rasen. Eine künstliche Bewässerung ist hier nicht erforderlich. Solche Dachbegrünungen werden dort vorgenommen, wo keine anderweitige Dachnutzung erfolgt. Eine andere Intensität der Dachbegründung ist die Anlage eines Dachgartens mit Stauden, Sträuchern und Bäumen. Eine solche Dachbegrünung erfordert in der Regel eine künstliche Bewässerung und bedarf einer entsprechenden Pflege. Für eine Dachbegrünung spricht die Rückgewinnung von Grünflächen, Speicherung des Regenwassers, Wärme- und Schalldämmung sowie Verbesserung des Mikroklimas durch erhöhte Luftfeuchtigkeit.

Dachformen

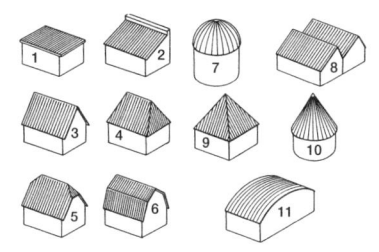

Das Dach dient dem Schutz eines Gebäudes vor Witterungseinflüssen (Sonne, Regen, Schnee Hagel). Es bestimmt zudem dessen optischen und gestalterischen Gesamteindruck mit. Neben dem Flachdach kommen Satteldach, Walmdach, Zeltdach, Pultdach oder Sheddach als mögliche Dachformen in Frage. Das Satteldach ist die einfachste Dachform, da es relativ billig im Unterhalt ist und wenig Reparaturen erfordert. Bei Dachneigungen unterscheidet man zwischen Flachdach bis max. 5° mäßig steiles Dach 5° - 40° und Steildach über 40°.
Bildbeschreibung:1 Flachdach, 2 Pultdach, 3 Satteldach, 4 Walmdach, 5 Krüppelwalmdach, 6 Mansardendach, 7 Kuppeldach, 8 Sheddach, 9 Zeltdach, 10 Kegeldach, 11 Bogendach
Siehe auch: Bungalow, Reetdach

Dachgaube

Die Dachgaube ist ein Dachausbau, der mit einem Fenster ausgestattet ist und einer Erweiterung der Nutzung des Dachgeschosses dient. Es gibt eine große Zahl von Dachgaubenformen (Fledermausgaube in Bogenform, Schleppgaube, Giebelgaube, Fenstererker usw.). Ein nachträglicher Dachgaubenaufsatz bedarf der Genehmigung des zuständigen Bauordnungsamtes.

Dachgeschossausbau

Soweit das Baurecht den Dachgeschossausbau ermöglicht, ergeben sich hier Möglichkeiten, die Gesamtrentabilität eines Objektes zu verbessern. Allerdings muss in der Regel entweder ein Stellplatz zusätzlich zur Verfügung gestellt oder, wenn dies nicht möglich ist, gegenüber der Gemeinde „abgelöst" werden.

Die Höhe der Ablöseforderung kann allerdings die Rentabilitätsvorteile wieder zunichte machen. Die Erweiterung der Wohnfläche in einem Einfamilienhaus durch Dachgeschossausbau kann im Hinblick auf Förderung interessant sein.

Siehe auch: Stellplätze, Kinderzulage

Dachverband Deutscher Immobilienverwalter e.V. (DDIV)

Der Dachverband Deutscher Immobilienverwalter e.V. (DDIV) Ist der älteste und größte Verwalterverband in Deutschland. Er hat 11 eigenständige, regional tätige Verwalterverbände in Deutschland mit zur Zeit 960 hauptberuflich tätigen Immobilienverwaltern bzw. Immobilienverwaltungsunternehmen. Alle 16 Bundesländer werden verbandsmäßig betreut.

Anforderungen:

Mitglieder müssen hauptberuflich und selbständig die Geschäfte der treuhänderischen Immobilienverwaltung betreiben. Die Verbände sehen 300 bis 400 verwaltete Wohnungen pro Person als Existenzminimum an.

Kenndaten der Mitgliedsunternehmen:

Verwaltete Einheiten: ca. 1.300.000

Wert der Einheiten: ca. 120 Mrd. Euro

Bewirtschaftungskostenumsatz p. a.: ca.1,8 Mrd. Euro

Instandhaltung, Modernisierung, Sanierung p. a.: ca. 2 Mrd. Euro

Anzahl bewirtschafteter Wohn-/Nutzfläche: 78.000.000 Quadratmeter

Damnum

Siehe: Disagio

Darlehen

Wer Geld oder andere vertretbare Sachen als Darlehen empfangen hat, ist verpflichtet, dem „Darleiher" das Empfangene in Sachen gleicher Art, Güte und Menge zurückzuerstatten. So lautet die gesetzliche Definition (§ 607 BGB) des Begriffes. Das Gesetz sieht eine jährliche nachschüssige Zinszahlung vor.

Das Kündigungsrecht des Schuldners kann nicht ausgeschlossen oder – gegenüber den gesetzlichen Bestimmungen – erschwert werden. Kündigen kann der Schuldner ein Darlehen mit variablem Zinssatz jederzeit unter Einhaltung einer Dreimonatsfrist. Ist eine Zinsbindung für eine bestimmte Frist vereinbart, kann der Schuldner das Darlehen unter Einhaltung einer Monatsfrist zum Ablauf der Zinsbindung kündigen. Wer kein Recht auf Sondertilgung ausdrücklich im Darlehensvertrag vereinbart hat, kann ein Festzinsdarlehen auf jeden Fall nach zehn Jahren kündigen, auch wenn ein Festzins für mehr als zehn Jahre vereinbart worden ist. Bei einer Zinsbindung von 15 Jahren können also nach dem 10. Jahr jederzeit mit Dreimonatsfrist beliebige Teile des Kredits zurückgezahlt oder sogar der gesamte Darlehensbetrag gekündigt und getilgt werden. Liegt die Zinsbindungsdauer unter 10 Jahren, ist das Darlehen jeweils zum Ablauf der Zinsbindungsdauer unter Einhaltung einer Monatsfrist kündbar.

Für den Fall, dass der Darlehensschuldner sich vorzeitig aus dem Darlehensvertrag lösen will, berechnen Kreditinstitute eine Vorfälligkeitsentschädigung, die die Differenz zwischen dem entgangenen Zins für das Darlehen und den Zinsen ausgleicht, die sie aktuell bei Anlage der Darlehenssumme in Pfandbriefen, Kommunalobligationen oder sonstigen Anleihen öffentlich rechtlicher Schuldner erzielen würden. Da die Renditen von Pfandbriefen und öffentli-

chen Anleihen oft nicht übereinstimmen, muss die Bank nach einer neueren Entscheidung des BHG (7.11.2000) den für den Darlehensnehmer günstigeren Wiederanlagesatz der Schadensberechnung zugrunde legen. Das gleiche gilt für die „Nichtabnahmeentschädigung", wenn ein von der Bank geschuldetes Hypothekendarlehen vom Darlehensnehmer nicht abgenommen wird. Die genauen Vereinbarungen zwischen Darlehensnehmer und -geber werden in einem Darlehensvertrag festgelegt. Dieser ist die rechtliche Grundlage für Finanzierungen jeder Art, u.a. auch einer Baufinanzierung. Anstelle von Darlehen wird auch häufig der Begriff Kredit verwendet.
Siehe auch: Vorfälligkeitsentschädigung

Darlehen – variable

Darlehen ohne Zinsfestschreibung. Die Zinshöhe wird den jeweiligen Verhältnissen auf dem Refinanzierungssektor angepasst. Der Abschluss eines variablen Immobiliendarlehens ist in Zeiten hoher Kapitalmarktrenditen sinnvoll, falls Aussicht auf Zinssenkung besteht. Die Kündigungsfrist durch den Schuldner beträgt nur drei Monate, so dass sich Darlehen mit variabler Verzinsung auch dann als Finanzierungsbaustein eignen, wenn der Bauherr Sondertilgungen vornehmen möchte.

Darlehensbewilligung

Nach positivem Ergebnis der Beleihungs- und Kreditwürdigkeitsprüfung erfolgt seitens des finanzierenden Kreditinstituts die Darlehensbewilligung. Das Bewilligungsschreiben enthält das Darlehensangebot. Wird vom Darlehensnehmer die beigelegte Einverständnis- oder Annahmeerklärung unterzeichnet und zurückgeschickt, kommt damit der Darlehensvertrag zustande.

Darlehensgebühr (Bauspardarlehen)

Sobald die Bausparkasse das Bauspardarlehen zur Verfügung stellt, wird in der Regel eine Darlehensgebühr in Höhe von 2% der Darlehenssumme fällig. Sie wird dem Darlehen zugeschlagen.

Darlehenskosten

Darlehenskosten unterteilen sich in laufend zu zahlende Zinsen sowie einmalige Kosten. Zu diesen zählen Darlehensgebühr, Bearbeitungskosten, Disagio, Schätzkosten, Bereitstellungszinsen, Teilauszahlungszuschläge und Kontoführungsgebühren, soweit sie vom Kreditgeber verlangt werden. Ein Teil der Darlehenskosten ist bei Berechnung des effektiven Jahreszinses einzurechnen.
Siehe auch: Effektiver Jahreszins

Darlehenskündigung

Siehe: Darlehen

Darlehenssicherung

Ein Darlehen wird regelmäßig durch eine Grundschuld abgesichert. Die Grundschuld ist abstrakt. Deshalb muss durch eine Zweckbestimmungserklärung des Schuldners klar gestellt werden, dass die Grundschuld der Sicherung dieses bestimmten Darlehens und der sich daraus ergebenden Zinsforderungen dient. Zusatzsicherungen können insbesondere dann erforderlich sein, wenn die Beleihungsgrenze des beliehenen Objektes überschritten wird. Hier bieten sich an: Bürgschaften von Banken, Arbeitgebern, Abtretung von Ansprüchen aus Kapital- und Risikolebensversicherungen sowie Bausparverträgen und schließlich die Verpfändung von Bankguthaben und Wertpapieren.

Darlehenszusage

Die Darlehenszusage des Kreditinstituts bestätigt das Zustandekommen des Darlehensvertrages. Sie basiert auf einem Darlehensantrag des potentiellen Darlehensnehmers. Die von einem Kreditinstitut allgemein angebotenen Darlehen sind selbst noch kein Angebot auf Abschluss eines Darlehensvertrages. Die Darlehenszusage für eine Objektbeleihung setzt eine Beleihungsprüfung des Objektes und eine Kreditwürdigkeitsprüfung des Darlehensnehmers voraus. Bei Personaldarlehen kommt es ausschließlich auf das Ergebnis der Kreditwürdigkeitsprüfung an.

Database Marketing

Database Marketing ist eine Form des Mailings, bei der das Adressmaterial noch um andere kundenspezifische Informationen erweitert wird. Ein solches Database Marketing greift auf Zusatzinformationen z.B. soziodemographische Daten, bisheriges Kaufverhalten, Hobbys, sonstige Kundeninteressen etc. zurück und ermöglicht somit einen noch genaueren Einsatz des Datenmaterials. Die meisten heute eingesetzten Mailingdateien können dem Bereich des Database Marketing zugerechnet werden.

Database Marketing wurde erst möglich, nachdem Anfang der 80-er Jahre neue EDV-Techniken die Voraussetzungen schufen, große Mengen an Adressenmaterial und zusätzliche Informationen zu sammeln, die mit geringem Aufwand nach bestimmten Kriterien ausgewertet und weiter verdichtet werden können.

Datscha / Datsche

Unter dem Begriff Datscha (russisch), auch Datsche, versteht man ein kleines Sommerhaus auf dem Lande. Der Begriff stammt aus den osteuropäischen Ländern. In Deutschland häufiger in der ehemaligen DDR zu finden. (Mehrzahl: Datschen)

Dauermietvertrag

Ein Dauermietvertrag ist dadurch gekennzeichnet, dass das ordentliche Kündigungsrecht des Vermieters ausgeschlossen ist. Dauermietverträge wurden seit 1953 von (früher gemeinnützigen) Wohnungsunternehmen abgeschlossen. Aber auch Wohnungsbaugenossenschaften bieten ihren Mitgliedern Dauermietverhältnisse an. Bei einem Verkauf der Wohnung muss der Käufer als künftiger Vermieter in diesen Mietvertrag eintreten. Der Dauermietvertrag bietet den Mietern einen optimalen vertraglichen Kündigungsschutz, der weit über den des gesetzlichen Mieterschutzes hinausgeht.

Dauernde Last (Einkommensteuer)

Dauernde Lasten sind wiederkehrende Leistungen, z.B. monatliche Versorgungsleistungen, die meist im Zusammenhang mit einer Schenkung von Vermögenswerten (z.B. Immobilien) als Gegenleistung vereinbart werden. Die Zahlung wird entsprechend den Bedürfnissen des Versorgungsempfängers in ihrer Höhe angepasst. Der von der Schenkung Begünstigte darf diese „Dauernde Last" in voller Höhe als Sonderausgaben im Rahmen der Einkommensteuer geltend machen. Der Schenker selbst muss die ihm zufließenden Zahlungen vollständig als Einnahme versteuern. Die Vereinbarung einer Dauernden Last lohnt immer dann, wenn der Versorgungsempfänger keine oder kaum andere steuerpflichtige Einkünfte hat und der Zahlende im Gegenzug zu den Hochbesteuerten gehört. Der Steuervorteil wird allerdings nur gewährt, wenn die Erträge, die mit dem übertragenen Vermögen erzielt werden, höher sind als die gezahlte Dauernde Last. Gegenüber der Dauernden Last, ist eine Leibrente, die als Gegenleistung für die Veräußerung eines Grundstücks vereinbart wurde, vom Leibrentenempfänger nur mit ihrem Ertragsanteil zu versteuern.

Dauerwohnrecht

Als Alternative zum Wohnungseigentum sieht das Wohnungseigentumsgesetz ein „eigentumsähnliches Dauerwohnrecht" an abgeschlossenen Wohnungen, bzw. ein Dauernutzungsrecht an abgeschlossenen Raumeinheiten, die nicht Wohnzwecken dienen, vor. Formal ist im Grundbuch als Eigentümer das Unternehmen eingetragen, das die Wohnanlage errichtet hat. Die Dauerwohnberechtigten können ihr Dauerwohnrecht veräußern und vererben und die Räume vermieten. Inhalt des Dauerwohnrechts kann ein Heimfallanspruch sein, dessen Inanspruchnahme durch den Eigentümer dazu führt, dass die mit dem Dauerwohnrecht belasteten Wohnungen bzw. Räume ins Eigentum des Grundstückseigentümers zurückfallen. Nicht im Wohnungseigentumsgesetz geregelt ist ein auf eine Mietpartei bezogenes „Dauerwohn-

recht", das auf der Grundlage eines Dauermietvertrages entsteht.
Siehe auch: Dauermietvertrag

Dave

Dave steht für „Deutscher Anlage-Immobilienverbund" und ist ein Verbund aus inhabergeführten, regional orientierten Immobilien-Maklerfirmen, die durch Zusammenarbeit überregional Serviceleistungen rund um die Anlage Immobilie anbieten. Der Verbund hat sich auf mittlere und große Anlagekunden sowie vermögende Privatpersonen spezialisiert. Gründungsfirmen sind Hans Schütt Immobilien, Kiel, W. Johannes Wentzel Dr. Nfl. Consulting, Hamburg, Limbach Immobilien, Bonn, Oelschläger Immobilien, Düsseldorf, imakler, Harald Blumenauer, Bad Soden / Frankfurt a.M., Hildenbrandt Immobilien, Stuttgart, Rohrer Immobilien, München.

DB

Abkürzung für: Duschbad

dB

Abkürzung für: Dezibel

DBA

Abkürzung für: Doppelbesteuerungsabkommen

DBauBl

Abkürzung für: Deutsches Baublatt

DCF

Abkürzung für: Discounted Cash Flow
Siehe auch: Discounted-Cash-Flow-Verfahren

DCF-Verfahren

Siehe: Discounted-Cash-Flow-Verfahren

DDI

Abkürzung für: Dachverband Deutscher Immobilienverwalter e.V.

Denkmal geschützte Gebäude

Denkmalgeschütze Gebäude sind nicht nur schön und repräsentativ, sondern auch steuerlich interessant.

Steuerersparnis für Kapitalanleger

Die Modernisierungskosten können acht Jahre lang mit jeweils neun und vier weitere Jahren lang mit jeweils sieben Prozent steuerlich geltend gemacht werden
Neben den Modernisierungskosten können auch die Anschaffungskosten von der Steuer abgesetzt werden: 40 Jahre lang 2,5 Prozent (bis Baujahr 1924); 50 Jahre lang zwei Prozent (ab Baujahr 1925)
Objekte mit geringen Anschaffungs- aber hohen Modernisierungskosten sind für Anleger wegen der üppigen Modernisierungs-Abschreibung besonders interessant.
Wichtig: Die Denkmalschutzimmobilie kaufen und gleich loslegen ist jedoch nicht empfehlenswert. Erst wenn die Bescheinigung vorliegt, kann mit der Sanierung begonnen werden. Denn erst dann fließen Steuergelder. Nicht immer steht das gesamte Gebäude als Einzeldenkmal unter Denkmalschutz, sondern lediglich die Fassade als Teil einer Gebäudegruppe. Dann können nur die Kosten von der Steuer abgesetzt werden, die das äußere Erscheinungsbild des Hauses betreffen. Wer sich für eine Denkmalschutz-Immobilie interessiert, sollte aber nicht nur auf die Steuervorteile achten. Die Sanierung kann bisweilen teurer als der Kaufpreis werden. Günstige Schnäppchen sind bei alten schützenswerten Objekten meist rar gesät. In der individuellen Kalkulation sollten alle anfallenden Kosten erfasst werden, um nicht später finanziell ein böses Erwachen zu erleben.

Denkmalschutz

Da das Denkmalschutzrecht Landesrecht ist, gibt es keinen einheitlichen Begriff des Denkmals. Unterschieden wird häufig zwischen Baudenkmälern, beweglichen Denkmälern und Bodendenkmälern. Als Oberbegriff wird meist der des Kulturdenkmals verwendet. Denkmäler werden zum Zweck der Inventarisierung in eine Denkmalsliste oder ein Denkmalsbuch eingetragen. Da allgemein ein öffentliches Interesse an der Erhaltung und Nutzung eines Denkmals unterstellt wird, führt dies zu einem Regelungsbedarf. Bauliche Maßnahmen an Baudenkmälern unterliegen ebenso der Erlaubnispflicht wie deren Beseitigung. Hinzu kommt, dass Eigentümer auch in zumutbarem Umfange zur Instandhaltung und Instandsetzung verpflichtet werden können. Für Maßnahmen an Denkmälern werden öffentliche Zuwendungen bereitgestellt. Ein Rechtsanspruch auf sie besteht nicht. Steuerlich verringern Aufwendungen im Zusammenhang mit Baudenkmälern durch eine erhöhte AfA (acht Jahr lang je 9% und vier Jahre lang je 7%) die Einkünfte aus Vermietung und Verpachtung. Bei zu eigenen Wohnzwecken genutzten Baudenkmälern können die entsprechenden Beträge wie Sonderausgaben geltend gemacht werden. Voraussetzung für die steuerliche Förderung ist jeweils eine Bescheinigung der Denkmalschutzbehörde.

Depotbank

Die Bank, bei der ein Kunde ein Wertpapierkonto unterhält. Einmal im Jahr erstellt die Depotbank einen Auszug, aus dem die einzelnen Posten des Depots ersichtlich werden. Für diese Leistung und für die Aufbewahrung der Wertpapiere berechnet das Geldinstitut Depotgebühren. Oft übernimmt die Hausbank die Funktion der Depotbank; in letzter Zeit nimmt jedoch der Marktanteil der kostengünstigen Discount- oder Direktbanken stetig zu.

Derivates Marketing

Siehe: Marketing

Deutsche Immobilien Akademie (DIA)

Die Deutsche Immobilienakademie ist eine gemeinnützige GmbH, an der je zur Hälfte der RING DEUTSCHER MAKLER und die Verwaltungs- und Wirtschaftsakademie Freiburg beteiligt sind. Sie ist als „Institut an der Universität Freiburg" mit deren wirtschaftswissenschaftlichen Fakultät verbunden. In begrenztem Umfang können Studenten der Volkswirtschaftslehre der Universität kostenlos an den Studiengängen zum „Dipl. Vermögensmanager" zum „Dipl. Sachverständigen für die Bewertung von bebauten und unbebauten Grundstücken" sowie zum „Dipl. Immobilienwirt DIA" teilnehmen.

Im übrigen dient die Einrichtung der fachlichen Weiterbildung der in der Immobilienbranche tätigen Personen. Die Weiterbildungsmassnahmen erstrecken sich auf der unteren Ebene auf Zertifikatslehrgänge in den Bereichen Makler, Wohnungseigentumsverwalter, Sachverständige, Bauträger und Immobilien- und Finanzdienstleister. Die Durchführung dieser Lehrgänge übernahm ab 2001 die DIA-Consulting AG. Auf der mittleren Ebene werden Seminare angeboten, die zum Abschluss „Geprüfter Immobilienfachwirt IHK" führt. Auf der oberen Ebene sind die bereits erwähnten Kontaktstudiengänge angesiedelt. Die Seminare finden in den Hörsälen der Universität und in den Seminarräumen der DIA im Friedrichsbau in der Kaiser-Joseph-Straße statt. Seit 1999 vergibt die DIA im Rahmen des deutschen Maklertages an jeweils zwei Bewerber den DIA-Forschungspreis für Habilitationsschriften, Dissertationen und sonstige wissenschaftlichen Arbeiten aus dem Gebiet der Immobilienwirtschaft.

Anschriften: Deutsche Immobilien Akademie an der Universität und der wissenschaftlichen Abteilung der DIA Freiburg, Bertoldstr. 54, 79098 Freiburg, Tel. 0761/20755-0, Fax 0761/20755-33.
Wissenschaftliche Abteilung der DIA: Friedrichsbau 268, 79098 Freiburg
Tel.: 0761/20755-56, Fax: 9761/20755-99
Die Niederlassung in Berlin befindet sich in der Littenstr. 10, 10179 Berlin

Deutsche Immobilien Datenbank

Die Deutsche Immobilien Datenbank (DID) in Wiesbaden ermittelt unter anderem jedes Jahr den DIX Deutscher Immobilien Index, der die Marktperformance aller Bestandsgrundstücke von insgesamt 23 Großinvestoren in Deutschland abbildet. Dazu zählen institutionelle Anleger wie Versicherungen, Offene Immobilienfonds und Pensionskassen aber auch ausländische Investoren. Für die Performancemessung der eigenen Bestände, die sich zur Marktperformance aller Immobilienportfolios in Beziehung setzen lässt, liefern diese Investoren Millionen von Einzeldaten. Die DID-Kunden repräsentieren einen Bestand von gut 2000 Liegenschaften mit einem Verkehrswert von über 35 Mrd. Euro. Das sind nach DID-Aussage etwa 38 Prozent des relevanten, institutionell gehaltenen Immobilienvermögens in Deutschland.

Deutscher Aktienindex (DAX)

Beim DAX handelt es sich um eine Mischung der Kurse von 30 ausgewählten Aktiengesellschaften, die an der Frankfurter Wertpapierbörse notiert werden. Auswahlkriterien sind eine mindestens 3-jährige Zugehörigkeit zum amtlichen Handel, eine besondere Umsatzstärke, das Ergebnis der Börsenkapitalisierung, das Vorhandensein früherer Eröffnungskurse und eine gewisse Branchenrepräsentanz.
Die durch Börsenkapitalisierung ermittelten Unternehmenswerte der DAX-Unternehmen liegen derzeit zwischen 3 Mrd. Euro (TUI) und 56 Mrd. Euro (Deutsche Telekom)

Deutscher Immobilien Index - DIX

Ein nach dem Vorbild des DAX (Deutscher Aktienindex) konstruierter Indikator für die Wertentwicklung von Immobilien. Träger ist die Deutsche Immobiliendatenbank GmbH, an der die Investment Property Datenbank London zu 50% beteiligt ist.
Beim DIX sind Bestandsobjekte vorwiegend aus offenen Immobilienfonds und sonstigen institutionellen Anlegern einbezogen. Der DIX ist aber deshalb nicht mit dem DAX vergleichbar, weil die konstatierte Immobilienwertentwicklung sich nicht am Markt vollzieht, sondern Ergebnis der jährlich einmal vorgenommenen Messung von Erträgen und Aufwendungen und der im Ertragswertverfahren festgestellten Wertänderungen darstellt.
Um die Werte zeitnaher zu dokumentieren ist vorgesehen, die Bewertung halbjährlich durchzuführen. Schwachstelle des DIX ist es, dass er nicht den Immobilienmarkt als Ganzes repräsentieren kann, weil der Hauptumsatzträger, nämlich der überwiegende Teil des Wohnimmobilienmarktes nur marginal im DIX vertreten ist. Außerdem sind nur Immobilien solcher Investoren vertreten, die freiwillig die entsprechenden Daten liefern.

Ausgewählte Ergebnisse

	1999	2000	2001	2002	2003
Total Return %					
Handel	5,0	5,1	6,0	5,4	4,9
Büro	5,2	6,0	6,2	4,6	1,6
Wohnimmobilien	4,1	5,1	5,4	3,1	5,2
gemischt Handel / Büro	3,3	4,0	4,3	2,8	1,6
Andere Nutzungen	4,8	5,4	6,0	4,4	2,5
alle Bestandsgrundstücke	5,0	5,6	5,9	4,3	2,5
Netto-Cash-Flow-Rendite %					
Handel	5,8	5,5	6,3	6,1	5,9
Büro	4,8	5,0	5,5	5,6	5,0
Wohnimmobilien	4,6	4,3	4,3	4,4	4,3
gemischt Handel / Büro	4,7	4,9	4,6	4,2	3,7
Andere Nutzungen	5,3	5,2	6,1	5,5	4,8
alle Bestandsgrundstücke	5,0	5,0	5,4	5,3	4,9
Bruttoanfangsrendite %					
Handel	6,9	7,2	7,0	6,8	6,6
Büro	5,8	6,2	6,2	6,1	6,0
Wohnimmobilien	7,4	6,6	6,2	6,5	6,2
gemischt Handel / Büro	5,9	6,2	5,8	5,6	5,5
Andere Nutzungen	6,3	6,6	6,4	6,3	6,2
alle Bestandsgrundstücke	6,0	6,4	6,2	6,2	6,0

Deutscher Verband Chartered Surveyors (DVCS)

Der DVCS ist die deutsche Niederlassung der Royal Institution of Chartered Surveyors. Sie wurde 1993 in Frankfurt gegründet. Organisiert sind in diesem Verband deutsche Mitglieder der

RICS, die nach Absolvierung eines fachbezogenen Studiums an einer bei RICS akkreditierten deutschen Hochschule oder Berufsakademie als Mitglied aufgenommen wurden.
Siehe auch: Royal Institution of Chartered Surveyors (RICS)

DFK
Abkürzung für: Digitale Flurkarte
Siehe auch: Grundstücks- und Bodeninformationssystem

DHH
Abkürzung für: Doppelhaushälfte

DIA
Abkürzung für: Deutsche Immobilien Akademie

DIA Consulting AG
Aktiengesellschaft, deren Aktionäre sich überwiegend aus Professoren der Universität Freiburg, sowie Dozenten und Professoren an der Deutschen Immobilien Akademie zusammensetzen. An der DIA Consulting AG ist auch der RDM beteiligt.Geschäftsbereiche sind:
• die Zertifizierung von Grundstückssachverständigen nach DIN EN 45013, von Vermögensmanagern der DIA und von Finanzwirten und Finanzökonomen
• die Bewertung von komplexen immobilienwirtschaftlichen Maßnahmen einschl. Investitionsrechnung, Prospektprüfung und -beratung bei Fondsprodukten
• Erstellung von Wertentwicklungsgutachten für Immobilien- und Finanzanlagen nach ökonometrischen Modellen, sowie
• Research mit den Schwerpunkten Immobilienmarktforschung, Finanzanalysen und Kapitalmarktmodelle.
Anschrift: DIA Consulting AG, Freiburg,
Bertoldstr. 54, 79098 Freiburg,
Tel. 0761/2211069-0, Fax 0761/211069-99.

Dienstbarkeit (Grundbuch)
Dienstbarkeiten sind Rechte Dritter zu Lasten eines Grundstückseigentümers. Es gibt drei Typen der Dienstbarkeiten: die Grunddienstbarkeit (z.B. Wegerechte, Überfahrtsrechte, Leitungsrechte), die beschränkte persönliche Dienstbarkeit (z.B. Wohnungsrecht) und den Nießbrauch. Dienstbarkeiten müssen als sogenannte dingliche Rechte ins Grundbuch eingetragen werden. Sie entstehen erst mit dieser Eintragung.
Siehe auch: Grunddienstbarkeit, Nießbrauch (an Immobilien), Grundbuch

Dienstleistungsmarketing
Im Vergleich mit dem Konsumgütermarketing hat das Dienstleistungs- oder Servicemarketing mit zwei Problemen zu kämpfen:
a) Die Leistung des Anbieters ist nicht greifbar und muss daher möglichst klar und in ihren Vorzügen verdeutlicht werden.
b) Der Kunde ist in einer Weise beteiligt, die etwa über den Kauf eines Produkts hinausgeht. Immobilienmakler, Finanzierer oder Hausverwalter müssen also ihren Kunden klar machen, dass sie ihnen Arbeit abnehmen und damit mehr Zeit zur Verfügung stellen. Schwierigkeiten bereitet beim Dienstleistungsmarketing die Vermittlung von Kompetenz bzw. Qualitätsstandards.

Dienstwohnung
Als Dienstwohnung bezeichnet man umgangssprachlich Wohnraum, der mit Rücksicht auf das Bestehen eines Dienstverhältnisses vermietet wird. Im BGB lautet die Bezeichnung „Werkmietwohnung". Von einer „Werkdienstwohnung" spricht man, wenn die Wohnung im Rahmen eines Dienstverhältnisses überlassen wurde. Für das Mietverhältnis gelten besondere Kündigungsregelungen.

DienstwohnungsVO
Abkürzung für: Dienstwohnungsverordnung

DIHK
Abkürzung für: Deutsche Industrie- und Handeskammer (vormals DIHT)

DIMAX

DIMAX ist der Deutsche Immobilienaktienindex, der vom Bankhaus Ellwanger & Geiger zusammengestellt wurde. In ihm sind die Aktien von 59 Gesellschaften (Stand 2/01) registriert, deren Haupterträge sich aus der Entwicklung bzw. Bewirtschaftung von Immobilien ergeben. Zu den „Großen" zählen hier die WCM-Beteiligungs- und Grundbesitz AG, die IVG-Holding AG, die RSE-Grundbesitz AG und die Bayerische Immobilien AG. Der Begriff der Immobilien Aktiengesellschaft ist nicht definiert, so dass sich darunter z.b. auch Brauereien und Industrieunternehmen befinden, deren Bedeutung allerdings heute in ihrem immobilienwirtschaftlichen Engagement liegt.

DIN

Abkürzung für: Deutsches Institut für Norm (Sitz Berlin). Das Institut befasst sich mit der Formulierung von Regeln der Technik, die auf freiwilliger Basis angewendet werden. Neben VOB gibt DIN u.a. Regeln für das Bauwesen heraus.
Bekannte DIN-Normen sind die DIN 276 1993 (Kosten im Hochbau), DIN 277 vom November 1950 (umbauter Raum) und Mai 1973 /Juli 1987 (Berechnung von Grundflächen und Rauminhalte) und die DIN 283 (Berechnung der Wohn- und Nutzflächen – außer Kraft gesetzt, aber dennoch angewendet). Auch die MF-B und MF-H und ist unter Mitwirkung des Instituts entstanden.
Siehe auch: Flächendefinition (außerhalb DIN und II BV)

Dipl. Immobilienwirt DIA der Universität Freiburg

Offizielle, geschützte Bezeichnung für den Abschluss eines Studiengangs an der Deutschen Immobilien Akademie an der Universität Freiburg. Zugelassen zu dem 200 Stunden umfassenden Kontaktstudium sind Diplom Kaufleute und Diplom Volkswirte, Dipl. Ingenieure, Inhaber juristischer Staatsexamen oder in der Immobilienwirtschaft tätige Personen, die über einen Abschluss als Kaufmann/Kauffrau in der Grundstücks- und Wohnungswirtschaft, Fachwirt der Grundstücks- und Wohnungswirtschaft, Immobilienfachwirt, Immobilienwirt VWA verfügen.Wer diese Voraussetzungen nicht erfüllt, kann durch einen Zugangstest nachweisen, dass er über die fachlichen Grundvoraussetzungen verfügt, die für das Studium erforderlich sind.

Direktanbieter / Direktnachfrager

Der Direktanbieter / Direktnachfrager ist vor dem Hintergrund der Produktpolitik des originären Marketings ein Hauptkonkurrent des Maklers. Man schätzt, dass der Anteil der Direktanbieter / Direktnachfrager beim Verkauf von Wohnimmobilien bei etwa 50% liegt. Dies zeigt: Nicht der Maklerkonkurrent ist das Hauptproblem, sondern die Direktanbieter / Direktnachfrager. In der Maklerpraxis wird dies oft noch nicht so gesehen, dadurch werden die Werbeaktivitäten vielfach falsch ausgerichtet.

Direktkommanditist

Als Direktkommanditisten werden bei geschlossenen Immobilienfonds diejenigen Anleger bezeichnet, die der Fondsgesellschaft direkt, d. h. ohne Einschaltung eines Treuhänders, beitreten. Sie werden namentlich ins Handelsregister eingetragen.
Siehe auch: Immobilienfonds – Geschlossener Immobilienfonds

Direktversicherer

Direktversicherer vertreiben ihre Versicherungsprodukte „direkt" ohne Einschaltung eines Außendienstes. Bei solchen Versicherungsunternehmen ist der Versicherungsschutz zwar preiswerter, als bei Versicherungen mit Außendienst. Dafür muss der Kunde auf eine Beratung verzichten.

Disagio

Als Disagio, Abgeld oder Damnum wird die Differenz zwischen der nominalen Darlehenssumme und einem niedrigeren Auszahlungsbetrag bezeichnet. Bei einem Disagio handelt es sich um eine Zinsvorauszahlung oder Kreditbearbeitungsgebühren.

Üblicherweise wird das Disagio oder Damnum in Prozent der Darlehenssumme angegeben. Ein Damnum von 5 % bedeutet beispielsweise, dass von einem Darlehen nur 95 % der nominalen Darlehenssumme ausgezahlt werden, aber 100 % zurückzuzahlen sind.

Bei der Finanzierung selbst genutzter Immobilien lohnt sich die Vereinbarung eines Damnums im Darlehensvertrag in der Regel nicht, da die Darlehenszinsen hier nicht steuerlich absetzbar sind. Das Disagio kann daher in diesen Fällen keine steuerliche Wirkung entfalten. Werden dagegen vermietete Objekte mit einem Darlehen finanziert, kann das Damnum bei den Einkünften aus Vermietung und Verpachtung als Werbungskosten geltend gemacht werden.

Durch den so genannten fünften Bauherrenerlass, veröffentlicht als Schreiben des Bundesministeriums der Finanzen vom 20. Oktober 2003, wird die Höhe des zum Zeitpunkt der Zahlung abzugsfähigen Damnums jedoch begrenzt. Als marktüblich und damit sofort abzugsfähig gilt ein Damnum nur noch dann, wenn es bei einem Darlehen mit mindestens fünfjähriger Zinsfestschreibung maximal 5 % der Darlehenssumme beträgt.

Außerdem darf es nicht mehr als drei Monate vor der Auszahlung von mindestens 30 % der Brutto-Darlehenssumme gezahlt werden. Andernfalls wird das Damnum den Anschaffungs- und Herstellungskosten zugerechnet und ist über die gesamte Nutzungsdauer hinweg abzuschreiben. Übersteigt das Damnum 5 % der Darlehenssumme, so kann es nur noch dann steuerlich abgesetzt werden, wenn nachgewiesen wurde, dass es sich um ein Damnum in marktüblicher Höhe handelt. Betroffen von dieser Regelung sind Immobilienfonds ebenso wie Bauherren oder Erwerber.

Wird das Darlehen vor Ablauf der Zinsbindungsdauer zurückgezahlt, so ist das Damnum noch nicht „verbraucht" und wird anteilig rückvergütet. Der rückvergütete Betrag unterliegt der Einkommensteuer.

Disagiosplitting

Aufteilung eines Disagios in einen ausgewiesenen Teil und eine Bearbeitungsgebühr.

Der Vorteil dieser Berechnungsmethode für das Kreditinstitut: Während das Disagio lediglich auf die Zinsbindungsfrist (z.B. 10 Jahre) verteilt wird, kann die Bearbeitungsgebühr über die gesamte Kreditlaufzeit (zwischen 25-30 Jahre) verteilt werden. Im Ergebnis fällt der Effektivzins beim Splitting also deutlich niedriger aus. Die Kostenbelastung für den Bauherrn bleibt jedoch gleich hoch.

Discounted-Cash-Flow-Verfahren

Das Discounted-Cash-Flow-Verfahren ist bei der Bewertung von Immobilien eine Alternative zum Ertragswertverfahren nach der Wertermittlungsverordnung. Die künftigen Reinerträge werden hier – wie beim Ertragswertverfahren auf den Bewertungs-zeitpunkt abgezinst. Allerdings wird dabei eine prognostizierte Reinertragsentwicklung innerhalb eines bestimmten zeitlichen Horizont berücksichtigt. Der Diskontierungszinssatz ist nicht der Liegenschaftszinssatz sondern ein aus dem Markt für Anleihen abgeleiteter Zinssatz.

Während beim Ertragswertverfahren versucht wird, zu einem „objektiven" Wert zu gelangen, liefert das Discounted-Cash-Flow-Verfahren eine Entscheidungsgrundlage für einen bestimmten Investor, der den Investitionszeitraum vorgibt. Das Problem des Discounted-Cash-Flow-Verfahrens liegt in der Prognoseunsicherheit, die mit länger werdendem Investitionszeitraum erheblich zunimmt.

Diskontsatz (Basiszinssatz)

Zinssatz, zu dem die Deutsche Bundesbank Wechsel von den Kreditinstituten bis 23.12.1998 angekauft hat.

Durch Einführung des EURO wurde der Diskontsatz im Diskontsatz-Überleitungsgesetz für die Übergangszeit bis 31.12.2001 durch einen Basiszinssatz der EZB ersetzt. Soweit auf den Diskontsatz in Verträgen Bezug genommen wird, gilt nunmehr der Basiszinssatz. Diese ge-

setzliche Änderung begründet keinen Anspruch auf Vertragskündigungen.
Siehe auch: Zahlungsverzug

Dividendenrendite

Die Dividendenrendite ist eine Kennzahl bei der Bewertung eines Aktieninvestments und kann daher auch als Vergleichsmassstab für eine Anlageentscheidung gelten. Dabei wird die zuletzt gezahlte Dividende (einschließlich der gutgeschriebenen Körperschaftsteuer) einer Aktie ins Verhältnis zum aktuellen Kurs des Papiers gesetzt. Der errechnete Wert gibt Aufschluss darüber, welche Verzinsung des eingesetzten Kapitals das entsprechende Papier erwarten lässt.
Siehe auch: Cash-flow

DIX

Abkürzung für: Deutscher Immobilien Index
Siehe auch: Deutscher Immobilien Index-DIX

DNR

Abkürzung für: Dauernutzungsrecht

Doorman
Siehe: Concierge

Doppelhaus
Siehe: Zweifamilienhaus, Einfamilienhaus

Doppelmakler
Siehe: Makler

Doppeltes Marketing (Maklergeschäft)
Siehe: Marketing

Drainage

Drainage (Dränung) bezeichnet die Entwässerung von Bodenschichten durch ein meist in 80 bis 180 cm Tiefe verlegtes System von Rohren mit 4 bis 20 cm Durchmesser. Sie leiten das Sickerwasser in das Kanalsystem ein. Es handelt sich dabei um gelochte Betonrohre oder geschlitzte Kunststoff-Dränrohre. Dränleitungen müssen ein bestimmtes Gefälle haben und kontrollier- und spülbar sein.

Drei-Objekt-Grenze

Immobilienanleger, die innerhalb von fünf Jahren mehr als drei Immobilien ab dem Anschaffungszeitpunkt am offenen Markt verkaufen, werden als „gewerbliche Grundstückshändler" eingestuft, wenn ein enger zeitlicher Zusammenhang zwischen Errichtung, Erwerb oder einer etwaigen Modernisierung und dem Verkauf besteht. Wenn ein derartiger Zusammenhang nicht besteht, muss immer noch darauf geachtet werden, dass der Verkauf weiterer Objekte nach Ablauf der fünf Jahre bis zu insgesamt 10 Jahre zum Umschlag von der privaten Vermögensverwaltung in den gewerblichen Grundstückshandel führen kann. Wichtig ist dabei die Frage, ob in einem solchen Fall der Schluss gezogen werden kann, dass zum Zeitpunkt des Erwerbs, der Errichtung oder Modernisierung die Veräußerungsabsicht bereits bestand. Die Beurteilung der Gewerblichkeit setzt allerdings nicht beim Erwerb, sondern bei der Veräußerung an. Allein der Erwerb führt nie zum gewerblichen Grundstückshandel. Die fatale Folge eines Umschlages von der privaten Vermögensverwaltung in den gewerblichen Grundstückshandel ist die, dass die Verkaufserlöse einkommensteuerlich wie Einnahmen aus dem Gewerbebetrieb behandelt werden und darüber hinaus die erzielten Gewinne der Gewerbesteuer unterliegen. Zu den Objekten, die das Finanzamt berücksichtigt, zählen Häuser, Wohnungen und Grundstücke, aber auch Garagen und Stellplätze sowie Miteigentumsanteile an Immobilien. Werden drei Objekte an einen Interessenten in einem Akt verkauft, ist damit die Drei-Objekte-Grenze bereits erreicht. Da die Materie für den Laien schwer durchschaubar ist, sollte vor jedem Verkauf eines dritten Objektes innerhalb des Fünfjahres-Zeitraumes ein versierter Steuerberater konsultiert werden.
Siehe auch: Gewerblicher Grundstückshandel

Drempel

Außenwandhöhe eines Dachraumes zwischen oberster Geschossdecke und dem zur Vergrößerung des Dachraumes angehobenen Dach (Kniestock).

Drittverwendungsfähigkeit

Als Drittverwendungsfähigkeit wird die Eigenschaft einer Immobilie bezeichnet, nach Ausfall eines Mieters ohne größere Veränderungen von einem anderen Mieter genutzt werden zu können.

Die Drittverwendungsfähigkeit hängt in starkem Maße mit der Nutzungsart zusammen. Je mehr eine Immobilie auf die spezifischen Bedürfnisse eines bestimmten Nutzers zugeschnitten ist, desto geringer ist normalerweise ihre Drittverwendungsfähigkeit.

Büroimmobilien haben beispielsweise eine relativ große Drittverwendungsfähigkeit, weil sich frei werdende Flächen meist ohne weiteres oder mit relativ geringem Aufwand an andere Nutzer vermieten lassen. Dagegen sind Spezial- oder Betreiberimmobilien – wie etwa eine Schwimmhalle oder ein Seniorenheim – in der Regel nur bedingt drittverwendungsfähig.

Eine geringe Drittverwendungsfähigkeit ist mit Risiken verbunden, die zum einen aus Sicht eines Investors höhere Anforderungen an die Rendite begründen und zum anderen durch entsprechende Rückstellungen abgesichert werden sollten.

Siehe auch: Betreiberimmobilien

DSchG

Abkürzung für: Denkmalschutzgesetz

DStR

Abkürzung für: Deutsches Steuerrecht

Due Diligence

Vorreiter des Konzeptes für die "Due Diligence", der geschuldeten Sorgfalt, sind wie in der Immobilienwirtschaft häufig die Angloamerikaner. Sie wird in der Regel beim Kauf oder Verkauf von Unternehmen angewandt.

Ziel ist es, im Umgang mit dem Betongold die Risiken eines Immobilieninvestments in einer Art Fleißarbeit möglichst zu minimieren. Das bedeutet die detaillierte Untersuchung und Aufarbeitung von Informationen zum Objekterwerb wie zur Entwicklung, Bewirtschaftung, Nutzung und Veräußerung. Hinzu kommen die weichen Faktoren in der Bewertung; die Überprüfung des Immobilienmanagements, der Transparenz und der Dokumentation durch externe Fachleute. Due Diligence ist beispielsweise Voraussetzung für Kapitalbeschaffungsstellen wie Fondsgesellschaften geschlossener und offener Fonds zum Ja oder Nein einer größeren Investition im Rahmen ihrer Portfolioaufstockung.

Siehe auch: Immobilienfonds

DVCS

Abkürzung für: Deutscher Verband Chartered Surveyors

DVO

Abkürzung für: Durchführungsverordnung

DWBer

Abkürzung für: Dauerwohnberechtigter

DWE

Abkürzung für: Der Wohnungseigentümer Vierteljährlich erscheinende Fachzeitschrift für Wohnungseigentümer mit Berichten und Beiträgen zu einzelnen WEG-Rechtsfragen, aktuellen WEG-Entscheidungen und anderen wichtigen Informationen für Wohnungseigentümer, 36 Seiten, Einzelpreis 4,50 Euro, Jahresabonnement 13,50 Euro zzgl. Versandkosten.

Kostenlose Probeexemplare:
Haus & Grund Deutschland
Verlag und Service GmbH
Postfach 08 01 64, 10001 Berlin

DWR

Abkürzung für: Dauerwohnrecht

E-Hzg

Abkürzung für: Elektro-/Nachtstromspeicher-heizung

e.G.

Abkürzung für: eingetragene Genossenschaft

e.V.

Abkürzung für: eingetragener Verein

EAV

Abkürzung für: Einheits-Architektenvertrag

EB

Abkürzung für: Erstbezug

EBK

Abkürzung für: Einbauküche

ebs - Immobilienakademie

Die ebs–Immobilienakademie GmbH ist eine Einrichtung der European Business School – eine 120er Privatuniversität mit Sitz auf Schloß Reichartshausen in Oestrich-Winkel. Sie wurde 1990 gegründet und widmet sich ihm Rahmen eines Kontaktstudiums der Erwachsenenbildung auf dem Immobiliensektor.
Die Studiendauer beträgt 1 Jahr (2 Semester mit insgesamt 60 Präsenztagen). Das entspricht 500 Stunden. Die Stärke einer Studiengruppe liegt bei 35-40 Teilnehmer. Studienbeginn 2 mal pro Jahr. Unterhalten wird eine immobilienwirtschaftliche Fachbibliothek.
Weitere Kontaktstudiengänge zu den Bereichen Corporate Real Estate Management und Facility Management werden in ähnlicher Form angeboten. 1994 wurde in Berlin eine selbstständige Zweigniederlassung eröffnet, die u.a. in Zusammenarbeit mit dem „German Council of Shopping Centers" ein Intensivstudium des Spezialgebietes „Shopping Center Development & Management" anbietet. Das Gesamtprogramm umfasst 17 Tage und ist in 4 Blockphasen unterteilt. Eine weitere Niederlassung besteht seit Juli in Grasbrunn bei München.
EBS-Immobilienakademie GmbH bei der European Business School, Oestrich Winkel, Kranenstr. 19, 65375 Oestrich-Winkel, Telefon: 06723/995030 Fax: 06723/995035
Niederlassung Berlin Büro- & Hotelcentrum Humboldt-Mühle, An der Mühle 4,13507 Berlin, Telefon: 030/439096-0 Fax: 030/439096-50
Niederlassung Grasbrunn, Gut Mönschenfeld.

EDV

Abkürzung für: Elektronische Datenverarbeitung

Effektiver Jahreszins

Nach der Preisangabenverordnung sind Anbieter von Krediten verpflichtet, unaufgefordert neben den Darlehenskonditionen den „effektiven Jahreszins" bzw. – bei Darlehen, bei denen der Zinssatz nicht für die gesamte Laufzeit festgelegt ist – den „anfänglichen effektiven Jahreszins" sowie die Zinsbindungsdauer zu nennen.
Der Zins ist auf zwei Stellen hinter dem Komma (mit Auf- bzw. Abrundung der dritten Stelle) anzugeben. Er besagt, wie viel ein Darlehen tatsächlich kostet.
Beim Effektivzins müssen durch den Kredit entstandene Kosten wie Darlehens-/Bearbeitungsgebühr oder Disagio eingerechnet sein. Dadurch liegt der Effektivzins immer über dem Nominalzins. Die Berechnung des Effektivzinssatzes erfolgt über eine im Anhang der Verordnung dargestellte Formel.
Der Effektivzins weist für den Bauherrn oder Käufer gewisse Mängel auf, da bestimmte Nebenkosten des Kredits (Schätzkosten, Bereitstellungszinsen, Teilauszahlungszuschläge, Kontoführungsgebühren) nicht bei seiner Berechnung berücksichtigt werden.
Ebenso wenig fließen Kosten der Darlehensabsicherung (etwa für die Grundschuldbestellung) in die Berechnung ein. Dennoch ist er neben der Restschuldfeststellung nach dem Ende der Zinsbindung der beste Vergleichsmaßstab für Darlehensangebote der Banken oder Versicherungen.

Effizienzzuwachs (Maklergeschäft)

Bei Maklergeschäft gibt es ein Phänomen, das als „Gesetz des abnehmenden Effizienzzuwachses" bezeichnet werden könnte. Es kann nämlich empirisch festgestellt werden, dass trotz konstanter Bearbeitung eines Maklerauftrages der Effizienzzuwachs der Auf-trags-bearbeitung von einem bestimmten Zeitpunkt an sinkt. Dies kann verschiedene Ursachen haben. So kann der angesetzte Angebotspreis einem sinkenden Marktpreis hinterherhinken. Das für das Objekt geeignete Marktpotential erschöpft sich zunehmend. Die Preiselastizität des Objektanbieters ist bei Verhand-lungen zu gering. Der Erfolgsoptimismus von Makler und Auftraggeber in Bezug auf das angebotene Objekt sinkt usw…

Mittel gegen diese Erscheinung ist eine vernünftige Beschränkung der Auftragslaufzeit insbesondere bei Alleinaufträgen, die ja eine Verpflichtung zur sachgerechten Auftragsbearbeitung enthalten.

EFG

Abkürzung für: Entscheidungen der Finanzgerichte

EFH/1-FH

Abkürzung für: Einfamilienhaus

EG

Abkürzung für: Erdgeschoss

EG

Abkürzung für: Europäische Gemeinschaft

EGBGB

Abkürzung für: Einführungsgesetz zum Bürgerlichen Gesetzbuch

EheG

Abkürzung für: Ehegesetz

EHI

Abkürzung für: Eurohandelsinstitut

Eichpflicht

Damit die Ergebnisse allen Messens, Wiegens, Zählens, also des quantitativen Erfassens von Größen vertrauenswürdig sind, muss eine Übereinstimmung bestehen, dass die hierfür eingesetzten Geräte bestimmten gleichen Regeln unter Zugrundelegung gleicher Messeinheiten funktionieren. Um dies zu gewährleisten besteht eine Eichpflicht für alle Messgeräte. Gesetzliche Grundlage hierfür bietet das Eichgesetz, das in den verschiedenen Bereichen durch zahlreiche Verordnungen ergänzt wurde. Das Eichgesetz schützt einerseits den Verbraucher beim Erwerb messbarer Güter und Dienstleistungen und trägt andererseits auch zu einem lauteren Handelsverkehr bei.In der Immobilienwirtschaft, insbesondere bei der Bewirtschaftung von Gebäuden werden vielfältig „geeichte" Erfassungsgeräte eingesetzt, z.B. Gas- und Stromzähler, Wasserzähler, Wärmeverbrauchszähler. Sie alle unterliegen der Eichpflicht.

Hauseigentümer – und damit auch Hausverwalter – sind verpflichtet, ihre Zähler in bestimmten vorgeschriebenen zeitlichen Abständen nachzueichen. Bei Wohnungseigentumsverwaltern zählt dies zur „ordnungsgemäßen Verwaltung". Kaltwasserzähler sind z.B. alle 6 Jahre, Warmwasserzähler und Wärmemengenzähler alle 5 Jahre nachzueichen. Da es sich um zwingende Vorschriften handelt, können die Fristen auch nicht durch Beschluss verlängert werden.Zuständige Stelle für die Zulassung von Mess- und anderen Erfassungsgeräten (z.B. Geräten die der Geschwindigkeitsmessung, der Schallmessung, Zeitmessung usw. dienen) ist die Physikalisch-Technische Bundesanstalt und Braunschweig und Berlin.

Eidesstattliche Versicherung

Erklärung eines Schuldners an Eides Statt vor Gericht, dass er zahlungsunfähig ist. Über seine Vermögensgegenstände wird ein Vermögensverzeichnis angelegt. In dieses werden u.a. auch die entgeltlichen Veräußerungen der letzten zwei Jahre an nahestehende Personen und die unentgeltlichen Leistungen (ohne gebräuchliche Gelegenheitsgeschenke) der letzten 4 Jahre vor Stellung des Insolvenzantrages aufgenommen.

Der Schuldner muss an Eides statt versichern, dass die in dem Verzeichnis aufgenommenen Gegenstände sein gesamtes Eigentum darstellen. Eine falsche Eidesstattliche Versicherung wird bestraft. Die neue Insolvenzordnung sieht vor, dass bereits bei Beantragung des Insolvenzverfahrens der Schuldner eine Restschuldbefreiung beantragen kann, die ihm bei entsprechendem Wohlverhalten und Erfüllung der Auflagen nach Ablauf von 7 Jahren nach Beendigung des Verfahrens gewährt wird.

Eigenbedarf
Siehe: Beendigung eines Mietverhältnisses, Berechtigtes Interesse

Eigenheimzulage
Die Eigenheimzulage ist eine staatliche Förderung, mit der die Eigentumsquote in Deutschland (Quote der von Eigentümern selbst genutzten Wohnungen) erhöht werden soll. Gefördert werden sollen dadurch die sogenannten Schwellenhaushalte.

Wer ein Haus oder eine Wohnung baut oder vom Bauträger erwirbt und selbst nutzt, erhält nach dem Eigenheimzulagengesetz diese Förderung. Sie betrug bei neuen Objekten, die vor dem 1.1.2004 erworben wurden oder für die vor diesem Datum ein Bauantrag gestellt wurde, acht Jahre lang 5% des Kaufpreises soweit dieser 51.120 Euro nicht übersteigt, also höchstens 2.556 Euro (früher 5.000 DM) pro Jahr. Beim Kauf eines Altbaus wurde der Immobilienerwerber nur mit dem halben Betrag gefördert Zum 1. Januar 2004 wurde die Höhe der staatlichen Förderung für selbstgenutzte Neu- und Altbauten vereinheitlicht – und zwar auf jeweils maximal 1.250 Euro während des achtjährigen Förderzeitraums. Folge: Bauherren oder Käufer neuer Objekte haben die höchsten Fördereinbußen. Sie müssen in der Spitze auf mehr als 10.000 Euro Gesamtförderung verzichten. Die Einschnitte beim Erwerb von Immobilien aus zweiter Hand sind dem gegenüber nur sehr geringfügig.

Darüber hinaus erhalten Familien mit Kindern die Kinderzulage. Sie wurde geringfügig erhöht und beträgt seit dem 1.1.2004 während des achtjährigen Förderzeitraums 800 Euro pro Kind und Jahr (früher: 767 Euro / 1.500 DM).

Gefördert werden solche Eigenheimbauer oder Eigenheimerwerber, die bestimmte Einkommensgrenzen nicht überschreiten. So durfte bis Ende 2003 der „Gesamtbetrag der Einkünfte" des Erstjahres zuzüglich der Einkünfte des vorangegangenen Jahres einen Betrag von 81.807 Euro für Ledige bzw. 163.614 Euro für Ehepaare nicht übersteigen. Die Einkommensgrenze erhöhte sich pro Kind um 30.678 Euro. Der „Gesamtbetrag der Einkünfte" hat nichts mit dem „zu versteuernden Einkommen" zu tun, das Grundlage für die Ermittlung der Steuerschuld ist. Die Gesamteinkünfte fallen regelmäßig höher aus und werden ermittelt, indem der Bauherr von seinem Bruttoeinkommen die Werbungskosten (als Selbständiger die Betriebsausgaben) und gegebenenfalls besondere Freibeträge abzieht. Entscheidend für die Förderung sind lediglich die Einkommensverhältnisse im Jahr der Fertigstellung bzw. der Anschaffung und dem Vorjahr.

Änderungen gab es zum 1. Januar 2004 auch bei den Einkommensgrenzen im Rahmen der Förderung selbstgenutzten Wohneigentums. Ausschlaggebend ist nicht mehr, wie früher, der „Gesamtbetrag der Einkünfte". Nunmehr zählt die „Summe der positiven Einkünfte". Gegenüber der früheren Regelung ist dies bei näherem Hinsehen eine deutliche Verschlechterung für Betroffene.

Denn bei der „Summe der positiven Einkünfte" werden steuerlich wirksame Verluste etwa aus unternehmerischen Beteiligungen oder „Negative Einkünfte aus Kapitalvermögen" nicht mehr berücksichtigt. Früher, als noch der „Gesamtbetrag der Einkünfte" galt, konnten diese dabei helfen, die Einkommensgrenzen zu unterschreiten und sich dadurch die Förderung selbstgenutzten Wohneigentums zu sichern.

Die neuen Einkommensgrenzen, gemessen an der „Summe der positiven Einkünfte" insgesamt im Erwerbs- und vorherigen Jahr sehen nun wie folgt aus: bei Alleinstehenden 70.000 Euro, bei gemeinsam zur Einkommensteuer veranlagten Verheirateten das Doppelte, nämlich 140.000 Euro. Die Einkommensgrenzen erhöhen sich je Kind, das noch im Haushalt der Eltern lebt, um insgesamt 30.000 Euro.

Wer die Zulage erhalten will, muss einen Antrag beim Finanzamt stellen. Dazu ist bis zum Ende des zweiten Jahres nach dem Einzug Zeit. Das Finanzamt zahlt die Zulage dann unabhängig von der Steuererklärung jeweils am 10. März eines Jahres aus.

Eigenkapital: (Baufinanzierung)

Unter Eigenkapitel sind die vom Bauherrn angesparten liquiden Mittel zu verstehen, die zur Finanzierung beim Hausbau oder Hauskauf eingesetzt werden können.Als Eigenkapitalersatz gelten Darlehen von Verwandten, Arbeitgeberdarlehen und bestimmte öffentliche Mittel wie z.B. Familienzusatzdarlehen. Um ein Haus finanzieren zu können, erwartet die Bank meistens ein Eigenkapital von 20 bis 30%. Auch bereits vorhandenes unbelastetes Immobilieneigentum oder verpfändbare Wertpapiere können durch Beleihung bzw. Verpfändung eine Eigenkapitalfunktion in Bezug auf das zu finanzierende Objekt übernehmen.

Eigenleistungen

• Finanzierung

Neben dem Eigenkapital kommen als Eigenleistungen bei der Finanzierung von Bauvorhaben eigene Sach- und Arbeitsleistungen („Muskelhypothek") des Bauherrn und seiner Angehörigen sowie die Einbringung des eigenen Baugrundstücks in Betracht. Eigenleistungen werden im Finanzierungsplan berücksichtigt. Der aus eigenen Arbeitsleistungen bestehende Finanzierungsbeitrag kann steuerlich nicht in Ansatz gebracht werden. Ist die Immobilie vermietet, kann der bei einer Renovierung entstandene Materialaufwand steuerlich zu den Werbungskosten hinzugerechnet werden.

• Mängelbeseitigung an Bauwerken

Bei diesen Eigenleistungen („Ersatzvornahme") handelt es sich um Aufwendungen des Bauherrn zur Beseitigung eines Baumangels. Für die Eigenleistung kann der Bauherr vom Bauhandwerker bzw. Bauunternehmer den Ersatz der Aufwendungen fordern, wenn dieser mit der Mangelbeseitigung in Verzug geraten ist.

Beim VOB-Vertrag tritt der Verzug erst ein, wenn der Bauherr den Bauunternehmenr zur Mängelbeseitigung unter Setzung einer angemessenen Frist auffordert, und die gesetzte Frist ergebnislos verstrichen ist.

Siehe auch: VOB-Vertrag

Eigenleistungsausfallversicherung

Der Privatbauherr, der die Finanzierung seines Hauses durch Erbringung von Eigenleistungen ergänzen will, kann sich für Fälle, in denen er unverschuldet arbeitslos wird oder durch Unfall, Krankheit oder Tod die Eigenleistungen nicht mehr erbringen kann, durch Abschluss einer Bauherrn-Eigenleistungsausfallversicherung absichern.

Eigentümergrundschuld

Jeder Grundstückseigentümer kann auf seinem Grundstück für sich selbst eine Grundschuld eintragen lassen.

Dabei kann er aber nicht selbst die Zwangsvollstreckung in sein eigenes Grundstück betreiben und Zinsen nur dann verlangen, wenn ein anderer die Zwangsverwaltung betreibt. Sinn einer Eigentümergrundschuld ist z.B. deren Abtretung an eine Bank (Kreditsicherung). Dadurch wird der Darlehensgeber aus dem Grundbuch nicht erkennbar.

Eigentümerversammlung (WEG)

Siehe: Wohnungseigentümerversammlung

Eigentum

Öffentlich rechtliche Position

Das Eigentum ist durch Artikel 14 des Grundgesetzes öffentlich rechtlich gewährleistet. In diesem Sinne bezieht sich das Eigentum nicht nur auf Sachen, sondern auch auf Forderungen und Rechte, z.B. Urheberrechte, unwiderrufliche Konzessionen und dergl..
Zusätzlich gestützt wird die Eigentumsgarantie durch die Gewährleistung des Erbrechts. Inhalt und Schranken des Eigentums werden durch Gesetze bestimmt.
Der Entzug von Eigentum ist nur zum Wohl der Allgemeinheit, auf Grund eines Gesetzes und nur gegen Entschädigung zulässig. Innerhalb dieser durch Gesetz gezogenen Grenzen darf der Eigentümer mit seinem Eigentum nach Belieben verfahren, d.h. es benutzen, verbrauchen, belasten, veräußern. Das Grundgesetz schränkt jedoch das Eigentumsrecht noch durch das Sozialstaatsprinzip ein. „Eigentum verpflichtet"! Hieraus ergeben sich vor allem Einschränkungen im Wohnungsmietrecht und im Baurecht.
Die Substanz des Eigentums darf durch Gesetze nicht angetastet werden. Daher verstoßen Steuern mit konfiskatorischem Charakter gegen das Grundgesetz. In einem gewissen Widerspruch zur Eigentumsgarantie steht im übrigen Artikel 15 des Grundgesetzes, nach dem die Sozialisierung von Grund und Boden, sowie Naturschätzen und Produktionsmitteln gegen Entschädigung möglich ist.

Zivilrechtliche Position

Zivilrechtlich bezieht sich das Eigentum nur auf bewegliche und unbewegliche Sachen, nicht aber auf Sachgesamtheiten wie z.B. einen Betrieb. Vom Besitz unterscheidet sich das Eigentum dadurch, dass dem Eigentümer die Sache rechtlich gehört, während der Besitzer lediglich die tatsächliche Herrschaft über den Gegenstand, der sich im Eigentum eines anderen befinden kann, ausübt. So ist der Mieter Besitzer der von ihm angemieteten Räume.Unter-

schieden wird zwischen Alleineigentum (ausschließliches Verfügungsrecht durch den Alleineigentümer), Bruchteilseigentum (Verfügungsrecht bezieht sich nur auf den Bruchteil) und Gesamthandseigentum, (nur gemeinschaftliches Verfügungsrecht über das gemeinschaftliche Vermögen). Gesamthandseigentum ist bei einer BGB-Gesellschaft, bei einer Gütergemeinschaft zwischen Eheleuten und einer ungeteilten Erbengemeinschaft gegeben.

Volkswirtschaftliche Bedeutung

Breit gestreutes Eigentum gilt als gesellschaftlicher Stabilitätsfaktor und in Verbindung mit dem natürlichen Eigentümerinteresse an der Erhaltung eigener Vermögenswerte als volkswirtschaftliche Grundlage eigenverantwortlicher Alterssicherung. Verstärkt ins Bewusstsein tritt die Tatsache, dass in Ländern in denen der Eigentumserwerb einerseits durch staatliche Überreglementierung und andererseits durch fehlende Rechtssicherheit faktisch erheblich erschwert wird und die Verfügungsrechte des Eigentümers oftmals ausgehebelt sind, die wirtschaftliche Entwicklung außerordentlich beeinträchtigt ist. Dies zeigt sich vor allem in dem Übergangsstadium, in dem sich die Nachfolgestaaten der Sowjetunion befinden, wo Grund und Boden früher ausschließlich Volkseigentum war und der Umgang mit dem Privateigentum noch schwer fällt.
Aber auch illegale Slums z.B. in Rio de Janeiro sind oft nicht Folge sozialer Klassenunterschiede, sondern der fehlenden Möglichkeit, Grundeigentum zu erwerben. Auch in Entwicklungsländern verpufft häufig die gewährte Entwicklungshilfe wegen der Unklarheit der Bodeneigentumsverhältnisse.
Siehe auch: Wohnungseigentum

Eigentumswohnung

Während man in der allgemeinen Umgangssprache regelmäßig von der „Eigentumswohnung" spricht und damit die im Einzeleigentum befindliche Wohnung in einem Mehrfamilienhaus meint, auch als „Eigenheim in der Etage" bezeichnet, verwendet das Wohnungseigentumsgesetz diesen Begriff nicht, sondern spricht ausschließlich vom Wohnungseigentum.

Gemeint ist damit das Sondereigentum als Alleineigentum an einer Wohnung, verbunden mit einem Miteigentumsanteil am Gemeinschaftseigentum.

Eine gesetzliche Definition für den Begriff „Eigentumswohnung" fand sich im früheren und inzwischen aufgehobenen Zweiten Wohnungsbaugesetz.

Danach liegt der Unterschied in den Begriffen „Wohnungseigentum" und „Eigentumswohnung" darin, dass mit der Eigentumswohnung das „Objekt" und mit Wohnungseigentum der „rechtliche Inhalt" an diesem Objekt gemeint ist.

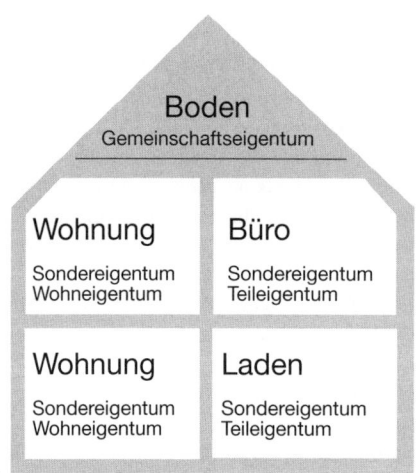

Siehe auch: Sondereigentum, Gemeinschaftseigentum

EigZ
Abkürzung für: Eigenheimzulage

EigZulG
Abkürzung für: Eigenheimzulagengesetz

Einbeziehungssatzung
Siehe: Ergänzungssatzung

Einf
Abkürzung für: Einführung

Einfacher Bebauungsplan
Siehe: Bebauungsplan

Einfamilienhaus
Das Einfamilienhaus ist ein Haus, das eine Wohnung enthält. Es kommt in mehreren Gestaltungsformen vor.

Der Typ des freistehenden Einfamilienhauses ist am beliebtesten. Daneben gibt es als Grundtypen das Doppelhaus (zwei aneinander gebaute Einfamilienhäuser) und das Reiheneinfamilienhaus als Reihenmittel- oder Reiheneckhaus.

Das Atriumhaus ist durch einen geschlossenen Innenhof bzw. Innengarten gekennzeichnet. Es handelt sich um eine besondere Form des Bungalows, der über kein Obergeschoss verfügt. Typische Dachformen des Bungalows und des Atriumhauses sind Flachdächer oder nur ganz leicht geneigte Dächer. Auf Qualitätsunterschiede weisen Begriffe wie Siedlungshaus (meist eineinhalbstöckige freistehende Häuser mit großen Nutzgärten) oder „Villa" hin, wobei der Begriff der Villa als Domizil für einen betuchten Eigentümer sicher nicht in Vergleich gesetzt werden kann mit einer altrömischen Villa. „Landhäuser" sind in der Regel Einfamilienhäuser auf dem Lande, die in einer gewissen Distanz zur Stadt gelegen sind, aber im Gegensatz zu „Ferienhäusern" (die keine Einfamilienhäuser sein müssen) von freiheits- und naturliebenden Eigentümern oder Mietern ständig bewohnt werden.

Nicht zum Typ der Einfamilienhäuser gehört das Wochenendhaus, das normalen Wohnansprüchen in der Regel nicht genügt.

Siehe auch: Zweifamilienhaus, Doppelhaus

Einheimischenmodell
Mit Hilfe eines Einheimischenmodells will die Gemeinde den Baulandbedarf für die ortsansässige Bevölkerung sichern.

Sie kann sich dabei eines städtebaulichen Vertrages mit den Grundstückseigentümern bedienen. Solche Vereinbarungen werden in der Regel im Vorfeld der Bauleitplanung getroffen. Der Grundstückseigentümer wird verpflichtet, die späteren Baugrundstücke an „Einheimische", die bestimmte Merkmale erfüllen, zu veräußern.

Überwiegend aber erwirbt die Gemeinde selbst die Grundstücke zu Preisen unterhalb des Verkehrswertes, um sie dann in einem bestimmten Verfahren zu „vergeben". Es wird teilweise auch mit verbindlichen Ankaufsrechten der Gemeinde gearbeitet, die durch Auflassungsvormerkungen abgesichert sind. In den beiden letzten Fällen handelt es sich um zivilrechtliche Vertragsgestaltungen. Damit die Absichten der Gemeinde von den späteren Einheimischen nicht unterwandert werden, müssen sich diese verpflichten, innerhalb einer bestimmten Frist das Grundstück zu bebauen. Außerdem wird ein Veräußerungs- und Vermietungsverbot mit dem Einheimischen vereinbart.

Einheitspreisvertrag

Der Einheitspreisvertrag nach VOB ist ist die bevorzugte Preisvereinbarung zwischen Auftraggeber (Bauherr) und Auftragnehmer (Bauunternehmen). Vereinbart wird dabei der Preis pro Leistungseinheit für jede Leistungsposition. Die Leistungseinheit kann sich auf laufende Meter, m^2, Stückzahlen usw. beziehen. Die Berechnung erfolgt nach folgender Formel:

Einheitspreis x Menge = Positionspreis + MwSt. Wenn die der Vereinbarung zugrunde gelegten Mengen nur in geringem Umfange von den tatsächlich erforderlichen Mengen abweichen (+/-10%), ist die Forderung eines Differenzausgleiches nicht zulässig, da Einheitspreise Festpreise sind. Das bedeutet auch, dass etwaige Lohnerhöhungen oder Verteuerungen des Materials nicht zu einer Anpassung des vereinbarten Preises führen, es sei denn, dies ist durch eine Lohn- oder Materialgleitklausel vereinbart.

Siehe auch: Pauschalpreisvertrag

Einheitswert

Der steuerliche Wert von Grundvermögen, der zu den Wertverhältnissen des 1. Januar 1964 (Hauptfeststellungszeitpunkt) ermittelt wurde. Der Einheitswert wird behördlich festgesetzt und dient als Bemessungsgrundlage für die Erhebung der Grundsteuer. Beim Verschenken und Vererben von Immobilien wird seit 1.1.1996 nicht mehr der Einheitswert, sondern der sogenannte „Grundbesitzwert" als Bemessungsgrundlage herangezogen.

Siehe auch: Grundbesitzwert

Einkaufsfaktor

Der Einkaufsfaktor gibt an, wie vielen Jahresnettomieten der Kaufpreis einer Immobilie entspricht. Er wird errechnet, indem der Kaufpreis (zuzüglich Erwerbsnebenkosten) durch die anfängliche Netto-Jahresmiete geteilt wird. Ein niedriger Einkaufsfaktor deutet auch eine vergleichsweise preisgünstige Immobilie hin; ein hoher Einkaufsfaktor bedeutet dagegen, dass die Immobilie relativ teuer ist.

Der Vergleich mehrerer Objekte allein anhand des Einkaufsfaktors ist jedoch wenig aussagekräftig, sofern nicht wesentliche Einflussfaktoren für den Wert von Immobilien wie Lage oder Gebäudequalität und das Verhältnis der Mieten zur aktuellen Marktmiete mit berücksichtigt werden. So liegen in besonders gefragten Lagen die Einkaufsfaktoren generell höher, während sie in einfacheren Lagen niedriger sind.

Siehe auch: Verkaufsfaktor

Einkaufszentrum

Ein Einkaufszentrum besteht aus mehreren Einzelhandelsbetrieben in einem Gebäudekomplex, der auf der Grundlage einer einheitlichen Planung errichtet wurde und verwaltet wird. Es dient dem Verkauf von Lebensmitteln und Waren des täglichen Bedarfs.

Das Bauplanungsrecht ermöglicht die Begrenzung der Verkaufsflächen für bestimmte Warengruppen, z.B. Haushaltgeräte, Geräte der Unterhaltungselektronik usw..

Einkaufszentren sind nach der BauNVO nur in Kerngebieten und in Sondergebieten zulässig. Ähnliches gilt in der Regel für einen großflächigen Einzelhandelsbetrieb. Dessen Mindestverkaufsfläche liegt hier bei 700 m².

Einkommensgrenzen

Die Festlegung von Einkommensgrenzen ist ein Mittel, den Bezieherkreis von staatlichen Förderungsmitteln oder steuerlichen Vergünstigungen einzugrenzen. Bei der Förderung durch die Eigenheimzulage kam es bis Ende 2003 auf eine bestimmte Höhe des „Gesamtbetrags der Einkünfte" an, unterhalb der Bauherren und Erwerber staatliche Zulagen erhalten. Auch in anderen Bereichen der staatlichen Förderung, z.B. bei der Zahlung einer Wohnungsbauprämie oder der Arbeitnehmersparzulage, wird die

Zahlung von bestimmten Einkommensgrenzen, die in der Höhe variieren, abhängig gemacht.

Änderungen gab es zum 1. Januar 2004 auch bei den Einkommensgrenzen im Rahmen der Förderung selbstgenutzten Wohneigentums. Ausschlaggebend ist nicht mehr, wie früher, der „Gesamtbetrag der Einkünfte". Nunmehr zählt die „Summe der positiven Einkünfte". Gegenüber der früheren Regelung ist dies bei näherem Hinsehen eine deutliche Verschlechterung für Betroffene.

Denn bei der „Summe der positiven Einkünfte" werden steuerlich wirksame Verluste etwa aus unternehmerischen Beteiligungen oder „Negative Einkünfte aus Kapitalvermögen" nicht mehr berücksichtigt. Früher, als noch der „Gesamtbetrag der Einkünfte" galt, konnten diese dabei helfen, die Einkommensgrenzen zu unterschreiten und sich dadurch die Förderung selbstgenutzten Wohneigentums zu sichern.

Die neuen Einkommensgrenzen, gemessen an der „Summe der positiven Einkünfte" insgesamt im Erwerbs- und vorherigen Jahr sehen nun wie folgt aus: bei Alleinstehenden 70.000 Euro, bei gemeinsam zur Einkommensteuer veranlagten Verheirateten das Doppelte, nämlich 140.000 Euro. Die Einkommensgrenzen erhöhen sich je Kind, das noch im Haushalt der Eltern lebt, um insgesamt 30.000 Euro.

Siehe auch: Eigenheimzulage, Wohnungsbauprämie, Arbeitnehmersparzulage

Einkommensteuergesetz (EStG)

Das Einkommensteuergesetz (EStG) bietet mit der Einkommensteuer-Durchführungsverordnung (EStDV) die Rechtsgrundlage für die Besteuerung von Einkommen. Das EStG unterscheidet sieben Einkunftsarten.

Die Einkunftsquellen sind Gewinneinkünfte (Land- und Forstwirtschaft, Gewerbebetrieb, selbständige Arbeit) und Überschusseinkünfte (nichtselbständige Arbeit, Kapitalvermögen, Vermietung und Verpachtung sowie sonstige Einkünfte). Berücksichtigt wird zunächst der Altersentlastungsbetrag und die an das Ausland bezahlten Steuern im Rahmen bestehender

Doppelbesteuerungsabkommen.

Die Addition der Einkünfte aus den 7 Einkunftsarten führt zum Gesamtbetrag der Einkünfte. Hiervon werden Sonderausgaben und Ausgaben aufgrund von außergewöhnlichen Belastungen abgezogen. Unter weiterer Berücksichtigung von etwaigen Kinderfreibeträgen, eines etwaigen Haushaltsfreibetrages gelangt man dann zum zu versteuernden Einkommen.

Die Einkommensteuertarife wurden durch das Steuerreformgesetz vom 14. Juli 2000 neu gestaltet. Wegen der prekären Lage der öffentlichen Haushalte im Zusammenhang mit der Bereitstellung für Mittel für die Opfer der Flutkatastrophe im Jahr 2002 wurde die bereits für 2003 geplante Verringerung des Eingang- und Höchststeuersatzes auf 1. Januar 2004 verschoben. Durch das Haushaltssicherungsgesetz vom Dezember 2003 ergibt sich eine weitere Änderung.

Die wichtigsten Einzelheiten:

	1.1.2000	1.1.2001	1.1.2004	1.1.2005
Der Grundfreibetrag steigt von				
13.000 DM auf	13.499 DM	14.093		
	= 6.902 €	= 7.206 €	7.664 €	7.664 €
Der Eingangssteuersatz sinkt von				
23,9% (1999) auf	22,9%	19,9%	16%	15%
Der Höchststeuersatz sinkt von				
53% (1998) auf	51%	48,5%	45%	42%
Der Solidarzuschlag bleibt bestehen.				

Personenunternehmen, die Einkünfte aus Gewerbebetrieb erzielen, werden zusätzlich dadurch entlastet, dass bei ihnen ein Anteil der bezahlten Gewerbesteuer in Höhe des 1,8-fachen des Gewerbesteuermessbetrages auf die zu bezahlende Einkommensteuer angerechnet wird. Der Rest kann – wie bisher – im Rahmen der Betriebsausgaben geltend gemacht werden.

Einkünfte aus Vermietung und Verpachtung

„Einkünfte aus Vermietung und Verpachtung" (Anlage V zur Einkommensteuererklärung) ist eine der insgesamt sieben Einkunftsarten, die das Einkommensteuergesetz kennt. Es handelt sich um Überschusseinkünfte, die sich aus der Saldierung von Einnahmen und Werbungskosten ergeben und die aus Grundstücken, Gebäuden, Wohnungen und anderen Immobilien (z.B. Anteilen an geschlossenen Immobilienfonds) stammen, soweit sie nicht Bestandteil des Betriebsvermögens sind.

Einlage, unverzinsliche (Bausparvertrag)

Einige Bausparkassen bieten Tarife an, bei denen anstelle einer Abschlussgebühr eine Einlage auf ein unverzinsliches Sonderkonto einbezahlt wird. Diese Einlage wird a) bei Verzicht auf das Bauspardarlehen an den Bausparer zurückbezahlt, oder b) bei Darlehensauszahlung von der Bausparkasse vereinnahmt.

Diese Verfahrensweise ist besonders für Bausparer interessant, die bei Abschluss noch nicht genau wissen, ob sie den Vertrag zum Bauen verwenden werden.

Einlagensicherungsfonds

Der Einlagensicherungsfonds ist ein Instrument zur Sicherung der Kundeneinlagen bei einem Kreditinstitut im Falle einer Insolvenz. Die Mittel werden aus Umlagen der beteiligten Kreditinstitute aufgebracht. Durch den Fonds werden Kundeneinlagen bis zu 30% des haftenden Eigenkapitals des betroffenen Kreditinstituts gegen Verluste abgesichert.

Einliegerwohnung

Bezeichnung für Wohnungen in Eigenheimen, besonders in Dach- oder Kellergeschossen, die vermietet sind. Für diesen Teil des Gebäudes gelten die steuerlichen Bestimmungen für vermietetes Wohneigentum, wenn bestimmte Voraussetzungen erfüllt sind.

Das Finanzamt erkennt die Räumlichkeiten nur als Wohnung an, wenn es sich um mehrere Räume handelt, die das Führen eines selbständigen Haushalts ermöglichen. Die Räume müssen demnach baulich abgeschlossen sein, einen eigenen Zugang haben und über notwendige Nebenräume, wie mindestens einen Raum mit Kochgelegenheit, ein Bad oder eine Dusche und eine Toilette verfügen.

Bewertungsrechtlich ist eine Einliegerwohnung dann Bestandteil eines Zweifamilienhauses.

Einsichtsrecht (Wohnungseigentum)

Jedem Wohnungseigentümer steht grundsätzlich das Recht zu, Einsicht zu nehmen in sämtliche Verwaltungsunterlagen, insbesondere in die Abrechnungsunterlagen und – insoweit besteht auch das gesetzlich verbriefte Recht – in die Niederschriften über die Beschlüsse der Wohnungseigentümer (§ 24 Abs. 6 WEG).

Diesem Einsichtsrecht stehen datenschutzrechtliche Bestimmungen nicht entgegen.

Das Einsichtsrecht ist regelmäßig am Ort der WEG-Verwaltung, also im Büro des bestellten Verwalters, wahrzunehmen, allerdings im Rahmen der üblichen Bürozeiten und entsprechender Absprache mit dem Verwalter.

Ein Anspruch auf Herausgabe von Originalen der Verwaltungs- oder Abrechnungsunterlagen besteht nicht, wohl aber ein Anspruch auf Anfertigung und Aushändigung von Kopien gegen Kostenerstattung (in der Regel 0,51 Euro pro Kopie).

Einstweilige Verfügung
Siehe: Wettbewerbsrecht

Einwertungsgewinne

Als Einwertungsgewinn wird die Differenz zwischen dem von Sachverständigen für eine bestimmte Immobilie bei ihrer Aufnahme in einen Offenen Immobilienfonds ermittelten Wert und einem niedrigeren von der Fondsgesellschaft gezahlten Kaufpreis bezeichnet. Kritiker verweisen darauf, dass es in der Regel eher zu Einwertungsverlusten kommen müsse, weil Kaufpreis und Verkehrswert sich nur geringfügig unterschieden und vom Verkehrswert die Erwerbsnebenkosten abzuziehen seien.

Einwirkung
Siehe: Immission

Einzelabrechnung (Wohnungseigentum)

Jeder Wohnungseigentümer erhält zusammen mit der Gesamtjahresabrechnung eine Einzelabrechnung, die alle anteilig auf ihn entfallenden Einnahmen und Ausgaben für die Verwaltung des gemeinschaftlichen Eigentums ausweist.

Dazu gehört auch der Ausweis der anteilig gezahlten Zinsen auf den anteiligen Betrag an der Instandhaltungsrückstellung, die der Wohnungseigentümer im Rahmen seiner jährlichen Einkommensteuererklärung ebenso wie andere Zinseinnahmen anzugeben hat.

Aus der Einzelabrechnung ergibt sich der insgesamt zu leistende anteilige Beitrag als Saldo der anteiligen Einnahmen und Ausgaben.

Abzüglich der bereits geleisteten Hausgeldvor-auszahlungen ergeben sich Nachzahlungen oder aber auch Erstattungsbeträge, wenn die Vorauszahlungen höher ausgefallen waren als die tatsächlichen Ausgaben.

Über die Einzelabrechnung hat die Wohnungs-eigentümergemeinschaft ebenso durch Mehr-heitsbeschluss abzustimmen wie über die Ge-samtabrechnung. Ohne eine Beschlussfassung entsteht keine Zahlungsverpflichtung. Aus der Verpflichtung, über die Gesamtabrechnung und sämtliche Einzelabrechnungen zu beschließen, ergibt sich auch das Recht, in die Abrechnun-gen aller übrigen Miteigentümer Einsicht zu-nehmen. Dies auch aus dem Grunde, um fest-stellen zu können, ob alle Miteigentümer ihren Zahlungsverpflichtungen nachgekommen sind. Siehe auch: Belegprüfung, Einsichtsrecht (Wohnungseigentum), Gesamtschuldneri-sche Haftung (Wohnungseigentümer), Jah-resabrechnung (Wohnungseigentum)

Einzelrechtsnachfolge

Der Einzelrechtsnachfolger erwirbt das Recht an einer einzelnen Immobilie und wird in Be-zug auf diese Sache Rechtsnachfolger des Er-blassers bzw. Schenkers.

Er kann z.B. bei einer Immobilie die lineare Abschreibung des Rechtsvorgängers weiter-führen. Mangels eigener Anschaffungskosten hat er aber keinen Anspruch auf Fortzahlung ei-ner Eigenheimzulage.

Einzugsermächtigung (Wohnungseigentum)

Zur Erleichterung des Zahlungs- und Rech-nungsverkehrs in der Wohnungseigentümerge-meinschaft empfiehlt es sich, im Rahmen der Beschlussfassung über den Wirtschaftsplan gleichzeitig durch mehrheitliche Beschlussfas-sung zu regeln, dass jeder Wohnungseigentü-mer dem Verwalter eine Einzugsermächtigung für die gemäß Wirtschaftsplan beschlossenen monatlichen Hausgeldvorauszahlungen zu er-teilen hat.

Dabei hält es die Rechtsprechung auch für

zulässig, für die Nichtteilnahme am Lastschrift-verfahren den insoweit betroffenen Wohnungs-eigentümern eine gesonderte Gebühr in Rech-nung ztu stellen. Auch hierzu ist allerdings eine entsprechende Beschlussfassung erforderlich, wobei ein Mehrheitsbeschluss ausreicht.
Siehe auch: Wirtschaftsplan

Elementarschadenversicherung

Die Elementarschadenversicherung gewährt zusätzlichen Versicherungsschutz vor den Fol-gen von Erdbeben, Erdrutsch, Lawine usw. Dieser Schutz ist in der normalen Wohngebäu-deversicherung nicht enthalten und muss des-halb zusätzlich vereinbart und bezahlt werden.

ELW

Abkürzung für: Einliegerwohnung

EnEG

Abkürzung für: Gesetz zur Einsparung von Energie in Gebäuden

Energieeinsparverordnung

Am 1. 2. 2002 trat die neue Energieeinsparver-ordnung in Kraft. Sie hat die bisherige Wärme-schutzverordnung und die Heizanlagenverord-nung abgelöst. Ziel ist es, die auf Gebäude tref-fenden energieverbrauchsbedingten Emissio-nen von CO_2 (Treibhausgas) bis 2005 um 25 % zu senken. Für Neubauten wird mit einer Ab-senkung des Energiebedarfs um 30 % gerech-net. Der durchschnittliche Wärmeverbrauch soll von 200 Kilowattstunden pro m^2 (kWh) auf 70 kWh pro m^2 gesenkt werden. Es soll generell der Niedrigenergiestandard erreicht werden Niedrigenergiehaus. Wie in der Wärmeschutz-verordnung wird auch künftig zwischen neu herzustellenden Gebäuden und bestehenden Gebäuden unterschieden. Auch nach neuem Recht müssen an bestehenden Gebäuden nur aus Anlass baulicher Änderungen energieeins-parende Maßnahmen durchgeführt werden. Ausgenommen sind bestimmte Maßnahmen, die auf jeden Fall innerhalb einer bestimmten Frist durchgeführt werden müsssen (Austausch sehr alter Heizkessel, Dämmung von Rohrleitungen in kalten Räumen, Dämmung der obersten Geschossdecken zu den nicht nutzbaren Dachräumen usw.).

Für Neubauten werden „Energieausweise" eingeführt, in denen die energetische Bilanz der Gebäude dokumentiert wird. Der Energiebedarfsausweis enthält eine Objektbeschreibung, den höchstzulässigen und den ermittelten Energiebedarf und weitere energiebezogene Merkmale, insbesondere höchstzulässiger und berechneter Transmissionswärmeverlust.

Für bestehende Gebäude, die wesentliche geändert werden (Austausch der Heizanlage oder des Heizkessels oder Erweiterung des Gebäudevolumens um mehr als 50%), wird ein Energiebedarfsausweis eingeführt, der es ermöglicht, eine Einwertung auf der Grundlage von veröffentlichten Vergleichswerten vorzunehmen.
Siehe auch: Niedrigenergiehaus

Entlüftungsgitter

Bei einer Eigentumswohnung stellt der Einbau eines Entlüftungsgitters in einen hierzu geschaffenen Durchbruch einer Außenwand oder der Einbau einer Entlüftungsanlage in das Küchenfenster eine bauliche Veränderung dar, die wegen der Verschlechterung des optischen Gesamteindruckes i.d.R. der Zustimmung aller Wohnungseigentümer bedarf. Die Zustimmung kann entbehrlich sein, wenn die Beeinträchtigung geringfügig ist, z.B. wegen ihrer unauffälligen Lage.

Entsiegelungsgebot

Das neue Bodenschutzgesetz enthält eine Ermächtigung für die Bundesregierung, nach Anhörung der „beteiligten Kreise" eine Rechtsverordnung über die Entsiegelung nicht mehr genutzter Flächen erlassen zu können. Darin kann die Verpflichtung des Bodeneigentümers näher geregelt werden, „bei dauerhaft nicht mehr genutzten Flächen, deren Versiegelung im Widerspruch zu planungsrechtlichen Festsetzungen steht, den Boden in seiner Leistungsfähigkeit, soweit wie möglich und zumutbar zu erhalten

oder wiederherzustellen". Dieses Entsiegelungsgebot geht über dasjenige des BauGB (siehe Rückbau- und Entsiegelungsgebot) hinaus, bei dem das Vorhandensein von Missständen oder Mängeln vorausgesetzt wird, die durch Modernisierungs- und Instandsetzungsmaßnahmen nicht mehr behoben werden können.
Siehe auch: Rückbau- und Entsiegelungsgebot

Entwicklungsmaßnahme, städtebauliche

Städtebauliche Entwicklungsmaßnahmen beziehen sich auf erstmalige Entwicklung eines Ortes oder von Ortsteilen oder auf ihre Entwicklung im Rahmen eines neuen städtebaulichen Konzeptes. Ein solches Konzept kann vorsehen, dass neue Siedlungseinheiten entwickelt und Ortsteile zusammengelegt oder ergänzt werden. Die Gemeinde legt in einer Entwicklungssatzung das Teilgebiet der Gemeinde förmlich fest, in dem die Entwicklungs-maßnahme durchgeführt werden soll.

Das Verfahren läuft ähnlich ab wie bei der städtebaulichen Sanierung. Auch hier können immobilienwirtschaftliche Unternehmen als Träger der Maßnahme eingesetzt werden. Für Entwicklungsträger gelten die gleichen Qualifikationsanforderungen wie für Sanierungsträger.
Siehe auch: Sanierung, Sanierungsträger

Entwicklungssatzung

Zusammenhängende Flächen im Außenbereich mit Siedlungsansätzen können von der Gemeinde mit Hilfe einer Entwicklungssatzung zu einem im Zusammenhang bebauten „Ortsteil" und damit zu einer Innenbereichsfläche weiterentwickelt werden. Voraussetzung für eine solche Entwicklungssatzung ist eine Darstellung der Fläche im Flächennutzungsplan als Baufläche.
Siehe auch: Entwicklungsmaßnahme, städtebauliche

Erbbaugrundbuch

Mit Bestellung eines Erbbaurechts an einem Grundstück muss für dieses Recht ein eigenes

Grundbuch – das Erbbaugrundbuch – eingerichtet werden. Es ist ebenso aufgebaut wie das Grundbuch für Grundstücke. Auf dem Deckblatt steht in Klammer das Wort Erbbaugrundbuch. Ins Bestandsverzeichnis wird ebenfalls die Bezeichnung Erbbaurecht und das belastete Grundstück, der Inhalt des Erbbaurechts einschliesslich etwaiger Zustimmungserfordernisse für Belastungen, Veräußerungen und dergl. durch den Grundstückseigentümer, sowie der Eigentümer des belasteten Grundstücks eingetragen. Abteilung I enthält den Inhaber des Erbbaurechts. Die Eintragungen in den übrigen Abteilungen entsprechen denen des Grundbuchs für Grundstücke.

Erbbaurecht

Das Erbbaurecht verleiht dem Berechtigten das Recht, auf oder unter fremdem Grundstück ein „Bauwerk" zu haben. Dieses ist wesentlicher Bestandteil des Erbbaurechts. Eine Zerstörung des Gebäudes hat auf das Erbbaurecht keinen Einfluss. Das Bauwerk ist Eigentum des Erbbauberechtigten. Im Normalfall wird es an einem unbebauten Grundstück begründet.

Der Berechtigte wird im Erbbauvertrag zur Errichtung eines in seiner Nutzungsart bestimmten Gebäudes verpflichtet.

Weitere Pflichten können sich beziehen auf die Instandhaltung, Versicherung, Tragung der öffentlichen Lasten, Wiederaufbau bei Zerstörung, Heimfallanspruch des Erbbaurechtgebers bei Vertragsverletzung (siehe Heimfall), Laufzeit, Erbbauzins, Vorrecht des Erbbauberechtigten bei Erneuerung des Erbbaurechts nach Ablauf, eine etwaige Verpflichtung des Erbbaurechtgebers zum Verkauf des Grundstücks an den Erbbauberechtigten usw.

Das Erbbaurecht kann auch an einem bebauten Grundstück begründet werden. Auf diese Weise erfolgt eine eigentumsrechtliche Trennung zwischen dem Grund und Boden und dem Gebäude. Ausserdem ist die Begründung von Eigentümererbbaurechten möglich. In einem solchen Fall sind Erbbaurechtgeber und Berechtigter identisch. Von dieser Möglichkeit wird häufig

Gebrauch gemacht, um im Zuge der Durchführung eines Bauvorhabens eine einheitliche Verkaufsgrundlage für die zu errichtenden Hauseinheiten vorzubereiten.

Das Erbbaurecht war früher ein Instrument zur Versorgung einkommensschwacher Bevölkerungskreise mit Wohneigentum. Der Vorteil bestand darin, die Kosten für das Baugrundstück nicht aufbringen zu müssen. Der Erbbauzins, der sich aus dem Wert des Baugrundstücks errechnet, betrug regelmässig 5,5%. In neuerer Zeit wird das Erbbaurecht auch im Gewerbeimmobilienbereich eingesetzt. Der vereinbarte Erbbauzins liegt hier in der Regel höher.

Das Erbbaurecht kann auch unentgeltlich vergeben werden. Wird aber ein Erbbauzins vereinbart, erfolgt die Absicherung über eine Reallast, die in Abteilung II des Erbbaugrundbuchs eingetragen wird. Zu Erbbauzinserhöhungen siehe Erbbauzins.Das Erbbaurecht selbst kann im Grundbuch des Erbbaurechtgebers nur an 1. Rangstelle eingetragen werden.

Siehe auch: Heimfallanspruch, Erbbaugrundbuch, Erbbauzinsen

ErbbauVO

Abkürzung für: Verordnung über des Erbbaurecht

Erbbauzinsen

Erbbauzinsen sind die im Erbbauvertrag vereinbarte Gegenleistung des Erbbauberechtigten für das Recht, das Grundstück des Erbbaurechtsgebers baulich nutzen zu können. Der Erbbauzins wird im Grundbuch durch Eintragung einer Reallast („Erbbauzinsreallast") abgesichert. Erbbauzinserhöhungen aufgrund einer Wertsicherungsklausel können ebenfalls in die Reallast mit einbezogen werden. Früher konnten Ansprüche auf Erbbauzinserhöhungen nur über eine weitere Vormerkung zur Eintragung einer Reallast abgesichert werden.

Dient das Erbbaurecht Wohnzwecken, müssen zwischen den Erhöhungen des Erbbauzinses jeweils mindestens drei Jahre verstreichen. Die Erhöhung darf auch nicht „unbillig" sein. Sie wäre es, wenn sie über die Änderung der allgemeinen wirtschaftlichen Verhältnisse hinausginge. Maßstab für diese Änderung ist nach der Rechtsprechung einerseits die Änderungsrate beim Preisindex für die Lebenshaltung und andererseits die Änderung der Einkommen der Industriearbeiter und der Angestellten. Aus den beiden prozentualen Änderungsraten ist ein Mittelwert zu bilden.

Wertsicherungsklauseln sind nach der Preisklauselverordnung genehmigungsfrei, wenn der Erbbauvertrag mindestens auf 30 Jahre abgeschlossen wird. Erbbauzinsen gehören wie Darlehensgebühren, Bausparkassendarlehenszinsen oder Bürgschaftsgebühren zu den Werbungskosten, die das Finanzamt anerkennt, sofern der Erbbauberechtigte aus seinem Erbbaurecht Einkünfte aus Vermietung und Verpachtung erzielt. Erhöhen sich Erbbauzinsen, können sie allerdings im freifinanzierten Wohnungsbau nicht auf Mieter umgelegt werden.

ErbbR

Siehe: Erbbaurecht

Erbe und Grundbuch

Bei Tod des im Grundbuch eingetragenen Eigentümers wird das Grundbuch unrichtig. Der Erbe muss einen Antrag auf Berichtigung stellen. Grundsätzlich muss der Erbe dazu einen Erbschein oder ein bedenkenfreies notarielles Testament vorlegen.

Besteht eine Erbengemeinschaft, die sich noch nicht aufgeteilt hat, so werden diese Erben in ungeteilter Erbengemeinschaft („zur gesamten Hand") als Eigentümer eingetragen. Eine Aufteilung in Bruchteilseigentum muss besonders beantragt werden.

Erbpacht

Erbpacht ist ein dingliches Recht aus der Zeit vor 1900, das weder in das BGB noch in die Grundbuchordnung übernommen, sondern durch das Einführungsgesetz zum BGB dem landesrechtlichen Regelungsbereich zugeteilt wurde.

Die Erbpacht bedeutete eine dauernde Trennung zwischen Eigentum und dem Recht der Bodennutzung durch den Pächter. Das Nutzungsrecht war vererblich und veräußerlich. An den Eigentümer mussten jährlich bestimmte Leistungen (Natural- oder Geldpacht) entrichtet werden. Hinzu kam eine Abgabe aus Anlass der Übertragung der Erbpacht an einen Erwerber oder Erben. Zum Zeitpunkt des Inkrafttretens des BGB am 1.1.1900 gab es noch in Mecklenburg-Schwerin, Braunschweig, Lippe-Schaumburg und in Thüringen Erbpachtverhältnisse. In Preußen wurden sich schon 1850 durch die zwingende Einführung der Ablösbarkeit der aus der Erbpacht resultierenden Grundlasten bedeutungslos. Erbpachtverträge spielen heute keine Rolle mehr. Der Begriff wird jedoch umgangssprachlich nach wie vor auch für das Erbbaurecht verwendet, was zu Missverständnissen führen kann. Geblieben ist im BGB die rein schuldrechtliche Regelung des Pachtvertrages, der jedoch keine bauliche Nutzung des Pachtgrundstücks vorsieht.

Siehe auch: Erbbaurecht, Pachtvertrag

Erbschaft- und Schenkungsteuer

Steuer, die bei der Übertragung (Schenkung oder Erbschaft) von Vermögen vom Begünstigten (Erbe oder Beschenkter) zu zahlen ist. Die Höhe der Steuer hängt einerseits bei Vererbung von Grundstücken von dessen „Grundbesitzwert" ab, beim sonstigen Vermögen vom gemeinen Wert, andererseits vom verwandtschaftlichen Grad zwischen Erblasser und Erben. Grundsätzlich gilt: Je geringer der steuerpflichtige Erwerb und je enger der Verwandtschaftsgrad, desto niedriger der Steuersatz (in Prozent des steuerpflichtigen Erwerbs) und somit die Steuerschuld.

ErbSt

Abkürzung für: Erbschaftsteuer

ErbStG

Abkürzung für: Erbschaftsteuergesetz

Erfolgsfaktoren (Immobilien)

Erfolgsfaktoren sind strategische Faktoren, welche ein erfolgreiches Unternehmen von weniger erfolgreichen Unternehmen unterscheidet. Zu diesen Faktoren zählen sowohl der Standort einer Immobilie als auch bei einzelhandelsgenutzten Immobilien die Gestaltung des Verkaufsraums / Schaufensters oder das Kundenbewusstsein des jeweiligen Unternehmens. Ebenso zählen zu den Erfolgsfaktoren die Kundenorientierung und der darauf abgestimmte Kundenservice und die Immobilie selbst.

Die Erfolgsfaktoren der Immobilie liegen in der ansprechenden Straßenfront, welche die Passanten zum Einkaufen einlädt. Zum anderen die Erdgeschosslage mit einem stufenlosen Zugang in den Verkaufsraum, der einen Zutritt mühelos macht und auch für gehbehinderte Kunden keine Barriere darstellt. Auch der ideale Zuschnitt der Verkaufsfläche mit im Verhältnis angemessenen Nebenflächen in Nicht-Erdgeschosslagen und das Verhältnis, wie bereits angesprochen, von Ladengröße und Frontbreite. Weitere Erfolgsfaktoren einer Immobilie sind das gute Umfeld der Immobilie, z.B. 1a-Lage oder Konkurrenzsituation, gleichmäßige Kundenfrequenz und Parkmöglichkeiten.

Das bedeutet im Einzelnen, dass schmale, lange Läden weniger vorteilhaft sind als großräumige, möglichst rechteckige Läden mit einer Schaufensterfront von mindestens fünf laufenden Metern. Hier ist zu beachten, dass die Front das Wertvollste jeder Ladeneinheit darstellt. Die Standortentscheidung ist eine der langfristigsten Entscheidungen des Einzelhandelsunternehmens. Da sich in den letzten zwei Jahrzehnten die Einzelhandelslandschaft grundlegend verändert hat, entstanden großflächige Verkaufsstätten, der Grad der Filialisierung stieg.

Zur Erfolgswahrscheinlichkeit einer einzelhandelsgenutzten Immobilie ist eine präzise Untersuchung des Standortes unumgänglich. Wichtige Punkte bei der Untersuchung sind das Standortumfeld, die baurechtliche Situation, die Nachfragesituation und die Bevölkerungsstruktur, die Konkurrenzsituation und die bauliche Konzeption der Immobilie. Diese Faktoren sind alle bezogen auf die Immobilie. Bei der Nachfragesituation und der Konkurrenzsituation ist gemeint: Welche Immobilien werden zurzeit am Markt besonders nachgefragt und wie sieht das Angebot aus? Generell sind für die Standortwahl folgende Kriterien von besonderer Bedeutung: Hohe Bevölkerungsdichte im Einzugsgebiet, gute überregionale Verkehrsanbindung, gute Erreichbarkeit des Standortes, hohe Verkehrsfrequenzen, Käuferverhalten im Einzugsgebiet, hoher Anteil an Familien mit Kindern, Frequentierte, gut sichtbare Lage, hohes Kaufkraftniveau im Einzugsgebiet.

Zu unterscheiden sind innerbetriebliche und außerbetriebliche Erfolgsfaktoren. Zu den innerbetrieblichen Erfolgsfaktoren gehört natürlich hauptsächlich das Marketing, doch auch die Unternehmensstrategie mit der Festlegung der Betriebsgröße, der Finanzierung, der Beschaffung, des Personals, der Organisation und Führung, aber auch der Service und die Ladengestaltung zählen zu den innerbetrieblichen Erfolgsfaktoren. Die außerbetrieblichen Erfolgsfaktoren teilen sich auf in die Wettbewerbssituation, die Nachfrage, d.h. Marktsituation, und die Wahl des Standortes. Es ist zu beachten, dass sich die innerbetrieblichen und die außerbetrieblichen Faktoren gegenseitig beeinflussen können, da interne Faktoren beispielsweise durch die Kunden wahrgenommen und durch die Beurteilung durch den Kunden zu externen Faktoren werden. Die internen Faktoren werden auch durch die Wettbewerbssituation beeinflusst. Ist der Wettbewerb an einem Standort besonders groß, können Innovationen oder Marketingstrategien für eine bessere Kundenbindung sorgen.

Siehe auch: Zoning

Erfolgsprinzip (Maklergeschäft)

Das Erfolgsprinzip besagt, dass zugunsten des Maklers nur dann ein Provisionsanspruch entsteht, wenn durch seine Maklertätigkeit ein

Vertrag wirksam zustande kommt. Gelingt dies dem Makler nicht, hat er keinen Anspruch auf Vergütung oder Aufwendungsersatz. Abgemildert werden können die Auswirkungen dieses Prinzip dadurch, dass mit dem Auftraggeber ausdrücklich ein Aufwendungsersatz für den Nichterfolgsfall vereinbart wird.

Das Erfolgsprinzip gilt auch bei Vereinbarung von Alleinaufträgen und ist jedenfalls im Rahmen von Vertragsformularen nicht abdingbar. Die Wirkungsweise des Erfolgsprinzips führt dazu, dass der Makler aus eigenem Interesse nur Aufträge zu Angebotsbedingungen übernehmen sollte, die am Markt auch durchsetzbar sind.

Erfolgsquote (Maklergeschäft)

Die Erfolgsquote im Maklergeschäft gibt an, wie groß der Anteil der durch den Makler erfolgreich zum Abschluss gebrachten Aufträge gemessen an allen von ihm bearbeiteten Aufträgen ist. Sie wird im Wege einer Erfolgsanalyse ermittelt. Es kann sich dabei um eine Totalanlayse oder um eine Partialanalyse handeln.

Gegenstand der Totalanalyse sind alle in einem bestimmten Zeitraum bearbeiteten Makleraufträge. Bei der Partialanalyse werden nur bestimmte Segmente (z.B. alle Alleinaufträge, alle Aufträge die sich auf Mietwohnungen beziehen, alle Aufträge im Bereich der Wohnimmobilien, alle Aufträge mit einem Auftragvolumen von bis zu 500.000 Euro usw.) der Analyse unterworfen. Aus den gewonnenen Erkenntnissen ergeben sich für das Maklerunternehmen Umsteuerungsmöglichkeiten. (Einschränkung auf der Geschäftätigkeit mit niedriger Erfolgsquote, Stärkung der Geschäftsbereiche mit hoher Erfolgsquote.)

Ergänzungssatzung

Die Ergänzungssatzung (Einbeziehungssatzung, früher Abrundungssatzung) ermöglicht die Einbeziehung einzelner Außenbereichsflächen in die im Zusammenhang bebauten Ortsteile („Innenbereich").

Die Einbeziehung dieser Flächen führt zur Begradigung der Grenzen zwischen Innen- und Außenbereich bzw. zur Vereinfachung der Flächenstruktur an den Rändern des Innenbereichs.

Erhaltungsaufwand (Einkommensteuer – Vermietung und Verpachtung)

Im Gegensatz zum Herstellungsaufwand wird durch Erhaltungsmaßnahmen lediglich Vorhandenes ersetzt oder verbessert (z.B. alte Holzfenster durch Fenster mit Kunststoffrahmen). Vermieter dürfen den Erhaltungsaufwand grundsätzlich sofort in voller Höhe als Werbungskosten bei ihren Einkünften aus Vermietung und Verpachtung steuermindernd absetzen.

Bis Sept. 2001 gab es eine Regelung wonach derjenige, der innerhalb der ersten drei Jahre nach Anschaffung mehr als 15 % des Gebäudewertes für Erhaltungsaufwand investierte, den Gesamtbetrag nur noch zeitanteilig im Rahmen der AfA absetzen durfte. Es handelte sich dabei um eine Sonderregelung zum anschaffungsnahen Erhaltungsaufwand. Der Bundesfinanzhof hat durch zwei Grundsatzentscheidungen diese Regelung geändert. Dabei wird auf die Unterscheidung zwischen Anschaffungs- und Herstellungskosten nach § 255 HGB zurückgegriffen.

Zu Anschaffungskosten zählen danach solche Aufwendungen, die nach dem Erwerb geleistet werden, um das Gebäude erst bestimmungsgemäß nutzen zu können. Wurde das Gebäude vor Veräußerung bereits genutzt, hängt die sofortige Abzugsfähigkeit von Aufwendungen davon ab, ob der Standard durch die Gesamtheit aller Maßnahmen zu einem höheren Standard (also z.B. von einem einfachen zu einem mittleren Wohnwert) führt oder ob durch die durchgeführten Maßnahmen lediglich der „betriebsbereite Zustand" erhalten bzw. abgesichert werden soll. (BFH vom 12.09.2001, Az. IX R 39/97 und IX R 52/00.)

Vorgesehen ist allerdings im Zuge des vorgesehenen „Gesetzes zum Abbau von Steuervergüns-

tigungen" die Möglichkeit, größere Erhaltungs-
aufwendungen auf mehrere Jahre verteilen zu
können.
Siehe auch: Anschaffungsnaher Erhaltungsaufwand

Erhaltungssatzung

Die Gemeinden können durch Satzung Gebiete
bezeichnen, deren städtebauliche Eigenart und
Gestalt erhalten werden soll. Eine solche Satzung wird als Erhaltungssatzung bezeichnet.
Solche Gebiete unterliegen einer Veränderungssperre. Rückbau, Änderung der baulichen
Anlagen und deren Nutzung bedürfen damit der
Genehmigung.
Durch Rechtsverordnung der Landesregierun-
gen kann bestimmt werden, dass auch die Begründung von Wohnungseigentum i.S.d. WEG
an bestehenden Gebäuden („Umwandlung")
der Genehmigung bedürfen. Eine besondere
Art der Erhaltungssatzung ist die „Milieuschutzsatzung", die der Erhaltung der Zusammensetzung der Wohnbevölkerung dient. Hierfür gelten zusätzliche Regelungen.
Hiernach kann die Genehmigung u.a. davon abhängig gemacht werden, dass der Eigentümer
des Hauses sich verpflichtet, die durch Begründung von Wohnungseigentum entstandenen
Eigentumswohnungen innerhalb von 7 Jahren
nur an Mieter zu veräußern. Damit soll einer
Verdrängung der ursprünglich ansässigen Bevölkerung entgegengewirkt werden.
Die Genehmigungspflicht kann ins Grundbuch
eingetragen werden.

Erneuerbare Energie

Kennzeichen der erneuerbaren oder regenerati-
ven Energie ist die Tatsache, dass sie keine
Rohstoffquellen benötigt, die in Energie umgewandelt werden können.
Die erneuerbare Energie steht unbegrenzt zur
Verfügung. Hierzu zählen die Solarenergie, die
Windenergie, die Wasserkraft, die Biomasse
und die Geothermie, welche die Erdwärme
nutzt.

Ersatzdienstleistungen

Dies sind alle Faktoren, die die bisherige
Dienstleistung ganz oder teilweise ersetzen
können. Als denkbare Substitute für den Einsatz von Maklern sind insbesondere Internet-
Systeme bzw. -Immobilienbörsen vorstellbar.
In derartigen Börsen, die über das Internet verfügbar gemacht werden, können Immobilienangebote / -gesuche von Anbietern / Nachfragern
– ähnlich wie in einer Zeitung – eingestellt werden. Dies scheint z.B. Privatleuten die makler-
lose Direktvermarktung zu erleichtern. Angesichts der Komplexität des Gutes Immobilie
sind derartige Ersatzdienstleistungen jedoch
nur sehr bedingt geeignet, die qualifizierten
Maklerdienstleistungen überflüssig zu machen.
Hierbei ließe sich darüber diskutieren, ob Inter-
net-Systeme bzw. Immobilienbörsen wirklich
Ersatzdienstleistungen sind, oder ob es sich –
soweit sie nicht von Maklern selbst genutzt
werden – lediglich um weitergehende Instrumente für Direktanbieter / Direktnachfrager
handelt.
Siehe auch: Direktanbieter / Direktnachfrager

Ersatzmaßnahme (für Ausgleich)

Als Ersatzmaßnahme für den durch Versiegelung von Böden erforderlich werdenden Ausgleich in Form der zur Verfügungstellung von
Ausgleichsflächen nach § 1a BauGB können
auch Ersatzmaßnahmen durchgeführt werden,
die in den Landesnaturschutzgesetzen geregelt
sind.
Kann der Vorhabenträger als Verursacher des
Eingriffs in die Natur die dadurch beeinträchtigen Funktionen und Werte des Naturhaushaltes
nicht an anderer Stelle wiederherstellen oder
ersetzen, muss er dafür einen Geldbetrag bezahlen, der für die Durchführung der Ersatzmaßnahme erforderlich gewesen wäre.
Die bestimmten Ersatzmaßnahmen sollen eine
gleichartige und gleichwertige Wiederherstellung der beeinträchtigten Funktionen sicherstellen. Werden landschaftliche Freiräume beeinträchtigt, müssen sie an anderer Stelle gestärkt werden, werden Arten- und Lebensge-

meinschaften (z.B. eines Biotops) zerstört, Vorsorge für ein neues Biotop zu treffen, wurde das Landschaftsbild beeinträchtigt, sind Maßnahmen zur „landschaftsästhetischen Aufwertung" zu treffen."

Siehe auch: Ausgleichsflächen

Ersatzwert (Versicherungen)

Ersatzwert ist der Versicherungswert der beweglichen oder unbeweglichen Sachen, die im Zeitpunkt des Schadenseintritts versichert sind. Je nach Inhalt des Versicherungsvertrages kann es sich beim Versicherungswert um den Neuwert oder um den Zeitwert handeln. Liegt eine Überversicherung vor, erhält der Versicherungsnehmer im Schadensfall nur den Ersatzwert. Im Fall einer Unterversicherung wird nur eine um das prozentuale Verhältnis zwischen Ersatzwert und Versicherungssumme geminderte Leistung erbracht.Bei Gebäuden wird der Ersatzwert durch ein Sachwertverfahren ermittelt, das – überwiegend – auf Werten von 1914 beruht.

Erschließung – Erschließungsbeitrag

Mit Erschließung wird die Herstellung von Erschließungsanlagen bezeichnet, die Voraussetzung für die Bebauung von Grundstücken sind. Die Erschließung ist Aufgabe der Gemeinde. Geregelt wird die Durchführung der Erschließung durch eine Satzung.Erschließungsanlagen i.S.d. BauGB sind u.a. die öffentlichen, zum Anbau bestimmten Straßen, Wege, Plätze, sowie Sammelstraßen innerhalb der Baugebietes, Parkflächen und Grünanlagen. Nach Landesrecht gehören auch Anlagen der Versorgung mit Wasser, Strom, Gas, Anlagen der Entsorgung und Entwässerung zur Erschließung. Regelungen hierzu finden sich in den Kommunalabgabegesetzen der Bundesländer.

Die Versorgungs- und Entsorgungsanlagen werden jeweils bis zur Grundstücksgrenze der „Anlieger" gelegt. Damit gebaut werden kann, muß die Erschließung des Grundstücks stets gesichert sein. Die der Gemeinde entstehenden Kosten für die Erschließungsanlagen kann sie – soweit sie erforderlich sind – bis zur Höhe von 90% als Erschließungsbeitrag an die Grundstückseigentümer weiterberechnen.

Maßstäbe für die Verteilung der Erschließungskosten können Art und Maß der Nutzung, die Grundstücksflächen und die Grundstücksbreite der Erschließungsanlage (Straßenfront) sein. Die Beitragspflicht besteht für Grundstücke, die bebaut werden dürfen, selbst wenn mit dem Bau noch nicht begonnen ist, die Erschließungsanlagen aber fertiggestellt sind. Für die Instandhaltung der Erschließungsanlagen sind ebenfalls die Gemeinden zuständig.

Siehe auch: Erschließungsvertrag, Ausgleichsflächen, Flächenmanagement

Erschließungsvertrag

Die Erschließungslast liegt nach dem Baugesetzbuch bei den Gemeinden. Durch einen Erschließungsvertrag kann die Gemeinde die Herstellung der Erschließungsanlagen für ein Baugebiet auf ein Unternehmen („Erschließungsträger") übertragen. Beim Erschließungsvertrag handelt es sich um einen städtebaulichen Vertrag. Der Erschließungsträger kann sich darin verpflichten, die Erschließungskosten ganz zu übernehmen. Der Erschließungsträger kann dabei auch zusätzliche Leistungen übernehmen, die allerdings in einem Zusammenhang mit der Erschließung stehen müssen (Beispiel: Bau einer Grundschule, wenn durch Bebauung des Erschließungsgebietes ein Bedarf für eine solche Schule entsteht.). Der Erschließungsvertrag muss schriftlich abgeschlossen werden. Wenn, was überwiegend der Fall ist, der Erschließungsträger Grundstücke erwerben oder veräußern muss, ist die notarielle Beurkundungsform nach § 311b BGB vorgeschrieben. Ist ein von der Gemeinde beschlossener qualifizierter Bebauungsplan rechtskräftig geworden und lehnt sie das zumutbare Angebot eines Erschließungsträgers zur Durchführung der Erschließung ab, ist sie verpflichtet, die Erschließung selbst durchzuführen.

Siehe auch: Folgekostenverträge, Ausgleichsflächen

Ersttermin (Zwangsversteigerung)

Bei einem Ersttermin in Zwangsversteige-
rungs-Verfahren liegen als geringstes Gebot
50%, auf Antrag des Gläubigers 70% des Verkehrswertes zugrunde. Werden diese Min-
desthöhen im Termin nicht erreicht, muss der
Rechtspfleger den Zuschlag versagen.

Ertragswert

Die Definition des Ertragswerts lässt sich aus
den Vorschriften über das Ertragswertverfahren
in der WertV ableiten.

Danach handelt es sich um die Summe aus Bodenwert und den unter Berücksichtigung der
Restnutzungsdauer durch Kapitalisierung des
um die Bodenverzinsung verminderten Reiner-
trages ermittelten Gebäudeertragswert. Gegebenenfalls sind sonstige wertbeeinflussende
Umstände noch zu berücksichtigen.

Konkret wird dabei wie folgt verfahren:
Zunächst wird der Bodenwert durch Preisver-
gleiche oder mit Hilfe von Richtwerten ermittelt. Daneben werden vom nachhaltig erzielbaren Rohertrag die Bewirtschaftungskosten mit
Ausnahme der umlegbaren Betriebskosten abgezogen. Von dem so ermittelten Reinertrag
wird der auf den Bodenwert entfallende Liegenschaftszins in Abzug gebracht. Der verblei-
bende Betrag wird unter Berücksichtigung der
Restnutzungsdauer (Abschreibungskomponen-
te) mit einem sich aus dem Liegenschaftszinssatz ergebenden Multiplikator kapitalisiert. Der
Multiplikator kann der Vervielfältigertabelle
der WertV entnommen werden.

Stellt sich bei diesem Verfahren heraus, dass
vom Reinertrag nach Abzug der Bodenzinsen
kein positiver Betrag übrig bleibt, mündet das
Ertragswertverfahren in das sog. Liquidations-
verfahren. Bei ihm werden vom Bodenwert die
Freilegungskosten abgezogen. Dabei werden
auch etwaige vertragliche Bindungen und sonstige Umstände berücksichtigt, die einer sofortigen Freilegung entgegenstehen.Überschlägig
kann der Ertragswert auch durch Multiplikation
des Rohertrages mit einem marktüblichen Multiplikator ermittelt werden (Maklermethode).

Nach einem vereinfachten Ertragswertverfahren,
das im Bewertungsgesetz geregelt ist, wird in der
Regel auch der für die Erbschaft- und Schenkungsteuer wichtige Grundbesitzwert (der den
früheren „Einheitswert" ersetzt) ermittelt.
Siehe auch: Erbschaft- und Schenkungsteuer

Erwerberhaftung (Erwerb von Wohnungseigentum)

Grundsätzlich haftet der Erwerber/Käufer einer
Eigentumswohnung nicht für Hausgeldvoraus-
zahlungen oder Sonderumlagen, die zu einem
Zeitpunkt rechtswirksam beschlossen und fäl-
lig gestellt wurden, als der Veräußerer noch als
Eigentümer im Grundbuch eingetragen war.

Insoweit haftet der Erwerber für Zahlungspflichten gegenüber der Wohnungseigentümergemeinschaft erst ab Eintragung als Eigentümer in das Grundbuch. Zahlungspflichten, die
im Kaufvertrag vereinbart werden, – „Lasten-
und Kostentragung mit Besitzübergang" – begründen eine Verpflichtung nur im Verhältnis
Verkäufer-Käufer.

Es kann allerdings eine Vereinbarung bzw. eine
entsprechende Regelung in der Teilungserklärung bzw. der Gemeinschaftsordnung getroffen werden, wonach der Erwerber
grundsätzlich für alle rechtswirksam beschlossenen, aber nicht geleisteten Zahlungen (Zah-
lungsrückstände) des Veräußerers/Voreigentü-
mers haftet.

Diese Vereinbarung gilt allerdings nicht bei Erwerb in der Zwangsversteigerung, da in diesen
Fällen der Erwerb grundsätzlich lasten- und
kostenfrei erfolgt.
Siehe auch: Hausgeld

Erwerbsnebenkosten beim Grundstückskauf
Siehe: Grunderwerbsnebenkosten

ESt
Abkürzung für: Einkommensteuer

Estate Net

Einer der ersten deutschen Immobilienvermittler im Internet. Das 1995 in Norderstedt gegründete Unternehmen sammelt Immobilienangebote und -nachfragen und stellt diese in das eigene System ein. Durch die große Anzahl von internationalen Angeboten versucht das Unternehmen, viele Besucher auf die eigenen Seiten zu locken und so für Werbekunden interessant zu werden (www.estate.de).

EStDV

Abkürzung für: Einkommensteuer-Durchführungsverordnung

EStG

Abkürzung für: Einkommensteuergesetz
Siehe auch: Einkommensteuergesetz (EStG)

EStH

Abkürzung für: Einkommensteuerhinweise

EStR

Abkürzung für: Einkommensteuerrichtlinien

Estrich

In Räumen über dem Bodenunterbau aufgetragene Schicht aus Zement, Gips oder Gussasphalt. Er bildet die Trägerschicht für Parkett, Fliesen und Teppichböden. Eine zusätzliche Wärme- und Schalldämmung kann durch sog. schwimmenden Estrich erreicht werden, der mit Dämmstoffen aus Faserplatten unterlegt wird.

ETV

Abkürzung für: Eigentümerversammlung
Siehe auch: Wohnungseigentümerversammlung

ETW / Etw

Abkürzung für: Eigentumswohnung
Siehe auch: Eigentumswohnung

EU

Abkürzung für: Europäische Union

EuGH

Abkürzung für: Europäischer Gerichtshof

EUR

Abkürzung für: Euro

Eurokredit

Dies sind Kredite, die Banken am sog. Euromarkt aufnehmen und an ihre Kunden weiterleiten. Häufig sind diese Kredite besonders zinsgünstig; die Zinsen können jedoch maximal für zwölf Monate festgeschrieben werden. Danach werden die Zinssätze an die neuen Gegebenheiten angepasst.

Für Immobilienbesitzer, die mit gleichbleibenden oder fallenden Zinsen rechnen, ist dies eine interessante Zwischenfinanzierungsalternative.

Europäische Immobilien Akademie e.V. (EIA)

Die Europäische Immobilien Akademie ist eine staatlich anerkannte Fachschule des Verband Deutscher Makler VDM mit Ausbildungsstätten in Saarbrücken, Rostock und Berlin.

Die berufsbegleitenden Bildungsmaßnahmen sind modular aufgebaut, wodurch einerseits eine Spezialisierung auf die einzelnen Sparten der Immobilienwirtschaft möglich ist, andererseits Abschlüsse zum Immobilienwirt (Dipl. EIA), geprüfter Immobilienfachwirt (IHK), Facility Management Agent (IHK) und Immobilienbetriebswirt (EIA) erreicht werden können. Die Module, die mit Zertifikat abgeschlossen werden, sind:

Grundstudium Immobilienmakler, Immobilienverwaltung, Bauprojektentwicklung, Facility Management, Wertermittlung, Auslandsimmobilien und Unternehmensführung.

Europäische Immobilien Akademie, Saarbrücken, Tel. 0681/927380, Fax 0681/9273829

Eventualeinberufung

Siehe: Wiederholungsversammlung

Eventualeinladung
Siehe: Wiederholungsversammlung,
Eigentümerversammlung (WEG)

EW
Abkürzung für: Einheitswert

EW
Abkürzung für: Eigentumswohnung
Siehe auch: Eigentumswohnung

EWG
Abkürzung für: Europäische Wirtschafts-
gemeinschaft

EWiR
Abkürzung für: Entscheidungen zum Wirt-
schaftsrecht

EWIV
Abkürzung für: Europäische Wirtschaftliche
Interessenvereinigung

EWIVVO
Abkürzung für: Verordnung über die Schaffung
einer Europäischen wirtschaftlichen Interessenvereinigung

Expo Real
Expo Real ist die seit 1998 zuerst im MOC und
später in der neuen Messe in München stattfin-
dende internationale Fachmesse für Gewerbeimmobilien und Projekte.
Neben Projektentwicklern, Immobilien Consul-
tants und Maklern nehmen Wirtschaftsregionen,
Städte, Facility Manager. Banken, Immobilienfonds, Versicherungen, Architekten, Bauträger,
Liegenschaftsverwaltungen, sowie auch Unternehmen aus dem Bereich des Corporate Real
Estate Managements aus dem In- und Ausland
teil. Naturgemäß gehörten zu den Ausstellern
auch Fachpresse, Verbände und Institutionen
der beruflichen Aus- und Fortbildung. Der Erfolg der Messe übertraf alle ursprünglichen Erwartungen.
Die Zahl der Aussteller stieg von 146 (1998)

auf 1.279 (2003) – allein von 2002 – 2003 um
8%. Die Zahl der Fachbesucher stieg von 2.528
(1998) auf rund 16.000 im Jahr 2003. Aus dem
Ausland waren 2003 Aussteller aus 63 Ländern
vertreten. Bei der gedämpften Immobilienkonjunktur des Jahres 2003 gelten diese Zuwächse
als besonderer Erfolg der Messe. (Quelle: Messe München GmbH)

Entwicklung der Ausstellerzahlen

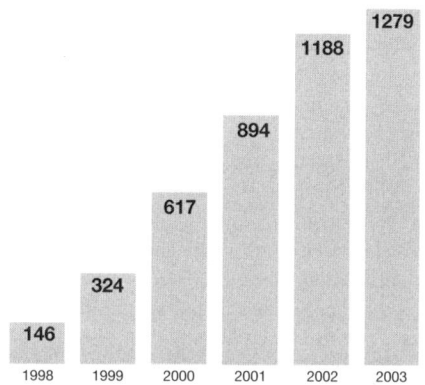

Entwicklung der Besucherzahlen

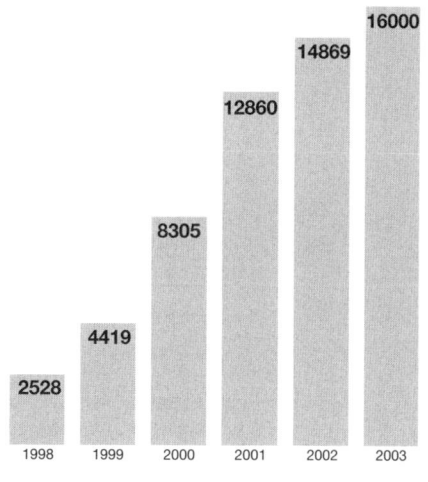

Siehe auch: Immobilienfonds, Corporate
Real Estate Management (CREM)

Exposé

Das Exposé ist die Beschreibung eines Objektes, das von einem Makler angeboten wird. Es unterscheidet sich vom Prospekt dadurch, das sich die Exposéinformationen auf ein bestehendes Objekt beziehen, das der Besichtigungskontrolle unterworfen ist, während ein Prospekt ein Vorhaben beschreibt, das erst durchgeführt wird. Das Exposé erfüllt folgende Funktionen:
• Mit seiner Hilfe erfüllt der Makler die ihm durch die MaBV auferlegte Informationspflicht gegenüber Kauf- und Mietinteressenten.
• Die Information der Interessenten erzeugt ein Mindestmass an Markttransparenz.
• Darüber hinaus wird das Exposé das Mittel der Objektwerbung und vielfach auch als Mittel der Firmenwerbung eingesetzt.
Eine Vorschrift über Aufbau und Form des Exposés existiert nicht. Im allg. enthält es eine Lagebeschreibung, eine Grundstücks- und Gebäudebeschreibung, eine Darstellung der Wert- und Nutzungsdaten sowie die Objektangebotsdaten. Ob in das Exposé auch die Provisionsbedingungen des Maklers aufgenommen werden sollen, ist lediglich im Hinblick auf die Informationsfunktion des Exposés zu bejahen. Eine rechtliche Bedeutung kommt einem solchen Provisionshinweis nicht zu, da das Exposé als faktisches Objektangebot und nicht als Angebot zum Abschluss eines Maklervertrags aufgefasst wird. Unterschieden wird zwischen Kurz- und Langexposés.
Kurzexposés dienen im allg. der Information anderer Makler im Rahmen von Gemeinschaftsgeschäften und einer Vorabinformation von Interessenten.
Langexposés enthalten alle Daten, für die im allgemeinen auf Kundenseite ein Informationsinteresse besteht. Soweit das Exposé die Funktion eines Mittels der Objektwerbung erfüllt, gilt der Grundsatz, dass es „Spiegelbild der Wirklichkeit" sein soll und die Daten besonders herauszustellen sind, die für die Zielgruppe von besonderem Interesse sind. Der Makler haftet für die Richtigkeit der Angaben im Exposé, wenn er nicht zum Ausdruck bringt, dass es sich bei den Angaben im Exposé um Angaben des Eigentümers bzw. Dritter handelt. Ein Haftungsausschluss für eigene Angaben des Maklers ist nicht möglich.
Siehe auch: Objekt, Informationspflicht des Maklers

Externe Effekte

Bei externen Effekten handelt es sich um wertbeeinflussende Einwirkungen auf Grundstücke eines größeren oder kleineren Gebietes, die nicht über einen Marktpreis ausgeglichen werden. Die Effekte können positiv sein. Beispiel: Der Verkehr durch einen Stadtteil wird über ein neues Tunnelsystem unter der Erde durchgeleitet. Dies führt zu einem Wertzuwachs, ohne dass die Gemeinde von den begünstigten Bewohnern dafür einen Preis verlangen könnte. Ebenso sind negative externe Effekte denkbar. In der Nähe eine Gemeinde wird ein Sportflughafen errichtet, dessen Betrieb starken Fluglärm mit sich bringt. Die Immobilienpreise sinken wegen dieser Beeinträchtigung. Der Flughafenbetreiber muss für diese Beeinträchtigung finanziell nicht aufkommen. Die Werteinflüsse können teilweise enorm sein, wenn es sich um großräumige Entwicklungen handelt wie z.B. bei einer Beendigung des Braunkohleabbaus in einer Region in Verbindung mit einer Rekultivierung der entstandenen „Mondlandschaft".

F+E Abt.
Abkürzung für: Forschungs- und Entwicklungsabteilung

F-Plan
Abkürzung für: Flächennutzungsplan

Fachkaufmann für die Verwaltung von Wohnungseigentum
Im Rahmen der beruflichen Fortbildung besteht für Wohnungseigentumsverwalter die Möglichkeit, einen Lehrgang zu absolvieren, der zum IHK-Abschluss des Fachkaufmanns für die Wohnungseigentumsverwaltung führt. Der Lehrgang umfasst in der Regel 420 Stunden und vermittelt nach dem vom DIHK verabschiedeten Stoffplan die
- Verwaltungsgrundlagen,
- allgemeine Rechtsgrundlagen und
- spezielle Grundlagen des Wohnungseigentumsrechts
- EDV-Programme, sowie
- betriebs- und volkswirtschaftliche Basiskenntnisse.

Kurse werden von den Verbänden und institutionellen Lehrgangsträgern, etwa dem Ausbildungswerk der Wohnungswirtschaft in Bochum, sowie von einigen Industrie- und Handelskammern angeboten.

Fachwerkhaus

Ein Fachwerkhaus besteht aus einer Holzbalkenkonstruktion für die tragenden Wände, wobei die Holzbalken vertikal horizontal und zur Versteifung diagonal miteinander verbunden werden. Die Räume dazwischen sind mit Lehm, Schwemmsteinen oder Ziegelsteinen ausgefüllt. Fachwerkhäuser spielten in früherer Zeit sowohl bei Bauernhöfen in Dörfern als in den Städten als Bürgerhäuser eine große Rolle. Viele Fachwerkhäuser waren ursprünglich verputzt. Einer Mode folgend wurden vor allem im 16. Jahrhundert die Fachwerke bloß gelegt und teilweise mit Schnitzereien und Bemalungen verziert. Fachwerkhäuser sind vor allem in Deutschland (wohl wegen seines hohen Bestandes an Eichenwäldern), Frankreich, Belgien England und in einigen Ländern Osteuropas anzutreffen. Alte Fachwerkhäuser stehen heute in der Regel unter Denkmalschutz. Eine moderne Art des Fachwerkhauses ist heute das Haus in Ständerbauweise, die ebenfalls auf einer Balkenkonstruktion beruht.

Facility Management
Facility Management ist nach der Definition der GEFMA (German Facility Management Association e.V.) ein „unternehmerischer Prozess, der durch die Integration von Planung, Kontrolle und Bewirtschaftung bei Gebäuden, Anlagen und Einrichtungen (facilities) und unter Berücksichtigung von Arbeitsplatz und Arbeitsumfeld eine verbesserte Nutzungsflexibilität, Arbeitsproduktivität und Kapitalrentabilität zum Ziel hat". Die IFMA Deutschland (International Facility Management Association Deutschland) sieht die Aufgabe des FM darin, "Geschäftsprozess, Mensch und Arbeitsplatz an einem Ort zusammenzuführen". Soweit sich FM ausschließlich auf Gebäude bzw. Immobilien bezieht, hat sich hierfür der Begriff des "Gebäude Managements" eingebürgert.

Begriffsdefinitionen und Leistungsbeschreibungen des Gebäude Managements fanden sich ursprünglich in der VDMA 24196 und sind im Jahre 2000 in ihren wesentlichen Teilen als DIN 32736 in den Normenkatalog des Deutschen Instituts für Normen (DIN) übernommen worden.

Dem Facility Management liegt die Erkenntnis zugrunde, dass die Bewirtschaftungskosten eines Gebäudes, die im Laufe seiner Nutzungsdauer entstehen, die ursprünglichen Herstellungskosten oft um das Mehrfache übersteigen. Das bedeutet, dass bereits bei der Planung vorzusehen ist, die späteren nutzungsbedingten Bewirtschaftungskosten so steuerbar zu machen, dass sie in ein optimales Verhältnis zu den Herstellungskosten gebracht werden können. Zur Betrachtung stehen dann nicht nur isoliert die Herstellungskosten an, sondern die Summe aus den Herstellungskosten und den auf den Herstellungszeitpunkt diskontierten Bewirtschaftungskosten. Diese Philosophie ist im Hinblick auf die langen Gesamtnutzungsdauern von Gebäuden sehr spekulativ.

In der Praxis zielt Facility Management darauf ab, dem Nutzer einer Immobilie durch Fernhalten jeglicher „Beschäftigungsnotwendigkeiten" mit dem Gebäude, seinen Anlagen und Einrichtungen zu ermöglichen, sich auf sein Kerngeschäft voll zu konzentrieren. Bereit- und vorgehalten wird vom Facility Manager ein kaufmännisches, technisches und infrastrukturelles Organisationspotenzial, das in der Lage ist, alle Leistungen zu erbringen, die erforderlich sind, dieses Organisationsspektrum bedarfsgerecht zu den richtigen Zeitpunkten an den richtigen Orten zu aktivieren.

In der DIN 32736 wird das Flächenmanagement zusätzlich berücksichtigt. Gebäude und Einrichtungen werden bereits im Planungsstadium mit Hilfe eines CAD-Programms entwickelt und bilden einen Teil der Informationsbasis für die spätere Bewirtschaftungsphase. Dies gilt insbesondere für die Bereiche Verwaltung, Instandhaltungs- und Wartungsmaßnahmen, Überwachung der Gebäudeleittechnik und Gebäudeautomation, für die hausinterne Kommunikationstechnik und das Flächenmanagement. Das Gebäude kann in allen Einzelheiten auf dem Bildschirm abgebildet werden. Die Flächen können nach unterschiedlichen Gesichtspunkten (z.B. differenziert nach dem Flächenraster der DIN 277, nach Zustands-

merkmalen, Instandhaltungsplanphasen und anderen Flächeneigenschaften), visualisiert werden. Im Bereich der Bewirtschaftung gilt es, alle Kosteneinsparungspotentiale insbesondere im Bereich der Energiekosten ohne Beeinträchtigung der Leistungsfähigkeit der energiegespeisten Anlagen auszuschöpfen (Energiemanagement).

Im infrastrukturellen Bereich werden nutzerorientierte zentrale Dienste angeboten z.B. Kopierdienste, Konferenzorganisation, Sicherheitsdienste. Als Studiengegenstand wird FM u.a. an der Technischen Universität in München und der Technischen Universität in Dresden angeboten. Darüber hinaus gibt es 16 Fachhochschulen, die Studiengänge im Bereich des Facility Management anbieten.

Siehe auch: GEFMA - Deutscher Verband für Facility Management e.V., IFMA, Gebäudemanagement, Lebenszykluskosten

Factory Outlet Center (FOC)

Bei Factory Outlet Centers, handelt es sich um großflächige Verkaufszentren von Fabriken, die in Konkurrenz zum Einzelhandel dem Endverbraucher ihre Produkte direkt anbieten.Die Idee stammt aus den USA, das über etwa 300 FOC's verfügt. Deren Umsatzanteil am Einzelhandel beträgt dort ca. 2%.

Ein FOC führt verschiedene Markenartikelhersteller mit ihrem Angebot unter einem Dach zusammen. Die Tendenz scheint in Amerika allerdings eher rückläufig zu sein. Verschiedene FOC's, die nicht das erwartete Ergebnis brachten, wurden in sog. Value Center bzw. Hybrid Center umgewandelt, bei denen der größere Teil der Flächen mit Unterhaltungseinrichtungen, Gastronomiebetrieben u.dergl. belegt werden, wobei der Flächenanteil der Outlet Stores unter 50% sinkt.

Factory Outlet Center sind auch in Europa verbreitet, vor allem in Großbritannien, Frankreich und Spanien.

Die Vertriebsmethode der FOC's ist in Deutschland umstritten. Es werden u.a. neben einer „Verödung der Innenstädte" durch Auskonkurrieren des Einzelfachhandels, damit verbunden Arbeitsplatzverluste und eine Erhöhung des Verkehrsaufkommens befürchtet.

In Fachkreisen werden Zweifel ganz anderer Art geäußert. Man verweist dabei auf die Schieflage mancher FOC's in Amerika. Es wird befürchtet, dass es speziell in Deutschland kaum gelingen dürfte, Hersteller renommierter Marken für FOC's zu interessieren, was deren Anziehungskraft verringere.

Andererseits gibt es viele überwiegend kleinere Gemeinden, die sich von einem FOC ein hohes Gewerbesteueraufkommen versprechen. Bisher gibt es allerdings nur wenig Erfahrungen in Deutschland. Eröffnet wurde das FOC „B5" bei Berlin. Im Juli 2000 wurde die Betriebsgenehmigung für ein FOC in Villingen im Schwarzwald erteilt. Eröffnet wurde auch ein FOC für Designer-Waren auf dem ehemaligen Stützpunkt der amerikanischen Airforce in Zweibrücken mit 50 Läden und 15.000 m² Fläche. Außerdem entsteht im niedersächsischen Roermond auf einem ehemaligen Kasernengelände ein Center mit 80 Läden. Je nach Informationsquelle sollen zwischen 25 und 35 FOC's geplant sein. Voraussetzung für die Errichtung eines „Hersteller-Direktverkaufszentrums" ist der Ausweis von Sonderbauflächen im Flächennutzungsplan einer Gemeinde.

Factory Outlet Centers werden in der Regel an solchen Standorten – vorwiegend in kleineren Städten – angesiedelt, in deren Einzugsbereich sich mehrere Millionen Einwohner befinden. Wert wird auf einen nahen, wenn möglich direkten Autobahnanschluss gelegt. Kalkuliert wird bei größeren Vorhaben mit bis zu 3 Millionen Besuchern im Jahr. Der Radius des Einzugsbereiches kann bis zu 150 km betragen. Die Gesamtverkaufsfläche liegt zwischen 6.000 und 20.000 m². Sie teilt sich auf in Läden mit Flächen zwischen etwa 50 und 200 m². Das Angebotssortiment wird von den beteiligten Fabriken bestimmt. Es ist von der Breite her vergleichbar mit dem Sortiment eines Shopping Centers. Neben hochwertigen Vorsaisonwaren kann es sich auch um Produktionsüberhänge,

Zweite-Wahl-Waren, Musterkollektionen, Vorjahres- oder Auslaufmodelle handeln. Gastronomie ist stets mit einbezogen. Die Planungsziele hinsichtlich des Jahresumsatzes liegen im Schnitt zwischen 3.000 und 5.000 Euro je Quadratmeter.

Siehe auch: Shopping Center

Fälligkeit

Die Fälligkeit bezieht sich auf den Zeitpunkt, zu dem ein Vertragspartner die von ihm geschuldete Leistung zu erbringen hat.

Die Fälligkeit ist im Bauvertragsrecht unterschiedlich geregelt. So wird der Werklohn der Handwerker und Bauunternehmer nach BGB-Vertrag mit der Abnahme der Bauleistung fällig. Sowohl nach BGB-Werkvertrag (§ 632 a) als auch bei einem VOB-Vertrag §16 VOB/B) kann der Vertragspartner gegebenenfalls Abschlagszahlungen für gesonderte verlangen. Nach VOB sind diese Zahlungen innerhalb von 18 Tagen nach Zugang der Leistungsaufstellung fällig. Die Schlusszahlung muss binnen zweier Monate, nachdem eine nachprüfbare Rechnung vorgelegt wurde, beglichen werden. Das Architektenhonorar setzt ebenfalls die abnahmefähige Erbringung der Leistung und die Vorlage einer prüffähigen Schlussrechnung voraus.

Im Mietrecht wird in der Regel eine Vorfälligkeit hinsichtlich der Mietzahlungen vereinbart (Fälligkeit am Monatsanfang). Dem entspricht beim Wohnungsmietvertrag mittlerweile auch die gesetzliche Vorschrift. Beim Makler wird der Provisionsanspruch fällig, sobald er entstanden ist.

Faktische Wohnungseigentümergemeinschaft

Von einer faktischen Wohnungseigentümergemeinschaft spricht man, wenn sich die Rechtsstellung der werdenden Wohnungseigentümer der von Wohnungseigentümern weitgehend angenähert hat und sich die werdenden Wohnungseigentümer in die Gemeinschaft tatsächlich eingegliedert haben, der Eigentumserwerb aber noch nicht vollendet ist.

Eine faktische Wohnungseigentümergemeinschaft besteht bei einer Vorratsteilung nach § 8 WEG in der Zeit zwischen Errichtung der Teilungserklärung und der Eintragung des ersten Erwerbers im Grundbuch als Wohnungseigentümer, also im Gründungsstadium einer Eigentümergemeinschaft.

Die Voraussetzungen für eine faktische Eigentümergemeinschaft sind der unmittelbare oder mittelbare Besitz des Wohnungseigentümers an der Wohnung, die bewohnbar sein muss, der Abschluss eines schuldrechtlichen Erwerbvertrages, die dingliche Sicherung des Erwerbers durch Eintragung einer Vormerkung. Der faktische Wohnungseigentümer kann schon vor Eintragung im Grundbuch sein Stimmrecht in der Eigentümerversammlung ausüben, er hat Wohngeldzahlungen zu leisten, baulichen Veränderungen zustimmen oder die Beseitigung nicht genehmigter baulicher Änderungen verlangen und gerichtlich durchsetzen, Beschlüsse anfechten.

Die faktische Wohnungseigentümergemeinschaft endet durch die Eintragung des ersten Erwerbers als Eigentümer im Grundbuch. Die zu diesem Zeitpunkt bereits existierende Rechtstellung der faktischen Wohnungseigentümer bleibt für diese bestehen.

Fallenstellerparagraph

In der Branche hat es sich eingebürgert, den § 2b EStG, der im Zuge des Steuerentlastungsgesetzes auf Initiative des damaligen Finanzministers Oskar Lafontaine 1999 in das Einkommensteuergesetz eingefügt wurde, als Fallenstellerparagraphen zu bezeichnen.

Sinn der Vorschrift ist es, Verlustverrechnungen mit positiven Einkünften durch Ausnutzung von Modellkonstruktionen mit dem Ziel der Ausschöpfung steuerlicher Vorteile zu verhindern.

Es sind zwei Fallgestaltungen in der Gesetzesvorschrift erwähnt, die den Tatbestand charakterisieren, der zur Anwendung des § 2b führen:
Die Erzielung eines steuerlichen Vorteils steht insbesondere dann im Vordergrund, wenn nach dem Betriebskonzept der Gesellschaft oder Gemeinschaft oder des ähnlichen Modells die Rendite auf das einzusetzende Kapital nach Steuern mehr als das Doppelte dieser Rendite vor Steuern beträgt und ihre Betriebsführung überwiegend auf diesem Umstand beruht.

Die zweite im Gesetz erwähnte (alternative) Fallgestaltung: Wenn Kapitalanlegern Steuerminderung durch Verlustzuweisung in Aussicht gestellt werden.

Da die Finanzverwaltung sich außerstande sah, den Sinn dieser Vorschrift anwendungsbezogen zu interpretieren, wurde eine Arbeitsgruppe aus Finanzbeamten des Bundes und der Länder zusammengestellt, die seit Sept. 1999 im Laufe eines Jahres sieben verschiedene Entwürfe für die Fassung eines die Finanzämter bindenden Erlasses vorlegte. Unklar bleibt allerdings, ob sich die Finanzgerichte der im Erlass jetzt vorgelegten Interpretation der Verwaltung anschließen.

Nach dem Erlass sollen zuerst die Finanzbeamten prüfen, ob die Erzielung von Einkommen im Vordergrund steht. (Ohne Einkommenserzielungsabsicht wird schon immer Liebhaberei unterstellt, was zur Nichtanerkennung von Verlusten führt). Gegenstand der zweiten Prüfung der Finanzämter wird sein, ob die Verlustzuweisungsquote bei 50% oder niedriger liegt, was zur Nichtanwendung des § 2b führt. Dabei wird sicher auch berücksichtigt, ob und wie mit „Verlusten" vom Initiator geworben wird. Gegenstand der nächsten Prüfung ist die Frage, ob eine „modellhafte" Gestaltung des Angebots vorliegt. Hier kann trotz klarstellender Abmilderung von Tatbestandsmerkmalen durch den Erlass der Hammer durch die Finanzgerichte immer noch zuschlagen. Nach dem Erlass jedenfalls soll der normale Kauf vom Bauträger nicht mehr unter „modellartige" Konstruktionen fallen, es sei denn, dass irgendwelche Zusatzleistungen (z.B. Mietgarantie) gegen Entgelt angeboten werden. Nicht darunter fallen die Finanzierungsvermittlung und die Inanspruchnahme eines Disagios und einer erhöhten AfA.

Im Erlass wird ausgeführt: Ist das Modellkonzept so gestaltet, dass die Verlustzuweisung in der Anfangsphase zu einer Steuerermäßigung führt, die höher ist als das eingezahlte Eigenkapital ohne einen eventuellen modellhaft fremdfinanzierten Eigenkapitalanteil, so ist davon auszugehen, dass die Erzielung des steuerlichen Vorteils im Vordergrund steht.

Im Zweifel wird die Nachweislast dafür, ob die Erzielung eines steuerlichen Vorteils im Vordergrund steht auf den Steuerpflichtigen und damit auch auf den Initiator abgewälzt.

FAQ

Abkürzung für: Frequently Asked Questions

Farming

Farming ist eine spezifische Marketing-Vorgehensweise, die speziell in Amerika Verwendung findet. Im Rahmen des Farming wird eine bestimmte Personengruppe oder aber – und dies ist auch häufiger der Fall – ein bestimmter Stadt- oder Ortsteil abgegrenzt und marketingtechnisch besonders intensiv bearbeitet. Je nach Strategie und Spezialisierung des Unternehmens kann die Farm aber auch großflächig definiert und extensiv „bewirtschaftet" werden.

Fassade

Außenfront einer Immobilie an der Straßenseite. Der Fassade kommt insofern eine besondere Bedeutung zu, als sie dem Betrachter den ersten Eindruck vom Gebäude vermittelt und von den Mietern oder Eigentümern häufig zur Unternehmensdarstellung genutzt wird. Zudem hat die Fassade eine klimatechnische Funktion. Manche Häuser verfügen über eine zweite Fassade („Schauseite") an der Gartenseite.An Fassadenelementen lässt sich in der Regel der Baustil ablesen.

Feng Shui

Feng Shui kommt aus dem Chinesischen und heißt wörtlich übersetzt: „Wind – Wasser".

Es handelt sich um eine Lebenseinstellung, die darauf abzielt, im Interesse von Wohlbefinden, Leistungsfähigkeit, beruflichen Erfolg, Glück und geistige Frische ein harmonisches Verhältnis zur konkreten Umwelt herzustellen. Dies erstreckt sich vor allem auch auf den Bereich des Wohnens und beginnt mit der Auswahl des Baugrundstücks, der Wohnraumgestaltung und geht bis zur Einrichtung der Räume. In Massing (Niederbayern) wurde ein ganzer Bebauungsplan aus der Perspektive des Feng Shui entwickelt. Kennzeichnend dafür ist das Fehlen von schnurgeraden Straßenenzügen, eine Ausrichtung der Häuser mit einer Blickrichtung dorthin wo das Auge ruhen kann. Die Gärten haben Brunnen, breitblättrige Pflanzen Die Wohnungen selbst sind eher spärlich möbliert."

Fenster- und Lichtrecht

Das Fensterrecht regelt, ob und wie Grundstückseigentümer in oder an der Außenwand eines Gebäudes Fenster anlegen dürfen, sowie die Voraussetzungen, unter denen Fenster, Türen und zum Betreten bestimmte Bauteile (Balkone, Terrassen) angebracht werden dürfen.

Das Lichtrecht schützt bestehende Fenster gegen Eingriffe durch den Nachbarn. Geregelt wird die Befugnis des Grundstückseigentümers, dem Nachbarn die Verbauung im Bereich des Lichteinfalls zu verbieten.

Geregelt ist das Fenster- und Lichtrecht in den privatrechlichen Rechtsvorschriften der Nachbarschaftsgesetze der Bundesländer.

Siehe auch: Außenwand (eines Gebäudes)

Ferienwohnung

Bei den Ferienwohnungen handelt es sich entweder um vom Eigentümer kurzzeitig genutzte Wohnungen in einem Feriengebiet oder um Wohnungen, die an Feriengäste während der Urlaubszeit vermietet werden.

Bei Selbstnutzung ist keine Eigenheimzulage möglich. Im Falle der Vermietung liegen Einkünfte aus Vermietung und Verpachtung vor.

Wird die Ferienwohnung hotelmäßig vermietet, können auch Einkünfte aus Gewerbebetrieb vorliegen. Bei der kurzfristigen Vermietung an ständig wechselnde Feriengäste liegt Umsatzsteuerpflicht vor. Vorteil: Der Vermieter kann Vorsteuerbeträge aus den Anschaffungs- bzw. Werbungskosten beim Finanzamt geltend machen.

Fernlehrgänge (immobilienwirtschaftliche)

Von verschiedenen Institutionen werden Fernlehrgänge im Bereich der Immobilienwirtschaft angeboten. Im Vordergrund stehen dabei solche Lehrgänge, die auf einen Abschluss im Bereich der beruflichen Fortbildung („geprüfter Immobilienfachwirt IHK") vorbereiten. Ein solcher Lehrgang muss vom Bundesinstitut für Berufsbildung (BiBB) in Bonn genehmigt werden. Soweit ein Fernlehrgang lediglich auf einen Abschluss vorbereitet, der vom Lehrgangsträger selbst definiert wird, ist Zulassungsstelle die Staatliche Zentralstelle für Fernunterricht (ZfU).

Die Zulassung wird im Interesse des Schutzes der Lehrgangsteilnehmer nur dann erteilt, wenn sich der Lehrgang fachlich, didaktisch und vom Umfang so gestaltet sind, dass die vom Lehrgangsveranstalter festgelegten Lehrgangsziele auch erreicht werden können. Zu achten ist vom Interessenten aber trotzdem darauf, dass Abschlussbezeichnungen von privaten Fernlehrgangsveranstaltern, die ähnlich lauten, wie die durch Rechtsverordnung geregelten Abschlüsse, in keiner Weise mit deren Inhalten übereinstimmen und deren Bedeutung entsprechen müssen.

Fertighaus

Das Fertighaus besteht aus normierten Einzelteilen, die nach persönlicher Entscheidung des Käufers innerhalb eines bestimmten Rahmens zu einem Ganzen kombiniert werden. Für den Bau eines Fertighauses werden vorgefertigte Bauteile verwendet. Der Kauf eines Fertighauses bietet dem Käufer einige Vorteile:

- Sichere Kalkulationsgrundlage, die auf Festpreisgarantien beruht,
- relative Terminsicherheit, da die Einzelteile vorproduziert und in verhältnismäßig kurzer Zeit aufgestellt werden können,
- Auswahl zwischen verschiedenen Haustypen wie etwa zwischen einem Ausbauhaus und einem schlüsselfertig hergestellten Haus,
- Reduzierbarkeit der Baukosten durch Eigenleistungen bei einem Ausbauhaus.

Beim Vertrag über ein Fertighaus handelt es sich um einen Werkvertrag, der den Kauf eines Fertighauses zum Gegenstand hat. Der Fertighausvertrag bedarf nur dann keiner notariellen Beurkundung wenn die Lieferung des Hauses nicht in einem rechtlichen Zusammenhang mit dem Baugrundstückserwerb steht.

Eine Grunderwerbsteuerpflicht für den Erwerb des Fertighauses besteht auch dann, wenn Grundstück und Haus in getrennten Verträgen erworben werden und zwischen beiden Erwerbsvorgängen ein wirtschaftlicher Zusammenhang gegeben ist.

Beim Fertighausvertrieb gibt es keine Standardverträge. Die Vereinbarungen fallen unterschiedlich aus.

Ein kundenfreundlicher Kaufvertrag
- kennt keinerlei Vorauszahlungen,
- hält Ratenzahlungen und Bauleistungsstand in einem vernünftigen Leistungsgleichgewicht
- bietet eine Bank- oder Fertigstellungsgarantie,
- nennt klare Fertigstellungstermine.

Die Mängelhaftung entspricht dem Werkvertragsrecht des BGB.

Entwicklung des Fertigbaus in Deutschland

Angaben in Tausend

| 169 | 179 | 195 | 211 | 216 | 179 | 155 | 155 | 170 |

Angaben in Tausend

| 21 | 23 | 28 | 31 | 32 | 24 | 20 | 21 | 22 |

Angaben in Prozent

| 12,1 | 12,8 | 14,2 | 14,8 | 14,8 | 13,5 | 13,2 | 13,5 | 13,1 |

▓ Baugenehmigungen insgesamt ■ davon Fertigbau

Quelle: Stat. Landesämter, BDF

Fertigstellungstermin

Dem steuerlichen Fertigstellungstermin für ein Gebäude kommt eine besondere Bedeutung im Rahmen der degressiven AfA zu.

Diese gewährt das Finanzamt dem Erwerber nur dann, wenn das Objekt im Jahr der Fertigstellung angeschafft wurde. Der Anschaffungszeitpunkt ist in diesem Falle der Tag des Besitzübergangs. Fertiggestellt ist eine Wohnung dann, wenn sie nach Abschluss der wesentlichen Bauarbeiten bewohnbar ist. Ob sie bereits durch die Baubehörde abgenommen ist, ist steuerlich unerheblich.

Zieht der Eigentümer bereits in das Haus ein, bevor wichtige Arbeiten abgeschlossen sind, so gilt das Objekt als nicht fertiggestellt. Solche wichtigen Arbeiten sind z.B. Türen oder Fenster, sanitäre Einrichtungen oder der Anschluss an die Versorgungsleitungen.

Es muss die Möglichkeit zum Anschluss einer Küche bestehen. Geringfügige Restarbeiten schließen die Bezugsfertigkeit nicht aus. Unerheblich ist in diesem Zusammenhang auch, ob die Abgeschlossenheitsbescheinigung bei Eigentumswohnungen schon vorliegt und ob die Teilungserklärung schon abgegeben ist. Durch das Zurückhalten solcher Massnahmen lässt sich die steuerlich bedeutsame Fertigstellung einer Wohnung nicht hinauszögern.

Festbetragsdarlehen

Beim Festbetragsdarlehen handelt es sich um ein Darlehen, das am Ende der vereinbarten Laufzeit in einer Summe z.B. aus einer fälligen Lebensversicherung, dem zugeteilten Bausparvertrag oder anderen Mitteln zurückgezahlt wird. Während der Darlehenslaufzeit zahlt der Kreditnehmer nur Zinsen.

Festpreis

Der Festpreis ist ein vertraglich vereinbarter Preis für ein endgültig fertiggestelltes Objekt. Wurde ein Festpreis vereinbart, darf der Bauträger in der Regel keinerlei zusätzlichen Forderungen an den Käufer stellen. Eine Festpreisabsprache in einem Vertrag kann dadurch modifiziert werden, dass bestimmte Bereiche ausgenommen werden z.B. erwartete Erschließungsbeiträge, deren Höhe noch nicht feststeht.

Feuerversicherung (Brandversicherung)

Bereits der Rohbau kann durch eine Feuerversicherung gegen etwaige Brandschäden versichert werden. Nach Fertigstellung kann die Feuerversicherung in eine verbundene Gebäudeversicherung einbezogen werden. Mit dieser

Police sind dann nicht nur Schäden durch Brand, Blitzschlag, Explosion und Flugzeugabsturz abgedeckt, sondern auch Sturm- und Hagelschäden, Schäden durch austretendes Leitungswasser. Eine Feuerversicherung sollte jeder Gebäudeeigentümer abschließen.

Bei einer Eigentumswohnanlage gehört der Abschluss einer solchen Versicherung zur „ordnungsmäßigen Verwaltung", die von jedem einzelnen Eigentümer verlangt werden kann. Versichert sind sowohl Schäden, die am Gemeinschaftseigentum entstehen, als auch Schäden am Sondereigentum. Schäden am Hausrat müssen allerdings durch eine eigene Hausratversicherung abgedeckt werden.

Siehe auch: Hausratversicherung

Feuerversicherungssumme 1914

Bei Abschluss einer Feuerversicherung (in Bayern Brandversicherung) wird der versicherte Gebäudewert grundsätzlich zu Herstellungskosten des Jahres 1914 ermittelt („Stammsumme"). Das Jahr 1914 fungiert dabei als Basisjahr für die Entwicklung eines Baukostenindex des Statistischen Bundesamtes, dem die jeweils aktuelle „Teuerungszahl" (ein Multiplikator) entspricht.

Stammsumme x Teuerungszahl ergibt den Neuwert, der bei Schadenseintritt (Brand, Schäden durch Löschwasser usw.) der Berechnung der auszuzahlenden Versicherungssumme zugrunde zulegen ist.

FG

Abkürzung für: Finanzgericht

fG/FG

Abkürzung für: freiwillige Gerichtsbarkeit

FGG

Abkürzung für: Gesetz über die Angelegenheiten der freiwilligen Gerichtsbarkeit

FGO

Abkürzung für: Finanzgerichtshof

FGPrax

Abkürzung für: Praxis der Freiwilligen Gerichtsbarkeit

FH

Abkürzung für: Firsthöhe

Filtertheorie

Die 1949 von dem Amerikaner Ratcliff entwickelte Filtertheorie erklärt, wie unter weitgehend marktwirtschaftlichen Bedingungen neu entstehende Wohnquartiere auf Dauer dafür sorgen, dass einkommensschwächere Haushalte ihren Wohnbedarf befriedigen können.

Es handelt sich um ein Mietpreisphänomen. Mit zunehmender Alterung scheiden diese Quartiere wegen der (relativen) Abnahme des Wohnnutzens aus dem Markt für hochpreisige Wohnanlagen aus und überlassen die betroffenen Wohnungen einer einkommensschwächeren Mieterschicht. Mit weiterer Wohnwertverschlechterung machen nach Ablauf einer weiteren Wohnperiode dieser Mieter noch ärmeren Mietern Platz. Dieser Prozess setzt sich solange fort, bis die Häuser abbruchreif sind und nach Abbruch ein neues „Wohnquartier" entsteht. Man hat diesen Prozess als „Filtering down Prozess" bezeichnet. Es kann jedoch auch zu entgegengesetzten Erscheinungen kommen („Filtering up"). Alte Stadtteile werden plötzlich von Investoren entdeckt. Sie führen nach dem Erwerb Modernisierungen („Luxussanierungen") durch und verleihen dem Wohnquartier ein neues Image. Die bisherigen Mieter, die sich den neu entstandenen sehr guten Wohnwert nicht leisten können, müssen einer neuen einkommensstarken Mieterschicht weichen.

Solche Erscheinungen haben in Deutschland dazu geführt, dass im Baugesetzbuch den Gemeinden durch das Instrument der sog. „Milieuschutzsatzung" – einer besonderen Art der Erhaltungssatzung – durch Eingriffsmöglichkeiten (Genehmigungsvorbehalte für Modernisierungsmaßnahmen, gemeindliches Vorkaufsrecht) die Mieterverdrängung unterbunden wird. Negativauswirkungen von Milieuschutz-

satzungen können jedoch darin bestehen, dass auf Dauer die Altersstruktur in den geschützten Wohnquartieren sich nach oben verschiebt und die Voralterung zu einer Ghettobildung führt.
Siehe auch: Sickertheorie, Erhaltungssatzung

Finanzierungskosten

Zu den Finanzierungskosten gehören Zinsen, Bearbeitungsgebühren, Disagio, Finanzierungsmaklerprovisionen, Zuteilungsgebühren, Grundschuldbestellungskosten beim Notar und Grundbuchamt, Geldbeschaffungskosten, Bereitstellungszinsen und Kontoführungsgebühren.

Finanzierungsplan

Der Finanzierungsplan besteht in der Zusammenstellung aller Kosten (Gesamtkosten), der Gegenüberstellung der dafür bereitzustellenden Eigen- und Fremdmittel sowie dem sich hieraus ergebenden jährlichen/monatlichen Kapitaldienst (Belastung aus dem Kapitaldienst).
Moderne Finanzierungspläne geben auch einen Überblick über die voraussichtliche Entwicklung der Darlehensstände während der ganzen Darlehensphase und die sich hieraus ergebenden Belastungsverschiebungen.

Finanzmarktförderungsgesetz

Die Finanzmarktförderungegesetze beziehen sich auf die Stärkung des Finanzplatzes Deutschland, insbesondere auf rechtliche Regelungen der Börsen, den Anlegerschutz, das Investmentrecht (auch offene Immobilienfonds), Unterbindung der Geldwäsche usw.
Das vierte Finanzmarktförderungsgesetz hat zu Änderungen beim Gesetz über Kapitalanlagegesellschaften geführt, die auch offene Immobilienfonds betreffen. Vorher galt schon, dass zum Sondervermögen neben Mietwohngrundstücken, Geschäftsgrundstücken und gemischt genutzten Grundstücken auch Grundstücke im Zustand der Bebauung Baugrundstücke und Erbbaurechte gehören können. Unter strengen Voraussetzungen sind auch die Beteiligungen an einer Grundstücksgesellschaft möglich. Der Wert des einzelnen Grundstücks darf zum Zeit-punkt des Erwerbs 15 % des Gesamten Sondervermögens nicht übersteigen. Neu ist, dass zum Sondervermögen auch außerhalb der Europäischen Union liegende Immobilien gehören dürfen, soweit diese Vermögensanteile 30 % des Wertes des gesamten Sondervermögens nicht überschreitet. Damit soll das Währungsrisiko begrenzt werden. Voraussetzung für den Erwerb ist die Bewertung durch den Sachverständigenausschuss.
Siehe auch: Immobilienfonds – Offener Immobilienfonds

Finders Fee

Ziel von Immobilienunternehmen ist vielfach der Aufbau eines Netzes aktiver und passiver Kontaktmittler. Hierbei wird für Tipps im Bereich Akquisition / Verkauf teilweise eine Finders Fee, d.h. Tippgeberprovison (häufig 10% der Provision des Maklers) bezahlt.

FinMin

Abkürzung für: Finanzministerium

Firma

Firma ist der Name, unter dem ein Kaufmann ein Handelsgewerbe betreibt. Handelsgewerbe ist jeder Gewerbebetrieb, also z.B. auch der Betrieb eines Maklers, Hausverwalters Baubetreuers usw..
Allerdings gilt auch heute, dass Voraussetzung für eine Firmierung die Eintragung ins Handelsregister ist. Seit der Reform des Handelsgesetzbuches haben Gewerbetreibende mehr Möglichkeiten zur Gestaltung ihrer Firma.
Die Firma eines Einzelunternehmens muss nicht mehr – wie bisher – eine Namensfirma sein. Es kann auch eine Firmenbezeichnung gewählt werden, die die Unternehmensphilosophie zum Ausdruck bringt, z.B. „Kompetent-Immobilien", „Ihr Wohnungsmakler" usw.. Allerdings gilt nach wie vor, dass die Firma nicht irreführend sein darf.
Dies wäre dann der Fall, wenn sich aus ihr eine Bedeutungsgeltung ergeben würde, die faktisch jeder Grundlage entbehrt.

Fitnessclub

Noch in der Wachstumsphase befinden sich derzeit Fitnessclubs. Im Fitnessbereich gibt es hierbei insbesondere zwei Konzeptionen:
• Die klassischen Fitnessclubs in Flachbauten und zumeist auf der Grünen Wiese angesiedelt, die häufig eher im unteren oder mittleren Preissegment sind sowie
• eher exklusive Anlagen im gehobenen oder sogar Hochpreissegment in edlen Innenstadtlagen. Diese Fitnessclubs sind so konzipiert, dass Büroangestellte sie etwa in der Mittagspause nutzen können. Teilweise sind derartige Clubs in den oberen, weil frequenzärmeren und damit mietgünstigeren Stockwerken von Shopping Centern angesiedelt. Beispiele sind das Europa Center in Berlin oder die Post Galerie in Karlsruhe.

FKP

Abkürzung für: Gesetz zur Umsetzung des föderalen Konsolidierungsprogrammes

Flächendefinition (außerhalb DIN und II BV)

Die Gesellschaft für immobilienwirtschaftliche Forschung e.V. (gif) hat unter Beteiligung des DIN Normenausschusses Flächendefinitionen für Büroraum (MF-B) und Handelsraum (MF-H) entwickelt, die dem Praxisbedarf gerecht werden sollen.
Sie wendete dabei weitgehend die Terminologie und das Grundgerüst der DIN 277 1973/87 für Grundflächen an und ergänzt sie dadurch, dass bestimmte Flächenteile in die „Mietfläche für Büroraum" bzw. „Mietfläche für Handelsraum" zusammengefasst wurden. Die Anwendungen sind nicht verbindlich.

MF-B

Die Mietfläche für Büroraum besteht nach der MF-B bei der
• Haupt- und Nebennutzfläche in:
Bürofläche und Nebennutzflächen wie Sanitärräume, Archivräume, Putzräume, Garderobe, Teeküchen – zuzüglich folgender Teile der

• Verkehrsflächen:
Innenliegende Flure/Gänge, Erschließungsflure, Eingangshalle, Empfangsbereich, Aufzugsvorräume, wobei einige Flächen anteilsmäßig berücksichtigt werden.

MF-H

Die Mietfläche für Handelsraum besteht nach der MF-H bei der
• Haupt- und Nebennutzfläche u.a. in:
Verkaufs- Ausstellungs- Lager/Archiv- und Büroräumen sowie in einer Anzahl weiterer spezieller Flächen mit exklusivem Nutzungsrecht
• Funktionsflächen u.a. in:
Ver- und Entsorgungsflächen, Aufzugsmaschinenräume und dergleichen
• Verkehrsflächen:
Innenliegende Flure und Gänge, Zugangs- und Anlieferflächen, Rolltreppen/Rollsteige usw.
• Luftgeschossflächen wie Deckenöffnungen, TreppenaugenFlächen mit gemeinschaftlichem Nutzungsrecht fallen nicht darunter.
Siehe auch: Grundfläche nach DIN 277/1973/87

Flächenmanagement

Der Begriff des Flächenmanagements wird sowohl im Rahmen des Gebäudemanagements als auch im Rahmen der Baulandproduktion verwendet.
Das Flächenmanagement (FLM) im Rahmen des Gebäudemanagements umfasst das Management der verfügbaren Gebäudeflächen in den Bereichen
• eines nutzerorientierten Flächenmanagements (Nutzungsplanung, räumliche Organisation von Arbeitsprozessen und Arbeitsplätzen, Wegebeziehungen, Nutzungsoptimierung flexible Arbeitsplatzbelegung, Einbeziehung ergonomischer Aspekte und Aspekte der Arbeitsplatzsicherheit und des Umweltschutzes usw.)
• eines anlageorientierten Flächenmanagements (flächen- und raumbezogene Analysen von baulichen Anlagen, Baukonstruktion, Netzanschlüsse, Raumklima, Gewährleistung eines

bestimmten Maßes an Anlagenflexibilität usw.)
• eines serviceorientierten Flächenmanagements (Zeitmanagement von Raumbelegungen, Catering-Logistik, medien- und konferenztechnischer Service, flächen- und raumbezogene Reinigungs- und Sicherheitsleistungen) sowie
• der Dokumentation.

Häufig werden auch noch immobilienwirtschaftliche Aspekte angeführt (Gliederung der Flächen in vermietbare Einheiten, Belegungsberatung, Leerstandsüberwachung, Flächenmonitoring in Form der Darstellung der aktuellen Flächennutzungssituation auf dem „Monitor" als Basis für das Berichtswesen, Vermietung und Beendigung von Mietverhältnissen). Bezeichnet wird dieser Bereich als Immobilienwirtschaftliches Flächenmanagement.

Flächenmanagement im Rahmen der Baulandproduktion:
Die Hoheit für Bauleitplanung, Erschließung, Bodenordnung und Durchführung städtebaulicher Maßnahmen liegt bei den Gemeinden. Die Durchführung dieser Maßnahmen in eigener Regie (Verwaltungshandeln) kann im Rahmen städtebaulicher Verträge auf Unternehmen übertragen oder im Rahmen von PPP – Gesellschaften gemeinsam mit Unternehmen bewerkstelligt werden. Die im Zusammenhang mit der unternehmerischen Durchführung dieser Maßnahmen entstehenden Managementfunktionen werden dem hier so bezeichneten Flächenmanagement zugeordnet.

Siehe auch: Bauleitplanung, Erschließung - Erschließungsbeitrag, Bodenordnung

Flächennutzungsplan

Der Flächennutzungsplan ist der „vorbereitende Bebauungsplan". Er bezieht sich auf das ganze Gemeindegebiet und stellt neben der tatsächlich gegebenen die beabsichtigte Bodennutzung einer Gemeinde dar.

Er enthält keine verbindlichen „Festsetzungen" wie der Bebauungsplan. Dargestellt werden können sowohl Bauflächen (allgemeineArt der Nutzung) als auch Baugebiete (besondere Art der baulichen Nutzung). Darüber hinaus werden die Flächen für den örtlichen und überörtlichen Verkehr, Einrichtungen des Gemeinbedarfs, Flächen für Versorgungsanlagen und Abwasserbeseitigung, Grünflächen, Parkanlagen, land- und forstwirtschaftliche Flächen usw. dargestellt. Manche Flächennutzungspläne enthalten auch Maße der baulichen Nutzung, die allerdings keinen verbindlichen Festsetzungs- sondern ebenfalls nur Darstellungscharakter haben.

Zu den Flächennutzungsplänen gehört auch ein Erläuterungsbericht. Flächennutzungspläne haben – im Gegensatz zu Bebauungsplänen – nicht den Charakter einer Satzung. Rechtsansprüche kann der Bürger hieraus nicht ableiten. Flächennutzungspläne müssen jedoch genehmigt werden. Die Genehmigung kann nur aus Rechtsgründen versagt werden.

Werden Flächennutzungspläne erstellt oder geändert, sind die Bürger und die Träger öffentlicher Belange (z.B. Fachbehörden, Gewerbeämter, Industrie- und Handelskammern) frühzeitig zu hören (vorgezogene Bürgerbeteiligung). Das bedeutet, dass bereits der nach einem Aufstellungsbeschluss angefertigte Vorentwurf zur Diskussion mit den Bürgern gestellt wird.

Ein Bebauungsplan ist aus den Vorgaben des Flächennutzungsplanes zu entwickeln. Sollen dort Festsetzungen getroffen werden, die nicht den Vorgaben entsprechen, ist zuvor der Flächennutzungsplan zu ändern. Flächennutzungspläne haben auch für Makler und Bauträger einen hohen Informationswert. In vielen Städten und Gemeinden kann er käuflich erworben werden. In den Stadtstaaten Berlin, Bremen und Hamburg sind Flächennutzungspläne auch gleichzeitig Regionalpläne.

Siehe auch: Art der baulichen Nutzung, Träger öffentlicher Belange (TÖB), Regionalplan, Flächenmanagement

Flächenrecycling

Unter Flächenrecycling ist der Umwandlungsprozess von Flächen zu verstehen, der eine neue bauliche Nutzung von früher anders genutzten und überwiegend erschlossenen, vom bisherigen Nutzer aber aufgegebenen Flächen zum Ziel hat. Durch Flächenrecycling werden somit neue Bauflächen an aufgegebenen Standorten produziert. Diesem Aufgabenbereich widmen sich vielfach Projektentwicklungsgesellschaften.

Die Probleme des Flächenrecyclings liegen im Bereich der Altlasten.Vielfach handelt es sich um sog. Altstandorte, an denen früher mit umweltgefährdenden Stoffen umgegangen wurde, was zu Bodenverunreinigungen führte.

Objekte für Flächenrecycling befinden sich häufig in zentralen Lagen von Städten mit alten Industrien, die durch Standortverlagerungen oder Standortaufgaben der früher dort produzierenden Unternehmen entstanden sind.

In anderen Fällen geht es beim Flächenrecycling um die Umnutzung sog. Konversionsflächen, also Flächen, die vorher militärischen Zwecken dienten, für die überwiegend der Bund als Anbieter auftritt.

Siehe auch: Altlasten

Flächentechnik

Flächentechnik ist ein Begriff aus der Anzeigenwerbung und eine interessante Möglichkeit auf überfüllten Immobilienseiten aufzufallen. Hierbei verteilt das Immobilienunternehmen nach einem exakt vorgegebenen Muster mehrere Anzeigen auf einer bzw. mehreren aufeinander folgenden Immobilienseiten.

Flächenumsatz

Flächenumsatz ist die Summe der Grundstücksflächen, die auf dem Immobilienmarkt in einem bestimmten Zeitraum und in einem bestimmten geographischen Raum umgesetzt wurden.

Über Flächenumsätze berichten in Ihren Marktberichten häufig die Gutachterausschüsse.

FISt

Abkürzung für: Flurstück
Siehe auch: Flurstück

FIStNr.

Abkürzung für: Flurstücknummer

Flur

Flur ist ein abgegrenzter Teil der Erdoberfläche, unter dem im Liegenschaftsbuch die zugehörigen Flurstücke in aufsteigender Nummernfolge aufgeführt sind. Mehrere Flure bilden eine Gemarkung.

Flurbereinigung

Neuordnung landwirtschaftlicher Flächen zum Zweck der Verbesserung der Produktions- und Arbeitsbedingungen sowie zur Förderung der allgemeinen Landeskultur und Landesentwicklung. Grundlage ist das Flurbereinigungsgesetz. Vergleiche hierzu auch Bodenordnung

Siehe auch: Bodenordnung

Flurbezirke

Die Flurbezirke beruhen auf Unterteilungen einer Gemarkung. Jeder Flurbezirk teilt sich in mit Nummern versehene Flure und diese wieder in Flurstücke auf. Gemarkungen können aber auch unmittelbar aus einer Anzahl von Fluren bestehen.

Flurkarte

Lässt sich das Kartenbild einer ganzen Gemarkung nicht auf einer Gemarkungskarte darstellen, wird diese auf mehrere Blätter aufgeteilt,

die als Flurkarte bezeichnet werden.
Siehe auch: Grundstücks- und Bodeninformationssystem

Flurstück

Ein Flurstück ist der Teil einer Flur, der von Linien eingeschlossen und im Kataster mit besonderer Nummer aufgeführt ist. Ein Flurstück darf nicht Flächen aus verschiedenen Grundstücken umfassen. Mehrere Flurstücke können jedoch im Grundbuch ein „Grundstück" bilden. Das Zuflurstück ist eine Teilfläche, die aus einem Flurstück herausgemessen und mit einem anderen verschmolzen wurde. Abtrennung und Verschmelzung werden unmittelbar hintereinander ins Grundbuch eingetragen. (Bestandteilzuschreibung)
Siehe auch: Gemarkung

FödG

Abkürzung für: Fördergebietsgesetz

Fokussierung

Der Begriff Fokussierung bezieht sich im Immobilienmarketing auf die gezielte Ausrichtung der Werbung auf bestimmte Marktsegmente bzw. Zielgruppen.

Folgegeschäft (Maklerrecht)

Kommt zwischen den von einem Makler zusammengeführten Vertragsparteien nicht nur das ursprünglich beabsichtigte, sondern später noch ein weiteres Geschäft zustande, spricht

man von einem Folgegeschäft. Mangels Ursachenzusammenhang entsteht hierfür kein Provisionsanspruch zugunsten des Maklers. Etwas anderes gilt, wenn der Nachweis des Maklers das zweite Geschäft bereits mitumfasst hat.

Folgekostenverträge

Im Rahmen eines städtebaulichen Vertrages kann sich ein Projektentwickler bzw. Investor der Gemeinde gegenüber verpflichten, für ein Siedlungs- oder anderes Bauvorhaben, neben den gesamten Erschließungskosten auch Kosten für erforderlich werdende städtebauliche Maßnahmen bzw. Einrichtungen zu übernehmen, die sonst der Gemeinde entstünden. Diese müssen allerdings unmittelbar Voraussetzung oder Folge des geplanten Vorhabens sein. Hierzu kann beispielsweise die Errichtung einer Volksschule oder Kindertagesstätte zählen, kaum aber die Kosten für den Bau eines gemeindlichen Gymnasiums.
Gesetzliche Grundlage ist §11 Abs. 3 BauGB. Besteht aber aufgrund des planungsrechtlichen Entwicklungszu-standes ohnehin Anspruch auf Genehmigung der Baumaßnahme, ist eine Folgekostenvereinbarung unzulässig. Solche Verträge werden deshalb meist im Zusammenhang mit einem Vorhaben- und Erschließungsplan oder mit einem Erschließungsträger getroffen.
Siehe auch: Erschließungsvertrag

Folgeobjekt (steuerliche Förderung)

Begriff aus dem Bereich der Förderung für selbstgenutzte Immobilien. Wer innerhalb des 8-jährigen Begünstigungszeitraumes seine Immobilie verkauft, der kann die nicht ausgenutzten Förderbeträge beim Erwerb eines Folgeobjektes beanspruchen.
Für das Folgeobjekt beträgt der Abzugszeitraum 8 Jahre, abzüglich der Jahre, für die der Eigentümer in Bezug auf sein Erstobjekt die Steuerförderung in Anspruch genommen hat oder hätte nehmen können.

Fondsinitiator

Siehe: Initiator, Immobilienfonds –
Geschlossener Immobilienfonds

Fondszeichner

Siehe: Zeichner, Immobilienfonds –
Geschlossener Immobilienfonds

Food-Courts

Food Courts sind großflächige Gastronomie-
Einrichtungen, die zumeist im Zusammenhang
mit Großbüro-Komplexen und / oder großen
Einzelhandels- bzw. u. U. auch sonstigen Spezialimmobilien vorzufinden sind und zwar dort
wiederum im Untergeschoss, dem Parterre oder
auch im Obergeschoss. Letzteres hat den Vorteil, dass es dort Tageslicht gibt. Teilweise ist
auch ein Teil der mit Food-Courts verbundenen
Sitzplätze im Freien.

Das Konzept der Food-Courts ist folgender-
maßen: Es gibt eine Vielzahl unterschiedlicher
kleiner Gastronomiebetriebe mit Thekenlängen
von fünf bis zehn Metern, hinter den Theken
werden die diversen Speisen präsentiert und
teilweise vor den Augen der Kunden zubereitet.
Der Kunde hat die Auswahl zwischen den Angeboten der unterschiedlichen eigenständigen
Stände, die in starkem Wettbewerb miteinander
stehen, was letztendlich sehr positiv für die
Qualität ist. Das Preisniveau der Speisen in diesen Gastronomie-Objekten befindet sich im
mittleren bis hin zum etwas gehobenen Segment und liegt zumeist unter den Preisen traditioneller Gastronomie-Einrichtungen wie etwa
Speiselokale und über klassischen Kantinen,
mit denen sie teilweise in Konkurrenz stehen.
Die Food-Courts ermöglichen ihren Kunden ihre Mahlzeit in kurzer Zeit in ansprechendem
Ambiente zu sich zu nehmen.

Formularmietvertrag

Standardisierte rechtliche Mietvertragsformu-
lare, die Haus- und Grundbesitzervereine, aber
auch das Bundesjustizministerium und verschiedene Verlage zur Verfügung stellen. Es
handelt sich um Allgemeine Geschäftsbedingungen und deshalb unterliegen sie der Inhaltskontrolle durch die Gerichte. Selbstverständlich kann jedoch ein Vertrag zwischen Vermieter und Mieter auch individuell ausgehandelt
werden.Der Mustermietvertrag des Bundesjustizministeriums ist mittlerweile veraltet und
spielt keine Rolle mehr. Den Mietverträgen des
Richard Boorberg Verlages wird dagegen eine
Schrittmacherfunktion zugesprochen.

Forwarddarlehen

In Niedrigzins-Phasen bieten Sonderformen
wie Forward-, Volltilger- oder Konstantdarle-
hen gute Chancen zur langfristigen Sicherung
günstiger Konditionen. Forwarddarlehen werden häufig kurz vor Auslauf der Zinsfestschreibung einer Hypothek zur Sicherung aktuell
günstiger Zinsen für eine zukünftige Umschuldung genutzt. Der Kunde sichert sich die niedrigen Zinssätze, indem er einen geringen Aufschlag auf die aktuell gültigen Konditionen von
ca. 0,02 bis 0,03 Prozentpunkten für jeden Monat bezahlt – bis das bestehende Darlehen um-
geschuldet wird. Ein Forwarddarlehen lohnt
sich, wenn die Zinsen für Baugeld inklusive
Aufschlag für das Forwarddarlehen günstiger
sind als die Zinsen bei Ablauf der Zinsbindungsfrist für das ursprüngliche Darlehen.
Wichtiger Vorteil gegenüber der Kündigung einer Baufinanzierung mit hoher Zinsbelastung:
Der Kunde muss keine Vorfälligkeitsentschädigung zahlen, die oft den Vorteil der günstigeren
Zinsen in der Anschlussfinanzierung wieder
auffrisst.

Franchise-Paket

Das Franchise-Paket stellt die Systemidee in
schriftlicher Form dar, führt die Grundlagen,
Ziele und Umsetzung auf und beschreibt die
Organisationshilfen. Des weiteren gehört zum
Franchise-Paket die Offenlegung der Pflichten,
Rechte, Vorteile und Nachteile der Systempart-
ner. Das Franchise-Paket besteht aus dem Leis-
tungsgegenstand, das sind die gegenseitig vereinbarten Leistungen wie z.B. das Marketing
des Franchise-Gebers und die Zahlung von Ge-

bühren des Franchise-Nehmers, aus dem Franchise-Vertrag und dem Franchise-Handbuch (CD- oder CI-Manual). Diese drei Bestandteile bilden das Franchise-Konzept.
Siehe auch: Franchising

Franchising

Unter Franchising versteht man ein Vertriebssystem, bei dem sich ein Unternehmen (Franchisegeber) anderer selbstständiger Unternehmen als Vertriebspartner bedient. Die Idee stammt aus den USA. Die Verbreitung nimmt auch in Deutschland stark zu. Es gibt derzeit etwa 270 Franchisegeber, vorwiegend auf dem Dienstleistungssektor. Damit steht Deutschland in Europa nach Frankreich und Großbritannien an Dritter Stelle. Die Franchisenehmer – oft Existenzgründer – übernehmen das Corporate Design und das Vertriebskonzept des Franchisegebers, wodurch der Eindruck eines großen Unternehmens entsteht.

Unterstützt werden die Franchisenehmer vom Franchisegeber durch verkaufsfördernde Maßnahmen, PR, zur Verfügungsstellung von Arbeitsgrundlagen. Es gibt gegen gesonderte Gebühr auch ein entsprechendes Seminarangebot, um die Franchisegeber für ihren Beruf fit zu machen.

Im Immobilienbereich sind in Deutschland mehrere Franchisegruppen entstanden.

Der älteste bekannte Franchisegeber ist hier Dr. Stange & Co, gefolgt von ERA/AUFINA GmbH (seit 1986). Bekannt sind außerdem RE/MAX, die ERA/AUFINA GmbH (seit 1986), Engel & Völkers, HomeLife, K + M Münzner GmbH, Schaeffer Immobilien, Kernhaus, Town & Country Massivhäuser, die Kulsa-Gruppe, 3A Makler-Netzwerk Blumenauer, Immomaxx und die Aeva/Gewerbebörse. Einige dieser Unternehmen sind derzeit schon nicht mehr am Markt.

Die Franchisenehmer bezahlen an den Franchisegeber eine einmalige Abschlussgebühr zwischen 7.500 und 25.000 Euro. Sie werden ferner am Provisionsumsatz mit etwa 8% - 10% beteiligt. Um zu einem vergleichbaren Ergebnis wie andere Makler zu kommen, muss ein Franchisenehmer wegen seiner Kostenbelastung um etwa 15 – 20% mehr umsetzen. Allerdings wird vermutet, dass im Schnitt diese Mehrbelastung auch durch ein höheres Umsatzvolumen hereingeholt wird. Eine oft zu enge Einbeziehung in den betriebsorganisatorischen Geschäftsablaufbereich und eine manchmal sehr starke faktische wie rechtliche Abhängigkeit der Franchisenehmer vom Franchisegeber führte im Bereich des Franchising in der Vergangenheit zu Problemen mit einer unterstellten „Scheinselbstständigkeit" (Beispiel „Eismann").
Siehe auch: Franchise-Paket

Freibetrag/Freigrenze (Steuersystem)

Freibetrag ist ein von einer steuerlichen Bemessungsgrundlage abziehbarer Betrag. Auf der Lohnsteuerkarte können Freibeträge für verschiedenste Belastungen eingetragen werden und vermindern so die laufenden Lohnsteuervorauszahlungen.

Wichtig: Bei negativen Einkünften aus Vermietung und Verpachtung ist der Freibetrag erst in dem Jahr, welches nach dem Jahr der Anschaffung oder Fertigstellung beginnt, auf der Lohnsteuerkarte einzutragen. Bei der Freigrenze handelt es sich dagegen um einen Betrag, bis zu dem keine steuerliche Belastung entsteht.Bei Überschreiten der Freigrenze wird Steuer fällig. Eine Freigrenze wird im Gegensatz zu einem Freibetrag nicht von der Bemessungsgrundlage abgezogen.

Freijahre

Der Begriff „Freijahre" wird in unterschiedlichen Zusammenhängen verwendet. Bei indexierten Mietverträgen wird damit der Zeitraum bezeichnet, innerhalb dessen der Vermieter auf eine Anpassung der Miete an die Indexentwicklung verzichtet. Bei festverzinslichen Wertpapieren sind Freijahre diejenigen Jahre, in denen keine Tilgung des Anleihebetrages stattfindet.
Siehe auch: Indexklausel und Indexmietvertrag

Freisitz

Unter Freisitz versteht man eine mit Bodenplatten befestigte Freianlage zur ebenen Erde, die vom Haus unmittelbar zugänglich ist. Der Teil des Freisitzes, der (z.b. durch einen darüber liegenden Balkon oder eine Loggia) überdeckt ist, kann in die Wohnflächenberechnung bis zu 50 %, in der Regel zu 25 % einbezogen werden. Im Gegensatz zum Freisitz liegt eine Terrasse erhöht über der natürlichen Erdoberfläche (Beispiel Dachterrasse).
Siehe auch: Terrasse

Freistellungsauftrag

Jeder Sparer und Kapitalanleger kann den Sparerfreibetrag für Kapitaleinkünfte plus Werbungskostenpauschale direkt nutzen, indem er seinem Kreditinstitut einen Freistellungsauftrag erteilt.
Der Sparerfreibetrag wurde zum 1. Januar 2004 verringert – und zwar auf 1.370 Euro pro Jahr für Alleinstehende und 2.740 Euro für Verheiratete (zuvor: 1.550 bzw. 3.100 Euro). Zusätzlich können 51 bzw. 102 Euro als Werbungskostenpauschale ohne Einzelnachweis pro Jahr von den Einkünften aus Kapitalvermögen abgesetzt werden.

Freistellungserklärung

Siehe: Bauträger

Freiwillige Gerichtsbarkeit

Für Wohnungseigentumssachen gilt das Verfahren der freiwilligen Gerichtsbarkeit. Die freiwillige Gerichtsbarkeit bildet den Gegensatz zur streitigen Gerichtsbarkeit (z.B. Zivilprozess). Die freiwillige Gerichtsbarkeit bezeichnet man auch als vorsorgende Rechtspflege. Ihr Wesen besteht in der Sicherung und Gestaltung von Rechtsverhältnissen und Rechtsbeziehungen. Da sich bei Wohnungseigentumssachen i.d.R. Beteiligte mit gegensätzlichen Auffassungen gegenüberstehen, spricht man von echten Streitsachen der freiwilligen Gerichtsbarkeit

Freizeitimmobilie

Spezialimmobilie, die ausschließlich zur Nutzung für Freizeitbeschäftigungen errichtet wurde z.b. Erlebnisbad, Ferienpark (Center Parc), Vergnügungspark, Filmpark.
Siehe auch: Spezialimmobilien

Freizeitpark

Unter Freizeitparks versteht man großflächige Parks mit vielen Einrichtungen, die der Erholung, Freizeitgestaltung, der Bildung und dem Vergnügen dienen. Der bekannteste Parkt ist wohl der Walt Disney Park in Florida mit seinen 122 Quadratkilometern (etwa der Größe Liechtensteins). Hier gibt es vier große Themenparks, 3 Wasserparks, Hotels und Gaststätten, Golfplätze usw. In Frankreich ist der „Grand Parc Puy du Fou" in Les Epesses in der Vende besonders bekannt (das galloramanische Stadion, Nachbau des Kolloseums in Rom). In Deutschland sind Freizeitparks überwiegend themenbezogen und / oder landschaftsbezogen ausgerichtet. In vielen Fällen überwiegen Parks für Kinder und Jugendliche mit Spielplätzen, Rutschbahnen, Achterbahnen, Kleineisenbahnen, Karussells, Abenteuerspielplätzen, einem Gang durch die Märchenwelt usw.
Besonders bekannt ist Deutschlands größter Freizeitpark, der Europa Park in Rust (Südbaden) mit der längsten Achterbahn und jährlich 3,1 Mio Besuchern. Zu den Top-Ten gehören daneben die Autostadt Wolfsburg, Warner Brother's Movie World bei Kichhellen NRW, der Heidepark in der Lüneburger Heide (bei Soltau), das Phantasialand in Brühl bei Köln, der Hansapark an der Ostsee nahe Lübeck, der Holiday Park in der Pfalz bei Hassloch, der Zoo in Hannover, der Vogelpark bei Walsrode und der Serengeti Park bei Hodenhagen – ein Safari-Park.
In Günzburg (Bayern) entstand der Freizeitpark „Legoland" der sCompany, die bisher drei solcher Parks im Ausland errichtet hat. Der Eröffnung fand im Mai 2002 statt. Es wird mit einer Reichweite zwischen Stuttgart und München gerechnet, die 20 Millionen Menschen umfasst.

Die Investition pro Besucher im Jahr wird mit 75 Euro veranschlagt."

Fremdenverkehrsgebiet

Fremdenverkehrsgebiete sind Orte, die wirtschaftlich in erster Linie durch Fremdenverkehr geprägt sind. Hierzu zählen auch Kurorte.

Zur Sicherstellung der Fremdenverkehrsfunktion wurde ein städtebauliches Instrumentarium entwickelt, das den Zuzug zu diesen – in der Regel höchst attraktiven – Orten einschränken soll. Instrumente sind die Zweitwohnungssteuer und der Genehmigungsvorbehalt für die Errichtung von Wohnungseigentumsanlagen zur Begründung von Zweitwohnsitzen. Die Genehmigungspflicht kann von der Gemeinde in einer Satzung beschlossen werden. Sie kann aber auch in Bebauungsplänen festgesetzt werden.
Siehe auch: Zweitwohnungssteuer

Fremdkapital

Sammelbegriff für Finanzierungsmittel, die der Darlehensnehmer von einem Kreditinstitut, einer Bausparkasse oder einem Lebensversicherungsunternehmen ausleiht. Bei Immobiliendarlehen richtet sich das Ausmass der Beleihung einerseits nach dem Beleihungswert des Objektes und andererseits nach der Bonität des Darlehensnehmers. Durch Bürgschaften kann die Versorgung mit Fremdkapital erweitert werden. Nicht zum Fremdkapital zählen Bausparguthaben und Eigenleistungen in Form einer siehe „Muskelhypothek" sowie in Anspruch genommene Barzahlungsskonti und Rabatte, soweit sie in der Baukalkulation nicht ausgewiesen sind.

Fremdwährungsdarlehen

In unterschiedlichen Ländern sind von den Kreditnehmern unterschiedliche Zinsen zu bezahlen. Besonders die Schweiz und Japan haben bereits seit Jahren ein Zinsniveau, das deutlich unter dem in Deutschland liegt; diesem Zinsvorteil steht jedoch ein Währungsrisiko gegenüber. Es muss deshalb sehr sorgfältig abgewogen werden, ob die Finanzierung durch ein solches Darlehen Vorteile bieten kann.
Einige Fremdwährungsdarlehen (z.B. Darlehen auf Basis des Dollars und des Schweizer Franken) können in deutschen Grundbüchern in der jeweiligen fremden Währung abgesichert werden.

Frequenzimmobilien

Frequenzimmobilien sind immobilienwirtschaftliche Objekttypen die sich durch besonders hohe Besucherströme auszeichnen.

Die Ursachen für diese Besucherströme können entweder natürlich sein, d.h. aus bestimmten vorhandenen Funktionen einer Immobilie resultieren (z.B. Bahnhof, Flughafen mit einer automatisch gegebenen hohen Lauffrequenz) oder auf der spezifischen Konzeption oder Attraktivität (z.B. ein neues Objekt, das als Urban Entertainment Center ausgelegt ist) basieren. Im zweiten Fall handelt es sich eher um eine künstlich geschaffene Lauffrequenz, im ersten Fall um eine – etwa aus der Lage an einem Flughafen – weitgehend natürlich gewachsene Frequenz. Grundlegendes Merkmal bei Frequenzimmobilien ist, dass sie Menschenmassen und Unterhaltung, Information oder Freizeitaktivitäten bieten.

Daher kann eine Vielzahl unterschiedlicher Immobilien-Objekttypen den Frequenzimmobilien zugeordnet werden, wie etwa Bahnhöfe, Einkaufszentren, Ladenpassagen, Flughäfen oder auch Urban Entertainment Center. Ein weiteres Beispiel von Frequenzimmobilien sind die Arenen, die nach dem Muster amerikanischer Super Domes in Deutschland konzipiert werden.

FRICS

Abkürzung für: Fellows of the Royal Institution of Chartered Surveyors
Siehe auch: Chartered Surveyor

Früher erster Termin (mündliche Verhandlung im Rechtsstreit)

Bei einfachen und eiligen Rechtsstreitigkeiten kann das Gericht nach Kenntnis von Klage und Klageerwiderung schnellstmöglich einen Verhandlungstermin anberaumen, um den Rechtsstreit schnell zu erledigen. Häufig wird der frühe erste Termin auch dazu benutzt, mit den Parteien des Rechtsstreites eine vergleichsweise Regelung zu erreichen.

Fungibilität

Wertpapiere, insbesondere Investmentzertifikate, sind fungibel – also austauschbar – weil jeder Anteil die gleichen Rechte auf sich vereint. Das gilt zumindest solange, wie Nennwert und Stückelung gleich sind und es sich um Inhaberpapiere handelt. Fungibilität ist eine Grundvoraussetzung für den Handel an Börsen. Das Maß der Fungibilität eines Wertpapiers oder einer Ware wird durch das Maß ihrer Vertretbarkeit bestimmt.

Funktionsfläche

Siehe: Grundfläche nach DIN 277/1973/87

Fußb.-Hzg.

Abkürzung für: Fußbodenheizung

Fußgängerzone

Bei der Fußgängerzone handelt es sich um eine autofreie Zone in der Innenstadt. Soweit keine entsprechende Ausschilderung oder Markierung gegeben ist, sind diese Zonen auch für den Fahrradverkehr gesperrt. In der Regel handelt es sich um Geschäftskernlagen. Der Wert dieser Lagen wird entscheidend von der Dichte des öffentlichen Verkehrssystems, insbesondere im Bereich der U- und S-Bahnen und Straßenbahnen aber auch durch die Nähe von Zentralbahnhöfen beeinflusst. Je dichter dieses Verkehrs-

netz, desto höher die Passantenfrequenz. Ein weiteres Kriterium für die Versorgung dieser Zonen mit Publikum ist das um den Stadtkern angelegte Parkleitsystem, das auch PKW-Nutzern leichten Zugang zu den zentralen Lagen verschafft. Autofreie Zonen erhöhen im Übrigen auch die Lebensqualität der Bewohner diese Zentren.

FWI - Führungsakademie der Wohnungs- und Immobilienwirtschaft

Die Führungsakademie der Wohnungs- und Immobilienwirtschaft besteht seit 1992 in Bochum. Sie wird getragen vom GdW Bundesverband deutscher Wohnungsunternehmen e.V., seinen Gliederungsverbänden und Mitgliedsunternehmen.

Angeboten wird ein zweijähriges immobilienwirtschaftliches Aufbaustudium, das nach erfolgreich bestandener Prüfung zum „Diplomierten Wohnungs- und Immobilienwirt FWI" führt. Absolventen des Aufbaustudiums können sich auch um eine Mitgliedschaft bei den RICS bewerben.

Seit Mai 2001 bietet die FWI zusammen mit dem Bundesfachverband der Wohnungseigentumsverwalter ein modular angelegtes Weiterbildungsstudium speziell für Wohnungseigentumsverwalter an. Das Studium erstreckt sich auf 30 Präsenztage. Dabei kann das Studium individuell „gestreckt" werden, um so aus der Praxis sich ergebende zeitliche Anforderungen abzufedern.

Die FWI veranstaltet ferner Workshops, Seminare, Kurse und Kongresse für Führungskräfte und führt Inhouse-Seminare durch.Anschrift der FWI:Führungsakademie der Wohnungs- und Immobilienwirtschaft e.V.Springerorumallee 20, 44795 Bochum, Tel.: 0234 9447-600, Fax: 0234 9447-666, eMail: Kontakt@fwi.de

g-Wert
Abkürzung für: beschreibt, wieviel Energie (z. B. Sonneneinstrahlung) durch eine Fensterscheibe fließen kann

GA
Abkürzung für: Gutachterausschuss

GABl
Abkürzung für: Gemeinsames Arbeitsblatt

GAH
Abkürzung für: Gasaußenwandheizer

Garage
Garage ist der Abstellraum für Kraftfahrzeuge. Sie muss den bauordnungsrechtlichen Vorschriften der Garagenverordnung des jeweiligen Bundeslandes entsprechen. Unterschieden wird zwischen offenen (mit unmittelbarer verschließbarer Öffnung ins Freie) und geschlossenen Garagen. Unterschieden wird im Bauordnungsrecht auch zwischen Kleingaragen (bis 100 m² Nutzfläche) Mittelgaragen (über 100 bis 1.000 m2 Nutzfläche) Großgaragen (Nutzfläche über 1.000 m²). Duplexgaragen sind Garagen, bei denen durch eine Aufzugsvorrichtung eine PKW-Unterbringung auf zwei Ebenen ermöglicht wird. Garagen werden bei der Ermittlung von Geschossflächenzahlen und Baumassenzahlen nicht angerechnet, sofern sich aus dem Bebauungsplan nichts anderes ergibt.
Im Rahmen der zulässigen Grundfläche gehören Garagen zu den baulichen Anlagen, die in dem höchstens 50% betragenden Überschreitungsbereich errichtet werden können. Besondere Überschreitungen der zulässigen Grundfläche durch Garagen sind in § 21a (3) BauNVO geregelt. Ebenso in der BauNVO geregelt ist die Zahl der zulässigen Garagen in den verschiedenen Baugebieten (§ 12 BauNVO.)

Garantierter Maximalpreisvertrag (GMP)
Unter dem Begriff „Garantierter Maximalpreisvertrag" (GMV) (englisch „guaranted maximum price") versteht man eine neue Art einer Baupreisvereinbarung zwischen Auftraggeber (Bauherrn) und Auftragnehmer (Generalunternehmer). Diese Vereinbarungspraxis stammt aus Amerika. Mit ihm soll verhindert werden, dass Bauunternehmer nach Abschluss eines Bauvertrages für im Vertrag ursprünglich nicht vorgesehene oder vergessene, aber notwendige Leistungen zusätzliche Nachforderungen stellen. Nach dem Werkvertragsrecht kann der Auftraggeber hierfür vom Bauherrn eine angemessene Vergütung verlangen. Die Konfliktsituation entsteht meist dadurch, dass Bauunternehmer äußerst knapp, nicht selten unterhalb der Selbstkosten kalkulieren, um den Zuschlag zu erhalten. Sie sind darauf angewiesen, Vereinbarungslücken für solche Nachforderungen zu nutzen, um das Ergebnis aufzubessern.
Der GMP-Vertrag ist am besten noch mit einem Pauschalpreisvertrag zu vergleichen, der mit einem Generalunternehmen oder Generalübernehmer abgeschlossen wird.
Das neue Preissystem beruht auf der Grundlage der Einbeziehung der Bauunternehmen in die Planungsphase, die damit ihr Know-how einbringen. Der Auftraggeber bezahlt höchstens den garantierten Maximalpreis. Ergibt sich am Ende durch tatsächliche Einsparungen ein Preis, der unterhalb des Maximalpreises angesiedelt ist, teilen sich Auftraggeber und Bauunternehmer diese Differenz. Das Teilungsverhältnis wird im Vertrag vereinbart.
Es gibt verschiedene Varianten des GMP.
In einem Fall wird nach der Leistungsphase 2 (Vorplanung) das Projekt unter Vorgabe eines Budgets ausgeschrieben. Mit den sich meldenden Unternehmen werden Verhandlungen geführt und schließlich mit einem der Vertrag geschlossen. Die Projektentwicklung und Ausführungsplanung wird gemeinsam durchgeführt und nach Bauausführung wird abgerechnet. Die Differenz zwischen Budget und den tatsächlich angefallenen Kosten werden nach einem vereinbarten Schlüssel geteilt.
Die zweite Variante unterscheidet sich von der ersten dadurch, dass kein Budget vorgegeben,

sondern eine Ausschreibung im Wettbewerb durchgeführt wird. Es sind die Wettbewerber, die einen garantierten Maximalpreis anbieten. Das weitere Procedere entspricht dem des vorher beschriebenen „Budget-Modells".

Daneben gibt es zweistufige Modelle, bei denen der in Aussicht genommene GMP-Partner schon zur Grundlagenermittlung als Berater auf Honorarbasis miteingeschaltet wird. Nach Abschluss der Planungsphase (1. Stufe) wird der GMP-Vertrag geschlossen, womit die 2. Stufe beginnt.

Der Verteilungsschlüssel für die Differenz zwischen Maximalpreis und tatsächlich entstandene kosten liegt zwischen 50 zu 50 und 80 zu 20 zugunsten des Auftraggebers.

Bei öffentlichen Auftraggebern können GMP-Verträge nur dann zum Zuge kommen, wenn vergaberechtlichen Bestimmungen der VOB Teil A sowie kartellrechtliche Bestimmungen dem nicht entgegenstehen.

Garantierte Maximalpreisverträge setzen ein besondere Maß an Vertrauen zwischen Auftraggeber und Auftragnehmer voraus (Prinzip der gläsernen Taschen bei der Abrechnung). Auftraggeber und Auftragnehmer wirken wie Kooperationspartner zusammen um die angepeilten Kostenziele, die zeitlichen Ziele und Qualitätsziele zu erreichen.

Siehe auch: Generalunternehmer, Generalübernehmer, Maximalpreisvertrag

Gart

Abkürzung für: Garten

GarVO

Abkürzung für: Garagenverordnung

GastBauVO

Abkürzung für: Gaststättenbauverordnung

GaststG

Abkürzung für: Gaststättengesetz

GB

Abkürzung für: Grundbuch

GBA

Abkürzung für: Grundbuchamt

GBl

Abkürzung für: Gesetzblatt

GBO

Abkürzung für: Grundbuchordnung

GbR

Abkürzung für: Gesellschaft bürgerlichen Rechts

GBVerf

Abkürzung für: Allgemeine Verfügung über die Einrichtung und Führung von Grundbüchern

GBVfg

Abkürzung für: Grundbuchverfügung

GdW

Abkürzung für: Bundesverband deutscher Wohnungsunternehmen e.V.

GE

Abkürzung für: Gewerbeeinheit

Gebäude

Nach dem Bauordnungsrecht sind Gebäude „selbständig benutzbare, überdachte bauliche Anlagen, die von Menschen betreten werden können und geeignet sind, dem Schutz von Mensch und Tier zu dienen". Dabei kommt es auf die Umschließung durch Wände nicht an. Die Überdachung allein ist ausreichend.

Gebäude müssen jedoch eine selbständige baukörperhafte Begrenzung aufweisen und für sich benutzbar sein.Als einzelnes Gebäude gilt jedes freistehende Gebäude oder bei zusammenhängender Bebauung, (Doppel-, Gruppen- und Reihenhäuser), jedes Gebäude, das durch eine vom Dach bis zum Keller reichende Brandmauer von anderen Gebäuden getrennt ist, einen eigenen Zugang bzw. ein eigenes Treppenhaus und ein eigenes Ver- und Entsorgungssystem besitzt..

Der Höhe nach werden bauordnungsrechtlich folgende Gebäudeklassen unterschieden:
- Gebäude geringer Höhe (Fußboden des obersten oberirdischen Geschosses liegt unter 7 m oberhalb der natürlichen oder festgelegten Geländeoberfläche),
- Gebäude mittlerer Höhe (Fußboden des obersten siehe Geschosses liegt zwischen 7 und 22 m) und
- Hochhaus (darüber hinausgehende Gebäude).

Nach der Art der Gebäudenutzung kann vielfältig unterschieden werden, was u.a. in der Gebäudestatistik zum Ausdruck kommt, die folgende Begriffsbestimmung kennt:

Die Gebäude werden unterschieden nach Wohn- und Nichtwohngebäuden. Bei Nichtwohngebäuden handelt es sich um Bauten, die überwiegend Nichtwohnzwecken dienen.

Zu den Nichtwohngebäuden zählen Anstaltsgebäude, Büro- und Verwaltungsgebäude, nichtlandwirtschaftliche Betriebsgebäude, landwirtschaftliche Betriebsgebäude und „sonstige Nichtwohngebäude". Unter „sonstige Nichtwohngebäude" werden Universitäts- und Hochschulgebäude, Gebäude von Sportanlagen, Theater, Kirchen und Kulturhallen nachgewiesen.

Im sachenrechtlichen Sinne sind Gebäude wesentliche Bestandteile von Grundstücken oder Erbbaurechten. In Ausnahmefällen können Gebäude auch „Scheinbestandteile" sein, wenn sie z.B. aufgrund einer Vereinbarung mit dem Grundstückseigentümer vom Pächter eines Grundstücks für die Dauer des Pachtverhältnisses (also „vorübergehend") auf diesem errichtet wurden (Beispiele: Speditionsgebäude auf ehemaligem Reichsbahngelände, Kantinengebäude für Bauarbeiter auf einer Großbaustelle).In den östlichen Bundesländern wurde zur Zeit der DDR ein eigenständiges Gebäudeeigentum begründet. Die Überführung in das Sachenrechtssystem der Bundesrepublik erfolgt nach dem Sachenrechtsbereinigungsgesetz entweder durch eine Erbbaurechtslösung oder durch ein Bodenankaufsrecht mit Kontraktionszwang.

Aus Gründen der Rechtssicherheit wurden auch reine Gebäudegrundbücher angelegt."

Siehe auch: Vollgeschoss

Gebäudemanagement

Unter Gebäudemanagement versteht man den immobilienwirtschaftlichen Teil des Facility Managements, der sich auf die kosten- und funktionsoptimale Entwicklung und Nutzung von Gebäuden (Liegenschaften) bezieht.

Eingeteilt wird das Gebäudemanagement in die Bereiche technisches, infrastrukturelles und kaufmännisches Gebäudemanagement. Ergänzend wurde das Flächenmanagement, das in allen drei Leistungsbereichen Verankerungspunkte hat, berücksichtigt. Die Begriffe und Leistungen des Gebäudemanagements, die früher im Regelwerk der VDMA 24196 definiert waren, sind im August 2000 in die DIN 32736 übergeleitet worden.

Siehe auch: Facility Management

Gebäudesystemtechnik

Im Rahmen der Gebäudeautomation werden heute zunehmend technische Steuerungseinrichtungen für verschiedene Funktionen in ein Gebäude implementiert. Beispiele: Eine sich auf Witterungseinflüsse einstellende Heizung und Lüftung, Sonnenschutzanlagen die entsprechend dem Sonnenstand geöffnet oder geschlossen werden, automatisches Einfahren von Markisen bei Wind und Regen, automatische Rolladen- und Vorhangsteuerung, automatisches Schließen von Heizkörperventilen bei Öffnen der Fenster, automatisches Senken der Raumwärme beim Verlassen und Abschließen der Räume, automatische Türöffnungen und dergleichen.

Gebäudeversicherung

Eine Gebäudeversicherung ist eine Sachversicherung, die sich auf einzelne Gefahrenbereiche bezieht. Umfassenden Versicherungsschutz bietet die Wohngebäudeversicherung an.

Sie deckt Schäden ab, die durch Brand, Blitzschlag, Explosion, Flugzeugabsturz (Zweig

Feuerversicherung), ferner Schäden die durch bestimmungswidrige auslaufendes Leitungswasser, Rohrbruch und Frost entstehen (Zweig Leitungswasserversicherung). Hinzu kommen Schäden durch Sturmeinwirkung (ab Windstärke 8) und Hagelschäden. Grundsätzlich werden auch die Kosten für Aufräumen der Schadenstätte und die Abbruchkosten, sowie ein etwaiger Mietausfall ersetzt. Glasschäden und Elementarschäden sind nicht im Versicherungsumfang enthalten.

Siehe auch: Verbundene Wohngebäudeversicherung, Elementarschadenversicherung, All-Risk-Versicherung

Gebot, geringstes (Zwangsversteigerungsverfahren)

Ein vom Rechtspfleger festgesetzter Mindestpreis, den der Bieter bei der Versteigerung einer Immobilie nicht unterschreiten darf, weil er sonst in einem Ersttermin keine Aussicht darauf hat, dass ihm die Immobilie zugeschlagen wird. In einem Wiederholungs- oder Zweittermin liegt das geringste Gebot bei den aufgelaufenen Kosten des Verfahrens und umfasst gegebenenfalls die vom Voreigentümer noch nicht gezahlten Grundsteuern.

GebOZS

Abkürzung für: Gebührenordnung für Zeugen und Sachverständige

Gebrauchsabnahme

Abnahme eines fertiggestellten Bauwerkes durch die Baubehörde. Sie muss vom Bauherrn beantragt werden. Ergibt die Gebrauchsabnahme, dass das Bauwerk mit dem genehmigten Baugesuch übereinstimmt, wird der Schlussabnahmeschein erteilt, der zur Nutzung des Bauwerks berechtigt.

Gebrauchsgewährung (Mietrecht)

Die Gebrauchsgewährung der Mietsache in vertragsgemässem Zustand ist die Hauptpflicht des Vermieters. Im Regelfall setzt der Gebrauch voraus, dass dem Mieter der unmittelbare Be-

sitz eingeräumt wird. Dies geschieht normalerweise durch Übergabe der Schlüssel.

Gebühren

Gebühren sind öffentlich rechtliche Abgaben für die Leistung einer Körperschaft des öffentlichen Rechts, die dem Gebührenschuldner gegenüber erbracht wurde. Sie kann in einmaligen oder wiederkehrenden Geldforderungen bestehen, die von einem Amt erhoben werden. Beispiele für Gebühren, die Hauseigentümer zahlen müssen, sind Strassenreinigungsgebühr und Abwassergebühr.

Von Gebühren spricht man auch, wenn es sich dabei um „Preise" für Leistungen handelt, die in einer „Gebührenordnung" (Beispiel Rechtsanwaltsgebühren) festgelegt sind.

Gefälligkeitsmiete

Vermietet ein Hauseigentümer eine ihm gehörende Wohnung an einen ihm Nahestehen z.B. seinen Sohn oder seine Tochter zu einer Vorzugsmiete, die unter 56% (bis 31.12.2003: 50%) der ortsüblichen Marktmiete liegt, dann kann er nur den entsprechenden Anteil an Werbungskosten geltend machen. Damit soll verhindert werden, dass dem Vermieter die Vermietung zu Wohnraum zur Gefälligkeitsmiete zu verlustbringenden Gestaltungen gegenüber dem Fiskus nutzt.

Der Bundesfinanzhof hatte am 5.11.2002 diese Regelung mit Urteil dahingehend korrigiert, als er die 50%-Grenze in Frage gestellt hat. Entscheidend sei, ob eine Einkünfteerzielungsabsicht noch bejaht werden könne. Betrage die vereinbarte Miete weniger als 75% der Marktmiete, sei die Einkünfteerzielungsabsicht anhand einer Überschussprognose zu prüfen. Ist sie negativ, dann müssen die Werbungskosten aufgespalten werden. Abzugsfähig sind dann nur die auf den entgeltlichen Mietteil entfallenden Werbungskosten.

GEFMA - Deutscher Verband für Facility Management e.V.

Die GEMA (German Facility Management Association) bezeichnet sich als Forum für Anwender, Anbieter, Investoren, Berater und Wissenschaftler aus dem Bereich des Facility Management. Der Verband wurde 1989 gegründet und zählt derzeit etwa 300 Mitgliedsunternehmen einschl. städtischer und staatlicher Stellen. Die GEFMA konzentriert ihre Aktivitäten darauf, eine effiziente und an den Bedürfnissen der Menschen ausgerichtete Bewirtschaftung von Facilities in privaten Unternehmen und in der öffentlichen Verwaltung zu fördern.

Die GEFMA ist seit 1996 dabei, Richtlinien zu entwickeln, die sich auf Definition, Struktur und Beschreibung von FM sowie auf Leistungsbilder von Einzelleistungen beziehen (Richtlinien der Reihe 100 ff).

Andere Richtlinien beziehen sich auf Kosten, Kostenrechnung, Kostengliederung und Kostenerfassung, Benchmarking, EDV-Aspekte, Hinweise für Ausschreibung und Vertragsgestaltung bei Fremdvergaben von Dienstleistungen, Beschreibung der Berufsbilder, der Aus- und Weiterbildung im Bereich des FM, sowie Qualitätsaspekte.

Die bereits verabschiedeten Richtlinien können bei der GEFMA erworben werden.

GEG

Abkürzung für: geregeltes eingeschränktes Gewerbegebiet

GEH

Abkürzung für: Gasetagenheizung

Geislinger Konvention

Ein Bereich des Risikomanagements ist das Betriebskostenmanagement. Dem Thema widmet sich die Geislinger Konvention. Sie ist eine bundesweite verbandsübergreifende Vereinbarung über die Inhalte und die Struktur der für ein Betriebskosten-Benchmarking verwendeten Daten.

Erarbeitet wurde die Geislinger Konvention von einer Arbeitsgruppe, bestehend aus Vertretern von Verbänden, Wohnungsunternehmen und wohnungswirtschaftlichen Dienstleistern

unter Federführung von Prof. Hansjörg Bach, (Fachhochschule Nürtingen / Studiengang Immobilienwirtschaft). Sie soll sowohl die Anforderungen des unternehmensbezogenen als auch des unternehmensübergreifenden Benchmarkings berücksichtigen. Grundlage ist der Betriebskostenkatalog der Anlage zu § 27 II. BV und eine einheitliche DV-gestützte Buchungsstruktur der Betriebskosten. Die Betriebskosten werden mit Gebäudestrukturdaten korreliert, um damit den Besonderheiten der Wohnobjekte gerecht zu werden.

Es besteht die Hoffnung, dass die Wohnungsunternehmen sich dieser Konvention anschließen, um zu einer Vergrößerung des branchenspezifischen Datenmaterials zu gelangen. Die Kenntnis der repräsentativen Betriebskostenstruktur ist Ausgangspunkt für die Möglichkeit, Betriebskosten zu steuern und damit Einfluss auf die Entwicklung der „2. Miete" zu nehmen.

Hinweis: Die Anlage zu § 27 II. BV ist mittlerweile durch die Betriebskostenverordnung ohne wesentliche inhaltliche Änderungen abgelöst worden. Diese trat am 1.1.2004 in Kraft.

Siehe auch: Benchmarking

Gelder, gemeinschaftliche (Wohnungseigentumsverwaltung):

Siehe: Gemeinschaftskonto (Wohnungseigentümergemeinschaft)

Geldwäschegesetz (GwG)

Im Zuge der Terrorismusbekämpfung sollen illegale Finanzströme „ausgetrocknet" werden. Dem dient das Geldwäschegesetz (Gesetz über das Aufspüren von Gewinnen aus schweren Straftaten). Unternehmen bestimmter Branchen (Banken, Versicherungsgesellschaften, Versicherungsmakler, Immobilienmakler, Vermögensverwalter, Versteigerer aber auch bestimmte freiberufliche Gruppen (Rechtsanwälte, Notare, Steuerberater) werden verpflichtet, die Personalien der geldanlegenden Kunden (Anlagebetrag mindestens 15 000 Euro) zu „identifizieren". Die Daten müssen sechs Jahre aufbewahrt werden. Verdächtige Geschäfte sind der Polizei

---

oder der Staatsanwaltschaft zu melden, wovon aber die Betroffenen nicht verständigt werden müssen. Im Gegenzug wird den meldenden Personen eine Freistellung von der Verantwortung zugesichert, es sei denn, sie hat grob fahrlässig oder vorsätzlich gehandelt.

Identifizieren im Sinne dieses Gesetzes ist das Feststellen des Namens aufgrund eines Personalausweises oder Reisepasses sowie des Geburtsdatums und der Anschrift, soweit sie darin enthalten sind, und das Feststellen von Art, Nummer und ausstellender Behörde des amtlichen Ausweises. Nach § 12 kann derjenige, der seiner Anzeigepflicht nachkommt, wegen einer Anzeige nicht verantwortlich gemacht werden, es sei denn, die Anzeige ist vorsätzlich oder grob fahrlässig unwahr erstattet worden.

Geldwäschebekämpfungsgesetz

Sinn des Geldwäschebekämpfungsgesetzes ist das „Aufspüren von Gewinnen aus schweren Straftaten, insbesondere auch solcher Transaktionen, die der Finanzierung des Terrorismus dienen. Durch Artikel 1 des Geldwäschebekämpfungsgesetzes vom 8.8.2002 wurde das „Geldwäschegesetz" (GwG) erheblich verschärft.
Siehe auch: Geldwäschegesetz (GwG), Anzeigepflicht

Gemarkung

Das Gebiet einer Gemeinde wird durch die Gesamtheit der Flurstücke, die zu der Gemeinde gehören, festgelegt. Überwiegend besteht das Gemeindegebiet aus mehreren Gemarkungen. Eine Gemarkung kann aber auch Teile von mehreren Gemeindegebieten umfassen.
Für die Nummerierung wird eine geschlossene Gruppe von Flurstücken jeweils zu einem Nummerierungsbezirk zusammengefasst. Der Nummerierungsbezirk für die Flurstücke im Kataster ist identisch mit einer Gemarkung.
Die Gemarkungen werden nach ihrer geografischen Lage benannt. Als Benennung wird möglichst der Name einer Gemeinde, eines Gemeindeteils oder eines gemeindefreien Gebiets

verwendet. Sind derartige Möglichkeiten nicht gegeben, so wird die Benennung aus einer für die betreffende Örtlichkeit gebräuchlichen geografischen Bezeichnung abgeleitet.

gemE

Abkürzung für: gemeinschaftliches Eigentum

GemE

Abkürzung für: Gemeinschaftseigentum

Gemeinbedarfsflächen

Als Gemeinbedarfsflächen werden solche Flächen bezeichnet, die in einem Bebauungsplan zur baulichen Nutzung für Einrichtungen vorgesehen sind, die den Gemeinbedarf decken, z.B. Kindergärten, Schulen, Kirchen, Sportanlagen. Nicht dazu zählen Erschließungsanlagen (Straßen, Fußweg, Plätze).

Gemeinschaftseigentum

Zum gemeinschaftlichen Eigentum zählen neben dem Grundstück (§ 1 Abs. 5 WEG) alle übrigen Teile, Anlagen und Einrichtungen des Gebäudes, die nicht im Sondereigentum oder im Eigentum eines Dritten stehen. Dabei handelt es sich um vor allem um Dach-, Boden- oder Kellerräume.
Zum Gemeinschaftseigentum gehören ferner alle übrigen Gebäudeteile, die dem Bestand und der Sicherheit des Gebäudes dienen, sowie alle Anlagen und Einrichtungen, die dem gemeinschaftlichen Gebrauch aller Wohnungseigentümer dienen (§ 5 Abs. 2 WEG).
Zu ersteren zählen alle konstruktiven Gebäudebestandteile wie Dach, Außenwand, Fenster, Haus- und Wohnungstüren, tragende Wände, Decken und Böden, auch wenn sie sich im Bereich des Sondereigentums befinden.
Zu letzteren gehören Treppenhaus, Aufzüge, Zentralheizungs- und Warmwasserversorgungsanlagen, zentrale Installations- und Ver- bzw. Entsorgungseinrichtungen.
Für die Instandhaltung und Instandsetzung des gemeinschaftlichen Eigentums sind alle Wohnungseigentümer gemeinschaftliche verpflich-

tet und haben die entsprechenden anteiligen Kosten zu tragen.
Siehe auch: Sondereigentum

Gemeinschaftsgeschäft

Gemeinschaftsgeschäfte bei Maklern gibt es in drei verschiedenen Ausgestaltungsformen. Die erste besteht darin, dass ein Auftraggeber zwei Maklern zusammen einen Auftrag erteilt, die sich dann im Falle eines Vertragsabschlusses unabhängig vom Einzelbeitrag jedes einzelnen zum Abschluss die Provision teilen (sog. „Hamburger Gemeinschaftsgeschäft").

Die zweite Art des Gemeinschaftsgeschäftes besteht darin, dass ein Makler von sich aus einen Untermakler einschaltet, der vor Ort die Bearbeitung übernimmt. Auch er partizipiert auf jeden Fall an den Provisionsansprüchen, die der Hauptmakler geltend macht.

Die dritte Art des Gemeinschaftsgeschäftes, die in der Praxis weitaus überwiegt, besteht darin, dass der Makler des Objektauftraggebers mit dem Makler des Interessentenauftraggebers zusammenarbeitet und beide auf einen Abschluss hinwirken. Auch hier wird entweder die Gesamtprovision geteilt oder jeder der beiden Makler erhält von seinem jeweiligen Auftraggeber die Provision.

Für diese Art von Geschäften gibt es keine gesetzlichen Regelungen. Die Art der Provisionsteilung und andere Vorgaben findet man in den „Geschäftsgebräuchen für Gemeinschaftsgeschäfte" (GfG) der zwei großen Maklerverbände RDM und VDM.

Gemeinschaftskonto (Wohnungseigentümergemeinschaft)

Der Verwalter von Wohnungseigentumsanlagen ist nach dem WEG verpflichtet, gemeinschaftliche Gelder getrennt von seinem Vermögen zu verwalten. Die Geldverwaltung erfolgt deshalb auf einem Gemeinschaftskonto, das auf den Namen der Wohnungseigentümergemeinschaft lautet. Lediglich aus postalischen Gründen wird in der Kontenbezeichnung der Name oder die Firma des Verwalters und seine An-

schrift genannt. Das Gemeinschaftskonto ist ein „offenes Fremdgeldkonto" oder ein „offenes Treuhandkonto". Das Konto steht nur für den Geldverkehr der Wohnungseigentümergemeinschaft zur Verfügung.

Gemeinschaftsordnung

Unter Gemeinschaftsordnung versteht man ein in Zusammenhang mit der Begründung von Wohnungseigentum erstelltes Regelungswerk, in dem Rechte und Pflichten der einzelnen Wohnungseigentümer, Fragen der Verwaltung und der Eigentümerversammlung festgelegt sind. Das mögliche Regelungsfeld kann soweit ausgeschöpft werden, als zwingendes Recht dem nicht entgegensteht und die Regelungen nicht sittenwidrig sind.

Der materielle Gehalt der Gemeinschaftsordnung kann nur durch einen allstimmig gefassten Beschluss verändert werden.

GemO

Abkürzung für: Gemeinschaftsordnung

Genehmigungsfreies Bauen

Siehe: Baugenehmigung

Generalübernehmer

Im Baugeschäft ist Generalübernehmer, wer die Vorbereitung und Durchführung eines Bauvorhabens ganz (oder teilweise) in eigenem Namen und auf eigene Rechnung, aber auf dem Grundstück des Bauherrn organisiert.Er selbst erbringt keine Bauleistungen, sondern schaltet hierfür ausschließlich Subunternehmer ein. Erbringt der Generalübernehmer aber Planungsleistungen, spricht man auch von einem Totalübernehmer.

Siehe auch: Generalunternehmer, Garantierter Maximalpreisvertrag (GMP)

Generalunternehmer

Ein Generalunternehmer ist in der Regel ein Bauunternehmen, das gegenüber dem Bauherrn als einziger Vertragspartner bei der Durchführung eines Bauvorhabens auftritt. Für vom ihm nicht selbst erbrachten Bauleistungen schaltet er auf eigene Rechnung Subunternehmer ein.

Siehe auch: Generalübernehmer, Garantierter Maximalpreisvertrag (GMP)

GenG

Abkürzung für: Genossenschaftsgesetz

Genossenschaft

Siehe: Wohnungsgenossenschaft

Genossenschaftsförderung

Die Genossenschaftsförderung ist eine Zusatzförderung im Rahmen der Eigenheimzulage. Mitglieder einer begünstigten Wohnungsbaugenossenschaft können eine Zulage erhalten. Das Finanzamt gewährt seit 1. Januar 2004 3% jährliche Zulage auf max. 40.000 Euro Genossenschaftsanteil (= 1.200 Euro) für acht Jahre. Zudem gibt es noch 250 Euro Kinderzulage je Kind im Jahr. Die Zulage wird bei einem Beitritt zur Genossenschaft nach dem 31.12.2003 nur gewährt, wenn der Anspruchsberechtigte spätestens im letzten Förderjahr (achtes Jahr) mit der Nutzung der Genossenschaftswohnung zu eigenen Wohnzwecken beginnt.

Mitglieder von Genossenschaften, die vor dem 1.1.1995 ins Genossenschaftsregister eingetragen wurde, können die Förderung nicht beanspruchen.

Gerichtskasse

Nach der Justizbeitreibungsordnung werden dem Bund und den Ländern zustehende Kosten wie Gerichtskosten, Gerichtsvollzieherkosten, Justizverwaltungsabgaben, Patentamtskosten usw. durch Vollstreckungsbehörden beigetrieben. Bei diesen handelt es sich um die Beitreibungsstellen der obersten Bundesgerichte, die gesetzlich besonders genannten Behörden und im übrigen die Gerichtskassen, an deren Stelle aber auch andere Behörden bestimmen können, z.B. Amts-, Staats-, Landeskassen.

Gerichtsstand

Örtliche Zuständigkeit eines Gerichts. Der Gerichtsstand wird normalerweise durch den Wohnsitz/Geschäftssitz bestimmt. Vom Gesetz abweichende Gerichtsstandsregelungen sind unter Kaufleuten möglich.

German Council of Shopping Centers

Der GCSC ist der deutsche Interessenverband von Unternehmen aus den Bereichen Handelsimmobilien, Handel, Entertainment, der Kreditwirtschaft, dem Marketing, insbesondere dem Management von Einkaufscentern, Galerien, Passagen, Fachmarktzentren Bahnhöfen und dergl. Auch Spezialisten aus der Einrichtungs- und Design-Branche, der auf Handelsimmobilien spezialisierten Makler und Werbeagenturen gehören zu den Mitgliedern.

Der GCSC veranstaltet einmal im Jahr einen Handelskongress. In Deutschland gehören etwa 500 Mitglieder dem GCSC an. Der europäische Dachverband mit ca. 2000 Mitgliedern hat seinen Sitz in London. Der International Council of Shopping Centers (ICSC) mit Sitz in New York zählt 38.000 Mitglieder.

Gesamtbaufinanzierung

Gesamtfinanzierung wird auch als Finanzierung aus einer Hand bezeichnet. Hierbei muss der Bauherr für verschiedene Finanzierungsbausteine (Bausparvertrag, Bankhypothek usw.) nur noch mit einem Institut verhandeln. Eintragung ins Grundbuch, Schätzkosten usw. fallen damit nur einmal an. In ihr Gesamtbaufinanzierungsangebot beziehen Geschäftsbanken neben eigene, oft kurzfristige Finanzierungsmittel, langfristige Realkredite über Töchter (Realkreditinstitute), Bauspardarlehen über verbundene Bausparkassen und/oder Lebensversicherungs-Darlehen von kooperierenden Versicherungsunternehmen mit ein. Die Gesamtbaufinanzierung ist zwar komfortabler, aber meistens auch teurer, als die vom Bauherrn selbst zusammengestellte.

Gesamtkosten (eines Bauwerks)

Zur systematischen Ermittlung der Gesamtkosten eines Bauwerkes gibt es zwei Regelwerke, nämlich die DIN 276 und die II. BV. Letztere war früher ein verpflichtendes Kalkulationsraster für Baumaßnahmen im Rahmen des mit öffentlichen Mitteln geförderten Wohnungsbaues. Seit Aufhebung der II. BV durch das Wohnraumförderungsgesetz handelt es sich um ein Regelwerk, das ähnlich wie die DIN 276 der Verständigung dient.

DIN 276

Die DIN 276 gilt für die Ermittlung und die Gliederung von Kosten im Hochbau und erfasst alle Kosten zur Herstellung, zum Umbau und zur Modernisierung der Bauwerke und die damit zusammenhängenden Aufwendungen (Investitionskosten).

Die Kostenermittlung erfolgt auf den vier Stufen Kostenschätzung, Kostenberechnung, Kostenanschlag und Kostenfeststellung. Die letzte Fassung stammt aus 1993 (DIN 276 – 1993 – 06). Die Norm definiert Begriffe und legt Unterscheidungsmerkmale zum Zweck des Vergleichs von Kostenangeboten fest. Voraussetzung für die Kostenermittlung ist die Bauplanung. Die Rubrizierung erfolgt einem Ordnungszahlensystem. Dabei werden die Kosten in folgende Obergruppen eingeteilt:

100 Grundstück
200 Herrichten und Erschließen
300 Bauwerk - Baukonstruktionen
400 Bauwerk - Technische Anlagen
500 Außenanlagen
600 Ausstattung und Kunstwerke
700 Baunebenkosten.

Die Untergruppierung erfolgt auf zwei Ebenen, auf der ersten Ebene, z.B. bei der Obergruppe 100 nach

110 Grundstückswert
120 Grundstücksnebenkosten
130 Freimachen

und beispielsweise bei Grundstücksnebenkosten auf der Ebene der zweiten Untergruppe nach

121 Vermessungsgebühren
122 Gerichtsgebühren
123 Notariatsgebühren
124 Maklerprovisionen
125 Grunderwerbssteuer
126 Wertermittlungen, Untersuchungen
127 Genehmigungsgebühren
128 Bodenordnung, Grenzregulierung
129 Grundstücksnebenkosten, sonstiges

II. BV

Die Gesamtkosten eines Gebäudes nach der II. BV gliedern sich in Kosten des Baugrundstücks und Baukosten. Zu den Kosten des Baugrundstücks zählen im Wesentlichen der Verkehrswert des Grundstücks oder ein darunter liegender Kaufpreis, Erwerbs(-neben)kosten, Erschließungskosten und Kosten der Bodenordnung (Umlegung, Grenzregelung).

Die Baukosten gliedern sich in Kosten der Gebäude und Außenanlagen, Baunebenkosten und Kosten besonderer Betriebseinrichtungen, des Gerätes und sonstiger Wirtschaftsausstattungen.
Siehe auch: Baunebenkosten, Besondere Betriebseinrichtungen

Gesamtnutzungsdauer einer baulichen Anlage (Wertermittlung)

Die Gesamtnutzungsdauer eines Immobilienobjektes ist eine Schätzgröße, die im Zusammenhang mit seiner Bewertung im Sachwertverfahren benötigt wird. Sie hängt einerseits ab von der technischen Nutzungsdauer, die z.B. bei Wohn- und Verwaltungsgebäuden nach den Wertermittlungsrichtlinien zwischen 80 und 100 Jahre angenommen wird. Es kommt andererseits auch auf die wirtschaftliche Nutzungsdauer an, die oft zu einem geringeren Ansatz der Gesamtnutzungsdauer führt. Bei der Ermittlung der Gesamtnutzungsdauer wird ein unveränderter Gebäudezustand unterstellt, also eine durch laufende Instandhaltungsmaßnahmen konstanter Zustand. Werden Modernisierungsmaßnahmen an dem Gebäude durchgeführt, die zu einer Anpassung des Objektes an einen neuzeitlichen Nutzungsstandard führt, wird dem dadurch Rechnung getragen, dass ein vorgezogenes fiktives Baujahr angenommen wird, das dem geänderten Zustand entspricht.

Die Gesamtnutzungsdauer minus (fiktives) Alter zum Zeitpunkt der Wertermittlung führt zur Restnutzungsdauer, die beim Ertragswertverfahren für den zu wählenden Vervielfältiger in Verbindung mit dem Liegenschaftszinssatz maßgebend ist. Während laufend durchgeführte Instandhaltungsmaßnahmen die Restnutzungsdauer nicht beeinflussen, führen Modernisierungsmaßnahmen jeweils zu einer neu zu definierenden Restnutzungsdauer.

Beim Sachwertverfahren ist die (fiktive) Gesamtnutzungsdauer für die Höhe und den Verlauf der Gebäudeabschreibung maßgeblich.

Siehe auch: Liegenschaftszinssatz

Gesamtrechtsnachfolge

Der Erbe des gesamten Vermögens ist Gesamtrechtsnachfolger. Auf ihn gehen sämtliche Rechte des Erblassers über. Der Gesamtrechtsnachfolger kann die steuerliche Abschreibung des Rechtsvorgängers fortführen. Mangels eigener Anschaffungskosten ist keine Fortführung der Eigenheimzulage möglich.

Gesamtschuldnerische Haftung (Wohnungseigentümer)

Die Wohnungseigentümer haften gegenüber Dritten gemeinsam als Gesamtschuldner. Jeder Wohnungseigentümer haftet gegenüber dem Gläubiger für die gesamte Verbindlichkeit.

Der von einem Gläubiger in Anspruch genommene Wohnungseigentümer kann von seinen Miteigentümern eine anteilige Erstattung der sie betreffenden Leistungsanteile verlangen. Auch bei Zahlungsausfällen infolge etwaiger Vermögenslosigkeit eines Miteigentümers sind die Wohnungseigentümer zum Zahlungsausgleich im Verhältnis ihrer Miteigentumsanteile verpflichtet.

Geschäftsordnung

In der Praxis wird (noch) selten davon Gebrauch gemacht, für den organisatorischen Ab-

lauf der Wohnungseigentümerversammlungen eine Geschäftsordnung aufstellen und beschließen zu lassen. Mit (klugen) „Anträgen zur Geschäftsordnung" kann der Ablauf einer Wohnungseigentümerversammlung vorteilhaft gesteuert werden. Geschäftsordnungsanträge gehen Anträgen zur Tagesordnung vor.

Geschäftsveräußerung im ganzen (Gewerbeimmobilie)

Eine Geschäftsveräußerung im ganzen kann vorliegen, wenn eine umsatzsteuerpflichtig vermietete Gewerbeimmobilie verkauft wird. In einem solchen Fall darf das Objekt nicht mit Umsatzsteuer verkauft werden.

Vorsicht: Unter Umständen haftet der Erwerber des Objektes auch für alle umsatzsteuerlichen Forderungen aus der Vergangenheit.

Geschoss

Siehe: Vollgeschoss

Geschossflächenzahl (GFZ) – Geschossfläche (GF)

Die Geschossflächenzahl ist eine von mehreren Festsetzungen zur Bestimmung des Maßes der baulichen Nutzung im Rahmen eines Bebauungsplanes. Sie stellt ein Verhältnis zwischen der Summe der Geschossflächen eines Gebäudes und der Größe des Baugrundstücks her.

Beträgt sie etwa 1,2, dann bedeutet dies, dass auf einem 1000 m² großen Grundstück 1200 m² Geschossfläche (GF) errichtet werden können. Die Geschossfläche berechnet sich nach den Außenmaßen der Geschosse.

Die GFZ streut je nach Baugebietsart zwischen 0,4 (Kleinsiedlungsgebiet) und 3,0 (Kerngebiet). Als Planzeichen im Bebauungsplan wird die GFZ als zulässiges Höchstmaß wie folgt dargestellt: z.B. 1,2 im Kreis. Geschossflächenzahlen können auch im Flächennutzungsplan Eingang finden. Alternativ zur GFZ kann auch die GF = Geschossfläche dargestellt werden.

Gesellschaft für Immobilienwirtschaftliche Forschung (gif)

Zusammenschluss von Praktikern und Theoretikern der Immobilienwirtschaft zu einem Verein mit dem Ziel, die immobilienwirtschaftliche Forschung voranzutreiben und für bestimmte Bereiche – zum Beispiel für Flächenberechnungen – bundesweit einheitliche Richtlinien zu erarbeiten.

Gesetz gegen den unlauteren Wettbewerb

Siehe: Wettbewerbsrecht

Gesetz über Kapitalanlagegesellschaften

Das 1957 in Kraft getretene Gesetz über Kapitalanlagegesellschaften (KAGG) enthielt organisations-, aufsichts-, vertriebs- und steuerrechtliche Regelungen bezüglich der deutschen Investmentgesellschaften. Es bildete damit eine wesentliche Rechtsgrundlage für die Aktivitäten aller Publikums- und Spezialfonds in Deutschland und betraf sowohl Wertpapier- als auch Grundstückssondervermögen.

Vorrangiges Anliegen des Gesetzes war der Schutz der Fondsanleger. So wurden die Fondsgesellschaften zur Einhaltung bestimmter Anlagegrundsätze – beispielsweise der Risikostreuung – verpflichtet. Das KAGG war zuletzt durch das vierte Finanzmarktförderungsgesetz geändert worden und galt bis zum 31. Dezember 2003. Mit dem Inkrafttreten des Investmentmodernisierungsgesetzes am 1. Januar 2004 wurde das KAGG durch die Vorschriften des Investmentgesetzes und des Investmentsteuergesetzes ersetzt.

GesR

Abkürzung für: Gesellschaftsrecht

GewA

Abkürzung für: Gewerbearchiv

Gewährleistung (Bauwerksvertrag / Grundstückskaufvertrag)

Innerhalb der Verjahrungsfrist für werkvertragliche Mängelansprüche (früher „Gewährleistung") ist der Vertragspartner des Bauherrn (z.B. Handwerker) verpflichtet, auftretende Baumängel kostenlos zu beseitigen. Die regelmäßige Verjährungsfrist beträgt entweder fünf Jahre beim BGB-Vertrag oder vier Jahre beim û VOB-Vertrag, gerechnet von der Bauabnahme. Die verkürzte Gewährleistung nach VOB 2002 kann nur vereinbart werden, wenn auch das übrige Regelwerk der VOB im wesentlichen Bauvertragsbestandteil wird. Mängel, die in das Abnahmeprotokoll aufgenommen wurden, begründen die Pflicht zur Nacherfüllung und gehören nicht zu den Baumängelansprüchen.

Beim Grundstückskaufvertrag verjähren die Mängelansprüche in einem Jahr. In der Regel wird vom Verkäufer die Geltendmachung solcher jedoch Ansprüche durch den Käufer ausgeschlossen. Hiergegen bestehen keine rechtlichen Bedenken.

Gewerbeimmobilien

Gewerbeimmobilie ist ein umfassender Begriff für Immobilien, die nicht der wohnungswirtschaftlichen Nutzung dienen. Hierzu gehören etwa Büro- und Verwaltungs-

gebäude, Kaufhäuser, Einkaufszentren, Lagerhäuser, Ärztehäuser (obwohl Ärzte keine Gewerbetreibenden sind) Freizeitbäder und dergleichen.
Siehe auch: Spezialimmobilien

Gewerbeparks

Gewerbeparks sind Gewerbegebiete, bei denen die Objekte nach einem einheitlichen Nutzungskonzept errichtet und unter einheitlichem Management verwaltet werden. Dabei stehen den Nutzflächen Grünanlagen – üblicherweise ein Viertel der Gesamtanlage – gegenüber, um den Grundgedanken einer „Parkanlage" zu unterstreichen. Die Einnahmen entstehen aus Mieteinnahmen und eventuellen Gewinnen der Betreibergesellschaft aus Gebühren. Die im Vergleich zu einzelnen Gewerbeimmobilien etwas höheren Erträge werden durch die Verwaltungskosten meist nahezu ausgeglichen.

Gewerbliche Zwischen- vermietung

Besteht der Zweck eines Mietvertrages über Wohnräume darin, dass der Mieter sie an Dritte weitervermietet, so handelt es sich bei diesem Vertrag um ein Mietverhältnis, auf das die speziellen BGB-Vorschriften über die Wohnraummiete nicht anzuwenden sind.
Gewerbliche Zwischenvermietung erfordert ein geschäftsmäßiges Tätigwerden, nicht zuletzt auch zum Zwecke der Gewinnerzielung.
Bei Beendigung des Zwischenmietverhältnisses tritt der Vermieter in die Rechte und Pflichten aus dem Mietverhältnis zwischen dem Mieter und dem Dritten ein.

Gewerblicher Grundstückshandel

Gewerblicher Grundstückshandel liegt dann vor, wenn über Grundstücke im Rahmen eines Gewerbebetriebes verfügt wird. Dabei spielen vor allem Kauf und Verkauf eine Rolle. Ein Gewerbebetrieb ist durch Gewinnerzielungsabsicht, selbständige, nachhaltige Tätigkeit und Teilnahme am Geschäftsverkehr gekennzeichnet.
Liegt gewerblicher Grundstückshandel vor, un-
terliegen die erzielten Gewinne sowohl der Einkommen- als auch der Gewerbesteuer.
Auch private Immobilienanleger werden als Gewerbebetrieb eingestuft, wenn sie bei ihren Immobilientransaktionen die Drei-Objekt-Grenze überschreiten.
Sie ist aber nicht die ausschließliche Beurteilungsgrundlage. Der BFH hat im Urteil vom 18. Sept. 2002 (X R 183/96) auf weitere Merkmale verwiesen, die, wenn sie gegeben sind, für einen gewerblichen Grundstückshandel sprechen, z.B. kurzfristige Projektfinanzierung, Dokumentation der Veräußerungsabsicht während der Bauphase, Schließung von Vorverträgen. Liegen solche Merkmale vor, kann auch bei Unterschreiten der „Drei-Objekte-Grenze" gewerblicher Grundstückshandel angenommen werden.
Siehe auch: Drei-Objekt-Grenze, Private Vermögensverwaltung

Gewerk

Das Baugewerbe besteht nach der amtlichen Statistik aus insgesamt 22 Gewerken (Bauleistungsbereiche) aus dem Bauhaupt- und Ausbaugewerbs. Die Mehrzahl der Gewerke gehört zum Hochbau.

GewO

Abkürzung für: Gewerbeordnung

Gewöhnlicher Geschäftsverkehr (Wertermittlung)

Der Verkehrswert eines Grundstücks ist nach der Verkehrswertdefinition des §194 BauGB aus Preisen abzuleiten, die sich im gewöhnlichen Geschäftsverkehr gebildet haben. Den gewöhnlichen Geschäftsverkehr kennzeichnen folgende Kriterien:

• Die Offenheit des Marktes (der Marktzugang darf nicht durch Vorschriften oder Eingriffe beschränkt sein)

• Die Freiheit der Marktteilnehmer, sich für oder gegen eine Grundstückstransaktion entscheiden zu können. (Sie dürfen nicht unter einem zeitlichen, oder wirtschaftlichen Druck oder gar einem rechtlichen Zwang bei ihrer Entscheidung stehen)

• Die Möglichkeit, sich Zugang zu Informationsquellen zu verschaffen, die für die Rationalisierung einer Entscheidung erforderlich sind.

Der gewöhnliche Geschäftsverkehr ist durch bestimmte Phänomene gekennzeichnet. Auf der Anbieterseite erfolgt der Markzugang durch ein offenes oder chiffriertes Anbieten der Objekte in Zeitungen und anderen „Werbeträgern", durch Einschaltung von Maklern zur Interessentensuche oder eine sonstige gezielte Teilnahme am Geschäftsverkehr. Ähnlich verhalten sich im „gewöhnlichen Geschäftsverkehr" die „Interessenten".Bei Bestandsimmobilien wird die Grundentscheidung der Interessenten in erster Linie vom Ergebnis einer oder mehreren durchgeführten Objektbesichtigungen abhängig gemacht. Pläne und Exposés werden unterstützend eingesetzt. Die endgültige Entscheidung kommt schließlich in aller Regel nach einem Prozess des Aushandelns der Erwerbsbedingungen zustande. Am Ende wird entweder von einem Kauf Abstand genommen oder das Objekt wird „gekauft wie besichtigt".

Ähnlich verhält es sich bei Bauträgerangeboten. Auch hier wird zuerst eine Besichtigung – wenn auch nur der Baustelle und Lage – durchgeführt. Eine größere Bedeutung haben Baubeschreibungen mit den darin eingeräumten Möglichkeiten, Sonderwünsche geltend machen zu können. Allerdings kalkulieren Bauträger – anders als die Anbieter von Bestandsimmobilien – „Festpreise", von denen sie glauben, dass sie sie am Markt durchsetzen können. Nur in Ausnahmefällen stehen diese Preise zur Verhandlungsdisposition.

Bei offenen Immobilienfonds als Nachfrager nach Objekten wird die Objektbesichtigung in der Regel auf Sachverständige delegiert, die eine Bewertung des Objektes vornehmen, bevor die Ankaufsentscheidung getroffen wird. In der Regel kann davon ausgegangen werden, dass Kaufvertragsabschlüsse am Immobilienmarkt, bei denen Interessenten ihre Kaufentscheidung weder auf der Grundlage von Objektbesichtigungen noch auf der Grundlage eingehender Objektinformationen treffen, nicht dem gewöhnlichen Geschäftsverkehr zuzurechnen sind. (Beispiel: Erwerb von Steuervorteilen mit Hilfe eines Immobilienprojektes, was früher häufig der Fall war).

Siehe auch: Verkehrswert

GewSt

Abkürzung für: Gewerbesteuer

GewStDV

Abkürzung für: Gewerbesteuer-Durchführungsverordnung

GewStG

Abkürzung für: Gewebesteuergesetz

GewStR

Abkürzung für: Gewerbesteuer-Richtlinie

GF

Abkürzung für: Geschossfläche

GfG

Abkürzung für: Geschäftsgebräuche für Gemeinschaftsgeschäfte

GfK

Abkürzung für: Gesellschaft für Konsum-, Markt- und Absatzförderung

Gfl

Abkürzung für: Gewerbefläche

GFZ

Abkürzung für: Geschossflächenzahl

GG

Abkürzung für: Grundgesetz

gif

Abkürzung für: Gesellschaft für immobilienwirtschaftliche Forschung e.V.

GKG

Abkürzung für: Gerichtskostengesetz

Glaswarze

Der Begriff Glaswarze bezeichnet die häufig gewordene modische Erweiterung eines Hauses um einen Wintergarten und unterstellt etwas böse, dass diese Anbauten krank, hässlich und unnötig wirken.
Siehe auch: Känguruhsiedlung, Heidihaus

Gleitende Neuwertversicherung

Da viele Hauseigentümer mit der Zeit ihre Immobilie modernisieren oder erweitern und dadurch das Objekt im Wert steigt, empfiehlt es sich, bei der Wohngebäudeversicherung eine gleitende Neuwertversicherung abzuschließen. Damit ist sichergestellt, dass die Versicherungssumme mit dem Wert des Hauses ansteigt und Risiken besser abgesichert sind.
Siehe auch: Verbundene Wohngebäudeversicherung

Gleitklausel im Bauwerkvertrag

Durch eine Gleitklausel kann der Bauunternehmer bzw. Handwerker Änderungen im Tariflohnsystem oder andere Kostenänderungen durch eine Anpassung der Baukosten auf den Bauherrn abwälzen, soweit dies in den Verga-

beunterlagen vorbehalten wurde.
Siehe auch: Wertsicherungsklausel

GmbH

Abkürzung für: Gesellschaft mit beschränkter Haftung

GmbHG

Abkürzung für: Gesetz betreffend die Gesellschaft mit beschränkter Haftung

GMZ

Abkürzung für: Grundmietzeit

GO

Abkürzung für: Gemeinschaftsordnung im Sinne des Wohnungseigentumsgesetzes

GoA

Abkürzung für: Geschäftsführung ohne Auftrag

Golfanlagen

In der Vergangenheit gab es einen Boom an Golfanlagen, der ein gut konzipiertes Projekt angesichts der großen Nachfrage schon fast zum Selbstläufer werden ließ. Inzwischen kam es zu einer Verschiebung von einer Boom-Situation hin zu einer sukzessiven Marktsättigung, wobei es sicherlich noch Gebiete mit einem entsprechenden Bedarf gibt. Allerdings: In einer Reihe von Regionen gibt es bereits ein Überangebot und einige Golfanlagen haben Probleme.

Grund hierfür ist neben dem vermehrten Angebot an Golfanlagen auch die wirtschaftliche Situation, die teilweise potentielle Interessenten zwingt, an Freizeitvergnügen zu sparen. Gleichzeitig wird der erhebliche Landschaftsverbrauch speziell auch von Umweltschützern kritisch gesehen.

GR

Abkürzung für: Grundfläche
Abkürzung für: Gewerblicher Rechtschutz und Urheberrecht

Grdgr
Abkürzung für: Grundstücksgröße

Grdst
Abkürzung für: Grundstück

GrdstVG
Abkürzung für: Grundstücksverkehrsgesetz

Grenzabstand
Siehe: Abstandsfläche

Grenzregelung
Siehe: Bodenordnung

Grenzsteuersatz
Der Steuertarif nennt je nach Einkommenshöhe den Grenzsteuersatz. Er liegt zwischen dem Eingangssteuersatz (von 2004 an = 16% – beginnend mit einer Überschreitung des Grundfreibetrages von 7.664 / 15.328 Euro für Ledige bzw. Verheiratete – und dem Spitzensteuersatz, von 2004 an in der „oberen Proportionalstufe" ab 52.152 / 104.304 Euro (Ledige/Verheiratete) einheitlich 45%.
Der Grenzsteuersatz gibt an, wie hoch der letzte verdiente Euro steuerlich belastet wird. Die durchschnittliche Steuerbelastung fällt jedoch immer geringer aus, da verschiedene Aufwendungen des Steuerzahlers (Werbungskosten, Sonderausgaben, außergewöhnliche Belastungen) steuermindernd berücksichtigt werden und bestimmte Einkünfte aufgrund der gewährten Freibeträge (z.B. Grundfreibetrag, Sparerfreibetrag) nicht der Einkommensteuer unterliegen.
Der Spitzensteuersatz ist der höchstmögliche Grenzsteuersatz.

GrESt
Abkürzung für: Grunderwerbsteuer

GrEStDV
Abkürzung für: Durchführungsverordnung zum Grunderwerbssteuergesetz

GrEStEigWoG
Abkürzung für: Bundesgesetz zur Grunderwerbssteuerbefreiung

GrEStG
Abkürzung für: Grunderwerbsteuergesetz

GRG
Abkürzung für: Gesundheitsreformgesetz

Großflächige Einzelhandelsbetriebe
Unter einem großflächigen Einzelhandelsbetrieb wird ein Betrieb verstanden, der Waren ausschließlich an Letztverbraucher verkauft. Die Großflächigkeit beginnt bei etwa 700 Quadratmeter Verkaufsfläche. Solche Betriebe (z.B. Verbrauchermärkte, Baumärkte, Fachmärkte, aber auch Warenhäuser) sind nur im beplanten oder unbeplanten Kerngebiet oder in für sie eigens ausgewiesenen Sondergebieten zulässig. Mehrere selbstständige (nicht großflächige) Einzelhandelsbetriebe können als ein großflächiger Einzelhandelsbetrieb angesehen werden, wenn diese Betriebe ein einheitliches Nutzungskonzept haben, bei dem die Betriebe wechselseitig von einander profitieren. Es spricht nach § 11 Abs. 3 BauNVO die Vermutung für „schädliche Umwelteinwirkungen" solcher Betriebe, wenn sie (nach § 11 Abs. 3 BauNVO) eine Geschossfläche von ca. 1.200 Quadratmeter haben. Ihre Zulässigkeit setzt voraus, dass die sich aus der Vermutung ergebenden Bedenken ausgeräumt werden und die Betriebe sich nach Größe und Einzugsbereich in das zentralörtliche Versorgungssystem noch einfügen und die Funktionsfähigkeit der Stadtzentren nicht beeinträchtigen. Bei einer Größenordnung von etwa 5.000 Quadratmeter Geschossfläche ist eine zusätzliche Umweltverträglichkeitsprüfung erforderlich.
Bei der Konzeption von großflächigen Einzelhandelsbetrieben ist die Standortanalyse von besonderer Bedeutung. Dabei sind neben ökonomischen Faktoren insbesondere auch soziodemographische Faktoren zu erkunden und zu

interpretieren, nämlich die Anzahl der Haushalte, ihre soziale Stellung, das Haushaltseinkommen, die Altersstruktur der Haushaltmitglieder, die Konsumgewohnheiten und nicht zuletzt die für den Warenkonsum verfügbare Kaufkraft, die das mögliche Umsatzvolumen bestimmt sowie die Wettbewerber, die am Umsatz partizipieren."

Siehe auch: STOMA

GrSt

Abkürzung für: Grundsteuer

GrStG

Abkürzung für: Grundsteuergesetz

Grüne Lunge

Dichte Siedlungsgebiete benötigen zur Luftreinigung und Produktion von Sauerstoff sog. grüne Lungen. Das sind Parks und Wälder die den Staub aus der Luft filtern. Messungen haben ergeben, dass 1 ha Buchenwald jährlich rund 70 t und 1 ha Fichtenwald etwa 30 t Staub aus der Luft herausfiltern können. Die Durchgrünung der Städte sorgt zusätzlich für Sauerstoff.

Grünordnungsplan

Auf der Grundlage von Darstellungen in Landschaftsplänen können Gemeinden als Bestandteil von oder im Zusammenhang mit Bebauungsplänen und für Innenbereichsflächen eine Grünordnungssatzung erlassen, die einerseits der Erhaltung naturräumliche Flächen dient und andererseits Teilgebiete festlegt, in der Anpflanzungen meist mit einheimischen Bäumen und Sträuchern vorsieht. Die Festsetzungen reichen von der genauen Bestimmung von Baumarten über die Begrünung von Vorgärten, Dächern und Fassaden bis hin zur Verwendung umweltverträglicher Lampen bei der Straßenbeleuchtung. Der begrünten bzw. zu begrünenden Flächen werden sowohl zeichnerisch festgehalten als auch in Textform festgesetzt. Erreicht werden soll eine Begrenzung der Belastung des Naturhaushaltes und der Beeinträchtigung des Landschaftsbildes. Das Plangebiet kann auch über die Baugebiete hinausreichen. Der Grünordnungsplan bezieht sich sowohl auf öffentliche Grünflächen, als auch auf private Grundstücksflächen, für die eine bestimmte Bepflanzung (in der Regel mit einheimischen Bäumen und Sträuchern) vorgesehen ist. Von besonderer Bedeutung sind im Hinblick auf Überschwemmungsgefahren durch frei in die Flüsse abfließendes Regenwasser die Festsetzungen von Wasserrückhaltebecken und Versickerflächen.

Grundbesitzwert

Der Grundbesitzwert ist ein Steuerwert, der nach den §§ 145 – 150 BewG zu ermitteln ist. Er beträgt bei unbebauten Grundstücken 80% des Bodenrichtwerts, die vom Gutachterausschuss zu ermitteln und dem Finanzamt mitzuteilen sind. Bei bebauten Grundstücken beträgt er das 12,5-fache der Jahresnettomiete, wobei auf den Durchschnitt der letzten 3 Jahre vor Bewertung abzustellen ist. Bei eigengenutzten Gebäuden ist die übliche Miete anzusetzen. Als Wertminderung wegen Alters ist für jedes Jahr 0,5% anzusetzen, höchstens jedoch 25%. Bei Ein- und Zweifamilienhäusern ist ein Zuschlag von 20% zu dem nach dem oben dargestellten Verfahren ermittelten Wert vorzunehmen.

Ist der Wert des Grundstücks in unbebauten Zustand höher als der Wert des bebauten, dann ist der Wert des unbebauten Grundstücks anzusetzen.

Der Grundbesitzwert ist als Bemessungsgrundlage von Bedeutung für die Erbschaft- und Schenkungsteuer und in bestimmten Ausnahmefällen für die Grunderwerbsteuer.

Grundbuch

Beim Grundbuch handelt es sich um ein öffentliches Register der im Grundbuchbezirk gelegenen Grundstücke und den mit ihnen verbundenen Rechten (Bestandsverzeichnis). Es dient der Dokumentation der Eigentumsverhältnisse (Abteilung I), der auf den Grundstücken ruhenden Lasten und Beschränkungen (Abteilung II) und der auf ihnen ruhenden Grundpfandrechten

(Abteilung III). Für jedes „Grundstück" i.S.d. Grundbuchrechts wird ein Grundbuchblatt angelegt, das sich in die oben beschriebenen Abteilungen gliedert (Grundbuch organisiert als Realfolium). Es kann aber auch für einen Eigentümer, der über mehrere Grundstücke verfügt ein Grundbuchblatt angelegt werden (sog. Personalfolium), solange die Übersichtlichkeit nicht darunter leidet. Nicht alle Grundstücke sind „buchungspflichtig". Zu den buchungsfreien Grundstücken zählen Grundstücke der Gebietskörperschaften (Bund, Länder, Gemeinden) sowie Grundstücke der Kirchen und Klöster. Ferner sind Grundstücke, die im Hinblick auf andere Grundstücke nur eine dienende Funktion haben, zum Beispiel Wege, die von Eigentümern mehrerer Grundstücke benutzt werden, nicht buchungspflichtig.

Das Bestandsverzeichnis enthält die Grundstücksdaten des Liegenschaftskatasters wobei häufig Flurstücke unter jeweils einer eigenen Nummer geführt werden. Durch „Zuschreibung" können aber unter einer laufenden Nummer zwei oder mehrere Flurstücke geführt werden. Darüber hinaus werden „subjektiv dingliche" Rechte des jeweiligen Eigentümers eingetragen, z.B. das Wegerecht an einem anderen Grundstück. Ebenso werden hier Miteigentumsanteile an einem anderen Grundstück eingetragen (z.B. an gemeinsamen Zuwegen in einer Reihenhaussiedlung), das dann selbst im Grundbuch nicht erfasst ist.

Abteilung I kann unrichtig werden, wenn der eingetragene Eigentümer stirbt. Der Erbe muss die Grundbuchberichtigung beantragen.

Zu den Lasten zählen Grunddienstbarkeiten, beschränkte persönliche Dienstbarkeiten, Nießbrauch, Reallasten und das Erbbaurecht. Beschränkungen sind solche, die das Verfügungsrecht des Eigentümers beschränken etwa bei Eröffnung des Insolvenzverfahrens über das Vermögen des Eigentümers. Eine Reihe von eintragungsfähigen Vermerken können ebenfalls auf Beschränkungen hinweisen, etwa der Umlegungs- und der Sanierungsvermerk.

Grundpfandrechte beziehen sich auf Grund-schulden, Hypotheken und Rentenschulden. Hypotheken kommen nur noch selten vor, Rentenschulden fast gar nicht. Sofern ein Grundstück „auf Rentenbasis" verkauft wird, dient als Absicherungsmittel nicht die „Rentenschuld", sondern die Reallast.

Neben dem Grundbuch für Grundstücke gibt es das Erbbaugrundbuch, das Wohnungs- und Teileigentumsgrundbuch und das Wohnungserbbaugrundbuch, (bzw. Teileigentumserbbaugrundbuch) und das Berggrundbuch, das dem Nachweis des Bergwerkeigentums (einem Recht des Aufsuchens und der Gewinnung von Bodenschätzen) dient. Erbbau- und Berggrundbücher sind Grundbücher für grundstücksgleiche Rechte.

Alle Grundbucharten haben die gleiche Einteilungsstruktur. Im Bestandsverzeichnis des Erbbaugrundbuchs ist anstelle des Grundstücks das Erbbaurecht, beim Wohnungsgrundbuch/Teileigentumsgrundbuch der Miteigentumsanteil am gemeinschaftlichen Eigentum, das Grundstück und das dazugehörende Sondereigentumsrecht und dessen Beschränkungen durch die anderen Wohnungsgrundbücher eingetragen.

Zur Sicherung des in der ehemaligen DDR entstandenen Gebäudeeigentums und Nutzungsrechts wurde das Institut des Gebäudegrundbuchs eingerichtet, das dem Erbbaugrundbuch nachgebildet ist. Das Gebäudeeigentum selbst wird im Grundbuch des Grundstücks, auf dem das Gebäude steht, als Belastung eingetragen.Einsicht in das Grundbuch kann jeder nehmen, der ein berechtigtes Interesse darlegt (etwa auch der Makler, der einen schriftlichen Makler-Verkaufsauftrag vorlegen kann).

Das Einsichtsrecht bezieht sich auch auf die Grundakte, in denen die Dokumente enthalten sind, die zu den Eintragungen im Grundbuch gehören (z.B. notarieller Kaufvertrag).

Durch Einführung des automatisierten Abrufverfahrens im Rahmen der Datenfernübertragung können mit Genehmigung der Länderjustizverwaltungen Gerichte, Behörden, Notare öffentlich bestellte Vermessungsingenieure und an dem Grundstück dinglich berechtigte Kreditinstitute sich auf einfachem Wege Grundbuchabschriften besorgen.

Siehe auch: Grunddienstbarkeit, Beschränkte persönliche Dienstbarkeit, Nießbrauch (an Immobilien), Reallast, Erbbaurecht, Erbbaugrundbuch, Wohnungs- und Teileigentumsgrundbuch, Wohnungserbbaugrundbuch

Grundbuchamt

Das Grundbuchamt ist eine Behörde der freiwilligen Gerichtsbarkeit, die die Grundbücher führt. Sie ist beim zuständigen Amtsgericht angesiedelt. In Baden Württemberg obliegt die Führung des Grundbuchs teilweise noch den „Bezirksnotaren". Grundlage für die Führung des Grundbuchs ist die Grundbuchordnung.

Grundbuchberichtigungszwang

Der Zwang zur Grundbuchberichtigung besteht für das Grundbuchamt nur dann, wenn die Eintragung des Eigentümers in der ersten Abteilung des Grundbuches durch Rechtsübergang außerhalb des Grundbuches falsch geworden ist, z.B. nach dem Tod des Eigentümers, der im Grundbuch steht. In solch einem Fall kann das Grundbuchamt den Erben durch Verfügung aufgeben, die Berichtigung zu beantragen.

Grunddienstbarkeit

Die Grunddienstbarkeit ist das dingliche Absicherungsmittel eines Rechts an einem Grundstück („dienendes Grundstück"), das dem jeweiligen Eigentümer eines anderen Grundstücks („herrschendes Grundstück") zusteht. Das Recht kann ein beschränktes Nutzungsrecht des jeweiligen Eigentümers des herrschenden Grundstücks sein (z.B. Geh- und Fahrtrecht) oder eine Duldungspflicht des jeweiligen Eigentümers des belasteten Grundstücks (z.B. Duldung einer Grenzbebauung) oder der Ausschluss eines Rechts des jeweiligen Eigentümers des belasteten Grundstücks (z.B. des Betriebs eines bestimmten Gewerbes). Die Grunddienstbarkeit kann ohne Zustimmung des Berechtigten nicht gelöscht werden und muss von einem Grundstückserwerber übernommen werden. In der Regel besteht sie „ewig", wenn nicht eine zeitliche Beschränkung vorgesehen ist. Ein mit einer Grunddienstbarkeit belastetes Grundstück bedeutet eine mehr oder weniger starke Beeinträchtigung und ist bei der Ermittlung des Verkehrswertes wertmindernd zu berücksichtigen.

Siehe auch: Verkehrswert

Grunderwerbsnebenkosten

Grunderwerbsnebenkosten sind Kosten, die neben dem Kaufpreis beim käuflichen Erwerb von Grundstücken entstehen. Üblicherweise zahlt sie der Käufer. Zu den Grunderwerbsnebenkosten zählen:

• Die Kosten der notariellen Beurkundung des Grundstückskaufvertrages, nicht aber in diesem Zusammenhang etwa entstehende Kosten der Grundpfandrechtsbestellung. Grundlage ist die Kostenordnung. Höhe +/- 1% des Kaufpreises.

• Die Gerichtskosten für die Rechtsänderungen im Grundbuch. Grundlage ist auch hier die Kostenordnung. Die Höhe bewegt sich bei +/- 0,5% des Kaufpreises.

• Die Grunderwerbsteuer, die sich auf den Kaufpreis für das Grundstück (ohne Zubehör) einschl. der vom Käufer übernommenen sonstigen Leistungen und der dem Verkäufer vorbehaltenen Nutzungen bezieht. Grundlage ist das Grunderwerbsteuergesetz. Der Grunderwerbsteuersatz beträgt derzeit 3,5%.

• Eine etwaige Maklerprovision, soweit sie aufgrund einer vertraglichen Vereinbarung vom Käufer zu bezahlen ist (überwiegend 3% plus MwSt, in einigen Bundesländern auch 5% plus MwSt.).

• Etwaige Kosten im Zusammenhang mit einer erforderlich werdenden Grundstücksvermessung, wenn sie vertraglich vom Käufer übernommen werden.

Nicht zu den Grunderwerbsnebenkosten zählen Erschließungsbeiträge, Kosten von Baugrunduntersuchungen oder Kosten, die im Zusammenhang mit der siehe Bodenordnung entstehen. Sie entstehen im Zusammenhang mit der „Baulandproduktion", erhöhen der Wert des Grundstücks und sind deshalb den Kosten des Baugrundstücks zuzurechnen.

Obwohl die Betrachtung der Transaktions- und Informationskosten heute vor allem in der volkswirtschaftlichen Literatur (Neue Ökonomie) eine zunehmende Rolle spielt, zählen nach bisherigem Verständnis Informationskosten des Käufers (noch) nicht zu den Grunderwerbsnebenkosten. Lediglich Maklergebühren, die teilweise auch den Informationskosten zugerechnet werden, sind Erwerbsnebenkosten.

Siehe auch: Grunderwerbsteuer, Grundstück, Zubehör, Erschließung - Erschließungsbeitrag, Bodenordnung, Neue Ökonomie

Grunderwerbsteuer

Die Grunderwerbsteuer ist eine besondere Umsatzsteuer auf Grundstücksumsätze. Erfasst werden Umsatzvorgänge aller Art.

Umsatzsteuer und Grunderwerbsteuer schließen sich gegenseitig aus. Beim Grundstückserwerb kann jedoch zur Umsatzsteuer optiert werden. In diesem Fall unterliegt auch die Umsatzsteuer der Grunderwerbsteuer. Bei der Umsatzsteuer wird die Grunderwerbsteuer zur Hälfte angerechnet. Unentgeltliche Grundstücksüberlassungen und das Vererben von Grundstücken unterliegen nicht der Grunderwerbsteuer. Bemessungsgrundlage ist regelmäßig der „Wert der Gegenleistung" und nur in wenigen Ausnahmefällen der „Wert des Grundstücks" der dann nach den gleichen Vorschriften berechnet wird, wie der für die Erbschaft- und Schenkungsteuer relevante Grundbesitzwert.

Der Wert der Gegenleistung ist beim Kaufvertrag der Kaufpreis einschließlich aller dem Verkäufer vorbehaltenen Nutzungen (z.B. weiteres unentgeltliches Wohnungsrecht) und vom Erwerber über den Kaufpreis hinaus zu erbringenden weiteren Leistungen (z.B. Übernahme einer vom Verkäufer geschuldeten Maklergebühr). Beim Tauschvertrag ist es der Wert der Tauschleistung. Werden zwei Grundstücke getauscht, handelt es sich um zwei Grunderwerbsvorgänge. Weitere grunderwerbsteuerpflichtige Erwerbsvorgänge sind das Meistgebot im Zwangsversteigerungsverfahren, die Vergabe eines Erbbaurechts, die Enteignung von Grundstücken und jede weitere Erwerbsart, die wirtschaftlich einem Grundstücksumsatz gleichkommt. Dazu zählt vor allem die Einräumung von faktischen Verfügungsrechten über Grundstücke, ohne dass damit im rechtlichen Sinne ein Erwerbsvorgang verbunden ist.

Grunderwerbsteuer fällt auch an, wenn in bestimmtem Umfang Anteile an einer Personengesellschaft, zu deren Vermögen inländische Grundstücke gehören, veräußert werden. Innerhalb eines Zeitraums von 5 Jahren müssen dabei mindestens 95 % der Gesellschaftsanteile veräußert worden sein. Behält der ursprüngliche Gesellschafter 5,01 % über die 5 Jahre hinaus, greift die Vorschrift nicht. Diese ist für Veräußerungsfälle nach dem 31.12.1996 anzuwenden.

Die früher für grundbesitzhaltende Gesellschaften (juristische Personen) geltende Regel, dass sich die Gesellschaftsanteile vollständig in der Hand des Erwerbers vereinigen müssen, wurde mit Wirkung zum 1.1.2000 dahin verschärft, dass es auch hier genügt, wenn mindestens 95 % sich in der Hand des Erwerbers oder in der Hand von herrschenden und abhängigen Unternehmen bzw. Personen allein vereinigen würden.In solchen Fällen ist nicht der Wert der Gegenleistung, sondern der Wert des Grundstücks (Grundbesitzwert und nicht mehr Einheitswert!) Bemessungsgrundlage.

Die Grunderwerbsteuer beträgt 3,5 %.

Der für die Grunderwerbsteuer maßgebliche Grund-stücksbegriff entspricht der bürgerlich rechtlichen Grundstücksdefinition. Ein mitveräußertes Zubehör unterliegt deshalb nicht der Grunderwerbsteuer. Allerdings ist im Kaufvertrag ein entsprechender Antrag an das Finanzamt zu stellen und der Wert des Zubehörs zu beziffern. Das gleiche gilt für alle mitveräußerten beweglichen Gegenstände, die nicht Zubehör sind.Verkäufer und Käufer sind hinsichtlich der

Grunderwerbsteuer dem Finanzamt gegenüber Gesamtschuldner. In der Kaufvertragsurkunde wird aber in der Regel bestimmt, dass der Käufer die Grunderwerbsteuer zu zahlen hat.Wird ein Erwerbsvorgang rückgängig gemacht (z.B. Rücktritt von einem Kaufvertrag) wird auf Antrag eine bereits bezahlte Grunderwerbsteuer zurückerstattet.

Ausgenommen von der Besteuerung sind u.a. Erwerbsvorgänge, die der Erbschaft- und Schenkungsteuer unterliegen, Erwerbsvorgänge zwischen Verwandten 1. Grades und deren Ehegatten, Erwerbsvorgängen zwischen Ehegatten, auch wenn sie geschieden sind und der Erwerb der Vermögensauseinandersetzung dient.

Grunderwerbsteuer fällt auch dann nicht an, wenn der Wert der Gegenleistung 2.500 Euro nicht übersteigt.

Siehe auch: Grundbesitzwert, Einheitswert, Wohnungsrecht

Grundfläche nach DIN 277/1973/87

Die Norm wird angewendet für Bauwerke (nicht zu verwechseln mit der Grundfläche der BauNVO). Ausgegangen wird von der Bruttogrundfläche (BGF) = die Summe der Grundflächen aller Grundrissebenen ohne nicht nutzbare Dachflächen.

Die Konstruktionsfläche bezeichnet den Teil der BGF, der durch „aufgehende Bauteile" (Wände, Pfeiler usw.) überdeckt ist.

Die Nettogrundfläche ist der Flächenrest, der verbleibt, wenn von der BGF die KGF abgezogen wird. Die Nutzfläche (die sich noch in Haupt- und Nebennutzflächen aufteilt) ist der Teil der NGF, der der Zweckbestimmung des Bauwerkes dient. Die Funktionsfläche stellt den Teil der NGF dar, der der Unterbringung zentraler betriebstechnischer Anlagen dient (z.B. Heizraum). Die Verkehrsfläche dient dem Zugang zu den Räumen und dem Verkehr innerhalb des Bauwerkes einschl. Fluchtwege. Hieran anknüpfend wurden speziell für Büroflächen und für Handelsflächen Richtlinien ent-

wickelt, die die Terminologie der DIN 277 – Grundflächen und Rauminhalte – weitgehend übernimmt.

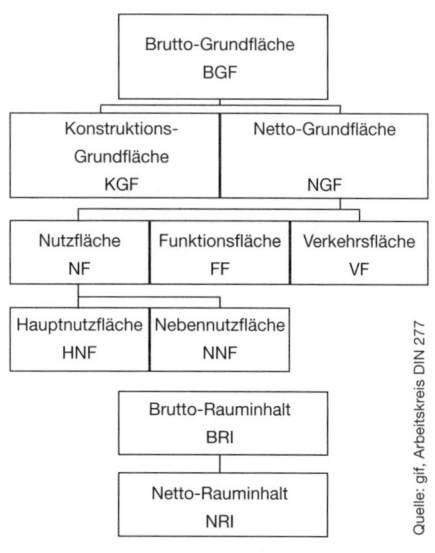

Quelle: gif, Arbeitskreis DIN 277

Siehe auch: Flächendefinition (außerhalb DIN und II BV)

Grundflächenzahl (GRZ) Grundfläche (GR)

Die Grundflächenzahl ist das Maß der baulichen Nutzung, auf das bei Festsetzungen im Bebauungsplan nicht verzichtet werden kann. Die Grundflächenzahl gibt an, wie viel m^2 Grundfläche eines Baugrundstücks mit baulichen Anlagen überdeckt werden darf. Beträgt sie etwa 0,4, dann besagt dies, dass von einem 1000 m^2 großen Grundstück 400 m^2 überbaut werden dürfen. Für Garagen und Nebenanlagen einschließlich Zufahrten dürften noch weitere 50% der 400 m^2 „baulich" genutzt werden. Die durch bauliche Anlagen versiegelte Bodenfläche beträgt in diesem Fall 600 m^2. Im Interesse der Vermeidung einer zu starken Bodenversiegelung gibt es eine Kappungsgrenze, die bei 80% liegt. Wenn in dem genannten Beispiel eine GRZ von 0,7 festgesetzt wäre, dann müssen mindestens 20% des Baugrundstücks von baulichen Anlagen freigehalten werden. Für Garagen und Nebenanlagen stünden dann nur noch 100 m² zur Verfügung.

Die Gemeinde ist bei Festsetzung der GRZ an baugebietsabhängige Höchstmaße gebunden. Sie schwanken zwischen 0,2 für Kleinsiedlungs- und Wochenendhausgebieten und 1,0 in Kerngebieten. Bei reinen und allgemeinen Wohngebieten beträgt das Höchstmaß 0,4, bei besonderen Wohngebieten sowie Dorf- und Mischgebieten 0,6 und bei Gewerbe- und Industriegebieten schließlich 0,8. Von der zulässigen Grundfläche ist die „überbaubare Grundstücksfläche" zu unterscheiden. Siehe hierzu das Stichwort „Baufenster". Die Grundflächenzahl wird im Bebauungsplan als Planungssymbol einfach als Dezimalbruch dargestellt: 0,4Andere Darstellungsform: GRZ 0,4.Alternativ zur GRZ kann auch die zulässige Grundfläche (GR) in einer absoluten Zahl dargestellt werden, z.B. GR = 400.

Siehe / Siehe auch: Bodenversiegelung

GrundMV

Abkürzung für: Grundmietenverordnung

Grundpfandrecht

Das Grundpfandrecht ist ein Absicherungsmittel für ein Darlehen. Es wird entweder in der Ausgestaltungsform der Grundschuld oder – ganz selten noch – der Hypothek in Abteilung III des Grundbuchs eingetragen. Die Rentenschuld kommt als Grundpfandrecht praktisch nicht mehr in Betracht. Langfristige Rentenzahlungsverpflichtungen werden im Rahmen einer Reallast abgesichert.

Siehe auch: Grundschuld, Hypothek, Reallast

Grundpreis

Nach der Preisangabenverordnung (PangV) ist neben dem Endpreis seit 1. Sept. 2000 beim Anbieten von Waren der Grundpreis anzugeben. Es handelt sich dabei um den Preis für eine bestimmte Mengeneinheit nämlich für 1 Ki-

logramm, 1 Liter, 1 Kubikmeter, 1 Meter oder 1 Quadratmeter. Die Pflicht gilt auch dann, wenn mit Waren unter Angabe von Preisen geworben wird. Obwohl auch Grundstücke nach der PangV unter den Warenbegriff fallen, ist nach Einschätzung des Bundeswirtschaftsministeriums diese Vorschrift auf Immobilien nicht anzuwenden.

Grundrente (Bodenrente)

Als Grundrente bezeichnet man den Ertrag des Produktionsfaktors Boden. Die Grundrententheorie geht davon aus, dass der Bodenertrag ein Residuum darstellt, das sich ergibt, wenn von dem Gesamtertrag der Produkte eines Unternehmens der Arbeitslohn, Kapitalzins, die Risikoprämie und der Lohn für den Unternehmer abgezogen wird.

Die Grundrententheorie, die von David Ricardo (1772–1823) entwickelt wurde, bezog sich ursprünglich ausschließlich auf landwirtschaftlich genutzte Böden. Der Preis für landwirtschaftliche Produkte bestimmt sich danach durch das Produktionsergebnis, das auf dem Boden erzielt wird, der gerade noch erforderlich ist, damit die Nachfrage nach diesen Produkten (z.B. Getreide) befriedigt wird. Diesem „Grenzboden" fließt keine Grundrente mehr zu. Noch schlechtere Böden werden nicht mehr bewirtschaftet. Bei Böden, die aber im Vergleich zum Grenzboden eine bessere Lage, eine bessere Bodenqualität oder Vorteile bei einer besseren Nutzungsintensität aufweisen, entsteht in unterschiedlich hohem Maße eine Grundrente, die dem Bodeneigentümer zufließt. Böden mit unterschiedlicher Lagegunst führen zu unterschiedlichen Bewirtschaftungsvorteilen, die sich als „Lagebodenrente" niederschlagen. Ähnliches gilt für Böden mit unterschiedlicher Qualität (natürliche Ertragskraft) und Vorteile die sich durch unterschiedliche Intensität der Bewirtschaftung ergeben. Sofern in einer Volkswirtschaft mehr Böden benötigt würden, als vorhanden sind, um mit den erzeugten Produkten die Nachfrage zu befriedigen, würde auch dem Grenzboden eine Rente zufließen, die als absolute Bodenrente (Knappheitsrente) bezeichnet wird. Einer, der deutschen Vertreter der Grundrententheorie, der besonders den Teilbereich der Lagebodenrenten in ein theoretisches Modell gekleidet hat, war Heinrich von Thünen (1783 – 1850).

Das Prinzip der Grundrententheorie wurde später auf den städtisch genutzten Boden übertragen (u.a. von Friedrich von Wieser (1851 - 1926).

Die besondere Knappheit des städtischen Baubodens führt bereits zu Beginn der Baulandproduktion zu einer absoluten Bodenrente. Unterschiede in der Lage und dem zulässigen Maß der Nutzung führen darüber hinaus zu einer Differenzierung dieser Rente. Je besser die Lage und je höher das Nutzungsmaß, desto größer die Vorteile, die der Boden dem Eigentümer gewährt. Allerdings handelt es sich nicht um Differentialrenten, sondern um objektindividuelle „Aufgelder", die wegen der zunehmenden Knappheit besser werdender Lagen und besser nutzbarer Grundstücke Hauseigentümern zufließen, ohne dass dem Investitionskosten gegenüberstünden.

Die qualitative Komponente („Qualitätsbodenrente") schlägt sich positiv im zunehmenden Entwicklungszustand des Bodens (Bauerwartungsland – Rohbauland – Baugrundstück) nieder, wobei allerdings ein Teil dieser Rente in Form von Erschließungsbeiträgen an die Gemeinde abgeführt wird. Andererseits können qualitative Beeinträchtigungen des Baubodens zu einer Reduktion oder gar Eliminierung der Bodenrente führen. Es handelt sich um Böden, die besondere Zusatzinvestitionen im Hinblick auf das zu errichtenden Gebäude erfordern. Beispielhaft seien folgende Fallgestaltungen angeführt:

- Kosten für besondere Fundierungsmaßnahmen, weil der Boden eine geringe Konsistenz aufweist, (z.B. bei Wallaufschüttungen)
- Erhöhte Kosten bei der Sicherung des Kellergeschosses gegen Grundwassereintritt, weil ein hoher Grundwasserpegel gegeben ist,

- Kosten für die Bodensanierung, wenn Altlasten festgestellt werden usw.

Die Grundrententheorie rief in der Vergangenheit vielfältige Kritik am Bodeneigentum hervor. Die Grundrenten gelten als „unverdientes Einkommen", das durch entsprechende Ausgestaltung von Steuern (Wertzuwachssteuer, Grundrentenabgabe, Grundsteuer, usw.) dem Staat zufließen soll. Dem steht die Erkenntnis gegenüber, dass in den sozialistischen Ländern, in denen das Eigentum an Grund und Boden ausschließlich oder teilweise zum „Eigentum des Volkes" erklärt wurde, ein rascher Verfall der volkswirtschaftlichen Immobiliensubstanz wegen des völligen Fehlens eines privaten Eigentumsinteresses einsetzte. So wurden etwa in der früheren DDR die Mieten (als Ausdruck „kapitalistischen Eigentums") eingefroren und damit die Ausschöpfung von Grundrenten für die Erhaltung der Gebäude unterbunden.

Die Grundrententheorie gilt heute noch als eine bisher unwiderlegte Erklärungsgrundlage für die Bodenpreisbildung.

Grundriss

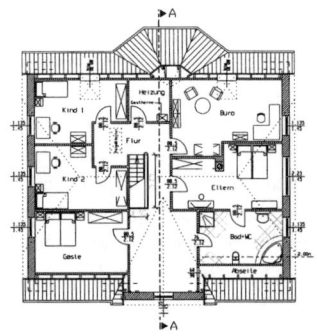

Der Grundriss ist das wichtigste Element der Bauzeichnung, die sich auf die Darstellung eines Geschosses bezieht. Maßstab ist in der Regel 1:100. Daneben gehören zur Bauzeichnung Schnitte (mit Treppenhaus), Ansichten und Lageskizzen.

Grundsätze und Richtlinien für Wettbewerbe auf den Gebieten der Raumplanung, des Städtebaus und des Bauwesens (GRW)

Die Grundsätze und Richtlinien für Wettbewerbe auf den Gebieten der Raumplanung, des Städtebaus und des Bauwesens (GRW) regeln die Durchführung von Architektenwettbewerben, Kombinierten Wettbewerben und Investorenwettbewerben. Zurzeit gelten die GRW 1995. Für die Einhaltung der GRW und Fragen, die in diesem Zusammenhang bei Wettbewerbsverfahren auftreten können, sind die Wettbewerbsreferenten der jeweiligen Architektenkammern zuständig. Wettbewerbsverfahren nach GRW sind mit ihnen abzustimmen.

Siehe auch: Architektenwettbewerb, Kombinierter Wettbewerb, Investorenwettbewerb

Grundschuld

Die Grundschuld ist das heute bei weitem häufigste dingliche Absicherungsmittel für Immobiliendarlehen. Überwiegend handelt es sich dabei um Buchgrundschulden. Ihrem Charakter nach ist die Grundschuld eine Sicherungsgrundschuld. Dabei steht als Sicherungszweck ein Darlehen im Vorderung.

Abgesichert werden aber könnte auch die Erbringung einer Leistung durch den Schuldner. Die Grundschuld muss allerdings betragsmässig beziffert werden. In einer Zweckbestimmungserklärung gegenüber dem Gläubiger muss der Eigentümer klarstellen, welchen Sicherungszweck die Grundschuld erfüllen soll.

Die Grundschuld gewährt dem jeweiligen Gläubiger das Recht der „Befriedigung aus dem Grundstück". Das kann geschehen durch Beschlagnahme von Mieten, durch Zwangsverwaltung oder Zwangsversteigerung. Die Befriedigung erfolgt jedoch lediglich „aus" dem Grundstück. D.h., dass der Gläubiger gegen den Schuldner keinen direkten Leistungsanspruch hat, sondern nur das Grundstück dafür haftet, dass die Forderungen gegen den Schuldner aus den Erträgen des Grundstückes oder aus dessen Verwertung beglichen werden. Will der Schuldner eine derartige Verwertung seines Grundstückes vermeiden, muss er die Forderungen aus seinem sonstigen Vermögen begleichen.

Der Hauptunterschied zwischen Grundschuld und Hypothek besteht darin, dass die Grundschuld vom Bestand einer schuldrechtlichen Forderung unabhängig (abstrakt) ist. Einer eingetragenen Grundschuld muss nicht einmal eine Forderung zugrunde liegen. So kann sich z.B. der Eigentümer eines Grundstückes durch erstrangige Eintragung einer Eigentümergrundschuld Rangstelle und Kreditschaffungsmöglichkeiten sichern. Eine im Grundbuch eingetragene Grundschuld kann auch wiederholt für Darlehen verwendet werden. Grundschulden können auch in bestimmten ausländischen Währungseinheiten (Dollar, englische Pfund, Schweizer Franken) und natürlich auch in Euro eingetragen werden.

Grundsteuer

Dauernde Gemeindeabgabe auf Grundeigentum. Die Ermittlung der Grundsteuer erfolgt in einem dreistufigen Verfahren.

In der ersten Stufe wird der Einheitswert des Grundbesitzes festgestellt. Dieser wird mit der Grundsteuermesszahl multipliziert. Auf der Grundlage des so berechneten Steuermessbetrags bestimmt die Gemeinde durch Satzung, mit welchem Hundertsatz (Hebesatz) sie die Grundsteuer festsetzt. Aufgrund dieses Verfahrens kann die Grundsteuer je nach Wohngemeinde für vergleichbare Objekte unterschiedlich hoch ausfallen.

Beispiel:

Einheitswert für eine Eigentumswohnung = 50.000 Euro

Grundsteuermessbetrag (3,5 Promille von 50.000 Euro) = 175 Euro

Hebesatz = 310 %

Grundsteuer (Berechnung: 175 Euro x 310%) = 542,50 Euro.

Diese so ermittelte Grundsteuer wird dem jeweiligen Grundstückseigentümer von Seiten der Gemeinde in jeweils vier gleichen Raten in

Rechnung gestellt.Ist der Ertrag, ausgehend vom „normalen Rohertrag", um mehr als 20% gemindert wird die Steuerschuld auf Antrag in Höhe um 80% der auf die Minderung entfallenden Steuer ermässigt. Die Ermäßigung kommt nur in Betracht, wenn die Ertragsminderung nicht vom Steuerschuldner zu vertreten ist.

Zur Zeit werden Pläne zur Umgestaltung der derzeitigen Grundsteuer vom bisherigen Typ einer ertragsorientierten Grundsteuer in den Typ einer wertsubstanzorientierten Grundsteuer diskutiert. Es wird aber wegen der Schwierigkeit der Materie und dem erforderlichen Beratungsaufwand nicht damit gerechnet, dass eine Novellierung des Grundsteuergesetzes noch in dieser Legislaturperiode erfolgen wird.

Es gibt drei verschiedene Versionen für eine neue Grundsteuer:

• Beschränkung der Grundsteuer auf den reinen Bodenwert (Bodenwertsteuer). Die Grundsteuerlast verschiebt sich dann bei bebauten Grundstücken von Grundstücken mit niedrigem Bodenwertanteil (bisher hoch belastet) auf Grundstücke mit hohem Bodenwertanteil (bisher niedrig belastet). Basis für die Berechnung sind die Bodenrichtwerte der Gutachterausschüsse.

• Vom Deutschen Städtetag favorisiert:Grundsteuer auf den Bodenwert auf der Grundlage der Bodenrichtwerte zuzüglich pauschalierter Gebäudewertsteuer (z.B. Pauschalansatz pro m² Wohnfläche).

• Grundsteuer auf einer vom Wert der Grundstücke unabhängigen Bemessungsgrundlage. Z.B. Grundstücksfläche bei unbebauten Grundstücken, Wohn-/Nutzfläche bei bebauten Grundstücken. Diese Flächen werden mit jeweils unterschiedlichen Grundsteuerzahlen multipliziert.

Siehe auch: Grundsteuermesszahl

Grundsteuermesszahl

Die Grundsteuermesszahl zur Berechnung des Grundsteuermessbetrages richtet sich nach der Grundstücksart. Sie beträgt nach dem Grundsteuergesetz für

• Betriebe der Land- und Forstwirtschaft:

6 Promille

• Einfamilienhäuser bis 37.500 Euro Einheitswert: 2,6 Promille

• Einfamilienhäuser über 37.500 Euro hinausgehender Einheitswert: 3,5 Promille

• Zweifamilienhäuser: 3,1 Promille

• alle restlichen Grundstücksarten: 3,5 Promille

Grundstück

Unter einem Grundstück versteht man im Rechtssinne einen abgegrenzten Teil der Erdoberfläche, der im Grundbuch eine Stelle (Grundbuchblatt) hat oder im Falle von buchungsfreien Grundstücken haben könnte.

Es kann aus einem oder mehreren Flurstücken bestehen. Nicht das Grundbuch, sondern das Liegenschaftskataster ist nach der Grundbuchordnung das amtliche Grundstücksverzeichnis. Veränderungen im Grundstücksbestand werden nach einer entsprechenden Berichtigung des Katasters vom Grundbuch übernommen.

Die Nutzungsart ist für die rechtliche Definition des Grundstücks nicht relevant.Im immobilienwirtschaftlichen Sinne handelt es sich bei Grundstücken dagegen um Standorte für Haushalte, Betriebe und Bauwerke öffentlich rechtlicher Körperschaften.

Wesentliche Bestandteile eines Grundstücks sind alle mit ihm festverbundenen Sachen, insbesondere Gebäude, sowie Erzeugnisse des Grundstücks, solange sie mit dem Boden zusammenhängen (§ 94 BGB). Eine Ausnahme bildet das Erbbaurecht. Dieses zählt zu den „grundstücksgleichen" Rechten.

Wesentliche Bestandteile eines Gebäudes – und damit des Grundstücks – sind alle damit festverbundenen Einrichtungen bei deren Entfernung das Gebäude beschädigt oder in seinem Wesen verändert würde.

Wurde vom Mieter eines Grundstücks aufgrund einer Vereinbarung mit dem Grundstückseigentümer für die Dauer der Mietzeit ein Gebäude darauf errichtet oder hat ein Bauunternehmer auf dem Baugrundstück des Bauherrn eine winterfeste Bauhütte errichtet, handelt es sich um einen sog. „Scheinbestandteil" (§ 95 BGB). Unterscheidungskriterium für die Beurteilung, ob ein wesentlicher oder ein Scheinbestandteil vorliegt ist die Antwort auf die Frage, ob die feste Verbindung mit dem Boden auf Dauer oder nur vorübergehend gewollt ist.

Dies ergibt sich oft aus Verträgen. Wird ein Grundstück verkauft, gilt im Zweifel das Zubehör als mitverkauft. Beim Zubehör handelt es sich um bewegliche Sachen, die ohne Bestandteil der Hauptsache zu sein, dem wirtschaftlichen Zweck der Hauptsache dienen (§ 96 BGB). Beispiel Mülltonne (wenn sie dem Hauseigentümer gehört), Heizöl im Tank.

Bei landwirtschaftlichen Objekten gehört zum Zubehör auch das „lebende und tote Inventar". Was im einzelnen als Zubehör gilt, richtet sich nach der örtlichen Verkehrsanschauung.

Es müssen darüber im Bundesgebiet also keine einheitlichen Auffassungen bestehen.

Für den auf den Wert des Zubehörs entfallenden Kaufpreisteil muss keine siehe Grunderwerbsteuer bezahlt werden. Voraussetzung ist, dass das Zubehör im Kaufvertrag bezeichnet und wertmässig beziffert und auch ein entsprechender Antrag gestellt wird.

Siehe auch: Grundbuch, Flurstück, Erbbaurecht

Grundstücks- und Bodeninformationssystem

Bei vielen Liegenschaftsämtern werden moderne Grundstücks- und Bodeninformationssysteme benutzt. Ein solches System besteht z.b. aus einem „Automatisierten Grundbuch- und Liegenschaftsbuchverfahren" (AGLB) und Digitalen Flurkarten (DFK).

Das AGLB-System ist so aufgebaut, dass Änderungen im Grundstücksbestand, die sich beim Vermessungsamt ergeben auf das Bestandsverzeichnis des zuständigen Grundbuchs durch elektronischen Datenaustausch ebenso automatisch „durchschlagen" wie Änderungen der Eigentumsverhältnisse im Grundbuch auf das Eigentümerverzeichnis bei den Vermessungs- bzw. Katasterämtern. Am Tage werden die Änderungen bei beiden Ämtern erfasst und während der Nacht findet der automatische Austausch statt. Dadurch verfügen beide Ämter jeweils am Morgen über einen identischen Datenbestand.

Die Digitale Flurkarte enthält parzellenscharfe Darstellungen der Flurstücke und Gebäude. Die Inhalte werden auf verschiedenen Ebenen gespeichert die den unterschiedlichen Anwendungszwecken dienen z.B. Darstellung der Ver- und Entsorgungseinrichtungen (Kanal, Wasserleitungen, Straßenbeleuchtung), Bebauungspläne usw..

Digitale Ortskarten umfassen ein ganzes Gemeindegebiet. Reproduktionen können in verschiedenen Maßstäben hergestellt werden. Standardmaße sind 1:100 für größere Bauvorhaben, 1:1.000 Lageplan, Bebauungsplan, 1:5000 (Flächennutzungsplan).

Grundstückshandel

Bestimmendes Merkmal des Grundstückshandels sind Kauf- und Verkaufstransaktionen mit Gewinnerzielungsabsicht. Im Gegensatz zum Grundstücksmakler, der nicht selbst Marktpartei ist, erwirbt der Grundstückshändler Immobilien, um sie bei günstiger Gelegenheit wieder zu veräußern. Der Grundstücks-handel spielte eine erhebliche Rolle in der Zeit zwischen 1870 und 1910. Wegen der hohen Transaktionskosten und den relativ gering gewordenen Wertsteigerungspotential spielt der Grundstückshandel heute kaum mehr eine Rolle.

Grundstückskaufvertrag

In einem Grundstückskaufvertrag verpflichtet sich der Verkäufer, das Eigentum am Grundstück lastenfrei auf den Käufer zu übertragen, sofern Lasten nicht ausdrücklich übernommen werden. Der Käufer verpflichtet sich im Gegenzug, den vereinbarten Kaufpreis zu bezahlen. Der Grundstückskaufvertrag besteht in der Regel aus einem Verpflichtungsgeschäft, einem Erfüllungsgeschäft und einer Reihe von deklaratorischen Inhalten (Hinweise durch den Notar). Das Verpflichtungsgeschäft enthält neben den oben bereits erwähnten Inhalten Regelungen über

- Kaufpreisfälligkeiten,
- Voraussetzungen für die Kaufpreiszahlung,
- Unterwerfung unter die Zwangsvollstreckung bei Nichtzahlung des Kaufpreises,
- Auflassungsvormerkung,
- Besitzübergang
- Mängelhaftung des Verkäufers (wird meist vertraglich ausgeschlossen),
- Zusicherung von Eigenschaften,
- etwaige Übernahme von Lasten oder Grundpfandrechten,
- Tragung der Erwerbsnebenkosten,
- Provisionsklausel,
- Mitwirkung des Verkäufers bei einer etwa erforderlichen Grundpfandrechtsbestellung zur Finanzierung sowie
- etwaige Rücktrittsvorbehalte.

Das Erfüllungsgeschäft besteht in der Erklärung der Auflassung mit Stellung des entsprechenden Antrags an das Grundbuchamt. Gemäß § 311b BGB bedürfen alle Verträge, durch welche eine Partei zur Übertragung oder zum Erwerb von Eigentum an Grundstücken verpflichtet werden, der notariellen Beurkundung. Wird mit dem Grundstück auch Inventar verkauft, muss dies mit beurkundet werden. Das Formerfordernis erstreckt sich auf alle Nebenabsprachen, die mit der Grundstücksveräußerung in Zusammenhang stehen. Der notariellen Beurkundungsform unterliegen auch spätere Ergänzungsabreden, es sei denn, der Erwerber ist bereits im Grundbuch eingetragen. So können bei einem Bauträgervertrag Änderungen etwa im Bauvolumen formfrei abgesprochen werden, wenn der Erwerber bereits im Grundbuch eingetragen ist.

Bei Beurkundung eines Kaufvertrages zu anderen als tatsächlich vereinbarten Bedingungen (z.B. niedrigerer Kaufpreis) handelt es sich um ein unwirksames Scheingeschäft. Erfolgt dennoch eine Umschreibung im Grundbuch, wird im Interesse des öffentlichen Glaubens des Grundbuchs der Formfehler wieder geheilt.

Grundstücksmarkt
Siehe: Immobilienmarkt

Grundstückssicherung

Im Rahmen der Entwicklung eines Immobilienprojektes ist es meist erforderlich, die Zugriffsmöglichkeit auf das Grundstück, auf dem das Projekt verwirklicht werden soll, während der Planungsphase bis zum Zeitpunkt einer Entscheidung für das Projekt zu sichern. Dies ist auf verschiedene Weise und mit unterschiedlichen Wirkungen möglich.

Überwiegend wird ein befristeter Optionsvertrag geschlossen, der dem Investor ein Ankaufsrecht, verbunden mit einer Auflassungsvormerkung sichert. Die Frist kann durch eine Verlängerungsklausel hinausgeschoben werden.

Eine alternative Vertragsgestaltung kann darin bestehen, dass ein Kaufvertrag geschlossen wird, der zugunsten des Investors einen Rücktrittsvorbehalt für den Fall enthält, dass sich die Nichtdurchführbarkeit des Projektes herausstellt. Das Rücktrittsrecht erlischt nach einer bestimmten zu vereinbarenden Frist, wenn nicht auch hier zugunsten des Investors eine Fristverlängerungsmöglichkeit eingeräumt wird. Der Investor kann sich aber auch ein befristetes Kaufangebot vom Eigentümer geben lassen, das die vorgesehenen Kaufvertragsbedingungen enthält. Auch in diesem Fall liegt die Entscheidung für die Annahme des Kaufangebots beim Investor. Oft wird für den Nichtannahmefall eine Abstandszahlung vereinbart.

Eine weitere Variante besteht darin, einen Kaufvertrag mit aufschiebender oder auflösender Bedingung zu schließen.

Unter längerfristigen Aspekten kann sich auch die Eintragung eines Vorkaufsrechts im Grundbuch als nützliches Sicherungsinstrument erweisen, vor allem, wenn der Grundstückseigentümer latente Verkaufsneigungen hat. Allerdings liegt die Entscheidungsmacht aus-schließlich beim Verkäufer, was den Planungshorizont des Investors erheblich einschränkt. Ein ausschließlich schuldrechtliches Vorkaufsrecht wäre nur in Verbindung mit einer Auflassungsvormerkung sinnvoll.In allen Fällen der Grundstückssicherung gilt es, die Kostenfolge zu beachten, zumal das Risiko des Nichterwerbs kaum vom Grundstückseigentümer getragen wird.

Sofern der Grundstückseigentümer als Mitinvestor in Frage kommt, kann die Grundstückssicherung auch über gesellschaftsvertragliche Regelungen erfolgen.

Grundwasser

Unter Grundwasser versteht man das gesamte unterirdische Wasser, egal wo und in welcher Form es sich befindet, ob es fließt oder nicht. Ein hoher Grundwasserstand verteuert nicht selten das Bauen. In solchen Fällen muss der Beton für das Kellerfundament eine besondere Qualität aufweisen („Weißbeton").

Grundwasser entsteht durch Versickerung von Niederschlägen und Ansammlung in Nischen und Hohlräumen unter der Erdoberfläche. Grundwasser wird zur Trinkwasserversorgung eines Gebietes durch Bohrbrunnen in Wasserschutzgebieten, aber auch durch Erfassung an den Quellen gewonnen."

GRUR

Abkürzung für: Gewerblicher Rechtsschutz und Urheberrecht

GRW

Abkürzung für: Grundsätze und Richtlinien für Wettbewerbe auf den Gebieten der Raumplanung, des Städtebaus und des Bauwesens

GRZ

Abkürzung für: Grundflächenzahl

GS

Abkürzung für: Grundstück

GSB

Abkürzung für: Gesetz über die Sicherung der Bauforderungen

Gutachter

Der Begriff des Gutachters findet sich in §192 BauGB. Als Gutachter werden danach Mitglieder des Gutachterausschusses bezeichnet. Solche Gutachter können, müssen aber nicht öffentlich bestellte und vereidigte, zertifizierte oder freie Sachverständige sein. So ist beispielsweise ein Beamter der zuständigen Finanzbehörde ständiges Mitglied des Gutachterausschusses.

Die Berufung von Gutachtern in die Gutachterausschüsse erfolgt nach Maßgabe von Gutachterausschussverordnungen. Es handelt sich um Landesrecht. Als Gutachter werden in Gutachterausschüsse überwiegend durch die Bezirksregierungen Fachleute und Sachverständige aus den Bereichen Bau- und Immobilienwirtschaft, Architektur, Bankwesen, Land- und Forstwirtschaft und dem Vermessungswesen berufen. Gutachter sind ehrenamtlich tätig.

Als Gutachter werden auch Personen bezeichnet, die im Auftrag von Gerichten Gutachten erstellen.

Siehe auch: Sachverständiger für die Bewertung von Grundstücken, Gutachterausschuss

Gutachterausschuss

Auf Landkreis- teilweise auch auf Gemeindeebene sind nach den Vorschriften des Baugesetzbuches Gutachterausschüsse gebildet worden. Jeder Gutachterausschuss besteht aus jeweils einem Vorsitzenden und ehrenamtlichen Gutachtern, wobei für die Ermittlung der Bodenrichtwerte ein Bediensteter der zuständigen Finanzbehörde vorzusehen ist.

Die Mitglieder des Gutachterausschusses dürfen allerdings nicht hauptberuflich mit der Verwaltung von Grundstücken einer Gemeinde befasst sein, für deren Bereich der Gutachterausschuss gebildet ist.

Die Aufgaben des Gutachterausschusses beschränken sich nicht auf die Ermittlung von Verkehrswerten im Zusammenhang mit Maßnahmen des Baugesetzbuches. Der Ausschuss kann auch von Gerichten oder Privatpersonen mit der Erstellung eines Verkehrswertgutachtens beauftragt werden. Weitere Aufgaben sind die Führung einer Kaufpreissammlung, die Ermittlung von Bodenrichtwerten auf der Grundlage der Kaufpreissammlung, die Ermittlung von Liegenschaftszinsen und Umrechnungskoeffizienten.

Die Geschäftsstelle des Gutachterausschusses ist in der Regel das jeweilige Kataster- oder Vermessungsamt. Die Anschrift des Gutachterausschusses ist bei der jeweiligen Gemeinde oder beim Landratsamt zu erfahren. Die Gutachter werden auf vier Jahre bestellt. In den letzten Jahren werden vermehrt auch erfahrene Makler vor allem in grossstädtische Gutachterausschüsse berufen. Die Berufung solcher Makler gilt heute als besonderes Qualitätsmerkmal des Ausschusses.

Siehe auch: Gutachter, Sachverständiger für die Bewertung von Grundstücken

Guthabenzins (Bausparvertrag)

Als Guthabenzins wird der Zins bezeichnet, mit dem die von den Bausparern angesammelten Guthaben bei den Bausparkassen verzinst werden. Der Zinssatz beträgt je nach Tarif zwischen 2 und 3 %. Je höher der Guthabenzins, um so höher fällt auch der Darlehenszins für das spätere Bauspardarlehen aus.

Die Differenz zwischen Guthaben- und Darlehenszins beträgt in der Regel 2%. Guthabenzinsen aus Bausparverträgen sind Kapitalerträge und unterliegen der Kapitalertragsteuer. Wird der Bausparvertrag etwa im Rahmen der Zwischenfinanzierung bereits für ein Immobilienobjekt verwendet, sind die Guthabenzinsen nicht den Einkünften aus Kapitalerträgen, sondern denen aus Vermietung und Verpachtung zuzuordnen.

GuV
Abkürzung für: Gewinn- und Verlustrechnung

GVBl
Abkürzung für: Gesetz- und Verordnungsblatt

GVG
Abkürzung für: Gerichtsverfassungsgesetz

GVO
Abkürzung für: Grundstücksverkehrsordnung

GWB
Abkürzung für: Gesetz gegen Wettbewerbsbeschränkungen

GWEG
Abkürzung für: Gesellschaft nach den Wohnungseigentumsgesetz

GWW
Abkürzung für: Gemeinnütziges Wohnungswesen

H, h
Abkürzung für: Höhe

h.L
Abkürzung für: herrschende Lehre

h.M
Abkürzung für: herrschende Meinung

Ha, ha
Abkürzung für: Hektar

HABITAT
Eine erste HABITAT (I) Konferenz der UNO fand bereits 1976 in Vancouver statt. Sie hatte die Einrichtung eines UNO-Zentrums für menschliche Siedlungen (UNCHS) in Nairobi zur Folge.

Unter der Bezeichnung HABITAT II wurde von den Vereinten Nationen 1996 in Istanbul eine weitere Weltkonferenz durchgeführt, die sich im Zusammenhang mit dem Übervölkerungsproblem vor allem dem Fragenbereich der menschlichen Siedlungen widmete.

Dabei ging es um zwei Themenschwerpunkte
• der angemessenen menschenwürdigen Grundversorgung der Weltbevölkerung mit Wohnraum sowie Versorgungs- und Infrastruktureinrichtungen für die Bereiche Wasser, Strom, Straßen, Schulen und Einrichtungen des Gesundheitswesens,
• der nachhaltigen umweltverträglichen Siedlungsentwicklung in einer zur Verstädterung strebenden Welt

In dem nach der Erklärung von Istanbul anzustrebenden Ziel werden Umwelt und Ökonomie auf eine gleiche Ebene gestellt. Es geht um die wirtschaftliche und soziale Entwicklung und den Umweltschutz als sich gegenseitig bedingende und verstärkende Komponenten nachhaltiger Entwicklung.. Eine Absichtserklärung geht dahin, dass die Staaten alle Maß-nahmen ergreifen sollen, um allen Menschen eine passende Unterkunft zu akzeptablen Preisen zu ermöglichen. Auf ein Individualrecht auf Wohnung konnte man sich nicht einigen.

Deutschland war auf HABITAT II unter der Federführung des Bundesministeriums für Raumordnung, Bauwesen und Städtebau, mit Bundestagsabgeordneten und Vertretern aus den Bundesländern, Gemeinden, Fachverbänden, Unternehmen und Nichtregierungs-organisationen (NRO) vertreten.

Hintergrund der Bemühungen der UNO ist die Tatsache, dass nach einer Studie der Vereinten Nationen bereits 600 Millionen Menschen in Slums an den Rändern von Großstädten leben. Es wird damit gerechnet, dass bis zum Jahr 2025 zwei Drittel aller Menschen in Städten leben. Von den derzeit 33 Megastädten (Städte mit über 8 Millionen Einwohnern) befinden sich 27 in den Entwicklungsländern.
Siehe auch: Urban 21

Halbeinkünfteverfahren
Im Zuge der Steuerreform 2000 wurde das Halbeinkünfteverfahren eingeführt. Einerseits wurde der Körperschaftsteuersatz ab 1.1.2001 auf einheitlich 25% gesenkt.

Dafür entfällt die bisherige Anrechnung der von der Gesellschaft bezahlten Körperschaftsteuer auf die Ausschüttungen an die Anteilseigner. Diese müssen ab 2002 nur noch die Hälfte der ihnen zufließenden Dividenden versteuern. Zu berücksichtigen ist dabei noch ein nicht ausgeschöpfter Sparerfreibetrag.

Halbs
Abkürzung für: Halbsatz

HamBauFreiO
Abkürzung für: Hamburger Baufreistellungsverordnung

HamBauO
Abkürzung für: Hamburger Bauordnung

Hammerschlags- und Leiterrecht
Das Hammerschlags- und Leiterrecht ist in vielen Bundesländern in den Nachbarrechtsgesetzen geregelt. Danach muss der Eigentümer oder Besitzer eines Grundstückes es dulden, dass der

Grundstücksnachbar das Grundstück zur Durchführung von Bau-, Instandsetzungs- und Unterhaltsarbeiten an seinem Grundstück unter bestimmten Voraussetzungen betritt. Dieses Recht steht sowohl dem Eigentümer, als auch dem Nutzungsberechtigten (z.B. Mieter, Nießbraucher) des Nachbargrundstückes zu. Es ist so schonend wie möglich auszuüben.

Damit darf der Nachbar seine Hecke auch von „der anderen Seite aus" beschneiden, wenn dies anders nicht geht.

Handelsimmobilie

Gebäude, die überwiegend dem Handel (also nicht oder nur in geringem Umfang der Produktion oder Verwaltung) dienen. Die Renditen bewegen sich zwischen etwa 4,5% bis 8% je nach Lage.

In Deutschland nimmt die Zahl klassischer Kaufhäuser ab, während Fachmärkte, Filialbetriebe und Einkaufscenter auf dem Vormarsch sind. Ein Abwärtstrend ist demgegenüber beim Einzelfachhandel zu verzeichnen. Für sicherheitsorientierte Kapitalanleger sind – aufgrund des geringeren Risikos – vor allem Mischimmobilien interessant, die Wohnungen und Ladenlokale enthalten.

Siehe auch: Shopping Center

Handelsregister

Beim Handelsregister handelt es sich um ein beim Amtsgericht geführtes Verzeichnis der Vollkaufleute eines Amtsgerichtsbezirks. In Abteilung A werden Einzelunternehmen und und Personenhandelsgesellschaften eingetragen, in Abteilung B juristische Personen.

Das Handelsregister ist ein Organ der freiwilligen Gerichtsbarkeit. Eintragungen erfolgen in der Regel auf Antrag, der öffentlich beglaubigt sein muss. Jede Eintragung wird im Bundesanzeiger und einer hierfür geeigneten Tageszeitung veröffentlicht.

Die Eintragung dient u.a. dem Nachweis der Vollkaufmannseigenschaft, der Eigentumsverhältnisse und Vertretungsbefugnisse (z.B. Prokura). Das Handelsregister kann von jedermann

eingesehen werden. Eintragungen und Änderungen bedürfen der öffentlich beglaubigten Form. Sie werden im Bundesanzeiger und einem weiteren Blatt bekannt gemacht.

Handelsvertreter

Handelsvertreter ist, wer als selbstständiger Gewerbetreibender ständig damit betraut ist, für einen anderen Unternehmer Geschäfte zu vermitteln oder in dessen Namen abzuschließen" (§84 HGB). Handelsvertreter haben in der Immobilienwirtschaft als selbstständige Vertriebsorgane für Bauträger und – häufiger noch – bei Maklern als sogenannte „freie Mitarbeiter" große Bedeutung.

Vom Makler unterscheidet sich der Handelsvertreter dadurch, dass er ständig für einen „Auftraggeber" (Unternehmer) Verträge vermittelt, während der Makler für wechselnde Auftraggeber tätig wird. Vom angestellten Außendienstmitarbeiter unterscheidet er sich dadurch, dass er „selbstständig" ist, als Handelsvertreter eines Maklers also eine Erlaubnis nach §34c GewO benötigt. Besonders wichtig ist dabei die Beachtung der Selbstständigkeit, dessen Hauptmerkmale in der völlig freien Bestimmung der Arbeitszeit und der Gestaltung der Tätigkeit bestehen. Handelsvertreter arbeiten stets auf der Grundlage des eigenen unternehmerischen Risikos. Sind diese Merkmale nicht gegeben, handelt es sich nicht mehr um einen Handelsvertreter, sondern um einen Angestellten.

Diese Abgrenzung wurde in der Vergangenheit oft zu wenig beachtet. Wer heute als Handelsvertreter auf Grund von Dienstanweisungen arbeitnehmertypische Beschäftigungen ausübt oder keine unternehmerische Tätigkeit entfaltet, gilt nach den am 1.1.1999 in Kraft getretenen Änderungen des Sozialgesetzbuches als „scheinselbstständig" mit den entsprechenden sozial-, arbeits- und steuerrechtlichen Folgen.

Eine Beurteilung, ob eine Scheinselbstständigkeit oder eine Handelsvertretereigenschaft vorliegt, erfolgt nicht nur auf der Grundlage des abgeschlossenen Vertrages, sondern anhand der tatsächlich gegebenen Verhältnisse. Auf

Handelsvertreter sind zwar die Vorschriften des Sozialgesetzbuches zur Scheinselbstständigkeit nicht anzuwenden. Dies gilt jedoch nur, wenn die für den Handelsvertreter in §84 HGB dargestellten Merkmale auch tatsächlich zutreffen. Handelsvertreter müssen sich jedoch seit 1.4.1999 in der Regel als „arbeitnehmerähnliche Selbstständige" behandeln lassen mit der Folge, dass sie selbst sozialversicherungspflichtig werden und Beiträge an die Bundesversicherungsanstalt abführen müssen. Der Regelbeitrag beträgt in Westdeutschland zur Zeit 440 Euro im Monat, im Osten 370 Euro. Existenzgründer zahlen in den ersten drei Jahren nur die Hälfte. Ob Krankenversicherungspflicht besteht, hängt wie beim Angestellten von der Höhe des Jahresarbeitsentgeltes ab.Handelsvertreter von Maklern haben eine doppelte Aufgabe:
Sie akquirieren Makleraufträge für das vertretene Maklerunternehmen (insoweit sind sie „Abschlussvertreter" im Hinblick auf die hereingeholten, also von ihnen „abgeschlossenen" Maklerverträge) und/oder sie vermitteln Verträge zwischen den Kunden des vertretenen Maklerunternehmens. Insoweit sind sie selbst Makler, die allerdings im Namen des vertretenen Maklerunternehmens handeln.
Die Provisionsbeteiligungsansprüche des Handelsvertreters knüpfen damit entweder an den zustande gekommenen Vertragsabschluss über ein von ihm akquiriertes Objekt an, oder unmittelbar an den durch ihn bewirkten Vertragsabschluss. Vielfach wird die Beteiligungsprovision auch aufgespalten in eine „Akquisitionsprovision" und eine „Abschlussprovision". In diesem Fall kann der Handelsvertreter beide Provisionsteile verdienen.
Siehe auch: Scheinselbstständigkeit, Arbeitnehmerähnliche Selbstständige

Handlungsbevollmächtigter

Handlungsbevollmächtigt ist derjenige, der die Vertretungsbefugnis für die Durchführung aller betriebstypischen Geschäfte hat. Ohne eine spezielle Vollmacht/Urkunde gehört dazu aber nicht der An- und Verkauf von Liegenschaften, selbst wenn es sich um ein Unternehmen handelt, bei dem dies zu den typischen Geschäftsbereichen zählt. Der nächst höhere Rang bei der Vertretungsbefugnis ist der des Prokuristen. Dieser kann auch nicht zum Handelsgewerbe gehörende Geschäfte für sein Unternehmen abschließen.

HansOLG

Abkürzung für: Hanseatisches Oberlandesgericht Hamburg

Haus- und Grundstücksbesitzer-Haftpflichtversicherung

Grundstückseigentümer haben eine allgemeine Verkehrssicherungspflicht. Danach müssen sie dafür Sorge tragen, dass der Zustand ihres Grundstücks nicht Gefahren in sich birgt, durch die Dritte verletzt oder anderweitig geschädigt werden. Gesetzliche Bestimmungen sehen eine Haftung des Eigentümers vor, wenn z.B. durch Ablösung von Teilen eines Gebäudes oder durch einen Einsturz eines Gebäudes Menschen verletzt oder Sachen beschädigt werden. Während bei Eigentümern von selbstgenutzten Einfamilienhäusern die normale Privat-Haftpflichtversicherung in solchen Fällen die Haftung übernimmt, müssen Vermieter eine Haus- und Grundbesitzer-Haftpflichtversicherung abschliessen, damit sie kein unnötiges finanzielles Risiko eingehen. Bei Wohnungseigentum haftet jeweils die Wohnungseigentümergemeinschaft. Die Versicherung gegen die Haus- und Grundbesitzerhaftpflicht ist aus diesem Grund eine wohnungseigentumsrechtliche Pflichtversicherung.

Hausgeld

Mit dem Hausgeld werden die Lasten des gemeinschaftlichen Eigentums, insbesondere die Betriebskosten (mit Ausnahme der Grundsteuer) sowie die Kosten der Instandhaltung, Instandsetzung, der Verwaltung sowie des gemeinschaftlichen Gebrauchs des Gemeinschaftseigentums bezahlt.

Die Höhe der regelmäßigen Zahlung richtet sich grundsätzlich nach dem Verhältnis der Miteigentumsanteile der Wohnungseigentümer. Es können jedoch andere Verteilungsschlüssel in der Gemeinschaftsordnung festgelegt werden. Manchmal wird das Hausgeld auch als Wohngeld bezeichnet. Die Abrechnung erfolgt jährlich.

Hausmeister (Hauswart)

Der Hausmeister ist die Person, die haupt- oder nebenberuflich in Mehrfamilienhäusern oder Wohnanlagen regelmäßig anfallende Arbeiten gegen Bezahlung erledigt.

Dazu gehören z. B. die Hausreinigung, das Reinigen, Räumen, Schneefegen und Streuen der Gehwege vor und auf dem Grundstück sowie der Zugänge und Zufahrten, die Bedienung der Zentralheizung und die Erledigung kleinerer Reparaturen. Außerdem hat der Hausmeister für die Einhaltung der Hausordnung durch die Hausbewohner zu sorgen. Der Hausmeister ist Arbeitnehmer, so dass dem Eigentümer – vertreten durch den Verwalter – alle Arbeitgeberpflichten treffen (Abführung von Versicherungsbeiträgen, Abschluss einer Versicherung bei der Berufsgenossenschaft, Einbehalt und Abführung der Lohnsteuer). Die Vergütung, die der Hausmeister erhält, ist Teil der umlegbaren Betriebskosten. Erweitert sich der Aufgabenbereich des Hausmeisters auf Bereiche, die der Verwaltung oder der Instandhaltung zuzuordnen sind, kann der auf diese Arbeiten entfallende Teil der Hausmeistervergütung nicht auf die Mieter umgelegt werden. Bei Wohnungseigentumsanlagen wird der Hausmeister von der Wohnungseigentümergemeinschaft, vertreten durch den Verwalter, angestellt. Der Hausmeister unterliegt der Weisungsbefugnis des Verwalters, nicht aber derjenigen eines einzelnen Eigentümers.

Hausnummer

Hausnummern dienen als Orientierungshilfe im modernen Stadtleben und sorgen dafür, dass Besucher, Polizei, Feuerwehr, Post oder Finanzamt jedermann erreichen können.

Aus einer Studie des Berliner Kulturhistorikers Markus Krajewski geht hervor, dass in Europa Ende des achtzehnten Jahrhundert erstmals Straßen und Immobilien vollständig erfasst wurden. Zuvor gaben die Bewohner ihren Häusern lediglich Namen, wie „Brotlaube", „Zum schwarzen Adler" oder „Lindwurm". Natürlich kamen Namen doppelt vor, mit Folgen, die sich jeder denken kann. Wer in alten Zeiten und dunklen Gassen ein Haus ohne Nummer und Straßenname suchte, wird sich so gefühlt haben, wie heute ein Europäer in einer japanischen Stadt.

Der Kaiserin Maria Theresia ist es zu verdanken, dass die Häuser Nummern erhalten haben. Ursprünglich als Maßnahme zur Verbrechensbekämpfung geplant, wollte man schon 1753 gegen den Widerstand der Bewohner die Nummerierung der Häuser einführen. Jedoch erst Heiligabend 1770 setzte die Kaiserin unter Androhung von Strafe die sogenannten „Konskripsionsnummern" durch. Eine Kommission wanderte durch Wien und vergab der Reihe nach die Nummern, die einfach mit schwarzer, in Wien mit roter Farbe auf die Wände oder Türen geschrieben wurden. Die Nummerierung begann beim ersten Haus am Ort, der Hofburg, und endete beim letzten Haus auf dem Weg der Kommission. Das erste veröffentlichte Häuserverzeichnis gab 1343 Häuser an. Der Hintergedanke war vor allem, die Rekrutierung der k.u.k.-Armee und die Steuereintreibung zu erleichtern. Weil die Stadt weiter wuchs, geriet die Zahlenreihe bald in Unordnung. 1795 und 1821 mussten Häuser umnummeriert werden. Der Zusatz Numero, No., Nro. oder cis für tschechisch cisli sollte die Verwechslung mit Jahreszahlen für das Baujahr verhindern. 1862 wurde ein zusätzliches Adressierungssystem notwendig, das die Straßen einbezog. Am ersten und letzten Haus jeder Gasse sollte jetzt auch die Gassenbezeichnung stehen.

Es dauerte noch fast hundert Jahre, bis 1862 das heute gebräuchliche Nummerierungssystem eingeführt wurde: Die Häuser jeder Straße werden seither meist stadtauswärts aufsteigend nummeriert, rechts die geraden Zahlen, links die ungeraden. Ausnahmen gibt es bei Plätzen, die im Uhr- oder Gegenuhrzeigersinn durchnummeriert sind oder Straßen, die nur einseitig bebaut sind, dort tragen die Häuser häufig ungerade Nummern.

Eine Besonderheit bietet die ostfriesische Insel Baltrum mit ihren ca. 500 Einwohnern. Dort gibt es wie im alten Wien auch heute keine Straßennamen, sondern eine fortlaufende Nummerierung der Häuser nach ihrem Alter: je niedriger die Hausnummer, desto älter das Haus.

Siehe auch: Straßennamen

Hausordnung

Die Hausordnung enthält objektbezogene Regeln für ein gedeihliches Zusammenleben der Bewohner und steckt die Grenzen für die Benutzung der gemeinschaftlichen Räume und Anlagen durch Bewohner und Gäste der Bewohner ab. Typische Regelungsinhalte sind Einhaltung von Ruhezeiten, Lüftung und Heizung der Räume, Benutzung von Wascheinrichtungen, Regelungen für die Tierhaltung usw.

HausratsVO

Abkürzung für: Hausratsverordnung

Hausratversicherung

Die Hausratversicherung bietet Versicherungsschutz für die Wohnungseinrichtung. Dazu zählt – vereinfacht ausgedrückt – alles, was man bei einem Umzug in einen Möbelwagen packen würde.

Der Versicherer zahlt immer dann den Wiederbeschaffungswert, wenn das Hab und Gut in den eigenen vier Wänden durch Brand, Blitzschlag, Sturm, Hagel und Explosion oder auslaufendes Leitungswasser beschädigt oder durch Einbrecher gestohlen wurde – vorausgesetzt, die versicherte Summe reicht aus.

Beläuft sich die Versicherungssumme auf 620 Euro pro Quadratmeter bei Verträgen nach den Vertragsbedingungen von 1992 (VHB 92), ist eine Unterversicherung ausgeschlossen. Im Schadensfall prüft die Versicherung nicht nach, ob der Hausrat in angemessener Höhe versichert war.

Haustrennwand

Zwischen aneinandergebauten Gebäuden muss eine Haustrennwand eingefügt werden, die vertikal vom Fundament bis zum Dachraum durchgängig ist. Sie besteht aus einer Mineralfaserdämmplatte und füllt den Zwischenraum zwischen den Außenwänden der Anbauseiten der Gebäude aus.

Die Haustrennwand dient vor allem der Unterbindung der Schallfortpflanzung zwischen den Häusern.

Hausverwalter

Der Hausverwalter ist Betreuer des Hauseigentümers in allen, das Hausgrundstück betreffenden Angelegenheiten (daher der neuere Begriff des Objektbetreuers). Bei den Leistungsbereichen ist nach dem Boorberg-Standard zu unterscheiden zwischen

1. regulären Leistungen (Grundleistungen), die der Verwalter ohne gesonderte Absprache mit dem Hauseigentümer erbringt
2. zustimmungsabhängigen Leistungen und
3. besonderen Verwaltungsleistungen

Die unter 1. und 2. zu erbringenden Leistungen sind durch die vereinbarte Hausverwaltergebühr abgedeckt. Für die besonderen Leistungen kann der Verwalter zusätzliche Gebühren verlangen. Zum regulären Leistungsbereich zählen auf dem kaufmännischen Sektor das Vermietungsmanagement und die Pflege der Mietverhältnisse, das objektbezogene Rechnungswesen und Zahlungsverkehr, Versicherungswesen, Beschäftigung und Überwachung der Hilfskräfte und Ansammlung und Verwaltung einer Instandhaltungsrücklage.

Zum technischen Leistungsbereich gehört die Inspektion, Wartung Instandsetzung und Instandhaltung, Abnahme und Handwerkerleistungen, sachliche Rechnungsprüfung. Zustimmungsabhängig ist in der Regel die Durchführung von Mieterhöhungsverfahren, die sich

nicht unmittelbar aus den Mietverträgen ergeben und die Durchführung von Instandhaltungsmaßnahmen ab einem zu bestimmenden Volumen.Gegen gesonderte Gebühr werden vom Hausverwalter u.a. die Feststellung der Einkünfte aus Vermietung und Verpachtung, Erstellung einer Wirtschaftlichkeitsberechnung, Vorbereitung Überwachung und Finanzierung von Um- und Ausbauten Modernisierungen und großen Instandhaltungsmaßnahmen übernommen. Die Verwaltergebühr wird in der Regel als %-Satz der Mieteinnahmen vereinbart. (Schwankungsbereich zwischen 2,5% und 8% je nach Größe und Mietniveau.
Siehe auch: Verwalter, Hausverwaltervertrag

Hausverwalterverbände

Bundesfachverband Wohnungs- und Immobilienverwalter Berlin e.V. (BFW),
Schiffbauerdamm 8, 10117 Berlin,
Telefon: 030/308729-17, Fax: 030/308729-19.

Dachverband Deutscher Immobilienverwalter e.V.
Mohrenstr.33 10117 Berlin, Telefon: 30/3009679-0, Telefax: 30/3009679-21 Email:, DDIV@Immobilienverwalter.de

Ring Deutscher Makler (RDM)

Verband Deutscher Makler (VDM)
Siehe auch: Maklerverbände

Hausverwaltervertrag

Der Hausverwaltervertrag regelt das Vertragsverhältnis zwischen Gebäudeeigentümer und Miethausverwalter. Im Gegensatz zum Verwaltervertrag nach WEG gibt es bei der Miethausverwaltung keinen gesetzlich definierten Leistungskatalog. Gesetzliche Grundlage für das Vertragsverhältnis können sowohl die Vorschriften sein, die sich aus dem Dienstvertragsrecht in Verbindung mit den Vorschriften über die entgeltliche Geschäftsbesorgung (Auftragsrecht) ergeben als auch werkvertragliche Vorschriften. Denkbar wäre z.B., dass der Hausverwalter in Bezug auf durchgreifende Sanierungsmaßnahmen an Gebäuden als Generalübernehmer fungiert, der die Sanierungsleistungen in eigenem Namen und gegen Festpreis für den Hauseigentümer erbringt und sich dabei Subunternehmer bedient. Überwiegend werden von Hausverwaltern jedoch keine Leistungen vereinbart, die erfolgsabhängig zu vergüten sind.Geht man von einem dienstleistungsorientierten Auftragrecht aus, gelten folgende gesetzlichen Rahmenvorschriften für das Vertragsverhältnis:

1. Der Hausverwalter hat einen Anspruch auf Vergütung auch dann, wenn eine solche nicht ausdrücklich im Vertrag vereinbart ist. In der Regel gilt sie dann als stillschweigend vereinbart. In einem solchen Fall ist die „übliche" Vergütung als vereinbart anzusehen.

2. Die Vergütung ist nach Ablauf der vereinbarten Zeitabschnitte zu bezahlen (also keine Vorauszahlung).

3. Die Leistungspflicht des Hausverwalters ist eine „höchstpersönliche". Sie kann insgesamt nicht auf Dritte übertragen werden. Das bedeutet nicht, dass sich der Miethausverwalter nicht eines Hilfspersonals bedienen darf.

4. Für das Vertragsverhältnis kann eine bestimmte Laufzeit vereinbart werden. Im Rahmen Allgemeiner Geschäftsbedingungen (AGB) kann keine Laufzeit wirksam vereinbart werden, die über zwei Jahre beträgt. Die Verlängerungsklausel bei Nichtkündigung darf nicht zu einer Verlängerung von jeweils mehr als einem Jahr führen und die Kündigungsfrist darf nicht länger als ein Vierteljahr betragen.

5. Wird keine bestimmte Laufzeit vereinbart, richtet sich die Kündigung nach der Bemessung der Vergütung. Bei monatlicher Vergütung kann spätestens am 15en eines Monats zum Ablauf dieses Monats gekündigt werden. (In der Praxis werden kaum Hausverwalterverträge ohne Laufzeitbestimmung abgeschlossen)

6. Stirbt der Auftraggeber (Hauseigentümer), führt dies nicht zur Beendigung des Verwaltervertrages. Der Erbe kann jedoch - wenn im Vertrag nichts anderes vereinbart ist - kündigen.

Stirbt der Hausverwalter, führt dies zur Beendigung des Verwaltervertrages.

7. Bei Vertragsbeendigung hat der Hausverwalter alle das Verwaltungsobjekt betreffende Unterlagen zurückzugeben.

8. Der Hausverwalter ist zur Rechnungslegung (nach den vereinbarten Zeiträumen und jeweils am Ende des Vertragsverhältnisses) verpflichtet. Das der Hausverwalter im Rahmen seiner Tätigkeit über Vermögenswerte des Eigentümers verfügt, besteht die Rechnungslegung auch in einer belegten Einnahme-Überschussrechnung.

Der Hausverwalter ist in allen, das Verwaltungsobjekt betreffenden Angelegenheiten der Stellvertreter des Hauseigentümers. Zum Nachweis seiner Vertretungsbefugnis empfiehlt sich nicht nur im Vertrag, sondern auch gesondert eine Hausverwaltervollmacht auszustellen. Der Hausverwalter ist auch im Rahmen seiner Verwaltungstätigkeit zur Rechtsberatung gegenüber dem Hauseigentümer befugt.

Es empfiehlt sich auch eine Regelung über die Verjährung von wechselseitigen Schadensersatzansprüchen in den Vertrag aufzunehmen.Zu den Vereinbarungen über Leistungen und Vergütung des Hausverwalters finden Sie weitere Informationen unter dem Stichwort Hausverwalter.

Siehe auch: Hausverwalter, Verwalter, Zwangsverwalter, Verwalterwechsel

HB

Abkürzung für: Handelsbilanz

HBauO

Abkürzung für: Hamburger Bauordnung

HBG

Abkürzung für: Hypothekenbankgesetz

Heidihaus

Der Begriff Heidihaus wurde zuerst von namhaften niederländischen Architekten provozierend für Wohnhäuser verwendet (vgl. Super-Dutsch, Neue niederländische Architektur, von Bart Lootsma, DVA München), die heute überwiegend in den Neubaugebieten der Vorstädte gebaut werden und sich in Größe und Stil ähneln. Gemeint sind Häuser, die allseits beliebte Stilmerkmale enthalten, z.B. Sprossenfenster, Erker, Krüppelwalmdach, Alm-Loggien, Friesengiebel usw. und keine eigenständige, charakteristische Architektur aufweisen.

Siehe auch: Känguruhsiedlung, Glaswarze

Heimfallanspruch

• **Erbbaurecht**

In Erbbauverträgen werden Heimfallansprüche vereinbart. Sie beziehen sich in der Regel auf Fälle des grob vertragswidrigen Verhaltens des Erbbauberechtigten (etwa Nichtzahlung des vereinbarten Erbbauzinses über einen längeren Zeitraum). Macht der Grundstückseigentümer von seinem Heimfallanspruch Gebrauch, ist an den Erbbauberechtigten zur Abgeltung des Restwerts des Erbbaurechts eine „angemessene" Vergütung zu bezahlen. Darüber kann bereits im Erbbauvertrag eine Vereinbarung getroffen werden. Dient das Erbbaurecht den Wohnbedürfnissen minderbemittelter Bevölkerungskreise, muss die Vergütung mindesten 2/3 des Verkehrswertes des Erbbaurechts betragen.

• **Dauerwohnrecht**

Nach § 36 WEG kann auch als Inhalt eines eigentumsähnlichen Dauerwohnrechts ein Heimfallanspruch zwischen dem Berechtigten und dem Eigentümer vereinbart werden, wenn bestimmte, im Vertrag genannte Voraussetzungen, zum Beispiel auch Pflichtverletzungen durch den Berechtigten, eintreten.

Hierzu gehören auch Regelungen über eine Entschädigung an den Berechtigten, wenn vom Heimfallanspruch Gebrauch gemacht wird.

HeimG

Abkürzung für: Gesetz über Altenheime, Altenwohnheime und Pflegeheime für Volljährige – Heimgesetz

Heimstätte

Grundgedanke der Heimstätten war es, Familien mit niedrigem Einkommen ein krisensicheres Eigenheim zu ermöglichen. Verwirklicht wurde der Gedanke im Reichsheimstätten-gesetz von 1920. Der Schutz bestand vor allem in einem beschränkten Vollstreckungsschutz. Im Grundbuch wurde ein Reichsheimstättenvermerk eingetragen. 1993 wurde das Reichsheimstättengesetz aufgehoben. Die hiervon ausgehenden Schutzwirkungen traten mit Ablauf des Jahres 1998 außer Kraft.

Heiz- und Warmwasserkosten

Heizkosten und Warmwasserkosten zählen zu den Betriebskosten, die der Vermieter auf den Mieter umlegen darf. Die Verordnung über die verbrauchsabhängige Abrechnung der Heiz- und Warmwasserkosten (Heizkostenverordnung) schreibt zwingend vor, dass 50% bis 70% der Heizungs- und Warmwasserkosten nach Verbrauch zu verteilen sind.

Der restliche Anteil wird nach Wohn- und Nutzfläche oder umbautem Raum umgelegt. Es kann sich dabei auch nur um die beheizbare Wohnfläche oder den beheizbaren umbauten Raum handeln.

HeizAnlV

Abkürzung für: Heizanlagenverordnung

HeizBetrV

Abkürzung für: Heizungsbetriebs-Verordnung

HeizKV

Abkürzung für: Heizkostenverordnung

HeizKVO

Abkürzung für: Heizkostenabrechnungsverordnung

Herstellungskosten

Zu den Herstellungskosten eines Gebäudes im einkommensteuerlichen Sinne zählen im Rahmen der Bauerstellung alle Kosten, die nicht Anschaffungskosten für Grund und Boden einschließlich Erschließungsbeiträge sind. Die Summe der Herstellungskosten ist Grundlage für die AfA. Für alle nach Fertigstellung des Gebäudes entstehenden („nachträglichen") Herstellungskosten können ggf. höhere AfA - Sätze geltend gemachte werden, soweit diese der voraussichtlichen Restnutzungsdauer entsprechen. Dies gilt z.B. für eine Modernisierungsmaßnahme in einem Altbau, deren Kosten nicht als Erhaltungsaufwand unmittelbar abgesetzt werden können, bzw. die nicht als nachträgliche Herstellungskosten des Altgebäudes gelten.
Siehe auch: AfA

HGB

Abkürzung für: Handelsgesetzbuch

HGrG

Abkürzung für: Haushaltsgrundsätzegesetz

HGZ

Abkürzung für: Handels- und Gaststättenzählung

HH

Abkürzung für: HinterhausAbkürzung für: Hochhaus

HK

Abkürzung für: Heizkosten

HKV

Abkürzung für: Heizkostenvorschuss

HO

Abkürzung für: Handelsorganisation

HOAI

Abkürzung für: Honorarordnung für Architekten und Ingenieure
Siehe auch: Honorarordnung für Architekten und Ingenieure (HOAI)

HöfeO

Abkürzung für: Höfeordnung

HöfeVfo

Abkürzung für: Verfahrensordnung für Höfe-
sachen

Höhe der baulichen Anlagen

Im Bebauungsplan wird häufig die Höhe der
baulichen Anlagen (H) festgesetzt. Es handelt
sich um ein Maß der baulichen Nutzung. Dabei
ist zu unterscheiden zwischen der Firsthöhe –
FH (z.B. 12,4 m über Gehweg), der Traufhöhe
(TH) (z.B. 60,2 m über NN), und der Höhe zur
Dachoberkante – OK (z.B. 120,2 m über NN).
Die Höhe kann als Höchstmaß oder zwingend
vorgeschrieben werden. Die Höhe der baulichen Anlage ist immer dann festzusetzen, wenn
ohne ihre Festsetzung das Orts- und Landschaftsbild beeinträchtigt würde. Allerdings
kann auch an die Stelle der Höhenfestsetzung
die Zahl der Vollgeschosse treten.Als unterer
Bezugspunkt kommen neben der mittleren
Höhe des Meeresspiegels (NN= Normal-Null)
auch Bezugspunkte in Frage, die vom Grundstückseigentümer nicht beeinflusst werden
können, z.B. die Höhenlage einer Verkehrsanla-
ge (Weg, Straße).
Siehe auch: Maße der baulichen Nutzung

Höhenlinien

Um die Topographie eines Geländes darzustellen, bedient man sich der Höhenlinienkarten. In
ihr sind in der Regel im Höhenabstand von 5 m
die Höhenlinien eingezeichnet. Sie basieren auf
dem unteren Bezugspunkt, der „Normal Null" –
mittlerer Meeresspiegel in Amsterdam.
Der Meeresspiegel erhöht sich im Jahresschnitt
um 2 mm. Die Höhenmessungen können mit
Hilfe eines Nivelliergerätes millimetergenau
durchgeführt werden. Höhenangaben über N.N.
werden auch zur Festsetzung der unteren
Bezugspunkte der Höhenfestsetzungen von
Gebäuden in Bebauungsplänen verwendet.
Siehe auch: Höhe der baulichen Anlagen

Hof

Nach der Höfeordnung ist ein Hof eine land-
oder forstwirtschaftliche Besitzung mit einer zu
ihrer Bewirtschaftung geeigneten Hofstelle, die
einen bestimmten Wirtschaftswert hat. Die Höfeordnung gilt nur für die Bundesländer Hamburg, Niedersachsen, Schleswig-Holstein und
Nordrhein-Westfalen. Die Höfeordnung regelt
das Erbrecht bei Höfen. (Weitere vergleichbare
landesrechtliche Hoferbenregelungen gibt es in
Baden-Württemberg, Hessen, Bremen und
Rheinland-Pfalz.)
Der Hof befindet sich entweder im Alleineigentum des Hofeigentümers oder im gemeinschaftlichen Eigentum der Ehegatten (Ehegattenhof).
Der Hof fällt im Erbfall als Teil der Erbschaft
nur einem Erben (Hoferben) zu. Bei Ehegatten
ist der jeweils überlebende Ehegatte Erbe. Sie
können aber gemeinsam einen Dritten als Erben bestimmen.
Die Höfeordnung sieht natürlich auch Regelungen über die Abfindung der Miterben durch den
Hoferben vor. Die Besitzung verliert die Hofei-
genschaft, wenn die Eigentumsformen (Alleineigentum oder Ehegattenhof) nicht mehr besteht. Im Grundbuch wird ein Hofvermerk eingetragen. Mit Aufhebung des „Reichserbhofge-
setzes" durch das Kontrollratsgesetz Nr. 43
wurde das Höfeordnungsrecht mit dem Stand
vom 1.1.1933 wieder eingeführt. Die heute geltende Fassung der Höfeordnung stammt vom
26. Juli 1976.

Home-Office

Ein Home-Office bietet die Möglichkeit, der
Berufstätigkeit nicht in einem Bürogebäude der
Firma auf herkömmliche, sondern über entsprechende Kommunikations- und Datenübertrags-
einrichtungen zu Hause nachzugehen.
Der verstärkte Einsatz von Home-Offices
könnte die Nachfrage nach Büroflächen – zumindest theoretisch – deutlich reduzieren. Zudem ergäben sich erhebliche Auswirkungen auf
die Gestaltung von Wohneinheiten die entsprechende Office-Komponenten beherbergen sollen. Bis jetzt spielt das „Home-Office" allerdings erst eine sehr untergeordnete Bedeutung;
es wurde noch nicht in großem Umfang markt-
relevant.

Homepage

Die Homepage, auch Website, ist ein eigener Auftritt des Immobilienunternehmens im Internet. Die Homepage wirkt wie eine Mischung aus Schaufenster, Laden, Firmenprospekt und Anzeige. Die beste Homepage bringt nicht viel, wenn es nicht gelingt, eine möglichst große Zahl qualifizierter potentieller, aber auch aktueller Kunden auf diese Seite hinzuführen. Insofern ist es wichtig, dass die eigene Homepage in möglichst vielen Suchmaschinen präsent und vor allem bei den relevanten Suchbegriffen (z.B. „Immobilien", „Immobilienverwaltung", „Mietwohnungen", WEG-Verwalter) immer möglichst weit vorne in den Ergebnislisten auftaucht.

Honorarordnung für Architekten und Ingenieure (HOAI)

Die Honorarordnung für Architekten und Ingenieure und ist eine Rechtsverordnung, die ihre Rechtsgrundlage im Gesetz zur Regelung von Ingenieur- und Architektenleistungen hat.

Nach ihr erfolgt die Berechnung der Entgelte für die Leistungen der Architekten und Ingenieure (Auftragnehmer) soweit sie durch die Leistungsbilder und andere Bestimmungen der Verordnung erfasst sind.

Es handelt sich um insgesamt 13 Leistungsbereiche, wobei die „Leistungen bei Gebäuden, Freianlagen und raumbildenden Ausbauten" im Vordergrund stehen. Die Honorartafel sieht 5 Zonen vor, die in aufsteigender Reihenfolge den unterschiedlichen Anforderungen an die zu erbringende Leistung entsprechen.Die Honorare staffeln sich ausserdem mit zunehmenden Kosten der Gesamtleistung in 18 Staffeln nach oben.

Schließlich wird jede der neun Leistungsphasen, die zusammengenommen die Gesamtleistung bilden, noch einmal gewichtet (z.B. Objektüberwachung 31%, Ausführungsplanung 25%, Entwurfsplanung 11%). Neben den Grundleistungen kann sich der Architekt noch zu weiteren besonderen Leistungen verpflichten, für die er ebenfalls ein Honorar erhält, das frei vereinbart werden kann.

Siehe auch: Architektenleistungen

HP
Abkürzung für: Hochpaterre

HRA
Abkürzung für: Handelsregister Abteilung A (Einzelfirmen, KG, OHG, GmbH&Co KG)

HRB
Abkürzung für: Handelsregister Abteilung B (AG, GmbH)

HRR
Abkürzung für: Höchstrichterliche Rechtsprechung

Hrsg
Abkürzung für: Herausgeber

HRVO
Abkürzung für: Hausratsverordnung

HWK
Abkürzung für: Handwerkskammer

HypBankG
Abkürzung für: Hypothekenbankgesetz

Hypothek

Die Hypothek ist ein heute kaum mehr vorkommendes Grundpfandrecht, das im BGB ausführlich geregelt ist. Geschätzt wird, dass lediglich 3% aller Grundpfandrechte noch Hypotheken sind. Die Kenntnis der Regelungen ist deshalb wichtig, weil sie zum großen Teil auch für die heute überwiegende verwendete Grundschuld gelten.

Im Gegensatz zur Grundschuld ist die Hypothek mit einer Forderung verbunden und damit streng akzessorisch. Dabei steht die Forderung im Vordergrund. Das „Accessoir" ist die Forderung. Ohne sie kann die Hypothek nicht entstehen. Hypotheken- und Forderungsgläubiger müssen identische Personen sein.

Wird eine Hypothek bestellt, fertigt das Grundbuchamt – falls dies nicht ausgeschlossen wird – einen Hypothekenbrief aus. Dies gilt auch für die Grundschuld. In dem Fall erwirbt der Gläubiger die Hypothek erst mit Übergabe des Briefes durch den Eigentümer oder – wie dies überwiegend vereinbart wird – durch das Grundbuchamt. Der Schuldner kann der Geltendmachung der Hypothek widersprechen, wenn der Brief nicht vorgelegt wird. Heute wird in der Regel der Erteilung eines Briefes (auch bei der Grundschuld) ausgeschlossen.

Damit ist die Buchhypothek (Buchgrundschuld) der Regelfall. Die Vorteile des Hypothekenbriefes hat man darin gesehen, dass er in einem schriftlichen Vertrag als Sicherheit an Dritte abgetreten werden konnte, ohne dass dies zu Änderungen im Grundbuch führt. Da heute Privatpersonen als Hypothekengläubiger keine Rolle mehr spielen, ist der Vorteil dieses Briefes weitgehend wertlos.Der Normalfall der Hypothek ist die Verkehrshypothek. Es gibt jedoch viele weitere Ausgestaltungsformen. Hierzu zählen die Sicherungshypothek mit den Unterformen der Arresthypothek, der Bauhandwerkersicherungshypothek, der Höchstbetragshypothek und die Zwangshypothek.

Diese kann für mehrere Forderungen verschiedener Gläubiger bestellt werden. Sie ist immer eine Buchhypothek. Solange die Forderung noch nicht endgültig festgestellt ist, gilt die Höchstbetragshypothek als vorläufige Eigentümergrundschuld. Bei der Arresthypothek wird der Geldbetrag als Höchstbetrag eingetragen, durch dessen Hinterlegung die Vollziehung des Arrestes gehemmt wird.

Bei der Zwangshypothek handelt es sich um eine Sicherungshypothek. Grundsätzlich muss aber jede Hypothek vom Eigentümer bewilligt werden. Diese Bewilligung wird bei der Zwangshypothek ersetzt durch einen vollstreckbaren zugestellten Schuldtitel.

Wenn einmal ein Grundstück mit einer Hypothek belastet ist, muss es auch die Möglichkeit geben, diese Hypothek wieder zu löschen. Grundsätzlich würde eine formlose Erklärung des Gläubigers ausreichen, damit die Hypothek gelöscht werden kann. Die Grundbuchordnung verlangt dazu, dass diese Erklärung des Gläubigers zumindest notariell beglaubigt ist und dass der Grundstückseigentümer ebenfalls in beglaubigter Form der Löschung zustimmt.Ist die Hypothek, z.B. von einem Dritten gepfändet, so muss auch noch dieser in beglaubigter Form der Löschung zustimmen. Gibt es keine besondere Vereinbarung, wer die Kosten der Löschung tragen soll, so sind diese vom Eigentümer zu tragen.

Siehe auch: Grundschuld

Hypothekenzins

Bei einer echten Hypothek ist der Hypothekenzins identisch mit dem vereinbarten Darlehenszins. Heute versteht man in der Praxis unter Hypothekenzins den Zins, der für ein langfristiges, durch eine Grundschuld abgesichertes Darlehen bezahlt wird.Der in die Grundschuldurkunde aufgenommene Zinssatz liegt weit darüber, weil er lediglich den Absicherungsrahmen für einen veränderlichen Darlehenszins darstellt.

i.d.F.
Abkürzung für: in der Fassung

i.d.S.
Abkürzung für: in diesem Sinne

i.H.v
Abkürzung für: in Höhe von

i.M.
Abkürzung für: im Monat

i.R.v
Abkürzung für: im Rahmen von

i.S.d
Abkürzung für: im Sinne des/der

i.V
Abkürzung für: in Verbindung

i.w.S.
Abkürzung für: im weiteren Sinne

i.Z.m.
Abkürzung für: im Zusammenhang mit

IAS
Abkürzung für: International Accounting Standards
Siehe auch: International Accounting Standards (IAS)

IBA
Abkürzung für: Internationale Bauausstellung

IDV
Abkürzung für: Individualverkehr

IdW
Abkürzung für: Institut der Wirtschaftsprüfer

IfG
Abkürzung für: Institut für Gewerbezentren

IfH
Abkürzung für: Institut für Handelsforschung

IFMA
Neben der GEFMA ist die IFMA (International Facility Management Association), Interessenvertreter der Facility Manager. Der Deutsche Verband der IFMA wurde 1998 gegründet und zählt mittlerweile über ca. 200 Mitglieder. Hinzu kommen Studenten, die ebenfalls gegen einen geringen Beitrag Mitglied werden können. Weltweit verfügt die IFMA über 15.000 Einzelmitglieder (72% Professionals, 25% Assoziierte und der Rest Studenten).
Siehe auch: GEFMA - Deutscher Verband für Facility Management e.V.

IFRS
Abkürzung für: International Financial Reporting Standards
Siehe auch: International Accounting Standards (IAS)

IfS
Abkürzung für: Institut für Sozialdienste

IG
Abkürzung für: Interessengemeinschaft

IGA
Abkürzung für: Internationale Gartenausstellung

IGB
Abkürzung für: Internationaler Genossenschaftsbund

IHK
Abkürzung für: Industrie- und Handelskammer

II.BV
Abkürzung für: 2. Berechnungsverordnung

Image
Kunden schreiben einem Unternehmen ein Image (Bild) zu. Dieses umfasst ein ganzes Bündel von Erwartungen, die der einzelne Kunde einem Produkt, einer Dienstleistung oder eben einer Firma gegenüber hat. Der Begriff stammt aus der Werbepsychologie. Imagewer-

bung war in der lange mit einem schlechten Ruf behafteten Immobilienbranche von besonderer Bedeutung, tritt aber mit der Verbesserung des Image in den Hintergrund.
Siehe auch: Maklerimage

Imageanzeigen

Imageanzeigen werden der Firmenwerbung des Maklerunternehmens zugerechnet. Sie versuchen, den Bekanntheitsgrad und das spezifische Profil des Maklerunternehmens in der Öffentlichkeit oder bei speziellen Zielgruppen zu verbessern. Sie haben eine große Breitenwirkung und richten sich an die verschiedensten Zielgruppen. Imageanzeigen kommt insbesondere im Hinblick auf die passive Auftragsakquisition eine große Bedeutung zu.

Immission

Als Immission wird die Einwirkung auf ein Grundstück durch Zuführung sogenannter unwägbarer Stoffe bezeichnet. Dazu zählen nach dem privaten Nachbarrecht Gase, Dämpfe, Gerüche, Rauch, Ruß, Wärme, Geräusch, Erschütterungen und ähnliche von einem anderen Grundstück ausgehende Einwirkungen.
Bundesimmissionsschutzgesetz enthält die öffentlich rechtlichen Regelungen des Immissionsschutzes. Durch vielfältige Vorkehrungen insbesondere Genehmigungserfordernisse, werden schädlichen Umwelteinwirkungen ausgeschlossen oder begrenzt. Die Bedeutung, die der Gesetzgeber dem Immissionsschutz zumisst, kann daraus abgeleitet werden, dass auf dieser Gesetzesgrundlage sehr viele Verordnungen erlassen wurden, von denen 17 in Kraft sind.
Auch im Rahmen des privaten Nachbarrechts bestehen Abwehransprüche gegen unzumutbare Beeinträchtigungen durch Immissionen der genannten Art. Der Eigentümer kann Immissionen aber nicht verbieten, wenn die Einwirkung die Benutzung seines Grundstücks nicht oder nur unwesentlich beeinträchtigt, oder wenn die die Immission bewirkende Anlage genehmigt ist. Als unwesentliche Beeinträchtigung gilt stets das Nichtüberschreiten von Grenzwerten,

die in Gesetzen oder Verordnungen festgeschrieben sind. Soweit sich Grenzwerte aus VDI Richtlinien ergeben, sind die Gerichte hieran zwar nicht gebunden. Diese Richtlinien gelten jedoch als Orientierungsrahmen für eine Beurteilung.

Immobilie

Alternative Bezeichnung für Grundstück im umfassenden Sinne.
Siehe auch: Grundstück

Immobilie - herrenlos

Eine Immobilie - wie auch bewegliche Sachen - wird herrenlos, wenn der Eigentümer sein Eigentum daran aufgibt, ohne dieses auf eine andere Person zu übertragen. Soll in ein derartiges Grundstück die Zwangsvollstreckung betrieben werden, so bestellt das zuständige Vollstreckungsgericht auf Antrag des Gläubigers einen Vertreter zur Wahrnehmung der sich aus dem Eigentum ergebenden Rechte und Verpflichtungen im Zwangsvollstreckungsverfahren. Dieser Vertreter nimmt dann alle Rechte des Eigentümers wahr und soll wie ein sorgsamer Eigentümer handeln.

Immobilien-Index

Siehe: DIMAX, Deutscher Immobilien Index - DIX, Raumindex

Immobilien-Leasingfonds

Sonderform eines geschlossenen Immobilienfonds, bei dem die Beteiligungsgesellschaft mit dem bei ihr angelegten Kapital eine Immobilie erwirbt und diese an einen Mieter verleast. Die Überlassungsdauer liegt üblicherweise bei 20 Jahren. Der Vorteil für den Anleger: Nach Ablauf der Beteiligungsdauer werden die Anteile zu einem bereits beim Erwerb festgelegten Preis zurückgenommen. Damit können Investoren zwar nicht von der Wertsteigerung einer Immobilie profitieren, dafür aber mit den bereits fixierten Ausschüttungen aus Mieteinnahmen rechnen. Unterschieden werden:
a) Vermögensverwaltende Immobilien-Lea-

singfonds, bei denen die Ausschüttungen als Einkünfte aus Vermietung und Verpachtung behandelt werden und – vor allem in der verlustträchtigen Bauphase – gegen die Einkommensteuer aufgerechnet werden können.

b) Gewerbliche Immobilien-Leasingfonds, bei denen der Anleger Kommanditist einer Gesellschaft mit beschränkter Haftung wurde. Diese Variante wurde besonders für die Vermögensübertragung per Schenkung oder im Erbschaftsfall entwickelt, da für die Bewertung des Objektes der 1,4-fache Einheitswert abzüglich Verbindlichkeiten angesetzt wird. Da nunmehr der Grundbesitzwert für solche Übertragungen maßgeblich ist, hat diese Konstruktion an Attraktivität eingebüßt.

Immobilien-Marketing

Strategisches Maßnahmenpaket zur Vermarktung von Immobilien. Das traditionelle Marketing ist auf den Absatz von Konsumgütern ausgerichtet. Im Rahmen des Dienstleistungsmarketings hat das speziell auf die Akquisition und den Vertrieb von Immobilien ausgerichtete Immobilienmarketing sowie Serviceprodukte aus angrenzenden Bereichen (z.B. Finanzierung) eine eigenständige Rolle eingenommen. So wird z.B. an Universitäten und Fachhochschulen, in den DIA-Studiengängen zum Dipl. Immobilienwirt der Bereich Immobilienmarketing in eigenen Veranstaltungen gelehrt. Sie vermitteln neben Grundlagen des Marketings auch Kenntnisse über Marktziele, Möglichkeiten der Marktforschung, Marktstrategien, produktpolitische Entscheidungen, Preis- und Konditionenpolitik sowie Entscheidungen aus den Bereichen Werbung und Vertrieb.

Immobilien-Recherche-und Informations-System (IRIS)

Das Immobilien-Recherche- und Informations-System (IRIS) des Verband Deutscher Makler (VDM) – www.vdm.de – startete im August '96. Neben einem recht umfangreichen Immobilienangebot finden sich auf den Internetseiten des VDM Marktdaten, Kontaktadressen und weitere Informationen aus dem Immobilienbereich.

Immobilien-Research

Datensammlung, Beobachtung und Analyse von Immobilien, Immobilienmärkten und deren Rahmenbedingungen. Immobilien-Research produziert Entscheidungsgrundlagen für immobilienwirtschaftliche Aktivitäten jeglicher Art.

Immobilien-Spezialfonds

Die Immobilien-Spezialfonds gehören zu den offenen Immobilienfonds. Im Unterschied zu den normalen Publikumsfonds ist bei Immobilien-Spezialfonds die Zahl der Anleger auf zehn juristische Personen begrenzt.Dabei handelt es sich um Unternehmen mit umfangreichem Immobilienbesitz, vorwiegend um Versicherungen, Industrieunternehmen, Pensionsfonds, die durch ihren Einstieg in einen solchen Fonds ihre „Immobilienquote" innerhalb ihres Anlagespektrums erreichen.

Die Anleger können auch eigene Immobilien im Fonds unterbringen. Die Verwaltung obliegt wie beim Publikumsfonds einer Kapitalanlagegesellschaft unterstellen.

Immobilienaktien

Als Immobilienaktien bezeichnet man Anteile an Aktiengesellschaften, die überwiegend mit der Entwicklung, der Bewirtschaftung, dem Bau oder dem Vertrieb von Immobilien befasst sind.Es handelt sich dabei also um börsennotierte Bauunternehmen, Finanzierer, Entwicklungsgesellschaften oder Immobilienholdings.

Die meisten deutschen Immobilien-Aktiengesellschaften sind nicht als solche gegründet worden, sondern aus ehemaligen Industriebetrieben entstanden, in denen die industrielle Tätigkeit aufgegeben oder das Immobilienvermögen abgespalten wurde. Große Bedeutung haben die amerikanischen Immobilienaktien von Real Estate Investment Trusts (REITS) für die besondere amerikanische Vorschriften gelten.

Siehe auch: Real Estate Investment Trust (REIT), Immobilienaktiengesellschaften

Immobilienaktiengesellschaften

Immobilienaktiengesellschaften sind Unternehmen, deren Unternehmenszweck entweder in der Bewirtschaftung eigener Immobilien (Bestandshalter), der Projektentwicklung oder als Erbringer von Leistungen im Bereich des Facility- bzw. Portfolio Management im Rahmen eines eigenen Unternehmensverbundes oder für fremde Unternehmen besteht. Sie entstanden teils durch Ausgliederung des Immobilienbestandes großer Unternehmen mit völlig anderem Unternehmenszweck (verarbeitende Industrien, Bergbau, Brauereien, Bahn und Post) oder durch einen Akt der Emanzipation ehemals großer gemeinnütziger Wohnungsgesellschaften in gewinnorientierte Unternehmen durch den Gang zur Börse. Neugründungen sind selten. Noch nicht im Blickfeld befinden sich in Deutschland (im Gegensatz etwa zu Holland) Immobilienaktiengesellschaften, die aus der Umwandlung von offenen oder geschlossenen Immobilienfonds entstanden sind. Die bei Immobilienaktiengesellschaften nicht abschließend gelöste Frage bezieht sich darauf, wie die oft zutage tretende Wertediskrepanz zwischen dem realen Immobilienvermögen (Summe der Verkehrswerte des Immobilienbestandes) und dem sich aus dem Kurs-Cash-Flow-Verhältnis ergebenden Werten. Zu erklären ist, bzw. zu überbrücken ist. Für diejenigen Immobilienaktiengesellschaften, die sich in den ruhigeren Gewässern reiner Bestandshalter bewegen, dürfte das Problem durch Einbeziehung der Verkehrswerte der Immobilien in die Unternehmensbewertung im Rahmen des Net Asset Value (NAV) gelösten werden können. Die dieses Bewertungsverfahren wurde für die Bewertung der Real Estate Investment Trusts entwickelt.

Immobilienaktiengesellschaften:

- A. A. A. Aktiengesellschaft Allgemeine Anlagenverwaltung
- Adlerwerke
- Agrob AG
- Aktiengesellschaft Johannes Jeserich
- Amira Verwaltungs AG
- Anterra Vermögensververwaltungs-AG
- Bastfaserkontor AG
- Bau-Verein zu Hamburg Aktiengesellschaft
- Berliner Aktiengesellschaft für Industriebeteiligungen- Concordia Bau und Boden AG
- Dahlbusch AG
- Deutsche Beamtenvorsorge Immobilienholding AG
- Dibag Industriebau AG
- Dierig Holding AG
- Dolerit-Basalt Grundwert- und Beteiligungs-AG
- Edelstahlwerk Witten AG
- GBWAG Bayerische Wohnungs-Aktiengesellschaft
- Gemeinnützige Aktiengesellschaft für Wohnungsbau Köln
- Germania-Epe AG
- Givag Gesellschaft für Immobilien- und Vermögensanlagen AG
- Grundstücks- und Baugesellschaft AG
- F.A. Günther & Sohn Actien-Gesellschaft
- Hacker Pschorr Beteiligungs-AG
- Hamborner AG- Harpen AG
- Haus und Heim Wohnungsbau-AG
- Fr. Hesser AG
- Hofbrauhaus Coburg Verwaltungs-AG
- Horten AG
- ICN Immobilien Consult Nürnberg AG
- IVG Holding AG
- W. Jacobsen AG- Kolb & Schüle AG
- LB Nymphenburg Grundstücks AG
- Maschinenfabrik Esslingen AG
- Monachia Grundstücks-AG
- Nordag Immobilien Ag
- Osnabrücker Anlagen- und Beteiligungs-AG
- Pegasus Beteiligungen AG
- Pongs & Zahn AG
- Rathgeber AG
- Ravensberger Bau-Beteiligungen AG
- Rinteln-Stadthagener Eisenbahn-AG
- Schlossgartenbau-AG
- Sinner AG
- Steucon Grundbesitz- und Beteiligungs-AG - H. Stodiek & Co. AG

- Stolberger Zink AG
- Tempelhofer Feld AG für Grundstücksverwertung
- Terrain-Gesellschaft am Teltow-Canal Rudow-Jahannisthal, AG
- WCM Beteiligungs- und Grundbesitz-AG
- Westafrikanische Pflanzungsgesellschaft „Victoria" AG
- WKM Terrain- und Beteiligungs-AG
- ZWL Grundbesitz- und Beteiligungs-AG

Siehe auch: Real Estate Investment Trust (REIT), Immobilienaktien

Immobilienberatung

Im Gegensatz zur reinen Immobilienvermittlung umfassende, beratende Immobilien-Dienstleistung, die in eine Vermittlung münden kann, aber nicht muss. Immobilienberatungen, die in Deutschland von Nutzerseite immer stärker gefragt sind, werden nach Stunden- bzw. Tagessätzen oder nach Vereinbarung honoriert. Im Gegensatz hierzu sind im Vermittlungsgeschäft Maklerprovisionen üblich.

Siehe auch: Leistungsarten (Maklerbetriebe)

Immobilienbörsen

Mit Immobilienbörsen wird der formelle Zusammenschluss von Immobilienmaklern bezeichnet, deren Zweck darin besteht, zusätzliche Geschäftsabschlüsse dadurch zu erreichen, dass regelmäßig zwischen beteiligten Maklern ein Objekt- bzw. Interessentenaustausch stattfindet.

Sie fördern auf diese Weise das siehe Gemeinschaftsgeschäft unter Maklern. Teilweise blicken solche Immobilienbörsen auf eine lange Tradition zurück. In Hamburg besteht sie seit 150 Jahren. Immobilienbörsen sind in der Regel eingetragene Vereine. In Frankfurt ist sie eine Einrichtung der dortigen Industrie- und Handelskammer. Seit dem Einzug der modernen Informations- und Kommunikationstechniken übernahmen die Immobilienbörsen die Funktion von Objektdatenbanken, die heute überwiegend in siehe RDM-IMMONET aufgegangen sind.

Siehe auch: Gemeinschaftsgeschäft, IMMO-NET - RDM IMMONET, Immobilienportale

Immobilienentwicklung

Unter Immobilienwicklung ist auf der Grundlage von konkreten Entwicklungszielen die Gesamtheit aller Maßnahmen zu verstehen, die von unbebauten Flächen oder Abbruchobjekten zu wohnwirtschaftlich oder gewerblich nutzbaren Immobilienobjekten führt. Immobilienentwicklung umfasst die städtebauliche Planung, Umlegung, Erschließung und Bebauung des zu entwickelnden Gebietes.

In Deutschland können städtebauliche Entwicklungsmaßnahmen von Gemeinden auch nach den Regelungen des Baugesetzbuches durchgeführt werden. Dabei wird zwischen einer erstmaligen Entwicklung und einer Neuentwicklung im Rahmen einer Neuordnung eines bestimmten Gemeindegebietes unterschieden. Das zu entwickelnde Gebiet wird durch eine Entwicklungssatzung festgelegt. Für das Entwicklungsgebiet sind Bebauungspläne aufzustellen. Die Gemeinde erwirbt die Grundstücke und finanziert mit der aus der Entwicklung resultierenden Erhöhung des Bodenwertes die Entwicklungsmaßnahme. Sofern die Gemeinde die Grundstücke nicht erwirbt, kann sie von den betroffenen Grundstückseigentümern eine Ausgleichszahlung in Höhe der entwicklungsbedingten Bodenwerterhöhung verlangen. Die Gemeinde ist verpflichtet, nach Durchführung der Entwicklungsmaßnahme die neu entstandenen Grundstücke wieder an die früheren Grundstückseigentümer zu verkaufen.

Zur Durchführung der Entwicklungsmaßnahme kann auch im Rahmen eines städtebaulichen Vertrages ein Entwicklungsträger eingeschaltet werden.

Immobilienfachwirt

Die am 1.1.1999 in Kraft getretene Verordnung über die Prüfung zum anerkannten Abschluss Geprüfter Immobilienfachwirt/Geprüfte Immobilienfachwirtin ist die Nachfolgeregelung der Fortbildungsregelungen der Industrien- und

Handelskammern zum „Fachwirt in der Grundstücks- und Wohnungswirtschaft".

Nunmehr einheitliche Zulassungsvoraussetzung für die Prüfung ist
• eine erfolgreich abgeschlossene Ausbildung zum Kaufmann in der Grundstücks- und Wohnungswirtschaft und mindestens 2 Jahre Berufspraxis
• eine erfolgreich abgeschlossene andere kaufmännische Ausbildung und mindestens 3 Jahre Berufspraxis oder
• eine mindestens sechsjährige Berufspraxis in der Immobilienwirtschaft.Schriftlich geprüft wird in den „grundlegenden Qualifikationen" Betriebs- und Volkswirtschaft, Management, Kommunikation und Personalwirtschaft, sowie Recht in der Immobilienwirtschaft einerseits, sowie in den „handlungsspezifischen Qualifikationen" Objektmanagement, Projektentwicklung und -realisierung sowie Grundstücksverkehr.

Bei der mündlichen Prüfung hat der Prüfling die Möglichkeit, zwischen Aufgaben aus zwei alternativen Praxisszenen der Prüfungsbereiche (mit Ausnahme von Betriebs- und Volkswirtschaft sowie von Recht) zu wählen. Hierzu muss er nach 30 Minuten Vorbereitungszeit die von ihm gefundenen Lösungsansätze vortragen.

Die neu konzipierte Fortbildungsmaßnahme baut konsequent auf den Kenntnisstand eines gelernten Kaufmanns in der Grundstücks- und Wohnungswirtschaft auf.

Zu unterscheiden ist der Immobilienfachwirt vom Dipl. Immobilienwirt (DIA) Europäische Immobilien Akademie
Siehe auch: Kaufmann/Kauffrau in der Grundstücks- und Wohnungswirtschaft (IHK), Dipl. Immobilienwirt DIA der Universität Freiburg, Europäische Immobilien Akademie e.V. (EIA)

Immobilienfonds

Siehe: Immobilienfonds - Offener Immobilienfonds, Immobilienfonds - Geschlossener Immobilienfonds

Immobilienfonds – Geschlossener Immobilienfonds

Gesellschaft, die zur Entwicklung oder zum Erwerb einer oder mehrerer definierter Immobilien gegründet wird. Mehrere Investoren kaufen Anteile an dem Fonds, bis die für das Objekt benötigte festgelegte Summe erreicht wird – dann wird der Fonds „geschlossen". Die jeweiligen Zertifikate können in der Regel nicht mehr zurückgegeben, sondern nur noch zwischen Verkäufer und Interessenten gehandelt werden (Zweitmarkt).

Zweck Geschlossener Immobilienfonds kann entweder die Nutzung von Steuervorteilen oder aber die Gewinnerzielung (über Mieteinnahmen und Wertsteigerung) sein. Der Anleger wird steuerlich und wirtschaftlich wie ein direkter Immobilieneigentümer behandelt. Die Rechtskonstruktion des Fonds ist entweder eine Kommanditgesellschaft (KG) oder eine Gesellschaft des bürgerlichen Rechts, für die ein Treuhänder im Grundbuch eingetragen ist. Bei der KG-Lösung sind die im Handelsregister vermerkten Kommanditisten die Anteilseigner und im Grundbuch ist der Komplementär eingetragen, der keine Anteile hält.

Seit Inkrafttreten des Steueranpassungsgesetzes 1999, 2000, 2002 sind Neugründungen von steuerorientierten, geschlossenen Immobilienfonds nachhaltig erschwert worden, siehe Fallenstellerparagraph (§2b EstG). Soweit sich Initiatoren solcher Fonds jedoch völlig umorientierten, haben sie durchaus Erfolg. Im Fokus der Konzeptionen stehen Objekte mit hoher Rendite bei gleichzeitig niedrigem Risiko. Insbesondere Blickfeld geraten ausländische Liegenschaften vor allem in den Niederlanden, Frankreich und den USA.

Mit Inkrafttreten des sogenannten 5. Bauherrenerlasses zum 1. Januar 2004 wurden die Steuerspar-Möglichkeiten bei einer Beteiligung an Geschlossenen Immobilienfonds nochmals begrenzt. Wer nach dem 31.12.2003 Anteile an einem Geschlossenen Immobilienfonds zeichnet, darf die sogenannten Erwerbsnebenkosten nicht mehr im Erstjahr in voller Höhe steuer-

sparend geltend machen, sondern muss sie auf die voraussichtliche Nutzungsdauer verteilen. Folge ist, dass die Steuerersparnisse bei der Beteiligung an einem Geschlossenen Immobilienfonds anfangs spürbar geringer ausfallen als früher.
Siehe auch: Fallenstellerparagraph, Immobilienfonds - Offener Immobilienfonds

Immobilienfonds – Offener Immobilienfonds

Offene Immobilienfonds sind im Gegensatz zu geschlossenen Immobilienfonds nicht als Immobilieninvestment, sondern als Wertpapieranlage zu betrachten:
Eine Kapitalanlagegesellschaft erwirbt aus dem eingezahlten Sondervermögen Immobilien und veräußert diese auch wieder. Die Rendite ergibt sich aus der Wertsteigerung der Immobilien und den Mieteinnahmen. Anleger können jederzeit Anteile an einem solchen Fonds erwerben und diese bei Bedarf an die Investmentgesellschaft zurückgeben. Der offene Fonds ist weder in der Zahl der Objekte, noch in der Höhe des Fondsvolumens oder der Zahl der Anleger begrenzt. Die meisten Fonds bieten Stückelungen schon ab Summen unter 50 Euro an. Der Verkauf der Anteile ist banktäglich gemäß den in vielen Zeitungen veröffentlichten Rücknahmekursen möglich.
Damit stehen die Initiatoren offener Immobilienfonds miteinander im Wettbewerb, da die Wertentwicklung der Anteile über das Interesse der Anleger und somit über Mittelzu- oder -abflüsse entscheidet.
2003 gab es in Deutschland 24 offene Immobilienfonds (Publikumsfonds). Das Fondsvermögen betrug am 31.2.2002 71,2 Mrd. . Der Mittelzufluss betrug 2002 16,5 Mrd. (das bisher größte Wachstumsjahr), 2003 dagegen 14,1 Mrd. . Andererseits ergab die Bewertung der Fondsobjekte erstmal ein relativ großes Minus mit 402 Mill. .
Im Dezember 2003 war der Mittelzufluss seit längerer Zeit negativ (-810 Mill.). Allerdings wurde durch Umstrukturierungen (zunehmendes

Engagement im Ausland) und Wertanpassungen wieder ein günstigeres Ergebnis erwartet.

Offene Immobilienfonds
Entwicklung des Sondervermögens
Netto-Mittelzufluss in Mrd. Euro

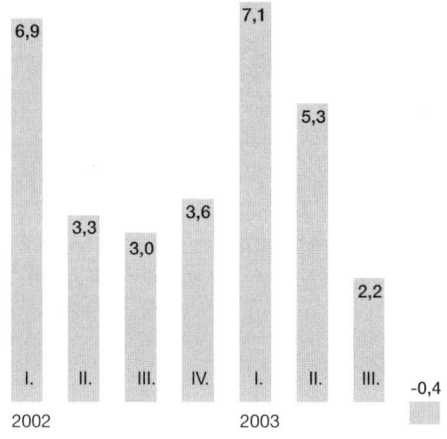

Im Fokus des zunehmenden Auslandsengagement stehen nach Angaben der Deutschen Immobiliendatenbank die Niederlande (85 Liegenschaften), Großbritannien (47), Belgien (27), Frankreich (24) und die USA (15). In ausgedrückt sind dies in Großbritannien 5,8 Mrd. , in den Niederlanden 3,0 Mrd. , in Frankreich 2,2 Mrd. , in den USA 1,2 Mrd. und in Belgien 0,5 Mrd. . Ende 2002 erreichte das Engagement in Auslandsimmobilien 60% des gesamten Immobilienbestandes. Das Fondsvermögen setzte sich 2001 wie folgt zusammen: Grundstücke 83,5%, Wertpapiere 17,1%, Bankguthaben 8,5%, sonstiges Vermögen 7,3%. Dem standen 16,4% Verbindlichkeiten gegenüber.
Im Interesse von mehr Transparenz, deren Fehlen in der Branche vielfach beanstandet wird wurde Anfang 2002 mit einem systematisch Rating begonnen. Beauftragt damit ist die international anerkannte Ratingagentur „Mood'y Investor Service". Das Rating bezieht sich auf die Qualität des Fondsmanagements, die Qualität des Investments und die Performance

(Wertentwicklung). Für letztere werden bis zu 5 „Sterne" verliehen. Ob die Bewertungen durch Moody für Anleger verlässliche Entscheidungshilfen sind, wird sich noch herausstellen. Neben den großen Publikumsfonds gibt es heute eine Reihe von Immobilienspezialfonds. Bei Ihnen ist die Zahl der Anleger auf zehn juristische Personen beschränkt. Die Anleger rekrutieren sich überwiegend aus Versicherungen, Pensionskassen, Banken und zunehmend Industrieunternehmen mit Immobilienbesitz.
Siehe auch: Immobilienfonds - Geschlossener Immobilienfonds, Anlagevorschriften

Immobilienleasing

Langfristige Nutzungsüberlassung von Betriebs- und sonstigen gewerblichen Gebäuden im Rahmen eines Leasingvertrags. Leasinggeber sind darauf spezialisierte Gesellschaften. Der Nutzer, der als Leasingnehmer bezeichnet wird, hat aufgrund vertraglicher Vereinbarungen in der Regel die Möglichkeit, zu einem späteren Zeitpunkt das Eigentum an der Immobilie zu erwerben oder ein Anschlussmietverhältnis einzugehen. Immobilienleasing setzt die Bonität des Leasingnehmers und die Wiederverwertbarkeit der Immobilie voraus.

Immobilienmanagement

Der Begriff Immobilienmanagement wird teilweise in einem engeren Sinne (Objektmanagement oder Objektbetreuung) gebraucht und umfasst die kaufmännische, technische und infrastrukturelle Verwaltung, die den optimalen Betrieb einer Immobilie sichert.
Zum professionellen Immobilienmanagement in diesem engen Sinne gehört eine vorausschauende Planung mit dem Ziel einer langfristigen Wertschöpfung der verwalteten Immobilie. In einem weiteren, umfassenden Sinne bezieht sich Immobilienmanagement auf alle Abschnitte des Lebenszyklus einer Immobilie, umfasst alle Führungsmaßnahmen, die erforderlich sind, eine Immobilie zielorientiert zu entwickeln, zu bewirtschaften, zu verwerten und zu vermarkten. Dabei sind wirtschaftlich-

finanzielle, steuerliche, rechtliche, technisch-architektonische, umweltspezifische und soziale Elemente bei der Planung und Ausführung der Leistungen sachgerecht miteinander zu verknüpfen.
Siehe auch: Facility Management

Immobilienmarkt

Der Immobilienmarkt ist ein Markt der Standorte. Dabei ist der Nutzungsart nach im wesentlichen zu unterscheiden zwischen Haushaltsstandorten und Betriebsstandorten. Demgemäß kann der Immobilienmarkt in die entsprechenden Teilmarktgruppen: Wohnungsmarkt und Markt für Immobilien zur betrieblichen Nutzung eingeteilt werden. Eine andere Teilmarktbildung ergibt sich im Hinblick auf unterschiedliche Entwicklungszustände von Immobilien. Dabei steht der Markt von Immobilien in ihrer Funktion als potentielle Standorte (Baugrundstücke, Abbruchgrundstücke) dem Markt der aktuellen Standorte (nutzbare Wohnhäuser, Büros u. dergl.) gegenüber.
Eine weitere Marktdifferenzierung ergibt sich aus der Art der Verträge, mit denen marktrelevante Umsätze bewirkt werden. (Mietmarkt, Kaufmarkt, Markt für Leasingobjekte, Markt für Gesellschaftsanteile, deren Gesellschaftszweck Immobilienanlagen sind.) Eine letzte Unterscheidung ist hinsichtlich der räumlichen Struktur der Immobilienmärkte zu treffen. Hier ist zu unterscheiden zwischen den lokalen, regionalen, überregionalen (nationalen und internationalen) Immobilienmärkten. Das wesentliche Unterscheidungskriterium ergibt sich aus den Konkurrenzstrukturen des Angebots. Beim lokalen Grundstücksmarkt treten nur Objektangebote in einem eng begrenzten Raum (z.B. Ladenlokale in 1a-Lagen) mit einander in Konkurrenz. Beim regionalen Immobilienmarkt treten nur Objektangebote innerhalb einer Region in eine Konkurrenzbeziehung zueinander. Der Wohnungsmarkt gehört überwiegend zum regionalen Markt. Beim überregionalen Immobilienmarkt kann ein Objekt in Berlin mit einem anderen Objekt in München, und beim interna-

tionalen Immobilienmarkt ein Objekt in Mailand mit einem Objekt in Kopenhagen in Angebotskonkurrenz zueinander treten.

Typische Güter, die auf dem überregionalen Immobilienmarkt gehandelt werden, sind Immobilienanlageobjekte. Aus dem dargestellten Einteilungsraster ergibt sich, dass es „den" Immobilienmarkt nicht gibt. Die Marktszene wird vielmehr von einer schier unüberschaubaren Anzahl von Teilmärkten geprägt. Allein beim Mietwohnungsmarkt sind wieder Wohnungsuntermärkte nach Größe (vom Appartement bis zum Einfamilienhaus, das zur Vermietung ansteht) Qualität und Lage zu unterscheiden.

Immobilienmesse

Ausstellung in der Immobilienwirtschaft mit dem Ziel, Branchenteilnehmer auf einer Plattform zusammenzubringen. Die bekanntesten internationalen Messen im Bereich der Gewerbeimmobilien sind die MIPIM in Cannes, Südfrankreich, die MIPIM Asia in Singapur und die MAPIC als Fachmesse für Handelsimmobilien, ebenfalls in Cannes. Im Oktober 1998 fand erstmals die Expo Real in München statt. Daneben findet mit Schwerpunkt Wohnimmobilien die „Immofair" zweimal im Jahr in München statt.

Siehe auch: Expo Real

Immobilienportale

Immobilienportale gewinnen als Vertriebsweg für Immobilien via Internet eine zunehmende Bedeutung. Internetnutzer sind besonders interessante (weil entscheidungsfreudige) Geschäftspartner für Immobilienanbieter. Untersuchungen zufolge handelt es sich um einen überdurchschnittlich intelligenten Personenkreis (44% haben Abitur oder studiert) mit relativ hohem Einkommen (ein Drittel verfügt über mehr als 3.000 Euro Monatseinkommen). 44% sind zwischen 30 und 50 Jahre alt.

Auf der Suche nach Wohnungen sind mittlerweile rund drei Viertel aller Umzugswilligen auch über das Internet unterwegs. Immobilienbörsen machen bereits seit geraumer Zeit der Tageszeitung als Informationsquelle den Rang streitig – fast monatlich neue Kooperationen (auch mit Zeitungsverlagen) weisen den Weg in die Vermittlungszukunft.

Immobilienscout 24 GmbH, Berlin:

Gegründet 1999 als Internet-Startup. Marktführer was Nutzerzahlen und Objektdaten betrifft. Der Generalist unter den Anbietern setzt auf größtmögliche Reichweite und starke Kooperationen (T-Online, AOL, GdW, BFW,Wüstenrot). Der beliebteste Wohnimmobilienmarkt im Internet bei Nachfragern. Adresse: Immobilien Scout GmbH, Magazinstr. 15/16, 10179 Berlin, Tel: 030/24 301 1100, Fax: 030/24 301 1110.

Immowelt AG, Nürnberg

Gegründet 1996. Hervorgegangen aus dem Softwareunternehmen Data Concept. Die hauseigene Software „Makler 2000" ermöglicht vielen Anbietern den einfachen Zugang zur Datenbank. Deshalb am beliebtesten auf der Anbieterseite. Gut visualisiertes und nutzerfreundliches Angebot mit vielen Serviceelementen und eigener Redaktion. Teilhaber Holtzbrinck-Verlag (25,1%), WAZ-Gruppe und Münchener Zeitungs-Verlag. Weitere Kooperationen bestehen mit Zeitungen wie dem Münchener Merkur, Spiegel online, Quelle Bausparkasse sowie der Versicherungsgruppe Debeka, meinestadt.de (13.500 Städte und Gemeinden) und dem internationalen Ferienimmobilien-Anbieter Interhomes.

Mit der Übernahme von ascado.de im November 2001 als einzige nennenswerte Spezialplattform für Gewerbeimmobilien weiter auf Expansion. Adresse: Immowelt AG, Nordostpark 16, 90411 Nürnberg, Tel.: 0911/ 520 25-0, Fax: 0911/ 520 25-25.

Immopool, Kassel

Gegründet 1996. Über die Muttergesellschaft Lagler Spezial-Software GmbH profitiert das Portal vom starken Traffic seiner Softwarekunden. Was Objekt- und Nutzerzahlen betrifft, liegt das Portal hinter Immobilienscout im

Spitzenfeld. Adresse: Lagler Spezial-Software GmbH, Otto-Hahn-Strasse 10, 34123 Kassel-Waldau, Tel.: 0561/959990, Fax: 0561/9599999.

Immonet GmbH, Hamburg

Gegründet 2002. Der Ring Deutscher Makler (RDM) und als Hauptgesellschafter der Axel Springer Verlag (74,9%) betreiben über eine technische Plattform die Portale immonet.de, rdm.de, propertygate.com sowie die der Tageszeitungen „Hamburger Abendblatt", „Berliner Morgenpost", „Bildzeitung" und die"Welt". Jüngste Kooperationen wurden mit der Ostseezeitung, Schweriner Volkszeitung und Nordkurier sowie der Hamburger Sparkasse und AOL ausgehandelt. Zu den großen Immonet-Partnern zählen ferner BHW, Web.de, Focus/MSN Microsoft sowie Bellevue. Adresse: Immonet GmbH, Brandstwiete 1, 20457 Hamburg, Tel.: 040/347-28701, Fax:040/347-28777.

Planet Home AG, München

Gegründet 2000. Ebenfalls nicht bei Null anfangen musste die 100%ige Tochter der Münchener HypoVereinsbank. Den Mehrwert für Nachfrager soll eine lückenlose Abbildung des Objektbestandes von 40 deutschen Städten per Video im Netz bringen. Neben Provisionserlösen verdient Planet Home über Vermittlungen von Immobilienfinanzierungen – nicht nur aus dem eigenen Hause – Geld. Hinzu kommt die persönliche Beratung durch mittlerweile 100 Makler an etwa 50 Standorten. Durch die im Jahr 2002 gestartete Kooperation mit der Vereins- und Westbank wächst das Immobilienvermittlungsgeschäft im Norden stetig hinzu. Adresse: Planet Home AG, Münchner Str. 14, 85774 München/Unterföhring, Tel.: 089/76 774 - 0, Fax: 089/76 774 - 190.

Bellevue and more AG, Hamburg

Gegründet 2000. Hinter dem Portal houseandmore.de stehen zu je 50 Prozent die Tomorrow Focus AG und die Bausparkasse Schwäbisch Hall (im Verbund der Volks- und Raiffeisenbanken) als Betreiber. Die Vernetzung des Print- und Online-Bereiches hat einen großen Stellenwert. Das Hochglanz-Magazin Bellevue mit exklusiven Immobilien und das Magazin „house and more" der Bausparer wird in Hamburg gemeinsam mit dem online-Auftritt realisiert. Adresse: Bellevue and More GmbH, Alsterufer 1, 20354 Hamburg, Tel.: 040/ 44 11-76 41, Fax: 040-4411-7930.

Siehe auch: Immobilienbörsen, Internet

Immobilienportfolio

Beim Immobilienportfolio handelt es sich um eine Vermögensanlagestreuung in Immobilien. Dabei spielt für die Anlagenoptimierung eine große Rolle, auf eine richtige Mischung zwischen risikoreichen und ertragssicheren Immobilien zu achten.

Neben Rendite und Sicherheit ist auch die Liquidität einer Immobilienanlage eine wichtige Eigenschaft im Rahmen des Immobilienportfolios. Ebenso kommt es auf eine ausgewogene räumliche Streuung der Objekte an. Auch für Immobilienanlagen gilt der Grundsatz: Mehr Risiko bedeutet mehr Gewinnchancen bzw. mehr Sicherheit geringere Gewinnchancen.

Bei größeren Vermögen sollten aber nicht nur Immobilien, sondern auch am Kapitalmarkt gehandelte Papiere ins „Portefeuille".

Siehe auch: Portfoliomanagement (Asset-management)

Immobilienuhr

Konstrukt des amerikanischen Immobilienunternehmens Jones Lang LaSalle. Sie trägt der Tatsache Rechnung, dass die Immobilienkonjunktur weltweit keinen einheitlichen Verlauf nimmt und auch innerhalb eines Landes verschiedene räumliche Entwicklungstendenzen zeitigt. In der einer Uhr nachempfundenen zifferblattähnlichen Darstellung wird die Stellung der Entwicklungschancen der Objekte verschiedener immobilienwirtschaftlichen Zentren dargestellt.

Im Quartal, das dem Zeitbereich zwischen 0 und 3 Uhr entspricht, entwickeln sich die Büromieten nach unten, zwischen „3 und 6 Uhr" streben sie dem Tiefpunkt entgegen, danach (zwischen „6 und 9 Uhr") kommt es zu zunehmenden Mietsteigerungen, anschließend (bis „12 Uhr") nehmen die Mietsteigerungen ab um dann mit dem konjunkturellen Reigen neu zu beginnen. Die „Uhr" darf allerdings nicht so interpretiert werden, dass alle Immobilienzentren quasi im gleichen Tempo um das Ziffernblatt kreisen, etwa wie der Minutenzeiger. Die wäre dann eher Astrologie.

Grafik: Die Uhr zeigt, wo sich die einzelnen Büromärkte nach Einschätzung von JLL Ende März 2001 innerhalb ihrer individuellen Mietpreis-Kreisläufe befinden.Die Positionen der Märkte beziehen sich auf deren Spitzenmieten. Quelle: Jones Lang LaSalle, F.A.Z.-Grafik, Kaiser, DIE WELT

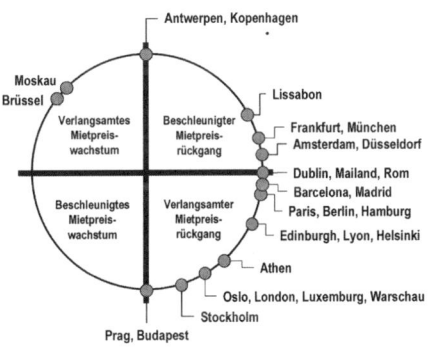

Immobilienumsatz

Annäherungswerte über den Immobilienumsatz in Deutschland ergeben sich aus der Addition aller Immobilien-Transaktionen auf der Grundlage der Grunderwerbsteuereinnahmen.

Gewisse Abweichungen zum tatsächlichen Immobilienumsatz ergeben sich dadurch, dass einerseits durch die Grunderwerbsteuer auch Vorgänge erfasst werden, die keine unmittelbaren Immobilienmarktvorgänge sind (z.B. Übertragung von Gesellschaftsanteilen grundbesitzhaltender Gesellschaften), andererseits aber Umsatzvorgänge und Teile von Umsätzen von der Grunderwerbsteuer nicht erfasst sind, die Marktvorgänge sind oder sein können. (Allgemeine und besondere Ausnahmen von der Besteuerung, mitverkauftes Zubehör und sonstiges Inventar)

Gesamtimmobilienumsatz

Jahr	in Euro
1990	76 Mrd.
1991	85 Mrd.
1992	120 Mrd.
1993	155 Mrd.
1994	150 Mrd.
1995	142 Mrd.
1996	160 Mrd.
1997	140 Mrd.
1998	150 Mrd.
1999	143 Mrd.
2000	128 Mrd.
2001	125 Mrd.
2002	128 Mrd.
2003	125 Mrd.

(Quelle Globus, Stat. Angaben GEWOS Hamburg)

Immobilienverband

Immobilienverband Deutschland e.V. IVD Siehe auch: Maklerverbände, Immobilienverband Deutschland (IVD)

Immobilienverband Deutschland (IVD)

Der Immobilienverband Deutschland (IVD) ist eine gemeinsame Gründung des Ring Deutscher Makler und des Verband Deutscher Makler. In ihm gehen die bisher selbständigen Bezirks- und Landesverbände und der Bundesverband der RDM sowie die bisher unselbständigen Landesverbände und der Bundesverband des VDM auf. Die Verschmelzung soll bis Herbst 2004 vollzogen sein. Auf der unteren Ebene werden Regionalverbände des IVD entstehen, die jeweils zwei oder mehrere bisherige Landesverbände umfassen sollen. Die Umwandlung erfolgt nach den Vorschriften des Umwandlungsgesetzes.

Der Verband soll eine neue Grundlage für die organisatorische Entwicklung und Konzentration immobilienwirtschaftlicher Kompetenzträger schaffen. Der Bundesverband wird seinen Sitz in Berlin haben. Er soll eine nach Berufsbereichen gegliederte Organisation sein.

Neben der ordentlichen Mitgliedschaft, die natürliche und juristische Personen erwerben können, sind auch eine Junioren- und eine Studentenmitgliedschaft vorgesehen. Außerdem werden Fachreferate eingeführt, deren Mitglieder auch externe Berater und Wissenschaftler sein können.

Immobilienverrentung

Immobilien können „verrentet" werden. Der Grundgedanke besteht darin, dass in einem selbstgenutzten oder vermieteten Immobilienobjekt gebundene Vermögen zur Erzielung einer Leibrente im Alter einzusetzen. Die Entwicklung befindet sich in Deutschland noch in den Anfängen.

Zu unterscheiden ist zwischen einer direkten und einer indirekten Verrentung des Immobilienvermögens. Bei der direkten Verrentung wird das Eigentum an der Immobilie an einen Investor übertragen. Beim selbstgenutzten Immobilienobjekt wird dem Verkäufer – je nach Gestaltungswillen – ein unentgeltliches Wohnungsrecht oder ein Nießbrauchrecht (mit Instandhaltungsverpflichtung) – eingeräumt.

Der über den kapitalisierten Wert eines solchen Rechts hinausgehende Anteil des Objektwertes wird durch eine monatliche Leibrentenzahlung an den Verkäufer ausgeglichen. Die Dresdner Bauspar AG bezeichnet diese Art der Immobilienverrentung als „Immobilienverzehrplan".

Sofern ein privater Erwerber eines Immobilienobjektes die Leistungen erbringen soll, kann dieser das Verrentungsrisiko durch eine Rückversicherung bei einer Versicherungsgesellschaft ganz oder teilweise ausschalten. Bei vermieteten Immobilien kommt nur eine Verrentung des Kaufpreises in Frage.

Eine rentenähnliche Gestaltungsform ist auch der reine Verkauf von lebenslangen Wohnungsrechten an neu errichteten Wohnhäusern. Stirbt der Berechtigte, kann der Hauseigentümer, z.B. ein Immobilienfonds, das Recht neu verkaufen. Der Erwerb von Wohnungsrechten führt zwar nicht zu Rentenzahlungen, aber zu Mietzahlungseinsparungen. Von einer indirekten Verrentung spricht man, wenn der bei einem normalen Immobilienverkauf erzielte Kaufpreis zum Abschluss einer privaten Rentenversicherung verwendet wird. Verrentungsähnliche Gestaltungsformen liegen vor, wenn z.B. an einem bestehenden Immo-bilienobjekt Erbbaurecht begründet und nur das Gebäude verkauft wird. Der Verkäufer erzielt dann für den Grund und Boden, den er behält, für die Laufzeit des Erbbauvertrages eine Rente in Form des Erbbauzinses. Darüber hinaus kann er den für das Gebäude erzielten Kaufpreis unter Einschaltung einer Versicherungsgesellschaft wiederum verrenten. Verrentung von Immobilien ist in anderen europäischen Ländern z.B, in Großbritannien („home reversion",) und Frankreich schon seit langem bekannt. Der Eigenheimer verkauft dort sein Haus zur Hälfte gegen bar und zur anderen Hälfte gegen eine von einer Versicherungsgesellschaft zu erbringende monatlichen Leibrente an einen Kapitalanleger oder Immobilienfonds. Ein Teil des Barerlöses wird verwendet, um das Haus in einem zeitgemäßen Zustand zu halten. Mit dem Tod des Berechtigten tritt der „Heimfall" des Nutzungsrechts an den Kapitalanleger ein. Auch in der Schweiz können Objekte an Banken gegen Rentenzahlung verkauft werden. In den USA hat sich die Form des reverse Mortgage durchgesetzt."
Siehe auch: Wohnungsrecht, Immobilienfonds, Reverse Mortgage

Immobilienwirt (Dipl. d. EIA)
Abschluss an der EIA des VDM
Siehe auch: Europäische Immobilien Akademie e.V. (EIA)

IMMONET - RDM IMMONET
RDM IMMONET wurde als Immobilienportal des RDM gegründet und vom debis-System-

haus entwickelt. Das Portal wurde im Mai 1998 offiziell für die Öffentlichkeit frei geschaltet. Seit 2002 ist der Axel-Springer Verlag an der „IMMONET-GmbH beteiligt. Anfang April 2003 waren über 79.000 Objekte im Angebot. Für die Öffentlichkeit zugänglich ist die Objektdatenbank mit allen aktuellen Objektangeboten sowie weitere Informationsseiten über Geld & Recht (Darlehenskonditionen, Leitsätze von Urteilen im Immobilienbereich), Marktdaten der RDM-Marktforschung, Seminare, Veranstaltungstermine, RDM usw. Im Jahr 2000 wurde RDM-IMMONET unter der neuen Bezeichnung IMMONET in ein Gemeinschaftsunternehmen mit dem Axel Springer Verlag eingebracht. http://www.immonet.de

Indexklausel und Indexmietvertrag

Der Indexmietvertrag ist durch Mietvereinbarungen gekennzeichnet, in denen die weitere Entwicklung der Miete durch den Preis von anderen Gütern oder Leistungen bestimmt wird. Indexmietverträge sind im Gewerbemietrecht üblich. Die Vereinbarung einer Indexklausel mit automatischer Anpassung an die veränderte Bezugsgrundlage (sog. Gleitklausel) gilt nach der Preisklauselverordnung als genehmigt, wenn Bezugsgrundlage der Preisindex für die Gesamtlebenshaltung des Statistischen Bundesamtes bzw. eines statistischen Landesamtes oder ein Verbraucherpreisindex ist, der vom Statistischen Amt der Europäischen Gemeinschaft ermittelt wurde. Zweite Voraussetzung ist der Ausschluss des ordentlichen Kündigungsrechts des Vermieters auf die Dauer von zehn Jahren. Dem steht das einseitige Mietvertragsverlängerungsrecht des Mieters bis zehn Jahre gleich. Im Zweifel kann vom zuständigen Bundesamt für Wirtschaft in Eschborn eine Negativbescheinigung eingeholt werden.
Seit dem 1. September 1993 kann eine Indexmiete auch für freifinanzierte Wohnungen vereinbart werden. Hier kann eine Mieterhöhung nur „in Textform" (z.B. schriftlich) geltend gemacht werden, wenn die Miete mindestens ein

Jahr unverändert war. Ist bei Wohnraum eine Indexklausel vereinbart, sind Mieterhöhungen bis zur ortsüblichen Vergleichsmiete ausgeschlossen. Die Mieterhöhung kann verlangt werden, wenn sich der Preisindex für die Lebenshaltung aller Privathaushalte nach den Feststellungen des Statistischen Bundesamtes um einen zu vereinbarenden Prozentsatz ändert. Eine Indexvereinbarung, die eine stärkere prozentuale Erhöhung als die prozentuale Änderung des Preisindexes vorsieht, ist offensichtlich nicht mehr ausgeschlossen. Eine Genehmigung ist nicht erforderlich.
Die Wirksamkeit dieser Indexklausel war früher davon abhängig, dass der Vermieter auf die Dauer von 10 Jahren auf sein ordentliches Kündigungsrecht verzichtet oder der Mietvertrag auf die Lebenszeit des Mieters abgeschlossen wurde. Diese Einschränkungen wurden im Zusammenhang mit der ab 1.9.2001 geltenden Mietrechtsnovellierung fallen gelassen.
Siehe auch: Bundesamt für Wirtschaft

Individualvereinbarung

Individualvereinbarungen sind im einzelnen zwischen zwei Vertragspartnern frei ausgehandelte Vertragsinhalte. Sie unterscheiden sich von Allgemeinen Geschäftsbedingungen dadurch, dass beide Partner die gleiche Chance und die gleichrangige Verhandlungsposition bei der Einflussnahme auf den Inhalt des Vertrages haben. Auch vorformulierte Vertragsbedingungen, die dem Augenschein nach Allgemeine Geschäftsbedingungen sind, können zu einer Individualvereinbarung werden, wenn sie von demjenigen Vertragspartner, der sie eingeführt hat, so deutlich zur Verhandlungsdisposition gestellt werden, dass der andere Vertragspartner seine Einflussnahmemöglichkeiten erkennt und von Ihnen Gebrauch machen kann.
Da Makler, die vielfach auf der Basis von qualifizierten Alleinaufträgen arbeiten, zu deren Abschluss auf individuelle Absprachen angewiesen sind, gehört für sie das Verhandeln mit dem Auftraggeber auf einer gleichrangigen Ebene zur Vertragskultur. Individuell müssen

z.B. ausgehandelt werden Verweisungs- und Hinzuziehungspflichten des Auftraggebers oder, falls der Makler ein Zwangsversteigerungsobjekt anbietet, die Vereinbarung einer Provision für den Fall des Zuschlags.

Indoor-Skipisten

Derzeit sind mehrere Ski-Domes fertiggestellt bzw. in Planung, wobei man u.U. einzelne dieser Indoor-Skipisten in großflächigen Ballungszentren in Nordrhein-Westfalen oder Norddeutschland wirtschaftlich betreiben könnte. Die Frage stellt sich nur, ob eine Massierung von zwei oder mehr derartigen Großeinrichtungen – teilweise sogar in einem 20-km-Radius – Sinn machen.

In Holland erfreuen sich – mangels klassischer Skigebiete – Indoor-Pisten einiger Beliebtheit. Hier wurden Müllhalden verkoffert und in Indoor-Skipisten verwandelt. Im Gegensatz zu den deutschen Anlagen werden die Anlagen dort vormittags zu Schulsportzwecken genutzt, was für die Amortisation der Indoor-Skipisten sehr hilfreich ist.

Gerade Menschen, die aus klassischen Skiregionen wie etwa Bayern oder der Schweiz kommen, mag der Gedanke an ein Indoor-Skivergnügen auf 300 bis 600 m lagen Bahnen alles andere als eingängig erscheinen. Insofern kann man bei diesem Objekttyp eine relativ ungewisse Zukunft vermuten. Auch wenn jetzt noch einige Anlagen in Planung sind, stellt sich die Frage, wie lange die Wachstumsphase noch währt; auch muss vor einer Politik gewarnt werden, die in jeder Abraumhalde schon eine mögliche Skipiste sieht. Außerdem dürften die hohen Investitionssummen und das ökologisch relevante Thema „Energiebilanz" die Entwicklung Indoor-Skipisten etwas bremsen.

Eine Entwicklung, die sich hierbei abzeichnet, ist derzeit allerdings eine „Süd-Bewegung" der Skihallen vom Ruhrgebiet bzw. dem Berliner Raum in Richtung klassische Skigebiete in Form halboffener Anlagen. Indoor-Skipisten sollen in den angestammten Skigebieten mildere Winter kompensieren.

Informationspflicht des Maklers

Nach den Vorschriften der MaBV ist der Makler verpflichtet, seinen Auftraggeber (= Suchauftraggeber) einerseits über Maklervertragsinhalte und andererseits über bestimmte Merkmale der von ihm angebotenen Objekte schriftlich und in deutscher Sprache zu informieren. Informiert muss der Interessent spätestens dann sein, wenn er über das vom Makler angebotene Objekt mit dem Eigentümer in Verhandlungen eintreten will. Da der Makler seine Informationen in der Regel mit Hilfe von Exposés liefert, spricht man auch von „Exposézwang".

Die Informationen müssen vollständig und inhaltlich richtig sein. Ein Verstoß gegen die Informationspflicht stellt eine Ordnungswidrigkeit dar und kann von der Gewerbebehörde mit Bußgeld geahndet werden. Allerdings besteht in der Praxis ein über den in der Verordnung vorgeschriebenen Informationsumfang oft weit hinausgehende Informationsbedürfnis der Interessenten.

Siehe auch: Exposé

Initiator

Als Initiator bzw. Fondsinitiator wird derjenige bezeichnet, der einen geschlossenen Immobilienfonds konzipiert, auflegt und am Markt anbietet.

Kompetenz und Seriosität eines Initiators entscheiden maßgeblich mit über die Ergebnisse, die ein Anleger mit einer Fondsbeteiligung erzielt. Anhaltspunkte zur Beurteilung von Fondsinitiatoren unter diesen Aspekten bieten die Leistungsbilanzen.

Siehe auch: Leistungsbilanz, Immobilienfonds - Geschlossener Immobilienfonds

Innenbereich

Beim „nicht beplanten Innenbereich" handelt es sich bauplanungsrechtlich um einen im Wesentlichen bebauten Bereich einer Gemeinde, für den kein Bebauungsplan aufgestellt ist, dem aber aufgrund der Umgebungsbebauung trotzdem ein Baurecht besteht. Die Bebauung richtet sich dabei nach den faktischen Baugrenzen und Baulinien und hinsichtlich des Maßes der baulichen Nutzung nach der faktischen, d.h. in der Umgebung verwirklichten GFZ sowie der Höhe der baulichen Anlage. Wird für eine Innenbereichsfläche ein Bebauungsplan aufgestellt („beplanter Innenbereich"), sind dessen Festsetzungen maßgeblich."

Innenfinanzierung

Der Begriff der Innenfinanzierung tritt in immobilienwirtschaftlichen Zusammenhängen mit zwei unterschiedlichen Bedeutungen auf. In einem allgemeinen betriebswirtschaftlichen Sinne bezeichnet er die Finanzierung eines Unternehmens, soweit sie auf selbst erwirtschaftetem Kapital beruht. Dafür kommen beispielsweise einbehaltene Gewinne (Gewinnthesaurierung, offene Selbstfinanzierung), Abschreibungen oder die Auflösung stiller Reserven (verdeckte oder stille Selbstfinanzierung) in Betracht.

Bei Geschlossenen Immobilienfonds wird unter einer Innenfinanzierung die Aufnahme von Fremdkapital auf der Ebene der Fondsgesellschaft verstanden, die für Zins und Tilgung aufkommen muss. Als Sicherheit für eine solche Finanzierung dient in der Regel ein Grundpfandrecht am Fondsobjekt.

Innenprovision

Hierunter versteht man die vom Objektauftraggeber zugesagte Erfolgsprovision. Sie ist im Objektpreis enthalten und erscheint nach außen nicht als gesondert ausgewiesener Erwerbsnebenkostenbestandteil. Im Gegensatz dazu steht die Außenprovision, die vom Erwerber eines Objektes zusätzlich zum Kaufpreis zu übernehmen ist. Vor allem im Bereich des Vertriebs von Bauträgerobjekten wird mit Innenprovisionen gearbeitet.

In steuerlicher Hinsicht gibt es keinen Unterschied, ob Innen- oder Außenprovisionen vereinbart werden. Die einzige Ausnahme besteht bei Vermietungen von Wohnraum. Hier sind Innenprovisionen, die von Vermietern bezahlt werden, Werbungskosten. Außenprovisionen

können vom Mieter dagegen in der Regel steuerlich nicht geltend gemacht werden.

Insel

Juristisch ist die Insel ein Grundstück und wird nicht anders übertragen als ein ganz normales Stück Land. Ausnahme sind einige Länder, in denen Inseln juristisch einen Sonderstatus haben, d.h. in denen der Kauf von Inseln ausgeschlossen oder genehmigungspflichtig ist – wobei diese Beschränkungen dann häufig nur für Ausländer gelten. Auch sonst ist die Insel kein rechtsfreier Raum, d.h. es gilt z.B. das lokale Baurecht. Insel ist nicht gleich Insel.

Der Käufer hat die Wahl zwischen vielen Regionen mit Unterschieden in Klima, Landschaft und soziologischem Umfeld. Bei der Vorauswahl sind einige Fakten zu prüfen: Sie beziehen sich auf Erdbeben, Hurrikane, das politische System, inseltypische Krankheiten, fehlende Versorgungsstandards (z.B. Strom, Lebensmittel und Trinkwasser). Die Ansammlung von Süßwasser als Grundwasservorkommen ist ein wichtiger Beurteilungsfaktor. Aufgrund des leichteren spezifischen Gewichtes lagert sich Süßwasser über dem umgebenden Salzwasser ab. Gespeist wird das Vorkommen durch Regenwasser. Auf Dauer kann nicht mehr Süßwasser entnommen werden als durch Regenwasser hinzukommt. Häufig werden bebaute Inseln auch über Wasserleitungen vom Festland aus versorgt. Das regionale Preisniveau bestimmt auch die Preiskategorie der Inseln. Der Preis hängt ab

- vom Erschließungsgrad,
- der Optik
- der Bodenbeschaffenheit und dem Bewuchs• dem Klima
- einer etwa vorhandenen Besiedlung
- der Nähe und Erreichbarkeit von Hafen und Flughafen,
- dem Bekanntheitsgrad

Preise sind meist Liebhaberpreise. Feste Regeln, nach denen der Inselpreis bestimmt werden kann, gibt es nicht. Interessant sind festlandsnahe Inseln, für die ein Bootsshuttle eingerichtet werden kann oder die groß genug sind für die Anlage eines nicht störenden Flugplatzes. Sobald eine derartige Anlage steht, werden auch die umliegenden Privatinseln aufgewertet. Für den Investor ist bei Inseln der „richtige" Einkaufspreis entscheidend, dagegen weniger für den Nutzer, der sich das Inselvergnügen etwas kosten lässt. In der Praxis stehen für den Inselsuchenden, der sich auf eine bestimmte Region und einen gewissen Inseltyp festlegt, nur wenige Inseln zur Auswahl. Manchmal auch keine: So gibt es in der Nordsee – Großbritannien und Dänemark ausgenommen – keine Privatinseln.

Inserate

Siehe: Anzeigen (Inserate)

Insolvenz

Das Insolvenzrecht ist durch die am 1.1.1999 in Kraft getretene Insolvenzordnung neu geregelt. Es löst u.a. die frühere Konkursordnung ab. Gründe für die Beantragung des Insolvenzverfahrens sind zunächst Überschuldung und Zahlungsunfähigkeit. Überschuldung ist gegeben, wenn die Schulden das Vermögen übersteigen. Während sich die Schulden ziemlich einfach beziffern lassen, war es oft umstritten, wie die Vermögensgegenstände des Unternehmens zu bewerten sind. Hier gibt es Neuerungen. Der Insolvenzgrund der Zahlungsunfähigkeit ist gegeben, wenn der Schuldner seine fälligen Zahlungspflichten nicht mehr erfüllen kann.

Neu ist der Tatbestand der „drohenden Zahlungsunfähigkeit". Er kann sich z.B. bereits ergeben durch Sperrung von Krediten, plötzlich geltend gemachte Steuerforderungen oder Schadenersatzansprüche, raschem Ertragsverfall ohne ausreichende Reserven oder durch Insolvenz eines wichtigen Abnehmers für die angebotenen Produkte.

Gekennzeichnet ist das neue Insolvenzrecht nicht nur durch eine neue Terminologie. Es zielt auch darauf ab, der bisher oft geübten Praxis, die Eröffnung des Konkurs- oder Vergleichsverfahrens möglichst lange hinauszuziehen,

entgegenzuwirken und dafür zu sorgen, dass durch geeignete Maßnahmen das Unternehmen erhalten bleibt. Mit Ausnahme der aufgrund von Sicherheiten bevorrechtigten Forderungen macht das Insolvenzrecht Schluss mit bisherigen Rangabstufungen. Alle ungesicherten Gläubiger erhalten die gleiche Quote. Der bisher geltende Vorrang von Löhnen, Sozialversicherungsbeiträgen, Steuern und dergleichen entfällt.

Im Zentrum des Insolvenzverfahrens steht das Insolvenzplanverfahren, wozu auch ein Maßnahmenplan zur Sanierung oder Liquidation gehört. Plan-Bilanz, Plan- Verlust- und Gewinnrechnung und eine Plan-Liquiditätsrechnung sind dem Insolvenzplan beizufügen. Wenn das Gericht dem von Insolvenzverwalter (oder vom Schuldner) vorgelegten Insolvenzplan zustimmt, so wird er der Gläubigerversammlung zur Abstimmung vorgelegt. Dort kann er geändert werden. Die Gläubiger werden in bestimmte Gruppen eingeteilt, von der jede mit Mehrheit dem Plan zustimmen muss. Die Forderungssumme der zustimmenden Gläubiger muss mehr als 50 % betragen.

Der Schuldner kann bei Einleitung oder während des Insolvenzverfahrens eine Restschuld-befreiung beantragen. Es wird dann ein sog. Restschuldbefreiungsverfahren einleitet, das dazu führt, dass der Schuldner nach Ablauf von sieben Jahren von seinen Restschulden befreit wird. Voraussetzung ist, dass der Schuldner seine gesamten pfändbaren Einnahmen aus einem Anstellungsverhältnis oder aus selbständiger Tätigkeit für sieben Jahre an einen vom Gericht zu bestimmenden Treuhänder abtritt. Weitere Voraussetzung ist, dass sämtliches übriges Vermögen des Schuldners verwertet wurde.

Konkursordnung und Vergleichsordnung sind seit 1.1.1999 nicht mehr anzuwenden. Gerichtlichen Insolvenzverfahren können allerdings nach wie vor außergerichtliche Vergleichsverfahren vorangehen.

Instandhaltung

Siehe: Instandsetzung

Instandhaltungsrückstellung - (Instandhaltungsrücklage)

Damit die Wohnungseigentümergemeinschaft bei notwendig werdenden Instandhaltungs- oder Instandsetzungsmaßnahmen auch über die notwendigen liquiden Finanzierungsmittel verfügen kann, gehört die Bildung einer angemessenen Instandhaltungsrückstellung zu den Maßnahmen, über die die Wohnungseigentümergemeinschaft mit einfacher Mehrheit in der Wohnungseigentümerversammlung beschließen kann (§ 21 Abs. 5 Nr. 4 WEG).

Kommt eine mehrheitliche Entscheidung nicht zustande, aus welchen Gründen auch immer, kann jeder Wohnungseigentümer im Rahmen seines individuellen Anspruchs auf ordnungsmäßige Verwaltung die Bildung einer solchen Rückstellung verlangen und diesen Anspruch auch gerichtlich durchsetzen.

Was als „angemessen" anzusehen ist, wird durch das Gesetz nicht geregelt. Als Orientierungsmaßstab können jedoch für die Praxis die Instandhaltungspauschalen der II. Berechnungsverordnung dienen, die je nach Dauer seit Bezugsfertigkeit zwischen 7,10 Euro und 11,50 Euro pro Quadratmeter und Jahr liegen.

Bei der Festlegung der Höhe der Beiträge zur Instandhaltungsrückstellung ist jedoch darauf zu achten, dass sich die anteilige Beitragsleistung der einzelnen Wohnungseigentümer zur Instandhaltungsrückstellung nach dem Verhältnis der Miteigentumsanteile richtet, wenn nicht eine abweichende Vereinbarung getroffen wird.

Siehe auch: Vereinbarung, Jahresabrechnung (Wohnungseigentum), Wirtschaftsplan

Instandsetzung

Für die Instandhaltung und Instandsetzung des Sondereigentums ist der jeweilige Eigentümer verantwortlich. Er hat die Kosten in voller Höhe selbst zu tragen (§ 14 Nr. 1 WEG).

Die Instandhaltung und Instandsetzung des Gemeinschaftseigentums obliegt den Wohnungseigentümern gemeinschaftlich. Im Rahmen ordnungsmäßiger Verwaltung beschließen die Wohnungseigentümer über „ordnungsmäßige" Maßnahmen der Instandhaltung und Instandsetzung hinsichtlich Art, Umfang und Durchführung durch mehrheitliche Beschlussfassung in der Wohnungseigentümerversammlung.

Ordnungsmäßig ist eine Instandhaltungs- oder Instandsetzungsmaßnahme dann, wenn sie der Erhaltung oder der Wiederherstellung des ursprünlichen Zustandes der Anlage oder der Einrichtung des gemeinschaftlichen Eigentums dient.

In bestimmten Fällen kann auch eine sogenannte modernisierende Instandsetzung mit Mehrheit beschlossen werden, wenn mit dieser Maßnahme eine technisch und wirtschaftlich sinnvollere Maßnahme durchgeführt wird.

Geht eine Maßnahme über die ordnungsmäßige Instandhaltung und Instandsetzung hinaus, reicht ein Mehrheitsbeschluss nicht aus. Vielmehr bedarf eine solche Maßnahme der Zustimmung aller im Grundbuch eingetragenen Wohnungseigentümer. Kommt dennoch nur ein Mehrheitsbeschluss zustande, ist er wirksam und vom Verwalter durchzuführen, wenn er nicht innerhalb Monatsfrist angefochten und durch das Gericht für ungültig erklärt wird.

Die Kosten für die Durchführung von Instandhaltungs- und Instandsetzungsmaßnahmen sind von allen Eigentümern im Verhältnis ihres Miteigentumsanteils (§ 16 Abs. 2 WEG) zu tragen, wenn nicht eine abweichende Vereinbarung getroffen worden ist. Ob eine abweichende Kostenverteilung nur mit Mehrheit beschlossen werden kann, ist derzeit noch strittig.

Siehe auch: Bauliche Veränderung (Wohnungseigentum), Verteilungsschlüssel (Wohnungseigentum)

Instandsetzung - modernisierend

Wenn im Rahmen einer Instandsetzung hinsichtlich Arbeitsweise und Material die modernen Vorteile der technischen Entwicklung berücksichtigt werden, kann über die Maßnahme in einer Wohnungseigentümerversammlung mit Mehrheitsbeschluss entschieden werden; es handelt sich dann nicht um bauliche Veränderungen. Der Kosten(mehr)aufwand muss in einem angemessenen Verhältnis zu dem zu erwartenden Erfolg stehen.

Institutioneller Anleger
Institutionelle Anleger sind Unternehmen und Institutionen, die über Sondervermögen verfügen, das zu verwalten ist. Zu Ihnen zählen insbesondere offene Immobilienfonds, Versicherungen und Pensionskassen.

International Accounting Standards (IAS)
Siehe: International Financial Reporting Standards (IFRS)

International Development Research Council (IDRC)
In den USA 1961 gegründeter Berufsverband von Corporate Real Estate Managern der Industrie, in dem auch unter gewissen Voraussetzungen Dienstleister Mitglied sein können. Mit dem IDRC Europe wurde 1991 ein entsprechender Verband für Europa ins Leben gerufen.

International Financial Reporting Standards (IFRS)
Eine EU-Verordnung aus dem Jahr 2002 schreibt vor, dass börsennotierte Unternehmen ab Geschäftsjahr 2005 zur Rechnungs-legung nach dem IAS verpflichtet sind. Erreicht werden soll mehr Transparenz und Offenlegung von relevanten Details der Unternehmens-abschlüsse im Interesse der Aktionäre. Der International Accounting Standards Board, der für die Konzeption und den Aufbau der Standards zuständig ist, setzt sich aus Angehörigen von Berufsgruppen aus verschiedenen Ländern zusammen, die mit Fragen der Rechnungslegung beschäftigt sind, insbesondere Wirtschaftsprüfer und Unternehmensvertreter.

Im Bereich der Immobilien wird dabei unterscheiden zwischen solchen, die dem Umlaufvermögen zugehören (IAS 2 – Immobilien sind im Rahmen der normalen Geschäftstätigkeit zum Verkauf bestimmt), Immobilien, die dem Betriebsvermögen zugehören (IAS 16 – die Immobilien werden für betriebliche Zwecke benötigt) und Immobilien des Finanzanlagevermögens (IAS 4 – Immobilien dienen der Einkunftserzielung und Wertsteigerung). Von besonderem Interesse sind die Bestands-immobilien zu Finanzanlagezwecken.

Unternehmen können hierbei wählen zwischen dem Wertansatz nach Anschaffungs-/Herstellungskosten (Cost-Model) oder dem „Fair Value". Dies kann auch der Verkehrswert i.S.d. § 194 BauGB sein, der im Wesentlichen dem Market Value entspricht. Der Wertansatz soll dem im Verkaufsfall am wahrscheinlichsten erziel-baren Preis entsprechen. Transaktionskosten werden nicht berücksichtigt.

An Wertermittlungsmethoden stehen folgende Alternativen zur Verfügung: Unmittelbare Ableitung des Fair-Value aus aktuellen Vergleichspreisen, Preisanpassung auf der Grundlage von Vergleichsobjekten und diskontierte Erträge. Dies entspricht weitgehend dem deutschen Vergleichs- bzw. Ertragswertverfahren. Dominieren wird dabei wohl das Ertrags-wertverfahren. Die Konzernabschlüsse können bereits heute nah IAS (anstelle HGB) erfolgen.

Auf die Unternehmen kommt mit Einführung der IAS ein großer Bewertungsbedarf zu. Je nach Wertschwankungen sind immerhin Neubewertungen im Turnus zwischen 1 und 5 Jahren erforderlich. Immobiliensachverständige tun gut daran, sich mit den Bewertungsregeln der IAS vertraut zu machen.

Bei den International Financial Reporting Standards (IFRS) handelt es sich nicht etwa um eine Umbenennung der IAS. Vielmehr wird die Bezeichnung angewandt auf die Standards, die ab 2001 entwickelt werden. Werden geringe Änderungen der IAS durchgeführt, bleibt es bei der alten Bezeichnung IAS. Sind sie aber substanzieller Natur, dann werden sie in IFRS umgetauft. Das Regelwerk als Ganzes aber läuft unter IFRS.

Internet
Ein weltumfassendes System von Computer-Teilnetzen, das weitgehend jedermann zugäng-

lich ist. Voraussetzung für die Nutzung ist ein Computer, der über Datenleitungen an das Internet angeschlossen ist. Derzeit hat das Internet etwa 70 Mio. Nutzer, wobei die Tendenz steigend ist. Unter kommerziellen Aspekten ist vor allem der Teilbereich World Wide Web interessant, bei dem Inhalte multimedial (Bild, Ton, Video) dargestellt werden können. Immobilien eignen sich aufgrund ihres hohen Erklärungsbedarfs besonders für den Vertrieb (bzw. die Kontaktanbahnung) über das Internet. IMMONET und IRIS
Siehe auch: Immobilienportale

Internet-Präsenz

Bezeichnung für alle Seiten eines Internet-Auftrittes, also die Homepage eines Unternehmens mit allen Unterseiten (Informationen, Links, Angebote, eMail-Adresse, etc.)

Investitionsphase

Als Investitionsphase wird bei einem geschlossenen Immobilienfonds der Zeitraum bezeichnet, innerhalb dessen die Investitionsentscheidung umgesetzt wird. Dies erfolgt durch den Kauf oder die Errichtung einer oder mehrerer Immobilien, mit der bzw. mit denen in der anschließenden Bewirtschaftungsphase Erträge erwirtschaftet werden sollen.
Siehe auch: Bewirtschaftungsphase, Immobilienfonds - Geschlossener Immobilienfonds

Investitionsrechnung

Die Lehre von den Investitionsrechnungen ist seit den 60-er Jahren fester Bestandteil der Allgemeinen Betriebswirtschaftslehre. Zu den Investitionsrechnungen zählen die (Wirtschaftlichkeitsrechnungen und die (Unternehmensbewertung. Investitionsrechnungen finden auch bei immobilienwirtschaftlichen Investitionen Anwendung. Investitionsrechnungen dienen der Unterstützung bzw. Rationalisierung von Investitionsentscheidungen. Allerdings muss darauf hingewiesen werden, dass alle derartigen Entscheidungsprozesse auch durch irrationale Fak-

toren getragen und von nicht quantifizierbaren Risiken begleitet werden. Die Ergebnisse der Investitionsrechnungen dürfen deshalb nicht überschätzt werden. Je länger der Investitionshorizont, desto geringer die Zuverlässigkeit der Rechenergebnisse als Entscheidungsgrundlage. Dies gilt insbesondere im Bereich der Immobilienwirtschaft, die überwiegend durch Langfristentscheidungen geprägt ist.
Siehe auch: Wirtschaftlichkeitsrechnung, Unternehmensbewertung

Investmentgesellschaft
Siehe: Kapitalanlagegesellschaft

Investmentgesetz

Das Investmentgesetz (InvG) regelt seit dem 1. Januar 2004 in 146 Paragraphen die Auflegung inländischer Investmentfonds, den öffentlichen Vertrieb ausländischer Fonds in Deutschland sowie die Möglichkeit der Errichtung ausländischer Zweigstellen. Es ersetzt sowohl Vorschriften des zuvor geltenden Gesetzes über Kapitalanlagegesellschaften (KAGG) als auch des Auslandinvestmentgesetzes (AuslInvestmG).
Siehe auch: Investmentmodernisierungsgesetz, Investmentsteuergesetz

Investmentmodernisierungsgesetz

Mit dem am 1. Januar 2004 in Kraft getretenen Gesetz zur Modernisierung des Investmentwesens und zur Besteuerung von Investmentvermögen (Investmentmodernisierungsgesetz) wurde die für Investmentgesellschaften maßgebliche Gesetzgebung in Deutschland reformiert.
Das Investmentmodernisierungsgesetz umfasst das Investmentgesetz (InvG), das Investmentsteuergesetz (InvStG) sowie eine Reihe von Änderungen anderer Rechtsvorschriften.
Während zuvor die zentralen Rechtsvorschriften für Investmentfonds – das Gesetz über Kapitalanlagegesellschaften (KAGG) und das Auslandinvestmentgesetz (AuslInvestmG) – viermal durch Finanzmarktförderungsgesetze

an aktuelle Erfordernisse angepasst worden waren, ersetzen die Regelungen des Investmentmodernisierungsgesetzes diese beiden Gesetze vollständig.
Siehe auch: Investmentgesetz, Investmentsteuergesetz

Investmentsteuergesetz

Das Investmentsteuergesetz (InvStG) trat am 1. Januar 2004 in Kraft. Es regelt in 19 Paragraphen die Besteuerung inländischer und ausländischer Investmentfonds in Deutschland. Durch das Investmentsteuergesetz werden die bis Ende 2003 geltenden steuerlichen Vorschriften des Gesetzes über Kapitalanlagegesellschaften (KAGG) und des Auslandinvestmentgesetzes (AuslInvestmG) abgelöst.

Neu ist unter anderem, dass steuerliche Benachteiligungen ausländischer Fonds beseitigt und die steuerneutrale Verschmelzung von Fonds ermöglicht werden. Die Verpflichtung der Fonds zur Berechnung des Zwischengewinns sowie die 1999 eingeführte Besteuerung von Termingeschäften sind entfallen.
Siehe auch: Investmentmodernisierungsgesetz, Investmentgesetz

Investorenwettbewerb

Wettbewerbsverfahren, mit dessen Hilfe unter mehreren Interessenten für eine zu veräußernde Liegenschaft derjenige Investor ausgewählt werden soll, der aus Sicht der Planungsbehörde das beste Konzept für das betreffende Objekt vorlegt. Entscheidende Kriterien können dabei beispielsweise städtebauliche Aspekte, Nutzungskonzepte oder auch spezielle Lösungen für den Umgang mit denkmalgeschützter Bausubstanz sein.
Siehe auch: Architektenwettbewerb, Kombinierter Wettbewerb

InvorG

Abkürzung für: Gesetz über den Vorrang von Investitionen bei Rückübertragungsansprüchen (Investitionsvorranggesetz)

InvZulG

Abkürzung für: Investitionszulagengesetz

IRB

Abkürzung für: Informationsverbundzentrum Raum und Bau der Fraunhofer-Gesellschaft, Stuttgart

IRR

Abkürzung für: Internal Rate of Return

ISDN

Abkürzung für: Integrated Services Digital Network

ISO

Siehe: Zertifizierung

IVD

Abkürzung für: Immobilien Verband Deutschland
Siehe auch: Maklerverbände

IVW e.V.

Abkürzung für: Informationsgesellschaft zur Feststellung der Verbreitung von Werbeträgern

IVWSR

Abkürzung für: Internationaler Verband für Wohnungswesen, Städtebau und Raumordnung

IWC

Abkürzung für: Innentoilette

Jahresabrechnung (Wohnungseigentum)

Zu den wichtigsten Aufgaben des Verwalters einer Wohnungseigentümergemeinschaft gehört die Aufstellung einer Abrechnung über die tatsächlichen Einnahmen und Ausgaben im Rahmen der Verwaltung des gemeinschaftlichen Eigentums.

Diese Abrechnung ist gesetzlich vorgeschrieben und vom Verwalter nach Ablauf eines Kalenderjahres vorzunehmen (§ 28 Abs. 3 WEG), und zwar in aller Regel 4 bis 5 Monate nach Ablauf des Abrechnungszeitraums.

Weil das Gesetz keinerlei Vorschriften über Form und Inhalt der Jahresabrechnung enthält, hat sich die Rechtsprechung umso intensiver mit zahlreichen Einzelfragen befassen müssen und dabei folgende wesentlichen Grundsätze und Grundforderungen an die Abrechnung festgelegt:

Die gesetzlich vorgeschriebene Abrechnung hat nur die tatsächlichen Einnahmen und Ausgaben während des jeweiligen Kalenderjahres auszuweisen. Sie ist keine Bilanz und keine Gewinn- und Verlustrechnung. Forderungen, Verbindlichkeiten und Rechnungsabgrenzungen gehören grundsätzlich nicht in die Abrechnung. Eine Ausnahme gilt für die Abrechnung der Heiz- und Warmwasserkosten sowie für die Instandhaltungsrückstellung. Letztere ist mit den Sollbeträgen aufzunehmen.

Die Abrechnung besteht aus der Gesamtabrechnung und den Einzelabrechnungen für jeden einzelnen Wohnungseigentümer, wobei die Verteilung der Einnahmen und Ausgaben auf die einzelnen Eigentümer nach dem gesetzlichen oder dem abweichend vereinbarten Verteilungsschlüssel vorzunehmen ist.

Die Gesamt- und die Einzelabrechnung muss vollständig, übersichtlich und für jeden einzelnen Eigentümer auch ohne Inanspruchnahme von sachverständigen Fachleuten nachvollziehbar sein.

Inhaltlich sollte die Gliederung der Einzelpositionen jener im Wirtschaftsplan entsprechen, um auch eine Vergleichbarkeit der tatsächlichen mit den veranschlagten Einnahmen und Ausgaben zu gewährleisten.

Neben der Jahresabrechnung als reine Einnahmen- und Ausgabenrechnung sind in einem „Status" oder einer „Vermögensübersicht" die Forderungen und Verbindlichkeiten auszuweisen, ferner die Höhe der Instandhaltungsrückstellung sowie Angaben über die Kontenstände der für die Gemeinschaft geführten Konten jeweils zu Beginn und Ende des jeweiligen Kalenderjahres bzw. des abweichend vereinbarten Rechnungszeitraumes.

Die Beschlussfassung hat über die Gesamt- und Einzelabrechnungen zu erfolgen. Andernfalls werden keine rechtswirksamen Zahlungspflichten begründet. Ist eine Abrechnung fehlerhaft weil sie beispielsweise verkehrte Verteilungsschlüssel enthält, bedarf sie der Anfechtung bei Gericht und der Ungültigerklärung. Erfolgt keine Anfechtung, ist auch eine fehlerhafte, aber mehrheitlich beschlossene Abrechnung wirksam und verpflichtet jeden Eigentümer zur Zahlung eventuell noch zu leistender Fehlbeträge wegen zu niedriger Vorauszahlungen.

Die Prüfung erfolgt durch den Verwaltungsbeirat, wenn ein solcher von der Wohnungseigentümergemeinschaft gewählt wurde. Sie soll sich nicht nur auf die rein rechnerische, sondern auch die sachliche Richtigkeit erstrecken, so zum Beispiel auch auf die Richtigkeit des verwenden Verteilungsschlüssels.

Ungeachtet der Prüfung der Abrechnung durch den Verwaltungsbeirat hat jeder Wohnungseigentümer das Recht, in die Abrechnungsunterlagen im Büro des Verwalters Einsicht zu nehmen, und zwar selbst noch nach erfolgter Beschlussfassung in der Wohnungseigentümerversammlung.

Die Nichtvorlage oder vorsätzlich verspätete Vorlage der Abrechnung kann eine vorzeitige Abberufung des Verwalters aus wichtigem Grund rechtfertigen.

Siehe auch: Belegprüfung, Einsichtsrecht (Wohnungseigentum), Instandhaltungsrückstellung - (Instandhaltungsrücklage), Verteilungsschlüssel (Wohnungseigentum), Verwaltungsbeirat, Wirtschaftsplan

Jahresheizwärmebedarf

Der Jahresheizwärmebedarf eines Gebäudes ergibt sich aus dem Transmissionswärmebedarf, der durch den Wärmedurchgang der Außenteile eines Gebäudes verursacht wird und dem Lüftungswärmebedarf, der lüftungsbedingt durch den Austausch kalter Außenluft mit warmer Innenluft entsteht.Hiervon werden die Wärmegewinne abgezogen, nämlich die internen Wärmegewinne, die sich aus verschiedenen Wärmequellen außerhalb der Heizung ergeben und die solaren Wärmegewinne, die sich aus der Sonneneinstrahlung durch Fenster und Außentüren mit Glasanteil ergeben.

Nach der Wärmeschutzverordnung von 1995 durfte der Jahresheizwärmebedarf für Neubauten zwischen 50 und 100 kWh pro m² der wärmeübertragenden Umfassungsflächen des Gebäudes betragen.Das Ergebnis wird mit einem Teilbeheizungsfaktor multipliziert. Die Kennzahlen für den Heizwärmebedarf können sich auf das beheizte Bauwerksvolumen oder die Gebäudenutzfläche beziehen. Der k-Wert gibt den Wärmestrom an, der in stationärem Zustand durch eine Wandfläche von 1 m² fließt, wenn in den auf beiden Seiten anschließenden Räumen ein Temperaturunterschied von $1° C = 1K$ herrscht.

Jahresnettomiete

Als Jahresnettomiete bezeichnet man die Miete pro Jahr, aus dem die Betriebs- und Heizkosten vollständig ausgegliedert sind. Diese Nettomiete wird auch Grundmiete oder Nettokaltmiete genannt.

Jahresreinertrag und Jahresrohertrag

Der Jahresreinertrag ergibt sich nach Abzug der Bewirtschaftungskosten vom Jahresrohertrag. Beides sind Bestandteile der Rentabilitätsberechnung einer vermieteten Immobilie. Dabei wird der Begriff „Jahresrohertrag" weitgehend gleichgesetzt mit der „Nettokaltmiete", die ein Immobilieneigentümer aus einem vermieteten Objekt im Jahr erzielt. Wird der Jahresreinertrag zur Ermittlung des Ertragswerts benötigt, ist die Abschreibung bei Zugrundelegung der Restnutzungsdauer des Gebäudes bereits im Kapitalisierungsfaktor enthalten, so dass sie bei Abzug der Bewirtschaftungskosten nicht berücksichtigt wird.
Siehe auch: Bewirtschaftungskosten

JAVF

Abkürzung für: Jahrbuch der Absatz- und Verbrauchsforschung

JBl

Abkürzung für: Justizblatt

JM

Abkürzung für: Jahresmiete
Abkürzung für: Justizminister

JMBl

Abkürzung für: Justizministrialblatt

Joint-Venture

Eine Form der Zusammenarbeit zwischen selbständig bleibenden Unternehmen zur Abwicklung eines gemeinsamen Geschäftes oder eines einmaligen Projektes. Diese Unternehmen unterhalten einen gemeinsamen Betrieb. Die Joint-Venture-Vereinbarung regelt die von jedem Partner aufzubringenden Kapitalien, das einzubringende Know-how und die Gewinnverteilung.

JStG

Abkürzung für: Jahressteuergesetz

JurA

Abkürzung für: Juristische Analysen

JuS

Abkürzung für: Juristische Schulung

k-Wert
Abkürzung für: Maß für den Wärmedurchgang eines Bauteils

K/Kt
Abkürzung für: Kaution

KaB
Abkürzung für: Kunst am Bau

KÄndG
Abkürzung für: Kleingartenänderungsgesetz

Känguruhsiedlung
Der Begriff Känguruhsiedlung wird umgangssprachlich für Neubausiedlungen verwendet, wenn der Sprecher andeuten möchte, dass deren Bewohner große Sprünge mit leerem Beutel machen.
Siehe auch: Glaswarze, Heidihaus

KAGG
Abkürzung für: Gesetz über Kapitalanlagegesellschaften
Siehe auch: Gesetz über Kapitalanlagegesellschaften

Kaltakquise
Unter Kaltakquise versteht man den Versuch von Immobilienunternehmen telefonisch mit einer Person, zu der es keine aktuellen Kontakte hat, ins Gespräch zu kommen. Zu denken ist etwa an Bauträger, die potentiellen Interessenten Wohnungen anbieten oder an Makler, die auf Immobilieninserate von Privatpersonen reagieren. Die Anbahnung eines Immobiliengeschäfts per Kaltakquise ist eine schwierige Mission.

Kamera, digitale
Die digitale Kamera ist ein Gerät, das die Erstellung von Exposés erheblich vereinfacht. Die Geräte, die ähnlich wie herkömmliche Fotoapparate aussehen, kosten etwa 300 Euro. In den eingebauten Speicher lassen sich – je nach Größe und Auflösung – zwischen 16 und 526 Bilder ablegen, die im Büro mit Hilfe eines mit-gelieferten Kabels in den PC überspielt und nachbearbeitet werden. Danach können sie entweder ausgedruckt oder in elektronische Exposés (z.b. im Internet) eingepasst werden.

Kap
Abkürzung für: Kapitel

Kapital-Lebensversicherung
Lebensversicherung, die nicht nur der Todesfallabsicherung, sondern auch der Geldanlage dient. Der Versicherer ist sowohl im Todesfall als auch im Erlebensfall des Versicherungsnehmers zur Leistung verpflichtet. Die Versicherung zahlt grundsätzlich die vereinbarte Versicherungssumme plus Überschussbeteiligung, die sich aus Zins-, Risiko- und Kostenüberschüssen zusammensetzt. Der Gesamtbetrag heißt Ablaufleistung. Die Abschlusskosten werden bei normalen Tarifen durch die ersten Beiträge getilgt.

Die Kapital-Lebensversicherung kann zur Rückzahlung eines Baudarlehens eingesetzt werden. Dabei tritt der Darlehensnehmer die Ansprüche aus der Kapital-Police an seinen Geldgeber ab. Die Baufinanzierung mit einer Kapitallebensversicherung ist in aller Regel allein beim Erwerb von Mietobjekten sinnvoll, da nur hier die Schuldzinsen als Werbungskosten bei den Einkünften aus Vermietung und Verpachtung steuermindernd geltend gemacht werden können.

Seit Beginn der Baisse an den internationalen Aktienmärkten im März des Jahres 2000 haben die in Deutschland tätigen Versicherungsgesellschaften die Überschussbeteiligung für ihre Kunden erheblich verringert. Dies ist zum einen darauf zurückzuführen, dass die Assekuranzen einen enormen Wertberichtigungsbedarf bei ihren Aktien-Portefeuilles hatten. Aber auch die Verzinsung von Staatsanleihen und anderen Festverzinslichen Wertpapieren sank hauptsächlich aufgrund der Turbulenzen an den Aktienmärkten auf ein rekordverdächtig niedriges Niveau, so dass es den Versicherungsgesellschaften mitunter schwer fiel, ihren Kunden auch nur den garantierten Rechnungszins von 3,25 Prozent (bis Ende 2003) zu überweisen. Seit 1. Januar 2004 beträgt der Rechnungszins nur noch 2,75 Prozent. Und die Gesamtverzinsung von Kapital- und privaten Renten-Policen ist im Branchenschnitt auf vier bis fünf Prozent zurückgenommen worden. Früher lag sie bei deutlich über sechs Prozent oder sogar bei mehr als sieben Prozent.

Folge: Wer seine Immobilienfinanzierung über die Kombination aus endfälligen Darlehen und einer Lebensversicherung realisiert hat, wird aufgrund der drastisch reduzierten Überschüsse häufig Nachfinanzierungsbedarf haben. Die bei Vertragsabschluss hochgerechneten Ablaufleistungen werden oft deutlich unter den tatsächlichen Auszahlungen liegen.

Siehe auch: Überschussbeteiligung / Lebensversicherung

Kapitalanlagegesellschaft

Kapitalanlagegesellschaften sind Investmentgesellschaften, die Geld von Anlegern in Wertpapiere, Grundstücke oder Beteiligungen investieren. Ziel der Kapitalanlagegesellschaften ist es, eine möglichst hohe Wertentwicklung des von ihnen verwalteten Sondervermögens zu erwirtschaften, um so dessen Ertrag zu maximieren. Die Unternehmen partizipieren in Form von Transaktionsgebühren (Ausgabenaufschläge) und Verwaltungskosten am Umsatz. Zu den Kapitalanlagegesellschaften gehören auch jene, die offene Immobilienfonds betreuen.

Die gesetzlichen Regelungen finden sich seit dem 1.1. 2004 im Investmentgesetz, das das Kapitalanlagegesetz (KAGG) abgelöst hat. Kapitalanlagegesellschaften können verschiedene Fondstypen verwalten: Bei den Wertpapierfonds unterscheidet man zwischen Aktienfonds, Rentenfonds und gemischte Fonds, deren Sondervermögen sowohl aus Aktien also auch aus Rentenpapieren bestehen.

AS-Fonds (AS = Altersvorsorge Sondervermögen) konzentrieren sich meist auf eine Mischung von Aktien und Immobilien. Das Sondervermögen von Dachfonds besteht in Anteilen unterschiedlicher Investmentfonds. Fonds können mit „Garantien" ausgestattet sein, die sich auf eine Mindestrendite oder auf die Rückzahlung des investieren Kapitals gemessen am Preis der am Tage der Auflegung des Fonds zu bezahlen war.

Geldmarktfonds stützen sich auf kurzfristige Geldmarktanlagen (z.B. Festgelder, kurzlaufende festverzinsliche Wertpapiere, Sparanlagen). Mit besonderen Risiken sind Hedgefonds behaftet die am Terminmarkt agieren. Indexfonds achten auf eine Mischung der Wertpapiere, die der Zusammensetzung eines bestimmten Index entspricht. Die Besonderheit von Laufzeitfonds besteht darin, dass für sie ein bestimmter Endtermin für die Fälligkeit des Fonds gilt.

Auch offene Immobilienfonds gehören zu den Investmentfonds. Das von Kapitalanlagegesellschaften verwaltete Vermögen ist von 129 Milliarden im Jahr 1990 auf 862 Milliarden Euro im Jahr 2002 angestiegen.

Siehe auch: Immobilienfonds - Offener Immobilienfonds, Immobilienfonds - Geschlossener Immobilienfonds

Kapitalertragsteuer

Die Kapitalertragsteuer in Höhe von 25% wird von inländischen Aktiengewinnen, Gewinnen aus Gesellschaften mit beschränkter Haftung, Genossenschaften und stillen Gesellschaften, sowie von Zinsen festverzinslicher Wertpapiere abgezogen. Der Schuldner (also das Unternehmen, das Gewinne oder Zinsen ausschüttet), zahlt diese einbehaltene Steuer direkt an das zuständige Finanzamt. Kreditinstitute behalten seit 1993 von den auszuzahlenden Zinsen 30% Zinsabschlagsteuer ein. Aufgrund des Halbeinkünfte-Verfahrens wird die Kapitalertragsteuer auf Aktien-Dividenden nicht mehr als Steuervorauszahlung behandelt; sie ist demnach nicht mehr auf die Steuerschuld anrechenbar. Die Kapitalertragsteuer wird nicht erhoben, falls ein Anleger voraussichtlich keine Einkommensteuer zahlen muss oder den Sparerfreibetrag (inklusive Werbungskosten-Pauschale) von (ab

01.01.2004) 1.421 Euro pro Jahr bei Alleinstehenden und 2.842 Euro bei Verheirateten nicht erreicht.

Kappungsgrenze

Mietrecht

Die Kappungsgrenze bezeichnet im Mietrecht bei nicht preisgebundenen Wohnungen das obere Limit, bis zu dem der Vermieter seine bisherige Miete an die ortsübliche Vergleichsmiete heranführen darf. Die Kappungsgrenze liegt seit 1.9.2001 bei 20%. Das bedeutet, dass jeweils in einem Zeitraum von 3 Jahren die Miete höchstens um 20% erhöht werden darf, selbst wenn die ortsübliche Vergleichsmiete darüber läge. Vor der Mietrechtsreform lag die Kappungsgrenze noch bei 30%.

Bauplanungsrecht

Bei einer bestimmten festgesetzten Grundflächenzahl darf die zulässige Grundfläche bis zu 50% mit der Errichtung von Nebenanlagen, Garagen, Zufahrten u. dergl. überschritten werden. Diese Überschreitungsmöglichkeit kann jedoch bei einer entsprechend hohen Ausgangs-GRZ durch eine Obergrenze der GRZ von 0,8 „gekappt" werden. Beispiel GRZ 0,6 + 50% hieraus = 0,3 wäre 0,9. Über 0,8 hinaus darf aber der Boden nicht mit baulichen Anlagen versiegelt werden. Lediglich in Kerngebieten ist noch eine GRZ von 1,0 zulässig.
Siehe auch: Vergleichsmiete, ortsübliche (Wohnungsmiete), Grundflächenzahl (GRZ) Grundfläche (GR)

KapSt
Abkürzung für: Kapitalertragsteuer

Kataster
Siehe: Liegenschaftskataster

Katasterbücher
Teil des Katasters. Es setzt sich zusammen aus
- dem Flurbuch (Verzeichnis der Flurstücke in der Reihenfolge der Numerierung)
- dem Liegenschaftsbuch (Verzeichnis der Grundstücke eines Gemeindebezirks)
- dem Eigentümerverzeichnis und
- dem alfabetischen Namensverzeichnis, das zum Auffinden der Grundstücke eines Eigentümers dient.

Das automatische Liegenschaftsbuch (ALB) oder das (AGLB) wird elektronisch geführt.
Siehe auch: Grundstücks- und Bodeninformationssystem

Katasterkarten (Flurkarten)
Katasterkarten enthalten die zeichnerischen Darstellungen der Flure und Flurstücke mit Grenzverläufen und Grenzsteinen in einer Gemarkung. Die Katasterkarten werden heute überwiegende elektronisch geführt (ALK = Automatisierte Liegenschaftskarte, bzw. DFK = digitalisierte Flurkarte). Der Vorteil: Sie sind maßstabsunabhängig und blattschnittfrei. Katasterkarten stellen die Ausgangsbasis für verschiedene Verwendungszwecke dar. (Lagepläne, Leitungspläne, Bebauungspläne, Flächennutzungspläne, Erfassung von Altlasten und Altlastenverdachtsflächen usw.)

Kaufmann/Kauffrau in der Grundstücks- und Wohnungswirtschaft (IHK)
Der Kaufmann in der Grundstücks- und Wohnungswirtschaft ist eines der insgesamt 357 Ausbildungsberufsbilder. Es handelt sich um ein „Monoberufsbild" ohne Schwerpunktsetzung und fasst den Ausbildungsbedarf von Maklern, Verwaltern, Bauträgern und Wohnungsunternehmern zusammen. 2000 gab es nach der Ausbildungsstatistik im Bundesgebiet 5.624 Ausbildungsverhältnisse. Kennzeichnend ist die hohe Zugangsqualifikation zu diesem Ausbildungsberuf (61 % Abiturienten, 33 % Real- und Berufsfachschüler, sowie 6 % Hauptschüler) sowie die Tatsache, dass im Gegensatz zum Branchenschnitt die Zahl der Ausbildungsverhältnisse stark angestiegen ist.
Die Ausbildung erfolgt im dualen System in den Ausbildungsbetrieben mit Unterstützung

durch den Fachkundeunterricht an der Berufsschule. Vorausgesetzt wird, dass das Unternehmen über einen Ausbilder verfügt, der die entsprechende Qualifikation nach der Ausbilder-Eignungsverordnung nachweisen kann.

Die Ausbildereignungsqualifikation kann im Rahmen von Lehrgängen der IHK nach Ablegung einer entsprechenden Prüfung erworben werden. Außerdem muss entweder die betriebliche Zweckbasis entsprechend breit sein, dass alle Ausbildungsinhalte vermittelt werden können, oder die Ausbildung muss im Verbund mit anderen Unternehmen erfolgen, die die fehlenden Tätigkeitsfelder im Ausbildungsbereich abdecken können.

Ausbildungspositionen sind das Ausbildungsunternehmen selbst, Organisation, Informations- und Kommunikationssysteme sowie kaufmännische Steuerung und Kontrolle. Im fachspezifischen Teil gehören zu den Ausbildungspositionen:

Bewirtschaftung von Immobilien (Hausverwaltung), Wohnungseigentumsverwaltung, Erwerb und Veräußerung von Grundstücken (Maklertätigkeit), Neubau, Modernisierung und Sanierung, Verkauf von Eigentumsobjekten sowie Finanzierung. Die Vergütung für die Auszubildenden richtet sich nach den Tarifen der Grundstücks- und Wohnungswirtschaft.

Unternehmen, die aufgrund ihres Geschäftsbereichs nicht das gesamte Stoffgebiet, aber doch einen wesentlichen Teil davon im Rahmen der Ausbildung vermitteln können und mit einem anderen Unternehmen kooperieren wollen (Ausbildung im Verbund), sollten mind. die Hälfte der fachlichen Ausbildungsinhalte selbst vermitteln können. Der Verbundpartner fungiert dabei als eine Art „Subunternehmer".Über Einzelheiten zur Ausbildung informieren die Ausbildungsberater der Industrie- und Handelskammern.

Datenblatt zur Berufsausbildung

zum Kaufmann in der Grundstücks- und Wohnungswirtschaft 2000 des RDM-Berufsbildungsausschusses

Bezeichnung des Ausbildungsberufes:

Kaufmann-/Kauffrau der Grundstücks- und Wohnungswirtschaft

Bereich: Industrie und Handel

Berufsfeld: Wirtschaft, Verwaltung, Absatz und Kundenberatung

Berufsbild existiert: Seit 1952

Rechtsgrundlage: Verordnung über die Berufsausbildung zum Kaufmann in der Grundstücks- und Wohnungswirtschaft / zur Kauffrau in der Grundstücks- und Wohnungswirtschaft*) vom 11. März 1996.

*) Diese Rechtsverordnung ist am 18.3.96 im Bundesgesetzblatt, Seite 462 veröffentlicht worden und am 1. August 1996 in Kraft getreten.

Regelausbildungsdauer: 3 Jahre, Verkürzung bis 2 1/2 Jahre für Realschüler und 2 Jahre für Abiturienten möglich, aber nicht ratsam

Zahl der Auszubildenden 2000:

5624, davon Neuabschlüsse 2190

Ausbildungsvergütung: Da für Makler kein Tarifvertrag besteht, ist die Ausbildungsvergütung frei vereinbar. Zur Orientierung: Die durchschnittliche monatliche Ausbildungsvergütung betrug 2001 716 Euro. Unterschiede zwischen Ost und Westdeutschland gibt es nicht mehr. Sie variiert aber nach Ortsgröße (Großstadt / Mittelstadt / Rest) Zum Vergleich: Monatliche Ausbildungsvergütung in Industrie und Handel im Westen 640 Euro und im Osten Deutschlands 550 Euro.

Durchschnittliches Alter: Bei Beginn der Ausbildung 20,7 Jahre, nur 7,5% hat bei Beginn der Berufsausbildung das 19. Lebensjahr noch nicht erreicht und fällt damit in den Anwendungsbereich der Jugendschutzgesetzes. Zum Vergleich Durchschnittsalter in Industrie und Handel: 19,1 Jahre.

Vertragsauflösungen während der Ausbildung: 16,8%. Zum Vergleich Industrie und Handel: 18,7%

Erfolgsquote: 86,2 %, einschl. Wiederholungsprüfung 96,3 %

Vergleiche Industrie u. Handel: 90,7% bzw. 94,3%.

Zugangsqualifikation:

1. Abitur:

Kaufmann GruWo 60,4%

Industrie und Handel 21%

2. Real-/ Berufsfachschule:

Kaufmann GruWo 34,0%

Industrie und Handel 54%

3. Rest (Hauptschule):

Kaufmann GruWo 5,6%

Industrie und Handel 25%

Anteil der weiblichen Auszubildenden 62% (in den neuen Ländern 70,7% alte Länder 58,9%) Vergleiche Industrie u. Handel: 43,4% (47,0 % - 42,4 %)

Ausländeranteil: Kaufmann GruWo: 2,2% Industrie und Handel: 5,9%

Berufliche Fortbildung nach Berufsbildungsgesetz: Geprüfter Immobilienfachwirt, geprüfte Immobilienfachwirtin.

Quellen: Statistisches Bundesamt und Bundesinstitut für Berufsbildung

Kaufnebenkosten
Siehe: Grunderwerbsnebenkosten

Kaufvertrag
Siehe: Grundstückskaufvertrag

Kaution
Siehe: Mietkaution

Kaution per Wertpapier
Ist in einem Mietvertrag die Form der fälligen Kaution nicht eindeutig geregelt – unter Umständen nur die Höhe – so kann der Mieter diese auch per Hinterlegung von Wertpapieren leisten. Das Landgericht Berlin (Az. 64 S 454/96) bejahte diese Möglichkeit, machte aber die Einschränkung, dass es sich hierbei um mündelsichere Wertpapiere (z.B. Pfandbriefe) handeln müsse.

KB
Abkürzung für: Kachelbad

KDB
Abkürzung für: Küche, Diele, Bad

Kennzahlen
Unter Kennzahl versteht man im Controlling in Zahlen verdichtete Informationsgrößen. Sie sind das Ergebnis einer Reihe von miteinander kombinierten Informationen und eine Entschei-

dungsgrundlage für die Bestimmung von Unternehmenszielen, für die Steuerung von Leistungsprozessen und deren Kontrolle.

Grundsätzlich wird zwischen absoluten und relativen Kennzahlen unterschieden. Absolute Kennzahlen sind etwa Umsatzzahlen, deren Entwicklung betrachtet wird. Relative Kennzahlen setzen mindestens zwei Größen miteinander in Beziehung, z.B. die Erfolgsquote im Maklergeschäft. Durch Aufbau von Kennzahlensystemen können komplexe Zusammenhänge leichter erfasst werden. So kann beispielsweise ermittelt werden, ob der Umsatzrückgang auf Markturachen oder Ursachen im Unternehmen selbst zurückzuführen ist.

Die Ermittlung von Branchenkennzahlen in der Immobilienwirtschaft steckt noch in den Anfängen. Zu verweisen ist in diesem Zusammenhang auf die Kennzahlen aus der jährlichen Umfrage von Grabener über die Maklerbetriebe, veröffentlicht im Internet unter www.grabener-verlag.de und auf den RDM Betriebsvergleich

Siehe auch: Betriebsvergleich

keq-Wert
Abkürzung für: Kennziffer für die Energiebilanz, d.h. Dämmeigenschaften und durch passive Sonnennutzung werden berücksichtigt

Kernprodukt
Letztlich können in Anlehnung an Jung (Jung, H. 1999, Allgemeine Betriebswirtschaftslehre) drei Bestandteile einer Immobilie differenziert werden: das Kernprodukt, das formale Produkt und das erweiterte Produkt:
• Kernvorteil eines Produktes ist die damit verbundene zentrale Problemlösungsfunktion. Im Falle einer Immobilie ist es das sprichwörtliche Dach über dem Kopf, die Möglichkeit hierin einer Bürotätigkeit nachzugehen, Güter zu produzieren, zu lagern oder Waren zu verkaufen.
• Das formale Produkt geht hier deutlich weiter und umfasst ebenfalls physische Komponenten. Im Bereich Immobilienwirtschaft sind dies der Mikro- und Makrostandort, das Image des Ob-

jektes, die Qualität und bestimmte Objekteigenschaften (z.B. große Terrasse, Südausrichtung, etc.). Letztendlich umfasst dann „das erweiterte Produkt die Gesamtheit aller Vorteile, die der Käufer mit dem Erwerb des formalen Produktes erhält oder erfährt" (Jung, H).

• Das erweiterte Produkt umfasst zusätzlich noch Serviceleistungen wie etwa Verwalterdienstleistung, Vermietungsservice des Maklerunternehmens, Kundenbetreuung oder evtl. ein Relocationservice.

Siehe auch: Relocation

KESt

Abkürzung für: Kapitalertragsteuer

KfH

Abkürzung für: Kammer für Handelssachen

KfW Kreditanstalt für Wiederaufbau

Die Kreditanstalt für Wiederaufbau ist eine Körperschaft öffentlichen Rechts. Sie verfügt immer noch über ERP-Mittel, die aus zurückfließenden Darlehen des ursprünglichen European Recovery Program stammen, einer amerikanischen Unterstützungsaktion für den Wiederaufbau des zerstörten Deutschland. Sie vergibt diese als Fördermittel (Darlehen) im Rahmen wirtschaftspolitisch orientierter Programme, z.B. Wohnungsbau-, Existenzgründungs- und Modernisierungsprogramm. Anspruchsberechtigte erhalten vor allem zinsverbilligte Darlehen. Seit 1. Januar 2003 bündeln die KfW mit der DtA (Deutsche Ausgleichsbank) im Rahmen der Neuformierung zur „Die Mittelstandsbank", http://www.mittelstandsbank.de, ihr Förderangebot. Der rechtliche Vollzug der Fusion beider Kreditinstitute wird bis August 2003 erfolgt sein.

Anschriften: KfW Palmengartenstr. 5-9 60325 Frankfurt/Main Telefon 069/74310

DtA Ludwig-Erhard-Platz 1-3 53179 Bonn, Telefon: 0228 831-0 Telefax: 0228 831-2255

KfZ

Abkürzung für: Kraftfahrzeug

KG

Abkürzung für: Kommanditgesellschaft

KG / kg

Abkürzung für: KellergeschossAbkürzung für: KammergerichtAbkürzung für: Kilogramm

KGaA

Abkürzung für: Kommanditgesellschaft auf Aktien

KGJ

Abkürzung für: Jahrbuch für Entscheidungen des Kammergerichts

KGO

Abkürzung für: Kleingarten- und Pachtlandordnung

KGV

Abkürzung für: Kurs Gewinn Verhältnis

Kibuzz

Beim Kibuzz handelt es sich um eine ursprünglich ländliche israelische Siedlungsform, die sich dadurch auszeichnet, dass die Siedlung selbst und alle Produktionsmittel gemeinschaftliches Eigentum sind. Die Siedlung ist zuständig für die Befriedigung der wirtschaftlichen sozialen und kulturellen Bedürfnisse ihrer Mitglieder. Das Leben im Kibuzz richtet sich nach bestimmten Prinzipien. Hierzu gehören: gemeinschaftliche Produktion und Konsumtion, das Prinzip der „Selbstarbeit" (ein Kibuzz ist ein geschlossener Arbeitsmarkt, die Arbeitskräfte stehen der Gemeinschaft zur Verfügung) jeder leistet nach seinen Fähigkeiten und erhält nach seinen Bedürfnissen (Absage an den leistungsbezogenen Lohn).

Der Kibuzz ist ein selbstverwaltetes Kollektiv und nach demokratischen Ordnungsprinzipien verfasst. Die ca. 270 Kibuzzim mit ca. 130.000 Einwohnern stellen für Israel mittlerweile einen nicht unbedeutenden Wirtschaftfaktor dar im Bereich der Landwirtschaft, der Industrie und des Handwerks dar. Der erste Kibuzz entstand 1909. Gegenüber dem Kibuzz unterliegen die Mitglieder eines Moschaw weniger Regeln. Es handelt sich um Genossenschaftssiedlungen auf staatlichem Grund, die ihre in Eigenarbeit produzierten Güter gemeinschaftliche vermarkten. Auch der Einkauf erfolgt auf genossenschaftlicher Basis."

Kinderzulage

Für Familien mit Kindern ist die Kinderzulage eine zusätzliche Förderung, die zusammen mit der Eigenheimzulage nach dem Eigenheimzulagengesetz gewährt wird. Sie betrug bis Ende 2003 767 Euro pro Kind und Jahr während des achtjährigen Förderzeitraums. Zum 1. Januar 2004 wurde sie auf 800 Euro jährlich leicht erhöht.

Die Kinderzulage ersetzt seit 1.1.1996 das Baukindergeld, das früher in Kombination mit dem nach § 10e EStG gewährten Sonderausgabenabzug für selbstgenutztes Wohneigentum steuerlich geltend gemacht werden konnte.

Klage

Mit Klage ist in den meisten Fällen die Klageschrift des Klägers gemeint. Diese muss einen konkreten Antrag enthalten, der auf ein Tun oder Unterlassen des Anspruchsgegners gerichtet ist. Die Klageschrift muss weiterhin eine Begründung für den Antrag und eventuell das Angebot notwendiger Beweismittel enthalten.

Klageerwiderung

Auf eine Klage wird in der Regel mit einer Klageerwiderung reagiert. Dabei geht es darum, alles anzuführen, was den Rechtsstandpunkt des Klägers entkräftet. Beantragt wird, wenn sich der Beklagte im Recht fühlt, die kostenpflichtige Abweisung der Klage. Dazu muss ebenfalls eine mit Beweisangeboten versehene Begründung abgegeben werden. Reagiert der Beklagte nicht fristgerecht, obwohl er sich im Recht fühlt, droht ein Versäumnisurteil. Das Gericht

unterliegt der sog. Parteimaxime. Das bedeutet, dass das Gericht nur über die Umstände urteilt, die ihm von beiden Parteien vorgetragen werden. Von sich aus ermittelt das Zivilgericht nicht.

Klarstellungssatzung

Siehe: Abgrenzungssatzung (Klarstellungssatzung)

Kleinbetragsregelung (Erhaltungsaufwand)

Die Kleinbetragsregelung gilt für Vermieter, die Renovierungs-und Bauarbeiten an ihrem Objekt durchführen lassen. Liegen die Kosten einer einzelnen Baumaßnahme nicht höher als 2.050 Euro (Rechnungsbetrag ohne Umsatzsteuer), handelt es sich um „sofort abziehbaren Erhaltungsaufwand", den der Vermieter im selben Jahr steuermindernd als Werbungskosten bei seinen Einkünften aus Vermietung und Verpachtung gegenrechnen kann.Übersteigen die Ausgaben der Renovierungsarbeiten die Grenze für die Kleinbetragsregelung, unterscheidet das Finanzamt nach den gängigen Regeln zwischen Herstellungs- und Erhaltungsaufwand.

Kleinreparaturen (Wohnungsmietvertrag)

In der Regel wird der Mieter im Mietvertrag dazu verpflichtet, geringfügige Schäden auf eigene Kosten zu beheben, die in der Mietwohnung entstehen (Schalter, Steckdosen, Wasserhähne, Ventile, Brauseköpfe, Spülkästen, Fensterriegel, Türgriffe, Schlösser).Nicht dazu zählt die Reparatur zerbrochener Glasscheiben und defekter Versorgungsleitungen. Die Behebung eines Bagatellschadens darf den Mieter nach einem Urteil des Bundesgerichtshofs nicht mehr als 75 Euro im Einzelfall und 150-200 Euro oder 8%-10% der Miete pro Jahr kosten.In einer Kleinreparaturklausel muss außerdem der Höchstbetrag für Reparaturen genannt werden, bis zu dem der Mieter die Kosten innerhalb eines Jahres zu tragen hat.

Kleinsiedlungsgebiet

Siehe: Wohngebiete (nach BauNVO)

Kleinunternehmer

Als Kleinunternehmer gilt derjenige, dessen Umsatz im Vorjahr unter 17.500 Euro lag. Im laufenden Jahr darf der Umsatz nicht höher als 50.000 Euro sein. Wer steuerlich als Kleinunternehmer gilt, kann umsatzsteuerpflichtige Vermietungen vornehmen und braucht keine Umsatzsteuer an das Finanzamt abzuführen. Wer über mehrere Jahre von der Kleinunternehmerregelung profitieren will, darf natürlich in keinem Jahr die Grenze von 17.500 Euro überschreiten!

KM

Abkürzung für: Kaltmiete

km/h

Abkürzung für: Stundenkilometer

KMK

Abkürzung für: Kultusministerkonferenz

KO

Abkürzung für: Konkursordnung

Kombinierter Wettbewerb

Wettbewerb, bei dem Planungs- und Bauleistungen zugleich ausgeschrieben werden. Ziel ist es, eine frühzeitige Kooperation von Planern und ausführenden Unternehmen zu erreichen und dadurch unnötige Kosten zu vermeiden.
Siehe auch: Architektenwettbewerb, Investorenwettbewerb

Komm.

Abkürzung für: Kommentar

Kommunikationspolitik

Zu den klassischen Instrumenten der Kommunikationspolitik zählen Werbung und Öffentlichkeitsarbeit. Objektwerbung ist Werbung für das Objekt zur Erzielung des beabsichtigten Verkaufs- oder Vermietungserfolges und gehört damit zum derivaten Marketing. Bezogen auf den Auftraggeber steht die Festlegung eines Objektwerbeplanes im Vordergrund. Dabei sind sorgfältig die Werbeträger auszuwählen, der Inhalt der Werbeaussage zielgruppengerecht festzulegen und ein bestimmter Werbeetat einzuräumen.
Siehe auch: Marketing

Koni.

Abkürzung für: Kochnische

Konkurrenzschutz

Die Pflicht des Vermieters zur Gewährung des ungestörten vertragsgemäßen Gebrauchs von Flächen und Räumen zum Betrieb eines gewerblichen oder freiberuflichen Betriebes umfasst auch die Verpflichtung, Konkurrenz in anderen Räumen des Mietgrundstücks oder auf unmittelbaren Nachbargrundstücken – soweit sie dem Vermieter gehören – fernzuhalten.
Dieser vertragsimmanente Konkurrenzschutz erstreckt sich jedoch nicht auf jegliche vom Mieter im Rahmen seines Gewerbes angebotene Artikel oder Leistungen, sondern nur auf den Kern des Sortiments (Hauptartikel) oder der Leistungen.
Wettbewerb an der Peripherie des Leistungsspektrums ist dem Mieter zuzumuten, sofern nicht die Parteien ausdrücklich die Ausweitung des Konkurrenzschutzes auf Nebenartikel vereinbart haben.
Bei Ladenlokalen ist, speziell wenn sie in Gewerbekomplexen angesiedelt sind, auf den Konkurrenzschutz zu achten. Dort, wo ein solcher Konkurrenzschutz besteht oder vertraglich eingeräumt wird, werden zunächst einmal die Ertragschancen des Mieters deutlich erhöht. Gleichzeitig – dies gilt speziell für Shopping-Center – besteht die Gefahr, dass angesichts des Konkurrenzschutzes unter den Mietern eines größeren Komplexes kein Wettbewerb mehr besteht, was zu höheren Preisen der angebotenen Waren, schlechtem Kundenservice und daraufhin auch zu einem sinkenden Publikumsinteresse führt. Außerdem erschwert es die Suche

weiterer Mieter im Konkurrenzschutz-Bereich. Besteht allerdings kein Konkurrenzschutz, so ist die Gefahr eines überzogenen Wettbewerbs innerhalb des gleichen Gewerbeobjekts gegeben. Dies ist gerade dann, wenn Umsatzmieten vereinbart wurden, aus Vermietersicht ebenfalls problematisch, aber darüber hinaus auch wegen des Risikos eines Leerstandes. Insofern wird es sich vielfach anbieten, dieses Thema genau zu analysieren und u.U. einen Mittelweg zu gehen.
Siehe auch: Konkurrenzverbot

Konkurrenzverbot
Die Vereinbarung von Konkurrenzverboten in der Teilungserklärung ist als Nutzungsbeschränkung möglich, soweit sie sachlich gerechtfertigt sind. Da jedoch die Wirksamkeitsgrenzen schwierig zu bestimmen sind, empfiehlt sich die Eintragung einer Unterlassungsdienstbarkeit als der sichere Weg.
Siehe auch: Konkurrenzschutz

Konkurs
Siehe: Insolvenz

Konsensprinzip
Siehe: Antrag und Bewilligung (Grundbuch)

Konstruktionsgrundfläche (KGF)
Siehe: Grundfläche nach DIN 277/1973/87

Kopplungsgeschäft
Von Kopplungsgeschäft spricht man, wenn in einem Vertrag eine dem Inhalt des Vertrages artfremde Zusatzleistung vom Vertragspartner gefordert wird. Solche „angekoppelten" Vertragsleistungen sind nach dem AGB-Gesetz unwirksam, weil es sich um „Überraschungsklauseln" handelt. Die Wettbewerbsregeln des RDM enthalten Kopplungsverbote., ebenso das Wohnungsvermittlungsgesetz.
Ein Makler kann einen Wohnungssuchenden in einem Vertrag, der die Provisionszahlung zum Inhalt hat, nicht gleichzeitig verpflichten, über ihn eine Hausratversicherung abzuschließen oder mit dem Umzug einen dem Makler bekannten Spediteur zu beauftragen. Unter das Kopplungsverbot fällt auch die im Zusammenhang mit einem Grundstückskauf verbundene Architektenbindung."
Siehe auch: Architektenbindung

Kostenermittlung
Siehe: Gesamtkosten (eines Bauwerks)

Kostenmiete
Kostenmiete ist die Höchstmiete für preisgebundenen Wohnraum, der mit öffentlichen Mitteln auf der Grundlage des II. Wohnungsbaugesetzes gefördert wurde. Sie setzt sich zusammen aus den Kapital- und Bewirtschaftungskosten der Wohnanlage. Zu den Kapitalkosten zählt auch eine Eigenkapitalverzinsung von 4%, bezogen auf 15% der Gesamtkosten. und 6% für den darüber hinausgehenden Anteil am Eigenkapital.
Zu den Bewirtschaftungskosten zählen die Abschreibung, die Verwaltungs- und Instandhaltungskosten sowie das Mietausfallrisiko. Die Ermittlung dieser Aufwendungen war Gegenstand einer Wirtschaftlichkeitsrechnung, mit der anschließend die Durchschnittsmiete ermittelt wurde. Je nach Ausstattung und Lage der einzelnen Wohnungen konnte die Einzelmiete von diesem Durchschnittswert abweichen. Darüber hinaus kann der Vermieter auch Zuschläge zur Einzelmiete verlangen. Falls die „Bewilligungsmiete" unter der Kostenmiete lag, musste das Wohnungsunternehmen „Aufwandsverzichte" hinnehmen, wenn es das Bauvorhaben dennoch durchführen wollte. Meist wurde in solchen Fällen ganz oder teilweise auf die Eigenkapitalverzinsung verzichtet.
Beim neuen Förderungsrecht, nach dem Wohnraumförderungsgesetz, das am 1. Januar 2002 in Kraft trat, ist bei den hiernach geförderten Wohnungen nicht mehr die Kostenmiete maßgebend, sondern eine Miete, die zwischen der Förderungsstelle und dem Vermieter vereinbart wird. Sie liegt stets unterhalb der ortsüblichen Vergleichsmiete, die als Orientierungsgrundlage dient.

Kostenverteilungsschlüssel

Jeder Wohnungseigentümer ist den anderen Wohnungseigentümern gegenüber verpflichtet zu den Lasten des gemeinschaftlichen Eigentums sowie zu den Kosten der Instandhaltung, Instandsetzung, sonstigen Verwaltung und eines gemeinschaftlichen Gebrauchs des gemeinschaftlichen Eigentums beizutragen. Welchen Beitrag jeder Wohnungseigentümer zu leisten hat, richtet sich nach dem Kostenverteilungsschlüssel.

Gemäß § 16 Abs. 2 WEG ist der gesetzliche Kostenverteilungsschlüssel die Kostentragung im Verhältnis der Miteigentumsanteile. Da § 16 Abs. 2 WEG keine zwingende Vorschrift ist, kann in der Gemeinschaftsordnung ein Verteilungsschlüssel vereinbart werden, der den Besonderheiten der jeweiligen Wohnungseigentümergemeinschaft Rechnung trägt.

Kostenvoranschlag

Unverbindliche Berechnung der voraussichtlichen Kosten durch den jeweiligen Vertragspartner (Handwerker, Bauunternehmer usw.). Diese Vorabkalkulation ist keine Garantie, dass der Rechnungsbetrag anschließend genauso hoch ausfällt. Der Handwerker muss den Bauherrn lediglich informieren, wenn die geschätzten Kosten wesentlich überschritten werden. Der Bauherr hat in diesem Fall ein besonderes Kündigungsrecht (§650 BGB). siehe Bausummenüberschreitung.

KostO

Abkürzung für: Kostenordnung

KP

Abkürzung für: Kaufpreis

Kreditinstitute

Siehe: Kreditwesen (Bundesaufsichtsamt)

Kreditrahmen

Die Tabelle zeigt, wie hoch ein Darlehen bei einer 1%igen Tilgung, verschiedenen Zinssätzen und Monatsraten ist. (alle Angaben in Euro gerundet). Angenommen, es kann eine monatliche Rate von 1.600 Euro aufgebracht werden und es wird ein Darlehen zu einem Nominalzins von 7% (bei 1% Tilgung) vereinbart, dann ist eine Darlehenshöhe von 225.000 Euro „realistisch".

Kreditrahmen

bei 1% Tilgung, 100% Auszahlung

Freie Liquidität

pro Monat

▼EUR	6,5%	7,0%	7,5%	8,0%
400	64.000	60.000	56.500	53.000
500	80.000	75.000	70.500	66.500
600	96.000	90.000	84.500	80.000
700	112.000	105.000	99.000	93.000
800	128.000	120.000	113.000	106.000
900	144.000	135.000	127.000	120.000
1.000	160.000	150.000	141.000	133.000
1.100	176.000	165.000	155.000	146.500
1.200	192.000	180.000	169.000	160.000
1.300	208.000	195.000	183.500	173.000
1.400	224.000	210.000	198.000	186.500
1.500	240.000	225.000	212.000	200.000

Kreditwesen (Bundesaufsichtsamt)

Am 1. Mai 2002 ist das Bundesaufsichtsamt für das Kreditwesen mit den Bundesaufsichtsämtern für das Versicherungswesen und den Wertpapierhandel in der Bundesanstalt für Finanzdienstleistungsaufsicht (BAFin) verschmolzen worden. Das frühere Bundesaufsichtsamt für das Kreditwesen (BAKred) ist jetzt identisch mit dem Bereich Bankenaufsicht der neuen Bundesanstalt.

Es hat die Aufsicht über Kreditinstitute, Finanzdienstleistungsinstitute, Finanzholdinggesellschaften und Finanzunternehmen in Deutschland. Diese Unternehmen werden nach dem Kreditwesengesetz über ihrer Geschäftstätigkeit definiert.

Kreditinstitute sind Unternehmen, die gewerbsmäßig Bankgeschäfte betreiben. Hierzu gehören u.a. das Einlagengeschäft, das Kreditgeschäft, das Diskontgeschäft (Wechselgeschäft), der Handel mit Wertpapieren, Geldmarktpapieren, Devisen in eigenem Namen für fremde Rechnung, das Depotgeschäft, das Investmentgeschäft, die Übernahme von Bürgschaften, das Girogeschäft, das Emissionsgeschäft, das Geldkartengeschäft und das Netzgeldgeschäft. Finanzdienstleistungsinstitute sind Unternehmen, die Finanzdienstleistungen für andere gewerbsmäßig erbringen. Hierzu gehören u.a. die Anlagevermittlung auf der Grundlage von Maklerverträgen, der Abschluss von Kaufverträgen über Finanzinstrumente (Wertpapiere Devisen u. dergl.) in fremden Namen und für fremde Rechnung (Abschlussvermittlung), die Finanzportfolioverwaltung, der Eigenhandel mit Finanzinstrumenten.Finanzholdinggesellschaften sind Unternehmen, deren Tochtergesellschaften Institute, also Banken und Finanzdienstleister sowie Finanzunternehmen sind. Im Gegensatz zu Kreditinstituten und Finanzdienstleistungsinstitute sind Finanzunternehmen keine „Institute". Deren Geschäfte bestehen u.a. im Erwerb von Beteiligungen und Geldforderungen, im Abschluss von Leasingverträgen, in der Ausgabe und Verwaltung von Kreditkarten, im Handel mit Wertpapieren und Devisen sowie in der Anlageberatung und im Geldmaklergeschäft. Die bedeutendste Gruppe sind die Kreditinstitute mit ca. 3.200 Banken. Daneben gibt es derzeit etwa 1.200 Finanzdienstleistungsinstitute.

Die Bafin, Bereich Banken, ist als Aufsichtsbehörde auch zuständig für die Erteilung der Erlaubnis zum Geschäftsbetrieb. Es wacht besonders über Eigenkapitalausstattung, Liquiditätshaltung und Risikobegrenzung im Bankgeschäft. Außerdem muss das Amt die Einhaltung verschiedener Gesetze überprüfen, die für Spezialkreditinstitute gelten; dazu zählen unter anderem das Hypothekenbankgesetz, das Bausparkassengesetz und das Gesetz über Kapitalanlagegesellschaften.

Das BAKred hatte 667 Beschäftigte und ist im Dezember 2000 von Berlin nach Bonn umgezogen. Die Anschrift der jetzigen Bundesanstalt

für Finanzdienstleistungsaufsicht:
53117 Bonn, Graurheindorfer Straße 108, Telefon: 0228 / 4108 - *,Telefax: 0228 / 41108 - 1550 und Lurgiallee 12 in 60439 Frankfurt

KreisG / KrsG
Abkürzung für: Kreisgericht

KrW-/AbfG
Abkürzung für: Kreislaufwirtschafts- und Abfallgesetz

KrWG
Abkürzung für: Kreislaufwirtschaftsgesetz

KSchG
Abkürzung für: Kündigungsschutzgesetz

KSt
Abkürzung für: Körperschaftssteuer

KStG
Abkürzung für: Körperschaftsteuergesetz

KStR
Abkürzung für: Körperschaftssteuerrichtlinien

Kt./K
Abkürzung für: Kaution

Kto.
Abkürzung für: Konto

KUB
Abkürzung für: Kommunal- und Unternehmensberatung

Kü
Abkürzung für: Küche

Kündigung
Durch die Kündigung wird ein vertraglich eingegangenes Dauerschuldverhältnis beendet. Der Zeitpunkt des Vertragsendes richtet sich nach den gesetzlichen bzw. vereinbarten Kündigungsfristen

Siehe auch: Berechtigtes Interesse, Darlehen, Beendigung eines Mietverhältnisses

KÜO

Abkürzung für: Kehr- und Überprüfungsordnung

Kundenzeitschrift

Die Kundenzeitschrift ist ein herausragendes Medium zur Kundenkommunikation, das sich für die Immobilienbranche hervorragend eignet. Grund: Immobilien kosten (absolut) viel, daher besteht ein großer Informationsbedarf. Kundenzeitschriften werden auch deshalb gut angenommen, weil sie unaufdringlich sind und nicht als reine „Werbung" wahrgenommen werden; sie können weggelegt und bei Bedarf oder Interesse gelesen werden. Der Kontakt mit dem Kunden bleibt erhalten. Die Kundendatenbank kann bei Bedarf auf den neuesten Stand gebracht werden. Außerdem können inhaltliche Argumente dafür gebracht werden, dass der Kunde gerade das Angebot des Immobilienunternehmens XY wahrnehmen soll. Damit kann die traditionelle Werbung unterstützt werden.

Kurs/Gewinn-Verhältnis

Das Kurs/Gewinn-Verhältnis (KGV) ist die wichtigste Kennzahl bei der Bewertung eines Aktieninvestments und dient damit als Anhaltspunkt für den Vergleich verschiedener Kapitalanlagealternativen. Für die Berechnung wird der Aktienkurs durch den Gewinn pro Aktie geteilt. Das Ergebnis sagt aus, wie viel Jahre ein ebenso hoher Unternehmensgewinn ausgeschüttet werden müsste, um das eingesetzte Kapital zurückzubekommen. Je niedriger also das KGV ist, desto lohnender – zumindest im Grundsatz – ist die Anlage. Außer Acht gelassen werden dabei ein mögliches Gewinnwachstum in dem entsprechenden Unternehmen, Kursschwankungen und die sonstigen Risiken, die zu jedem Aktieninvestment gehören.

KWG

Abkürzung für: Gesetz über das Kreditwesen

kWh

Abkürzung für: Kilowattstunde

LAbfG

Abkürzung für: Landesabfallgesetz

LAG

Abkürzung für: Landesarbeitsgericht

LAG

Abkürzung für: Lastenausgleichsgesetz

Lage

Die Lage ist ein klassisches Qualitätskriterium für eine Immobilie. Zu unterscheiden sind die Makrolage und die Mikrolage, also das räumliche Umfeld in einem weiteren und in einem engeren Sinn.

Die Makrolage eines Grundstücks kennzeichnet die Erreichbarkeiten der überregional bedeutsamen Zentren aus der Lageperspektive dieses Grundstücks und legt deshalb Wert auf eine Analyse der Entfernungen und Verkehrsverbindungen (Flughäfen, Autobahnen, Zugverbindungen) zu diesen Zentren.

Bei Beurteilung der Mikrolage spielen die kleinräumigen Erreichbarkeiten zwar auch eine Rolle. Je nach Nutzungsart sind für die Lageeinschätzung neben harten vor allem auch weiche Lagefaktoren bedeutsam.

Harte Lagefaktoren sind quantifizierbar z.B. Entfernungen, deren Überwindung Kosten für Verkehrsmittel oder Gütertransport verursacht. Weiche Lagefaktoren sind auf subjektive Einschätzungen von Lagequalitäten zurückzuführen, z.B. Milieu der Umgebung eines Standortes. Auch wenn weiche Lagefaktoren aus sich heraus nicht quantifizierbar sind, kann ihnen doch ein erheblicher Anteil am Gesamtlagewert zukommen. Bei der Lageanalyse kann ein Zensurierungssystem weiterhelfen. Wenn es beispielsweise darum geht, die Lagequalität eines Einfamilienhauses zu bestimmen, können die verschiedenen grundlegenden Lagefaktoren gewichtet werden, wobei man sich an einem Lageoptimum orientiert:

Kurzbeispiel:

Lageoptimum (Orientierungsvorgabe der Lagen für Einfamilienhäuser)

Verkehrslage: 30
Ortslage: 30
Umgebung/Milieu: 40
Gesamt = 100

Lageeinschätzung eines bestimmten Einfamilienhauses: (Vergleich zum Lageoptimum)
Verkehrslage: 15
Ortslage: 30
Umgebung/Milieu: 20
Gesamt = 65

Die Lage des Einfamilienhauses würde hier im Vergleich zum Optimum eine noch befriedigende mittlere Wohnlage sein. Nun kann man nach der Zielbaummethode die Orientierungsvorgabe noch weiter auffächern, in dem z.B. die Verkehrslage (Erreichbarkeit) in folgende Komponenten zerlegt wird:

Nähe zu Schulen: 3
Nähe zum Kindergarten: 5
Nähe zu Einkaufsmöglichkeiten (täglicher Bedarf): 6
Nähe zu Sport- und Freizeiteinrichtungen: 3
Nähe zur Kulturstätten: 2
Nähe zu öffentlichen Verkehrsmitteln und deren Frequenz: 4
Nähe zu Ärzten: 2
Nähe zum Stadtzentrum: 5
Gesamt = 30

Dies ist natürlich nur ein Beispiel. Wer sich mit Lageanalysen beruflich befassen muss, der müsste, bevor er solche leitbildhaften Orientierungsvorgaben für verschiedene Objektarten erstellt, die spezielle Raumstruktur erfassen. Man kann Lagespezifika eines Raumes nicht auf andere Räume übertragen.

Siehe auch: Standort- und Marktanalyse, Zielbaummethode

Lageklassenmethode

Die Lageklassenmethode ist ein in der Schweiz gebräuchliches Verfahren zur Bewertung von Grund und Boden (Land). Es wird wohl auch als Naegeli-Verfahren bezeichnet, weil Naegeli diese Methode in den 50er Jahren entwickelt hat. Die letzte Darstellung von Naegeli und Hungerbühler findet sich im „Handbuch des

Liegenschaftsschätzers" (Zürich 1988).

Die Lageklassenmethode ist vielfach Grundlage für die Ermittlung des Bodenwertanteils bebauter Grundstücke für steuerliche Zwecke (Steuerwerte). In einigen Kantonen der Schweiz werden zwar Bodenrichtwerte auf der Grundlage von erzielten Preisen für Vergleichsgrundstücke zur Bewertung von Land herangezogen. In anderen Kantonen herrscht die Lagenklassenmethode vor. Wo Richtwerte fehlen, greift man ohnehin zur Lageklassenmethode. Diese geht von der durch Untersuchungen gestützten Annahme aus, dass Liegenschaften mit gleichen Lagemerkmalen ein annährend gleiches Verhältnis von Boden- zu Bauwert aufweisen. Bei Ermittlung der Lageklassen werden vor allem Lage, Nutzung und Bauqualität berücksichtigt. Durch Zuweisung des Grundstücks zu einer Lageklasse und Ermittlung des Bauwertes kann auf den Bodenwert geschlossen werden. In der Vollziehungsverordnung zum Steuergesetz von Luzern vom November 1994 wird z.B. bestimmt, dass der „Bodenwert in einem angemessenen Verhältnis zur Nutzung und zum Gesamtanlagewert des Grundstücks (Lageklassen) stehen soll". Ermittelt wird zunächst der maßgebende Landbedarf - die nach den Bauvorschriften für den Baukörper notwendige Grundstücksfläche in m². Der Landbedarf wird in Raumeinheiten zum Ausdruck gebracht. Auch für die Ermittlung der Raumeinheiten gibt es ein bestimmtes Verfahren. Für eine ermittelte Anzahl von Raumeinheiten ist mit anderen Worten ein bestimmter Landbedarf gegeben.

Den wertbildenden Merkmalen eines Grundstücks (z.B. Nutzungsintensität, Verkehrsrelation zur Großstadt, Wohnsituation usw.) werden bestimmte Werte zugemessen. Die Merkmalszahlen werden addiert. Man erhält so die provisorische Lageklassenzahl. Die Summe wird, falls erforderlich und bei der Quantifizierung eines Merkmals noch nicht berücksichtigt, mit Hilfe von Steigerungs- oder Reduktionsfaktoren korrigiert. Die Korrektur ist durch einen zulässigen Abweichungskorridor begrenzt.

(Beispiel für Steigerungsfaktoren: Besonders attraktive Wohnlage bei Einfamilienhäusern, besonders hohe Passantenfrequenz bei Geschäftsgrundstücken, Beispiel für Reduktionsfaktoren: besondere Immissionsbelastungen, schlechte Grundstücksform). Jeder Lageklasse (z.B. 1 - 8) entspricht ein Prozentsatz, der sich auf den Neuwert eines Gebäudes bezieht. Der Bodenwert des sog. maßgeblichen Landbedarfs wird durch Multiplikation des Prozentsatzes mit diesem Neuwert ermittelt.

Da der maßgebliche Landbedarf mit der tatsächlichen Bodenfläche in der Regel nicht übereinstimmt, müssen auch die Werte der Mehrflächen ermittelt werden. Dabei wird wiederum unterschieden zwischen solchen Mehrflächen, die sich im Umgriff des Gebäudes befinden und wegen der Form und Größe keine weitere Bebauung zulassen, Mehrflächen, die abgetrennt und als Bauplätze einer baulichen Nutzung zugeführt werden können und schließlich nicht zu bewertende Mehrflächen (Verkehrsflächen, die auch anderen Grundstücken dienen, Gewässer, unkultiviertes Land). Für die Bewertung der Mehrflächen (zu Steuerzwecken) stehen auch hier wieder eigene Regelwerke zur Verfügung."

Lageplan

Der Lageplan gehört zu den Bauvorlagen und Beleihungsunterlagen. Soweit der Lageplan Bestandteil einer Bauvorlage ist, muss er bestimmte, in den Bauvorlagenverordnungen der Bundesländer enthaltene Darstellungen enthalten. Sie sind länderunterschiedlich geregelt.

In der Regel zählen hierzu der Maßstab (in der Regel 1:500) und die Lage des Grundstücks zur Himmelsrichtung, die Bezeichnung des Grundstücks (Gemeinde, Straße, Hausnummer, Grundbuch, Gemarkung, Flur, Flurstück), Flächeninhalt und katastermäßige Grenzen des zu bebauenden Grundstücks und der Umgebungsgrundstücke, der vorhandene Gebäudebestand sowie im Liegenschaftsbuch enthaltene Hinweise auf Baulasten. In einigen Bundesländern wird unterschieden zwischen dem einfa-

chen und dem qualifizierten Lageplan. Der einfache Lageplan enthält die oben dargestellten Angaben.
Siehe auch: Bebauungsplan

Landesbauordnung

In den Landesbauordnungen der Bundesländer ist das jeweils geltende Bauordnungsrecht kodifiziert. Inhaltlich stimmen sie nur teilweise überein. Vor allem im Bereich des genehmigungsfreien Bauens ist „Bewegung" in die Landesbauordnungen gekommen. Jede Landesbauordnung wird begleitet von einer Reihe von Nebengesetzen und Verordnungen, die dem Bauordnungsrecht zugehören.
Siehe auch: Bauordnungsrecht

Landesplanung

Unter Landesplanung versteht man den Teil der Raumplanung, der auf der Grundlage des Raumordnungsgesetzes den Bundesländern als Aufgabe zugewiesen ist. Rechtliche Grundlage sind die Landesplanungsgesetze der Bundesländer. Instrumente sind die Landesentwicklungsprogramme und auf der Ebene der Planungsregionen die Regionalpläne bzw. regionalen Raumordnungspläne und die Raumordnungsverfahren. Die Bauleitplanung ist mit den Regionalplänen durch die Vorschrift im BauGB verzahnt. (Die Bauleitpläne sind den Zielen der Raumordnung anzupassen.)

Landschaftsplan

Das Bundesnaturschutzgesetz schreibt vor, dass die Gemeinden auf der Grundlage der Landschaftsprogramme der Bundesländer und der für die Regionen daraus entwickelten Landschaftsrahmenpläne sog. Landschaftspläne aufstellen müssen.
Ein Landschaftsplan enthält einerseits Darstellungen einer Bestandsaufnahme des gegebenen Zustands von Natur und Landschaft und ihre Bewertung, andererseits die Darstellung des angestrebten Zustandes und der zur Erreichung dieses Zustandes erforderlichen Maßnahmen. Darstellungen des Landschaftsplanes können

auf der Grundlage von Länderbestimmungen in die Bauleitplanung aufgenommen werden.

Landwirtschaft

Landwirtschaft i.S.d. Baugesetzbuches ist der Ackerbau, die Wiesen- und Weidewirtschaft, die „Pensionstierhaltung" auf überwiegend eigener Futtergrundlage, die Gartenbauliche Erzeugung, der Erwerbsobstbau, der Weinbau, die berufsmäßige Imkerei und die berufsmäßige Binnenfischerei. (§ 201 BauGB)

Landwirtschaftliche Produktionsgenossenschaft

Landwirtschaftliche Produktionsgenossenschaften (LPG) wurden in der DDR seit 1952 auf Betreiben der SED im Rahmen ihrer Kampagnen zur Kollektivierung der Landwirtschaft gegründet.
Bei den LPG des Typs I brachten die Genossen zunächst nur ihre landwirtschaftlichen Nutzflächen in die Genossenschaft ein, während Vieh, Maschinen und Geräte in Privatbesitz verblieben. Später folgten Kampagnen zur Bildung von LPG des Typ II (zusätzliche Einbringung von Grünland, Wald und Maschinen) und des Typs III. Letztere beließen lediglich die häusliche Vieh- und Gartenwirtschaft in privater Hand und konnten gegen Ende der 1950er Jahre erst mit erheblichem Druck durchgesetzt werden.
Der Einigungsvertrag von 1990 sah die Aufhebung des Gesetzes über die LPG zum 31. Dezember 1991 vor, doch in vielen Fällen kam es lediglich zur Umwandlung in Genossenschaften nach bundesdeutschem Recht.

Lastenzuschuss

Der Lastenzuschuss für Haus- oder Wohnungseigentümer entspricht dem Mietzuschuss für Mieter. Beide Zuschüsse sind Wohngeld. Die Höhe des Zuschusses richtet sich nach der monatlichen Belastung durch den Kapitaldienst (Zins und Tilgung).Hinzugerechnet werden Instandhaltungskosten (15 Euro pro m^2 i.J.), tatsächlich bezahlte Verwaltergebühren sowie

die Grundsteuer. Der Lastenzuschuss wird auf Antrag von der zuständigen Behörde der jeweiligen Stadt oder Gemeinde bewilligt.
Siehe auch: Wohngeld

Latenter Leerstand

Als latenter Leerstand werden Flächen bezeichnet, die zwar noch vermietet sind, vom Mieter jedoch nicht mehr genutzt und in der Regel zur Untervermietung angeboten werden.

Anders als bei unvermieteten Flächen („normaler" Leerstand) entstehen dem Eigentümer einer Immobilie durch latenten Leerstand zunächst noch keine wirtschaftlichen Nachteile, da er ja unabhängig von Nutzungsintensität und Flächenbedarf seines Mieters für die Dauer der Mietvertragslaufzeit Anspruch auf den Mietzins hat.

Bei Investitionsentscheidungen, Standortanalysen o. ä. sollte der latente Leerstand jedoch stets – soweit möglich und bekannt – berücksichtigt werden, weil sich darin ein über den „normalen" Leerstand hinaus gehender Angebotsüberhang ausdrückt. Dieser wirkt sich belastend auf die Mietpreisentwicklung aus.
Siehe auch: Leerstand

Laubengang

Laubengang nennt man den offenen, überdachten Außengang eines Mehrfamilienhauses, der den Zugang zu den Wohnungen auf einer oder mehreren Etagen ermöglicht. Er hat einem Zugang vom Treppenhaus. Laubengänge sind anfänglich wohl in Burgen, Klöstern sowie auch Erholungseinrichtungen als Wandelgänge gebaut worden. Sie verbinden verschiedene Gebäude oder Gebäudeteile und bieten den Benutzern Schutz vor Wettereinflüssen. Besonders in den 60er-Jahren finden sich in größeren Mehrfamilienhausanlagen diese Erschließungswege innerhalb eines Geschosses für die einzelnen Wohnungen wieder. Daraus resultierenden zwei völlig unterschiedliche Seitenansichten der Häuser.

Nur relativ wenige Architekten haben dies für interessante Lösungen zu nutzen gewusst. Neuerdings gewinnen Laubengänge aus sozialökologischen Gründen wieder an Bedeutung. Um den Wärmeverlust des Gebäudes nach außen auf ein Minimum zu reduzieren, werden Flure aus dem Volumen des Kernhauses ausgelagert. Die thermische Hülle wird luft- und winddicht ausgeführt, während der Laubengang offen davor liegt und einen geschützten Raum für Begegnungen bietet.

LBO

Abkürzung für: Landesbauordnung

LBS

Abkürzung für: Landesbausparkasse

LDWV

Abkürzung für: Landesdienstwohnungsvorschriften

Lebensversicherung

Bei der Lebensversicherung wird zwischen der Kapital-Lebensversicherung, der Risiko-Lebensversicherung und der Privaten Rentenversicherung unterschieden.
Siehe auch: Kapital-Lebensversicherung, Risiko-Lebensversicherung, Rentenversicherung, private

Lebenszykluskosten

Im Rahmen der ganzheitlichen und den ganzen Lebenszyklus einer Immobilieninvestition übergreifenden Betrachtungsweise beim Gebäudemanagement spielt der Aspekt der Lebenszykluskosten eine entscheidende Rolle. Parallel zur Baukostenplanung und der Baunutzungsplanung werden die entstehenden Kosten erfasst. Nachdem die Baufolgekosten eines Gebäudes während der Nutzungsphase die ursprünglichen Investitionskosten um ein Vielfaches übersteigen ist es erforderlich, dies schon bei Investitionsplanung zu berücksichtigen. Höhere Bauinvestitionskosten während der Bauphase, können dazu beitragen die Baufolgekosten während der Nutzungsphase im Vergleich zur Baukostensteigerung überproportional zu senken. Ziel des sog. Life-Cycle-Costing ist es, durch Planung, Steuerung und Kontrolle der gesamten Kosten eines Gebäudes über dessen gesamten Lebenszyklus zu minimieren.

Leerstand

Nicht vermietete, aber unmittelbar beziehbare Flächen in Neubauten und Bestandsobjekten. Aufwendungen für das Objekt können steuerlich nur dann berücksichtigt werden, wenn die Immobilie vermietet werden soll. Steht das Objekt vor dem Verkauf leer, können die Kosten grundsätzlich mangels Weitervermietungsabsicht steuerlich nicht berücksichtigt werden. Unter Umständen kann der längerfristige Leerstand einer Wohnung von den Wohnungsämtern als Zweckentfremdung von Wohnraum angesehen werden. In einem solchen Fall drohen dem Vermieter Bußgelder.
Siehe auch: Zweckentfremdung, Latenter Leerstand

LEG

Abkürzung für: Landesentwicklungsgesellschaft

Leibgeding

Abkürzung für: Unter Leibgeding (auch Altenteil) versteht man wiederkehrende, vertraglich abgesicherte Geld- oder Naturalleistungen an einen Berechtigten. In der Regel sind diese Leistungen noch mit einem unentgeltlichen Wohnungsrecht verbunden. Solche Vereinbarungen werden in der Regel im Zusammenhang mit der altersbedingten Übertragung des Eigentums an einem landwirtschaftlichen Hof auf einen der späteren Erben getroffen. Dieser (meist der älteste Sohn) verpflichtet sich zu lebenslangen Unterhaltsleistungen, der Gewährung von Unterkunft und nicht selten auch der Pflege in alten und kranken Tagen.
Die Absicherung des Leibgedings im Grundbuch erfolgt hinsichtlich der laufenden Leistungen über eine Reallast und hinsichtlich des Wohnungsrechts über eine beschränkte persönliche Dienstbarkeit.

Leibrente (Verkauf einer Immobilie auf Rentenbasis)

Die Leibrente wird im Gegensatz zu einer Zeitrente nicht zeitlich befristet, sondern bis zum Tod des Rentenberechtigten bezahlt. Es gibt auch Gestaltungsformen, wonach die Zahlung nach dem Tode an einen Erben für eine befristete Zeit weiterläuft. Wird eine Immobilie „auf Rentenbasis" verkauft, dann ist zu beachten, dass der Rentenanspruch im Grundbuch als Reallast möglichst an erster Rangstelle abgesichert wird. Außerdem werden solche Leibrenten mit Hilfe einer Wertsicherungsklausel gegen den Geldwertschwund abgesichert. Diese Klausel muss vom siehe Bundesamt für Wirtschaft genehmigt werden. Die Höhe der Rente kann auf der Grundlage einer Rententabelle ermittelt werden, wobei es Wahlmöglichkeiten zwischen verschiedenen Zinsen gibt. Üblicherweise wird eine Tabelle zugrundegelegt, die auf einem Zinssatz von 5,5% beruht.
Eine alternative Möglichkeit für den Käufer besteht darin, dass er anstelle einer Direktverrentung des Kaufpreises den entsprechenden Kapitalbetrag über eine Lebensversicherungsgesellschaft verrenten lässt. Wird eine Immobilie gegen eine Leibrente verkauft, darf der Zahlende die Versorgungsleistung mit ihrem Ertragsanteil, als Sonderausgaben steuermindernd geltend machen, während der Zahlungsempfänger sie mit ihrem Ertragsanteil versteuern muss.

Der Ertragsanteil hängt ab vom Alter des Rentenberechtigten bei Beginn der Rentenzahlung. Je älter der Rentenempfänger bei der ersten Zahlung, desto niedriger der steuerpflichtige Anteil. Im Gegensatz dazu richtet sich der steuerpflichtige Ertragsanteil bei sogenannten abgekürzten Leibrenten, die zeitlich befristet sind, grundsätzlich nach der Rentendauer.

Siehe auch: Bundesamt für Wirtschaft

Leistungen, vermögenswirksame

Seit rund 30 Jahren praktizierte Form der Vermögensbildung für Arbeitnehmer. Vermögenswirksame Leistungen werden tariflich oder per Arbeitsvertrag vereinbart und vom Arbeitgeber gezahlt. Die Höchstgrenze liegt bei 480 Euro im Jahr bzw. 40 Euro im Monat. Die Sparformen sind vom Gesetzgeber vorgegeben (z. B. Bausparvertrag). Zusätzlich zu den vermögenswirksamen Leistungen hat ein Arbeitnehmer unter bestimmten Voraussetzungen (Einkommensgrenzen beachten!) Anspruch auf die Arbeitnehmersparzulage bzw. Wohnungsbauprämie.

Leistungsarten (Maklerbetriebe)

Makler sind Dienstleiter. Die von Ihnen zu erbringenden Leistungen sind im BGB als „Nachweis" von Vertragsabschlussgelegenheiten und „Vermittlung" von Verträgen definiert. Diese Leistungen sind unmittelbar ertragsorientiert, weil sie direkte Voraussetzungen für das Entstehen eines Provisionsanspruches sind.

Das Geschäft der Makler wäre allerdings heute kaum denkbar, wenn sie darüber hinaus nicht noch weitere Nebenleistungen erbrächten, die in der Fachliteratur als mittelbar ertragsorientiert bezeichnet werden. Zur Erbringung dieser Leistungen besteht zwar keine Verpflichtung. Da sie aber den Eintritt des Erfolges im Maklergeschäft (siehe Erfolgsprinzip) absichern und beschleunigen, sind sie unverzichtbar. Es handelt sich bei diesen Nebenleistungen um Beratung, Betreuung und Service.

Die Beratung bezieht sich auf den Markt und wird auch als Preisberatung bezeichnet.

In Fällen, in denen der Auftraggeber erkennt-lich beratungsbedürftig ist, besteht eine Beratungspflicht als Nebenpflicht aus dem Maklervertrag. Die Beratung kann sich ferner auf das Objekt selbst beziehen, was eine eingehende Objektanalyse in den Bereichen Standort, Haustechnik, Rentabilität, Rechtsverhältnisse u. dergl.) voraussetzt. Eine von einem Maklervertrag unabhängige Rechts- und Steuerberatung als eigenständiger Leistungsbereich ist dem Makler grundsätzlich nicht gestattet.

Hinweise auf rechtlich oder steuerlich relevante Sachverhalte (z.B. notarielle Beurkundungspflicht von Nebenabsprachen im Zusammenhang mit einem Grundstückskaufvertrag oder Hinweise über die Höhe der Grunderwerbsteuer, Behandlung des Zubehörs u. dergl.) darf der Makler geben. Er kommt damit nicht mit dem Rechtsberatungs- oder dem Steuerberatungsgesetz in Konflikt. Die Betreuung bezieht vor allem auf Besorgungsleistungen im Zusammenhang mit Vertragsabschlüssen. (Besorgung von Unterlagen, Betreuung bei der Finanzierung, Klärung von Baurechtsfragen bei den zuständigen Ämtern usw.).

Der Service ist eine eher selbstverständliche Nebenleistung. Hier ist vor allem zu denken an die Besichtigungsorganisation, Vorbereitung der notariellen Beurkundung und die Herstellung von Kontakten zu wichtigen Stellen und Unternehmen (Spediteur für den Umzug, Handwerker für erforderliche Reparaturen).

Auf Nebenleistungen des Maklers besteht von Seiten des Auftraggebers kein Rechtsanspruch. Sie werden auch grundsätzlich nicht zusätzlich vergütet. Der hierfür erforderliche Zeitaufwand ist mit der Erfolgsprovision abgegolten. Überschreiten solche Nebenleistungen jedoch den üblichen Rahmen (beispielsweise Vorbereitung der Aufteilung eines Miethauses in Eigentumswohnungen als Voraussetzung für die Verkaufsvermittlung), kann hierfür eine eigene (vom Maklervertrag unabhängige) Vergütung vereinbart werden.

Siehe auch: Erfolgsprinzip (Maklergeschäft)

Leistungsbeschreibung (Bauleistungen)

Die Leistungsbeschreibung ist neben dem Leistungsverzeichnis eine Grundlage der Vergabe von Leistungen. Sie enthält eine detaillierte Beschreibung der auszuführenden Bauleistungen unter Zugrundelegung der DIN-Normen der VOB Teil C. Zu den weiteren Unterlagen zählen auch Pläne und Skizzen zur Leistungsbeschreibung. Auf der Grundlage der Leistungsbeschreibung werden die zu vergebenden Arbeiten ausgeschrieben. Die einzelnen Angebote der Handwerker und Unternehmer werden auf diese Weise vergleichbar und der Bauherr kann feststellen, welcher Handwerker in den einzelnen Gewerken die optimalen Konditionen bietet.

Siehe auch: Ausschreibung

Leistungsbilanz

Leistungsbilanzen geben Auskunft darüber, wie sich die bislang von einem bestimmten Initiator platzierten Beteiligungsangebote – beispielsweise geschlossene Immobilienfonds – bisher im Vergleich zu den bei der Emission vorgelegten Prognosen entwickelt haben. Sie beinhalten im Wesentlichen einen Soll-Ist-Vergleich der Prognosen in den Fondsprospekten mit den tatsächlich erzielten Ergebnissen; hinzu kommen bestimmte Informationen über das Unternehmen und andere ergänzende Angaben.

Um die Seriosität und Aussagekraft von Leistungsbilanzen zu gewährleisten, müssen sie hinsichtlich ihres Inhaltes und ihrer Gliederungsstruktur bestimmten Anforderungen genügen, beispielsweise dem Standard „Grundsätze ordnungsmäßiger Beurteilung von Prospekten über öffentlich angebotene Kapitalanlagen" (IDW S4) des Instituts der Wirtschaftsprüfer e. V. oder den Leistungsbilanz- und Prospektstandards des Verbandes Geschlossene Immobilienfonds (VGI).

Leistungsmatrix (Maklergeschäft)

Unter Leistungsmatrix versteht man im Maklergeschäft die Zusammenstellung der im Rahmen der Sachzielkonzeption vorgesehenen Leistungsarten und ihre Zuordnungen zu den Leistungsbereichen (Marktsegmenten). Je nach Leistungsbereich können Leistungsarten variieren. Kann es z.B. bei der Leistungsart Vermittlung bei Gewerbeverträgen wichtig sein, Vermittlungsfortschritte für den Leistungsnachweis zu dokumentieren, wird im Bereich der Wohnraumvermittlung darauf verzichtet werden können. Hier spielt eher die Methode der getrennten Verhandlungsführung im Vordergrund, die unmittelbar zu einem Mietvertragsabschluss führt.

Zu den unverzichtbaren Leistungsarten zählen Nachweis und Vermittlung. Zur Absicherung und Beschleunigung des Erfolgseintritts können Beratungs- und Bewertungsleistungen, sowie Betreuungs- und Serviceleistungen innerhalb der Leistungsarten inhaltlich bestimmt werden.

Die betriebliche Umsetzung der Leistungsmatrix setzt voraus, dass in einer parallelen Anforderungsmatrix die für die Leistungserbringung erforderlichen betrieblichen Anforderungen darstellt (Sollmatrix) werden. Eine Istanalyse ergibt, ob und inwieweit der Maklerbetrieb den gestellten Anforderungen gerecht werden kann.

Siehe auch: Leistungsarten (Maklerbetriebe)

Leistungsverweigerungsrecht: (Baurecht)

Dem Bauherrn steht gegenüber einem Bauunternehmer oder Bauhandwerker ein Leistungsverweigerungsrecht nach §320 BGB zu, solange die erbrachte Leistung Mängel aufweist. Dieses Recht gilt sinngemäß auch bei VOB Vertrag. Der Bauherr gerät mit der Verweigerung der Zahlung der Vergütung auch nicht in Verzug.

Leitbilder

Leitbilder sind ein wichtiger Baustein in der Corporate Identity von Unternehmen. Sie haben eine Motivations-, Legitimations- und Orientierungsfunktion. Gleichzeitig ist ein Leitbild auch für die Mitarbeiter über die reine Motivationsfunktion hinaus eine wichtige Orientierung und besitzt eine handlungsleitende Funktion. Leitbilder könnten ein wichtiger Weg sein, das Selbstverständnis von Immobilienunternehmen zu hinterfragen und diese hin zu einem Dienstleistungsbetriebe moderner Prägung fortzuentwickeln. Ein Leitbild ist also kein Luxus, den sich einige große Immobilienunternehmen leisten können.

Ein Leitbild kann hinsichtlich seiner Zielgruppen grundsätzlich zwei verschiedene Ausrichtungen haben.

• Es kann mehr nach außen, d.h. in Richtung Anwohner, Kunden, breite Öffentlichkeit, Umweltschutzgruppen etc. angelegt sein. Im Bereich Immobilienwirtschaft wird ein nach außen gerichtetes Leitbild zweckmäßiger Weise vor allem an Kunden, wie auch die breite Öffentlichkeit adressiert sein. Indem es etwa eine klare Spezialisierung des Maklers deutlich macht, kann es auch eine akquisitionsunterstützende Funktion übernehmen.

• Darüber hinaus kann ein Leitbild aber auch primär nach innen, d.h. in Richtung eigene Mitarbeiter gerichtet sein.

Letter of Intent
Siehe: Vorvertrag

Leverage-Effekt
Als Leverage-Effekt wird die Hebelwirkung der Fremdkapitalkosten auf die Eigenkapitalrentabilität bezeichnet.

Kann Fremdkapital zu einem Zins aufgenommen werden, der niedriger ist, als die mit einem Investment erwirtschaftete Verzinsung des eingesetzten Kapitals, so erhöht sich die Verzinsung des eingesetzten Eigenkapitals durch die Aufnahme von Fremdkapital.

Umgekehrt verringert sich die Eigenkapitalrentabilität durch Aufnahme von Fremdkapital, wenn die Gesamtkapitalrentabilität niedriger ist als der Fremdkapitalzins.

Im Zusammenhang mit Optionsgeschäften meint der Begriff Leverage-Effekt die überproportional starke Reaktion des Optionspreises

auf Kursänderungen des Underlyings. Mathematisch ausgedrückt, ergibt sich der Hebel einer Option, indem der aktuelle Kurs des Basiswertes mit dem Bezugsverhältnis multipliziert und das Ergebnis durch den Optionspreis geteilt wird.

lfm
Abkürzung für: Laufmeter

LFW
Abkürzung für: Landesverband Freier Wohnungsunternehmer

LG
Abkürzung für: Landgericht

LHO
Abkürzung für: Leistungs- und Honorarordnung der Ingenieure

LHV
Abkürzung für: Leistungs- und Honorarverzeichnis der Garten- und Landschaftsarchitekten

Liebhaberobjekte

Als Liebhaberobjekte werden Immobilien bezeichnet, die besondere Merkmale aufweisen, bei denen der Verkehr annimmt, dass es Interessenten gibt, die deshalb eine besondere Affinität und damit Wertschätzung zu diesem Objekt verbinden könnte. Solche Merkmale können ein größerer Teich auf dem Grundstück sein, eine denkmalgeschützte Fassade, ein weiter freier Ausblick auf eine reizvolle Landschaft und dergl. Die im Erwerbsfall von „Liebhabern" bezahlten Objektpreise stellen dann nicht selten Ausreißer dar, die wegen der Ungewöhnlichkeit der Interessenten-Objektbeziehung als Referenzpreise für eine generelle Markteinschätzung ungeeignet sind. Nicht selten versuchen Verkäufer von gewöhnlichen Immobilien, ihr Objekt als „Liebhaberobjekt" anzubieten, obwohl hierfür die Grundlagen fehlen. Solche Mühen sind regelmäßig vergeblich.

Liegenschaftskataster

Amtliches Verzeichnis der Grundstücke im Sinne der Grundbuchordnung, das bei den Katasterämtern geführt wird. Das Verzeichnis enthält im Gegensatz zu den Bestandsverzeichnissen der Grundbücher alle Grundstücke einschließlich Erbbaurecht und Wohnungseigentum. Dies gilt auch für Grundstücke, die nicht im Grundbuch eingetragen sind. Das Liegenschaftskataster besteht aus den Katasterbüchern und Katasterkarten.
Siehe auch: Katasterbücher, Katasterkarten (Flurkarten)

Liegenschaftszinssatz

Der Liegenschaftszinssatz ist der Zinssatz, mit dem der Verkehrswert von Liegenschaften im Durchschnitt im Rahmen der Prämissen des Ertragswertverfahrens marktüblich verzinst wird. Es handelt sich um einen zentralen Faktor der Wertermittlung einer Immobilie im Ertragswertverfahren. Er ist nicht zu verwechseln mit einem normalen Anlagezinssatz. Die Höhe des Liegenschaftszinssatzes bestimmt sich nach der Art, Lage und Restnutzungsdauer des Objektes.Mit ihm wird zunächst der Bodenwert eines bebauten Grundstücks verzinst. Außerdem geht er zusammen mit der Restnutzungsdauer in den Vervielfältiger (Rentenbarwertfaktor) ein, mit dem der auf das Gebäude treffende Reinertrag multipliziert wird, um den Gebäudeertragswert zu erhalten. Der Liegenschaftszinssatz kann in der Regel bei den Gutachterausschüssen erfragt

werden. Auch Makler können auf der Grundlage der von ihnen vermittelten Kaufverträge über Mietobjekte Liegenschaftszinssätze zuverlässig ermitteln.

Life-Cycle-Costing
Siehe: Lebenszykluskosten

Life-Style-Technik

Life-Style-Technik ist eine Verkaufstechnik, bei der der zukünftige Lebensstil des potentiellen Käufers bzw. Mieters der Immobilie positiv dargestellt wird. Auf diese Weise kann der Leser den positiven Zustand, der nach dem Erwerb der Immobilie eintritt, mit den Unzulänglichkeiten seines derzeitigen Lebensstils vergleichen.

LImSchG
Abkürzung für: Landesimmissionsschutzgesetz

Line of Visibility

Dies sind in der Wertschöpfungskette des Unternehmens die Punkte, bei denen das Immobilienunternehmen jeweils von seinen Kunden – in welcher Form auch immer – wahrgenommen wird.

Liquidität

Unter der Liquidität versteht man Zahlungsfähigkeit. Zur Aufrechterhaltung dieser Zahlungsfähigkeit müssen Mittel bereitstehen, über die sofort verfügt werden kann. Bei Fonds handelt es sich um frei verfügbare Mittel im Rahmen des Fondsvermögens.
Die Immobilienfondsgesellschaften dürfen maximal 49% des Sondervermögens liquide halten. Da manche Gesellschaften in der Vergangenheit bis dicht an diese Grenze gestossen sind (Grund: mangelnde Auswahl an geeigneten Objekten), gab es zeitweilig sogar einen Vertriebsstop.

lit.
Abkürzung für: Buchstabe (litera)

Lit.
Abkürzung für: Literatur

LKR
Abkürzung für: Lieferkoordinierungsrichtlinie

LKV
Abkürzung für: Landes- und Kommunalverwaltung

LM
Abkürzung für: Leichtmauermörtel

Löschung
Löschung ist die Beseitigung einer Eintragung im Grundbuch. Die erledigte Eintragung wird jedoch nicht aus dem Grundbuch entfernt, sondern rot unterstrichen oder durchgestrichen. Unter der Spalte „Löschungen" wird anschließend ein spezieller Löschungsvermerk eingetragen. Damit soll auch später noch erkennbar sein, wann sich welche Eintragungen erledigt haben. Im Zweifel kommt es nicht auf die Rötung, sondern auf die Eintragung des Vermerks an. Die Löschung muss von demjenigen bewilligt werden, dessen Recht davon berührt wird.

Löschungsanspruch
Dem nachrangigen Grundschuld- oder Hypothekengläubiger steht gegenüber dem Grundstückseigentümer ein Anspruch auf Löschung vorrangig eingetragener Grundpfandrechte zu, wenn sich diese durch Darlehensrückzahlung in Eigentümergrundschulden verwandeln.
Der Anspruch kann durch Eintragung einer Löschungsvormerkung im Grundbuch abgesichert werden. Will der Eigentümer die Eigentümergrundschuld jedoch für weitere Beleihungen nutzen, muss er den Löschungsanspruch im Einvernehmen mit dem Gläubiger ausschließen.

Loft

Nach Langenscheidt: Zur Wohnung (und/oder Arbeitsplatz) umgestaltete ehemalige Fabriketage. Sie zeichnet sich durch weitläufige, meist hohe und lichtoffene Raumgestaltung und großzügigen, individuellen Grundrissen fernab des Alltäglichen aus. Die Geburt des Loft-Living fand in den USA statt.
In den späten 40-er Jahren waren Künstler auf der Suche nach günstigen großen Atelier- und Wohnmöglichkeiten. Einer der Trendsetter der Loft-Bewegung war Andy Warhol (1928 - 1987). Sein Loft, die sogenannte „Factory" in Manhattan war in den 60-er Jahren Kunsttreff, wie auch Atelier, Bühne und Wohnung.
Seit dieser Zeit werden in vielen amerikanischen und europäischen Metropolen brachliegende Fabrikhallen in Wohnquartiere mit besonderem Charme umgenutzt. Lofts verbreiten sich zunehmend in Europa, z.B. in London (Docklands), Amsterdam, Paris. Sie hielten aber auch Deutschland Einzug. Man findet sie heute vor allem in Berlin (z.B. Paul Lincke Höfe, Steinhof an der Planke – eine ursprüngliche Nudelfabrik, das Königliche Leihamt), Hamburg (alte Speicherstadt), Köln (Stollwerk Fabrik) und Frankfurt.
Die Größen der einzelnen Lofts bewegen sich in Deutschland zwischen 50 und 500 m^2 Wohn- oder Nutzfläche – je nach Nutzungsart – bei m^2 Preisen zwischen 1.500 und 3.000 Euro.

Loggia

Aus dem Italienischen: laubia = Laube.
Gemeint ist ein offener, überdachter Freiraum innerhalb der Bauflucht eines Hauses (ein Balkon ragt im Gegensatz dazu über die Baufluchtlinie hinaus).

Logistikimmobilien

Logistikimmobilien sind Grundstücke, Gebäude und andere bauliche Anlagen, die der Lagerung, dem Transport oder dem Umschlag von Gütern dienen. Dazu zählen beispielsweise Warenlager für Industrie und Handel, Luftfrachtzentren, Verteilzentren, Cross Docking Centers und Transshipment Centers.

Für Immobilieninvestoren, die sich im Bereich Gewerbeimmobilien engagieren, stellen Logistikimmobilien eine wichtige Investmentalternative zu Büros, Shopping-Centern und Hotels dar. Häufig werden mit Logistikimmobilien höhere Renditen erzielt als mit Immobilien anderer Nutzungsarten.

Die Nutzungsdauer der Objekte ist im Bereich Logistik allerdings oft wesentlich kürzer, zudem sind in der Regel kaum Wertsteigerungen zu erwarten. Ein wesentlicher Einflussfaktor für den Wert von Logistikimmobilien ist neben dem Standort und der Qualität des Gebäudes die Drittverwendungsfähigkeit.
Siehe auch: Drittverwendungsfähigkeit, Cross Docking Center, Transshipment Center

LPachtG
Abkürzung für: Landpachtgesetz

LPachtVG
Abkürzung für: Landpachtverkehrsgesetz

LPG
Abkürzung für: landwirtschaftliche Produktionsgenossenschaft

Ls
Abkürzung für: Leitsatz

LSt
Abkürzung für: Lohnsteuer

LStDV
Abkürzung für: Lohnsteuerdurchführungsverordnung

LStR
Abkürzung für: Lohnsteuerrichtlinien

LUKG
Abkürzung für: Landesumzugskostengesetz

LV
Abkürzung für: Lebensversicherung
Abkürzung für: Leistungsverhältnis
Abkürzung für: Landesverfügung
Siehe auch: Lebensversicherung

LVA
Abkürzung für: Landesversicherungsanstalt für Arbeiter

lx
Abkürzung für: „Lux", Lichteinheit

Lz
Abkürzung für: Liegenschaftszins

LZB
Abkürzung für: Landeszentralbank

m.abl.Anm.

Abkürzung für: mit ablehnender Anmerkung

m.w.N.

Abkürzung für: mit weiteren Nennungen
Abkürzung für: mit weiteren Nachweisen

m²

Abkürzung für: Quadratmeter

m³

Abkürzung für: Kubikmeter

MABI

Abkürzung für: Ministerialamtsblatt

MaBV

Abkürzung für: Makler- und Bauträger-Verordnung
auch: MaBVO
Siehe auch: Makler- und Bauträgerverordnung (MaBV)

MÄG

Abkürzung für: Drittes Gesetz zur Änderung mietrechtlicher Vorschriften

Mängel (-beseitigung, -protokoll, -rüge)

Mängel an der Bauausführungen, die nicht mit den Plänen des Bauherrn oder mit Baurichtlinien übereinstimmen, aus denen sich die Regeln der Baukunst ergeben, muss der bauausführende Handwerker bzw. Unternehmer innerhalb der Verjährungsfrist für seinen Vertragspartner kostenlos beseitigen. Mängel, die der Bauherr an seiner Immobilie feststellt, sollten dem Vertragspartner unverzüglich schriftlich mitgeteilt werden. Werden sie bereits bei der Bauabnahme entdeckt, müssen sie in einem Protokoll festgehalten werden, da sonst Nacherfüllungsansprüche nicht mehr geltend gemacht werden können. Ratsam ist es, darin einen Termin für die Beseitigung der Mängel zu setzen. Das Protokoll wird anschließend vom Bauherrn und dem Vertragspartner unterzeichnet.

Magnet

Siehe: Anchor

Mahnverfahren, gerichtliches

Jede Geldforderung in inländischer Währung z.B. Miete, Betriebskosten, Immobilienkaufpreis, Hypothekenforderung kann nicht nur im Rahmen eines Rechtsstreites, sondern auch im Rahmen des gerichtlichen Mahnverfahrens geltend gemacht werden.

Dadurch soll – wenn der Schuldner die Forderung nicht ernsthaft bestreitet, sie aber entweder nicht erfüllen kann oder will – dem Gläubiger über die Geldforderung schnell und einfach ohne mündliche Verhandlung ein Vollstreckungstitel verschafft werden.

Zuständig für das Mahnverfahren sind ausschließlich die Amtsgerichte. Dort kann der Gläubiger (Antragsteller), ohne darlegen zu müssen, inwieweit er überhaupt anspruchsberechtigt ist, den Erlass eines Mahnbescheides beantragen. Das Gericht prüft lediglich, ob die gesetzlich vorgeschriebenen Formalismen eingehalten sind, nicht aber, ob der geltend gemachte Anspruch zu Recht besteht. Legt der Schuldner (Antragsgegner) gegen den Antrag keinen Widerspruch ein, so ergeht ein Vollstreckungsbescheid, der die Wirkung eines Versäumnisurteiles hat. Aufgrund dieser Wirkung hat der Antragsgegner die Möglichkeit, gegen den Vollstreckungsbescheid Einspruch einzulegen. Tut er dies nicht, wird der Vollstreckungsbescheid und damit die Forderung rechtskräftig.

Mailing

Mailings sind ein wichtiges Instrument, um das Interesse potentieller Käufer zu finden, aber auch um den Bekanntheitsgrad und das Image des Unternehmens zu verbessern. Sie dienen neben der Schaltung von Anzeigen auch der Auftragsbeschaffung und sind die zielgerichtete Anwendung von Serienbriefen, die an bestimmte Haushalte in bestimmten Gebieten verteilt werden. Interessant ist das Mailing, da es eine hohe Präzision zur Erreichung der spezifischen Zielgruppe bietet und sowohl zur Auftragsbeschaffung als auch zu Vertriebszwecken eingesetzt werden kann. Auch kleine Zielgruppen können durch ein Mailing treffsicher angesprochen werden, so dass ein Mailing sehr viel persönlicher ist als andere Art der Kontaktaufnahme zu der Zielgruppe, ausgenommen der direkt persönliche Kontakt. In der Immobilienwirtschaft gibt es vier Formen des Mailings: Vorstellungsmailing, Kontaktmailing, Akquisitionsmailing und Verkaufsmailing. Mailings sollen nicht den Eindruck einer Werbe- oder Verkaufsmaßnahme erwecken, sondern Vorteile und Nutzen für die Zielperson hervorheben. Das Anschreiben soll wie ein individueller Brief wirken und nicht wie eine Massen-Aussendung.

Mais.-Whg.

Abkürzung für: Maisonette-Wohnung
Siehe auch: Maisonette

Maisonette

Maisonette (Maison=Haus) bezeichnet eine auf zwei Stockwerke verteilte Wohnung, deren Etagen mit einer internen Treppe verbunden sind. Häufig ist bei Maisonetten die Mansarde in den Wohnbereich mit einbezogen.

Makler

Makler sind Gewerbetreibende, die Verträge vermitteln. Zu unterscheiden ist zwischen Zivilmaklern und Handelsmaklern.
Handelsmakler befassen sich nur mit der Vermittlung von Verträgen über Gegenstände, die im Rahmen des Handelsverkehrs eine Rolle spielen (Waren, Wertpapiere, Versicherungen, Güterbeförderungen, Schiffsmiete). Ihr Recht ist in den §§ 93-104 HGB geregelt. Zivilmakler befassen sich mit Verträgen, deren Regelung im BGB angesiedelt ist (Mietverträge, Kaufverträge über Grundstücke, Darlehensverträge). Für sie gelten die Vorschriften der §§ 652 - 654 BGB.
Zivilmakler können – im Gegensatz zum Handelsmakler – schon dann einen Provisionsanspruch erwerben, wenn es infolge ihres Nach-

weises einer Vertragsgelegenheit zu einem Vertragsabschluss kommt. Voraussetzungen für den Provisionsanspruch sind ein Provisionsversprechen dessen, der zahlen soll, eine Maklertätigkeit (Nachweis oder Vertragsvermittlung), Zustandekommen des mit der Maklereinschaltung beabsichtigten Vertrages (Kaufvertrag, Mietvertrag) und ein Ursachenzusammenhang zwischen der Maklertätigkeit und dem Zustandekommen des beabsichtigten Vertrages.
Beim Vermittlungsmakler kann ein Provisionsanspruch auch dann entstehen, wenn der abgeschlossene Vertrag vom ursprünglich beabsichtigten abweicht. Voraussetzung aber ist, dass dieses Abweichen auf die Vermittlungsbemühungen des Maklers zurückzuführen ist.
Das Problem des zivilen Maklerrechts besteht darin, dass einerseits der Makler nicht verpflichtet, sondern nur berechtigt ist, für den Auftraggeber tätig zu werden, andererseits der Auftraggeber nicht verpflichtet ist, erbrachte Maklerleistungen „abzunehmen". Er kann jederzeit den erteilten Auftrag widerrufen, andere Makler zusätzlich einschalten, die Objektangebotsbedingungen beliebig ändern usw.. Das entzieht dem Makler die Möglichkeit, seinen Kosten- und Zeiteinsatz vernünftig zu kalkulieren. Makler weichen deshalb in der Regel auf die Vereinbarung von Alleinaufträgen aus.
Wird ein Makler für beide Parteien provisionspflichtig tätig, spricht man von einem Doppelmakler.
Während der Makler allgemein die Interessen seines Auftraggebers zu vertreten hat, muss er im Fall der Doppeltätigkeit bei der Vermittlung eine neutrale Position beziehen. Verletzt er die Neutralitätspflicht, verwirkt er seinen Provisionsanspruch gegenüber demjenigen der beiden Auftraggeber, der benachteiligt wurde.
Siehe auch: Ursächlichkeit, Alleinauftrag, Neutralitätsprinzip (Maklergeschäft)

Makler / Untermakler

In einer Sonderform des Gemeinschaftsgeschäftes kann sich der Makler eines Untermaklers bedienen. Dabei beauftragt er einen weite-

ren Makler mit der Abwicklung eines Geschäfts. Voraussetzung ist ein Maklervertrag zwischen Hauptmakler und Auftraggeber sowie zwischen Haupt- und Untermakler.
Siehe auch: Gemeinschaftsgeschäft

Makler als Erfüllungsgehilfe des Auftraggebers

Nach neueren Entscheidungen des Bundesgerichtshofes ist der Makler dann ein Erfüllungsgehilfe des Auftraggebers, wenn er über die „klassischen" Tätigkeiten (Nachweis und Vermittlung) hinaus Aufgaben übernimmt, die typischerweise Sache des Auftraggebers selbst wären.Je enger die Pflichtenstruktur zwischen dem Auftraggeber und dem Makler z.B. im Rahmen eines qualifizierten Alleinauftrages ist, desto größer die Wahrscheinlichkeit, dass der Makler in die Rolle des Erfüllungsgehilfen schlüpft.

Ist der Makler im Vorfeld des Verkaufes z.B. als Erfüllungsgehilfe der Verkäuferpartei anzusehen, muss diese sich die Fehler seines Maklers zurechnen lassen. Der Käufer kann damit den Verkäufer etwa auf Schadensersatz wegen der vom Makler unterlassenen Aufklärung oder falschen Information verklagen.

Allerdings wird der Makler damit nicht entlastet, denn der Auftraggeber wird in einem solchen Fall den Makler in Regress nehmen.

Makler- und Bauträgerverordnung (MaBV)

Die MaBV regelt als Verbraucherschutzverordnung die Beziehungen zwischen den Auftraggebern einerseits und Maklern, Kapitalanlagevermittlern, Bauträgern und Baubetreuern andererseits. Im Mittelpunkt steht der Schutz des Vermögens der Auftraggeber.

Die MaBV enthält Sicherungsvorschriften bei Verwendung von Geldern der Auftraggeber, Informations- und Aufzeichnungsvorschriften, Vorschriften über die Sammlung und Aufbewahrung von Prospekten und Inseraten sowie Vorschriften über Pflichtprüfung, Prüfung aus besonderem Anlass und behördliche Nachschau. Rechtsgrundlage für diese Berufsausübungsregelung ist die Verordnungsermächtigung nach § 34 c der Gewerbeordnung. Auftraggeber im Sinne der MaBV ist beim Maklergeschäft stets nur der Objektsuchende.

Maklerimage

Immobilienmakler waren in einigen besonderen Zeitabschnitten im vergangenen Jahrhundert vor allem in Deutschland in der Öffentlichkeit oft heftiger Kritik ausgesetzt. Zu Beginn des 20. Jahrhunderts wurden sie einbezogen in die entstehende Kapitalismuskritik, vor allem durch Übertragung des Negativimages der untergehenden Bodenspekulation in der Zeit vor, während und nach dem 1. Weltkrieg auf die Makler.

Diese entwickelten sich gegenüber dem Boden- und Häuserhandel als neue alternative immobilienwirtschaftliche Vermarktungsform. Es entstand eine geschichtlich bedingte negative Imagevorbelastung der Maklertätigkeit aus dem Irrtum heraus, Makler würden ebenso wie vorher die Händler Herr des Preisgeschehens am Markt sein und im eigenen Provisionsinteresse die Preise nach oben treiben. Dass dies im Hinblick auf die Wirksamkeit des Erfolgsprinzips und des Prinzips der Entscheidungsfreiheit des Auftraggebers im Maklergeschäft gar nicht möglich ist, wurde damals noch nicht erkannt.

Dies Vorurteil ist allerdings auch heute nicht ganz ausgestorben. Dies lässt sich daran erkennen, dass immer dann, wenn ein „Skandal" in der Immobilienwirtschaft öffentliches Interesse erregt – z.B. die Schneiderpleite – das Negativimage des Maklers als zurecht bestätigt gilt. Dabei waren Makler weder im Schneiderfall noch an den anderen wirklich großen Immobilienskandalen der Nachkriegszeit beteiligt.

Der sozial besonders empfindliche Geschäftssektor der Wohnungsvermittlung blieb in dieser Anfangszeit – aus heutiger Sicht erstaunlich – von der Kritik weitgehend verschont.

Dies rührt daher, dass vor dem 1. Weltkrieg die Provision für die Vermittlung von Mietverträgen von den Vermietern getragen wurde und

Makler sich um den Bereich der Vermietung von sog. „Kleinwohnungen" nicht kümmerten. Ihre Geschäftspartner zählten durchgehend zu denen, die der sozialen Oberschicht angehörten. Kleinwohnungen dienten damals vorwiegend der Versorgung der Arbeiter mit Wohnraum (siehe Wohnungen). Dieses für Makler offensichtlich nicht lohnende Geschäftsfeld überließen sie gemeinnützigen Vermittlungsstellen, die bei den Kommunen, Wohnbaugesellschaften und – als Serviceleistung – bei den Haus- und Grundbesitzervereinen angesiedelt waren.

Zu Beginn der Nazizeit wurde am Maklergewerbe eine grundsätzliche Kritik geübt, die allerdings stark antisemitische Züge trug und an die Systemkritiker der aus der Frankfurter Schule entstammenden Szene der 68er Studenten mit den organisierten Hausbesetzungen erinnert. Dabei wurden Makler mit Hausbesitzern, Haussanierern und Umwandlern in einen Topf geworfen wurden. Vor allem gegen Ende der 60er/Anfang der 70er Jahre wurden Makler das Ziel einer politische gesteuerten Diffamierungskampagne.

Sie ging nicht nur von den „Systemkritikern" aus, sondern auch von ideologisch weniger festgelegten Politikerkreisen, die das linke Agitationsfeld nicht den „Jungsozialisten" alleine überlassen wollten. Zu erinnern ist dabei an das Berufsverbot für Makler, das 1973 auf dem SPD-Parteitag in Hannover beschlossen wurde, an Demonstrationen gegen Makler auf Deutschen Maklertagen, an den Wahlkampf des Münchner SPD-Oberbürgermeisterkandidaten Georg Kronawitter gegen die Makler, der auch innerhalb der SPD zu Irritationen führte, bis hin zur Einführung von kommunalen Wohnungsvermittlungsstellen mit dem Ziel, dem privaten Maklergewerbe die Existenzgrundlage zu entziehen. Makler wurden schlicht mit Wohnungsvermittler identifiziert und diese als „Parasiten" gebrandmarkt – eine „gelenkte" Terminologie, die ihren Ursprung im sog. Parasitengesetz vom Mai 1961 in der damaligen UdSSR hatte.

Von den annähernd 100 kommunalen Wohnungsvermittlungsstellen existiert heute keine mehr. Sie scheiterten als reine „Nachweisbüros" alle an Ineffizienz.

Für Kritik am Maklergewerbe gab es stets einer Reihe tiefer liegender Ursachen, deren Wirkungszusammenhänge allerdings nur ungenügend erforscht sind. Als sicher kann gelten, dass der Maklerbegriff selbst Negativassoziationen hervorruft (Makler – Makel, Mäkler = mäkeln). Kennzeichnend dafür ist, dass in Ländern, in denen Makler völlig gleichartige Berufsfunktionen und eine von Erfolgsprovisionen abhängenden Maklertätigkeit ausüben, offensichtlich wegen ihrer anderen Berufsbezeichnung kein Imageproblem haben.

Schon am Anfang des 20. Jahrhundert gab es wohl aus diesen Gründen bei Maklerverbänden Bestrebungen, das Wort Makler durch eine andere Berufsbezeichnung zu ersetzen. So wurde dort bereits vor dem 1. Weltkrieg erwogen, den Begriff des Maklers durch den Begriff des „Sensalen" zu ersetzen. In den 50er und 60er Jahren bezeichneten sich viele, die das Maklergewerbe ausübten, nicht als Makler, sondern als Betriebs- oder Unternehmensberater. Bei den makelnden Kreditinstituten ist mittlerweile der Begriff des Immobilienberaters zur Standardbezeichnung für Makler geworden.

Eine weitere Ursache der langfristigen negativen Determination des Maklerimages beruhte in den (aus Sicht von Auftraggebern und Öffentlichkeit) überhöhten Provisionen, die Makler für ihre Leistungen fordern. Da aber die an Immobiliengeschäften Interessierten stets die Wahl haben, die originäre Maklerleistungen der Markterschließung selbst zu übernehmen, anstatt von Maklern „einzukaufen" und es in vielen Fällen deshalb nicht tun, weil für sie die eigenen Recherchen teurer wären, reduziert sich dieses Imageproblem auf die Schwierigkeit, Maklerleistungen transparent zu machen und die aus der Natur der Sache heraus „latent prekäre Beziehungsebene" zwischen Makler und Auftraggeber in eine Vertrauensbeziehung umzuwandeln.

Hierauf zielt eine Untersuchung von Bonus und

Pauk über den „Immobilienmakler in der Dienstleistungsgesellschaft" aus der Sichtweise der Institutionenökonomik ab.

Die Untersuchung von Falk („Das Image der deutschen Immobilienwirtschaft" 1995) reduziert dagegen das Imageproblem des Maklers auf einen angeblich geringen Ausbildungsgrad der Makler. Die Schrift ist deshalb fragwürdig, weil sie das Produkt einer Untersuchung der Ansichten potentieller „Imagemitbewerber" ist und der dabei postulierte geringe Ausbildungsgrad von Maklern lediglich hypothetisch unterstellt wird. Maklerausbildung wird seit Jahren nicht nur im Rahmen des anspruchsvollen Ausbildungsberufes des Kaufmanns in der Grundstücks- und Wohnungswirtschaft betrieben, sondern an einer ganzen Reihe von Fachhochschulen, Universitäten (ebs) und universitätsnahen Instituten wie z.B. der Deutschen Immobilien Akademie an der Universität Freiburg. Deren Ergebnisse lassen sich durchaus mit dem Berufsbildungsstandard der englischen Maklerausbildung messen.

Der im letzten Jahrzehnt eingetretene positive Imagewandel ist sicher auch auf die Anhebung der beruflichen Qualifikation der Makler zurückzuführen, im politischen Raum aber auch auf die Ernüchterungen, die nach dem Fall der Mauer bei einem dann möglich gewordenen realen „Systemvergleich" eintrat und zwangsläufig zu neuen Bekenntnissen für die Marktwirtschaft führten. Schließlich haben Makler ihre Marktkompetenz auch im Rahmen ihrer Öffentlichkeitsarbeit wirksamer als in Zeiten einer Ghettoisierung des Berufsstandes vertreten können.

Siehe auch: Erfolgsprinzip (Maklergeschäft), Prinzip der Entscheidungsfreiheit des Auftraggebers (Maklergeschäft), Wohnung

Maklerkooperation

In allen Phasen des Immobilienmarktes – nicht nur in schlechten Zeiten – empfiehlt es sich für Makler bei ihrer Absatzwegepolitik zusammenzurücken und verstärkt Gemeinschaftsgeschäfte abzuschließen. Eine besonders interessante Form sind in zunehmendem Maße Immobilienbörsen und Maklerverbünde. Diese formen aus einer Vielzahl leistungsfähiger aber individualistischer Makler-Kollegen eine schlagkräftige Gemeinschaft, die jedem Mitglied Wettbewerbsvorteile bringt.

Der entscheidende Vorteil für Objektanbieter ist, dass ihre Immobilie von einem an der Immobilienbörse beteiligten Makler in dessen Angebot aufgenommen wird. Anschließend wird die Immobilie – soweit gewünscht – über die gemeinsame Datenbank auch von den übrigen Maklern der Immobilienbörse mit angeboten. Hierdurch entstehen keine zusätzlichen Kosten. Einziger Ansprechpartner des Verkäufers bzw. Vermieters bleibt der von ihm persönlich beauftragte Makler. Dieser steuert auch die Aktivitäten der übrigen Makler der Immobilienbörse, die die Immobilien mit anbieten. Inseriert wird die Immobilie nur durch diesen Makler. Die übrigen Börsen-Makler bringen z.B. die bei ihnen vorgemerkten Interessenten ein. Diese breite Vertriebsbasis schlägt sich positiv in der Erfolgswahrscheinlichkeit bzw. der Vermarktungsdauer und dem erzielten Objektpreis nieder.

Speziell für potentielle Käufer und Mieter bieten Immobilienbörsen insbesondere durch ihre hohe regionale Marktkompetenz erhebliche Vorteile, die sich bei der Vermarktung von Objekten auszahlen: Kauf- und Mietinteressenten müssen nicht mühsam die Immobilienteile der Zeitungen wälzen oder zu einer Vielzahl von Maklern gehen, um einen guten Marktüberblick zu bekommen. Vielmehr können sie bei einem einzigen Makler das gesamte Angebot der übrigen Makler der Immobilienbörse abrufen. Die Nutzung dieser Absatzwege durch den Makler schafft für seine Kunden schnell ein hohes Maß an Markttransparenz, spart viel Zeit und Mühen und eröffnet eine interessante Absatzschiene.

Bei der Akquise ist Maklerkooperation ebenfalls höchst vorteilhaft. Die verschiedenen Formen der Maklerkooperation und die daraus erwachsenden Gemeinschaftsgeschäfte sind als eine Alternative oder Ergänzung zum Aufbau eines eigenen Außendienstmitarbeiterstammes zu betrachten. Das breitgefächerte und in zahllose Teilmärkte aufgesplitterte Immobilienangebot fordert eine Absatzschiene über Netzwerk und Datenbank geradezu heraus.

Maklermethode

Bewertungsmethode, wonach bei Renditeobjekten der Wert durch einen Multiplikator – bezogen auf die Jahresnettokaltmiete – zum Ausdruck gebracht wird. Der sich aus dem Multiplikator ergebende Preis für ein Objekt resultiert aus der aktuellen Verzinsung des eingesetzten Kapitals einerseits und Erwartungen über die künftige Ertragsentwicklung dieses Objektes in der Zukunft andererseits. Die Höhe der Multiplikatoren schwanken je nach Art, Lage und Raumbezogenheit des Objektes.

Die Erwartungen auf den in Frage kommenden Teilmärkten können sich beziehen z.B. auf

1. im Objekt vorhandene Mietreserven, die vom künftigen Erwerber noch ausgeschöpft werden können, Ertragsreserven, die durch Umwidmungen in der Nutzung des Objektes realisiert werden können, u. dergl.
2. langfristige Lagewertänderungen des Objektes z.B. durch Lageverbesserung infolge Änderung der verkehrsmäßigen Infrastruktur, des Siedlungswachstums an den Rändern oder der Schrumpfung des Siedlungsraumes infolge eines längerfristig negativen Wanderungssaldos, oder durch erwartete öffentliche Investitionen
3. langfristige Veränderungen der Wirtschaftsstruktur des Raumes, in dem sich die Immobilie befindet,
4. konjunkturell unterstützte raumbezogene Entwicklungen, die sich auf das Einkommensniveau aber auch die Entwicklung der Arbeitslosigkeit am Ort auswirken.

Neben den raumbezogenen Einflüssen auf die Multiplikatoren wirken sich regelmäßig alters- und nutzungsartbedingte Einflüsse aus. Dabei gilt, dass unterschiedliche Niveaus der Multiplikatoren für Objekte gleicher Nutzungsart auf unterschiedliche Restnutzungsdauern zurück-

zuführen sind. Je länger die Restnutzungsdauer, desto niedriger der Multiplikator. Unterschiedliche Multiplikatoren zwischen Objekten unterschiedlicher Nutzungsart sind auf unterschiedliche Ertrags- und Kostenrisiken zurückzuführen. Je höher das Ertragsrisiko, desto höher der Multiplikator. Daneben spielen Entwicklungen auf den alternativen Anlagemärkten (Kapitalmarkt) eine nicht unerhebliche Rolle. Die verschiedenen, den Multiplikator bestimmenden, Einflusskräfte können sich gegenseitig verstärken aber auch aufheben.

Entwicklung der bayerischen Wohnhausmultiplikatoren

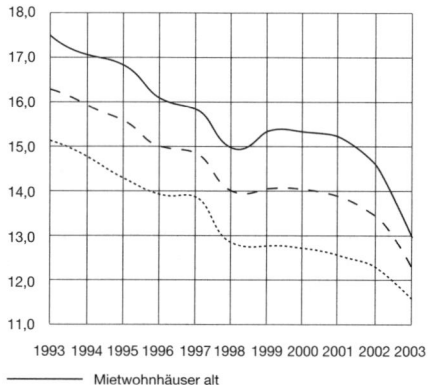

1993 1994 1995 1996 1997 1998 1999 2000 2001 2002 2003

——— Mietwohnhäuser alt
– – – – Gesamtmultiplikator
·············· Mietwohnhäuser neu

Maklerprovision

Die Maklerprovision ist die Vergütung für die erfolgreiche Tätigkeit des Maklers. Die Höhe der Provision wird frei vereinbart, sie kann bis zu 6% des Kaufpreises zuzüglich Mehrwertsteuer betragen. Welchen Anteil davon Verkäufer und Käufer übernehmen, ist von Bundesland zu Bundesland unterschiedlich. Fehlt es an einer Vereinbarung zur Höhe der Provision, ist die „übliche" Maklerprovision als vereinbart anzusehen. Courtage ist eine andere Bezeichnung für die Maklerprovision.

Eine erfolgsunabhängige Provision kann in Allgemeinen Geschäftsbedingungen nicht verein-

bart werden. Eine gesetzliche Provisionsbegrenzung ist nur bei der Wohnungsvermittlung zu beachten. Hier darf die Provision höchstens zwei Monatsmieten zuzüglich Mehrwertsteuer, aber ohne Nebenkosten, über die gesondert abzurechnen ist, betragen.
Siehe auch: Innenprovision

Maklerverbände

Zusammenschluss von Maklern in einer Berufsorganisation. Große deutsche Maklerverbände sind der „Ring Deutscher Makler" (RDM) und der „Verband Deutscher Makler" (VDM). Die Verbände haben die Rechtsform eingetragener Vereine. Als „Idealverein" sind sie durch ihre Satzung geprägt als Vertreter der Interessen des gesamten Berufsstandes der Immobilienmakler und Hausverwalter.

RDM – Ring Deutscher Makler

Bundesgeschäftsstelle:
Littenstr. 10, 10179 Berlin
Telefon: 030 / 27 57 26-0
Telefax: 030 / 27 57 26-49
E-Mail: rdm@rdm.de
Geschäftsführer: RA Hand Eberhard Langemaack,
IMMONET Beauftragter: Hendrik Vogel
Der RDM ist föderalistisch strukturiert. Er verfügt über 15 Landesverbände. Einige Landesverbände sind noch untergliedert in Bezirksverbände.
Der RDM ist Alleingesellschafter der RDM Verlags GmbH Berlin, Gesellschafter der Deutschen Immobilien Akademie an der Universität Freiburg GmbH mit Niederlassung in Berlin, Aktionär der DIA Consulting AG Freiburg, Gesellschafter der IMMONET GmbH.
Kooperationen bestehen mit Domus Software AG, Flowfact AG, Screenwork, Richard Boorberg Verlag und der Funk-Gruppe (Versicherungsmakler). Beim RDM Bayern ist das Institut für Marktforschung und Berufsbildung in der Rechtsform eines GmbH angesiedelt.
International ist der RDM Gründungsmitglied des Europäischen Rates der Immobilienberufe

„European Council of Real Estate Professionals CEPI" mit Generalsekretariat in Brüssel sowie der unter dem CEPI-Dach zusammengeschlossenen Fachorganisationen „European Property Agents Group EPAG" und „Confédération European des Administrateurs des Biens - CEAB". Zudem ist der RDM Gründungsmitglied des Europäischen Sachverständigenverbandes TEGoVA (The European Group of Valuers' Associations), vormals EUROVAL.
Oberstes Entscheidungsgremium ist der Deutsche Immobilientag (bisher Deutscher Maklertag)
Ferner ist der RDM Mitglied des Weltverbandes der Immobilienberufe FIABCI mit Sitz in Paris. RDM-Mitglieder können auch die Einzelmitgliedschaft der Deutschen Delegation der FIABCI erwerben.

VDM – Verband Deutscher Makler

Bundesgeschäftsstelle:
Riedemannweg 57, 13627 Berlin
Telefon: 030 / 38 30 25 28
Telefax: 030 / 38 30 25 29
eMail: kontakt@vdm.de
Geschäftsführer: RA Sven R. Johns und
Dipl.Volksw. Alexander Kraus
Der VDM ist zentralistisch strukturiert. Es verfügt aber über 16 Landesverbände, die nicht die Rechtsform eingetragener Vereine haben, finanziell aber selbständig sind.
Bildungseinrichtung des VDM ist die europäische Immobilien Akademie in Saarbrücken mit Niederlassungen in Berlin und Rostock.
International ist der VDM Mitglied der Confédération européenne de l'immobiliers
Voraussetzung für die Mitgliedschaft bei beiden Verbänden ist der Nachweis der für die Berufsausübung erforderlichen Fachkenntnisse.
Entwicklungen:
Die Mitglieder beider Verbände haben sich im Jahr 2002 mit jeweils überwältigender Mehrheit für einen Zusammenschluss beider Verbände ausgesprochen. Die Vorstände stehen seither in der Verpflichtung, dieses Anliegen zu realisieren. Der neue Verband soll den Namen Im-

mobilienverband Deutschland (IVD) oder auch Immobilien Verband Deutschland tragen. Auch die Landesverbände werden in neue IVD Landesverbände in der Rechtsform des eingetragenen Vereins aufgehen.

In der Immobilienwirtschaft wird der Vorgang mit großem Interesse beobachtet. Es wird davon ausgegangen, dass beide Vorstände und ihre Rechtsberater über die Kompetenz verfügen den historischen Vereinigungsprozess so zustande zu bringen, dass keine Ressentiments aus früheren Zeiten zurückbleiben. Dies gilt als entscheidende Voraussetzung für die „Schlagkraft" des neuen Verbandes.

Neue Verbände

Im Januar 2003 wurde in Frankfurt a.M. ein weiterer Maklerverband aus der Taufe (16 Paten) gehoben: der „Bundesverband der Deutschen Immobilienwirtschaft e.V." . Zum ersten Präsidenten wurde Prof. Dr.-Ing. Willi Alda (Deka Immobilien Invesment GmbH) gewählt, Vice-Präsident ist Walter Klug (DB Real Estate Investment GmbH). Als Generalsekretär fungiert Nader Maleki von der Maleki Group (Wiesenau 1, 60323 Frankfurt/M). Nicht ganz freiwillig hat man sich im 2. Quartal 2003 einen neuen Verbandsnamen gegeben: „Bündelungsinitiative in der deutschen Immobilienwirtschaft".

Wohl als Reaktion auf den neuen Maklerverband haben am 2. April 2003 die Maklerverbände RDM und VDM, der GdW (Bundesverband deutscher Wohnungsunternehmen), der BFW (Bundesverband Freier Immobilien- und Wohnungsunternehmen) und der Eigentümerverband Haus & Grund Deutschland die „Bundesarbeitsgemeinschaft der Deutschen Immobilienwirtschaft" ins Leben gerufen. Damit soll den verschiedenen immobilienwirtschaftlich orientierten Verbänden in Deutschland eine gemeinsame Interessensvertretung, ein sogenannter Dachverband, geboten werden. Für das erste Jahr hat Gerd Koppenhöfer den Vorsitz übernommen.

Maklervertrag

Immobilienmakler

Der Maklervertrag ist im Bürgerlichen Gesetzbuch geregelt. Nach dem gesetzlichen Leitbild handelt es sich um einen einseitigen Vertrag, bei dem derjenige zur Provisionszahlung verpflichtet wird, der eine Provision für den Fall versprochen hat, dass er durch Inanspruchnahme von Nachweis- oder Vermittlungsdiensten eines Maklers zu einem Vertragsabschluss gelangt. Der Makler selbst wird nicht verpflichtet, sondern nur berechtigt, für den Auftraggeber tätig zu werden.

Der Vertrag ist jederzeit widerruflich. Im Maklervertrag ist die Höhe der Maklerprovision zu regeln. Besteht zwar Klarheit darüber, dass der Auftraggeber eine Provision bezahlen soll, wurde aber deren Höhe nicht festgelegt, schuldet der Auftraggeber im Erfolgsfall die übliche Provision. (Zu den Voraussetzungen für den Provisionsanspruch siehe Makler). Eine Provision gilt als stillschweigend vereinbart, wenn die dem Makler übertragene Leistung nur gegen eine Provision zu erwarten ist. Davon kann immer nur dann ausgegangen werden, wenn der Auftraggeber bei der Geschäftsanbahnung die Initiative ergreift und sich an einen gewerbsmäßig tätigen Makler wendet mit dem Angebot, für ihn maklerisch tätig zu werden.

Im Maklervertrag kann ein Aufwendungsersatz vereinbart werden. Da das Maklervertragsrecht des BGB abdingbar ist, können vom Gesetz abweichende Vereinbarungen getroffen werden Alleinauftrag. Allerdings ist dabei zu beachten, dass der Vereinbarungsspielraum im Rahmen vorformulierter Verträge durch die Vorschriften über AGB erheblich eingeschränkt ist.

Wohnungsvermittler

Der Maklervertrag des Wohnungsvermittlers ist im Wohnungsvermittlungsgesetz geregelt. Im Gegensatz zum disponiblen Maklerrecht des BGB enthält das Wohnungsvermittlungsgesetz weitgehend zwingende Vorschriften von denen vertraglich nicht abgewichen werden kann. So entsteht auf der Grundlage eines Provisionsversprechens ein Provisionsanspruch immer nur dann, wenn der Makler nachweisend oder vermittelnd tätig war und diese Tätigkeit zu einem Mietvertrag über Wohnraum geführt hat.

Eine Provision kann nicht vereinbart werden, wenn der Makler selbst Eigentümer, Vermieter, Verwalter oder Mieter der angebotenen Wohnung ist. Das gleiche gilt, wenn der Makler mit dem Eigentümer, Vermieter oder Verwalter wirtschaftlich oder rechtlich verflochten ist. Vorauszahlungen auf Provisionen sind verboten. Vom Mieter kann auch bei Vorliegen der übrigen Voraussetzungen keine Provision verlangt werden, wenn es sich bei der vermittelten Wohnung um preisgebundenen Wohnraum handelt, die mit öffentlichen Mitteln gefördert ist. (siehe auch Wohnungsvermittlung)

Darlehensvermittler

Der Vertrag, in dem sich der Darlehensvermittler vom Darlehensnehmer eine Provision versprechen lässt, darf inhaltlich nicht mit dem Darlehensvertrag oder dem Darlehensantrag verbunden sein. Der Darlehenvermittler muss dabei offen legen, wenn er vom Kreditinstitut ebenfalls eine Vergütung oder einen Bonus erhält. Der Provisionsanspruch wird nicht – wie bei den anderen Maklerverträgen – bereits fällig mit dem Zustandekommen des vermittelten Vertrages, sondern erst mit der Auszahlung des Darlehens.

Außerdem darf bezüglich dieses Darlehensvertrages kein Widerrufsrecht des Darlehensnehmers mehr bestehen. Für den Maklervertrag ist Schriftform erforderlich. Die Besonderheiten des Vertrages sind im Verbraucherkreditgesetz geregelt.

Durch die Schuldrechtsreform sind diese Vorschriften in das BGB überführt worden (§§ 655a ff). Erstaunlicherweise verblieben die Sondervorschriften zur Wohnungsvermittlung weiterhin im Wohnungsvermittlungsgesetz.

Siehe auch: Makler, Alleinauftrag, Wohnungsvermittlung

MAPIC

Abkürzung für: Marché international professionel de l'implantation commerciale et de la distribution. Fachmesse für Handelsimmobilien in Cannes, Südfrankreich, die alljährlich im November stattfindet.

Marketing

Unter Marketing sind alle Massnahmen zu verstehen, die darauf ausgerichtet sind, die Leistungen des Unternehmens am Kundennutzen auszurichten. Das Unternehmen wird gewissermassen „vom Markt her" geführt. Die zur Verfügung stehenden klassischen Marketinginstrumente beziehen sich auf die Gestaltung der Produkte und Leistungen, der Preise, der Absatzwege und der Kommunikation. Für Makler und Bauträger bedeutet „Produktpolitik" eine Objektsegmentierung, die sich auf die ins Auge gefassten Zielgruppen konzentriert.

Beim Bauträger bezieht sich die Preispolitik auf die Preisgestaltung (siehe Festpreise, Abrechnungspreise, Zahlung der Raten usw.). Beim Makler kommt neben der „Preisberatungspolitik" noch die eigene Provisionspolitik (Innenprovision, Provisionsteilung, Aussenprovision, Provisionsdifferenzierung usw.) ins Spiel.

Die Politik der Absatzwege beim Bauträger hat auch die Entscheidung zum Inhalt, ob ein Makler einbezogen oder ein Direktvertrieb vorgezogen wird. Makler können ausschließlich auf das Sologeschäft, aber auch auf Gemeinschaftsgeschäfte, Börsen und Maklerverbünde zur Absatzförderung setzen. Auch jede innerbetriebliche Verkaufsförderungsmaßnahme bis hin zur Verkaufsschulung kommt hier ins Spiel. Die Kommunikationspolitik spielt im Immobiliengeschäfts eine hervorragende Rolle. Man versteht darunter zielgruppenausgerichtete Werbemassnahmen und PR-Aktivitäten. Makler arbeiten mit einem doppelten Marketing, d.h. es gibt zwei unterschiedliche Marketing-Stoßrichtungen:

1. das eigene (originäre) Marketing des Maklers für seine Leistungen,

2. das derivate Marketing für die Kunden eines Maklerunternehmens. Hier erfüllt der Makler eine Stellvertreterfunktion für den Kunden, bzw. Auftraggeber.Beide Marketingrichtungen müssen jeweils konsolidiert, bzw. aufeinander abgestimmt werden.
Siehe auch: Festpreis

Marketingmix

Grundsätzlich lässt sich der Marketing-Mix als alles das definieren, „was das Unternehmen veranlassen kann, um die Nachfrage nach seinem Produkt zu beeinflussen" (Kotler, et. al 2003, Grundlagen des Marketing). Der Marketing-Mix ist Kernbestandteil des Marketing und lässt sich wiederum klassischer Weise in vier Bereiche, teilweise wird auch von Submix-Feldern gesprochen, aufteilen:

- Angebotspolitik (Produktpolitik)
- Preispolitik
- Absatzwege-Politik (Vertriebspolitik)
- Kommunikationspolitik

Im angelsächsischen Raum wird in diesem Zusammenhang auch häufig von den „vier P's" gesprochen und zwar „price" für Preispolitik, „product" für Produktpolitik, „promotion" als Kommunikationspolitik und schließlich „place" als Absatzwegepolitik.

Der isolierte oder unkoordinierte Einsatz der oben beschriebenen Marketinginstrumente kann dazu führen, dass sich die Wirkungen beeinträchtigen, gegenseitig aufheben oder gar negativ beeinflussen. Deshalb ist es Aufgabe eines planvollen Marketing-Mix von Maklerunternehmen, die Marketinginstrumente so miteinander zu kombinieren und aufeinander abzustimmen, dass ein widerspruchsfreies Marketingkonzept entsteht.

Der Einsatz der Marketinginstrumente im Rahmen des Marketing-Mix erfordert also ein integriertes, sachlich und zeitlich aufeinander abgestimmtes Programm. Das bedeutet, dass nicht nur der Sachbezug, sondern auch der Zeitbezug hergestellt werden muss. Marketingziele sind Ziele, die man innerhalb eines bestimmten Zeitraums erreichen will. Normalerweise sind sie langfristig abgesteckt, wobei Ziele der Vermarktung eines Objektes natürlich eher kurz- bis mittelfristiger Natur sind. Deshalb spricht man auch von Strategien, von langfristigen Grundsatzentscheidungen, in die allgemeine Handlungsanweisungen einbezogen sind.
Siehe auch: Akquisitionsstrategien

Marktanalyse

Die Marktanalyse betrachtet den Markt zu einem bestimmten Zeitpunkt. Ermittelt werden die Faktoren, die einen bestimmten Markt kennzeichnen. Dies geschieht einmalig oder in bestimmten Intervallen. Die Marktanalyse stellt die Struktur und die Beschaffenheit eines Marktes dar und gibt Auskunft über lokale, regionale und überregionale Teilmärkte inklusive der aktuellen Angebots- und Nachfragesituation. Zwingender Bestandteil jeder Analyse ist die Untersuchung der Wettbewerbssituation. Zur Analyse gehören neben den genannten auch folgende Faktoren: demographische Faktoren (z.B. Stand der Haushalte, Aufbau der Alterspyramide), wirtschaftliche Faktoren (Höhe des verfügbaren Einkommens, Höhe des Kapitalmarktzinses), Infrastruktur (Städtebau, Verkehr), Konkurrenzverhältnisse, Steuer- und Subventionspolitik, rechtliche Rahmenbedingungen, öffentliche Förderungsmodelle sowie die Objektbewertung bei Standortanalysen.

Marktberichte

Von Immobilienfirmen, Verbänden und Gutachterausschüssen veröffentlichte Untersuchungen zu einzelnen Segmenten des Immobilienmarktes (z.B. der Büromarkt in Stuttgart, der Markt für Einzelhandelsflächen in Deutschland). Neben einer Beschreibung des aktuellen Preisniveaus der wichtigsten Trends und einer Skizzierung der Entwicklung des Marktes enthalten die meisten Marktberichte eine Prognose für die weitere Marktentwicklung.

Verbände verfügen teilweise über eigene Marktforschungseinrichtungen, wie z.B. das Marktforschungsinstitut des RDM Bayern in München. Immobilienmarktberichte tragen wesentlich zur Transparenz des Immobilienmarktes bei.

Markteinflussfaktoren

Markteinflussfaktoren sind Faktoren, die von außen auf den Immobilienmarkt einwirken. Diese Faktoren sind z.b. die Objektanbieter, die Objektnachfrager, die Konkurrenz, die Rechtssprechung, der Staat und die Gesellschaft sowie alle demographischen, wirtschaftlichen und infrastrukturelle Faktoren.

Marktforschung

Marktforschung ist das Bemühen eines Unternehmens, wichtige Erkenntnisse zu gewinnen, die für die Erreichung der Unternehmensziele notwendig sind. Gegenstand der Marktforschung sind neben den einzelnen Märkten die Markteinflussfaktoren, d.h. Faktoren die den Markt von außen beeinflussen. Zu diesen zählen ökonomische, rechtliche sowie soziale Rahmenbedingungen. Im Zusammenhang der Marktforschung kommen die Marktanalyse, die Marktbeobachtung und die Marktprognose zum Einsatz.
Siehe auch: Markteinflussfaktoren

Marktsegmentierung

Mit Hilfe sorgfältiger Marktforschung kann ein Gesamtmarkt in einzelne Betätigungsfelder unterteilt werden. Diese Segmente unterscheiden sich zum Beispiel nach soziodemographischen Merkmalen (Geschlecht, Alter, Einkommen, Beruf), geographischen Merkmalen (Wohnort), mikrogeographischen Merkmalen (Ortsteil, Straße) oder psychographischen Merkmalen (Einstellungen, Meinungen, Motive). Für Werbemaßnahmen ist es unerläßlich, die Zielgruppe einzugrenzen, also zu segmentieren.

Maße der baulichen Nutzung

Zu den Maßen der baulichen Nutzung zählen die
- GRZ (siehe Grundflächenzahl) oder GR = zulässige Grundfläche,
- GFZ (siehe Geschossflächenzahl) oder GF

= Geschossfläche,
- H (siehe Höhe der baulichen Anlage),
- Z (Zahl der siehe Vollgeschosse) sowie die
- MZ (siehe Baumassenzahl) oder BM = Baumasse.

In einem Bebauungsplan muss stets die GRZ bzw. GR festgesetzt werden, sowie entweder H oder Z, wenn das Landschaftsbild erhalten bleiben soll. Im Flächennutzungsplan können GFZ oder BMZ und H dargestellt werden.
Siehe auch: Bebauungsplan, Flächennutzungsplan

MaßnG

Abkürzung für: Maßnahmegesetz

Maximalpreisvertrag

Unter dem Begriff „Garantierter Maximalpreisvertrag" (GMV) versteht man eine neue Art einer Baupreisvereinbarung zwischen Auftraggeber (Bauherrn) und Bauunternehmer. Diese Vereinbarungspraxis stammt aus Amerika. Mit ihm soll verhindert werden, dass Bauunternehmer nach Abschluss eines Bauvertrages für im Vertrages ursprünglich nicht vorgesehene oder vergessene, aber notwendige Leistungen zusätzliche Nachforderungen stellen. Nach dem Werkvertragsrecht kann der Auftraggeber hierfür vom Bauherrn eine angemessene Vergütung verlangen. Die Konfliktsituation entsteht meist dadurch, dass Bauunternehmer äußerst knapp, nicht selten unterhalb der Selbstkosten kalkulieren, um den Zuschlag zu erhalten. Sie sind darauf angewiesen, Vereinbarungslücken für solche Nachforderungen zu nutzen, um das Ergebnis aufzubessern.

Das neue Preissystem beruht auf der Grundlage der Einbeziehung der Bauunternehmen in die Planungsphase, die damit ihr Know-how einbringen. Der Auftraggeber bezahlt höchstens den garantierten Maximalpreis. Ergibt sich am Ende durch tatsächliche Einsparungen ein Preis, der unterhalb des Maximalpreises angesiedelt ist, teilen sich Auftraggeber und Bauunter-nehmer diese Differenz. Das Teilungsverhältnis wird im Vertrag vereinbart

MB
Abkürzung für: Musterbedingungen

mbH
Abkürzung für: mit beschränkter Haftung

MBO
Abkürzung für: Musterbauordnung

MBöBk
Abkürzung für: Musterbedingungenen für öffentlich-rechtliche Bausparkassen

MBpBk
Abkürzung für: Musterbedingungen für private Bausparkassen

MdB
Abkürzung für: Mitglied des Bundestages

ME
Abkürzung für: Mieteinnahme

ME
Abkürzung für: Miteigentum

MEA/MEs-Anteil
Abkürzung für: Miteigentumsanteil

Media-Planung
Die Auswahl der geeigneten Werbemaßnahmen oder Medien erfolgt mit Hilfe der Media-Planung. Dabei werden zunächst die Marketingziele definiert, etwa der geplante Umsatz oder der angestrebte Marktanteil. Danach werden die Werbeziele festgelegt, wobei die Präferenzen zum Beispiel auf dem Bekanntheitsgrad oder dem eigenen Unternehmensimage liegen können. Schließlich werden die Mediaziele im Hinblick auf die zu erreichende Zielgruppe oder die Häufigkeit, mit der die Angehörigen des Zielmarktes das Plakat, die Zeitung oder den Hörfunksender tatsächlich nutzen, beschrieben. Zeitungsverlage stellen als Informationsgrundlage in der Regel Mediamappen zur Verfügung. Aus ihnen ergeben sich das Verbreitungsgebiet und die quantitative Reichweite (Zahl der Leser im Vergleich zur Bewohnerzahl im Verbreitungsgebiet), häufig sogar auch die qualitative Reichweite (Zahl der Leser, die einer bestimmten Zielgruppe angehören).

MEer
Abkürzung für: Miteigentümer

Mehrfamilienhaus

Beim Mehrfamilienhaus handelt es sich um ein Wohnhaus mit mindestens drei Wohneinheiten. Es kann sich um ein Mietwohnhaus oder um eine Haus mit Eigentumswohnungen handeln. Bei der Planung eines Mehrfamilienhauses sollte heute von vornherein die Aufteilung des Gebäudes in Wohnungseigentum vorgesehen werden. Für die so entstehenden Eigentumswohnungen lässt sich eine sinnvolle Finanzierungs- und Steuerstrategie entwickeln, besonders wenn eine der Wohnungen durch den Bauherren oder Käufer selbst genutzt werden soll.

Mehrhausanlage (Wohnungseigentum)
Eine aus mehreren oftmals gleichartigen Gebäuden bestehende Wohnungseigentumsanlage, die einer Wohnungseigentümergemeinschaft gehört. Oftmals bestehen bei den Eigentümern hausspezifische Interessen. Die Begründung des Wohnungseigentums im Rahmen einer Mehrhausanlage sollte fachmännisch korrekt erfolgen und den Eigentümern in der Gemeinschaftsordnung ein Höchstmaß an individuellen Gestaltungsmöglichkeiten bieten.

Meistbietender

Der Meistbietende hat im Versteigerungsverfahren das höchste Gebot abgegeben. Damit hat er jedoch noch nicht automatisch den Zuschlag erhalten. Liegt das Gebot unterhalb der festgesetzten Grenzen, bedarf es der Zustimmung des betreibenden Gläubigers – ansonsten wird es abgewiesen.

Sind die Versteigerungsbedingungen erfüllt, besteht bei Abgabe des Meistgebotes ein Anspruch auf den Zuschlag. Mit diesem hat der Ersteigerer die Immobilie erstanden und ist – obwohl noch ohne grundbuchliche Eintragung – der neue Eigentümer.

Meldepflicht

Bundeseinheitliche Regelungen über die Verpflichtung, den Meldebehörden den Zu- oder Wegzug einer natürlichen Person in eine Wohnung (aus einer Wohnung) zu melden.

Meldepflichtig ist derjenige, der zu- bzw. wegzieht. Auskunft über gemeldete Personen dürfen die Meldebehörden Dritten nur über Vor- und Familienname, akademische Grade und Anschrift von Personen erteilen. (Darüber hinausgehende Ausnahmen bei Nachweis eines berechtigten Interesses).

Merkantiler Minderwert

Siehe: Minderwert, merkantiler
(Wertermittlung)

Messermiete

Unter Messermiete ist das Entgelt für die eingebaute Messeinrichtung (Strom, Wasser, Gas), die auch das Entgelt für die Verrechnung und das Inkasso enthält, zu verstehen.

Der Begriff wird in Mietverträgen schon lange nicht mehr verwendet, da die Strom-, Wasser- und Gaskosten (Tarife) sich aufteilen in eine Grundgebühr und verbrauchsabhängige Kosten. Die Grundgebühr enthält heute auch die Kosten, die früher mit der Messermiete abgegolten wurde – soweit sie noch entstehen.

MF-B

Siehe: Flächendefinition (außerhalb DIN und II BV)

MF-H

Siehe: Flächendefinition (außerhalb DIN und II BV)

MFH

Abkürzung für: Mehrfamilienhaus

MHG

Abkürzung für: Miethöhegesetz

MHRG

Abkürzung für: Gesetz zur Regelung der Miethöhe

MI

Abkürzung für: Mischgebiet

Mietaufhebungsvertrag

Neben der einseitigen Möglichkeit der Beendigung eines Mietverhältnisses durch Kündigung kann ein Mietvertrag durch Vertrag aufgehoben werden. Ein solcher Mietaufhebungsvertrag eröffnet dem Vertragspartner die Möglichkeit, ohne Rücksicht auf mietvertragliche oder gesetzliche Bestimmungen und ohne Respektierung von Kündigungsvoraussetzungen und -fristen, die „Partnerschaft Mietverhältnis" zu beenden. Der Mietaufhebungsvertrag unterliegt keinem Formzwang, auch nicht bei Wohnraummietverhältnissen.

Siehe auch: Beendigung eines Mietverhältnisses

Mietausfallwagnis

Das Mietausfallwagnis ist eine kalkulatorische Größe, die dazu dient, das Risiko einer Ertragsminderung durch Mietminderung, uneinbringliche Forderungen und zeitweiligen Leerstand zu berücksichtigen. Da eine Mietsicherheit im preisgebundenen Wohnraum für Mietzahlungen nicht verlangt werden kann, ist das Mietausfallwagnis Bestandteil der Kostenmiete. Es gibt dem Vermieter die Möglichkeit, Rücklagen für Ausfälle zu bilden und kann mit 2 im Hundert der Jahresmiete angesetzt werden.

Allerdings liegt es in den östlichen Bundesländern zum Teil weit darüber. Ermittlungen des GdW zufolge soll es Wohnungsunternehmen geben, bei denen die Leerstandsquote mit dem entsprechenden Mietausfall bis zu 30 % geht. Für Geschäftsgrundstücke beträgt der Erfahrungswert 3%-4% des Rohertrages, bei Spezialimmobilien oft noch höher. Der Kalkulationssatz für das Mietausfallwagnis umfasst neben dem Leerstands- und Mietminderungsrisiko auch die uneinbringlichen Kosten eines Räumungs- oder Mietforderungsprozesses gegen den Mieter.

Siehe auch: Spezialimmobilien

Mietdatenbank

Die Mietdatenbank ist eine zur Ermittlung der örtlichen Vergleichsmiete fortlaufend geführte Sammlung von Mieten, die von der Gemeinde oder von Interessenvertretern der Vermieter und Mieter gemeinsam geführt und anerkannt wird (§558e BGB – nach Inkrafttreten der (Mietrechtsreform). Eine Auskunft aus der Mietdatenbank kann zur Begründung eines Mieterhöhungsverlangens herangezogen werden.

Der Vorteil von Mietdatenbanken besteht in ihrer jeweiligen Aktualität. Sie wird fortlaufend von mit neuen Daten gefüttert. Mietdaten die älter als vier Jahre werden, werden ausgesondert. Bisher gibt es in Deutschland nur die Mietdatenbank in Hannover, die vom „Verein zur Ermittlung und Auskunftserteilung über die örtliche Vergleichsmieten e.V. (MEA)" betrieben wird. Interessenten erhalten jeweils drei „passende" Mieten genannt. Der MEA" gehören der Mieterverein, Haus & Grund Hannover, die Landeshauptstadt, der RDM sowie der Verband der Wohnungsverwalter an.

Miete

Die Miete ist der Preis für eine vertragsgemäße Nutzung von „Sachen" (Mietsache) insbesondere Räumen (z.B. Haus, Wohnung, Werkstatt-

räume). Die Miete in weiterem Sinne umfasst die „Grundmiete", den Betrag für Betriebskosten und Zuschläge.Im freifinanzierten Wohnungsbau können die Betriebskosten als Vorauszahlung (mit jährlicher Abrechnung) oder als Pauschale vereinbart werden. In welchem Turnus die Miete zu zahlen ist (monatlich, viertel-/halbjährlich oder jährlich), vereinbaren die Mietparteien im Mietvertrag. Bei Wohnraum kann der Vermieter die Zustimmung zur „Gebrauchsüberlassung an Dritte" von einer angemessenen Erhöhung der Miete abhängig machen, wenn ihm dies anders nicht zuzumuten wäre. Bei Gewerberaum sind die Bedingungen für Mietzuschläge frei aushandelbar.

Entwicklung der Wohnungsmieten Lebenshaltungskosten und Baupreise

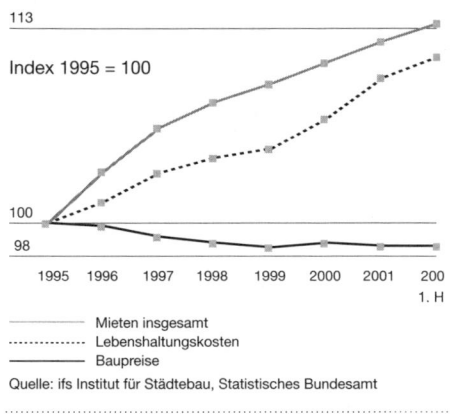

Quelle: ifs Institut für Städtebau, Statistisches Bundesamt

Mieter-Mix

Bei Gewerbe-Objekten spricht man im Zusammenhang mit gemischt genutzten Objekten wie Shopping Center von Mieter-Mix. Dabei gilt es, eine gute Mischung bzw. Zusammensetzung von Dienstleistungen und Geschäften sowie kleinen Läden zu erreichen, da ein guter Mieter-Mix – neben dem eigentlichen Konzept – entscheidend für den Erfolg des Centers bzw. des Gewerbe-Objektes ist. Erstrebenswert ist ein Mieter-Mix, der vor allem Kaufkraft aber auch qualifizierte Laufkundschaft in ein Objekt bringt. Wichtig sind in diesem Zusammenhang die Synergie-Effekte zwischen den einzelnen Mietern bzw. Betreibern.

Erreicht wird ein guter Mieter-Mix durch eine enge Zusammenarbeit zwischen Center-Manager, Eigentümer, Initiatoren, Betreiber und Gewerberaummakler.

Mieterhöhung

Unter Mieterhöhung versteht man die Neufestsetzung einer Miete, die über der bisher bezahlten Miete liegt. Dies kann durch einvernehmliche Vertragsänderung, durch einseitige Erklärung, durch Änderungskündigung oder durch gesetzlich vorgeschriebene Mieterhöhungsverlangen erfolgen. Auf welche Weise eine Mieterhöhung stattfinden kann, richtet sich nach den vertraglichen Vereinbarungen, nach der Art des Mietverhältnisses und der jeweils zutreffenden Vorschriften.

Bei Mietwohnungen war bis 31.08.2001 die jeweilige Vorgehensweise im Miethöhegesetz (MHG) festgelegt. Danach konnte der Vermieter die Zustimmung zu einer Mieterhöhung verlangen, wenn die Miethöhe seit einem Jahr unverändert ist, die verlangte Miete die ortsübliche Vergleichsmiete nicht übersteigt und der Vermieter die Kappungsgrenzen berücksichtigt. Es galten außerdem besondere Vorschriften über die Staffelmiete, Indexmiete, die einseitige Mieterhöhung bei baulichen Veränderungen und gestiegenen Kapitalkosten, sowie über Betriebskostenumlegungen. Die Änderungskündigung ist bei Wohnraum ausgeschlossen.

Durch die Mietrechtsreform sind die Vorschriften des Miethöhegesetzes überwiegend – teils modifiziert – in das BGB übernommen worden. Nicht mehr zulässig ist seit 1. September 2001 die Umlage erhöhter Kapitalkosten.

Siehe auch: Mieterhöhungsverlangen, Mietrechtsreform 2001

Mieterhöhungsverlangen

Bis 31.08.2001 unterlag das Verlangen des Vermieters von Wohnraum nach einer Mieterhöhung entsprechend §2 Miethöhegesetz be-

stimmten inhaltlichen und formalen Regeln. Diese Regeln sind weitgehend seit 1. Sept. 2001 in das BGB übernommen worden. Das Mieterhöhungsverlangen ist demnach „in Textform" geltend zu machen und zu begründen. Ferner muss die bisherige Grundmiete (Miete ohne Betriebskosten und Erhöhungen wegen baulicher Veränderungen) zum Zeitpunkt der Erhöhungsverlangens ein Jahr und damit bis zum Zeitpunkt der Erhöhung selbst 15 Monate unverändert geblieben sein.

Das Mieterhöhungsverlangen muss die Höhe des neu verlangten Mietpreises, also den Endbetrag und den Erhöhungsbetrag enthalten. Zur Begründung kann Bezug genommen werden auf einen Mietspiegel, ab 1.9.2001 – soweit vorhanden – eine Auskunft aus einer Mietendatenbank, das Gutachten eines öffentlich bestellten und vereidigten Sachverständigen, oder auf die Entgelte von drei vergleichbaren Wohnungen. Das vorrangige Begründungsmittel ist der sog. qualifizierte Mietspiegel, der nach anerkannten wissenschaftlichen Grundsätzen erstellt und von der Gemeinde anerkannt worden ist. Es wurde eine gesetzliche (widerlegbare) Vermutung für dessen Richtigkeit eingeführt.

Als Alternative zum qualifizierten Mietspiegel bleibt der „einfache" Mietspiegel, der von der Gemeinde oder von den Interessenverbänden der Mieter und Vermieter einvernehmlich erstellt wurde. Für die Gemeinden besteht allerdings keine Pflicht, einen Mietspiegel zu erstellen. Die verlangte neue Miete darf die ortsübliche Vergleichsmiete nicht übersteigen und nicht mehr als 20% der bisher bezahlten Miete betragen (siehe Kappungsgrenze).

Dem Mieterhöhungsverlangen kann der Mieter innerhalb von zwei Monaten nach Erhalt des Vermieterschreibens zustimmen. Tut er dies nicht, so muss der Vermieter zur Durchsetzung seines Verlangens Klage erheben, und zwar innerhalb von nunmehr drei weiteren Monaten.

Durch die Mietrechtsreform 2001 wurde neu eingeführt, dass der Mieter auch teilweise zustimmen kann. Er muss dann den von ihm anerkannten Erhöhungsbetrag ab Beginn des dritten

Monats nach Zugang des Erhöhungsverlangens bezahlen. Dem Vermieter bleibt aber die Möglichkeit, auf Zustimmung in Höhe des Differenzbetrages zu klagen.

Siehe auch: Kappungsgrenze

Mietervereine

Mietervereine sind Interessenvertretung der Mieter und ein Pendant zu den Haus- und Grundbesitzervereinen. Die örtlichen Mietervereine wirken bei der Erstellung des Mietspiegels mit und erteilen Mitgliedern Rechtsberatung in allen Mietangelegenheiten.

Die Dachorganisation der Mietervereine ist der Deutsche Mieterbund e.V. in Köln, in dem im Rahmen von 16 Landesverbänden etwa 350 örtliche Mietervereine organisiert sind. Die Mieterorganisation beschäftigt etwa 1.300 hauptamtliche Mitarbeiter.Anschrift des Deutschen Mieterbundes:

Aachener Str. 313, 50931 Köln,
Tel.: 0221/94077-0, Fax: 94077-22.
eMail info@mieterbund.de,
Homepage: www.mieterbund.de

Mietkauf

Vertragliche Vereinbarung mit dem Vermieter, die dem Mieter das Recht einräumt, die Mietimmobilie unter Anrechnung der gezahlten Miete auf den von vornherein bestimmten Kaufpreis innerhalb oder nach Ablauf einer bestimmten Zeit zu erwerben.

Mietkaution

Bei der Mietkaution handelt es sich um eine Sicherheitsleistung, die der Vermieter vom Mieter zu Beginn des Mietverhältnisses verlangen kann. Die Kaution ist sowohl im freifinanzierten als auch im öffentlich geförderten Wohnungsbau (hier aber nicht als Absicherung gegen Mietausfall) zulässig. Sie darf höchstens drei Monatsmieten (Grundmiete ohne Betriebskosten) betragen. Die Kaution kann vom Mieter in drei gleichen Monatsraten geleistet werden. Der erste Teilbetrag wird zu Beginn des Mietverhältnisses fällig. Bei der Verwaltung der

Kaution muss der Vermieter bestimmte Regeln beachten. Sie ist – wenn diese Anlageform gewählt wird – auf einem gesonderten Konto, für das der Vermieter die üblichen Sparzinsen für Guthaben mit dreimonatiger Kündigungsfrist erhält, anzulegen.

Die Guthabenzinsen für die Kaution unterliegen der Zinsabschlagsteuer. Den Kautionsbetrag einschließlich der Zinsen erhält der Mieter bei seinem Auszug zurück – vorausgesetzt, er hat alle Verpflichtungen aus dem Mietverhältnis erfüllt. Die Mietvertragsparteien können nach den ab 1.9.2001 geltenden Vorschriften jedoch auch eine andere ertragbringende Anlageform für die Mietkaution wählen.

Als Form der Mietsicherheit kommt auch die Bankbürgschaft in Betracht, die aber nur dann sinnvoll ist, wenn es sich um eine selbstschuldnerische Bankbürgschaft handelt. Im gewerblichen Immobilienbereich gibt es keine Beschränkungen hinsichtlich der Mietkaution.

Bei Filialunternehmen wird anstelle von Kaution oder Bankbürgschaft oft auch eine „Patronatserklärung" von der Konzernmutter abgegeben, die die Wirkung einer Bürgschaft entfaltet.

Mietminderung

Der Vermieter ist verpflichtet, dem Mieter den Gebrauch der Miеträume in einem zum vertragsgemäßen Gebrauch geeigneten Zustand zu überlassen und sie während der Dauer der gesamten Mietzeit in diesem Zustand zu erhalten. Wenn den Miеträumen eine zugesicherte Eigenschaft fehlt oder sie mit einem Mangel – auch Rechtsmangel – behaftet sind, ist der Mieter für die Zeit, während der die Gebrauchstauglichkeit der Räume durch den Mangel ganz aufgehoben ist, von der Entrichtung der Miete völlig befreit.

Für die Zeit, während derer die Tauglichkeit lediglich eingeschränkt ist, ist er zur Entrichtung einer entsprechend der Beeinträchtigung geminderten (gekürzten) Miete berechtigt.Eine nur unerhebliche Minderung der Tauglichkeit führt zu keinen Minderungsansprüchen des Mieters. Die Höhe der Mietminderung ist im

Streitfalle von dem Richter zu bemessen und hängt insbesondere von der Schwere des Mangels, dem Grad und der Dauer der Minderung der Tauglichkeit zum vertragsgemäßen Gebrauch ab, wobei eine Gesamtschau anzustellen ist. Dabei kann und hat sich der Richter gegebenenfalls der Hilfe eines Sachverständigen zu bedienen, um Art und Umfang der streitigen Mängel festzustellen.

Mietpreisbindung

Eine Mietpreisbindung ist vorgeschrieben in allen Fällen, in denen Mietwohnungen mit öffentlichen Mitteln gefördert wurden. Verlangt werden darf nur die „Bewilligungsmiete". Liegt die nach der II. Berechnungsverordnung ermittelte Kostenmiete über der Bewilligungsmiete, muss der Investor (in der Regel ein Wohnungsunternehmen) bei den kalkulatorischen Aufwendungen (z.B. Eigenkapitalverzinsung) „Aufwendungsverzichte" hinnehmen.

Für Wohnraum, der nach dem 1.1.2002 (in einigen Bundesländern nach dem 1.1.2003) gefördert wird, gelten die Vorschriften des Wohnraumförderungsgesetzes. Auch hier ist die Folge der Förderung eine Mietpreisbildung. Sie stellt aber nicht auf die Kostenmiete, sondern auf eine zu vereinbarende Miete ab, die stets unter der ortsüblichen Vergleichsmiete angesiedelt ist.

Siehe auch: Kostenmiete, Wirtschaftsstrafgesetz

Mietpreisüberhöhung

Siehe: Wirtschaftsstrafgesetz, Wohnungsmangel, Mietpreisbindung, Kostenmiete

MietRÄndG

Abkürzung für: Mietrechts-Änderungsgesetz

Mietrechtsreform 2001

Das von der Bundesregierung erklärte Ziel der zum 1.9.2001 in Kraft tretenden Mietrechtsreform, soll es sein, den Mietvertragsparteien mehr Verhandlungsspielraum einzuräumen, das Mietrecht zu vereinfachen und durch Zusammenfassung verstreuter Vorschriften im BGB übersichtlicher, verständlicher und transparenter zu machen.

Dieses Ziel konnte aber nur teilweise erreicht werden. Verschiedene Sondervorschriften, wie §5 WiStG, das Gesetz über das Verbot der Zweckentfremdung von Wohnraum bis hin zum Gesetz über die Rückerstattung von Baukostenzuschüssen von 1961 blieben bestehen. Allerdings ist das Miethöhegesetz aufgehoben.

Dessen Vorschriften sind mit einigen Veränderungen im wesentlichen in das BGB übernommen worden. Das neue Mietrecht im BGB enthält:

• I. Allgemeine Vorschriften über Mietverhältnisse (§§ 535 - 548)
• II. Mietverhältnisse über Wohnraum unterteilt in- Allgemeine Vorschriften (§§ 549 - 555)- Die Miete (§§ 556 - 561)- Pfandrecht der Vermieters (§§ 562 -562d)- Wechsel der Mietvertragsparteien(§§ 563 - 567b) - Beendigung des Mietverhältnisses (§§ 568 - 576b)- Besonderheiten bei der Bildung von Wohneigentum an vermietetenWohnungen (§§ 577 - 577a)
• III. Mietverhältnisse über andere Sachen (§§ 578 - 580a)• IV. Pachtvertrag (§§ 581 - 584b)
• V. Landpachtvertrag (§§ 585 - 597)Wesentliche Änderungen gegenüber dem bisherigen Wohnungsmietrecht sind:
• Verkürzung der Kündigungsfrist für Mieter auf 3 Monate und für Vermieter auf 3 - 9 Monate, je nach Dauer des Mietverhältnisses (bisher für beide Parteien 3 - 12 Monate),
• Vorrangstellung des „"qualifizierten Mietspiegels",, als Begründungsmittel für das Mieterhöhungsverlangen,
• Senkung der Kappungsgrenze von 30% auf 20%,
• Keine Umlage mehr für erhöhte Kapitalkosten• Übergang des Mietverhältnisses auf „Lebensgemeinschaftspartner"
• Anspruch behinderter Mieter auf behindertengerechten Umbau der Wohnung mit der Rückbauverpflichtung der Mieters bei Beendigung des Mietverhältnisses
• Streichung des „einfachen Zeitmietvertrages"
• Fälligkeit der Miete am Monatsanfang (bisher

Monatsende)
• Kündigungsrecht des Vermieters gegenüber dem Erben des alleinstehenden Mieters
• Senkung der Anforderungen an die Ankündigung von Wohnungsmodernisierung gegenüber dem Mieter und Ausdehnung des Energieeinsparungstatbestandes im Rahmen der Modernisierung.

Ungeregelt bleiben die streitträchtigen Bereiche „Schönheitsreparaturen" und „Kleinreparaturen". Das „Gesetz zur Neugliederung, Vereinfachung und Reform des Mietrecht", (Mietrechtsreformgesetz) wurde im BGBl. T. I, S. 1149 v. 19.06.01 veröffentlicht."

Siehe auch: Mieterhöhungsverlangen, Kappungsgrenze, Zeitmietvertrag

MietRVerbessG

Abkürzung für: Mietrechtsverbesserungsgesetz

Mietsicherheit

Siehe: Mietkaution

Mietspiegel

Im BGB ist bestimmt, dass Gemeinden einen Mietspiegel erstellen sollen, wenn hierfür ein Bedürfnis besteht und dies mit vertretbarem Aufwand möglich ist. Eine Anpassung an geänderte Marktverhältnisse soll alle zwei Jahre erfolgen.

Zweck des Mietspiegels ist es, Vermietern und Mietern von Wohnraum eine Information über die Höhe der Vergleichsmiete zu geben. Vermieter können ein Mieterhöhungsverlangen mit dem zutreffenden Mietspiegelmietsatz begründen, Mieter ein überhöhtes Mieterhöhungsverlangen damit abwehren.Neu ist die Variante des „qualifizierten Mietspiegels", der nach anerkannten wissenschaftlichen Grundsätzen erstellt wird. Er muss von der Gemeinde, für die der Mietspiegel erstellt wurde, ausdrücklich anerkannt sein. Dieser Mietspiegel ist alle vier Jahre neu zu erstellen. Beim qualifizierten Mietspiegel spricht eine gesetzliche Vermutung dafür, dass die darin enthaltenen Entgelte die ortsübliche Vergleichsmiete wiedergeben. Bei den Ermittlungen der Mieten, die zu Mietspiegeln führen, darf preisgebundener Wohnraum nicht berücksichtigt werden. Zu berücksichtigen sind dagegen Mieten, die innerhalb der letzten vier Jahre (ab Erhebung der Daten) vereinbart oder geändert worden sind.

Mietspiegeln kam in der Vergangenheit als Begründungsmittel für das Erhöhungsverlangen im Rechtsstreit eine relativ geringe Bedeutung zu. Überwiegend haben sich die Vertragsparteien einvernehmlich auf eine neue Miethöhe geeinigt. Durch die Mietrechtsreform 2001 erhält der qualifizierte Mietspiegel für die Begründung der Vergleichsmiete eine Vorrangstellung.Für die Akzeptanz des Mietspiegels ist es wichtig, dass alle am Wohnungsmarkt Beteiligten an dessen Erstellung einvernehmlich teilgenommen haben. So wurde der Mietspiegel von Erfurt unter Beteilung Haus & Grund Erfurt, RDM, VDM, Vermieterbund Erfurt und dem Verband Thüringer Wohnungswirtschaft erstellt. In Deutschland gibt es nach Focus derzeit in etwa 440 Gemeinden Mietspiegel.

Siehe auch: Mietdatenbank

Mietüberhöhung

Siehe: Wirtschaftsstrafgesetz, Wohnungsmangel

Mietvertrag

Der Mietvertrag ist als eigener Schuldrechtstypus im BGB ausgiebig geregelt. Zur Einteilung Mietrechtsreform 2001. Das spezielle Wohnungsmietrecht ist in den §§549 – 577a mit zum großen Teil zwingenden Vorschriften zusammengefasst.Allgemein gilt, dass ein Mietvertrag formlos abgeschlossen werden kann. Ist bei einem Wohnungsmietvertrag eine Laufzeit von über einem Jahr vorgesehen ist, bedarf er der Schriftform. Ein mit dieser Bedingung mündlich abgeschlossener Vertrag gilt dennoch. Er gilt dann nur auf unbestimmte Zeit. Zum Wesen des Mietvertrags gehört die Verpflichtung des Mieters, den Mietgegenstand zum vereinbarten Gebrauch zu überlassen und ihn im voll gebrauchsfähigem Zustand zu erhalten. Die Grundpflicht des Mieters besteht in der Bezahlung der vereinbarten Miete. Bei Wohnraum ist sie – nunmehr auch nach den gesetzlichen Bestimmungen – am Monatsanfang fällig.

Soweit der Mieter Mieträume mit Einrichtungsgegenständen versehen hat, kann er sie bei Beendigung des Mietverhältnisses wegnehmen. Soweit sie nicht unter Vollstreckungsschutz fallen, steht dem Vermieter ein Pfandrecht an diesen Gegenständen zum Ausgleich von Mietforderungen zu. Der Mieter haftet für Schäden an den Mieträumen, die nicht auf normale Abnutzung zurückzuführen sind. Der Tod des Vermieters berührt das Mietverhältnis nicht. Bei Tod des Mieters können sowohl Vermieter als auch der Erbe das Mietverhältnis mit gesetzlicher Frist kündigen.

Beim Wohnungsmietvertrag treten der Ehegatte oder Lebenspartner und Familienangehörige sowie andere Personen, soweit sie mit dem verstorbenen Mieter einen gemeinsamen Haushalt führten, in das Mietverhältnis ein. Kauf bricht Miete nicht. Die Vermieterstellung erlangt der Käufer eines vermieteten Objektes mit seiner Eintragung ins Grundbuch.

Siehe auch: Mietrechtsreform 2001

Mietvorvertrag

Mietvorverträge werden im Rahmen des Projektmanagements abgeschlossen, um die Vermietung der zu errichtenden Gebäude zu sichern. Ein Vorvertrag muss ein solches Mass an Bestimmtheit oder Bestimmbarkeit und Vollständigkeit haben, dass im Streitfall der Inhalt des Vertrages richterlich festgestellt werden kann. Im Mietvorvertrag verpflichten sich die Parteien, vor Bezugsfertigkeit einen endgültigen Mietvertrag mit allen üblichen Regelungsinhalten abzuschließen.

Mietwucher

Mietwucher ist ein Straftatbestand, der gegeben ist, wenn Leistung und Gegenleistung in einem auffälligen Missverhältnis zu einander stehen (§291 StGB, früher §302a StGB). Vorausgesetzt wird dabei die Ausnutzung einer Zwangslage, der Unerfahrenheit, der Mangel an Urteilsvermögen oder eine erhebliche Willensschwäche des Mieters durch den Vermieter. Bei Wohnraum kann Mietwucher bereits gegeben sein, wenn die Miete die ortsübliche Vergleichsmiete um 50% überschreitet.

Mietzahlung

Neben der Höhe ist die Fälligkeit der Miete zu vereinbaren. Seit 1.9.2001 ist sie am Anfang des Monats fällig. Dies entspricht der schon bisher vereinbarten Fälligkeitsregel. Üblicherweise wird für die Zahlungen heute innerhalb des Mietvertrages ein Abbuchungsauftrag vom Mieter erteilt. Mietzahlungen summieren sich im Laufe der Jahre zu einem erheblichen Betrag, wie aus nahfolgender Übersicht deutlich wird: Was bezahlt der Mieter innerhalb von 30 Jahren bei einer angenommenen Mietsteigerung von 2% im Jahr? Angegeben ist jeweils die Ausgangsmiete pro Monat.

Mietzahlungen in den nächsten Jahren

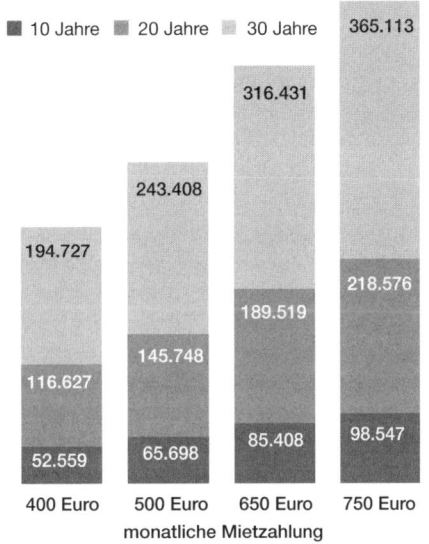

■ 10 Jahre ■ 20 Jahre ▨ 30 Jahre

	400 Euro	500 Euro	650 Euro	750 Euro
30 Jahre	194.727	243.408	316.431	365.113
20 Jahre	116.627	145.748	189.519	218.576
10 Jahre	52.559	65.698	85.408	98.547

monatliche Mietzahlung

MIfH

Abkürzung für: Mitteilungen des Instituts für Handelsforschung

Min

Abkürzung für: Ministerium

Minderheitenquorum

Der Verwalter hat eine Wohnungseigentümerversammlung durchzuführen, wenn dies schriftlich unter Angabe des Zwecks und der Gründe von mehr als einem Viertel der Wohnungseigentümer verlangt wird. Das Quorum errechnet sich grundsätzlich nach der Zahl der Wohnungseigentümer (Kopfprinzip), nicht nach der Größe der Miteigentumsanteile.

Minderwert, merkantiler (Wertermittlung)

Ein merkantiler Minderwert wird in der Verkehrswertermittlung unterstellt, wenn bei einem Grundstück ein erheblicher Bauschaden behoben wurde. Der gewöhnliche Geschäftsverkehr befürchtet nämlich, dass sich die behobenen Schäden nachteilig auswirken. Ein Beispiel hierfür ist der Minderwert nach einer Schwammbeseitigung.

Der merkantile Minderwert kann auch dann vorliegen, wenn aufgrund fachgerechter Ausführung die Befürchtung eines Folgeschadens unbegründet ist. Dieser merkantile oder auch psychologische Minderwert lässt sich mathematisch nicht exakt ermitteln, sondern ist im Wege der Schätzung zu bestimmen. Dabei kann davon ausgegangen werden, dass der Abschlag für den merkantilen Minderwert um so kleiner wird, je länger das Ereignis zurückliegt, das ihn begründet hat.

Mindestansparung

Vor der Zuteilung des Vertrags muss der Bausparer einen Mindestbetrag ansparen. Der beträgt je nach Bauspartarif 30 bis 50 % der Bausparsumme.

Mindestgebot

Siehe: Gebot, geringstes (Zwangsversteigerungsverfahren)

Mindestwert

Der Mindestwert spielt bei der Ermittlung von Einheitswerten und Grundbesitzwerten eine Rolle. Rechtsgrundlage ist in beiden Fällen das Bewertungsgesetz. Bei der Feststellung des Einheitswerts darf der für ein bebautes Grundstück anzusetzende Wert nicht geringer sein als der Wert, mit dem der Grund und Boden ohne Bebauung bewertet werden müsste (§ 77 BewG). Ist er geringer, muss der höhere Mindestwert als Bemessungsgrundlage angesetzt werden. Von diesem Mindestwert können allerdings die Kosten des Abbruchs der Gebäude abgezogen werden, wenn ein Abbruch des Gebäudes oder von Gebäudeteilen erforderlich ist.

Ähnliches gilt für die sog. „Bedarfsbewertung", die im Zusammenhang mit der Veranlagung zur Erbschaft- und Schenkungsteuer vorzunehmen ist und zum sog. „Grundbesitzwert" führt.

Auch hier darf bei bebauten Grundstücken der anzusetzende Wert nicht geringer sein als der, der sich bei einer Bewertung allein des Grund und Bodens ergäbe (§ 146 Abs. 6 BewG).

Allerdings ist dem Grundstückseigentümer die Möglichkeit des Nachweises eines etwa niedrigeren Wertes eingeräumt. Der Nachweis kann durch ein Sachverständigengutachten geführt werden. Das Finanzamt selbst orientiert sich an dem zutreffenden Bodenrichtwert des Gutachterausschusses und zieht hiervon 20 % ab. Für die Ermittlung des Grundbesitzwertes gelten die Wertverhältnisse zum 1. Januar 1996. Die Regelungen gelten – nach einer ersten Hinausschiebung des Verfallsdatums vom 31.12.2001 – bis 31. 12. 2006.

Siehe auch: Einheitswert, Grundbesitzwert, Bewertungsgesetz, Erbschaft- und Schenkungsteuer, Bodenrichtwert

MIPIM

Abkürzung für: Marché International des Professionels de l'Immobilier. Bekannteste internationale Fachmesse der Immobilienwirtschaft, die jährlich im März in Cannes, Südfrankreich, stattfindet. Im Jahr 2000 besuchten 12.600 Interessenten die 1.630 Aussteller aus 61 Ländern. Im September 1997 startete mit der MIPIM Asia in Singapur ein asiatisches Pendant zur europäischen Messe.

Mischgebiet

Weist der Bebauungsplan ein Gebiet als Mischgebiet (MI) aus, dürfen dort nicht nur Wohngebäude errichtet, sondern auch Gewerbebetriebe ansiedelt werden, die das Wohnen nicht wesentlich stören.Allgemein zulässig sind dabei u.a. Geschäfts- und Bürogebäude, Einzelhandelsbetriebe, Gastwirtschaften, Einrichtungen für die Verwaltung, für kirchliche und kulturelle Zwecke aber auch Tankstellen.

. Besondere Typen eines Mischgebietes sind das Kerngebiet (MK) des Stadtkerns und das Dorfgebiet (MD).

Mischmietverhältnis

Ein Mischmietverhältnis liegt vor, wenn in räumlichem Zusammenhang mit einander stehende Geschäfts- und Wohnräume an eine Mietpartei vermietet werden.Dabei ist zu prüfen, ob auf sie die gesetzlichen Bestimmungen des Geschäftsraummietrechts oder Wohnraummietrechts anwendbar sind. Maßgeblich dafür, welches Recht gilt, sind die Flächenproportionen. Überwiegt Wohnraum, gelten die gesetzlichen Regelungen des Wohnungsmietrechts, überwiegt Gewerberaum, dann gilt Gewerbemietrecht.

Soll nach dem Willen der Parteien die Vermietung von Geschäftsraum und Wohnraum derart miteinander verbunden sein, dass die sie betreffenden vertraglichen Regelungen miteinander stehen und fallen, also ein einheitliches Gesamtgeschäft darstellen sollen, so ist ein untrennbares Mischmietverhältnis gegeben.

Missbrauch (Abmahnbefugnis)

Siehe: Wettbewerbsrecht

MitE

Abkürzung für: Miteigentum

Miteigentumsanteil

Nach der gesetzlichen Regelung ist jedes Wohnungs- oder Teileigentum untrennbar mit einem Miteigentumsanteil am gemeinschaftlichen Eigentum verbunden (§ 1 Abs. 2 und 3 WEG).

Das Sondereigentum kann ohne den zugehörigen Miteigentumsanteil weder veräußert noch belastet werden. Die Rechte an dem Miteigentumsanteil, erstrecken sich auf das zugehörigen Sondereigentum (§ 6 WEG).

Die Festlegung und die Größe bzw. Höhe des Miteigentumsanteils, die üblicherweise in 100-stel, 1000-stel oder auch 10.000-stel Anteilen ausgedrückt werden, ist gesetzlich nicht geregelt, sondern vielmehr in das Ermessen und Belieben des- oder derjenigen gestellt, die das Wohnungseigentum begründen.

Meist erfolgt die Festlegung der Miteigentumsanteile im Verhältnis der Wohn- bzw. Nutzflächen, so dass in diesen Fällen eine kleine Wohnung über einen niedrigen und eine große Wohnung über einen hohen Miteigentumsanteil verfügt. Da ein bestimmtes Wert- oder Größenverhältnis für die Festlegung der Miteigentumsanteile nicht vorgeschrieben ist, können einzelne Wohnungseigentümer untereinander die Miteigentumsanteile ändern, ohne dass damit auch das Sondereigentum verändert wird.

Eine allgemeine Änderung der Miteigentumsanteile erfordert jedoch die Zustimmung bzw. Mitwirkung aller Eigentümer.

Der Größe der Miteigentumsanteile kommt deshalb besondere Bedeutung zu, weil sie Maßstab der Lasten- und Kostenverteilung unter den Wohnungseigentümern ist (§ 16 Abs. 2 WEG).

Ebenso können die Miteigentumsanteile zur Bemessung der Stimmrechte anstelle des gesetzlich vorgesehenen Kopfprinzips (§ 25 Abs. 2 WEG) herangezogen werden.

Siehe auch: Stimmrecht (Wohnungseigentümerversammlung), Vereinbarung

Mittelbare Grundstücks-schenkung

Finanzspritzen von Angehörigen sind beim Kauf einer Immobilie eine willkommene Hilfe. Wenn jedoch der Freibetrag für Schenkungen überschritten wird, droht der Fiskus mit schnellem Zugriff. Ein Ausweg ist hier die sogenannte mittelbare Grundstücksschenkung.

Beispiel: Gertrud Wagner will den Hausbau ihres Enkels mit einer großzügigen Schenkung fördern. Steuerfrei kann sie ihm innerhalb von zehn Jahren 51.200 Euro zukommen lassen. Schenken die Eltern, bleiben je Elternteil 205.000 Euro unversteuert. Wenn der Geldbetrag jedoch die Freigrenzen übersteigt, sollten beide Parteien den Weg zum Notar antreten. In einer Vereinbarung wird dann festgelegt, dass die Schenkung allein für den Hausbau oder -kauf verwendet wird. Die Begünstigten erhalten mit dieser Regelung also kein Geld, sondern eine Immobilie. Das Finanzamt geht in diesem Fall leer aus.

Der Steuervorteil: Der Fiskus bemisst Grundbesitz nur mit rund zwei Dritteln des Verkehrswertes. Vorsicht ist allerdings bei folgenden Fallstricken geboten: Finanziert der Bauherr den Immobilienkauf zunächst aus eigener Kraft, und übernehmen die Verwandten später Zins- und Tilgungsleistungen, so greift die beschriebene Steuerregelung nicht, da es sich in diesem Fall um eine Bargeld- und nicht um eine Immobilienschenkung handelt. Baufamilien, die ihr Domizil ausschließlich mit geschenktem Geld errichten, haben zudem keinen Anspruch auf die Eigenheimförderung.

MIV

Abkürzung für: Motorisierter Individual-verkehr

MKRO

Abkürzung für: Ministerkonferenz für Raumordnung

ModEnG

Abkürzung für: Gesetz zur Förderung der Modernisierung von Wohnungen und Maßnahmen zur Einsparung von Heizenergie

Modernisierung

Unter Modernisierung versteht man die Gesamtheit aller baulichen Maßnahmen, die den Gebrauchswert einer Immobilie nachhaltig erhöhen und speziell bei Wohnungen die allgemeinen Wohnverhältnisse auf Dauer verbessern oder die nachhaltige Einsparung von Energie und Wasser bewirken (§ 559 BGB). Davon abzugrenzen sind Instandhaltungsmaßnahmen, die der Erhaltung des ursprünglichen Zustandes dienen und Instandsetzungsmaßnahmen.

Das sind Arbeiten zur Behebung von Bauschäden, die infolge von Beschädigungen, Abnutzung, Alterung oder Witterungseinflüssen entstanden sind. Die Modernisierung einer Mietwohnung setzt voraus, dass der Vermieter dem Mieter die geplanten Maßnahmen spätestens drei Monate vor Beginn der Arbeiten „in Textform" ankündigt. Nach Abschluss der Arbeiten kann der Vermieter bei freifinanzierten Wohnungen eine höhere Miete verlangen. Dabei stehen ihm folgenden Möglichkeiten offen:

• Er erhöht die Jahresmiete höchstens um bis zu 11 % der reinen Modernisierungsaufwendungen ohne begleitende Instandsetzungsaufwendungen (sog. Wertverbesserungszuschlag).

• Er erhöht die Miete auf die ortsübliche Vergleichsmiete für modernisierte Wohnungen.

Im Fall einer Modernisierung hat der Mieter ein Sonderkündigungsrecht das er zum Ablauf des 2. Monates nach Erhalt der Modernisierungsankündigung geltend machen kann.Bei mit öffentlichen Mitteln nach dem II. WoBauG geförderten Wohnungen kann mit Hilfe einer Teilwirtschaftlichkeitsberechnung eine neue Kostenmiete berechnet und verlangt werden. Die gilt nicht mehr für Wohnungen, bei denen öffentliche Mittel nach dem Wohnraumförderungsgesetz nach dem 1.1.2002 bewilligt wurden bzw. werden. Hier wird auf vereinbarte Mieten abgestellt.Für Vermieter ist die Unterscheidung zwischen Herstellungs- bzw. Erhaltungsaufwand für die Art der steuerlichen Absetzbarkeit entscheidend. Darüber hinaus stellen manche Bundes-länder bzw. der Bund Fördermittel für Modernisierer bereit. Über die zuständige Stelle informiert das örtliche Bauamt.

ModR

Abkürzung für: Modernisierungsrichtlinie

Möblierter Wohnraum

Wohnraum, den der Vermieter ganz oder überwiegend mit Einrichtungsgegenständen ausgestattet hat. Der Vermieter muss nach dem Mietvertrag zur Möblierung verpflichtet sein. Auf die tatsächliche Möblierung kommt es nicht an. Für möblierten Wohnraum gelten vom allgemeinen Wohnraummietrecht abweichende Vorschriften, wenn er als Teil der vom Vermieter selbst bewohnten Wohnung vermietet und nicht zum dauernden Gebrauch an eine Familie überlassen ist. Die Abweichungen bestehen in folgendem:
- abgekürzte Kündigungsfristen (1 Monat)
- fehlender Kündigungsschutz, (das Widerspruchsrecht des Mieters gegen die Kündigung ist ausgeschlossen).

MRK

Abkürzung für: Menschenrechtskonventionen

MRVG

Abkürzung für: Gesetz zur Verbesserung des Mietrechts und zur Begrenzung des Mietanstiegs sowie zur Regelung von Ingenieur- und Architektenleistungen

MSchG

Abkürzung für: Mieterschutzgesetz

MuBo

Abkürzung für: Musterbauordnung

MÜG

Abkürzung für: Mietenüberleitungsgesetz

Münch-Komm

Abkürzung für: Münchner Kommentar zum Bürgerlichen Gesetzbuch

Multiplexkino

Dabei handelt es sich um Kinozentren bzw. -komplexe, die über eine ganze Reihe einzelner Kino-Säle für eine mindestens vierstellige Besucherzahl verfügen und die ergänzt werden durch Gastronomie und evtl. weitere Freizeitangebote.

In den 90er Jahren schossen derartige Lichtspiel-Großbetriebsform, im Gefolge eines ähnlichen Booms in den USA, wie Pilze aus den Boden – obwohl vielerorts schon klar war, dass nicht nur ein, zwei sondern noch mehr konkurrierende Betreiber sich den nicht beliebig erweiterbaren Kuchen untereinander aufteilen müssten. Inzwischen ist in diesem Bereich ein weitestgehender Investitionsstop eingetreten und Multiplex-Kinos bzw. deren Betreiber haben bzw. werden zunehmend wirtschaftliche Schwierigkeiten bekommen. Es handelt sich hier um eine Entwicklung, die vergleichbar ist mit der Entwicklung vor ca. 25 Jahren, als jede Gemeinde eine eigene Tennisanlage oder ein Schwimmbad anschaffen wollte und vielfach das Nachfragepotenzial und vor allem die laufenden Betriebskosten völlig unterschätzt hatte.

Planungskennzahlen:

Investition zwischen 12 und 20 Mio. Euro;
(Cinedom Köln rund 65 Mio. Euro)
Investition je Sitzplatz ca. 7.500 Euro;
inkl. Grundstück: 8.500 Euro
Nettonutzfläche zwischen. 2,2 und 2,5 m^2 je Sitzplatz
Auslastungsquoten zwischen 25-35 %;
(Maxx in München fast 50 %)
Umsatz je Gast: 7,50 bis 9,- Euro
15.000 Besuche je Vollzeitarbeitsplatz
Umsatzverträgliche Mieten zwischen 11,- und 20,- Euro je nach Standortqualität

Nach Jahren heftiger Zuwächse hat dieser Objekttyp inzwischen die Wachstums- und Reifephase hinter sich gelassen und befindet sich in der Sättigungsphase; in einigen Regionen hat die heftige Angebotsausweitung der vergangenen Jahre sogar schon die Degenerationsphase eingeläutet. Es stellt sich bei einer Reihe dieser

Anlagen die Frage, ob sie angesichts der deutlichen Überkapazität von Kinos und Freizeiteinrichtungen am Markt bestehen können.

Auf jeden Fall kommt es hier zu Umschichtungen zu Lasten traditioneller, alteingesessener Stadt- bzw. Vor-stadtkinos; diese befinden sich vielfach in der Degenerationsphase bzw. versuchen dieser Entwicklung durch neue Konzepte (z.B. als anspruchsvolle Programmkinos) entgegenzusteuern.

Muskelhypothek

Ausdruck für die Eigenleistung des Bauherrn und seiner unentgeltlich helfenden Verwandten und Freunde. Die Muskelhypothek senkt den Fremdkapitalbedarf. Sie sollte allerdings nicht zu hoch eingeschätzt werden. Wird bei der Kapitalermittlung als Eigenkapital anerkannt.

MV

Abkürzung für: Mietvertrag
Abkürzung für: Mietverhältnis

n.F.
Abkürzung für: neue Fassung

n.h.M.
Abkürzung für: nach herrschender Meinung

n.v.
Abkürzung für: nicht veröffentlicht

NABau
Abkürzung für: Normenausschüsse Bauwesen

Nach-Kauf-Marketing
Siehe: After-Sales-Service

Nachbarrecht
Zu unterscheiden ist zwischen zivilrechtlichen Vorschriften des Nachbarrechts (§§906–924 BGB) und öffentlich rechtlichen Vorschriften, insbesondere das sog. Baunachbarrecht.

Ziviles Nachbarrecht:

Die zivilrechtlichen Regelungen beziehen sich auf den Schutz des Nachbarn vor störenden Geräuschen und Gerüchen, dem Überhang an Zweigen und dem Überfall von Früchten, gefahrdrohenden Anlagen und Einrichtungen sowie auf das Notwegerechte und Rechtsansprüche die beim Überbau entstehen. Es verleiht dem benachteiligten Nachbarn Abwehransprüche. Einwirkungen („Immissionen") von geringfügiger Natur müssen hingenommen werden.

Das zivile Nachbarrecht ist geprägt durch eine große Anzahl von Einzelfallentscheidungen nach dem Grundsatz von Treu- und Glauben unter Würdigung des sog. nachbarlichen Gemeinschaftsverhältnisses.

Mit den Vorschriften des BGB sind über das BGB-Einführungsgesetz landesrechtliche Vorschriften zum Nachbarrecht verzahnt. Den zivilrechtlichen Vorschriften des Nachbarrechts gemein ist, dass sie Ansprüche der Nachbarn untereinander begründen.

Öffentlich rechtliches Nachbarrecht

Regelungen der Landesbauordnungen (Baunachbarrecht) der einzelnen Bundesländer gehören, soweit sie „nachbarschützend" sind, zum öffentlich rechtlichen Nachbarrecht.

Das gleiche gilt auch von entsprechenden bauordnungsrechtlichen Bestimmungen. Dabei ist wegen der divergierenden Rechtsprechung nicht immer klar, ob Voraussetzung für das Entstehen von Abwehransprüchen des betroffenen Nachbarn eine tatsächliche (spürbare) Beeinträchtigung des Nachbarn ist. Bei nachbarschützenden Festsetzungen in einem Bebauungsplan (Baulinien, Baugrenzen) muss in der Regel eine tatsächliche Beeinträchtigung nicht nachgewiesen werden. Allerdings dienen nicht alle Festsetzungen (z.B. Geschossflächenzahlen) dem Nachbarschutz. Nachbarschützend sind zum Teil auch Festsetzungen der Art baulicher Nutzung im Bebauungsplan. Öffentliches Nachbarrecht begründet nicht – wie zivilrechtliches – Ansprüche gegen andere Nachbarn, sondern Ansprüche gegen Behörden.

Teilweise nachbarrechtlichen Charakter hat im Bereich des öffentlichen Rechts auch das Bundesimmissionsschutzgesetz, das vor allem die besondere Genehmigungspflicht der Errichtung und des Betriebes von Anlagen zum Gegenstand hat, deren „Emissionen" die Allgemeinheit oder die Nachbarn stärker beeinträchtigen könnten. Beispiele: Heizkraftwerke, automatische Waschstraßen, Lackieranlagen, Anlagen zum Halten und zur Aufzucht von Geflügel oder zum Halten von Schweinen ab einer bestimmten Größenordnung und vieles mehr.

Siehe auch: Überbau

Nachbesserung
Siehe: Nacherfüllung

Nacherfüllung
Nacherfüllung kann entweder in einer Nachbesserung bestehen, bei der die Mängel an erbrachten Leistungen vom Auftragnehmer (Unternehmer, Handwerker) beseitigt werden. Die Alternative hierzu ist Erbringung einer neuen, mängelfreien Leistung.

Der in Anspruch genommene Unternehmer kann zwischen diesen beiden Arten der „Nacherfüllung" wählen. Dies gilt auch für Mängel an Bauleistungen, die bei Abnahme festgestellt werden.

Das BGB-Werkvertragsrecht entspricht hier auch dem Recht nach VOB 2002. Gerät der Unternehmer (Bauhandwerker) mit der angemahnten Nacherfüllung in Verzug, kann nach der Neuregelung des Schuldrechts der Bauherr die „Selbstvornahme" auf Kosten des Unternehmers durch einen anderen Unternehmer nunmehr ohne vorhergehende Nachfristsetzung veranlassen.

Eine Minderung der Vergütung als Alternative zur Nacherfüllung muss vom Auftraggeber erklärt werden, setzt aber voraus, dass die Mangelbeseitigung für den Auftraggeber unzumutbar ist oder nur mit einen unverhältnismäßig hohen Aufwand möglich wäre und sie deshalb vom Auftragnehmer verweigert wird. Die Minderung kann bis zu 100 % des Werklohnes gehen. Ein Rücktrittsrecht nach BGB hat bei einem Bauwerk keine Bedeutung und ist in der VOB auch nicht vorgesehen.

nachf.
Abkürzung für: nachfolgend

Nachhaltigkeit
Der Begriff der Nachhaltigkeit wurde 1987 durch die Brundtland-Kommission für Umwelt und Entwicklung geprägt und wurde zur wesentlichen Beurteilungsgrundlage politischer Programme und Entscheidungen besonders im Bereich des Umweltschutzes.

Der Grundgedanke: „Nachhaltige Entwicklung ist Entwicklung, die die Bedürfnisse der Gegenwart befriedigt, ohne zu riskieren, dass künftige Generationen ihre eigenen Bedürfnisse nicht befriedigen können." (Zitat aus dem Kommissionsbericht)

Man spricht von einem Nachhaltigkeitsdreieck, wonach Maßnahmen ökologisch unbedenklich, ökonomisch effizient und sozial gerecht sein sollen.

Nachmieter
Mieter, die vor Ende der regulären Mietzeit ausziehen wollen, können einen Nachmieter benennen, der an ihrer Stelle die restliche Zeit das Mietverhältnis fortsetzt. Voraussetzung ist allerdings, dass der Mietvertrag eine sog. Nachmieterklausel enthält. Ohne eine solche Vereinbarung braucht der Vermieter den Mieter grundsätzlich nicht vorzeitig aus dem Mietverhältnis zu entlassen.

Nachmieterklausel
Bei der echten Nachmieterklausel hat der ausscheidende Mieter einen Anspruch darauf, dass der Vermieter den Nachmieter akzeptiert. Das gilt besonders, wenn der Nachmieter hinsichtlich seiner Bonität gleichwertig ist. Bei einer unechten Nachmieterklausel wird dem Mieter lediglich das Ausscheiden aus dem Mietverhältnis ermöglicht. Ob der Vermieter mit dem angebotenen Nachmieter einen Vertrag abschließt oder nicht, ist seine eigene Entscheidung. Welche Klausel im Einzelfall vereinbart wurde, muss im Zweifel durch Vertragsauslegung ermittelt werden.

Nachtragsvereinbarung
Wird ein langfristiger Mietvertrag durch eine Zusatzvereinbarung nachträglich geändert, so genügt es zur Wahrung der gesetzlichen Schriftform des gesamten Vertragswerks, wenn eine Nachtragsurkunde auf den ursprünglichen Vertrag Bezug nimmt und zum Ausdruck bringt, es solle unter Einbeziehung des Nachtrags bei dem verbleiben, was früher bereits formgültig vereinbart war.

Siehe auch: Schriftformerfordernis eines Vertrages (Mietvertrag)

Nachw
Abkürzung für: Nachweise

Nachweis im Maklergeschäft
Die Maklerdienstleistungen bestehen hauptsächlich in der Information über konkrete aktuelle Vertragsmöglichkeiten am Markt (= Nach-

weis), im aktiven Vermitteln von Verträgen zwischen dem Verkäufer und potenziellen Käufern und letztlich in der Beratung der Auftraggeber. Das BGB beschreibt die Informationsleistung eines Maklers mit „Nachweis von Vertragsabschlussgelegenheiten". Die Informationen gehen in der Praxis jedoch weit darüber hinaus. Es wird von zwei Arten des Nachweises gesprochen, dem Objektnachweis und dem Interessentennachweis.

Bei dem Objektnachweis wird einem Interessenten ein miet- oder kaufbares Objekt genannt. Dies geschieht unter Nennung der genauen Objektanschrift und des Vermieters bzw. Verkäufers. Handelt es sich jedoch um einen Interessentennachweis, so wird dem Verkäufer bzw. Vermieter (Objektanbieter) ein aktueller Interessent mit Namen und Anschrift genannt. Der Nachweis setzt voraus, dass sowohl der Objektanbieter, d.h. der Verkäufer, als auch der Interessent, d.h. der Objektnachfrager, tatsächlich am Markt vorhanden ist. Ein Makler, der seinen Provisionsanspruch durch einen Nachweis begründet, wird am Markt als „Nachweismakler" bezeichnet.

Nationalpark

Bei Nationalparks handelt es sich um größere Gebiete, denen wegen ihrer landschaftlichen Schönheit eine besondere Bedeutung zukommt. Nationalparks dienen einerseits dem Naturschutz, andererseits aber auch der Erholung. In Deutschland gibt es insgesamt zwölf Nationalparks.
Siehe auch: Naturschutzgebiet

Naturschutzgebiet

Naturschutzgebiete dienen dem Schutz von Natur (Lebensräume für wildwachsenden Pflanzen und Tieren) und der Erhaltung der Landschaft. In Naturschutzgebieten darf nicht gebaut werden. Auch die Durchführung von Wegen und Straßen ist untersagt. Selbst das Betreten kann eingeschränkt werden. Im Deutschland sind etwa 2% seiner Fläche als Naturschutzgebiete ausgewiesen.
Siehe auch: Nationalpark

NB
Abkürzung für: Neubau (ab 01.01.1949)

NBL
Abkürzung für: Neue Bundesländer

ND
Abkürzung für: Nutzungsdauer

Nebenkosten (mietrechtliche)

Eine gesetzliche Definition des Begriffs Nebenkosten besteht nicht. In der Mietrechtsliteratur werden vor allem zu den Nebenkosten gerechnet

- die Betriebskosten nach der Betriebskostenverordnung (früher II. BV),
- Vergütungen etwa für die Überlassung einer Gartennutzung oder eines Stellplatzes,
- Zuschläge (Untermietzuschläge, Zuschläge für teilgewerbliche Nutzung von Wohnräumen)

Werden im Zusammenhang mit Mietverträgen für die Mieter Leistungen der persönlichen Versorgung und Betreuung erbracht, sollten hierüber eigene Vergütungsvereinbarungen getroffen werden. Im Zweifelsfall gelten sie sonst mit der Miete als abgegolten. Die Betrachtung der Nebenkosten wird im Zusammenhang mit dem Vordringen des Facility Managements und die damit zusammenhängenden „infrastrukturellen" Leistungen an Bedeutung gewinnen.
Siehe auch: Facility Management, Baunebenkosten, Grunderwerbsnebenkosten

Nebenleistungen (Kredit)

Alle zusätzlichen Zahlungsverpflichtungen des Kreditnehmers, die neben Zins- und Tilgungsvereinbarungen anfallen. Dazu zählen u.a. Bearbeitungsgebühren, Bereitstellungszinsen, Bürgschaftsgebühren, Kosten für Bautenstandsüberwachung, Schätzkosten, Vorfälligkeitsentschädigung.

Negativattest / Negativbescheinigung (Vorkaufsrecht der Gemeinden)

Nicht in allen Verkaufsfällen hat die Gemeinde ein Vorkaufsrecht nach den Bestimmungen des Baugesetzbuches. Die Gemeinde kann zur Klärung im Vorfeld eines Verkaufsgeschäftes in diesen Fällen aufgefordert werden, durch ein Negativattest zu bescheinigen, dass ihr ein Vorkaufsrecht nicht zusteht. Dies ist nicht zu verwechseln mit einer Erklärung, dass von einem gegebenen Vorkaufsrecht nicht Gebrauch gemacht wird.

Negativer Wert

Regelmäßig haben Immobilien einen positiven Wert. Sie sind verkäuflich und man erzielt dabei einen Preis. Denkbar sind aber Fälle, in denen ein Wert negativ wird.

Wenn beispielsweise die Abbruch- und Freilegungskosten eines nicht mehr nutzbaren Gebäudes oder die Kosten der Beseitigung von Altlasten den Bodenwert überschreiten, liegt eine negativer Wert vor. Allerdings handelt es sich nicht um einen Verkehrswert, da es für Immobilien mit negativen Werten keinen Markt gibt und daher auch kein Preis erzielt werden kann.

Das Eigentum an einem solchen Grundstück kann jedoch durch Erklärung gegenüber dem Grundbuchamt aufgegeben werden. Der Verzicht wird in das Grundbuch eingetragen.

Negativerklärung (Bauspargeschäft)

In der Negativerklärung (Negativklausel) wird die Verpflichtung des Schuldners zum Ausdruck gebracht, bis zur Tilgung seiner Schulden keinerlei Verbindlichkeiten einzugehen, die vorrangig abgesichert werden. Ähnlich verfahren Bausparkassen. Sie haben die Möglichkeit, kleinere Bauspardarlehen (bis zu 10.000 Euro) ohne Stellung von Sicherheiten an den Bausparer auszubezahlen. Dieser verpflichtet sich dann, während der Laufzeit des Bausparvertrages auf seiner Immobilie keine weitere Grundschuld eintragen zu lassen (die vorrangig zu bedienen wäre). Diese Verfahrensweise ist kostengünstig und einfach in der Abwicklung.

Net Asset Value (NAV)

Der Net Asset Value ist eine in den USA entstandene Methode der Bewertung von Immobilien-Aktiengesellschaften oder Aktiengesellschaften mit hohen Immobilienbeständen.

Unternehmen werden in der Regel nach dem DCF-Verfahren bewertet. Bei Immobilien Aktiengesellschaften ergeben sich hier Probleme, die vor allem daraus resultieren, dass Abschreibungen oft mit der Realität (Wertzuwachs statt Wertverzehr) nicht übereinstimmen. Bei der Bewertung nach dem Net Asset Value wird dieser Tatsache Rechnung getragen. Sie setzt eine periodische Bewertung des Immobilienbestandes durch externe Sachverständige voraus. Der Net Asset Value stellt sich somit als der Substanzwert der Immobilien abzüglich der Verbindlichkeiten dar. Der Wert wird vom Analysten durch Zu- / Abschläge korrigiert, die sich aus der Qualität der Transparenz des Unternehmens, der Qualität des Managements, der Beschränkung auf die Kernkompetenz, dem Zugang von neuem Kapital u.a. zu bewertender Kriterien ergeben.

Siehe auch: Immobilienaktiengesellschaften

Nettoanfangsrendite

Der Begriff wird unterschiedlich interpretiert. Überwiegend werden unter Nettoanfangsrendite im Immobilienbereich die Nettomieteinnahmen des ersten Jahres ausgedrückt in Prozenten des Objektpreises einschließlich Erwerbsnebenkosten verstanden.

Es handelt sich annähernd um den reziproken Wert des Multiplikators, bei dem allerdings die Erwerbsnebenkosten unberücksichtigt bleiben. Andere bereinigen die „Nettomieten" vorher von Verwaltungs- und Instandhaltungskosten sowie von nicht umlegbaren Betriebskosten.

Nettogrundfläche (NGF)

Siehe: Grundfläche nach DIN 277/1973/87

Nettokaltmiete

Bei der Nettokaltmiete handelt es sich um die Miete, die keine Betriebskosten also auch keine Heiz- und Warmwasserkosten enthält. Sie wird auch „Nettomiete" genannt. In der „Grundmiete" können Betriebskosten enthalten sein, die weder umgelegt noch als Pauschale neben der Miete verlangt werden. Man spricht dann von „Teilinklusivmiete".

Nettorohbauland

Siehe: Rohbauland

Neue Ökonomie

Unter der „Neuen Ökonomie" wird keine neue volkswirtschaftliche Lehrmeinung über Wirtschaftsprozesse und -strukturen verstanden. Vielmehr tritt eine neue Sichtweise des wirtschaftlichen Geschehens in den Vordergrund, die sich aus der zunehmenden Möglichkeit der schnellen Beschaffung und Verarbeitung von Informationen bei geringer werdenden Informationskosten ergibt. Dies führt zu zunehmend kürzeren Reaktionsdauern und schnelleren Reaktionsmöglichkeiten der am Wirtschaftsprozess Beteiligten auf von außen kommende Einflüsse. Grundsätzlich führt dies dazu, dass bestimmte traditionelle Haltungen (z.B. das sich Stützen auf eigene Erfahrungen) und Techniken (Nutzen von „Entscheidungen aus dem Bauch") an Bedeutung verlieren.

Die neue Wissensgesellschaft führt zunehmend zur Beschleunigung und Rationalisierung von Entscheidungsprozessen. Das Verlassen von Erfahrungsplattformen fördert zunehmend Innovation. Die neue Ökonomie, auch als „Netzwerkökonomie", „Internet-Ökonomie", „Wissensökonomie" bezeichnet, verwischt zwangsläufig alte Grenzziehungen, fixierte Standortvorstellungen und verleiht den Wettbewerbswirkungen eine zusätzliche zeitliche Dimension. Die Halbwertzeit von Wissen wird dabei geringer. Geltendes Wissen, das heute abrufbar ist, kann morgen schon obsolet sein. Darum gilt es, das Wissen jetzt und nicht später auf den Markt zu bringen. Mit jedem zusätzlichen Informationsproduzenten, der im Internet auftritt und jedem zusätzlichen Nutzer wächst der Gesamtnutzen, der sich daraus für die Volkswirtschaft ergibt.

Es handelt sich um eine umgekehrte Erscheinung dessen, was früher als das Gesetz des abnehmenden Ertragszuwachses bezeichnet wird. Der richtige Umgang mit Wissen und den daraus entstehenden Potentialen gibt heute kleineren Einheiten zunehmend mehr Chancen als großen, in Strukturen festgezurrten Unternehmen.

Auch die Immobilienwirtschaft wird von der Neuen Ökonomie erfasst. Zunehmend präsentieren sich Immobilienunternehmen im Internet. Die Zahl der Immobiliendatenbanken wächst. Der ökonomische Zwang zur Konzentration auf wenige Datenbanken, die den Markt repräsentieren, nimmt aber ebenfalls zu. Die Wohnlandschaft ändert sich. Die Zeit, in der es eine Ausnahme ist, wenn ein Privathaushalt am weltweiten Netz nicht kommunikativ teilnimmt, wo die Grenze zwischen Wohn- und Arbeitsstätte als Konsum- und Produktionsstätte sich auflöst, wo Gymnasiasten die Home-Pages von Unternehmen gestalten und pflegen, scheint vor der Türe zu stehen.

Da das Wissen der Welt wesentlich leichter zugänglich und jederzeit abrufbar wird, dürfte sich der Zeiteinsatz zur Aneignung von Wissen in Form des Lernens künftig reduzieren. Dass damit mehr Freiraum für die Weisheit im Sinne des Nachdenkens über den Sinn des menschlichen Tuns bleibt, könnte als Chance der Neuen Ökonomie begriffen werden.

Die Entwicklungen dieser Zeit bei der Planung von Gebäuden von morgen zu antizipieren gehört unter den Perspektiven der Neuen Ökonomie zu den immobilienwirtschaftlichen Aufgaben von heute. Es kann davon ausgegangen werden, dass traditionelle Einteilungsschemata von Wohnungen sich ändern werden. Neben Wohn- und Schlafzimmer werden beispielsweise Räume treten, die man als „Kommunikationsräume" – Verbindungsräume zur Welt – bezeichnen könnte.

Der rasche Niedergang der „Start Up-Unternehmen", die im IT-Bereich wie Pilze aus dem Bodenschossen, verführt nicht selten dazu, das Kapitel Neue Ökonomie als Seifenblase abzutun. Tatsächlich aber hat die Branche die Welt bereits erheblich verändert.

Neujahrsfalle

Das Phänomen der „Neujahrsfalle" tritt im Zusammenhang mit der Eigenheimzulage am Jahresende auf, wenn der Zeitpunkt der Besitzübergabe eines neu gebauten oder gekauften Hauses und der Einzug in das Haus nicht ins gleiche Kalenderjahr fallen. In diesem Fall beginnt der 8-jährige Begünstigungszeitraum für eine Eigenheimzulage bereits mit der Übergabe/Fertigstellung. Tatsächlich ausgezahlt wird die Zulage jedoch erst ab dem Jahr des Einzugs. Im Ergebnis ist in diesem Fall ein Jahr der Förderung verschenkt.
Siehe auch: Eigenheimzulage

Neutralitätsprinzip (Maklergeschäft)

Das Selbstverständnis vieler deutscher Makler besteht darin, neutraler Vermittler zwischen den Parteien zu sein. Dieses (konservative) Selbstverständnis entspricht dem Ethos vom „ehrlichen Makler", das vor allem im späten Mittelalter und der beginnenden Neuzeit prägend war, als Makler noch auf ihr Amt vereidigt wurden. Bismarck hat sich dieser traditionellen Vorstellung bedient, als er seine Position 1878 auf dem Berliner Kongress beschrieb, wo es um einen Interessenausgleich zwischen den europäischen Großmächten und dem Osmanischen Reich im Balkankonflikt ging.
Heute kommt das Neutralitätsprinzip dadurch zum Ausdruck, dass Makler mit beiden Vertragspartnern, die sie zusammenführen, Maklerverträge schließen und Provisionsvereinbarungen treffen. Die Provision stellt sich als auf die Parteien aufgeteilte Gesamtprovision dar, da die Leistung des neutralen Vermittlungsmaklers beiden Parteien in gleicher Weise zugute kommt. Diese Tätigkeit als „Doppelmakler" ist

zwar – im Gegensatz zu Regelungen in manch anderen Ländern (z.B. Großbritannien, Niederlande) – nicht untersagt, führt in der Praxis jedoch zu Problemen. Da die maklervertraglichen Regelungen des BGB vom einseitig tätigen Makler ausgehen, muss die Rechtsposition für eine Doppeltätigkeit erst vertraglich hergestellt werden. Allerdings führt dann jede wie auch immer geartete Bevorzugung einer Parteiposition, z.B. bei Preisverhandlungen wegen Verstoß gegen die Neutralitätspflicht zum Provisionsverlust gegenüber der benachteiligten Partei.

NF/Nfl.

Abkürzung für: Nutzfläche

NGeb

Abkürzung für: Nebengebäude

NHRS

Abkürzung für: Normenausschüsse Heiz- und Raumlufttechnik

Nichtabnahmeentschädigung
Siehe: Darlehen

Nichtveranlagungs-Bescheinigung

Die Nichtveranlagungs-Bescheinigung wird auf Antrag vom Finanzamt ausgestellt, wenn bestimmte Einkommensgrenzen pro Jahr nicht überschritten werden und keine Pflicht zur Abgabe einer Einkommensteuererklärung besteht. Die Folge davon ist, dass ein Sparer seine Zinsen und Dividenden ungeschmälert von Zinsabschlag und Kapitalertragsteuer kassieren darf. Normalerweise werden Erträge bestimmter Wertpapiere „an der Quelle" besteuert, was bedeutet, dass ihnen bei Auszahlung 25% bei Dividenden oder 30% bei Zinserträgen Kapitalertragsteuer abgezogen werden, die als Vorauszahlung auf die Einkommensteuer gelten.

Niedrigenergiehaus

Das Niedrig-Energiehaus zeichnet sich vor allem dadurch aus, dass Wärmeverluste durch

Verwendung Wärme dämmender Baumaterialien vermieden werden. Die spart Energiekosten. Durch Energieeinsparung wird die CO_2-Emission verringert. Neben dem Niedrigenergiehaus soll auch das sog. Passivhaus höchst energiesparend sein. Die Entwicklung ist noch im Fluss und derzeit noch intransparent. Ob das Energieeinsparpotenzial des Niedrigenergiehauses aber tatsächlich ausgeschöpft wird, hängt naturgemäß von den Nutzern des Hauses, insbesondere von ihrem Lüftungsverhalten ab. Nutzer von Niedrigenergiehäusern können bis zu 40 % Heizenergie einsparen im Vergleich zu Nutzern konventionell gebauter Häuser. Seit dem 1. 1. 1996 erhalten Eigenheimerwerber, die sich für ein Niedrigenergiehaus entscheiden, im Rahmen des Eigenheimzulagengesetzes zusätzlich 1.636 Euro Zuschuss während des achtjährigen Förderzeitraums; vorausgesetzt, 25 % des Heizwärmebedarfs werden eingespart. Die Förderung gilt nur für Objekte, die vor dem 1.1.2003 angeschafft bzw. fertiggestellt werden.
Siehe auch: Passivhaus, Energieeinsparverordnung

Nießbrauch (an Immobilien)

Nießbrauch ist eine Form der Dienstbarkeit. Beim Nießbrauch wird ein Grundstück in der Weise belastet, dass derjenige, zu dessen Gunsten die Belastung erfolgt, berechtigt ist, entsprechende Nutzungen (z. B. Mietzahlungen) zu erhalten.
Der Nießbrauch spaltet – vereinfacht ausgedrückt – das juristische Eigentum vom wirtschaftlichen Eigentum ab. Beim Nießbrauch an einer Immobilie hat der Nießbraucher die Pflicht, das Gebäude zu unterhalten, also die Kosten für Instandhaltungen, Steuern, Versicherungen usw. zu zahlen. Er muss auch für Darlehenszinsen aus einer Beleihung des Objektes aufkommen. Allerdings kann auch vereinbart werden, dass der Eigentümer alle Bewirtschaftungs- und Kapitalkosten übernimmt (Bruttonießbrauch). Der Nießbrauch kann nicht nur bei Grundstücken oder beweglichen Sachen, sondern auch bei Vermögen, bei Rechten und an einer Erbschaft vereinbart werden. Der Nießbrauch ist ein nicht übertragbares und unvererbliches Recht.

Ein Nießbrauch kann sowohl dadurch zustande kommen, dass der Eigentümer das Eigentum am Grundstück einem Dritten überträgt und sich den Nießbrauch vorbehält (Vorbehaltsnießbrauch) oder dadurch, dass er einem Dritten den Nießbrauch am Grundstück einräumt und das Eigentum behält (Zuwendungsnießbrauch). Schließlich kann ein Eigentümer auch sein Testament so gestalten, dass der Erbe (z.B. sein Sohn) das Eigentum am Grundstück erhält und ein Dritter (z.B. sein Bruder) den Nießbrauch zugesprochen bekommt (Vermächtnisnießbrauch).

In steuerlicher Hinsicht muss beim Nießbrauch folgendes bedacht werden: Steht dem Zuwendungsnießbrauch eine Gegenleistung (Einmalzahlung) gegenüber, dann handelt es sich beim Eigentümer um Einnahmen aus Vermietung und Verpachtung, die er jedoch auf bis zu zehn Jahre verteilen kann. Erzielt der Nießbraucher bei entgeltlicher Bestellung des Nießbrauchs Einnahmen, handelt es sich dann um Einkünfte aus Vermietung und Verpachtung, die er durch von ihm übernommene Bewirtschaftungs- und Kapitalkosten (Werbungskosten) schmälern kann. Verbleiben die Kosten beim Eigentümer, kann auch er sie als Werbungskosten absetzen. Die AfA für den Nießbrauch wird dem Nießbraucher zugesprochen, diejenige für das Gebäude dem Eigentümer.Beim Vorbehalts- und Vermächtnisnießbrauch entfallen diese Gestaltungsmöglichkeiten, da eine entgeltliche Bestellung nicht möglich ist.

NJW

Abkürzung für: Neue Juristische Wochenschrift / Zeitschrift

NJW-RR

Abkürzung für: NJW-RechtsprechungsReport Zivilrecht / Zeitschrift

NK
Abkürzung für: Nebenkosten

NMV
Abkürzung für: Neubaumietenverordnung

NMV 70
Abkürzung für: Verordnung über die Ermittlung der zulässigen Miete für preisgebundene Wohnungen von 1970

Nominalschuld
Diese Darlehenssumme ist entscheidend für die Berechnung von Zinsen, Tilgung, Disagio und Bearbeitungsgebühr. Die Nominalschuld unterscheidet sich von dem tatsächlichen Auszahlungsbetrag, bei dem die Bearbeitungsgebühren oder das Disagio schon abgezogen wurden.

Nominalzins
Der Nominalzins bezieht sich auf den geschuldeten Kreditbetrag, ohne dass die Kreditnebenkosten dabei berücksichtigt werden. Er enthält also weder Bearbeitungsgebühren noch Disagio. Im Gegensatz dazu steht der Effektivzins, der diese Kosten mit berücksichtigt. Der Nominalzins wird auch als Gegenbegriff zum Realzins verstanden. Im Nominalzins ist die Inflationsrate enthalten, während der Realzins der inflationsbereinigte Zins ist.

Non-Performing Loans
Eine einheitliche, allgemein anerkannte Definition für Non-Performing Loans existiert bislang nicht. Im engeren Sinne werden darunter ernsthaft ausfallgefährdete Kredite verstanden, die bereits zu drei oder mehr aufeinander folgenden Zahlungsterminen nicht mehr ordnungsgemäß bedient worden sind.

Im weiteren Sinne wird die Bezeichnung für Kredite verwendet, bei denen es zu Abweichungen vom Tilgungsplan gekommen ist. Sie werden auch als Subperforming Loans bezeichnet.

Weitere, häufig synonym für Non-Performing Loans oder Subperforming Loans verwendete Begriffe sind Faule Kredite, Notleidende Kredite, Problemkredite, Distressed Loans, Defaulted Loans, Non-Core Loans.

Normalherstellungskosten (Immobilienbewertung)
Die „Normalherstellungskosten 2000" sind Berechnungsgrundlage bei der Ermittlung des Sachwertes eines Gebäudes auf der Bezugsbasis 2000. Sie löst die NHK 95 ab. Diese sollten bereits die Berechnungsgrundlage der Baukosten des Jahres 1913, das vielfach als Basisjahr für die indizierte Baukostenentwicklung herangezogen wurde, ersetzen.

Bei der NHK 2000 handelt es sich um ein Tabellenwerk mit 95 Gebäudetypen, wobei nach Objektart, Baualtersgruppe und Bauweise, Ausstattungsstandard usw. differenziert wird. Verbunden mit dieser Neueinführung ist eine „Systemänderung". Während die bisherigen Baukostenindices auf den umbauten Raum abstellten, beziehen sich die Normalherstellungskosten auf die Brutto-Grundfläche (BGF) i.S.d. DIN 277 in der Fassung von 1987. Diese ist gegenüber dem Bruttorauminhalt (BRI), dessen Kosten in denn NHK 95 ebenfalls noch angegeben waren, nunmehr als ausschließliche Berechnungsgrundlage heranzuziehen.

Korrekturfaktoren spielen eine Rolle, wenn die Geschosshöhe eine bestimmte Toleranzzone überschreitet. Neu ist auch die Einführung von regionalen Korrekturfaktoren die sich einerseits auf die Bundesländer und andererseits auf die Ortsgrößen beziehen.

Die Normalherstellungskosten, die Mittelwerte, bezogen auf das Bundesgebiet darstellen, werden auf diese Weise regionalisiert. Sie enthalten – wie die auf der Basis 1913 indizierten Baukosten – keine Baunebenkosten. Für Mehrfamilienhäuser gibt es besondere Korrekturfaktoren.

Normobjekt
Ein Normobjekt ist ein hinsichtlich Größe, Alter, Lageeigenschaften und Qualität genau definiertes Immobilienobjekt.

Normobjekte haben keine wertbeeinträchtigenden Zustandsmerkmale z.B. Reparaturanstau.

Da die am Immobilienmarkt gehandelten Realobjekte in der Regel nicht in das Definitionsraster eines Normobjektes passen, erfolgt Bewertung eines Normobjektes aus der Ableitung der am Immobilienmarkt für Realobjekte erzielten Preise über Zu- und Abschläge. Normobjekte haben im Rahmen der Immobilienmarktforschung Bedeutung für Zeitreihenanalysen der Immobilienpreise aber auch für die Erstellung von Raumindizes. Sie sind Grundlage des RDM-Preisspiegels.

Siehe auch: Raumindex, RDM-Preisspiegel

Notar

Der Notar ist ein von der Justizverwaltung eines Bundeslandes nach dem Bedarfsprinzip bestellter Volljurist, der bestimmte Aufgaben im Rahmen der freiwilligen Gerichtsbarkeit und der Rechtspflege wahrzunehmen hat. Voraussetzung der Bestellung ist eine in der Regel dreijährige Anwärterzeit als Notarassessor.

Bei Immobiliengeschäften ist die Mitwirkung des Notars vielfach erforderlich (notarielle Beurkundung).

Bei den Rechtsgeschäften, die vom Notar beurkundet werden, hat der Notar nach dem Beurkundungsgesetz eine besondere Belehrungspflicht. Er muss die Parteien über die rechtliche Tragweite des Vertrages aufklären, den die Parteien schließen wollen. Alle Beurkundungen die der Notar vornimmt, sind in zeitlicher Reihenfolge in ein gebundenes Register einzutragen (Urkundenrolle).

Für seine Tätigkeit erhält der Notar Gebühren und Auslagen. Sie richten sich nach der Kostenordnung. Zur Absicherung der finanziellen Abwicklung eines beurkundeten Geschäftes kann der Notar ein besonderes Konto (Notaranderkonto) zur Verfügung stellen, über das er treuhänderisch verfügt.

Notargehilfe / Notargehilfin

Nach der Beurkundung z.B. eines Grundstückskaufvertrages muss dieser Vertrag auch „vollzogen" werden. Es müssen Anträge an das Grundbuchamt gestellt werden, die Unbedenklichkeitsbescheinigung des Finanzamtes muss besorgt werden usw. Dafür hat der Notar speziell ausgebildetes Personal, nämlich den/die Notargehilfen/in.

Notarielle Beurkundung

Bestimmte Verträge müssen vom Notar beurkundet werden, damit sie wirksam werden. Dies sind u.a. der Grundstückskaufvertrag, der Bauträgervertrag, die Bestellung eines Erbbaurechts sowie die Einräumung von Wohneigentum. Die Rolle des Notars besteht darin, den Vertragswillen der Parteien zu erforschen und zu formulieren. Er muss die Vertragsparteien über die rechtlichen Konsequenzen des Geschäfts belehren und ihre Erklärungen klar und eindeutig in der Urkunde wiedergeben. Mit seiner Unterschrift unter die Urkunde bestätigt er, dass der von ihm formulierte Vertragsinhalt dem Vertragswillen der Parteien entspricht.

Notarielle Urkunde

Die Urschrift einer notariellen Urkunde ist die Originalniederschrift der notariellen Beurkundung und verbleibt in der Verwahrung des Notars. Die Ausfertigung vertritt die Urschrift im Rechtsverkehr. Damit kommt die Vorlegung der Ausfertigung der Vorlegung der Urschrift gleich. Sie ist eine Abschrift der Urschrift mit der Überschrift „Ausfertigung" und dem zwingenden Vermerk, dass sie mit der Urschrift übereinstimmt.

Besondere Bedeutung kommt der Ausfertigung bei Vollmachtsurkunden zu. Bei der beglaubigten Abschrift handelt es sich um eine einfache Abschrift der Urschrift mit dem Vermerk des Notars, dass sie mit der Hauptschrift übereinstimmt. Dieser Beglaubigungsvermerk muss Ort und Tag der Ausstellung angeben und ist mit dem Siegel oder dem Stempel und der Unterschrift des Notars zu versehen. Der Besitz einer beglaubigten Abschrift ersetzt im Rechtsverkehr nicht den Besitz einer Ausfertigung.

Notverwalter

Siehe: Verwalter

Notwegerecht

Der Eigentümer eines Grundstückes, das keine direkte Anbindung an öffentliche Wege hat, kann von seinem Nachbarn verlangen, dessen Grundstück begehen zu dürfen, um sein Grundstück zu erreichen. Dafür hat der „Notwegeberechtigte" eine Geldrente zu bezahlen. Sträubt sich der Grundstücksnachbar, so können Richtung und Umfang des Notweges durch ein Gerichtsurteil bestimmt werden.

NPL

Abkürzung für: Non-Performing Loans
Siehe auch: Non-Performing Loans

NRI

Abkürzung für: Netto-Rauminhalt

Nutzfläche (NF)

Siehe: Grundfläche nach DIN 277/1973/87

Nutzflächenfaktor

Der Nutzflächenfaktor ist eine Bezugsgröße, die das Verhältnis von Nutzfläche zu Geschossfläche bezeichnet. Mit ihrer Hilfe lassen sich aus Geschossflächen überschlägig Nutzflächen bzw. Wohnflächen errechnen. Bei Bürogebäuden beträgt z.B. der Nutzflächenfaktor etwa 0,8 (1 m^2 Geschossfläche entspricht 0,8 m^2 Nutzfläche). Bei Wohngebäuden (Geschossbau) wird – baujahrsabhängig – von einem Faktor zwischen 0,72 (Gebäude mit Baujahr vor 1900) und 0,78 (neue Gebäude) ausgegangen.
Siehe auch: Grundfläche nach DIN 277/1973/87, Geschossflächenzahl (GFZ) - Geschossfläche (GF)

Nutzungsänderung (Wohnungseigentum)

Die Nutzung des Wohnungseigentums zum Wohnen ist unproblematisch. Anders verhält es sich beim Teileigentum, für das in aller Regel in der Gemeinschaftsordnung die Nutzungsart bestimmt ist. Diese Nutzungsbeschränkung muss respektiert werden. Ausnahmen sind nur in einem sehr geringen, die übrigen Wohnungsei-

gentümer nicht wesentlich beeinträchtigenden Umfange möglich. Soll eine Nutzungsänderung erlaubt werden, ist dafür die Zustimmung aller Wohnungseigentümer erforderlich.
Siehe auch: Zweckentfremdung

Nutzungsentschädigung

Wenn ein Mieter nach Kündigung des Mietvertrags durch den Vermieter aus Gründen des Mieterschutzes eine Wohnung oder ein Haus noch weiter bewohnt, tritt anstelle des Mietvertrags ein sogenannter Nutzungsvertrag und anstelle der Miete die Nutzungsentschädigung. Diese Entschädigung ist in aller Regel genauso hoch wie die vorherige Miete.

Nutzungsverhältnis

Der Mietvertrag wird von einem Nutzungsverhältnis immer dann abgelöst, wenn das Mietverhältnis zwar formell beendet ist, der Mieter aber nicht auszieht und darauf wartet, dass die Wohnung oder das Haus geräumt wird. Als Preis für die bestehende Nutzung muss der Mieter die sogenannte Nutzungsentschädigung zahlen. Ein Nutzungsverhältnis kann auch dadurch entstehen, dass der Verkäufer einer Wohnung oder eines Hauses noch einige Zeit nach Besitzübergang wohnen bleiben kann ohne dass das Entstehen eines Mietverhältnisses von den Vertragsparteien gewollt ist.

Nutzungswert

Bei Büros kann auf Basis der Marktberichte des RDM-Bayern Marktforschungsinstitutes zwischen drei Nutzungswerten unterschieden werden. Bei Angaben von Büromieten wird hier auf die Berücksichtigung von Extremwerten verzichtet, da sie nicht repräsentativ sind. Die Nutzungswerte „einfach", „mittel" und „gut" werden durch Lagewerte (Adressen), nutzerbezogene Infrastruktur und Raumqualität bestimmt.
Der einfache Nutzungswert wird vor allem durch Sekundärlagen des Objektes charakterisiert. Er erhebt vom Erscheinungsbild keinen Anspruch auf Repräsentation.

Der mittlere Nutzungswert genügt durchschnittlichen Ansprüchen von Dienstleistungsbetrieben. Die Büros sind für Personal und Kunden gut erreichbar. Pkw-Stellplätze sind in ausreichender Zahl vorhanden.

Beim guten Nutzungswert ist von einem Standard auszugehen, der durch ein repräsentatives Erscheinungsbild, durch eine den Ansprüchen des Managements entsprechende Infrastruktur einschließlich der Anforderungen an moderne Kommunikationsmöglichkeiten und durch ein den sozialen Betreuungsbedarf abdeckendes Raumangebot gekennzeichnet ist. Gute Verkehrsanbindung und Pkw-Abstellmöglichkeiten gehören dazu.

Nutzwertanalyse

Der Ausgangspunkt einer Nutzwertanalyse ist ein zu entwickelndes Grundstück, unbebaut oder bebaut, an einem für Projektentwicklung günstigen Standort. Es gibt jedoch noch keine Vorstellung über die neue, bevorstehende Nutzung. Vorab ist es wichtig, für möglichst viele Nutzungen die Eignung des vorhandenen Standortes zu prüfen, welche vergleichend dargestellt werden. Die Nutzwertanalyse prüft eine Vielzahl von Kriterien für die unterschiedlichen Nutzungsvorstellungen. Die verschiedenen Nutzungsideen werden durch die Verwendung eines Punktesystems in eine wertende Reihenfolge sortiert. Oberstes Ziel dieses Punktesystems ist es, die Entscheidung einzuengen, um eine zielgerichtete Entwicklung voranzubringen. Bewertungskriterien können sein: Verkehrsanbindung, Nutzbarkeit der Bausubstanz, Umfeld / Standort, Marktsituation / Wirtschaftlichkeit.

NVO
Abkürzung für: Neubaumietenverordnung

NWfl.
Abkürzung für: Nettowohnfläche

o.V.

Abkürzung für: ohne Verfasser/-angabe

OBG

Abkürzung für: Ordnungsbehördengesetz

Objekt

Objekte sind nach der Definition der HOAI „Gebäude, sonstige Bauwerke, Anlagen, Freianlagen und raumbildende Ausbauten" auf die sich Architektenleistungen beziehen. Gegenüber „vorhandenen Objekten" bezieht sich der Begriff der Neubauten und Neuanlagen in der HOAI auf „neu zu errichtende oder herzustellende Objekte".

Im Maklergeschäft bezieht sich der Objektbegriff nach §34c GewO auf „Grundstücke, grundstücksgleiche Rechte, gewerbliche Räume und Wohnräume", die Gegenstand der Vertragsvermittlung sind. Neubauten werden dort als „Bauvorhaben" bezeichnet. Im Maklergeschäft wird als Objekt der Gegenstand bezeichnet, auf den sich das Vermittlungsgeschäft bezieht.

Objektanalyse

Die maklerische Objektanalyse dient einerseits der Zielgruppenfindung und damit der inhaltlichen Bestimmung der Werbebotschaften und andererseits der Preisfindung. Sie kann auch die Grunddaten für eine Projektentwicklung liefern.

Die Objektanalyse umfasst die Lageanalyse, die Grundstücks- und Gebäudeanalyse, die Analyse der Rechtsverhältnisse und die Analyse der Wirtschaftlichkeit und Rentabilität.

Im Rahmen der Lageanalyse werden die objektspezifischen Lagekriterien (harte und weiche Lagefaktoren, Makro- und Mikrolage) untersucht. Die Grundstücksanalyse befasst sich mit Grundstücksgröße- und form, Topographie und Bodenverhältnisse sowie die baulichen Nutzungsmöglichkeiten (Baurechtsreserven). Die Gebäudeanalyse ermittelt Wohn- und Nutzflächen, Zahl und Anordnung der Räume, Alter und Modernisierungsgrad der baulichen Anlagen, Zustand, Ausstattung, Energieversorgung und der Energieeinsparung dienende Dämmmaterialien. Hinzu kommt die Erfassung und Bewertung der Außenanlagen sowie des Zubehörs.

Zum Zweck der Analyse der Rechtsverhältnisse werden die Grundbuchdaten, insbesondere Eintragungen in Abteilung II des Grundbuches, etwaige Baulasten, denkmalgeschützte Objektteile, Miet- und Pachtverhältnisse und dergl. durchleuchtet. Sofern es sich um ein Anlageobjekt handelt, steht im Vordergrund die Analyse der Rendite. Je nach Art des Objektes können unterschiedliche Aspekte bei der Analyse im Vordergrund stehen, so dass es ein allgemeingültiges Analyseschema und eine allgemeingültige Gewichtung der Analysebereiche nicht gibt.

Ergeben sich aus der Objektanalyse Hinweise für Umwidmungsmöglichkeiten, können Verwertungskonzepte erstellt und „Projektideen" entwickelt werden."

Objektsuchanzeigen

Objektsuchanzeigen sind Anzeigen, die geschaltet werden, um Objektanbieter anzusprechen und um über diese Aufträge zu akquirieren. Es gilt hierbei zwischen Anzeigen zu unterscheiden, die der Makler für vorgemerkte Kunden schaltet und solchen Anzeigen, die ein Objekt akquirieren um anschließend dafür einen Käufer oder Mieter suchen.

Objektverbrauch

Eigenheimförderung gewährt der Staat Ledigen nur einmal in ihrem Leben, Ehepaaren höchstens zweimal. Hat ein Immobilienerwerber eine Eigenheimzulage oder steuerliche Eigentumsförderung (§§7b, 10e EStG) bereits in früheren Jahren ausgeschöpft, ist der Objektverbrauch eingetreten. Weitere Fördergelder erhält er daher nicht.

Objektvorteil-Zielgruppen-Matrix

Objektvorteil-Zielgruppen-Matrix ist ein Hilfsmittel, um im Hinblick auf eine Zielgruppe einen möglichst wirkungsvollen USP (Unique Selling Proposition: der einzigartige, der Konkurrenz überlegene Wettbewerbsvorteil eines Produktes) herauszuarbeiten. Zielgruppen, die für die Immobilie relevant sind, werden in eine Spalte eingetragen. In der anderen Spalte werden denkbare Objekteigenschaften aufgelistet.

ÖbVI

Abkürzung für: Öffentlich bestellter Vermessungsingenieur
Der Öffentlich bestellte Vermessungsingenieur ist ein Organ des öffentlichen Vermessungswesens. Er ist laut Gesetzgebung befugt, an bestimmten Aufgaben der Landesvermessung mitzuwirken und zudem berechtigt, Katastervermessungen auszuführen. Zu seinen Aufgaben zählt, dass er Tatbestände, die durch vermessungstechnische Ermittlungen an Grund und Boden festgestellt werden, mit öffentlichem Glauben beurkundet (Grenzermittlungen, Grundstücksteilungen, Lagepläne etc.).

Öffentliche Lasten

Öffentliche Lasten, die auf einem Grundstück ruhen, werden nicht in das Grundbuch eingetragen. Die jeweils im Grundbuch eingetragenen Eigentümer sind Schuldner. Im Zwangsversteigerungsverfahren werden Schulden aus öffentlichen Lasten auf der Ebene der Rangklasse 3 befriedigt. Ansprüche aus dinglich abgesicherten Rechten Dritter erhalten demgegenüber nur die Rangklasse 4. Zu den öffentlichen Lasten zählen u.a. die Grundsteuer, Schornsteinfegergebühren, Kanalgebühren, Gebühren für die Straßenreinigung aber auch Erschließungsbeiträge.

Öffentliche Mittel

Im Rahmen der staatlichen Wohnungspolitik wurden öffentliche Mittel als zinsverbilligte Baudarlehen von den Bundesländern nach den Vorschriften des II. Wohnungsbaugesetzes vergeben, um den Wohnungsbedarf einkommensschwacher Schichten der Bevölkerung abzusichern.

Zu den Finanzierungshilfen zählen neben den Baudarlehen auch Aufwendungsdarlehen und Aufwendungszuschüsse. Ein Rechtsanspruch auf Förderung besteht nicht. Das II. Wohnungsbaugesetz wurde zum 1. Januar 2002 aufgehoben und durch das Wohnraumförderungsgesetz ersetzt.
Siehe auch: Aufwendungsdarlehen und Aufwendungszuschüsse

Öffentlichkeitsarbeit

Die Öffentlichkeitsarbeit ist ein wichtiges Feld, das bisher von den meisten Immobilienverwaltern vernachlässigt wird. Die Pressearbeit ist komplementär zu anderen Werbeaktivitäten; sie kann diese ergänzen und unterstützen, aber nie völlig ersetzen. Durch gezielte Pressearbeit kann die Bekanntheit des jeweiligen Unternehmens, bzw. die bestimmter Objekte gefördert und das Image verbessert werden.
Siehe auch: Marketing

Öko-Zulage

Die Ökozulage ist ein zusätzliches Fördergeld nach dem Eigenheimzulagengesetz für ein Niedrigenergiehaus oder Ökoanlagen, die natürliche Ressourcen besser nutzen bzw. den Energiebedarf einschränken.
Siehe auch: Energieeinsparverordnung, Niedrigenergiehaus

ÖPNV

Öffentlicher Personalverkehr

OFD

Abkürzung für: Oberfinanzdirektion

Offener Immobilienfonds

Siehe: Immobilienfonds – Offener Immobilienfonds

Office Center

Siehe: Business Center

OG

Abkürzung für: Obergeschoss

OH
Abkürzung für: Ofenheizung

oHG
Abkürzung für: offene Handelsgesellschaft

OLG
Abkürzung für: Oberlandesgericht

OLGZ
Abkürzung für: Entscheidungen der Oberlandesgerichte in Zivilsachen (Entscheidungssammlung)

Ombudsmann
In der Regel von den Handwerkskammern Beauftragter, der Streitigkeiten zwischen Bauherren und Handwerkern zu klären versucht. Die Streitparteien einigen sich in einem außergerichtlichen Vergleich. Bei Rechtsstreitigkeiten mit einem privaten Kreditinstitut hilft ebenfalls ein spezieller Ombudsmann weiter.

On-Site-Marketing
On-Site-Marketing beinhaltet die marketingtechnisch professionelle Präsentation vor Ort, d.h. am Grundstück bzw. der Baustelle sowie die Themenbereiche Verkaufsbüro und Musterwohnungen. Darüber hinaus versucht das „On-Site-Marketing" des Bauträgers ein emotional ansprechendes Bild der Immobilie und vor allem auch deren Umfelds zu vermitteln, um damit die Verkaufsaktivitäten zu fördern. Hierbei ist es hilfreich, die Immobilie mit den Augen des potentiellen Käufers zu betrachten.

Oo.a.
Abkürzung für: oben aufgeführt / oben angegeben

Open Market Value
Der verkehrsübliche Wert (Open Market Value) ist der beste Preis oder die beste Miete, die billigerweise für den Grundbesitz zum Zeitpunkt der Bewertung erwartet werden kann, wobei folgendes vorausgesetzt wird
- eine Person, die zum Verkauf oder zur Vermietung bereit ist;
- ein angemessener Zeitraum, in dem über den Verkauf oder die Vermietung verhandelt werden kann, unter Berücksichtigung des Grundbesitzes und der Marktlage;
- ein gleichbleibender Wert während dieses Zeitraumes;
- das Angebot des Grundbesitzes auf dem offenen Markt;
- keine Berücksichtigung von höheren Preisen oder höheren Mieten, die ein Käufer oder Mieter mit einem besonderen Interesse bezahlen würde.

Optionsrecht (Mietvertrag)
Das Optionsrecht gestattet dem Berechtigten, durch einseitige Erklärung ein Mietverhältnis zu begründen (Begründungsoption) oder ein bestehendes Mietverhältnis zu verlängern (Verlängerungsoption). Verlängerungsoption bedeutet, dass der Mieter vor Ablauf der vereinbarten Mietzeit durch einseitige Erklärung die Verlängerung der Mietzeit um einen weiteren Zeitraum herbeiführen kann. Die Verlängerungsoption muss vom Mieter ausdrücklich erklärt werden; das bloße Weiterzahlen der Miete genügt zur Ausübung der Option nicht. Die Erklärung über die Ausübung der Option muss dem Vermieter vor Ablauf der festen Mietzeit zugehen. Regelmäßig wird im Mietvertrag bestimmt sein, bis wann die Option spätestens ausgeübt sein muss. Ist die Mietzeit abgelaufen, ist die Ausübung des Optionsrechtes nicht mehr möglich.

Optionstarif (Bausparvertrag)
Bauspartarifvariante für Bausparer, die nicht wissen, ob und wann sie bauen möchten. Bei diesem Tarif kann der Sparer auch nach Abschluss noch entscheiden zwischen preisgünstigem Bauspardarlehen oder höherem Sparzins.

Ordnungsmäßige Verwaltung (Wohnungseigentumsrecht)
Jeder Wohnungseigentümer kann eine ordnungsmäßige Verwaltung des Gemeinschaftsei-

gentums verlangen. Hierzu zählt nach dem WEG

- Aufstellung einer Hausordnung,
- ordnungsgemäße Instandhaltung und Instandsetzung des gemeinschaftlichen Eigentums,
- Abschluss einer Feuerversicherung des gemeinschaftlichen Eigentums zum Neuwert und einer Haushaftpflichtversicherung,
- Ansammlung einer angemessenen Instandhaltungsrückstellung,
- Aufstellung eines Wirtschaftsplanes
- Duldung aller Maßnahmen, die zur Herstellung einer Fernsprecheinrichtung, einer Rundfunkanlage oder eines Energieversorgungsanschlusses zugunsten eines Wohnungseigentümers erforderlich sind.

Diese Aufzählung im WEG ist nicht abschließend. Andererseits bedarf alles, was über die ordnungsmäßige Verwaltung hinausgeht, der Zustimmung aller Wohnungseigentümer. Probleme ergeben sich häufig bei der Frage, wo die Grenze zwischen einer Instandhaltung und einer – vom Grundsatz der ordnungsmäßigen Verwaltung nicht gedeckten – Modernisierung oder baulichen Veränderung verläuft. So ist bereits eine Balkonüberdachung oder Balkonverkleidung eine bauliche Veränderung. Ähnliches gilt für einen Außenmauerdurchbruch oder eine Umstellung der Heizanlage auf eine neue Energieart, obwohl noch kein Reparaturbedarf gegeben ist. Werden Beschlüsse dieser Art nicht allstimmig gefasst, besteht für jeden Wohnungseigentümer, der mit der Maßnahme nicht einverstanden ist, die Möglichkeit der Anfechtung bei Gericht.
Siehe auch: Beschluss / Beschlussanfechtung

Organisationsbeschluss

Unangefochten gebliebener und damit bestandskräftig gewordener Mehrheitsbeschluss zur Erleichterung einer ordnungsgemäßen und effizienten Verwaltung und zur Überwindung vielfältiger Schwierigkeiten infolge Gesetzeslücken und widersprüchlicher Rechtsmeinungen.

Originäres Marketing
Siehe: Marketing

OT
Abkürzung für: Ortsteil

OVG
Abkürzung für: Oberverwaltungsgericht

OWi
Abkürzung für: Ordnungswidrigkeit

OWiG
Abkürzung für: Gesetz über Ordnungswidrigkeiten

p
Abkürzung für: Zinssatz

p.a.
Abkürzung für: per anno (im Jahr)

Pachtvertrag
Ein Pachtvertrag regelt die Überlassung von Grundstücken und Gebäuden mit dem im Vergleich zur Miete zusätzlichen Recht zur „Fruchtziehung".

Das bedeutet, dass der Ertrag aus dem Grundstück (z.B. Kiesgrube) und bei entsprechend ausgestatteten Gebäuden (z.B. Gasthäuser) der aus dem damit verbundenen Betrieb zu erzielende Ertrag dem Pächter zusteht. Die landwirtschaftliche Pacht umfasst auch das „lebende Inventar", d.h. das Nutzvieh.

Besonderheiten gelten für die Jagdpacht, Fischereirechte und Kleingärten. Gepachtet werden können auch Rechte (z.B. Patente).

Pachtverträge werden i.d.R. langfristig geschlossen. Ein auf über zwei Jahre laufender Vertrag bedarf der Schriftform. Bei landwirtschaftlichen Pachtgrundstücken liegen die Vertragslaufzeiten teilweise bei 9 und 18 Jahren. Daraus ergeben sich Notwendigkeiten zur Anpassung der Pacht, die früher im Landpachtgesetz, jetzt im BGB geregelt ist (§593 BGB). Ein Landpachtvertrag kann auch auf Lebenszeit des Pächters geschlossen werden. Ähnlich wie bei der Miete gilt der Grundsatz: Kauf bricht nicht Pacht. Die Vermittlung von Pachtverträgen im Bereich der Landwirtschaft ist Geschäftszweck darauf besonders spezialisierter Makler für Land- und Forstwirtschaften. Im übrigen befassen sich mit der Vermittlung von Pachtverträgen auch Spezialmakler für Geschäftsbetriebe.

PangVO
Abkürzung für: Preisangabenverordnung
Siehe auch: Preisangabenverordnung (PangV)

Parabolantenne

Eine Parabolantenne ist eine Empfangsantennenform für Frequenzen oberhalb 1 GHz. Sie ermöglichen bei richtiger Installation einen sehr guten Empfang von UKW- und Fernsehsendungen über Satelliten. Da die hohen Frequenzen lichtähnliches Ausbreitungsverhalten zeigen, liegen die Zeitverzögerungen zwischen Sende- und Empfangsort im Bereich der Verzögerung nahe der Lichtgeschwindigkeit.

Im Zusammenhang mit der Installation von Parabolantennen bei Mietwohnungen kommt es immer wieder zu Rechtsstreitigkeiten. Inzwischen gilt als gesichert, dass der Mieter ein grundsätzliches Recht hat, eine Parabolantenne anzubringen. Dieses Recht wird durch Informationsfreiheit garantiert. Der Mieter kann sich jedoch nur dann darauf berufen, wenn die vermietete Wohnung nicht an das Breitbandkabel angeschlossen ist. Will der Mieter eine Parabolantenne installieren, muss er vom Vermieter die Erlaubnis einholen. Der muss zustimmen, wenn das Haus weder über eine Gemeinschafts-Parabolantenne noch über einen Kabelanschluss verfügt. Die Parabolantenne muss auch baurechtlich zulässig sein und fachmännisch an einem Ort installiert werden, an dem sie optisch am wenigsten stört. Die Kosten hierfür trägt der Mieter. (OLG Frankfurt 20 RE-Miet 1/91, WM 92, 458)

Trotz Kabelanschluss kann der Mieter ausnahmsweise die Erlaubnis zum Aufstellen einer Parabolantenne verlangen, wenn er hierfür ein besonderes Interesse nachweisen kann. Das ist bei einem ausländischen Mieter zu bejahen, der nur über eine Parabolantenne seine Heimatsender empfangen kann (OLG Karlsruhe 3 REMiet 2/93, WM 93, 525; BVerfG 1 BvR 16 187/92, WM 94, 251).

Parkett

Parkett ist ein hochwertiger Holzfußboden, der aus Parkettstäben (ringsum genutete Parketthölzer), Parkettriemen (Parketthölzer mit Nut und Feder an den entgegengesetzten Kantenflächen), Mosaikparkettlamellen (ohne Nut und Feder) oder Fertigparkettelementen bestehen kann. Aus Hartholz bestehendes Parkett (z.B. Eiche) hat eine besonders lange technische Lebensdauer.

PartGG

Abkürzung für: Partnerschaftsgesellschaftsgesetz

Parzellierung

Unter Parzellierung versteht man die Aufteilung eines Flurstücks in einzelne Teile (Parzellen). Sie wird von öffentlich bestellten Landvermessern und Vermessungsingenieuren der Vermessungsämter vorgenommen. Durch eine entsprechende Erklärung des Eigentümers gegenüber dem Grundbuch werden die neu entstandenen Flurstücke unter neuen laufenden Nummern im Bestandsverzeichnis des Grundbuchs eintragen (d.h. von der Ursprungsfläche „abgeschrieben").

Passivhaus

Im Gegensatz zum Niedrigenergiehaus, das durch eine entsprechende Wärmedämmung und durch Energieerzeugung über Solaranlagen Energieeinsparungspotenziale ausschöpft, kommt das Passivhaus mit einem Bruchteil der konventionellen Energiezufuhr zur Erwärmung des Hauses aus. Im Schnitt beträgt der Energieverbrauch des Passivhauses zwischen 12% und 15% des Energieverbrauchs eines konventionellen Hauses des Baustandards um 1990. Grundgedanke des Passivhauses ist es, die ohnehin vorhandene Wärmeenergie optimal aufzufangen und zu nutzen. Zu dieser Wärmeenergie zählen u.a. Lampen, Fernsehgeräte und der „Wärmespeicher Mensch". In Verbindung mit einem besonderen Ent- und Belüftungssystem wird durch diese zusätzliche Energiequelle das konventionelle Lüften durch Öffnen der Fenster überflüssig.
Siehe auch: Niedrigenergiehaus

Pauschale

Als Pauschalen werden Ansätze für Kosten bezeichnet, die nicht nach Kostenelementen aufgegliedert sind. Das gleiche gilt für Preise. Über pauschal vereinbarte Kosten (z.B. Betriebskosten im Mietvertrag) und Preisen wird nicht abgerechnet.
Siehe auch: Pauschalpreisvertrag

Pauschalpreisvertrag

Alternativ zum Einheitspreisvertrag kann zwischen dem Bauherrn und der bauausführenden Firma ein Pauschalpreis für eine Bauleistung vereinbart werden.
Im Gegensatz zum Einheitspreisvertrag wird dabei auf ein Aufmaß zur Feststellung des Leistungsumfanges verzichtet. Mehr- oder Minderleistungen werden nicht berücksichtigt. Ein Kalkulationsirrtum geht somit zu Lasten des Unternehmers. Nur in Ausnahmefällen, wenn ein außergewöhnliches Missverhältnis zwischen dem vereinbarten Preis und dem Leistungsumfang besteht, kann nach Treu und Glauben eine Preisanpassung in Frage kommen. Probleme können bei der Pauschalpreisvereinbarung entstehen, wenn die Leistung nicht ganz klar definiert ist. Werden nach Abschluss des Vertrages weitere Leistungen vereinbart, sind diese natürlich gesondert zu vergüten.
Siehe auch: Einheitspreisvertrag

PC

Abkürzung für: Personalcomputer

Penthousewohnung

Unter einer Penthousewohnung versteht man eine großzügig bemessene und luxuriös ausgestattete Wohnung direkt unter dem Dach eines mehrstöckigen Wohnhauses, die mit einer Dachterrasse versehen ist. Penthousewohnungen verfügen teilweise auch über Schwimmbäder. Sie können als Maisonetten konzipiert sein.
Siehe auch: Maisonette

Performance

Performance (Leistung) zeigt die Wertentwicklung eines Investmentpapiers auf der Grundlage zweier Rücknahmepreise an, dem anfänglichen und dem am Ende einer Periode festzustellenden. Beträgt der Rücknahmepreis am Anfang 50 Euro und am Ende 55 Euro beträgt die Performance 10%. Die Rücknahmepreise werden dabei durch alle Ausschüttungen und Steuerabzüge bereinigt.

Pergola

Unter Pergola versteht man einen auf Säulen und Pfeilern ruhenden, nach oben offenen Laubengang. Eine Pergola bedarf in der Regel keiner bauordnungsrechtlichen Genehmigung.

Persönliches Erscheinen

Auch und gerade in Mietstreitigkeiten passiert es häufig, dass die Gerichte nicht nur die Anwälte der Parteien hören, sondern auch die Parteien persönlich befragen wollen. Dazu wird das Erscheinen zum Verhandlungstermin ausdrücklich angeordnet. Dieser Anordnung ist unbedingt Folge zu leisten, bzw. das Fernbleiben nachvollziehbar zu entschuldigen. Widrigenfalls kann ein empfindliches Ordnungsgeld festgelegt werden.

Personalisierung

Immobilienkunden wollen kein anonymes Massenobjekt von der Stange kaufen, sondern eine ganz spezielle Immobilie, zu der sie – und sei es über positive Assoziationen – möglichst rasch und leicht eine persönliche Beziehung aufbauen können.
Insofern macht es Sinn, das Objekt so stark wie möglich zu personalisieren (z.B. das „Hans-Albers-Haus", „Schwanen-Haus", „Checkpoint Charlie Businesscenter", „Wohnen im Maler-Winkel" u.s.w.).

Pfandbrief

Langfristige, in der Regel auf den Inhaber lautende festverzinsliche Schuldverschreibung, durch deren Verkauf sich die Hypothekenbanken, Pfandbriefanstalten und Landesbanken Mittel zur Finanzierung des Wohnungsbaus beschaffen. Die Pfandbriefe gehören zu den „mündelsicheren" Wertpapieren und werden am Kapitalmarkt gehandelt. Die Rendite der Pfandbriefe lag in der Vergangenheit im Schnitt um 0,3 – 0,5% über der Rendite von Bundesschatzbriefen.
Neuerdings werden neben festverzinslichen Pfandbriefen auch solche mit variablem Zinssatz angeboten.

Pflanzgebot

Enthält ein Bebauungsplan Festsetzungen über die Bepflanzung von Grundstücken, kann die Gemeinde den Eigentümer durch Bescheid verpflichten, das Grundstück innerhalb einer bestimmten Frist zu bepflanzen.

Pflasterungen

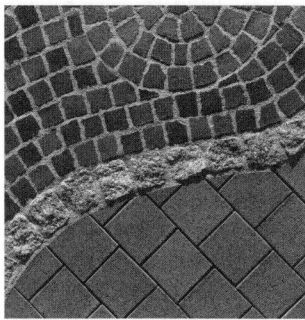

Die Pflasterung von Terrassen, Gartenwegen, Sitzplätzen oder Straßen ist eine Art der Befestigung der Oberfläche, die eine bessere Nutzung gewährleisten soll. Je nach Zweck stehen verschiedene Möglichkeiten zur Verfügung.

Man unterscheidet zwischen gebundenen Pflasterungen, von denen das Regenwasser in einen Kanal abgeleitet wird und wasserdurchlässigen Pflasterungen, durch die das Regenwasser versickert. Bei der Berechnung der Gebühren für die kommunale Wasserentsorgung werden wasserdurchlässige Flächen nicht gezählt. In vielen Städten gibt es Förderprogramme zur Entsiegelung der Flächen. Modellrechnungen zeigen, dass bei einer weiterhin ungebremsten Flächenumwandlung die Fläche der Bundesrepublik in 80 Jahren nur noch aus Siedlungs- und Verkehrsfläche bestehen würde (Quelle: BM-Umwelt). Die Bundesregierung hat sich u.a. deshalb zum Ziel gesetzt, bis zum Jahr 2020 die tägliche Umwandlung in Siedlungs- und Verkehrsfläche auf 30 ha zu reduzieren.

Es gibt eine große Zahl verschiedener Materialen und Methoden zur Pflasterung. Kosten und Zweck bestimmen neben dem Geschmack des Auftraggebers die Ausführung. Für die Haltbarkeit des Pflasters sind das Material und der Aufbau aus Untergrund, Unterbau und Oberbau entscheidend. Als Pflastersteine sind Natur- und Betonsteine verbreitet, die in Muster gelegt werden, z.B. als Fischgrät-, Diagonal-, Block-, Parkett-, Mittelstein- oder Läuferverband.

Pflegeverpflichtung

Nach dem Bundesnaturschutzgesetz können Eigentümer und Nutzungsberechtigte von Grundstücken im Siedlungsbereich zu einer angemessenen und zumutbaren Pflege des Grundstücks verpflichtet werden, wenn ohne diese Pflege Natur und Landschaft erheblich und nachhaltig beeinträchtigt werden. Eine nähere und weitergehende Ausgestaltung dieser Pflegeverpflichtung ist Sache der Bundesländer.

Photovoltaik

Ein Mittel, Energie zu sparen, ist die Ausnutzung der Sonne für den hauseigenen Strombedarf mittels Photovoltaik-Anlagen. Das Wort Photovoltaik ist eine Zusammensetzung aus dem griechischen Wort für Licht und dem Namen des Physikers Alessandro Volta. Es bezeichnet die direkte Umwandlung von Sonnenlicht in elektrische Energie mittels Solarzellen. Der Umwandlungsvorgang beruht auf dem bereits 1839 von Alexander Bequerel entdeckten Photoeffekt.

Vorteile: Photovoltaik-Anlagen sind genehmigungsfrei, solange sie nicht auf Denkmal geschützten Gebäuden installiert werden. Sie sollten 15 Prozent der Gesamtlast, für die der Dachstuhl ausgelegt ist, nicht überschreiten. Optimal sind sie zum Süden ausgerichtet mit einer Neigung von 30 Grad. Selbst bei Neigungen zwischen 10 bis 50 Grad und Südost bis Südwest werden noch 95 Prozent der maximalen Energieausbeute erzielt. Auch Holzschuppen oder Garagen eignen sich zur Installation.

Die Förderung kommt zum Umweltschon-Programm noch hinzu. 57,4 Cent je kWh (statt bisher 45,7 Cent) erhalten Sie für jede von Ihnen eingespeiste Kilowattstunde Solarstrom von ihrem Energieversorger bei gebäudeintegrierten Anlagen bis 30 kWp. Bei gebäudeintegrierten Anlagen mit mehr als 30 kWp Leistung erhalten Sie 54,6 Cent je kWh. (Fertigstellung der Anlage in 2004). Und das für 20 Jahre garantiert! Sie sind damit zugleich Kleingewerbe-Treibender in Sachen Strom und können die auf die Baukosten gezahlte Mehrwertsteuer vom

Finanzamt zurückfordern. Außerdem gewähren regionale Stromanbieter individuelle Förderunterstützung. Im Rahmen des KfW-Programms zur CO_2-Minderung wird zudem der Kauf von Photovoltaik-Anlagen mit günstigen Kreditzinsen gefördert, genauso wie die Verbesserung des Wärmeschutzes der Gebäudeaußenhülle und die Installation von Brennwert- oder Niedrigtemperaturheizanlagen.

Planungsverband

Zwei oder mehrere Gemeinden können sich zu einem Planungsverband zusammenschließen, um zu einem Ausgleich der verschiedenen Belange der Gemeinden bei der Bauleitplanung zu gelangen. Der Planungsverband tritt hinsichtlich der Bauleitplanung an die Stelle der im Verband zusammengeschlossenen Gemeinden.Benachbarte Gemeinden können aber auch - ohne sich zu einem Planungsverband zusammenzuschließen - einen gemeinsamen Flächennutzungsplan aufstellen.

PlanzVO

Abkürzung für: Planzeichenverordnung

Plattenbauten

Mehrgeschossige Wohnbauten, die aus Großplatten in industrieller Bauweise erstellt werden. Die Errichtung von Plattenbauten war in der ehemaligen Ostblockländern weit verbreitet. In der früheren DDR wurde 1971 mit dem Bau von Wohnhäusern in Form von Plattenbauten begonnen. Die Entwicklung von Plattenbauten begann bereits 1956 in der damaligen Sowjetunion. Ihr voraus ging eine von Nikita S. Chruschtschow inszenierte Kampagne gegen den Zuckerbäckerstil der Stalinäre. Er ermunterte Architekten zu neuen Lösungen. In der Sowjetunion wurden daraufhin ganze Siedlungskonstruktionen in gleichförmiger Weise in den verschiedenen Städten errichtet. Plattenbauten bestehen im wesentlichen aus bereits vorgefertigten Bauelementen, die an der Baustelle montiert wurden. Auf diese Weise konnte der Bauvorgang erheblich beschleunigt werden. Bauzeiten von 2 Monaten waren keine Seltenheit. Allerdings war die Bauqualität außerordentlich niedrig.
Siehe auch: Zuckerbäckerstil

Platzierungsgarantie

Eine Platzierungsgarantie bei einem geschlossenen Immobilienfonds beinhaltet die Verpflichtung des Garanten, bis zu einem bestimmten Zeitpunkt die Differenz zwischen bis dahin eingeworbenen Eigenkapital und dem benötigten Eigenkapital aufzubringen. Dadurch soll gewährleistet werden, dass die Investition auch dann planmäßig getätigt werden kann, wenn bis zu dem betreffenden Zeitpunkt noch nicht das gesamte einzuwerbende Eigenkapital vorhanden ist.
Siehe auch: Immobilienfonds - Geschlossener Immobilienfonds

Policendarlehen

Versicherungsunternehmen bieten häufig zinsgünstige Darlehen ohne Stellung besonderer Sicherheiten. Die Höhe dieser Darlehen orientiert sich an den vorhandenen Rückkaufswerten.

Portfolio-Analyse

Mit Hilfe der Portfolio-Analyse kann das Unternehmen bestimmte Geschäftsfeldbereiche in eine Matrix einordnen und dann für diese entsprechende Strategien erarbeiten. Hierfür ist zunächst ein Schema zur Abgrenzung der strategischen Geschäftsfelder notwendig.

Portfoliomanagement (Assetmanagement)

(immobilienwirtschaftlich) Beim Portfoliomanagement (auch: Assetmanagement / Investment Management) handelt es sich um ein aktiv planendes und steuerndes auf dauerhafte Gewinnoptimierung ausgerichtetes Management eines Vermögensbestandes.

Gemessen wird der Erfolg des Managements (siehe Performance) an den Ergebnissen. Die Höhe der Rendite steht dabei in einem engen Verhältnis zur Risikobereitschaft. Die Grundlage des Portfoliomanagements bildet die Portfoliotheorie, die im Rahmen von Korrelationsanalysen Berechnungsmethoden für die Optimierung von Portfolios anbietet. Dabei kommt es auf das richtige Mischungsverhältnis bei der Vermögenszusammensetzung an. Prof. Markowitz hat für seinen Beitrag zur Portfoliotheorie den Wirtschaftsnobelpreis erhalten.

In den letzten Jahren wurden in Deutschland auch Immobilien Betrachtungs- und Handlungsgegenstand des Portfoliomanagements. Die einzelnen Immobilien werden analysiert und vorausschauend auf mittel- und langfristige Chancen und Risiken überprüft. Je nach Ergebnis werden bestimmte Immobilien behalten, optimiert oder verkauft und/oder durch weitere Objekte ergänzt. Eine Streuung nach Anlageregionen und -arten wird in der Regel berücksichtigt, um die Anlagerisiken zu minimieren. Ein Portfolio, das sich ausschließlich aus einer Vermögensklasse zusammensetzt (z.B. Aktien), ist naturgemäß risikoempfindlicher als ein Portfolio mit einer noch breiteren Vermögensstreuung (neben Aktien, Immobilien, Rentenpapiere, Gold).Ein Gesamtportfolio zeichnet sich jedoch dadurch aus, dass die Anlagemischung aus Kapitalmarktpapieren und Immobilien besteht. Man spricht von einem „multi asset portfolio". Die Einbeziehung der Immobilien setzt voraus, dass das Transparenzgefüge auf dem Immobilienmarkt ein nachvollziehbares Portfoliomanagement ermöglicht.
Siehe auch: Performance

PoS

Abkürzung für: Point of Sale

Post-Sale-Selling

Siehe: After-Sales-Service

PR

Abkürzung für: Public Relations/Öffentlichkeitsarbeit

PrAngV

Abkürzung für: Preisangabenverordnung
Siehe auch: Preisangabenverordnung (PangV)

Preisangabenverordnung (PangV)

Die Preisangabenverordnung (PangV) bestimmt, dass beim Anbieten von Waren oder Leistungen gegenüber Letztverbrauchern stets auch Endpreise anzugeben sind.

Der Begriff des Anbietens ist nicht zivilrechtlich zu verstehen. Es handelt sich lediglich um eine „Einladung" an die Adressaten des Angebots, ihrerseits hierzu ein Kaufangebot zu unterbreiten. Typisch ist dies bei Angeboten in Schaufenstern. Von Angeboten im Sinne der PangV kann allerdings nur gesprochen werden, wenn es inhaltlich so präzisiert wird, dass ein Kaufentschluss möglich ist.

„Immobilienangebote" im Anzeigenteil der Zeitung genügen diesen Anforderungen ebenso wenig wie Objektbeschreibungen in Exposés. Ein Kaufentschluss bei Bestandsimmobilien setzt regelmäßig eine Objektbesichtigung voraus. Objektinserate oder Exposés sind deshalb kein Angebot im Sinne der PangV, sondern lediglich eine „Werbung". Allerdings ist darauf hinzuweisen, dass bei Mietwohnungen in Inseraten wegen einer anderen Vorschrift im Wohnungsvermittlungsgesetz stets die Mieten für jede einzelne Wohnung anzugeben sind.

In Exposés ist die Preisangabe aufgrund der Informationspflicht nach §11 MaBV geboten. Wird ansonsten mit Waren oder Leistungen nur geworben besteht keine Preisangabepflicht. Nur dann, wenn in der Werbung ein Preisbestandteil genannt wird, z.B. Anzahlung, Eigenkapital, monatliche Belastung, m²-Preise o.ä. ist auch der Endpreis in anzugeben und zwar in hervorgehobener Form.

Erlaubt ist es, darauf hinzuweisen, dass über einen angegebenen Preis verhandelt werden kann.

Mit Novellierung der PangV im August 2000 wurde zusätzlich eine Pflicht zur Grundpreisangabe eingeführt, soweit Waren in Fertigpackungen, offenen Packungen oder als Verkaufseinheiten ohne Umhüllung nach Gewicht, Volumen, Länge oder Fläche angeboten werden. Nach Auskunft des Bundeswirtschaftsministeriums fallen jedoch Immobilien nicht unter Waren, die als Verkaufseinheiten nach Fläche angeboten werden. Bei Darlehensangeboten muss der „effektive Jahreszins" angegeben werden. Wenn eine Änderung der Zinskonditionen während der Laufzeit vorbehalten wurde – was bei Immobiliendarlehen üblich ist, muss sich die Berechnung des effektiven Jahreszines auf den Zeitraum beziehen, in dem die Konditionen fest vereinbart sind. Bezeichnung dann: „anfänglicher effektiver Jahreszins". Bei Immobiliendarlehen gehören weder die Maklerprovision noch die Kosten für die Grundschuldbestellung zu den Preisbestandteilen. Verstöße gegen die PangV sind Ordnungswidrigkeiten. Sie sind aber auch wettbewerbsrechtlich relevant und oft Gegenstand von Abmahnungen, auch wenn Abmahnvereine – im Gegensatz zu Mitbewerbern – hier wegen der Vorschrift über nicht abmahnungsfähige Bagatellverstöße nicht durchdringen.

Siehe auch: Exposé, Wohnungsvermittlungsgesetz, Grundpreis, Abmahnung

Preisgestaltung

Zwei Preise sind für die Immobilienbranche von besonderer Bedeutung: die Preise für die jeweilige Dienstleistung und die Preise für das jeweilige Objekt. Bei der Wertermittlung von Immobilien wird der Makler üblicherweise auf seine Erfahrung und seine Datensammlung zurückgreifen. Bei den Preisen für die Verwaltungs- oder Vermittlungsleistung dagegen müssen in erster Linie die beiden folgenden Fragen beantwortet werden: Wie nimmt der Kunde meine Leistung wahr? Falls nötig, müssen mit Hilfe weiterer Marketinginstrumente das Image des Unternehmens oder die Kompetenz der Mitarbeiter besser dargestellt werden. Wie sehen die Preise meiner Konkurrenten aus? Ein Preisbrecher wird Preissenkungen der Mitbewerber hervorrufen, eine Firma mit „Mondpreisen" mangels Aufträgen verkümmern.

Preisklauselverordnung

Die am 1.1.1999 in Kraft getretene Preisklauselverordnung enthält als Ersatz für den außer Kraft gesetzten §3 des Währungsgesetzes Ausnahmeregelungen für Preisklauseln (Wertsicherungsklauseln), die nicht vom allgemeinen Preisklauselverbot erfasst sind. Darunter fallen die schon vorher genehmigungsfreien Klauseln (Leistungsvorbehaltsklauseln, Spannungsklauseln, Kostenelementklauseln und Klauseln in Erbbauverträgen). Dargestellt sind in der Verordnung außerdem die Voraussetzungen für eine Genehmigung, die Genehmigungsfähigkeit bei langfristigen Zahlungen sowie die vertragsspezifischen Klauseln, die als genehmigt gelten. Als Genehmigungsbehörde wird in der Verordnung das Bundesamt für Wirtschaft in Eschborn bestimmt.

Siehe auch: Bundesamt für Wirtschaft

Preislimitierendes Vorkaufsrecht
Siehe: Vorkaufsrecht

Preispolitik

Ein Instrument, das im Rahmen des Marketingmix zur Verfügung steht, um die Marketingziele zu erreichen, ist die Preisgestaltung (Preispolitik). Grundsätzlich kommt den monatlichen Gebühren von Immobilienverwaltern, dem Stundensatz für Mitarbeiter eines FM-Unternehmens, den Immobilienpreisen eine Signalfunktion zu. Ebenso haben Preisänderungen eine Signalfunktion – dies umso mehr, wenn beispielsweise nach einigen Wochen vergeblichen Inserierens der Preis für eine Immobilie nach unten korrigiert werden muss oder wenn ein Gebäudemanagementunternehmen die Gebühren substantiell erhöht.

Angesichts der Bedeutung der Signalfunktion ist es in der Vermarktung wichtig, mit marktgerechten Preisen zu arbeiten. Hierbei ist auch zu bedenken, dass die Preis-Stetigkeit eines der wichtigsten Erkennungsmerkmale von Markenprodukten ist. Hieran sollte man sich bei der Vermarktung von Immobilien bzw. immobilienwirtschaftlichen Dienstleistungen jedweder Art orientieren; insofern verbieten sich auch Versuche, Objekte zunächst einmal mit „Mond-Preisen" anzubieten, um das Marktgeschehen auszutesten und sich dann allmählich an den marktgängigen Preis heranzutasten.

Immobilienunternehmen haben zumindest theoretisch eine wesentlich höhere Flexibilität als Anbieter in anderen Branchen wie etwa in der Automobilindustrie, wo ein einmal geforderter Preis in den entsprechenden Preislisten nur schwer korrigiert werden kann und wo Veränderungen vielfach eine sehr große Signalwirkung zukommt. Letzteres erkennt man auch daran, wir häufig bei anderen Branchen in der Presse über derartige Preisänderungen berichtet wird.

In der Immobilienwirtschaft gibt es bei Bauträgern eine Preisdifferenzierung nach dem Verkaufszeitpunkt, wobei hier etwa ein Frühkauf-Bonus oder aber auch ein Rabatt gegen Ende des Vermarktungsprozesses bei Restantenwohnungen denkbar ist. In einzelnen Baumaßnahmen ist auch eine Preisdifferenzierung nach Abnehmergruppen denkbar. So können mit der Penthouse-Wohnung etwa Kunden des obersten Preissegments angesprochen werden, während vielleicht etwas weniger luxuriös ausgestattete Wohnung in den darunter liegenden Stockwerken sich eher an Personen des mittleren Segments wenden.

Bei der Preispolitik sind die Einflussmöglichkeiten der immobilienwirtschaftlichen Akteure sehr unterschiedlich. Ein Bauträger, Projektentwickler oder Developer ist in seiner Preispolitik zunächst einmal relativ frei. Der Entscheidungsspielraum wird allerdings durch die Grundstücks-, Bau- sowie Finanzierungskosten deutlich eingeschränkt. U.U. machen auch Kapitalgeber hier Vorgaben. Ganz anders ist die Situation bei Maklerunternehmen. Die Flexibilität ist hier bezüglich der Objektverkaufspreise bzw. des Mietzinses primär durch die Bereitschaft des Eigentümers oder – vor allem, wenn es sich um Erbengemeinschaften handelt – der Eigentümer zu Preiszugeständnissen limitiert.
Siehe auch: Marketingmix

Pretest

Test bei dem z.B. durch Imagetrackings bzw. auch durch sonstige Befragungen vor dem Einsatz eines Werbemittels eine umfassende Werbeerfolgskontrolle durchgeführt wird. Z.B. Test von verschiedenen Anzeigenmotiven bei einigen Testlesern, um das optimale Motiv für eine Anzeigenkampagne herauszufinden.

Prinzip der Entscheidungsfreiheit des Auftraggebers (Maklergeschäft)

Das Prinzip der Entscheidungsfreiheit des Auftraggebers besagt, dass der Auftraggeber eines Maklers in seiner Entscheidung darüber, ob er das mit dem Maklervertrag angestrebte Geschäft tatsächlich durchführen will, frei bleibt. Erteilt der Auftraggeber einem Makler den Auftrag zur Vermittlung eines Kaufvertrages über ein Grundstück, kann er seine Verkaufsabsicht jederzeit aufgeben, die Angebotskonditionen jederzeit ändern, sich weigern mit herbeigeführten Vertragspartnern zu verhandeln usw. Weil er keine Abschlussverpflichtung hat, kann der Auftraggeber auch mehrere Makler gleichzeitig beschäftigen.

Die Auswirkungen dieses Prinzips führen dazu, dass der Makler ein sehr hohes Kosteneinsatzrisiko eingeht, das ihm verwehrt, einen Auftrag kosten- und zeitintensiv zu bearbeiten. Wenn die Wirksamkeit des Prinzips der Entscheidungsfreiheit auch nicht vertraglich außer Kraft gesetzt werden kann, so können – auch im Interesse des Auftraggebers – die Auswirkungen durch maklervertragliche Gestaltungen verringert werden.

Siehe auch: Alleinauftrag

Private Vermögensverwaltung

Wer sein Privatvermögen verwaltet, unterhält keinen Gewerbebetrieb. Er unterliegt weder der Gewerbesteuer, noch erzielt er Betriebseinnahmen. Dies gilt auch für die Verwaltung des eigenen Immobilieneigentums, selbst wenn es noch so umfangreich ist. Allerdings kann die private Vermögensverwaltung in einen „Gewerbebetrieb" umschlagen, wenn mit den Immobilien gehandelt wird und die Charakteristika eines Gewerbebetriebes erfüllt sind.

Zu beachten ist, dass ein Umschlag von der privaten Vermögensverwaltung in einen Gewerbebetrieb erfolgen kann, wenn im Zusammenhang mit Immobilienverkäufen die 3-Objektegrenze innerhalb eines 5-Jahreszeitraumes nicht beachtet wird. Bei dieser Grenze sind nur solche Objekte schädlich, die innerhalb dieses Zeitraumes erworben, gebaut oder modernisiert wurden.

Private Vermögensvorsorge

Zum Ausgleich für das auf Dauer relative Sinken der Renten aus der Sozialversicherungskasse wird durch das Altersvermögensgesetz die Möglichkeit geboten, eine kapitalgestützte private Altersvorsorge zunächst auf freiwilliger Basis aufzubauen. Der Aufbau dieser privaten Zusatzrente wird vom Staat gefördert.

Der Arbeitnehmer kann danach in vier Schritten, von 2002 an bis zur Endausbaustufe im Jahr 2008, ein Altersvermögen durch entsprechende Einzahlungen aufbauen. Die Zahlungen erreichen im Jahre 2008 4% des Bruttogehalts des Arbeitnehmers bzw. höchsten der jeweiligen Beitragsbemessungsgrenze.

In diesen 4% sind staatliche Zuschüsse enthalten. Sie verdoppeln sich bei Verheirateten von 154 bzw. 308 Euro im Jahr und steigen pro Kind um jeweils weitere. 185 Euro an. Wer dennoch nicht soviel sparen will oder kann, hat die Möglichkeit, auch unterhalb der 4% anzusparen. Er bekommt dann entsprechend weniger vom Staat.

Alternativ besteht die Möglichkeit, die Zahlungen als Sonderausgaben bei der Einkommensteuer geltend zu machen. Dabei soll das Finanzamt verpflichtet werden, automatisch die für den Steuerzahler günstigere Version zu berücksichtigen.

Die Beträge sind in der Ansparphase nicht zu versteuern. Im Gegenzug soll aber die spätere Zusatzrente in die Einkommensteuer einbezogen werden. Man spricht von einer nachgelagerten Versteuerung.

Die Anlageform für die geförderte private Vermögensvorsorge muss bestimmte Kriterien erfüllen, damit sie vom Bundesaufsichtsamt für das Versicherungswesen (neu: Bundesanstalt für Finanzdienstleistungsaufsicht - Bafin) ein Zertifikat erhält, das sie förderungsfähig macht. In Frage kommen vor allem Rentenversicherungsverträge mit Lebensversicherungsgesellschaften, Einzahlungen in Fonds, die bestimmte Garantien übernehmen, Pensionskassen, Einrichtungen der betrieblichen Altersvorsorge. Derzeit sind etwa 3.600 Finanzprodukte zertifiziert. Die Liste kann unter http://www.bafin.de/frame abgerufen werden. Der erwartete Erfolg dieses neuen Altersvorsorgekonzeptes („Riesterrente") ist bisher nicht eingetreten.

Obwohl auch die Immobilie ein hervorragendes Instrument für die Altersicherung ist, wurde sie nur höchst unvollkommen berücksichtigt und ist zum gegenwärtigen Zeitpunkt kein Thema.

Privates Veräußerungsgeschäft

Seit Inkrafttreten des Steuerentlastungsgesetzes am 1. 1. 1999 werden Spekulationsgeschäfte als „Private Veräußerungsgeschäfte" bezeichnet. Die Änderung in der Terminologie trägt der Tatsache Rechnung, dass durch die Ausweitung der sog. Spekulationsfrist von zwei auf zehn

Jahre bei Grundstücken von einer „Spekulation" nicht mehr gesprochen werden kann. Ein etwaiger Verlust kann nur bis zur Höhe eines Gewinns aus Veräußerungsgeschäften im gleichen Jahr verrechnet werden. Es ist jedoch ein (beschränkter) Verlustrücktrag (mit Verrechnung von Gewinnen aus Veräußerungsgeschäften des Vorjahres) und ein Verlustvortrag (Verrechnung von Gewinnen aus Veräußerungsgeschäften der folgenden Jahre) möglich. In der Praxis dürften diese Verrechnungsregelungen keine Bedeutung haben, da dies mehrere Veräußerungsgeschäfte voraussetzen und damit zu einem Gewerbebetrieb mit allen Konsequenzen führen würde.

Wird auf einem Grundstück innerhalb der 10 Jahresfrist ein Gebäude errichtet, ausgebaut oder erweitert, ist dies bei Berechnung des Spekulationsgewinns zu berücksichtigen.

Problematisch erscheint die Tatsache, dass die Zehnjahresfrist rückwirkend zu laufen beginnt. Der Bundesfinanzhof hatte in diesem Zusammenhang einen Unterschied zwischen einer echten Rückwirkung (verfassungsrechtlich bedenklich) und einer unechten Rückwirkung (auch im Lichte der Verfassung hinzunehmen) unterschieden. (Beschluss vom 5. März 2001 - IX B 90/00).

Der Fall führte zur Aussetzung der Vollziehung des Verwaltungsaktes (Festsetzung von Einkommensteuer und Solidaritätszuschlag) wegen schwerwiegender Zweifel an der Verfassungsmäßigkeit. Wenn in diesem Streitfall im Hauptsacheverfahren die Bedenken aufrechterhalten bleiben, wird sich das Bundesverfassungsgericht damit beschäftigen müssen.

Zur Schonung des eigengenutzten Wohnraums gilt allerdings, dass die zwischen Anschaffung und Veräußerung ausschließlich zu eigenen Wohnzwecken genutzten Gebäude bzw. Gebäudeteile nicht von der Steuer erfasst werden. Dabei reicht es aus, dass das Gebäude im Jahr der Veräußerung und in den zwei vorhergegangenen Jahren zu eigenen Wohnzwecken genutzt wird.

Hier kann es Abgrenzungsprobleme geben. Ein häusliches Arbeitszimmer dient z.B. nicht Wohnzwecken. Zu Wohnzwecken dient allerdings auch der hierfür erforderliche Anteil am Grundstück, nicht aber ein Garten oder weitere Grundstücksparzellen, die nicht unmittelbar der Wohnung zugerechnet werden können.

Geht ein Grundstück innerhalb der 10-Jahresfrist im Wege der Erbfolge auf den Erben über, ist für die Berechnung der 10-Jahresfrist der Erwerbszeitpunkt des Erblassers maßgeblich.

Anschaffungs- und Veräußerungszeitpunkte sind die Tage des Abschlusses der notariellen Kaufverträge und nicht – wie sonst im Steuerrecht definiert – die Tage der Besitzübergänge. Hängt die Wirksamkeit des Vertrages von einer Genehmigung ab, ist der Tag der Genehmigung maßgeblich.

Siehe auch: Private Vermögensverwaltung

Privatvermögen (Steuerrecht)

Persönliches Vermögen eines Steuerzahlers, das nicht betrieblichen Belangen dient und deshalb dem Betriebsvermögen auch nicht zugerechnet wird. Unter steuerlichen Gesichtspunkten hat Privatvermögen vor allem für Kapital- und Immobilienanleger Vorteile. Denn realisierte Wert- bzw. Kursgewinne bei Aktien und festverzinslichen Wertpapieren im Privatvermögen sind außerhalb der Spekulationsfrist (bei Aktien und Rentenwerten 12 Monate, bei Immobilien 10 Jahre) steuerfrei.

Nach dem Steuerreformgesetz vom 14.07.2000 können private Anteilseigner an Kapitalgesellschaften ihre Beteiligungen nach Ablauf der Spekulationsfrist steuerfrei verkaufen, wenn sie nicht „wesentlich" beteiligt sind. Eine wesentliche Beteiligung wird ab dem Veranlagungszeitraum 2002 allerdings schon ab 1% (vorher 10%) angenommen. Bei steuerpflichtigen Veräußerungen gilt das Halbeinkünfteverfahren, d.h. Veräußerungsgewinne sind nur zur Hälfte zu versteuern.

Siehe auch: Halbeinkünfteverfahren

Problem-Frequenz-Relevanz-Analyse

Sind auf die eine oder andere Weise Probleme oder Fehler festgestellt worden, so kann mit dieser Methode analysiert werden, wie häufig ein Problem auftritt und wie hoch dessen Relevanz in den Augen des Kunden ist. Fehler, die auftreten, werden in einer aus diesen beiden Achsen gebildeten Matrix positioniert.

Auf diese Art und Weise kann sich das Immobilienunternehmen bewusst machen, welche Fehler überhaupt und wie oft auftreten und wie relevant diese für den Kunden sind.

ProdHaftG

Abkürzung für: Produkthaftungsgesetz

Produktlebenszyklen

Produktlebenszyklen spiegeln die Zeit wieder, in der eine Immobilie in einer bestimmten Nutzungsform wirtschaftlich betrieben werden kann. Es ist wichtig immer im Auge zu haben, in welchem Lebenszyklus-Abschnitt sich die einzelnen Immobilien-Objekttypen befinden. Bei der Betrachtung von Produktlebenszyklen lässt sich zwischen Einführungs-, Wachstums-, Reife-, Sättigungs- und schließlich Degenerationsphase, in der die wirtschaftliche Nutzung zu Ende geht, unterscheiden.

Produktpolitik

Die Produktpolitik (andere branchenspezifische Bezeichnungen: Sortimentspolitik, Leistungspolitik und beim Makler Objekt- bzw. Angebotspolitik) bildet die Basis für alle anderen Entscheidungen im Marketing-Mix.

Grundsätzlich umfasst die Produktpolitik „die Gesamtheit aller Entscheidungen, die das Marktleistungsangebot eines Unternehmens betreffen. Versteht man das Produkt als ein Bündel Nutzen stiftender Eigenschaften, so beinhaltet die Produktpolitik sowohl die Gestaltung von Sach- als auch von Dienstleistungen."
(Diez, W. 2000, Automobilmarketing)

Prognoserechnung

Initiatoren geschlossener Fonds erstellen für ihre Emissionsprospekte Prognoserechnungen, die die erwartete künftige Ergebnisentwicklung der Fondsgesellschaft und die sich daraus ergebende Rendite für die Anleger darstellen.
Prognostiziert werden z. B. Ausschüttungen, Liquiditätsentwicklung und steuerliches Ergebnis.
Siehe auch: Fondsinitiator, Leistungsbilanz, Immobilienfonds - Geschlossener Immobilienfonds

Projekt

Nach DIN 69901 kennzeichnet ein Projekt ein definiertes Projektziel, die Einmaligkeit (Erstmaligkeit) des Projektes, das besondere Risiko wegen fehlender Erfahrungsgrundlagen, eine projektspezifische Organisation und die zeitliche und sachliche Begrenzung. Im Bereich der Immobilienwirtschaft, in der Bauprojekte verwirklicht werden, hat die Projektentwicklung wegen der Individualität vieler Baumaßnahmen (z.B. Entwicklung von Spezialimmobilien in einem einmaligen Umfeld) eine besondere Bedeutung. Bauträger sind insoweit Projektentwickler, als sie innovative Produkte am Markt platzieren. Soweit Projekte zum Standard und damit wiederholt verwirklicht werden, verlieren sie ihren Projektcharakter.

Projektentwickler

Betreuer oder Unternehmer, der allein oder gemeinsam mit anderen für Untersuchungen, unternehmerischen Entscheidungen, Planungen und bauvorbereitende Maßnahmen zuständig ist, die erforderlich und zweckmäßig sind, um eines oder mehrere Grundstücke dem Projektziel entsprechend zu bebauen oder eine sonstige Nutzung vorzubereiten.

Der Projektentwickler hat sein Aufgabenfeld vornehmlich auf dem Gewerbeimmobilienmarkt. Die an ihn gestellten Anforderungen sind entsprechend seiner Aufgaben vielfältig. Er muss den Immobilienmarkt kennen, um Angebot und Nachfrage richtig einschätzen zu können. Er vereinigt Kapital, Arbeit und Know-how und muss die gesetzlichen Auflagen für das Bauvorhaben berücksichtigen. Kenntnisse des Bau- und Planungsrechts sind folglich notwendig. Von Vorteil sind weiterhin spezifische Kenntnisse im Immobilienrecht sowie über die steuerlichen Auswirkungen der geplanten Immobiliennutzung und unterschiedlicher Vertragsgestaltung.

Projektmanagement (immobilienwirtschaftlich)

Das Projektmanagement umfasst die Wahrnehmung aller Führungsaufgaben im Rahmen der Projektrealisierung, insbesondere die verantwortliche Projektleitung (nicht delegierbare Entscheidungsbefugnisse) und die Projektsteuerung. (Wahrnehmung delegierbarer Bauherrenfunktionen bei komplexen Baumaßnahmen). Nach anderer Auffassung versteht man unter Projektmanagement schlicht Projektentwicklung und Projektsteuerung.
Siehe auch: Projektsteuerung

Projektsteuerung

Die Projektsteuerung beschreibt einen besonderen Leistungsbereich im Zusammenhang mit der Entwicklung und Durchführung eines Bauprojektes. Es ist davon auszugehen, dass die Notwendigkeit des Einsatzes von Projektsteuerern mit zunehmender Komplexität wächst.
Dabei geht es vor allem darum, durch Informations- Beratungs- Koordinations- und Kontrollleistungen eine termingerechte und kostensparende Abwicklung der Baumaßnahme sicher zu stellen. Projektsteuerungsaufgaben sind zwar originäre Aufgaben des Bauherrn. Sie können auf der Grundlage eines Projektsteuerungsvertrages einem Architekten oder einem Projektsteuerer übertragen werden. Der Projektsteuerer übernimmt dann für den Bauherrn Controllingfunktionen.
Der Projektsteuerer begleitet das Bauvorhaben beginnend mit der Projektvorbereitung über die Planung, die Ausführungsvorbereitung, die Ausführung bis hin zum Projektabschluss.

Wichtig dabei ist, dass die Leistungen des Projektsteuerers hinreichend definiert und in Bezug auf das besondere Bauvorhaben konkretisiert sind.
Der Bauherr sollte hier durchaus die Notwendigkeit einzelner Leistungen kritisch hinterfragen. Honorare können nach der HOAI frei vereinbart werden. Wird kein Honorar vereinbart, gelten die Leistungen, die der Projektsteuerung zuzuordnen sind, mit dem Architektenhonorar als abgegolten. Überwiegend wird der Projektsteuerungsvertrag als Werkvertrag interpretiert. Projektsteuerer sind im Deutschen Verband der Projektsteuerer (DVP) organisiert. Der Verband zählt derzeit etwa 150 Mitglieder und repräsentiert etwa 2.500 Fach- und Führungskräfte, die im Bereich des Objektmanagements im Bauwesen tätig sind.
Siehe auch: HOAI

Prokurist

Grundsätzlich bezieht sich die Vertretungsvollmacht eines Prokuristen auf alle Rechtsgeschäfte, die der Betrieb eines Gewerbes mit sich bringt. Er kann sogar die Branche des Gewerbebetriebes ändern. Grundstücke veräussern oder belasten darf der Prokurist für den Gewerbebetrieb jedoch ohne zusätzliche Vollmacht ausdrücklich nicht. Dabei bezieht sich diese Immobiliarklausel nur auf Geschäfte, deren unmittelbarer Gegenstand das Grundstück ist. Keiner besonderen Ermächtigung bedarf der Prokurist, wenn die Geschäfte, die er durchführen soll, nur mittelbar ein Grundstück betreffen, wie z.B. eine Verfügung über ein schon bestehendes Pfandrecht. Die Immobiliarklausel betrifft auch nicht den Erwerb von Grundstücken.

Prospekthaftung

Die Prospekthaftung bezieht sich auf Prospektangaben bei bestimmten Kapitalanlagen und bei Baumodellen. Haftbar gemacht werden können Initiatoren, Gründer und Gestalter einer Kapitalanlagegesellschaft. Diese müssen den Interessenten in den Verkaufsunterlagen über alle wichtigen Daten der Anlage informieren und ihn so in die Lage versetzen, das Risiko einer Investition richtig einschätzen zu können. Dazu zählt, dass alle wirtschaftlichen und insbesondere rechtlichen Verhältnisse des Investments offengelegt werden. Darüber hinaus dürfen auch die aktuelle Steuergesetzgebung sowie die Verwaltungspraxis nicht außer Acht gelassen werden. Für die Information gelten die Grundsätze der Prospektwahrheit und der Prospektklarheit. Das heißt: Die gemachten Angaben müssen vollständig und richtig sein. Wer einen finanziellen Schaden durch falsche oder fehlende Angaben des Prospekt-herausgebers erleidet, wird so gestellt, als hätte er überhaupt keinen Vertrag mit ihm abge-schlossen; vorausgesetzt, die Schadenersatzansprüche sind noch nicht verjährt. Die Verjährungsfrist für Börsenprospekte beträgt nach dem 4. Kapitalmarktförderungsgesetz regelmäßig ein Jahr ab Kenntnis und wird auf 3 Jahre ab Veröffentlichung des Prospektes begrenzt.

Provisionsanspruch
Siehe: Maklerprovision

Prüffähige Honorarschlussrechnung
Die Vergütung des Architekten wird fällig, wenn er seine Leistungen vollständig erbracht hat und dem Bauherrn eine prüffähige Honorarschlussrechnung zur Verfügung stellt. Diese liegt vor, wenn die Rechnung aufgeschlüsselt und gegliedert ist. Der Bauherr muss ohne Schwierigkeiten erkennen können, ob die Rechnung sachlich und rechnerisch richtig ist.

PRV
Abkürzung für: Prüfungsrichtlinienverordnung

Pseudobeschluss
Siehe: Zitterbeschluss (Wohnungseigentümerversammlung)

PublG
Abkürzung für: Publikationsgesetz

Public Private Partnership (PPP)
Zu den Instrumenten der kommunalen Wirtschaftsförderung insbesondere auch im Bereich der Immobilienentwicklung zählt neben dem städtebaulichen Vertrag auch die Gründung von privat-öffentlichen Gesellschaften, bei denen sich die Gemeinde quasi in ein Boot mit einem Unternehmen setzt. Diese Form der Zusammenarbeit wird als „Public Private Partnership" bezeichnet. Die Durchführung der Maßnahme wird gemeinsam betrieben, wobei vor allem Synergieeffekte ausgeschöpft werden. Der private Partner bringt Erfahrung, Personal und Kapital ein. Die Gemeinde kann ihren gestaltenden Einfluss als Gesellschafter geltend machen und ist nicht – wie beim städtebaulichen Vertrag – auf engmaschige vertragliche Regelungen angewiesen. Andererseits nimmt die Kommune als Gesellschafter Anteil am Schicksal der Gesellschaft. Sie gerät dadurch in eine Position, die sie verstärkt in die Pflicht nimmt, wenn es darum geht, etwaige Konfliktpotenziale zwischen dem von der Kommune zu vertretenden Gemeinwohl und den Interessen der Gesellschaft zu entschärfen.In den Vereinigten Staaten, Frankreich, den Niederlanden und in Großbritannien wird das Instrumentarium der PPP vor allem im Bereich der gewerblichen Immobilienentwicklung stärker genutzt als in Deutschland.

Public Real Estate Management
Ähnlich wie bei den privaten Gesellschaften, die über umfangreichen Grundbesitz verfügen, ist auch in der Liegenschaftsverwaltung der Gebietskörperschaften zunehmend ein „Immobilienbewusstsein" eingekehrt, das sporadisch bereits zu einem Public Real Estate Management (PREM) geführt hat. In Zeiten knapper Haushalte entsteht ein zunehmender Zwang zur Nutzung oder Verwertung von bisher ungenutzten öffentlichen Liegenschaften, zur Kostensenkung, sinnvollen Bewirtschaftung und auch zur Optimierung der Ertragspotentiale. Die Problemfelder mit denen es PREM zu tun bekommt, liegen im Bereich der fehlenden Orga-

nisation zur Erfassung von Bewirtschaftungskosten, einer dezentralen Verwaltungsstruktur
mit fehlender Datengrundlage und der Schwierigkeit, langfristig (über die kommenden Haus-
haltjahre hinaus) zu planen.

Ähnlich wie beim Corporate Real Estate Management setzt PREM an bei einer Bestandsaufnahme der vorhandenen Liegenschaften, wobei
eine Analyse der Arbeitsplatzstruktur und der
Arbeitsabläufe in diesen Gebäuden mit einbezogen wird. Daraus wird ein Optimierungskon-
zept entwickelt, wobei zwischen notwendigen
und nicht notwendigen Liegenschaften unterschieden wird. Im Gefolge der Umsetzung des
Konzepts kommt es zu einer Flächenoptimie-
rung unter Berücksichtigung der Betriebsabläu-
fe und der Verwertung nicht notwendiger Liegenschaften.

Siehe auch: Corporate Real Estate Management (CREM)

Public Relations

Public Relations stammt aus dem Amerikanischen und entspricht dem deutschen Begriff
„Öffentlichkeitsarbeit".

Von der traditionellen Werbung unterscheidet
sich PR (Public Relations) dadurch, dass gegenüber der breiten Öffentlichkeit Fachkompe-
tenz durch Nutzung von Medien vermittelt
wird, ohne aufdringlich zu wirken.

PR-Maßnahmen eignen sich für die Immobilienbranche besonders gut, weil in der Bevölkerung ein breites Informationsbedürfnis im Immobilienbereich besteht. Möglichkeiten zur PR
sind Beiträge für Fachzeitschriften oder die
Wirtschafts- bzw. Immobilienseiten der Tageszeitungen, Pressemitteilungen an Wirtschafts-
presse, Tageszeitungen, Fachzeitschriften und
Verbandsorgane, sowie eigene Veröffentlichungen wie Kundenzeitschriften, Prospekte, Bro-
schüren, Fachbücher.

Zu den wichtigsten PR-Maßnahmen auf dem
Immobiliensektor gehört auch die Veröffentlichung von Marktberichten. Kerngebot der Public Relations ist es, nur solche Informationen zu
geben, die „öffentlichen Glaubens" würdig sind.

Wenn ein junger Mann ein Mädchen kennen-
lerntund ihr sagt, was für ein großartiger Kerl er
ist, dann ist das Reklame. Wenn er ihr stattdessen sagt,wie reizend sie aussieht, dann ist das
Werbung. Aber wenn sich das Mädchen für ihn
entscheidet, weil sie von anderen gehört hat,was
für ein feiner Kerl er ist, dann ist das PR.

Push- und Pull-Strategien

Beim Marketing kann man grundsätzlich zwischen Push- und Pull-Strategien unterscheiden.
Bei Push-Strategien wird ein Produkt, etwa eine Eigentumswohnungsanlage, errichtet bzw.
eine bestimmte Facility Dienstleistung kreiert
und anschließend wird mit mehr oder weniger
intensiven Marketing-Bemühungen versucht,
die einzelnen Wohneinheiten abzusetzen, also
in den Markt zu „pushen".

Bei Pull-Strategien wird genau der umgekehrte
Ansatz gewählt; es findet eine umfassende
Analyse der Kundenbedürfnisse statt. Hierauf
aufbauend werden entsprechende Produkte und
Dienstleistungen entwickelt.

Dies ist etwa bei Bauträgern denkbar, die
Grundstücke erwerben und diese dann entsprechend den Wünschen ihrer Kunden maßge-
schneidert bebauen.

PVG

Abkürzung für: Personalvertretungsgesetz

pVV

Abkürzung für: positive Vertragsverletzung /
Schadenersatzanspruch
Abkürzung für: positive Vertragsverletzung

PWC

Abkürzung für: Podesttoilette

QDF
Abkürzung für: Qualitätsgemeinschaft Deutscher Fertigbau

qkm / km^2
Abkürzung für: Quadratkilometer

qm / m^2
Abkürzung für: Quadratmeter

Qualifizierter Bebauungsplan
Siehe: Bebauungsplan

Qualitätsmanagement
Qualitätsmanagement bezeichnet die Gesamtheit von Merkmalen bezüglich ihrer Eignung, um festgelegte und vorausgesetzte Erfordernisse eines Unternehmens zu erfüllen: die Forderung des Kunden (Kundenzufriedenheit) und interne Anforderungen. Dies kann nur erfolgen, wenn den Mitarbeitern bewusst ist, dass sämtliche Bemühungen darauf ausgerichtet werden müssen, eine Übereinstimmung mit den Kundenerwartungen und des Produktes zu erzielen, damit Produkte entstehen können, welche die Käufer / Kunden zufrieden stellen.

r

Abkürzung für: Rendite

RA

Abkürzung für: Rechtsanwalt

Räumung (Mietwohnung)

Verlassen einer Mietwohnung meist auf Aufforderung des Vermieters nach Ende des Mietverhältnisses. Leistet der Mieter dieser Aufforderung nicht Folge, kann der Vermieter den Gerichtsweg einschlagen und eine Räumungsklage einreichen.

Verurteilt das Gericht den Mieter zur Räumung, bleibt ihm eine angemessene Räumungsfrist (höchstens 1 Jahr). Durch ein Räumungsurteil wandelt sich das Mietverhältnis in ein Nutzungsverhältnis um. für:
Siehe auch: Nutzungsverhältnis

RAN

Abkürzung für: Richtlinien für die Anlagen der Nebenbetriebe an den Bundesautobahnen

Rangänderung (der im Grundbuch eingetragenen Rechte)

Die Rangänderung bewirkt den Tausch eines nachrangig mit einem vorrangig eingetragenen Recht. Voraussetzung hierfür ist die formelle Bewilligung des Zurücktretenden, die Zustimmung des Eigentümers und ein entsprechender Antrag.

Rangstelle/Rangverhältnis (Grundbuch)

Das Rangverhältnis mehrerer Belastungen in der gleichen Abteilung des Grundbuchs bestimmt sich nach der zeitlichen Reihenfolge der Eintragungen, bei Eintragungen in verschiedenen Abteilungen nach dem jeweiligen Eintragsdatum. Sind Eintragungsanträge gleichzeitig eingegangen, erhalten die Eintragungen Ranggleichheit.

Nur vorgemerkte und eingetragene selbstständige Rechte stehen in einem Rangverhältnis zueinander. Dazu gehören auch Vorkaufsrechte.

Der Rang der Rechte zueinander ist ein Rechtsverhältnis und kein Recht – damit also unpfändbar. Öffentliche Lasten werden nicht im Grundbuch eingetragen, aber dennoch wie vorrangige Rechte behandelt.
Siehe auch: Öffentliche Lasten

Rangvorbehalt

Der Rangvorbehalt im Grundbuch ermöglicht dem Eigentümer eines Grundstücks, bei Begründung eines Rechtes an seinem Grundstück durch einen Dritten, eine vorausgehende Rangstelle für sich offen zu halten. Er kann dies dazu nutzen, später vorrangige dinglich absicherbare Rechte an rangbesserer oder ranggleicher Stelle eintragen zu lassen. Durch den Rangvorbehalt wird das Prinzip, wonach sich die Rangstelle nach der zeitlichen Reihenfolge der Eintragungen bestimmt, außer Kraft gesetzt. Das bedeutet für den Eigentümer ein Stück Eigentumsvorbehalt. Der Rangvorbehalt ist weder abtretbar noch pfändbar. Für den Inhaber des nachrangigen Rechtes bedeutet der Rangvorbehalt eine inhaltliche Beschränkung.

Ratcheteffekt

Der Ratchet- oder Einklinkeffekt beschreibt ein Phänomen, das sich aus der Veränderung der Konsumstruktur der Haushalte bei steigendem Einkommen ergibt. Unter dem Einfluss des Sozialprestiges leisten sich Haushalte mit steigendem Einkommen einen zunehmend höherwertigen Wohnkonsum und legen sich damit auf ein hohes Wohnkonsumniveau langfristig fest. Sie „klinken" die Entwicklung ihres Konsumniveaus an ihre positive Einkommensentwicklung an.

Nach James S. Duesenberry, der dieses Verhalten analysiert hat, wird das hohe Konsumniveau aber bei sinkendem Einkommen beibehalten. Die Entscheidung zum hohen Wohnkonsum ist in vielen Fällen sogar irreversibel. Dies führt zunächst dazu, dass sich die Sparquote der betroffenen Haushalte vermindert. Bei weiterem Sinken des Einkommens können die aufgenommenen Kredite nicht mehr bedient werden.

Ein rechtzeitiges Ausklinken, das wiederum mit Kosten verbunden ist, unterbleibt, so dass am Ende die Zwangsversteigerung steht. Um diesem Effekt entgegenzuwirken, sollte im Zusammenhang mit der Finanzierungsberatung von Immobilieninteressenten dessen individuelle Einkommensentwicklung genau analysiert werden. Die daraus entstehenden Risiken sollten zusätzlich abgesichert werden. Ziel sollte es stets sein, dass zum voraussichtlichen Zeitpunkt einer Einkommensschrumpfung (beispielsweise beim Übergang ins Rentnerdasein) die Schulden getilgt sind.

Raumindex

Im Gegensatz zum Zeitreihenindex ist der Raumindex eine Vergleichsbasis für Preisniveaus von Immobilien für unterschiedliche Teilräume. Der übergeordnete Raum (z.B. ein Bundesland) erhält als Basisraum die Indexzahl 100. Das Preisniveau untergeordneter Räume (z.B. Regierungsbezirke, Land- und Stadtkreise) kann an dieser Raumbasis gemessen werden. Dabei haben die Teilräume mit einer Indexzahl von >100 ein höheres und die Teilräume mit einer Indexzahl von
Siehe auch: RDM-Preisspiegel

Raumordnung

Die Aufgaben, Leitvorstellungen und Grundsätze der deutschen Raumordnung sind im Raumordnungsgesetz (ROG) wiedergegeben. Zu den Aufgaben der Raumordnung zählt die Entwicklung, Ordnung und Sicherung des Gesamtraumes der Bundesrepublik Deutschland durch zusammenfassende überregionale Raumordnungspläne und durch Abstimmung raumbedeutsamer Planungen und Maßnahmen.
Die dabei zu beachtenden Grundsätze sind vielfältig. Sie reichen von der Entwicklung und Erhaltung einer ausgewogenen Siedlungs- und Freiraumstruktur über die Erhaltung der dezentralen Siedlungsstruktur und die Sicherung der Verdichtungsräume als Wohn-, Produktions- und Dienstleistungsschwerpunkte bis hin zum Schutz von natürlichen Lebensgrundlagen und der Pflege von Natur und Landschaft.Eine der Leitvorstellungen besteht darin, dass auf gleichwertige Lebensbedingungen in den Teilräumen hingewirkt werden soll. In die Leitvorstellungen und Grundsätze sollen alle Planungsebenen eingebunden werden – die Landesentwicklungspläne, die Regionalpläne bis hin zu den Flächennutzungsplänen. In den Ländern Berlin, Hamburg und Bremen erfüllen die Flächennutzungspläne die Funktion eines Regionalplanes. Die Verzahnung der Bauleitplanung mit den Zielen der Raumordnung ist im Baugesetzbuch vorgeschrieben.

RBerG

Abkürzung für: Rechtsberatungsgesetz

RdErl.

Abkürzung für: Runderlass

RDM

Abkürzung für: Ring Deutscher Makler
Siehe auch: Maklerverbände

RDM-IMMONET

Siehe: IMMONET - RDM IMMONET

RDM-Preisspiegel

Der jeweils im Sommer eines jeden Jahres veröffentlichte RDM-Preisspiegel enthält Preise für eine Reihe von Miet- und Kaufobjekten in den deutschen Städten, wie sie im Frühjahr für die Objekte bezahlt wurden.
Entstanden ist der RDM Preisspiegel nach Vorarbeiten des RDM-Bayern im Jahre 1969 auf der Grundlage von definierten Normobjekten, die den Gesamtmarkt repräsentieren.Ausgewählte RDM Marktberichterstatter schließen von den tatsächlich am Markt erzielten Preisen ihrer individuellen Bezugsobjekte mit Hilfe von aus der Erfahrung gewonnener Umrechnungsfaktoren auf Preise dieser Normobjekte. Der erste bundesweite Preisspiegel erschien 1971. Bei den ermittelten Preisen des RDM-Preisspiegels handelt es sich um „Schwerpunktpreise" und nicht um Preisspannen. Er gilt

R

heute aufgrund seiner Konstruktion als die einzige Informationsquelle, die es ermöglicht, Konjunkturschwankungen über einen derart langen Zeitraum zu verfolgen. Neben Preisdaten werden auch die den Marktumfang und die Markttendenz kennzeichnende Indikatoren ermittelt.

Grundlage wissenschaftlicher Arbeiten wurde der RDM Preisspiegel u.a. für A.E. Holmans, „House Prices, Land Prices, the Housing Market and Housing Purchase Debt in the UK and other Countries" (Economic Modelling 1994) eine vergleichende Untersuchung der Immobilienpreisentwicklung in USA, Großbritannien, Deutschland, Frankreich, Niederlande, Schweden und Italien, T. Altenseuer „Die Preisentwicklung von Wohnimmobilien. Eine empirische Untersuchung für die Bundesrepublik Deutschland von 1973 bis 1994." (Empirische Wirtschaftsforschung Bd. 26 1995) und Thomas Dopfer „Der westdeutsche Wohnungsmarkt – ein dynamisches Teilmarktmodell" (München 2000). Hinzuweisen ist darauf, dass auch der VDM seit 1986 Preisspiegel herausgibt, der im Gegensatz zum RDM-Preisspiegel Preisspannen angibt.
Siehe auch: Normobjekt

Rdnr. / Rdnrn.
Abkürzung für: Randnummer / Randnummern

Rdz.
Abkürzung für: Randziffer

RE
Abkürzung für: Rechtsentscheid

Reaktionsgruppen / Controlling der Werbeaktivitäten
Als Reaktionsgruppen bezeichnet man die in einem Einteilungsraster erfassten Gruppen von Personen bzw. Institutionen, die auf Werbemaßnahmen reagieren. Beim Controlling der Werbeaktivitäten von Maklern (Objektwerbung in Zeitungsanzeigen oder Internetwerbung) wird zwischen verschiedenen drei Personengruppen unterschieden.

Die erste Reaktionsgruppe stellen die „Direktinteressenten" dar. Sie kommen unmittelbar als Verhandlungs- und Vertragspartner in Frage. Dabei ist zu unterscheiden, ob es sich um Erstkontakte handelt oder um Kontakte von bereits im Maklerunternehmen registrierten Interessenten.

Die zweite Gruppe sind potentielle Interessenten, die zwar nicht für das beworbene Objekt in Frage kommen, aber Interessenten für andere Objekte des vom Makler bearbeiteten Objektsortiments sein können. Auch hier wird unterschieden zwischen Erstkontakten und Wiederholungs-kontakten von bereits registrierten Kunden.

Zur dritten Gruppe zählen die „Nichtinteressenten". Eine Analyse der Reaktionsgruppen lässt Schlüsse auf den Werbeerfolg zu. Beim vorzunehmenden Ranking nimmt die Bewertung der geschilderten Gruppen nach der oben geschilderten Reihenfolge ab: Gruppe IA und IB (Direktinteressenten), Gruppe IIA und IIB (mögliche Interessenten) und Gruppe III (keine Interessenten.). Dominiert unter den Reaktionsgruppen Gruppe IA / IB, kann von einer hohen Wahrscheinlichkeit ausgegangen werden, dass die Werbemaßnahme zum Erfolg führt. Bei der Gruppe IIA / IIB ist ein Erfolgsbeitrag möglich, während die Gruppe III keinem Erfolgsbeitrag liefern kann. Die Struktur der Reaktionsgruppen spiegelt die Werbequalität wieder.

Real Estate Investment Trust (REIT)
Börsennotierte US-Aktiengesellschaft, die zu mindestens 75% ihres Kapitals in Immobilien investiert. Parallel dazu müssen 75% des Bruttogewinnes aus Mieteinnahmen von Immobilien stammen. Diese Form der Immobilienholdings gibt es seit 40 Jahren. Derzeit notieren an den US-Börsen 300 Gesellschaften, die Immobilien im Wert von rund 61 Mrd. $ halten. Weitere Kennzeichen:
• 95% ihrer erwirtschafteten Erträge müssen die REITs an ihre Anteilseigner ausschütten.

- Durchschnittsrendite in den letzten 25 Jahren 12,8%
- Geringe Kursschwankungen (Schwankungsbreite im Vergleich zu Industrieaktien das 0,43-fache)
- Die Zahl der Aktionäre muss mindestens 100 betragen
- Kein Aktionär darf mehr als 49% des Aktienstocks halten
- REITS unterliegen nicht der amerikanischen Körperschaftssteuer

Die REITs-Erträge unterliegen allerdings einer Quellensteuer von 30%, die bei Vorliegen bestimmter Voraussetzungen für deutsche Anleger auf 15% reduziert wird. Allerdings können auch diese mit der zu zahlenden Einkommensteuer verrechnet werden.

Neben der direkten Beteiligung über Aktien gibt es REIT-Fonds. Diese lohnen sich für deutsche Anleger in der Regel nur dann, wenn sie in der Bundesrepublik zum Vertrieb zugelassen sind. Kursgewinne aufgrund des Wechselkursverhältnisses zwischen Dollar und EURO sind steuerfrei.

Siehe auch: Immobilienaktiengesellschaften

Real Estate Norm

Instrumentarium zur Grundstücksflächen- und Gebäudeanalyse, das in einem Handbuch eine eindeutige und unmissverständliche Definition von Kriterien auf einer festgelegten Skala liefert und damit den Vergleich von Grundstücken, Gebäuden und Projekten objektiviert. Herausgeber des Handbuchs ist die Real Estate Norm Netherlands Foundation.

Realkredit

Realkredite sind langfristige Kredite die durch im Grundbuch eingetragene Grundpfandrechte abgesichert sind. Sie werden nach einer Beleihungsprüfung des zu beleihenden Objektes gewährt. Sofern die vom Beleihungswert abhängige Beleihungsgrenze überschritten wird, hängt die Gewährung des Kredits in besonderem Maße von der persönlichen Kreditwürdigkeit des Darlehensnehmers ab. Je nach Art der Gewährung und der Refinanzierung der Realkredite sind besondere Gesetze und Vorschriften zu beachten, die der jeweils besonderen Form des gesicherten Realkredites Rechnung tragen, so z.B. das Gesetz über die Beaufsichtigung der Versicherungsunternehmen und Bausparkassen, die Sparkassenordnung, das Hypothekenbankgesetz und das Kreditwesengesetz.

Ein Darlehensnehmer, der einen Vertrag über einen Realkredit abschließt, hat innerhalb von zwei Wochen ein Widerrufsrecht. Wird der Realkredit von einem Kreditinstitut in Verbindung mit einem Grundstückskaufvertrag gewährt, bezieht sich das Widerrufsrecht auch auf den Grundstückskaufvertrag, wenn das Kreditinstitut zum Kauf geraten hat oder den Eindruck erweckt, dass es den Immobilienkauf unter wirtschaftlichen Gesichtspunkten geprüft hat.

Reallast

Eine Reallast belastet ein Grundstück dergestalt, dass dieses für wiederkehrende Leistungen des Berechtigten dinglich haftet. Mit einer Reallast können sowohl wiederkehrende Geldleistungen (Erbbauzinsen, Kaufpreisrenten, Überbaurenten) als auch Naturalleistungen etwa im Rahmen eines Leibgedings abgesichert werden.

Der durch die Reallast Begünstigte muss nicht eine bestimmte Person sein. Es kann sich auch um den jeweiligen Eigentümer eines anderen Grundstücks handeln. Der Eigentümer des belasteten Grundstücks haftet für die Erbringung der Leistungen nicht nur dinglich, sondern auch persönlich.

Siehe auch: Wohnungsrecht

Realteilung

Von Realteilung im Grundstücksverkehr wird dann gesprochen, wenn Miteigentumsanteile an einem Grundstück so aufgeteilt werden, dass jeder Miteigentümer des Gesamtgrundstücks Alleineigentümer eines Grundstücksteils wird. Der Vollzug erfolgt durch Vermessung und Zuschreibung der neu entstandenen Grundstücke in die für die neuen Alleineigentümer anzulegenden Grundbücher.

RechKredV

Abkürzung für: Verordnung zur Rechnungslegung der Kreditinstitute

Rechnungslegung

Rechnungslegung bezieht sich auf Berichte aus dem Rechnungswesen und der Geschäftsführung dessen, der fremdes Vermögen verwaltet. Inhalt und Umfang der Rechnungslegung sind im einzelnen nicht vorgeschrieben, doch sind alle Einnahmen/Ausgaben des Abrechnungszeitraums nach Kostenarten gegliedert mit Bankkonten, Geldkonten, Geldanlagen und Rücklagen nachzuweisen. Die Belege sind geordnet vorzulegen. Im immobilienwirtschaftlichen Bereich unterliegen der Miethaus- und Vermögensverwalter, Wohnungseigentumsverwalter und Baubetreuer der Pflicht zur Rechnungslegung.

Rechnungsprüfung

In § 29 (3) WEG wird vorgeschrieben, dass der Wirtschaftsplan, die Abrechnung über den Wirtschaftsplan, Rechnungslegungen und Kostenanschläge vom Verwaltungsbeirat geprüft werden sollen. Diese Aufgabe kann delegiert werden. Der Prüfung unterliegen nur die gemeinschaftlichen Gelder, nicht etwa Buchungsvorgänge aus dem Bereich der Sondereigentumsverwaltung.

Rechtsbehelf

Fachausdruck für die Möglichkeit eines Bürgers, sich gegen amtliche Entscheidungen (z.B. Gebührenbescheid) zu wehren. Als Rechtsbehelfe gelten zum Beispiel: Einspruch, Widerspruch und Klage.

Rechtsentscheid

Der Rechtsentscheid ist ein Instrument der Rechtsprechung, das nur für den Bereich des Wohnungsmietrechts eingeführt wurde.
Will ein Landgericht als Berufungsgericht bei der Entscheidung zu einer Rechtsfrage, die sich aus einem Mietverhältnis über Wohnraum ergibt, von einer Entscheidung des Bundesgerichtshofs oder eines Oberlandesgerichts abweichen, so hat es eine Vorentscheidung des übergeordneten Oberlandesgerichts herbeizuführen, das dann gegebenenfalls den Bundesgerichtshof anrufen muss. Dasselbe gilt, wenn eine Rechtsfrage von grundsätzlicher Bedeutung vorliegt, die durch Rechtsentscheid noch nicht entschieden ist.

Rechtshängigkeit

Von Rechtshängigkeit spricht man, wenn eine Klage nicht nur beim zuständigen Gericht eingegangen, sondern auch der Gegenseite zugestellt worden ist. Die Unterscheidung zwischen Anhängigkeit und Rechtshängigkeit kann aus Kosten-/Fristgründen relevant sein.

Rechtsmangel (Mietverhältnis)

Ein Rechtsmangel liegt vor, wenn durch das Recht eines Dritten dem Mieter der vertragsgemäße Gebrauch der gemieteten Sache ganz – oder zum Teil – entzogen wird.Dies ist z.B. dann der Fall, wenn der Vermieter zur Gebrauchsüberlassung nicht in der Lage ist, wenn ein Vormietberechtigter in den Vertrag eintritt oder wenn der vorherige Mieter zu Recht die Rückgabe der Mietsache verweigert.

Rechtsp.

Abkürzung für: Rechtsprechung

Rechtsschutzversicherung

Versicherungsschutz, mit dem im Falle einer rechtlichen Auseinandersetzung die Streitkosten im Rahmen gehalten werden können. Je nach Risiko, gegen das versichert werden soll, kann zwischen unterschiedlichen Bausteinen gewählt werden. Kosten aus Rechtsstreitigkeiten mit Nachbarn, sowie rechtliche Konflikte aus Miet- und Pachtverhältnissen sind z.B. durch eine Haus- und Grundbesitzerrechtsschutzversicherung gedeckt. Streitigkeiten, die beim Errichten eines Bauwerks entstehen können, sind mit der Bauausschlussklausel jedoch grundsätzlich vom Versicherungsschutz ausgenommen.

Rechtsstreit, bürgerlicher

Wenn der Mieter dem Mieterhöhungsverlangen des Vermieters nicht zustimmt, muss zur Durchsetzung des Mieterhöhungsbegehrens Klage erhoben werden. Bevor die Zwangsversteigerung in ein Grundstück betrieben werden kann, muss meist die Forderung gerichtlich festgestellt werden. Der Rechtsstreit, die bürgerlich rechtliche Streitigkeit oder das streitige Verfahren – die Begriffe können synonym verwendet werden – haben festgelegte Vokabeln und unterliegen speziellen Regeln. Sie sind zu unterscheiden von dem Strafverfahren und dem verwaltungsgerichtlichen Verfahren.

Rederecht

Das Rederecht in der Wohnungseigentümerversammlung ist Bestandteil des Teilnahmerechts. Als wesentliches Teilhaberechts, dessen Ausübung primär jedem Wohnungseigentümer zusteht, ermöglich es ihm die Einflussnahme auf das Meinungsbild in der Eigentümergemeinschaft.

Reetdach

Reetdächer sind besonders in Regionen mit weiten Uferzonen verbreitet. Reet ist als Baustoff seit 4000 Jahren bekannt. Bereits die Ägypter haben Schilf geerntet, um es als Baumaterial zu benutzen. In Europa beginnt der Einsatz von Stroh als Dachdeckung bei den Pfahlbauten am Bodensee. Bei Ausgrabungen wurden gut erhaltene Häuser gefunden, von denen authentische Nachbauten im Pfahlbaumuseum Unteruhldingen präsentiert werden.

Regional sind verschiedene Bauweisen typisch. Da Reet ein elastisches und leicht zu formendes Dachmaterial ist, sind die Möglichkeiten bei der Gestaltung des sogenannten Weichdaches groß. Vom konventionellen, schlichten Dach über ausgestaltete Entwürfe reicht die Palette. Die fließenden Übergänge der Dachbestandteile machen die Reetdächer markant.

Die Firstabdeckung erfolgt regional mit verschiedenen Materialien, z.B. Stroh, Heidekraut oder Gras – in Dänemark sind dafür Grassoden verbreitet, in Schleswig-Holstein wird mit dem „Angeliter Reiter", das sind geviertelte Holzbalken, die Heide von oben gesichert. Auch ausgefallene Ideen können realisiert werden, wenn es das Bauamt genehmigt, z.B. durch die Dachhaut wachsende Bäume oder ein anschließendes Atrium.

Reetdächer sind beliebt wegen ihres außerordentlich hohen Dämmwertes, ihrer Elastizität und Ihrer Festigkeit. Sie wirken klimaausgleichend und sind wegen der Verwendung von nachwachsenden Rohstoffen ökologisch.

Das Ausgangsprodukt Schilf wächst in den feuchten Niederungen nahe an Gewässern im Sommer als etwa 1,80 m hohe Halme mit buschiger Fahne. Der Anbau von Schilf ist auch eine Perspektive für Bauern in Deutschland, die damit gleichzeitig Landschaftsschutz betreiben und vielen Tierarten eine Heimat bieten. Geerntet wird im Winter. Das Reet wird zu Hocken von 60 cm Umfang zusammengestellt und transportfertig gemacht. Nur geringe Mengen des Rohstoffes kommen aus Deutschland, die Masse wird aus Ungarn, Polen, Rumänien und der Türkei importiert.

Ein Reetdach hält je nach Witterung durchschnittlich 40 bis 60 Jahre, aber auch 100 Jahre alte Reetdächer sind keine Seltenheit.
Siehe auch: Dachformen

Regelsparbeitrag (Bausparen)

Der Regelsparbeitrag im Rahmen eines Bausparvertrages richtet sich nach der vereinbarten Bausparsumme sowie nach dem Tarif und ist vom Bausparer in monatlichen, immer gleich hohen Raten zu leisten. Ein Rechtsanspruch auf diese Zahlungen hat die Bausparkasse jedoch nicht. Andererseits können im Interesse einer möglichst raschen Zuteilung des Bausparvertrages zusätzliche Einmalzahlungen geleistet werden.

Regionalfaktoren

Der Regionalfaktor ist eine Kennzahl, die eine Aussage über die wirtschaftliche Entwicklung eines regionalen Raumes im Vergleich zur gesamtwirtschaftlichen Entwicklung zulässt.

Bei einem Regionalfaktor = 1 verläuft die Entwicklung identisch. Liegt der Regionalfaktor über 1, ist dies ein Zeichen dafür, dass das wirtschaftliche Wachstum der Region schneller vor sich geht als das gesamtwirtschaftliche Wachstum. Das bedeutet gleichzeitig, dass wachstumsorientierte Branchen in der Region stärker als im Gesamtdurchschnitt vertreten sind.

Ein Regionalfaktor unter 1 zeigt ein Zurückbleiben des Wirtschaftswachstums der Region hinter dem gesamtwirtschaftlichen Wachstum an. Die Regionalanalyse kann sich auch auf einzelne Branchen (z.B. Baubranche) beschränken.

Für die Immobilienwirtschaft sind solche Regionalfaktoren deshalb von Bedeutung, weil sie eine Prognosegrundlage auch für die voraussichtliche Entwicklung im Immobilienbereich liefern. Verschiedentlich wird in der Literatur darauf hingewiesen, dass die Entwicklung der Bauwirtschaft und die durch sie angestoßene Entwicklung der Immobilienwirtschaft mit einem bestimmten „time-lag", also einer Zeitverzögerung der gesamtwirtschaftlichen Entwicklung folge (so Th. Dopfer „Der westdeutsche Wohnungsmarkt" München 2000). Erste Auslöser für die Entwicklungsreihenfolge sind Änderungen im Realeinkommen bzw. im Bruttoinlandsprodukt. Die regionale Entwicklungsdifferenzierung hat ihre Ursachen in unterschiedlichen wirtschaftsstrukturellen Vorgegebenheiten.

Als Regionalfaktoren werden auch die im Rahmen der NHK 95 zur Verfügung gestellten „Korrekturfaktoren" bezeichnet, die bei der Bewertung von Immobilien im Sachwertverfahren verwendet werden. Sie ermöglichen, die Unterschiede in den Baukosten der verschiedenen Bundesländer auszugleichen, was bei einem bundeseinheitlichen Baupreisindex früher nicht üblich war.

Für die einzelnen Bundesländer werden folgende Korrekturfaktoren genannt:

- Baden-Württemberg: 1,00 - 1,10
- Bayern: 1,05 - 1,10
- Berlin: 1,25 - 1,45
- Brandenburg: 0,95 - 1,10
- Bremen: 0,90 - 1,00
- Hamburg: 1,25 - 1,30
- Hessen: 0,95 - 1,00
- Mecklenburg-Vorpommern: 0,95 - 1,10
- Niedersachsen: 0,75 - 0,90
- Nordrhein-Westfalen: 0,90 - 1,00
- Rheinland-Pfalz: 0,95 - 1,00
- Saarland: 0,85 - 1,00
- Sachsen: 1,00 - 1,10
- Sachsen-Anhalt: 0,90 - 0,95
- Schleswig-Holstein: 0,90 - 0,95
- Thüringen: 1,00 - 1,05

Regionalplan

Der für eine Planungsregion (in der Regel umfasst sie das Gebiet einiger Stadt- und Landkreise) aufgestellte Regionalplan stellt die fachlichen und überfachlichen Ziele für die Entwicklung der Planungsregion dar.

Die überfachlichen Ziele beziehen sich auf die Konkretisierung der Versorgungsaufgaben und der Versorgungsreichweiten der zentralen Orte (Oberzentrum, mögliches Oberzentrum, Mittelzentrum, Unterzentrum) für das Umland wie auch die Entwicklung der Verkehrsachsen.

Die fachlichen Ziele zeigen die gewollten Entwicklungs- Erhaltungs- Sicherungsperspektiven auf, die für die einzelnen Bereiche (Gewerbe, Siedlungswesen, Landwirtschaft, Kultur, Landschaft usw.) angestrebt werden.

Jeder Regionalplan enthält umfangreiches kartographisches Material. Er kann bei den Geschäftsstellen der regionalen Planungsverbände auch erworben werden.

RegVBG
Abkürzung für: Registerverfahrensbeschleunigungsgesetz

REH
Abkürzung für: Reihenendhaus / Reiheneckhaus

Reihen(einfamilien)haus

Reiheneinfamilienhäuser sind in geschlossener Bauweise errichtete Einfamilienhäuser (eine sog. Hausgruppe). Die an beiden Enden der Reihenhauszeile liegenden Häuser werden in der Bewertungsliteratur als Kopfhäuser und in der Praxis als Reiheneckhäuser bezeichnet. Die dazwischen liegenden Häuser sind Reihenmittelhäuser. Eine besondere Form der Reihenhausbebauung stellen die Kettenhäuser dar, bei denen Reihenmittelhäuser durch beidseitig angebaute Garagen in einer Zeile mit anderen Reihenmittelhäusern verbunden sind. Die durchgehende Reihe bezieht sich damit auf die Erdgeschosshöhe.
Reiheneinfamilienhäuser sind wegen des geringen Grundstücksanteils relativ kostengünstig. Die Grundrisse sind weitgehend standardisiert. Es gibt allerdings nur einen geringen Spielraum für Aus- und Umbauten. Reihenhäuser werden von Bauträgern und Wohnungsunternehmen errichtet.
Siehe / Siehe auch: Einfamilienhaus

Reihenmittelhaus
Siehe: Reihen(einfamilien)haus

Reinertrag
Zieht man vom Rohertrag (Nettokaltmiete) die Bewirtschaftungskosten ab, erhält man den Reinertrag. Der Reinertrag ist Ausgangsgröße für verschiedene Arten der Wirtschaft-lichkeitsrechnungen. Der Reinertrag ist auch die Grundlage für die Ermittlung des Ertragswertes. Je nach Anwendungsbereich kann der Reinertrag eine unterschiedliche Größe darstellen.
Siehe auch: Ertragswert, Wirtschaftlichkeitsrechnung

Reines Wohngebiet
Siehe: Wohngebiete (nach BauNVO)

Reisekosten
Als „sonstige Werbungskosten" kann der Vermieter gegenüber dem Finanzamt bestimmte Reisekosten, die in Zusammenhang mit seiner Vermietertätigkeit stehen, steuermindernd geltend machen. Dazu zählen Fahrten, um eine Immobilie die den Vermieter interessiert, vor Ort zu besichtigen, Fahrten zur Baustelle sowie Fahrten zum Mietobjekt, um verschiedene Sachverhalte mit den Mietern zu besprechen. Vermieter, die mit dem eigenen Wagen unterwegs sind, können eine Pauschale von 0,30 Euro je tatsächlich gefahrenem Kilometer geltend machen. Gegebenenfalls lässt sich auch Verpflegungsmehraufwand mit dem Fiskus abrechnen. Bei einer Reisedauer von mindestens 8 Stunden können pauschal 5,10 Euro, bei einer Reisedauer von mind. 14 Stunden 10,20 Euro und bei einer Reisedauer ab 24 Stunden 23,50 Euro pauschal abgerechnet werden. Diese Reisekostenregelungen sind nicht zu verwechseln mit den neuen Regelungen zur Entfernungspauschale für Arbeitnehmer.

REIT
Abkürzung für: Real Estate Investment Trust
Siehe auch: Real Estate Investment Trust (REIT)

Relocation

Relocation bezieht sich auf Umzüge im Rahmen eines dienstlich veranlassten Ortswechsels. Dahinter verbirgt sich ein Dienstleistungsbündel, das die umfassende Betreuung solcher Umzüge, insbesondere von Führungskräften vorsieht. Entstanden ist diese Art der Umzugsdienstleistung in den USA etwa 1960. In Europa gibt es sie seit ca. 1980, in Deutschland seit etwa 1985. Zum Leistungsspektrum gehört u.a. auch die interkulturelle Betreuung (Sprachkurse), praktische Hilfe (Wohnraumbeschaffung, Versorgung mit Gas/Wasser/Strom, Kraftfahrzeug), Behördengänge (Schule, Kindergarten, Ordnungsamt, Ausländerbehörde etc.), Formalitäten (Kündigungen, Abmeldung, Umzugsorganisation), sowie Krisenmanagement. Eine enge Zusammenarbeit mit der Immobilienbranche in den Bereichen Wertermittlung, Immobilienverkauf, Wohnraumbeschaffung, Mietwertermittlung, Suche von Nachmietern wird dabei angestrebt.

Rendite

Der Renditebegriff ist ein betriebswirtschaftlich nicht definierter Begriff. In der Praxis ist Rendite ein Synonym für Gesamtkapitalrentabilität und bezeichnet das prozentuale Verhältnis zwischen dem Jahresreinertrag einer Kapitalanlage und der Investitionssumme, die für die Anlage aufzubringen ist. Wird der Jahresreinertrag des ersten Investitionsjahres der Berechnung zugrunde gelegt, spricht man von Nettoanfangsrendite. Häufig bezieht sich der in der Rendite zum Ausdruck gebrachte Prozentsatz nicht auf das erste Jahr der Investition, sondern auf den (angenommenen) Investitionszeitraum. Er drückt dann einfach das Verhältnis der ausgezahlten zu den eingezahlten Beträgen unter Berücksichtigung aller Kosten und Zahlungstermine aus.
Siehe auch: Jahresreinertrag und Jahresrohertrag

Renovierung

Siehe: Instandhaltung

Rente

Staatliche oder private Versorgungsleistung, die der Rentenbezieher während seines Ruhestands erhält. Bei der gesetzlichen Rentenversicherung gilt im Rahmen des sogenannten Generationenvertrages das sogenannte Umlageverfahren, bei dem die Erwerbstätigen durch ihre Beiträge zur gesetzlichen Rentenversicherung die Versorgungsleistungen der Rentner finanzieren. Die Hauptleistungsbereiche sind die Zahlung von Altersruhegeld, Witwen- und Waisenrenten und in eingeschränktem Umfange auch Erwerbsunfähigkeitsrenten. Zum Kreis der Versicherten gehören die Angestellten (Bundesversicherungsanstalt) und die Arbeiter (Landesversicherungsanstalten).
Private Rentenversicherungen basieren auf der Grundlage des „Kapitaldeckungsverfahrens". Hierbei bemisst sich die Rentenleistung im Alter nach dem zuvor angesparten Vermögen.
Siehe auch: Rentenversicherung, private, Altersvorsorge

Rentenbarwertfaktor

Um den Barwert von künftigen gleichbleibenden Zahlungen zu ermitteln, müssen diese auf den Zeitpunkt abgezinst („diskontiert") werden, zu dem der Barwert festgestellt werden soll. Der Abzinsungsfaktor wird als Rentenbarwertfaktor bezeichnet.

Rentenschuld

Die Rentenschuld ist eine besondere Art der Grundschuld. Bei einer Rentenschuld werden jedoch zu regelmäßig wiederkehrenden Terminen bestimmte Geldsummen aus der Grundschuld gezahlt. Die Eintragung erfolgt in Abt. III des Grundbuches. Als Grundpfandrecht hat sie heute jedoch kaum mehr eine Bedeutung.

Rentenversicherung, private

Die private Rentenversicherung ist eine Alternative oder Ergänzung zu staatlichen Altersrente. Es ist möglich, mit einer Lebensversicherungsgesellschaft einen Vertrag dergestalt abzuschließen, dass aufgrund laufender Beitragszahlung von einem bestimmten Alter ab der Betrag, der sonst als Ablaufleistung ausbezahlt wird, in Form einer monatlichen Rente geleistet wird. Der gleiche Effekt kann aber auch dadurch erreicht werden, dass ein Einmalbetrag in die private Rentenversicherung einbezahlt wird. So kann beispielsweise der Verkaufspreis, den ein Immobilienverkäufer erlöst, für eine solche Rentenversicherung verwendet werden. Er hat dann indirekt – also unter Einschaltung einer Lebensversicherung – sein Objekt „verrentet".

Eine Variante bildet die fondsgebundene Rentenversicherung, bei der der Sparanteil in Investmentfonds einbezahlt wird. Die Rente ist dann – je nach Entwicklung des Fonds und der Laufzeit höher aber auch risikoreicher.

Siehe auch: Ablaufleistung

Reservierungsvereinbarung

Reservierungsvereinbarungen – genauer Aufträge zur Vermittlung einer Reservierung – werden im Zusammenhang mit einem Maklergeschäft dann eingesetzt, wenn ein Immobilieninteressent ein Objekt kaufen will, den Kaufvertrag aber aus irgend einem Grunde erst später abschließen kann.

Der Makler sollte immer auch den Eigentümer mit unterschreiben lassen. Sofern ein solcher Reservierungsbedarf seitens des Interessenten besteht und der Makler keine unangemessen hohe Reservierungsgebühr zur Abdeckung des Reservierungsrisikos (entgangene anderweitige Abschlussmöglichkeiten) fordert, sind solche Vereinbarungen legitim. Sofern die Reservierungsvereinbarung hinsichtlich des beabsichtigen Immobilienerwerbs nicht die Rechtsqualität eines Vorvertrages annimmt, sondern ein „letter of intend" bleibt, unterliegen sie nicht der notariellen Beurkundungspflicht. Reservierungsvereinbarungen dieser Art werden von der Rechtsprechung allerdings höchst unterschiedlich beurteilt. Nicht selten werden sie dabei in Zusammenhang mit einem Maklervertrag gebracht. Soweit sich der Bundesgerichtshof mit Reservierungsvereinbarungen befassen musste, sah er keinen Anlass zur Klärung der Frage ih-rer Rechtswirksamkeit.In der Praxis sind Reservierungsvereinbarungen auch im Hotel- und Reisegewerbe und bei Seminarveranstaltern üblich. Gemeinsame Grundlage ist dabei stets die Absicht derjenigen, die „buchen", beziehungsweise reservieren lassen, einen Vertrag abschließen zu wollen.

Siehe auch: Vorvertrag

Restnutzungsdauer einer baulichen Anlage:

Siehe: Gesamtnutzungsdauer einer baulichen Anlage (Wertermittlung)

Restschuldversicherung

Die Restschuldversicherung ist eine besondere Variante einer Risikolebensversicherung, mit der der Bauherr die Hinterbliebenen im Todesfall absichert. Die Versicherungssumme fällt mit der Kredittilgung. Bausparkassen verlangen in aller Regel eine Restschuldversicherung bei Inanspruchnahme eines Bauspardarlehens.

Siehe auch: Risiko-Lebensversicherung

Rettungserwerb

Um im Zwangsversteigerungsverfahren von Immobilien Verluste zu verhüten, bietet sich Gläubigern die Möglichkeit, das Grundstück selbst zu erwerben bzw. ersteigern. Man spricht dabei vom Rettungserwerb. Wird dem Gläubiger aufgrund seines Meistgebotes der Zuschlag erteilt, sind bei der Grunderwerbsteuer die im Zuschlag enthaltenen Darlehensbeträge, die er dem Schuldner gewährt hat, mit zu berücksichtigen. Sie bezieht sich also auch auf den „Eigenanteil" am Versteigerungsobjekt. Ähnliches gilt auch für die Gerichts- und Grundbuchgebühren.

Reverse Mortgage

Beim Reverse Mortgage (umgekehrte Hypothek) handelt es sich um eine amerikanische Variante der Altersicherung durch Einsatz von Immobilienvermögen. Der Immobilieneigentümer erhält vom Darlehensgeber ein grundbuchmäßig gesichertes Darlehen in Form von Raten ausbezahlt, die sich im Laufe der Zeit zu

der vereinbarten Darlehensschuld summieren. Der Darlehensnehmer bleibt der Eigentümer der Immobilie und kann auch darüber verfügen. Beim Verkauf fließt ihm der Differenzbetrag zwischen der aktuellen Darlehenssumme und dem Kaufpreis zu, der Rest wird zur Darlehenstilgung verwendet. Beim Tod des Darlehensnehmers sind die Erben, an die die Immobilie übertragen wird, zur Darlehenstilgung verpflichtet.
Siehe auch: Immobilienverrentung

Revitalisierung

• Unter Revitalisierung wird die Anpassung einer Immobilie an geänderte Marktverhältnisse unter der Bedingung der Beibehaltung oder Erhöhung des Nutzungswertes verstanden. Revitalisierung ist dann erforderlich, wenn die bisherige Nutzungsgestaltung nicht mehr aufrechterhalten werden kann. Die Immobilie unterliegt Erosionserscheinungen, die objektbedingte aber auch umweltbedingte Ursachen haben können. Auf der Grundlage von Standort- und Marktanalysen werden neue Nutzungskonzepte für die betroffene Immobilie entwickelt. Sie wird dann zeitgerecht nutzungsbezogen nachgerüstet.
• Die Revitalisierung der Innenstädte zielt darauf ab, den Abwanderungstrend der Wohnbevölkerung und der Geschäfte zu stoppen und die verödenden Innenstädte wieder zu beleben. Maßnahmen sind die Ausdünnung des Individualverkehrs, Schaffung von Fußgängerzonen, Verdichtung des U- und S-Bahnsystems (bessere Erreichbarkeiten), Verbesserung der Aufenthaltsqualität, Durchsatz der Innenstadt mit mehr Wohn-nutzung. Zunehmend wird von den Städten die Freizeitnutzung als Chance für eine Revitalisierung der Innenstädte erkannt. Besondere Anstrengungen sind in den Städten der östlichen Bundesländer zu beobachten.
• Im Bereich der ökologischen Revitalisierung geht es um die Wiederherstellung von funktionsfähigen Naturlandschaften durch Rückgängigmachung von Verbauungen. Im Vordergrund steht die Belebung von Auengebieten durch wiederhergestellte Flussdurchläufe. Sie dienen als Rückhaltebecken auch dem Hochwasserschutz. Hochwasser selbst verjüngt die natürlichen Lebensräume Die Revitalisierung „degradierter Auen" basiert auf der Wiederherstellung der Gewässerdynamik. Rechtsgrundlage der ökologischen Revitalisierung ist die „Verordnung über den Schutz von Auengebiete von nationaler Bedeutung".
Siehe auch: Standort- und Marktanalyse

RevPAR
Abkürzung für: Revenue per available room
Siehe auch: Room Yield

RG
Abkürzung für: Reichsgesetz

RGBl.
Abkürzung für: Reichsgesetzblatt

RGRK
Abkürzung für: Reichsgerichtsrätekommentar

RGZ
Abkürzung für: Entscheidungen des Reichsgerichts in Zivilsachen

RH
Abkürzung für: Reihenhaus
Siehe auch: Reihen(einfamilien)haus

RHeimstG/RHStG
Abkürzung für: Reichsheimstättengesetz

RHSt
Abkürzung für: Reichsheimstätte

Richtwerte
Siehe: Bodenrichtwert

RICS
Abkürzung für: Royal Institution of Chartered Surveyors
Siehe auch: Royal Institution of Chartered Surveyors (RICS)

Risiko

Es gibt zwei verschiedene Begriffsauslegungen von Risiko. Risiko in weiterem Sinne bezeichnet Wirkungen, die dazu führen, dass die tatsächlichen Ergebnisse eines Handelns oder Unterlassens zu einem Abweichen von erwarteten bzw. geplanten Ergebnissen führen. Das abweichende Ergebnis kann wirtschaftlich positiv oder negativ zu Buche schlagen. In diesem Begriff kommen die beiden Dimensionen des Risikos zu Ausdruck. Wird nur die negative Seite betrachtet und die positive (Chance) ausgeblendet, haben wir es mit dem eindimensionalen Risikobegriff zu tun.

Risiko ist Unsicherheit. Im Gegensatz dazu steht die Ungewissheit, die nicht kalkulierbar ist. Risiko als Unsicherheit dagegen ist eingrenzbar, quantifizierbar bzw. auch kalkulierbar. Grundlage der Risikokalkulation ist die Wahrscheinlichkeitsrechnung. Das Risiko nimmt die Größenordnung Häufigkeit x Schadenshöhe pro (langem) Zeitraum an.

Auch immobilienwirtschaftliche Unternehmen unterliegen – je nach Geschäftsfeld – unterschiedlich beachtlichen Risiken. Man denke an die zeitlichen Bindungen, die man mit der Errichtung und Bewirtschaftung von Gebäuden eingeht, an Projekt-, Finanzierungs- und Kapitaleinsatzrisiken der Bauherren, die Vermietungsrisiken der Bestandshalter, die Kosteneinsatzrisiken der Makler, die Rechtsrisiken der Berater usw. Zu bedenken ist, dass nicht alle Risiken versicherbar sind. Dies gilt insbesondere für typische Unternehmerrisiken.

Siehe auch: Risikomanagement

Risiko-Lebensversicherung

Eine Risiko-Lebensversicherung wird in der Regel im Zusammenhang mit einer Baufinanzierung abgeschlossen. Gegenüber der Kapital-Lebensversicherung erbringt sie nach Ablauf der Versicherungsdauer keine Leistung. Wenn der Bauherr oder Käufer der finanzierten Immobilie jedoch stirbt, schützt die Versicherung die Erben vor der Gefahr, dass diese wegen der durch den Tod hervorgerufenen Einkommensminderung oder gar des gänzlichen Einkommensverlustes den Kapitaldienst nicht mehr leisten zu können. Es gibt verschiedene Varianten der Risiko-Lebensversicherung.

Siehe auch: Restschuldversicherung

Risikomanagement

Das Risikomanagement eines Unternehmens umfasst die Teilaufgaben der Risikoidentifizierung, der Analyse und Bewertung festgestellter Risiken, der Risikosteuerung und der Risikoüberwachung. In Unternehmen, deren Kerngeschäft in der Entwicklung und Bewirtschaftung von Immobilien besteht, ist das Risikomanagement Bestandteil des Immobilienmanagements. Das Risikomanagement bezieht sich nicht nur auf unternehmensinterne, sondern auch externe ("systematische") Risiken, z.B. Marktrisiken. Das Problem, dass im Rahmen des Risikomanagements nicht alle potenziellen Risiken für das Unternehmen identifiziert werden können, ist selbst ein unternehmensimmanentes Risiko. Je nach Gewicht und Möglichkeit können identifizierte Risiken vermieden, mit Hilfe von Versicherungen überwälzt und unvermeidbare Risiken verringert werden. Dennoch bleiben stets Restrisiken, die "in Kauf genommen" werden müssen.

Seit Inkrafttreten des Gesetzes zur Kontrolle und Transparenz im Unternehmensbereich (KonTraG) vom 1.5.1998 ist Risikomanagement für Aktiengesellschaften ab einer bestimmten Größenordnung vorgeschrieben. Unter anderem müssen Wirtschaftsprüfer nach diesem Gesetz ihren Bestätigungsvermerk versagen, wenn im Lagebericht des Vorstandes Risiken des Unternehmens unzutreffend dargestellt werden.

Zu den weiteren rechtlichen Rahmenbedingungen des Risikomanagements gehört das Transparenz- und Publizitätsgesetz (TransPuG) vom 26.07.2002, mit dem die Berichtspflicht des Vorstandes gegenüber dem Aufsichtsrat verschärft wird. Vor allem sind im Bericht Abweichungen von früher festgelegten Unternehmenszielen darzustellen und zu begründen.

Außerdem müssen Vorstand und Aufsichtsrat jährlich erklären, ob sie den durch eine Regierungskommission des Bundesjustizministeriums aufgestellten und empfohlenen „Corporate Governance Kodex" („Cromme-Index") entsprochen haben.

In Anlehnung an diesen Kodex wurde für deutsche Immobilienaktiengesellschaften von der „Initiative Corporate Governance der Deutschen Immobilienwirtschaft e.V." der „Corporate Governance Kodex der deutschen Immobilienwirtschaft" entwickelt.

Siehe auch: Corporate Governance Kodex der deutschen Immobilienwirtschaft

Risikoquote (Maklergeschäft)

Die Risiken des Maklergeschäftes ergeben sich zu einem erheblichen Teil aus den Prinzipien, nach denen dieses Geschäft funktioniert.

Dabei fällt ins Gewicht die Tatsache, dass nach dem geltenden Maklerrecht ein Vergütungsanspruch nur im Erfolgsfalle entsteht. Der Makler wird deshalb immer nur mit einer gewissen Wahrscheinlichkeit einen Auftrag erfolgreich zum Abschluss bringen.

Die Risikoquote repräsentiert den Geschäftsanteil bei der Auftragsbearbeitung, der nach Abzug der Erfolgsquote verbleicht. Liegt die Erfolgquote bei 0,75, dann ist die Risikoquote (Rq) $1 - 0,75 = 0,25$.

Im Rahmen des Risikomanagements ist es wichtig, den Ursachen des „Nichterfolges" auf die Spur zu kommen. Als Quellen dieses Nichterfolges können z.B. identifiziert werden die Fälle, in denen der Auftraggeber seine Verkaufsabsicht aufgibt oder die angestrebten Vertragskonditionen verschlechtert. Andere Ursachen liegen darin, dass der vom Verkäufer verlangte Preis vom Markt nicht akzeptiert wird. Provisionsausfall kann auch durch ungenügende Absicherung im Maklervertrag entstehen. Die Summe der einzelnen Risiken (r1, r2, r3 usw. ergibt das Gesamtrisiko R.

Hat man die einzelnen Risiken identifiziert und quantifiziert, ist zu untersuchen, welche dieser Risiken unvermeidbar sind, welche in ihren Auswirkungen reduziert werden können und welche „in Kauf" genommen werden können.

Siehe auch: Erfolgsquote (Maklergeschäft), Risikomanagement

RKW

Abkürzung für: Rationalisierungskuratorium der deutschen Wirtschaft

RLF

Abkürzung für: Relative Luftfeuchte

RMH

Abkürzung für: Reihenmittelhaus
Siehe auch: Reihen(einfamilien)haus

Rnr

Abkürzung für: Randnummer

ROG

Abkürzung für: Raumordnungsgesetz

Rohbauland

Rohbauland bezeichnet den Entwicklungszustand von Flächen mit Baurecht, deren Erschließung noch nicht gesichert ist oder das von der Flächengestaltung (Lage, Form und Größe) durch ein Umlegungs- oder Grenzregelungsverfahren noch so parzelliert werden muss, dass die zulässige Bebauung erst möglich wird (Bruttorohbauland).

Ist die Parzellierung erfolgt, die Erschließung aber noch nicht gesichert, spricht man von Nettorohbauland.

Sind Flächen nach den öffentlich rechtlichen Vorschriften baulich nutzbar, spricht man von baureifem Land.

Rohbauversicherung

Zur Rohbauversicherung gehören eine Leitungswasserversicherung (Schäden am Rohbau durch austretendes Leitungswasser – ohne Frostschäden) eine Feuerversicherung, die auch die an der Baustelle gelagerten Baumaterialien umfasst (soweit der Versicherungsnehmer dafür die Gefahr trägt) sowie eine Sturmversicherung (die allerdings erst zum Tragen kommt, wenn das Haus durch Dacheindeckung, Türen und bereits verglaste Fenster nach außen abgeschlossen ist).

Rohertrag: (Wertermittlung)

Beim Rohertrag handelt es sich um eine wichtige Rechengröße für die Wertermittlung eines Renditeobjektes. Dem Rohertrag entspricht in der Regel die gezahlte Nettokaltmiete. Entspricht diese nicht den Marktverhältnissen, wird als Rohertrag die nachhaltig erzielbare ortsübliche Vergleichsmiete angesetzt.

Bei Prüfung der Nachhaltigkeit ist auch zu berücksichtigen, ob die aktuell bezahlten Mieten sich im zulässigen Rahmen bewegen und bei Wohnraum nicht etwa die Wesentlichkeitsgrenze überschreiten. Auf den Rohertrag bezieht sich auch der Multiplikator, der zur überschlägigen Ermittlung des Kaufpreises von Renditeobjekten verwendet wird.

Siehe auch: Reinertrag

Room Yield

Kennziffer aus der Hotelbranche, die den Umsatzerlös pro verfügbares Zimmer angibt und damit wichtige Anhaltspunkte zur Beurteilung der Wirtschaftlichkeit von Hotelimmobilien bzw. zum Vergleich mehrerer Hotels untereinander liefert.

Die Bezeichnung Revenue per available room (abgekürzt RevPAR oder Revpar) wird teilweise synonym für Room Yield, teilweise auch etwas weiter gefasst für „Gesamtertrag Logis pro verfügbares Zimmer" verwendet.

ROV

Abkürzung für: Raumordnungsverfahren

Royal Institution of Chartered Surveyors (RICS)

1868 gegründeter, international tätiger Berufsverband von Immobiliensachverständigen mit Sitz in London. Die Mitgliedschaft bei der RICS setzt eine durch ein Universitätsstudium erworbene fachliche Qualifikation voraus.

Die RICS nehmen für sich in Anspruch, im Rahmen der EU, Berufsregelungskompetenz zu haben.

Mit dem deutschen Berufsbildungssystem in der Immobilienwirtschaft ist RICS nur schwer vergleichbar. Eine berufliche Ausbildung nach dem dualen System wie in Deutschland ist dort unbekannt, so dass berufliche Grundlagenkompetenz, die in Deutschland beispielsweise bereits durch die berufliche Ausbildung zum Kaufmann in der Grundstücks- und Wohnungswirtschaft gewährleistet wird, dort erst im Rahmen eines Universitätsstudiums erworben werden kann. Diese Ausbildung erreicht allerdings zusätzlich akademisches Niveau, so dass das fachliche Niveau des Studiums das in Großbritannien Voraussetzung für eine Mitgliedschaft bei RICS ist, eher vergleichbar ist mit dem der deutschen Fachhochschulen und Berufsakademien mit immobilienwirtschaftlichen Studiengängen.

RICS bemüht sich seit mehreren Jahren durch Akkreditierungsvereinbarungen mit solchen Fachhochschulen und Berufsakademien mit Erfolg, auch deutsche Studienabgänger innerhalb der RICS zu organisieren.

RPflG

Abkürzung für: Rechtspflegergesetz

RSA

Abkürzung für: Richtlinien für die Sicherung von Arbeitsstellen an Straßen

RSG

Abkürzung für: Reichssiedlungsgesetz

Rspr.

Abkürzung für: Rechtsprechung

Rückauflassungsvormerkung

Eine Rückauflassungsvormerkung sichert den Anspruch eines Verkäufers einer Immobilie auf Rückübertragung des Eigentums (Eigentumsvormerkung).

Sie wird in der Regel als Sicherungsinstrument

des Verkäufers verwendet. Für den Fall dass der Käufer bestimmte vertraglich vereinbarte Bedingungen nicht erfüllt (Beispiel Bebauung eines Grundstücks innerhalb einer bestimmten Zeit), kann der Rückerwerb der verkauften Immobilie durch den Verkäufer von Interesse sein. Für einen solchen Fall bietet sich die Rückauflassungsvormerkung an.

Probleme kann die Rückauflassungsvormerkung bereiten, wenn dadurch eine Finanzierung des Kaufpreises blockiert wird. Gemeinden, die sich z.b. im Rahmen von Einheimischenmodellen den Rückkauf vorbehalten, sichern in solchen Fällen einen Rangrücktritt zu.

Bei Eigentumsübertragungen von Immobilien an künftige Erben wird nicht selten eine Rückauflassungsvormerkung eingetragen. Dadurch soll erreicht werden, dass eine weitere Verfügung des Erben zu Lebzeit des Erblassers über das Grundstück blockiert wird.

Rückbau- und Entsiegelungsgebot

Das Rückbau- und Entsiegelungsgebot gehört neben dem Bau- Modernisierungs-/ Instandsetzungs- sowie dem Pflanzgebot zu dem städtebaulichen Instrumentarium, mit dem die Gemeinde ihre Planungen durchsetzen kann. Früher wurde für den Rückbau der Begriff Abbruch verwendet. Die neue Terminologie macht deutlich, dass sich das Gebot nicht nur auf ganze bauliche Anlagen, sondern auch auf Teile von baulichen Anlagen unter Erhaltung des Restbestandes beziehen kann. Voraussetzung ist, dass diese Anlage den Festsetzungen eines geltenden Bebauungsplans widerspricht. Handelt es sich um ein Wohn- oder Geschäftshaus, muss die Gemeinde für zumutbaren Ersatzraum sorgen. Entstehende Vermögensnachteile des Eigentümers, Mieters oder Pächters müssen ausgeglichen werden.

Rückkaufswert (Versicherung)

Geldsumme, die ein Versicherter von der Lebensversicherung erhält, wenn er seine Kapital-Lebensversicherung vorzeitig kündigt.

Der Rückkaufswert ist in den ersten Jahren nach Vertragsabschluss deutlich geringer als die Summe der eingezahlten Beiträge. Bauherren oder Käufer einer Immobilie können das Guthaben allerdings auch im Rahmen ihrer Finanzierung beleihen.

Rücklagen

Siehe: Instandhaltungsrückstellung - (Instandhaltungsrücklage)

Rückstand

In Rückstand gerät, wer gegenüber dem Gläubiger fällige Zahlungen nicht begleicht bzw. Termine für vereinbarte Leistungen nicht überschreitet. Rechtlich spricht man von Verzug. Siehe auch: Zahlungsverzug

RVO

Abkürzung für: Reichs-Versicherungsordnung

Rz.

Abkürzung für: Randziffer

SachenRBerG

Abkürzung für: Sachenrechtsbereinigungsgesetz
Siehe auch: Sachenrechtsbereinigungsgesetz

Sachenrechtsbereinigungsgesetz

Das Auseinanderdriften des Grundstücksrechts
zwischen der Bundesrepublik Deutschland und
der damaligen DDR führte nach der Wiedervereinigung zu der Notwendigkeit der Anpassung
des teils diffusen DDR-Grundstücksrechts an
das Grundstücksrecht der Bundesrepublik. Dies
geschah durch das Sachenrechtsbereinigungsgesetz vom 1.10.1994.
Gebaut werden konnte in der DDR seit 1954
nur noch auf staatseigenem Grund und Boden.
Hauptziel des Gesetzes ist eine Rechtsanglei-
chung des ehemaligen DDR-Rechts an das der
Bundesrepublik Deutschland, um das dort entstandene bauliche Nutzungsrecht an Grundstücken und das selbständige Gebäudeeigentum in die Rechtssphäre des BGB zu führen.
Dies geschieht durch ein Ankaufsrecht des Nutzers bzw. Gebäudeeigentümers für das Grundstück, auf dem das Gebäude errichtet wurde
oder alternativ durch eine Erbbaurechtslösung.

Sachmangel (im Mietrecht)

Die Mietsache leidet an einem Sachmangel,
wenn die Tauglichkeit zum vertragsgemäßen
Gebrauch aufgehoben oder erheblich gemindert ist, eine zugesicherte Eigenschaft fehlt
oder später wegfällt. Der Mangel berechtigt den
Mieter zur Mietminderung.

Sachverständiger für die Bewertung von Grundstücken

Zu unterscheiden ist zwischen öffentlich bestellten und vereidigten, zertifizierten, instituts-
anerkannten sowie freien Sachverständigen.
Die öffentlich bestellten und vereidigten Sachverständigen werden von einer Industrie- und
Handelsklammer bestellt. Voraussetzung ist,
dass derjenige, der den Antrag stellt, seine besondere Sachkunde nachweisen kann und die

persönlichen Voraussetzungen gegeben sind.
Die IHK legt dabei die „Fachlichen Bestel-
lungsvoraussetzungen für das Sachgebiet Bewertung von bebauten und unbebauten Grundstücken sowie Mieten und Pachten" zugrunde.
Regelvoraussetzung ist die Ablegung einer
Prüfung vor eine Prüfungskommission, die aus
Sachverständigen besteht.
Eine weitere Möglichkeit, sich als Sachverständiger eine gewisse Verkehrsgeltung zu verschaffen, besteht in seiner Zertifizierung, die
innerhalb der Europäischen Union anerkannt
wird. Die Zertifizierung erfolgt über mehrere
Zertifizierungsstellen (wie beispielsweise die
DIA Consulting AG in Freiburg oder den Verband privater Hypothekenbanken „Hyp-Zert"),
die wiederum beim Deutschen Akkredatie-
rungsrat „akkreditiert" und damit als Zertifizie-
rungsstelle anerkannt sind. Das Verhältnis zwischen den öffentlich bestellten und vereidigten
Sachverständigen und den zertifizierten Sachverständigen bedarf noch eines gewissen
Klärungsprozesses.
Institutsanerkannte Sachverständige sind solche, die auf der Grundlage eines entsprechenden
Studiengangs des jeweiligen Instituts oder einer
Hochschule in einer Prüfung ihre Qualifikation
nachgewiesen haben. Schließlich kann aber jedermann, der über die entsprechende Fachkun-
de verfügt sich als „freier" Sachverständiger
betätigen.Sachverständige für die Bewertung
von bebauten und unbebauten Grundstücken sowie Mieten und Pachten haben die Aufgabe, auf
Anforderung durch Privatpersonen Behörden
oder Gerichte Bewertungsgutachten über
Grundstücke oder Rechte an Grundstücken zu
erstellen. Dabei wenden sie in der Regel die in
der Wertermittlungsverordnung festgeschriebe-
nen Bewertungsverfahren an.
Für die Beurteilung von Bauschäden oder
Baumängel sind nicht Bewertungssachverstän-
dige zuständig, sondern Bauschadenssachver-
ständige. Auch in dieser Sparte gibt es „öffentlich bestellte und vereidigte Sachverständige".
Siehe auch: DIA Consulting AG, Gutachter,
Gutachterausschuss

Sachwert

Sachwert ist das Ergebnis eines Wertermittlungsverfahrens, das sich an den Herstellungskosten des Bewertungsgegenstandes orientiert. Da die Kosten nicht mit Preisen identisch sind, muss der Sachwert stets im Wege der Marktanpassung diese Lücke überwinden.

Ein Verfahren zur Wertermittlung von Immobilien ist die Sachwertmethode. Dabei werden getrennt Bodenwert und Gebäudesachwert ermittelt. Der Gebäudesachwert beruht auf den Normalherstellungskosten die durch die Alterswertminderung bereinigt werden. Der Bodenwert wird durch ein Vergleichswertverfahren ermittelt. Bodenwert und Gebäudewert bilden den Sachwert des Objektes.

Die Wertermittlung des Gebäudeanteils richtet sich vor allem nach dessen technischen Aspekten. Die Herstellungskosten werden entweder durch Hochrechnen der Baukosten eines bestimmten Basisjahres über den Baukostenindex ermittelt und durch die Alterswertminderung bereinigt oder zu den aktuellen Baupreisen. Baunebenkosten werden gesondert berücksichtigt. Baumängel, Bauschäden und sonstige wertbeeinflussende Umstände sind außerdem zu berücksichtigen. Dieses Verfahren wird in erster Linie bei Einfamilienhäusern angewendet. Die Schwachstelle des Verfahrens beruht in einer gewissen Marktferne, so dass regelmäßig Marktanpassungen vorgenommen werden müssen.

Sale-and-lease-back

Besondere Form des Immobilienleasing. Dabei wird eine zur Eigennutzung bestimmte Immobilie an den Leasinggeber verkauft. Der Verkäufer schließt mit dem Käufer einen Leasingvertrag, durch den er das veräußerte Gebäude „zurückmietet".

Sammelanzeigen

Anzeigen, in denen der Makler seine Angebote zusammenfasst, sind eine Alternative zu Einzelanzeigen. Vorteil einer Sammelanzeige kann sein, dass den Kunden u.U. mehrere Objekte ansprechen. Er wird daher eher einen Makler kontaktieren, bei dem er mit einem einzigen Anruf Informationen über eine ganze Palette relevanter Angebote erhält, als einen, der lediglich verstreute Einzelanzeigen schaltet.

Sanierung

• Städtebauliche Sanierung

Städtebauliche Sanierungsmaßnahmen werden durchgeführt, wenn ein Stadtgebiet den allgemeinen Anforderungen an gesunde Wohn- und Arbeitsverhältnisse oder an die Sicherheit der in dem Gebiet wohnenden und arbeitenden Menschen nicht mehr entspricht oder wenn seine Funktionen (etwas im Hinblick auf den Verkehr) erheblich beeinträchtigt sind. Für dieses Gebiet wird eine Sanierungssatzung erlassen in der die Sanierungsziele festgelegt werden.

Damit einher geht eine Veränderungssperre, die alle das Gebiet verändernden Vorhaben und Rechtsvorgänge genehmigungsabhängig machen. Die Sanierung umfasst nicht nur eine Einzelobjektsanierung, sondern kann auch in einer Flächensanierung bestehen, die meist Maßnahmen der Bodenordnung voraussetzen. Die Sanierung kann auch einem privaten Sanierungsträger im Rahmen eines städtebaulichen Vertrages übertragen werden.

Die Sanierungsmaßnahmen werden aus der Abschöpfung der sanierungsbedingten Werterhöhung der Grundstücke finanziert. Andererseits wird im Rahmen eines Sozialplanes dafür gesorgt, dass nachteilige Auswirkungen der Sanierung gemildert werden. Über Härteausgleichsregelungen wird den betroffenen Mietern und Pächtern geholfen.

• Gebäudesanierung

Der Begriff der Sanierung im Rahmen von Instandhaltungs- und Modernisierungsmaßnahmen ist nicht eindeutig. In der Regel werden darunter grundlegende Erneuerungsmaßnahmen verstanden die bis zur Entkernung eines Gebäudes führen können. Teilweise wird der Sanierungsbegriff auch auf die Erneuerung von bestimmten Gebäudeteilen beschränkt (Beispiel „Flachdachsanierung"). Sanierung im umgangssprachlichen Sinne ist immer entweder Instandsetzung in großem Umfange plus Modernisierung oder nur Instandsetzung. In den neuen Bundesländern wurde vor der Wiedervereinigung der Begriff der „Rekonstruktion" für Sanierung gebraucht.

• Nachhaltige Sanierung im Bestand

Das Projekt „Nachhaltiges Sanieren im Bestand – integrierte Dienstleistungen für zukunftsfähige Wohnstile" war ein vom Bundesministerium für Bildung und Forschung gefördertes Projekt im Förderschwerpunkt „Modellprojekte für nachhaltiges Wirtschaften – Innovation durch Umweltvorsorge". Es begann am 1.11.1998 und endete am 31.3.2001. Beteiligt waren daran

- Institut für sozial-ökologische Forschung (ISOE), Frankfurt am Main (verantwortlich für das Gesamtprojekt)
- Öko-Institut e.V. (ÖI) Darmstadt (verantwortlich für alle mit baulich-technischen Fragen)
- Institut für ökologische Wirtschaftsforschung GmbH (IÖW), Berlin (verantwortlich für Koordination)
- Nassauische Heimstätte - Gesellschaft für innovative Projekte im Wohnungsbau mbH (nhgip), Frankfurt am Main (verantwortlich für die Vermittlung der Kontakte mit den verschiedenen Abteilungen der Nassauischen Heimstätte und für die Kommunikation mit dem Mieterbeirat.
- Nassauische Heimstätte (verantwortlich für Vorbereitung und Durchführung der Modernisierungsmaßnahmen an insgesamt drei Projekten aus der Baualtersklasse 1950/1960)

Es ging um Projekte mit dem Versuch, die Bewohner der Siedlungen in die Projektarbeit mit einzubeziehen, wobei nicht nur bautechnische Maßnahmen sondern auch andere integrative Maßnahmen im ökologisch-sozialen Bereich eine Rolle spielten.

Damit soll eine nachhaltige Wirkung in der Bestandssicherung erreicht und ein erneutes Abgleiten des Quartiers in Richtung Slum verhindert werden. Die gewonnenen Erkenntnisse flossen auch in Projekte der Sozialen Stadt ein.
Siehe auch: Bodenordnung, Soziale Stadt

Sanierungsträger

Ein Unternehmen, das die Aufgaben eines Sanierungsträgers im Rahmen städtebaulicher Sanierungsmaßen auf eigene Rechnung übernehmen will, muss bestimmten Anforderungen genügen, um eine „Bestätigung" als Sanierungsträger zu erhalten. Hierzu gehört, dass das Unternehmen nicht selbst als Bauunternehmen tätig oder von einem Bauunternehmen abhängig sein darf. Die wirtschaftlichen Grundlagen müssen für die Übernahme solcher Aufgaben gegeben sind. Schließlich muss sich das Unternehmen einer jährlichen Prüfung seiner Geschäftstätigkeit unterziehen. Weitere Voraussetzung ist, dass die zur Vertretung des Unternehmens berechtigten Personen und deren leitende Angestellte die erforderliche geschäftliche Zuverlässigkeit besitzen müssen.

Schädliche Bodenveränderungen
Siehe: Altlasten

Schätzgebühr (Baufinanzierung)
Nebenkosten der Baufinanzierung. Schätzgebühren werden vom kreditgebenden Institut für die Ermittlung des Beleihungswerts der Immobilie berechnet. Die Spannen hierbei sind groß. Es gibt Banken und Sparkassen, die für ihre gutachterliche Tätigkeit kein Geld verlangen. Andere nehmen einen Festbetrag. Viele berechnen jedoch einen festen Prozentsatz vom Darlehen, der üblicherweise zwischen 0,2 und 0,6% liegt. Die Schätzgebühr ist bei der Berechnung des Effektivzinses nicht berücksichtigt.

Schallschutz
Übermäßige Lärmimmissionen erfordern einen Schallschutz.
Gesetzliche Vorgaben über Grenzwerte, die in Siedlungsgebieten nicht überschritten werden dürfen, gibt es allerdings nicht. Lediglich für

verkehrsbedingte und sportstättenbedingte Lärmimmissionen gibt es aufgrund besonderer Verordnungen Grenzwerte, die auf jeden Fall einzuhalten sind. Die DIN 18005 Teil 1 (Schallschutz im Städtebau) enthält zwar Höchstwerte, sie können aber wegen fehlender Rechtsgrundlage in Bebauungsplänen nicht verbindlich festgesetzt werden. Dem Schallschutz wird dadurch Rechnung getragen, dass für Fenster und Außenbauteile bestimmte Schalldämmmaße vorgeschrieben werden (passiver Schallschutz).

Scheinbestandteil

Im Gegensatz zum wesentlichen Bestandteil eines Grundstücks, der auf Dauer fest mit dem Grundstück verbunden ist, ist die feste Verbindung des Scheinbestandteils mit dem Grundstück nur vorübergehender Natur. So sind z.B. die von einem Gärtner eingepflanzten, aber zum Verkauf und damit zur Umpflanzung bestimmten Bäume Scheinbestandteil.

Das gleiche gilt von festen Einbauten eines Mieters in der Wohnung, der diese Einbauten nach Beendigung des Mietverhältnisses wieder entfernen muss.

Siehe auch: Wesentlicher Bestandteil

Scheinselbstständigkeit

Was Scheinselbstständigkeit ist, wurde mit Wirkung zum 1.1.1999 im Sozialgesetzbuch geregelt. Die Kritik veranlasste den Gesetzgeber allerdings, die Vorschriften am 12. November 1999 rückwirkend zu korrigieren. Wer im Zusammenhang mit seiner beruflichen Tätigkeit

1. keine sozialversicherungspflichtigen Arbeitnehmer beschäftigt (es können jetzt auch Familienmitglieder sein), die mehr als 322 Euro verdienen,

2. dauerhaft und im wesentlichen nur für einen Arbeitnehmer tätig ist (es sei denn, er tut dies freiwillig),

3. Arbeitsleistungen erbringt, die der Betrieb des Auftraggebers (oder vergleichbare Betriebe) regelmäßig auch von abhängig Beschäftigten ausführen lässt,

4. typische Merkmale unternehmerischen Handelns vermissen lässt,

5. und vor seiner Selbstständigkeit bei seinem Auftraggeber in einem Beschäftigungsverhältnis stand und dabei vergleichbare Tätigkeiten ausgeführt hat, gilt seit der in Kraft getretenen Änderung des Sozialgesetzbuches als Scheinselbstständiger (Vermutung), wenn drei der fünf genannten Merkmale zutreffen und die Frage nicht durch ein „Anfrageverfahren" geklärt wurde. Handelsvertreter fallen nicht unter die Vorschrift, wenn sie ihre Tätigkeit im wesentlichen frei gestalten und ihre Arbeitszeit bestimmen können.

Mit der Neuregelung ist klar gestellt, was vorher in vielen Einzelentscheidungen besonders von Arbeits- und Sozialgerichten so gesehen wurde. Stellt sich im Rahmen des Anfrageverfahrens oder durch nicht widerlegte Vermutung Scheinselbstständigkeit heraus, ergeben sich als Folgen:

- der freie Mitarbeiter ist Angestellter
- der Arbeitgeber muss rückwirkend bis 4 Jahre den vollen Beitrag zur Renten-, Kranken- Pflege- und Arbeitslosenversicherung nachentrichten,
- der „freie" Mitarbeiter muss wegen Nichtanerkennung geltend gemachter Werbungskosten mit Steuernachforderungen rechnen
- der Scheinselbstständige schuldet die von ihm berechnete Umsatzsteuer, aber
- der Auftraggeber verliert trotzdem seinen Vorsteuerabzug aus berechneten Leistungen des Scheinselbstständigen.

Von der Regelung sind Maklerunternehmen nur betroffen, wenn sie „freie Mitarbeiter" beschäftigten, die keinen tatsächlichen Handelsvertreterstatus hatten, die also ihre Arbeitszeit und Tätigkeit nicht frei bestimmen konnten.

Wer dagegen seinen Außendienst auf die Handelsvertreterbasis gestellt hat (Handelsvertreter sind Kollegen und keine weisungsgebundenen Abhängigen) muss von der neuen Regelung nichts befürchten

Siehe auch: Handelsvertreter, Arbeitnehmerähnliche Selbstständige

SchfG

Abkürzung für: Schornsteinfegergesetz

Schlichtung (Bayerisches Schlichtungsgesetz)

Das bayerische Schlichtungsgesetz schreibt seit 1. September 2000 vor, dass Amtsgerichte eine Klage nur dann annehmen können, wenn vorher ein Schlichtungsverfahren durch einen Notar oder Rechtsanwalt der als Schlichter bestellt ist, ohne Ergebnis durchgeführt wurde. Allerdings besteht diese Verpflichtung nur bei einem Streitwert bis zu 750 Euro. Bei darüber hinaus gehenden Streitwerten ist die Schlichtung freiwillig. Für rechtsstreitanfällige Gewerbezweige, wozu wegen der oft unklaren Rechtslage und den veralteten BGB-Vorschriften auch das Maklergewerbe zählt, ist dies eine interessante Entwicklung. Solche Schlichtungen gab es allerdings in der Wirtschaft schon vor diesem Gesetz, wenn es um hohe Streitwerte ging. Ein großer Teil formeller Gerichtsverfahren wird auf diese Weise auf freiwilliger Basis verhindert. Mittlerweile gibt es auch in anderen Bundesländern (Baden-Württemberg, Brandenburg, Hessen) Schlichtungsgesetze.

Schlüsselfertig

Planmäßiger Endzustand eines Neubaus. Beim Kauf eines „schlüsselfertigen Hauses" braucht sich der Bauherr bzw. Käufer nicht um die Fertigstellung zu kümmern. Er hat von der Planung bis zur Schlüsselübergabe nur einen Bauträger oder Generalunternehmer als Ansprechpartner. In aller Regel errichten Bauträger schlüsselfertige Häuser und verlangen dafür einen Festpreis.

Schlussrechnung

Mit der Schlussrechnung werden erbrachte Bauleistungen abgerechnet.
Die Berechnung der einzelnen Leistungen muss mit den in der Leistungsbeschreibung aufgeführten Leistungen korrespondieren. Hinzu kommen die später noch ausgehandelten Leistungen und solche, die sich aus besonderen und zusätzlichen Vertragsbedingungen (allgemeine und zusätzliche technische Vorschriften ATV und ZTV) ergeben. Die Schlussrechnung muss nachvollziehbar und überprüfbar sein. Die zusätzlich erbrachten Leistungen müssen in der Rechnung deutlich unterscheidbar sein von den vertraglich vereinbarten Leistungen. Leitet der Unternehmer trotz Aufforderung durch den Auftraggeber eine nachprüfbare Schlussrechnung nicht in einer angemessenen Frist zu, kann dieser bei Vorliegen eines VOB-Vertrages selbst eine Schlussrechnung erstellen (lassen) (§ 14 Nr. 4 VOB/B). Die Kosten der Erstellung der Schlussrechnung hat in einem solchen Fall der Unternehmer zu tragen.

Schlusszahlung: (Bauvertrag)

Die Schlusszahlung setzt eine prüfbare Schlussrechnung (Abrechnung) des Unternehmers voraus. Außerdem muss die Bauleistung abgenommen worden sein. Die Schlusszahlung ist nach der VOB/B innerhalb von zwei Monaten nach Zugang zu leisten. Sofern sich bei Prüfung der Schlussrechnung herausstellt, dass bestimmte berechnete Leistungen nicht oder nicht vereinbarungsgemäß erbracht worden sind, ist jedenfalls der unbestrittene Teil der Schlussrechnung als Abschlagszahlung zu leisten.
Mit der Schlusszahlung werden früher geltend gemachte aber nicht erledigte Forderungen des Unternehmers ausgeschlossen, es sei denn, der Unternehmer behält sich deren Geltendmachung innerhalb von 24 Werktagen nochmals vor. Der Vorbehalt wird allerdings wieder hinfällig, wenn nicht innerhalb von weiteren 24 Werktagen über die nicht erledigte Forderung eine prüfbare Rechnung dem Auftraggeber (Bauherrn) zugesandt wird (es sei denn, der Betrag ist bereits in der prüfbaren Schlussrechnung im einzelnen aufgeführt).
Siehe auch: Schlussrechnung

Schnellspartarif

Beim Schnellspartarif handelt es sich um eine Bausparitarifvariante, die bei Soforteinzahlung des Mindestspracguthabens die dann optimalen Zuteilungsvoraussetzungen nutzt. Im Gegenzug muss der Darlehensnehmer höhere Tilgungsraten und kürzere Kreditlaufzeiten akzeptieren.

Schönheitsreparaturen

Unter Schönheitsreparaturen versteht man Renovierungsarbeiten, mit denen gebrauchsbedingte Abnutzungserscheinungen in Räumen beseitigt werden.

Nach den gesetzlichen Vorschriften ist hierfür der Vermieter zuständig. Die Durchführung und Kostentragung von Schönheitsreparaturen dürfen jedoch vom Vermieter auf den Mieter im Mietvertrag abgewälzt werden. Angemessene Zeiträume, nach deren Ablauf Schönheitsreparaturen durchgeführt werden müssen, sollten im Mietvertrag vereinbart werden. Allgemein wird von folgenden Zeitintervallen ausgegangen: Küche, Bäder und Duschräume alle 3 Jahre, Toiletten, Dielen, Flure, Wohn- und Schlafräume alle 5 Jahre sowie in Nebenräume alle 7 Jahre. Allerdings sind vertraglichen Vereinbarungen in Formularmietverträgen und anderen vorformulierten Vereinbarungen über Schönheitsreparaturen Grenzen gesetzt. So darf beispielsweise nicht verlangt werden, dass der Mieter – unabhängig vom Zustand der Räume – bei Auszug alle Schönheitsreparaturen durchführen lassen muss.

Die Mietrechtssreform 2001 hat für keine klarstellenden Regelungen gesorgt, so dass es hier weitgehend beim „Richterrecht" verbleibt.

Schriftformerfordernis eines Vertrages (Mietvertrag)

Ein Vertrag genügt dann dem Erfordernis der Schriftform, wenn die Vertragsparteien die im Vertrag zum Ausdruck kommende Willenserklärungen durch ihre Unterschrift bestätigen. Auch einseitige Willenserklärung (z.B. Kündigung eines Mietvertrages) können an die Schriftform gebunden werden. Normalerweise führt der Verstoß gegen eine Formvorschrift zur Unwirksamkeit.

Anders beim Mietvertrag: Wird er für längere Zeit als ein Jahr geschlossen, bedarf er zwar der schriftlichen Form. Wird diese Schriftform nicht beachtet, gilt der Vertrag dennoch als geschlossen, aber nur auf unbestimmte Zeit und kann mit der gesetzlichen Frist gekündigt werden. Die Schriftform erfordert eine körperliche Verbindung der einzelnen Blätter der Urkunde. Der BGH hat neuerdings entschieden, dass auf die feste Verbindung verzichtet werden kann, wenn sich die Einheit der Urkunde aus fortlaufender Seitennumerierung oder einzelner Bestimmungen, einheitlicher graphischer Gestaltung, inhaltlichem Zusammenhang des Textes oder vergleichbaren Merkmalen zweifelsfrei ergibt.

Allerdings wird vom BGH in einem anderen Urteil gefordert. Dass die Vertragsparteien im Mietvertrag im Einzelnen bezeichnet werden müssen. So genügt nicht „Erbengemeinschaft Schmidt vertreten durch den Hausverwalter Mayer", sondern Erbengemeinschaft Schmidt, bestehend aus Herrn … sowie Frau … usw.). Wird dies nicht beachtet, fehlt es an der Schriftform mit den entsprechenden Konsequenzen. (BGH - XII ZR 187/00). Ebenso wenig genügt es, dass ein Mietervertrag für eine aus mehreren Personen bestehenden Gesellschaft des bürgerlichen Rechts von deren Anwalt unterschrieben wird (BGH – VII ZR 65/02)

Schufa-Klausel

Passus im Kontoeröffnungsantrag, der das Kreditinstitut berechtigt, Daten an die zuständige Schufa-Filiale (Schutzgemeinschaft für Allgemeine Kreditsicherung) weiterzuleiten.

Der Kontoinhaber muss die Schufa-Klausel mit seiner Unterschrift anerkennen. Er kann den Passus jedoch auch aus dem Antrag streichen.
Siehe auch: Auskunfteien

Schufa-Selbstauskunft

Jeder Bundesbürger kann gegen Vorlage des Personalausweises bei der zuständigen Schufa-Filiale eine Selbstauskunft verlangen.

Da die Schufa außer an die Person selbst Auskünfte nur an Kreditinstitute und ähnliche Unternehmen erteilt, verlangen Vermieter häufig vor Vertragsabschluss vom Mietinteressenten die Vorlage einer solchen Selbstauskunft. Dazu ist der Mieter jedoch nicht verpflichtet.

Schuldner – rechtliches Gehör

Liegt ein Antrag auf Vollstreckungsversteigerung oder Zwangsverwaltung eines Grundstücks vor, so sehen die Gerichte in der Regel von der Anhörung des Schuldners ab. Dies erweist sich als zweckmäßig, weil sie die gebotene Sicherung gefährdeter Interessen eines Gläubigers mit wirksamer Beschlagnahme beeinträchtigen würde, die den sofortigen Vollstreckungszugriff notwendig macht.

Schuldübernahme

. Beim Erwerb eines mit einem valutierten Grundpfandrecht vorbelasteten Objektes kann es für den Erwerber interessant sein, in das zwischen dem Verkäufer und dem Kreditinstitut bestehende Darlehensverhältnis als neuer Schuldner einzutreten. Dies ist vor allem dann der Fall, wenn die aktuellen Finanzierungskonditionen über dem Zinssatz des bestehenden Darlehens liegen.

Das trifft häufig bei Bauspardarlehen zu. Auch zinsverbilligte öffentliche Mittel, die für ein Eigenheim aufgenommen wurden, können übernommen werden, wenn der Käufer die Voraussetzungen (Einkommensgrenzen, Eigennutzung) erfüllt. Stammen die Baudarlehen von Kreditinstituten, wird eine Schuldübernahme allerdings meist von einer Anpassung der Zinskonditionen abhängig gemacht. In diesem Fall sollte durch Konditionenvergleiche genau gerechnet werden, ob sich die Einsparung der Kosten für die Löschung der alten und Bestellung einer neuen Grundschuld durch die Schuldübernahme noch lohnt.

Die Schuldübernahme kann durch einen Vertrag zwischen dem Käufer und dem Kreditinstitut oder durch einen Vertrag zwischen Verkäufer und Käufer erfolgen. Im letzten Fall ist natürlich die Genehmigung des Kreditinstituts erforderlich. Wird sie verweigert, muss der Käufer für eine Ersatzfinanzierung sorgen, wenn er nicht von einem für diesen Fall vorbehaltenen Rücktrittsrecht Gebrauch machen will. Es ist deshalb stets besser, wenn vor Abschluss des Kaufvertrags die Schuldübernahme zwischen Käufer und Kreditinstitut vereinbart wird. Möglich ist auch die Übernahme einer nicht valutierten Grundschuld. Dies bietet sich vor allem dann an, wenn der Käufer der Immobilie einen Kaufpreisteil mit Hilfe dieser bereits im Grundbuch stehenden Grundschuld finanzieren will.

Siehe auch: Grundschuld

Schuldzinsen

Zinsen, die ein Kreditnehmer seiner Bank für ein Darlehen bezahlt. Bei Selbstnutzern sind diese seit 1995 nicht mehr steuerlich absetzbar. Vermieter dürfen weiterhin die Schuldzinsen als Werbungskosten von den Mieteinnahmen abziehen. Stehen sie im Zusammenhang mit Kapitalerträgen (z.B. kreditfinanzierte Investmentanlage), sind sie dort abziehbar.

Schwarzbau

Errichtung eines Gebäudes ohne die erforderliche Baugenehmigung. Wer schwarz baut, riskiert im schlimmsten Fall den Abriss. Ansonsten kann die Baubehörde Bußgelder verhängen oder die Baustelle stilllegen. Eigenheimzulage gewährt das Finanzamt für Schwarzbauten nicht!

Schwarzkauf

Wenn die Beteiligten eines Grundstückskaufvertrages bei der Beurkundung einen niedrigeren Preis angeben als den tatsächlich vereinbarten, um Grunderwerbsteuer, Maklergebühren, Notarkosten usw. zu sparen, so liegt ein Scheingeschäft vor, das nach § 117 Abs. 1 BGB nichtig ist. Dies gilt auch für die tatsächlich gewollte Preisvereinbarung, da sie nicht der Beurkundungsform des §313 BGB genügt. Geheilt wird der Vertrag jedoch durch Eintragung des Erwerbers in das Grundbuch.

Science Parks

Science Parks sind in Deutschland ein relativ neuer Objekttyp, der sich bestenfalls in der Einführungsphase befindet, wenn gleich es ihn in Amerika in Form des Epcot-Centers von Disney schon über ein Vierteljahrhundert gibt. In England entstand in London ebenfalls ein Science Park in Form des von der Regierung Blair geförderten Millenium Domes an der Themse.

Dieser konnte aber – trotz vollmundiger Ankündigungen – den Beginn des neuen Jahrtausends nur um wenige Monate überleben. Anschließend kam es zu dem bei Sonder- und Spezialimmobilien klassischen Folgenutzungsproblem im Form langen Leerstandes und der Suche nach einem neuen Investor. Dennoch können gut konzipierte, an einem Standort mit hohem Besucherpotenzial gelegene Science Parks, allein schon wegen ihrer Einzigartigkeit, als interessanter Objekttyp angesehen werden. Eine neue Erlebniswelt ist auch in Bremen mit dem Universum Science Center auf 4.000 Quadratmeter Ausstellungsfläche entstanden.

SE

Abkürzung für: Sondereigentum

SEer

Abkürzung für: Sondereigentümer

Segregation

Unter Segregation versteht man die räumliche Absonderung bestimmter Teile der Bevölkerung einer Stadt von der übrigen Bevölkerung, was zu bestimmten Quartiersbildungen führt. Der Vorgang dieser Entmischung der Bevölkerung wurde zuerst in den USA untersucht, wo es im 18. und 19. Jahrhundert nach der Sklavenbefreiung zu starken Abgrenzungserscheinungen zwischen der schwarzen und weißen Bevölkerung kam. Aber auch andere Bevölkerungsgruppen wie etwa Chinesen („Chinesenviertel" von San Francisco) Italiener und Mexikaner lebten in ihren Quartieren „unter sich"
In Europa waren die jüdischen Ghettos Aus-druck einer Segregation.

Allgemeiner formuliert kann unter Segregation eine disproportionale Bevölkerungsverteilung über die Teilgebiete einer Stadt verstanden werden.

Die Segregation entsteht auf der Grundlage einer sozialen, religiösen, oder ethnischen Distanz zwischen verschiedenen Bevölkerungsgruppen. Soziale Statusmerkmale, die bestimmte Bevölkerungsteile miteinander verbinden, ergeben sich z.B. durch Unterschiede in der Bildung, der Sprache, der Hautfarbe, aber auch durch Altersunterschiede, Unterschiede in der Haushaltsgröße, Kinderzahl, der Lebensphilosophie. Segregation kann angestrebt werden. Sie kann Personen aber auch gesellschaftlich aufgezwungen werden (passive Segregation).

Je nach Ursache des Phänomens kann Segregation zu einem positiven oder zu einem negativen Image von Stadtteilen (und ganzen Städten) führen. Die Segregationsforschung ist Teil der Soziologie, genauer der soziologischen Stadtforschung.

Selbständiges Beweisverfahren

Die Wohnungseigentümer können als Maßnahme ordnungsgemäßer Verwaltung beschließen, ein selbständiges Beweisverfahren zur Feststellung von Mängeln am Gemeinschaftseigentum einzuleiten, wenn zu befürchten ist, dass Beweismittel verloren gehen oder ihre Benutzung erschwert wird aber auch zur Hemmung der Verjährung.

Selbstkontrahierungsverbot

Es kann passieren, dass der Vertreter einer Person selber Interesse an einem Geschäft hat, das diese Person durchführen will. Um dieses Geschäft zustande zu bringen, müßte der Vertreter dazu mit sich selber das Geschäft durchführen. Die Vorschrift des § 181 BGB verbietet grundsätzlich ein derartiges „Selbstkontrahieren". In vom Notar vorbereiteten Grundstückskaufverträgen findet sich am Schluss meistens eine Bestimmung, dass einem bestimmten Mitarbeiter des Notars die Vollmacht zur Durchführung des Vertrages erteilt wird und dass er befreit wird von der Bestimmung des § 181 BGB. Diese Befreiung hat ihren Sinn darin, dass dieser damit berechtigt ist, z.B. vom Grundbuchamt geforderte Änderungen des Vertrages für die Vertragsparteien und auch für den Notar zu erklären, ohne dass die Vertragsparteien jedes Mal wieder beim Notar erscheinen müssen. Vom Selbstkontrahierungverbot lassen sich auch Hausverwalter und Baubetreuer befreien, um zu ermöglichen, dass sie aus dem verwalteten Konto die ihnen zustehende Verwaltungs- bzw. Baubetreuungsgebühr abbuchen können.

Selbstnutzung

Selbstnutzung ist die Nutzung eigener Räume. Bei Wohnobjekten ist Selbstnutzung im Bereich der Eigenheimzulage eine wichtige Förderungsvoraussetzung. Als Nutzung zu eigenen Wohnzwecken gilt hier neben der Selbstnutzung auch die unentgeltliche Überlassung an Angehörige wie z.B. an den geschiedenen Ehegatten, Kinder, Eltern oder Geschwister. Auch für solche Objekte kann der Eigentümer die Eigenheimzulage erhalten.

Selektionsmerkmale

Siehe: Zielgruppenselektion

Seniorenimmobilien

Seniorenimmobilien gibt es in verschiedenen Ausprägungsformen. Sie gehen vom schlichten Altenwohnheim, bei dem die Bewohner ihren Haushalt selbst führen, über das Altenheim, bei dem für volle Verpflegung und Betreuung gesorgt wird bis hin zum Altenpflegeheim, bei denen die Bewohner Pflegedienste in Anspruch nehmen müssen.

Vom „Heimgedanken" weg bewegen sich die „Seniorenresidenzen" die eine altersaktive Autonomie der Bewohner weitgehend' respektieren und der Bewohner als Kunde wahrgenommen wird. Starker Nachfrage erfreuen sich Konzepte des „Betreuten Wohnens". Dabei werden altersgerechte Wohnungen in größeren

Objekten einzeln an Investoren verkauft, die sich dabei die Eigennutzung im Alter vorbehalten. Bis zu diesem Zeitpunkt erzielt der Anleger Mieteinnahmen.

Auch über Geschlossene Immobilienfonds ist die Beteiligung an derartigen Projekten möglich. Altersgerechte Immobilien sind gekennzeichnet durch eine Architektur, die der abnehmenden Beweglichkeit Rechnung trägt. Zudem werden ein Grundservice (Notruf) und Zusatzservice (Verpflegung, Reinigung, Einkaufsdienst) angeboten.

Sensitivitätsanalyse

Durch die Sensitivitätsanalyse („Verfahren kritischer Werte") wird ermittelt, welche Einflüsse auf die Wirtschaftlichkeit einer Investition bzw. einer Anlage bedeutsam sind und daher besonders sorgfältig überwacht werden müssen.

Dabei werden kritische Werte festgestellt, die nicht über- oder unterschritten werden dürfen, wenn die Wirtschaftlichkeit nicht gefährdet werden soll. Sie stellen das als zulässig erachtete Schwankungsintervall dar. Es soll erkannt werden, bei welchen kritischen Werten aus eine vorteilhaften eine nicht mehr vorteilhaften Anlage wird.

Die Sensitivitätsanalyse wird vor allem im Rahmen von Prospektprüfungen angewandt, um die Wirkung von Abweichungen von Wirtschaftlichkeitsprognosen deutlich zu machen. Allerdings kann durch solche Analysen das Ungewissheitsproblem nicht gelöst werden.

Sensitivitätsanalyse wird auch auf vielen anderen Gebieten angewandt, z.B. bei Analyse des Energieverbrauches, bei Standortanalysen, beim Ertragswertverfahren zur Ermittlung von Bandbreiten, in der Medizin, der Logistik, der Bautechnik usw.

Service-Angebot

Dienstleistungsangebot in Zusammenhang mit einer Immobilie, das die Attraktivität des Objektes für den Nutzer erhöht. In Bürogebäuden können das moderne Telekommunikationskonzepte mit Least-Cost-Routing, Restaurants im

Gebäude, Catering-Service, Einkaufs-Service, Schreib- oder Fahrdienste sein. Solche Service Angebote sind funktionaler Teil eines Facility Management.
Siehe auch: Facility Management

SGB
Abkürzung für: Sozialgesetzbuch

SGE
Abkürzung für: Strategische Geschäftseinheit

SGG
Abkürzung für: Sozialgerichtsgesetz

Shopping Center

Spezieller Typ einer Gewerbeimmobilie, in dem eine Vielzahl von Handelsbetrieben mit Läden und anderen Angebotsflächen ein möglichst umfassendes und attraktives Angebot unterbreiten. Das Shopping Center ist eine Erfindung aus den USA.
Die Idee dabei ist, dem Kunden in einer Einheit und auf einer Fläche möglichst alles, was konsumiert werden kann, durch eine Menge von Spezialhändlern an einem Ort zum Kauf anbieten zu können.
Siehe auch: Einkaufszentrum, German Council of Shopping Centers

Sicherheitsleistung (Zwangsversteigerung)
Unmittelbar nach Abgabe eines Gebotes wird der Bieter in der Zwangsversteigerung vom Rechtspfleger aufgefordert, sich auszuweisen und 10% seines Gebotes als Sicherheitsleistung zu hinterlegen. Der Gesetzgeber lässt hier sowohl Bargeld als auch einen Barscheck zu, der allerdings von der Landeszentralbank beglaubigt sein muss. Sinn dieser Massnahme ist, dass der Bieter die Ernsthaftigkeit seiner Absichten dadurch dokumentiert. Er verliert diesen Betrag, falls er nach erfolgtem Zuschlag die Restsumme nicht beibringen kann. Erhält ein anderer Bieter den Zuschlag, so bekommt der erste Interessent nach Beendigung des Termins seine Sicherheitsleistung zurück.

Sick Building Syndrom
Das Sick Building Syndrom ist ein Sammelbegriff, für Krankheitserscheinungen, deren Ursache in den Raumausdünstungen liegt. Diese Erscheinungen treten vor allem auf, wenn Klimaanlagen nicht richtig eingestellt sind. Untersuchungen wurden erstmals in amerikanischen Geschäfts- und Verwaltungsräumen durchgeführt. Diese Ursachen sind oft schwer festzustellen. In Gebäude verwendete Baustoffe aber auch in Möbel und Teppichen verwendete Chemikalien (Formaldehyd) können zu Kopfschmerz, Müdigkeit, Augenreizung, Schwindel oder Atembeschwerden führen. Die Beseitigung solcher Ursachen kann sehr kostspielig sein. Ist ein solches Syndrom festgestellt führt in der Regel zu Mietminderungen.
Siehe auch: Mietminderung

Sickertheorie
Die Sickertheorie geht davon aus, dass durch Wohnungsneubau nicht nur die Nachfrage nach den neu gebauten Wohnungen befriedigt, son-

dern dass damit gleichzeitig eine Umzugskette ausgelöst wird. Ein Teil der nachfragenden Haushalte macht bisher bewohnte Wohnungen frei, die dann wieder als Angebot dem Markt zur Verfügung stehen.

Die Umzugskette endet jedoch stets dann, wenn lediglich eine Haushaltsteilung stattfindet (meist bei Haushalten, die durch Eheschließungen entstehen) oder wenn der leer werdende Wohnraum abgerissen oder einer nicht wohnwirtschaftlichen Nutzung zugeführt wird. Zunehmender Wohnungsbau führt nach dieser Theorie somit zu verstärkten Marktaktivitäten auch im Wohnungsbestandsmarkt.

Siedlungs- und Verkehrsfläche

Im Turnus von vier Jahren wird im Rahmen der amtlichen Bodennutzungsstatistik auch die Siedlungs- und Verkehrfläche ermittelt.

Es handelt sich um die Summe der Gebäude- und Freiflächen, der Verkehrsflächen, der Erholungsflächen, des Teils der Betriebsflächen, die nicht Abbauflächen sind und die Friedhofsflächen. In Deutschland betrug sie 2001 12,3 % der Gesamtfläche.

SKR

Abkürzung für: Sektorrichtlinie

Slogan

Ein Slogan ist die übergreifende Werbebotschaft, die von einem Unternehmen über einen längeren Zeitraum bei seinen verschiedenen Kommunikationsaktivitäten (Werbung, Pressearbeit) verwendet wird.

SNR

Abkürzung für: Sondernutzungsrecht

Sofortfinanzierung

Siehe: Vorfinanzierung

Solaranlagen

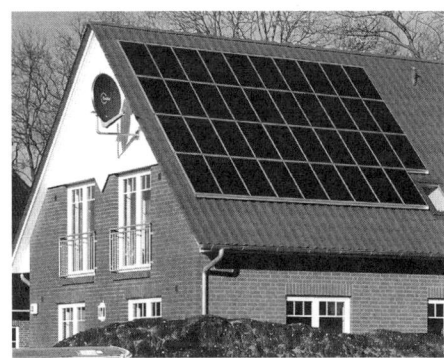

Solaranlagen nutzen die Sonnenstrahlen hauptsächlichen zur Gewinnung von Wärme oder mit Hilfe der Fotovoltaik zur Stromerzeugung. Die Solaranlage besteht aus Sonnenkollektoren und einem Wärmespeicher die über Rohrleitungen hydraulisch mit einander verbunden sind. Praktische Bedeutung hat die Solaranlage vor allem im Sommer zu Erwärmung des Brauchwassers. Je nach geographischem Raum ergibt sich ein unterschiedliches Strahlungsangebot der Sonne. In Deutschland liegt es im Schnitt pro Tag zwischen 860 (Norddeutschland) und 1100 kWh pro m^2 (Süddeutschland).

Zum Vergleich: Sahara 2500 KWh/m^2.

Im Zusammenhang mit der Eigenheimzulage wird die Anbringung von Solaranlagen mit öffentlichen Mitteln gefördert.

Siehe auch: Eigenheimzulage

Solidaritätszuschlag

Zuschlag zur Einkommensteuer, der von allen Steuerzahlern zu entrichten ist. Im Steuerjahr 1997 betrug er 7,5% auf die Einkommensteuerschuld. Ab 1998 wurde er auf 5,5% reduziert. Die Mittel werden in den neuen Bundesländern zum Aufbau einer mit den alten Bundesländern vergleichbaren Infrastruktur verwendet.

SolZ

Abkürzung für: Solidaritätszuschlag

Sonderabschreibung (Einkommensteuer)

Frühere Abschreibungsregelungen für vermietete Objekte in den neuen Bundesländern auf der Grundlage des sogenannten Fördergebietsgesetzes. Nachdem die sehr großzügig bemessene Förderung auch zu wirtschaftlich fragwürdigen Immobilieninvestitionen geführt hat, wurden sie abgeschafft.

Seit 1999 gibt es statt der Sonderabschreibung für manche Immobilien in den neuen Bundesländern eine Investitionszulage, die direkt an den Bauherrn ausgezahlt wird.

Sonderausgaben

Bestimmte Ausgaben eines Steuerzahlers, die der privaten Lebensführung zuzurechnen sind, werden als Sonderausgaben steuermindernd berücksichtigt. Dazu zählen beispielsweise Vorsorgeaufwendungen (Versicherungsbeiträge für gesetzliche Sozialversicherung oder freiwillige Versicherungen wie Lebensversicherung), aber auch die Steuerförderung nach § 10e EStG, die wie Sonderausgaben berücksichtigt wurden. Diese wurde allerdings 1996 durch die Eigenheimzulage ersetzt, wodurch die Förderung im Jahr 2002 ausläuft.

Nach wie vor können „wie Sonderausgaben" abgezogen werden acht Jahre lang 9 % (vor dem 1.1.2004 zehn Jahre 10%) und vier Jahres lang 7% von jenen Herstellungskosten, die im Zusammenhang mit zu eigenen Wohnzwecken genutzten Baudenkmälern oder Gebäuden in Sanierungsgebieten und städtebaulichen Entwicklungsgebieten entstehen.

Sondereigentum

Das Wohnungseigentumsgesetz unterscheidet zwischen dem Gegenstand des Sondereigentums und dem Inhalt des Sondereigentums.

Gegenstand des Sondereigentums sind zunächst die jeweiligen Wohnungen (Wohnungseigentum) bzw. die nicht zu Wohnzwecken dienenden Räume (Teileigentum), die in sich abgeschlossen sein müssen (§§ 1 und 3 WEG).

Zum Gegenstand des Sondereigentums zählen darüber hinaus die zu den Räumen gehörenden Bestandteile des Gebäudes, die verändert, beseitigt oder eingefügt werden können, ohne dass das gemeinschaftliche Eigentum oder das Sondereigentum bzw. die Rechte der übrigen Eigentümer beeinträchtigt oder die äußere Gestaltung des Gebäudes verändert wird.

Diese Abgrenzung und Zuordnung zum Sondereigentum ist für den Gebrauch und Nutzung aber auch für Instandhaltung und Instandsetzung und somit auch für die Kostentragung von Bedeutung, weil jeder Wohnungseigentümer für sein Sondereigentum selbst aufzukommen hat.

Als Inhalt des Sondereigentums werden die Regelungen bezeichnet, die als Vereinbarung abweichend von den gesetzlichen Regelungen bzw. entsprechenden Regelungen in der Teilungserklärung bzw. in der Gemeinschaftsordnung getroffen werden (§ 10 Abs. 1 Satz 2 und Abs. 2 WEG).

Diese als Inhalt des Sondereigentums in das Grundbuch eingetragenen Vereinbarungen binden grundsätzlich alle Eigentümer, auch die neuen Eigentümer (Sondernachfolger) im Falle des Eigentümerwechsels.

Siehe auch: Teilungserklärung, Gemeinschaftsordnung, Gemeinschaftseigentum

Sonderimmobilien

Siehe: Spezialimmobilien

Sondernutzungsrecht

Während jeder Wohnungseigentümer mit seinem Sondereigentum im Rahmen der gesetzlichen und vertraglichen Regelungen nach Belieben verfahren kann, es also insbesondere bewohnen, vermieten und verpachten kann (§ 13 Abs. 1 WEG), steht jedem Eigentümer am gemeinschaftlichen Eigentum – nur – ein Mitgebrauchsrecht (§ 13 Abs. 2 WEG) zu und zwar völlig unabhängig von der Größe seines Miteigentumsanteils.

Da in der Praxis allerdings das Bedürfnis besteht, insbesondere an Grundstücksflächen wie an ebenerdigen Terrassen vor den Erdgeschosswohnungen oder an Kfz.-Stellplätzen einzelnen Eigentümern ein alleiniges Nutzungs- und Gebrauchsrecht einzuräumen, kann das grundsätzlich bestehende Mitgebrauchsrecht am Gemeinschaftseigentum durch eine Vereinbarung (§ 10 Abs. 1 Satz 2 und Abs. 2 WEG) in der Weise beschränkt werden, dass einzelnen oder mehreren Eigentümern ein sogenanntes Sondernutzungsrecht eingeräumt wird. Das bedeutet, dass außer den Sondernutzungsberechtigten alle übrigen Miteigentümer vom Mitgebrauch der Sondernutzungsflächen oder Sondernutzungsräume ausgeschlossen sind.

Ungeachtet dieser Sondernutzungsrechte verbleiben allerdings die entsprechenden Flächen oder Räume im gemeinschaftlichen Eigentum mit der Folge, dass die Instandhaltungs- und Instandsetzungspflichten und die damit verbundene Kostentragungspflicht allen Wohnungseigentümern gemeinschaftlich obliegt, wenn nicht eine abweichende Vereinbarung getroffen wurde.

Siehe auch: Sondereigentum, Gemeinschaftseigentum, Vereinbarung

Sondertilgung

Kreditnehmer, die ihre Immobilie möglichst bald schuldenfrei haben oder ihre jährliche Belastung senken wollen, können – falls vertraglich vereinbart – Sondertilgungen vornehmen. Dies sind Zahlungen, die die vereinbarte Tilgungsrate übersteigen. Solche Sondertilgungen sind bei Bauspardarlehen ohne gesonderte Vereinbarungen möglich.

Bei Darlehen mit variabler Verzinsung bestehen ebenfalls keine Probleme, weil diese Darlehen unter Einhaltung einer vierteljährlichen Kündigungsfrist rückzahlbar sind. Bei Darlehen mit Zinsbindungsdauer müssen Sondertilgungen innerhalb dieses Zeitraums zu genau fixierten Terminen vereinbart werden.

Übersteigt die Darlehenslaufzeit 10 Jahre, können aufgrund der gesetzlichen Sonderkündigungsmöglichkeit unter Einhaltung einer Frist von drei Monaten beliebige Teile des Kredits oder der gesamte Darlehensbetrag zum Ablauf des 10. Jahres zurück gezahlt werden.

Sonderumlage (Wohnungseigentum)

Sonderumlagen sind Zahlungen der Wohnungseigentümer, die auf einer Eigentümerversammlung aus besonderem Anlass beschlossen wurden.

So kann sich für den Wohnungseigentümer die Pflicht zur Leistung zusätzlicher Sonderumlagen ergeben, z.B. wenn unvorhergesehene Instandhaltungsmaßnahmen durchgeführt werden müssen, die durch die Instandhaltungsrückstellung nicht gedeckt sind. Dies ist der Regelfall für Sonderumlagen.

Sondervermögen

Das Sondervermögen ist die Summe des bei einer Kapitalanlagegesellschaft oder eines institutionellen Anlegers (Versicherungen, Pensionskassen) durch die Anteilseigner bzw. Versicherten eingezahlten Kapitals (Investments) und den damit angeschafften Vermögensgegenständen (Aktien, Immobilien, festverzinsliche Wertpapiere etc.). Das Sondervermögen eines Investmentfonds oder einer Versicherungsgesellschaft wird von der jeweiligen Kapitalanlagegesellschaft bzw. von der Versicherungsgesellschaft verwaltet und muss vom eigenen Vermögen des Unternehmens getrennt verwaltet werden. Für jeden Fonds einer Kapitalanlagegesellschaft gibt es ein eigenes Sondervermögen.

Sonderwünsche (Bauträgerobjekte)

Unter Sonderwünsche versteht man die vom Bauträger angebotene Möglichkeit, von der Standardausführung eines Bauvorhabens in einem festgelegten Rahmen abweichen zu können. Die Äußerung eines solchen Wunsches führt zu einer entsprechenden Vereinbarung. Anhand der Bau- und Leistungsbeschreibung erkennt der Käufer beim schlüsselfertigen Bau, ob die Ausstattung einer Immobilie seinen Vorstellungen entspricht oder nicht. Alternativen im Rahmen von Sonderwünschen können für den Interessenten kaufentscheidend sein.

Sout.

Abkürzung für: Souterrain

Souterrainwohnung

Die Souterrainwohnung liegt teilweise unter der Geländeoberfläche. Es handelte sich früher meist um Hausmeisterwohnungen.

Nach heutigem Bauordnungsrecht werden Wohnungen im Kellergeschoss nur dann genehmigt, wenn sie mindesten 1,2–1,6 m (je nach Landesbauordnung) über die festgesetzte Geländeoberfläche hinausragen und über zwei Drittel ihrer Grundfläche eine lichte Höhe von mindestens 2,30 m haben. Außerdem muss für eine ausreichende natürliche Belichtung durch Außenfenster gesorgt ist.

Soziale Stadt

Durch die für den Städtebau zuständigen Länderminister wurde 1996 eine Gemeinschaftsinitiative entwickelt, die den plakativen Titel Soziale Stadt erhielt.

Problemhintergrund dieser Initiative war die in vielen Städten der Bundesrepublik sich abzeichnende Gefahr, dass ganze Stadtviertel durch den Prozess einer problematischen Entmischung der Bevölkerung, des Verfalls und der öffentlichen Verwahrlosung in eine sozial nicht tragbare Ghettosituation zu geraten drohten. Einerseits wurde die Situation durch den zunehmende Anteil der ausländischen Bevölkerung aus den Problemzonen Europas und Afrikas verschärft, der sich in den Großstädten auf wenige Stadtviertel konzentrierte. Andererseits führte der zunehmende Verlust des auf der früheren Industriegesellschaft beruhenden Sozialgefüges zu einer schichtspezifischen Ausgrenzung ganzer Bevölkerungsteile, die den Gesellschaftswandel nicht mitvollziehen konnten und die mit dem Etikett Langzeitarbeitslose sozial ausgegrenzt wurden.

Die fehlende Integrationsbereitschaft bzw. Integrationskraft der Gemeindeverwaltungen verschärfte die Situation. Nachdem sich das Bundesbauministerium der Länderinitiative angeschlossen hat, wurde 1999 ein Modellpro-

gramm entwickelt, mit dessen Hilfe die vom ökonomischen und baulichen Abstieg bedrohten Wohnquartiere (Stadtteile mit besonderem Entwicklungsbedarf) vor dem Umkippen in die Verslumung bewahrt werden sollte. Die Anzahl der Programmgebiete beträgt 161. Sie befinden sich in 123 Gemeinden. In jedem Bundesland steht ein Gebiet unter der besonderen Obhut des Bundes und hat Modellcharakter. Im Jahr 2000 kamen noch 49 weitere Gebiete dazu. Zum Teil handelt es sich um innerstädtische Altbauquartiere (Beispiel Innenstadt Neunkirchen im Saarland) zum Teil um Großwohnsiedlungen aus der Nachkriegszeit (Beispiel Siedlung Hasenbergl in München).

Die Grundidee der Sozialen Stadt ist es, mit Hilfe eines integrierten Maßnahmebündels alle das Zusammenleben betreffenden Lebensbereiche des geförderten Wohnquartiers zu erfassen. Es bezieht sich auf Handlungsfelder wie Arbeit und Beschäftigung z.B. Jobvermittlung für Schulabgänger, soziale, kulturelle, bildungs- und freizeitbezogene Infrastruktur, Teilnahme der Bewohner am Stadtteilleben, integrierte Förderung und Finanzierung von Gemeinschaftsanlagen.

Siehe auch: Sanierung

Sozialer Wohnungsbau

Der Soziale Wohnungsbau stellt ein besonderes Segment der Wohnungswirtschaft dar, bei dem der Staat zusätzliche öffentliche Mittel gewährt. Während des zeitlichen Geltungsbereichs des II. Wohnungsbaugesetzes, das mit Wirkung vom 1. Januar 2002 (bzw. – optional 1. Januar 2003) durch das Wohnraumförderungsgesetz abgelöst wurde, war es das Ziel, die Versorgung breiter Schichten des Volkes mit Wohnraum zu tragbaren Bedingungen sicherzustellen. Um öffentliche Mittel bewilligt zu bekommen, mussten bestimmte gesetzlich definierte Standards eingehalten werden. Bestimmte Wohnflächengrenzen durften nicht überschritten werden und die Mietbelastung durfte nicht über die Bewilligungsmiete hinausgehen. Für die damals geförderten Wohnungen gilt auch noch heute, dass sie nur Wohnungssu-chenden mit Wohnberechtigungsschein über-lassen werden dürfen. Mieterhöhungen bei sol-chen Wohnungen (durch einseitige Mieter-höhungserklärung) sind nach wie vor durch die Kostenmiete beschränkt. Altes Recht wirkt hier fort. Die Einhaltung der Vorschriften wird überwacht. Einen Rechtsanspruch auf eine So-zialwohnung gibt es nicht. Makler dürfen bei Vermittlung von Sozialwohnungen vom Mieter keine Provision fordern, wohl aber vom Ver-mieter.

Die Berechtigung zum Bezug einer Sozialbau-wohnung, die im 1. Förderweg gefördert wur-de, ist davon abhängig, dass bestimmte Ein-kommensgrenzen nicht überschritten werden (Alleinstehende 11.760 Euro, 2 Personenhaus-halt 17.077 Euro und jede weitere Person 4.090 Euro.

Beim 2. Förderweg ist eine Überschreitung die-ser Einkommensgrenzen bis 60% zulässig. Auch die Höchstwohnflächen dürfen um 20% überschritten werden. Der 2. Förderweg spielt heute keine Rolle mehr.

Der 3. Förderweg bestand in einer vereinbarten Förderung. Vereinbart wurden Art und Umfang der finanziellen Förderung, Zweckbestimmung und Belegungsbindung (nicht nach dem Woh-nungsbindungsgesetz), Beachtung der Einkom-mensgrenzen sowie Höhe der Anfangsmieten und Mieterhöhungen, die dann später in die Vergleichsmiete einmünden soll.

Nicht in allen Bundesländern gibt es diese Art der Förderung. Wesentliche Elemente dieses Förderweges wurden in das neue Fördersystem des Wohnraumfördergesetzes übernommen. Im Rahmen des sozialen Wohnungsbaus wurden aber auch (selbst genutzte) Eigenheime und Eigentumswohnungen gefördert. Auch hier war Voraussetzung für den Erwerb, dass bestimmte Einkommensgrenzen nicht überschritten wur-den. Neben Wohnbaudarlehen wurden häufig auch noch Familienzusatzdarlehen gewährt. Neben die Förderung mit Baudarlehen tritt auch heute noch die Förderung nach dem Eigenheimzulagengesetz.

Am 1. Januar 2002 ist das Wohnraumförde-rungsgesetz in Kraft getreten, das für den So-zialen Wohnungsbau eine Zäsur bedeutet.

Manche Bundesländer – wie Bayern – machten von der Möglichkeit Gebrauch, das Wohnraum-förderungsgesetz erst am 1.1.2003 in Kraft treten zu lassen. Es wird nicht mehr auf die Förderung breiter Schichten der Bevölkerung, sondern nur noch auf bedürftige Haushalte ab-gestellt, die sich am Markt nicht selbst versor-gen können und auf Unterstützung angewiesen sind. Außerdem wird jetzt auch der Wohnungs-bestand und der Erwerb von bestehenden Woh-nungen in die Förderung mit einbezogen wer-den.

Siehe auch: Wohnraumförderungsgesetz

Sozialklausel
Siehe: Berechtigtes Interesse

Sozialklauselgesetz
Siehe: Umwandlung

Sp.
Abkürzung für: Spalte

Spannungsklausel
Dabei handelt es sich um eine Vereinbarung zwischen Mieter und Vermieter. Sie ist im Im-mobilienbereich nur anwendbar bei einem Ge-schäftsraummietverhällnis in Bezug auf die Möglichkeiten einer Mietanpassung. Einfach ausgedrückt geht es dabei um die Anpassung der Miete in einem Gewerbemietvertrag an die tatsächlich gezahlten Mieten vergleichbarer Objekte.

Wenn bei einem Vergleich des Mietobjekts mit möglichst gleichwertigen Objekten eine unter-schiedliche Miethöhe festgestellt wird, kann die Miete entsprechend angepasst werden. Ist der Nachweis vergleichbarer Objekte ohne Be-anstandung „geglückt", bedarf es in diesem Fall nicht mehr der Zustimmung des Mieters zur Mietanpassung.

Wichtig sind die angesprochenen Vergleichsob-jekte. Sie müssen am selben Ort, im Nahbereich in vergleichbarer Lage zu finden sein und von Art, Nutzung und Größe ähnlich ausfallen. Die Anpassung mit Hilfe eines üblichen Indexes zu untermauern, ist deshalb auch nicht möglich. Eine Vergleichbarkeit ist auch dann nicht gegeben, wenn das ansonsten ähnliche Vergleichsobjekt einen Mietvertrag mit einer Wertsicherungsklausel aufweist. Die Feststellung einer Gleichwertigkeit ist in der Praxis überaus schwer zu erbringen, oft bedarf es der Hilfe eines Gutachters.

Siehe auch: Wertsicherungsklausel

SparPG

Abkürzung für: Sparprämiengesetz

Spekulationsfrist

Die Spekulationsfrist für Wertpapiere liegt bei einem Jahr, für Immobilien beträgt sie zehn Jahre. Sie beginnt an dem Tag, an dem der Kaufvertrag abgeschlossen wurde.

Für den Anleger bedeutet das: Kauft und verkauft er eine Aktie oder eine fremdgenutzte Immobilie innerhalb der entsprechenden Zeiträume, so müssen die Wertzuwächse mit dem individuellen Einkommensteuersatz versteuert werden.

Ein Ausgleich durch Spekulationsverluste ist möglich, nicht aber ein Ausgleich mit Gewinnen aus anderen Einkunftsarten.

Siehe auch: Privates Veräußerungsgeschäft

Spekulationsgeschäft

Frühere Bezeichnung für „Privates Veräußerungsgeschäft" i.S.d. § 23 EStG

Siehe auch: Privates Veräußerungsgeschäft

Spezialfonds

Beim Spezialfonds handelt es sich um eine besondere Art des offenen Immobilienfonds. Im Gegensatz zu Publikumsfonds, deren Zielgruppe für die angebotene Geldanlage das Publikum ist, handelt es sich bei den Spezialfonds um Immobilienvermögen, deren Anteilscheine nach den Vorschriften Kapitalanlagengesetzes von nicht mehr als zehn institutionellen Anlegern

(also keine natürlichen Personen) gehalten werden dürfen und insgesamt mindestens 150 Millionen Euro betragen müssen.

Siehe auch: Immobilienfonds – Offener Immobilienfonds

Spezialimmobilien

Spezialimmobilien, auch Sonderimmobilien genannt, sind ein Mixtum Kompositum unterschiedlichster Objekttypen; sie sind ein Oberbegriff, unter dem relativ heterogene Objekttypen subsummiert werden. Sie umfassen beispielsweise Arenen, Autohöfe, Autobahnrastanlagen, Bahnhöfe, Flughafenterminals, Kraftwerksgebäude, Hotels, Kureinrichtungen, High-way-Hotels, Freizeitparks, Logistikzentren, Musicaltheater, Großdiskotheken, Motor-Dromes, Parkierungsanlagen, Pflegeheime, Sporteinrichtungen/-anlagen, Sporteinrichtungen / -anlagen, Sakralimmobilien (etwa Kirchengebäude, Pfarrsäle), Science Parks, Technologiezentren, Brand Lands großer Markenhersteller, Multiplex-Kinos oder gar Exoten wie Speedway-Anlagen, Strafanstalten bis hin zu Objekten aus dem Bereich des Betreuten Wohnens.

Bei Sonder- und Spezialimmobilien ist das eigentlich prägende Element, dass das Objekt sich im hohen Maße an den spezifischen Nutzungserfordernissen eines bestimmten Nutzers orientiert.

Eine andersartige Folgenutzung, d.h. eine sogenannte Drittverwendung, ist entweder nicht oder nur mit exorbitanten Kosten möglich, was das ökonomische Risiko derartiger Objekte erheblich erhöht. Dort wo keine Drittverbindungsmöglichkeit möglich ist, bleibt bei einem Scheitern der Immobilieninvestition lediglich eine völlig nutzlose Ruine zurück. Daher ist es besonders wichtig, immer im Auge zu haben, in welchem Lebenszyklus-Abschnitt sich die einzelnen Sonder- / Spezialimmobilien-Objekttypen befinden.

Neben der stark reduzierten, wenn überhaupt noch gegebenen Drittverwendungsmöglichkeiten, einer damit verbundenen wesentlich geringeren Fungibilität ist dieser Objekttyp durch die Notwendigkeit einen vom fachlichen wie auch finanziellen Background geeigneten Betreiber zu haben der das Objekt nachhaltig erfolgreich betreibt, sehr risikobehaftet. Außerdem ist die Wertermittlung bei Sonder- und Spezialimmobilien wesentlich diffiziler.
Siehe auch: Bahnhöfe

Sponsoring

Sponsoring ist eine innovative Form der Zielgruppenansprache, die im Bereich Immobilienwirtschaft erst zögerlich und wenig planvoll eingesetzt wird. Im Gegensatz zu Spenden etc. ist eine vertraglich fixierte Gegenleistung (z.B. ein Hinweis auf die sponsernde Immobilienverwaltung im Programmheft und bei der Eröffnung einer Veranstaltung) eine unabdingbare Voraussetzung eines wirklichen Sponsorings.

Sprinkleranlage

Unter einer Sprinkleranlage versteht man eine stets betriebsbereite Löschanlage, die bei Ausbruch von Feuer automatisch in Funktion tritt. Aus ortsfest verlegten Rohren wird über „Sprinkler" Löschwasser abgeben. Sprinkleranlagen reduzieren das Brandschadenrisiko erheblich.

Nach Versicherungsstatistiken arbeiten Sprinkleranlagen mit einer Erfolgsquote von über 98%. Versicherungsgesellschaften gewähren bei sprinklergeschützten Risiken Rabatte von bis zu 65% auf die Prämien für Feuer- und Betriebsunterbrechungsversicherungen. Ein weiterer Effekt besteht darin, dass durch eine installierte Sprinkleranlage auf einen Teil anderer, dem Brandschutz dienender, Investitionen verzichtet werden kann.

Durch geschickte Auslegung des Rohrleitungsnetzes und Verbindung mit einer Niedertemperaturheizung lässt sich die Sprinkleranlage in bestimmten Fällen auch als Heizung einsetzen. Dadurch können Kosten gespart werden.

SRL.

Abkürzung für: Verband für Stadt-, Regional- und Landesplanung

st.Rspr.

Abkürzung für: ständige Rechtsprechung

staatl.

Abkürzung für: staatlich

Stadt

Die Stadt ist rechtlich eine „politische" Gemeinde und geographisch ein Siedlungszentrum, das eine mehr oder weniger weitreichende Versorgungsfunktion für das Umland wahrnimmt.

Die Stadt weist einen Stadtkern mit hoher Bebauungsverdichtung auf, die nach den Stadträndern hinzu abnimmt. Die Stadt ist ein in sich relativ abgeschlossenes Siedlungsgebilde, deren Bewohner bestimmte, von einem städtischen Bewusstsein geprägte Lebensformen pflegen.

Die Stadtteile sind unterschiedlich geprägt, was vielfach Ausdruck von Erscheinungen einer stark imageprägenden siehe Segregation ist. Typenbilder von Stadtteilen ergeben sich den inhaltlichen Bestimmungen von Baugebietsarten, wie sie in Flächennutzungsplänen dargestellt werden.

Städte unterscheiden sich in vielfacher Hinsicht. Je nach hervorstechendem Merkmal spricht man von Seestädten, Industriestädten, Kulturstädten, Garnisonsstädten, Universitätsstädten, Hauptstädten usw.

Die Stadtkultur lässt sich weit zurückverfolgen. Antike Städte hatten zum Teil eine hohe Einwohnerzahl (Rom in seiner Blütezeit über 600.000, Konstantinopel nahezu 700.000).

Die mittelalterlichen Städte in Deutschland hatten weitaus geringere Einwohnerzahlen, etwa zwischen 10.000 und 50.000, wie etwa Köln als größte deutsche Stadt im 13.-14. Jahrhundert, während in Italien Palermo mit 100.000 so groß war wie Paris. Neapel überschritt im 16. Jahrhundert die 200.000 Einwohnergrenze.

Relativ groß waren auch die niederländischen Städte. Bedeutung erlangten die Städte durch das ihnen verliehene Marktrecht, besonders im Hinblick auf den Fernhandel.

Das Marktrecht entwickelte sich zum Stadtrecht fort, das auch das Kaufmannsrecht, das Erbrecht, Besteuerungshoheit, Gerichtsbarkeit, Zollrechte usw. umfasste. Der Übergang von der Stadtherrschaft zur Selbstverwaltung mit ihrer Stadtverfassung und mit dem Bürgermeister an der Spitze begann im 12. Jahrhundert. Stadtmauern schlossen das Stadtgebiet nach außen ab. Mit zunehmender Bevölkerung verdichteten sich die Städte. Einen Mietwohnungsbau gab es nicht. Es entstand einerseits das „Stockwerkseigentum" (horizontale Eigentumstrennung) andererseits das „Teilhaus" (vertikale Eigentumstrennung).

In der Neuzeit begann ein Verstädterungsprozess. Paris und London zählten Ende des 17. Jahrhunderts 500.000 bzw. 670.000 Einwohner. Das Wachstum der Städte beschleunigte sich im Zeitalter der industriellen Revolution erheblich. In Deutschland lebten 1815 erst 12% der Bevölkerung in „Städten" (mit über 5000 Einwohnern) 1900 dagegen schon 42%. Parallel hierzu entwickelte sich das Wachstum der einzelnen Städte.

Die Zahl der Großstädte (mit über 100.000 Einwohner stieg von 8 im Jahre 1871 auf 48 im Jahre 1910. Im Zuge der Auflockerung der Städte durch Grünanlagen fand auch ein Übergang vom Giebel- um Fassadenhaus statt. Ideen der „Gartenstadtbewegung" (Begründer dieser Bewegung war der Engländer Ebenezer Howard) fanden zunehmend Eingang Städtebau. Dieser wurde von städtischer Seite allerdings nur „baupolizeilich" gelenkt. Das Städtewachstum selbst fand – wie in England – unter privater Regie statt. Es war Angelegenheit von Terraingesellschaften und von ihnen häufig abhängigen Bauunternehmen.

Die Innenstädte von heute, soweit sie sich von der „Altstadt" vorbei entwickelten, sind trotz der Zerstörungen im 2. Weltkrieg noch weitgehend das Ergebnis dieser unternehmerischen Städtebauaktivitäten des 19. Jahrhunderts. Funktionstrennung im Städtebau wurde 1933 in der „Charta von Athen" gefordert – und auch in Deutschland mit Verspätung weitgehend befolgt. Heute lautet das Motto im Hinblick auf die wachsenden Verkehrsprobleme „Funktionsmischung". Die heutige amtliche Statistik unterscheidet zwischen

Landstädten 2000 - unter 5000 Einwohner-
Kleinstädte 5000 - unter 20.000 Einwohner
Mittelstädte 20.000 - unter 100.000 Einwohner
Großstädte mit 100.000 Einwohnern und mehr.

Im Hinblick auf das mittlerweile eingetretene Städtewachstum, vor allem im internationalen Vergleich, erscheint diese Einteilung, die noch aus dem Jahre 1860 stammt, veraltet.

Wenn man bedenkt, dass es mittlerweile auf dieser Erde 33 „Megastädte" mit über 8 Millionen Einwohnern gibt, erscheint manche deutsche Großstadt als „klein".

Siehe auch: Zentrale Orte, Stockwerkseigentum, Soziale Stadt

Stadtumbau

Die Bevölkerungsverschiebungen in diesem Jahrhundert führen zu der Notwendigkeit, einerseits den Schrumpfungsprozess von Städten und andererseits die Veränderung der Altersstruktur so zu begleiten, dass er den gewandelten Bedürfnissen der Wohnbevölkerung gerecht wird. Im Fokus steht der Abriss nicht mehr nutzbarer Gebäude in Verbindung mit einer Neugestaltung des Wohnumfeldes. Da die Probleme in Ostdeutschland besonders offenkundig sind, konzentrierten sich die Bemühungen zunächst auf den Stadtumbau Ost. Mittlerweile gibt es auch Modellprojekte für den Stadtumbau West.

Der Stadtumbau Ost wird bis 2009 mit 2,7 Mrd. Euro gefördert, wovon 46% für den Abriss und 54% für die Erhaltung und Aufwertung bestehender Quartiere eingesetzt werden sollen. Bis 2003 ist der „Rückbau" von 95.000 Wohnungen im Osten bewilligt worden. Ziel ist der Rückbau von 350.000 Wohnungen. Für den Stadtumbau West stehen – vornehmlich für Forschungszwecke – 15 Millionen Euro zur Verfügung.

StädtebaufG

Abkürzung für: Städtebauförderungsgesetz

StÄndG

Abkürzung für: Steueränderungsgesetz

Staffelmiete

Eine im Mietvertrag bereits festgelegte Vereinbarung über künftige Mietsteigerungen. Die Erhöhungsbeträge sind von Vertragsbeginn an exakt bestimmt. Dem Mieter ist also bekannt, um wie viel Euro in welchem Jahr die Miete ansteigt. Die jeweilige Mietstaffel muss bei Wohnraummietverträgen mindestens 1 Jahr unverändert gelten. Die Staffelvereinbarung darf maximal 10 Jahre betragen. Bei Gewerberaummietverträgen gibt es solche Beschränkungen nicht. Staffelmieten können auch in unbefristeten Mietverträgen vereinbart sein.

StandOG

Abkürzung für: Standortsicherungsgesetz

Standort

Der Standort ist der elementare Teil einer Immobilie, die, wie der Name schon sagt, unbeweglich ist. In der Immobilienwirtschaft ist daher eine Standortanalyse von besonderer Bedeutung, um Rückschlüsse auf den Erfolg eines Projektes bzw. einer Immobilie ziehen zu können und ggf. konzeptionelle Maßnahmen zu berücksichtigen.

Eine Standortanalyse kann als systematisches Sammeln, Auswerten und Analysieren von Informationen, die direkt und indirekt mit der Immobilie in Zusammenhang stehen, bezeichnet werden. Zu unterscheiden sind weiche und harte Standortfaktoren. Zu den harten Standortfaktoren zählen die Verkehrsanbindung, Topographie, technische Ver- und Entsorgung, Umfeldnutzungen sowie sozioökonomische Faktoren (Einwohner im Einzugsgebiet, Bevölkerungsstruktur, Wettbewerbssituation, vorhandene Wirtschaftskraft ...).

Als weiche Standortfaktoren bezeichnet man die Faktoren, die subjektive und emotionale Eindrücke und Bewertungen der Rahmenbedingungen darstellen. Solche Faktoren sind Verwaltungs- / politische Strukturen, Wirtschaftsklima, Image des Mikrostandortes sowie Kultur-, Wohn- und Freizeitqualität.
Siehe auch: Standort- und Marktanalyse, Lage

Standort- und Marktanalyse

Der Begriff „Standort- und Marktanalyse" (STOMA) wird im Rahmen des Aufgabenbereichs der Projektentwicklung verwendet. Durch eine gründliche Standort- und Marktanalyse soll ermittelt werden, ob eine Projektidee unter Inkaufnahme welcher Risiken und Ertragschancen realisierbar ist.

Bei der Vorgehensweise ist zu unterscheiden zwischen Fällen, in denen ein Grundstück erst gesucht werden muss, um die Projektidee zu verwirklichen oder ob ein Grundstück bereits vorhanden ist.

Muss ein Grundstück erst gesucht werden, wird eine Konfiguration des idealen Standorts als Maßstab erstellt. Konkrete Grundstückangebote werden daran gemessen. Ist ein Grundstück bereits vorhanden wird seine Eignung für die Verwirklichung der Projektidee untersucht. Die Marktanalyse bezieht sich auf die Untersuchung der für das Projekt relevanten Marktstrukturen.
Siehe auch: Lage

StAnz

Abkürzung für: Staatsanzeiger

Statik

Notwendige Berechnungen zu Bauelementen, die Belastungen durch Druck, Zug oder Schub erfahren. Die Berechnungen schreiben Mindestwerte vor, wie tragfähig, steif und fest ein Bauteil sein muss. Zudem soll ein ausgewogenes Verhältnis von Materialaufwand und statischer Sicherheit erreicht werden. Die Berechnungsgrundlage des Statikers ist der Bauplan des Architekten.

StBA

Abkürzung für: Statistisches Bundesamt

StBauFG

Abkürzung für: Städtebauförderungsgesetz

StBerG

Abkürzung für: Steuerberatungsgesetz

Stellplätze

Nach den Landesbauordnungen sind Bauherrn verpflichtet, Stellplätze oder Garagen in ausreichendem Umfange zu Verfügung zu stellen. Die Zahl der Garagen bzw. Stellplätze richtet sich nach der Art der baulichen Anlage. In Nordrhein-Westfalen z.B. bei Einfamilienhäusern 1-2, bei Miethäusern 1-1,5 je Wohnung, bei Büro- und Verwaltungsgebäuden 1 Stellplatz je 40 m² Nutzfläche, bei Läden etwa 1 Stellplatz je 30 m² Verkaufsfläche.

Ist die Errichtung von Garagen oder Stellplätzen baurechtlich oder faktisch nicht möglich, kann der Bauherr sich durch Ablösevereinbarungen mit der Gemeinde hiervon befreien lassen. Entsprechende Ablösesatzungen der Gemeinden müssen von der übergeordneten Bauaufsichtsbehörde genehmigt werden.

Die Höhe dieser Ablösesummen ist vielfach ein Stein des Anstoßes. Sie kann sich z.B. an den durchschnittlichen anteiligen Kosten der Errichtung eines Stellplatzes im Rahmen einer gemeindlichen Tiefgarage oder eines Parkhauses orientieren, darf aber 60% dieser Kosten nicht überschreiten. Die Gemeinde ist allerdings auch verpflichtet, die aus solchen Vereinbarungen resultierenden Geldbeträge für öffentliche Parkeinrichtungen oder die Schaffung zusätzlicher privater Stellplätze zu verwenden. Ein Anspruch aus dem Vertrag zur Errichtung solcher Anlagen ergibt sich für den Stellplatzpflichtigen allerdings ebenso wenig wie ein Rückerstattungsanspruch, wenn die Gemeinde ihrer Verpflichtung nicht nachkommt. Bezahlte Ablösebeträge sind steuerrechtlich wie Herstellungskosten zu behandeln.

Steuerbescheid

Amtlicher Bescheid des Finanzamts, in dem die Steuerschuld des Steuerpflichtigen für ein bestimmtes Jahr festgestellt wird. Ebenso werden die geleisteten Vorauszahlungen festgestellt und von der Steuerschuld abgezogen. Hinsichtlich der Differenz ergeht unter Setzung eines Termins eine Zahlungsaufforderung. Übersteigen die Steuervorauszahlungen die Steuerschuld, ist der Steuererstattungsbetrag im Steuerbescheid ausgewiesen, verbunden mit der Ankündigung der Rückzahlung auf das Konto des Steuerpflichtigen. Weicht das Finanzamt in seinem Steuerbescheid von Angaben in der Steuererklärung ab, wird im Steuerbescheid unter Bezugnahme auf die dabei zum Zuge kommende Vorschrift hingewiesen.

Steuererklärung

Instrument, mit dem Steuerzahler ihre Jahresabrechnung mit dem Finanzamt machen. Die Steuererklärung besteht – formal betrachtet – aus einem Mantelbogen, in den persönlichen

Angaben wie Name, Anschrift, Geburtsdatum, Beruf und Arbeitgeber eingetragen werden. Je nachdem, welche der sieben Einkunftsarten vorhanden sind, müssen diese im Mantelbogen angekreuzt und der entsprechende Vordruck (z.B. Anlage V für Einkünfte aus Vermietung und Verpachtung) beigelegt werden.

Die Abgabefrist für die Steuererklärung ist grundsätzlich der 31.5. des auf das Steuerjahr folgenden Kalenderjahres. Auf Antrag gewährt das Finanzamt Fristverlängerung bis zum 30.9. des Jahres. Wird die Steuerklärung durch einen Steuerberater erstellt, kann die Abgabe auf Antrag bis zum 28.2. des darauffolgenden Jahres erfolgen.

Steuerliche Förderung

Die Art und Weise der staatlichen Förderung von Immobilieneigentümern unterscheidet sich nach der Nutzungsart. Sie hängt also davon ab, ob das Objekt vom Eigner selbst bewohnt oder vermietet wird. Bei selbstgenutzten Immobilien gibt es seit dem 1. Januar 2004 spürbare Einschnitte bei der staatlichen Förderung.

Zuvor wurde der Erwerb von neuen und gebrauchten Immobilien durch eine unterschiedlich hohe Eigenheimzulage bezuschusst. Für den Bau oder Kauf eines neuen Objekts (nicht älter als zwei Jahre) zahlte der Staat acht Jahre lang bis jeweils 2.556 Euro, falls Eigenheimer die einschlägigen, vom Gesetz vorgegebenen Einkommensgrenzen einhielten. Bei Immobilien aus zweiter Hand lag die Zulage immerhin halb so hoch, nämlich acht Jahre lang jeweils bis 1.278 Euro.

Ab dem Jahr 2004 wird bei der staatlichen Förderung selbstgenutzten Wohneigentums nicht mehr zwischen neuen und gebrauchten Objekten unterschieden. Die Förderung beträgt nunmehr einheitlich maximal jeweils 1.250 Euro während des achtjährigen Förderzeitraums.

Eine spürbare Verschlechterung ergibt sich auch bei den Einkommensgrenzen. Bekanntlich dürfen Eigenheimer nicht zu viel verdienen, um Anspruch auf die staatliche Förderung zu haben. Bei Alleinstehenden sinkt die Einkommensgrenze (= Summe der positiven Einkünf-

te) im Erwerbs- und vorherigen Jahr auf insgesamt 70.000 Euro. Gemeinsam zur Einkommensteuer veranlagte Eheleute dürfen während des zweijährigen Beobachtungszeitraums doppelt so viel, nämlich 140.000 Euro verdienen. Pro Kind, das noch im Haushalt der Eltern lebt, erhöht sich die Einkommensgrenze um insgesamt 30.000 Euro.

Vermieter dürfen ihre Mieteinnahmen mit den Aufwendungen, die sie im Zusammenhang mit der Immobilie aufbringen müssen, steuersparend verrechnen.

Als Werbungskosten, so der Fachausdruck, akzeptiert das Finanzamt Schuldzinsen, Finanzierungsnebenkosten sowie Geldbeschaffungskosten, Erhaltungsaufwand, Absetzung für Abnutzung (AfA) und sonstige Werbungskosten, z.B. für Hausverwaltung, Fahrten zum Mietobjekt usw. Um die Steuervorteile möglichst frühzeitig zu nutzen, ist es ratsam, auf der Lohnsteuerkarte einen entsprechenden Freibetrag eintragen zu lassen.

Auch bei vermieteten Immobilien gibt es seit Jahresbeginn 2004 einige Änderungen. Sie betreffen die sogenannte degressive Abschreibung (AfA) bei neuen Objekten. Zwar bleibt beim Abschreibungszeitraum mit 50 Jahren alles beim alten. Doch die Abschreibungssätze in den Anfangsjahren wurden verringert, so dass Eigentümer zu Beginn weniger steuerliche Vorteile haben als früher.

Siehe auch: Eigenheimzulage, Absetzung für Abnutzung (AfA)

Steuerveranlagung

Unterschieden wird bei Ehegatten zwischen der gemeinsamen und der getrennten Veranlagung. Entscheiden sich Ehegatten, die beide eigene Einkünfte haben, für getrennte Veranlagung, werden sie aus steuerlicher Sicht wie Ledige behandelt. Jeder zahlt dann gemäß der Grundtabelle wie ein Alleinstehender. In der Regel übersteigen die Steuern bei getrennter Veranlagung nach der Grundtabelle die Abgaben ans Finanzamt, die bei der Berechnung nach der Splitting-Tabelle anfallen.

Ob getrennte oder gemeinsame Veranlagung

gewählt werden soll, ist in manchen Fällen eine Kalkulationsfrage. Fällt z.b. die Differenz zwischen beiden Veranlagungen geringer aus als die staatliche Förderung nach dem Eigenheimzulagengesetz, lohnt sich diese steuerliche Strategie eventuell für Bauherren und Käufer von Eigenheimen, die mit ihrem Einkommen („Gesamtbetrag der Einkünfte") ansonsten den Grenzwert gemäß Eigenheimzulagengesetz überschreiten und daher keinen Anspruch auf staatliche Förderung haben. Rutscht auf diese Weise einer der Ehepartner unter die Einkommensgrenze, erhält er die Eigenheim- und Kinderzulage in voller Höhe – wenn er alleiniger Eigentümer der Immobilie ist.

Diese Strategie kann sich im Jahr der Fertigstellung bzw. im Kaufjahr je nach Höhe der Gesamteinkünfte selbst dann auszahlen, wenn der Partner mit den geringeren Einkünften lediglich zur Hälfte Eigentümer der Immobilie wird und ihm somit auch nur der halbe Förderbetrag zusteht. Vorsichtshalber sollten Vor- und Nachteile der getrennten Veranlagung mit einem Fachmann (Steuerberater) im Einzelfall vorab geklärt werden.

Steuerwert

Siehe: Grundbesitzwert

StGB

Abkürzung für: Strafgesetzbuch

Stimmenthaltung

Siehe: Stimmrecht (Wohnungseigentümerversammlung)

Stimmrecht (Wohnungseigentümerversammlung)

Das Stimmrecht ist die Berechtigung jedes Wohnungseigentümers, an der Beschlussfassung auf Versammlungen der Wohnungseigentümer mitzuwirken.

Nach dem WEG hat jeder Eigentümer eine Stimme ohne Rücksicht auf die Größe seiner Miteigentumsanteile und die Zahl der Wohnungen, die ihm gehören („Kopfprinzip"). Die Ge-

meinschaftsordnung kann abweichende Regelungen über das Stimmrecht enthalten und zwar:

Stimmrecht nach Realprinzip:

Für jedes Wohnungs- und Teileigentum wird eine Stimme gewährt, (auch Objektprinzip genannt).

Stimmrecht nach Wertprinzip:

Abgestellt wird hier auf die Größe der Miteigentumsanteile. Allerdings kann sich durch dieses Stimmrecht in der Praxis das Problem einer Stimmenmajorisierung (Stimmrechtshäufung) durch einen Mehrheitseigentümer ergeben. Die Stimmenmajorisierung darf nicht rechtsmissbräuchlich eingesetzt werden.

Das Stimmrecht ist kein höchstpersönliches Recht. Der Wohnungseigentümer kann einen anderen Wohnungseigentümer oder den Verwalter zur Ausübung seines Stimmrechts bevollmächtigen. Bei der Abstimmung über einen Beschlussgegenstand hat der Wohnungseigentümer drei Möglichkeiten. Er kann mit Ja oder Nein stimmen oder sich der Stimme enthalten. Bei Stimmenthaltung verzichtet er auf seine Einflussnahme auf das Ergebnis. Stimmenthaltungen sind keine Neinstimmen, so dass nur das Verhältnis der Ja- zu den Neinstimmen zählt.

StJB

Abkürzung für: Statistisches Jahrbuch

StMBG

Abkürzung für: Missbrauchsbekämpfungs- und Steuerbereinigungsgesetz

Stockwerkseigentum

Stockwerkseigentum ist ein ideeller Vorläufer des Wohnungseigentums. Im Rahmen der Vertragsfreiheit konnte vor Inkrafttreten des BGB und der Grundbuchordnung in einigen Ländern des Deutschen Reiches (z.B. Bayern, Baden-Württemberg, Hessen) Stockwerkseigentum begründet werden. Am 1.1.1900 bestehendes Stockwerkseigentum konnte mit Hilfe von Vorschriften in den jeweiligen Einführungsgesetzen zum BGB fortgeführt werden. Es spielt heute faktisch kaum mehr eine Rolle.

STOMA
Abkürzung für: Standort- und Marktanalyse
Siehe auch: Standort- und Marktanalyse, Projektmanagement (immobilienwirtschaftlich)

StPO
Abkürzung für: Strafprozessordnung

str.
Abkürzung für: srittig / streitig

Straßennamen
Für fast jede Stadt finden sich in Archiven der Städte und im Internet oft umfangreiche Informationen über die Bedeutung der Straßennamen. Es ist üblich Straßen
nach berühmten oder herausragenden Personen zu benennen: Konrad Adenauer Damm, Frau-Klara-Straße,
- nach Zielen: Hamburger Chaussee,
- nach Flurbezeichnungen: Am Rethwisch,
- nach geografischen Besonderheiten: Bergstraße,
- nach Ereignissen: Straße des 17. Juni,
- oder örtlichen Besonderheiten: Waisenhofstraße, Bahnhofstraße.

Gebräuchliche Bezeichnungen für Straße sind auch Allee, Chaussee, Weg, Gang, Damm, Gasse, Pfad, Promenade, Boulevard, Ring, Platz, Carree, Avenue. Ortsangaben wie „Außerhalb", „Am Rand", „Hackesche Höfe" können ebenfalls Straßenbezeichnungen sein.
Straßen müssen nicht immer Namen bekommen, sondern können auch mit Nummern oder Buchstaben bezeichnet werden. Das betrifft nicht nicht nur die Bundes-Autobahnen oder Landesstraßen, sondern ist bekannt aus New York. Nach einem Zonenplan wurden dort bereits 1811 die 12 nummerierten von Norden nach Süden verlaufende Avenues und Seitenstraßen geplant. Nur der Broadway führt quer durch das Gitternetz. Nummern als Straßen

sind aber auch eine Besonderheit Mannheims. Das Herz der Altstadt bildete die alte kurfürstliche Festung, die von einer Stadtmauer umgeben war. Sie hat ziemlich genau die Form eines Halbkreises, in dem Quadrate liegen. Die Anordnung der Häuserblocks wurde auf dem Reißbrett entworfen und wird in ihrer Exaktheit mit der Anordnung der Blocks in Manhattan / New York verglichen. In Mannheim sind nicht wie in Manhattan die Straßen, sondern Blöcke nummeriert, z.B. A1, B3 oder F5. Eine Adresse lautet z.B. Vorname Name; C 3, 8; 68161 Mannheim.
Die Ratsversammlungen der Städte und Gemeinden können nach der jeweiligen Landes-Kommunalordnung in öffentlicher Sitzung Straßen umbenennen oder Straßen in Neubaugebieten Namen geben. Die Bürger können sich an der Namensfindung beteiligen. Die neuen Straßenbezeichnungen werden öffentlich bekannt gegeben und – wenn kein begründeter Widerspruch erhoben wird – zu einem fest gelegten Zeitpunkt wirksam.
Siehe auch: Hausnummer

StRefG
Abkürzung für: Steuerreformgesetz

StrWG
Abkürzung für: Straßen- und Wegegesetz

Studiengänge (immobilienwirtschaftliche)
An verschiedenen Fachhochschulen und Berufsakademien werden im Rahmen des Diplomstudiums immobilienwirtschaftliche Studiengänge oder Studienschwerpunkte angeboten. Hierzu zählen die Fachhochschulen Anhalt (Zweig Bernburg), Ansbach, Aschaffenburg, Berlin, Lippe, Nürtingen (Zweig Geislingen) und Zittau (Görlitz), sowie die Berufsakademien Leipzig, Berlin, Mannheim und Stuttgart.
Das Fachhochschulstudium umfasst 8 Semester, davon ein bis zwei Praxissemester. Das Studium an einer Berufsakademie verläuft streng nach dem dualen System. Es umfasst 6 Semes-

ter (3 Jahre), wovon die Hälfte der Zeit an der Akademie und die andere Hälfte in der Ausbildungsstätte studiert wird.

Stundenlohnvertrag

Der Stundenlohnvertrag regelt eine Art der Vergütung von Bauleistungen, die in der Baubranche als Ausnahme gilt. Üblich ist der Einheitspreisvertrag.

Überwiegend bezieht sich der Stundenlohnvertrag auf Nebenleistungen oder Reparaturleistungen. Er bedarf immer einer besonderen Vereinbarung. Grundlage für die Berechnung sind Stundenlohnzettel, die vom Bauherrn unterschrieben werden. Werden die Stundenlohnzettel vom Bauherrn nicht unterschrieben, obliegt dem Unternehmer die Beweislast hinsichtlich der ausgeführten Leistungen.

Siehe auch: Einheitspreisvertrag

StVG

Abkürzung für: Straßenverkehrsgesetz

StVO

Abkürzung für: Straßenverkehrsordnung

Subunternehmer

Als Subunternehmer bezeichnet man alle Auftragnehmer (i.d.R. Handwerker, Unternehmen der Bauindustrie), die von einem Hauptunternehmer (Generalunternehmer oder Generalübernehmer) mit der Erbringung einzelner Werkleistungen beim Errichten eines Bauwerks betraut werden.

Der Subunternehmer tritt in keine Rechtsbeziehung mit dem Bauherrn. Die Abnahme von Bauleistungen des Subunternehmers ist Sache des Generalunternehmers. Den Subunternehmer trifft eine Mängebeseitigungspflicht nur gegenüber dem Generalunter-/übernehmer nicht aber gegenüber dem Bauherrn. Grundsätzlich darf ein Hauptunternehmer einen Subunternehmer nur mit Genehmigung des Bauherrn oder einer entsprechenden Vereinbarung mit ihm einschalten.

Siehe auch: Generalübernehmer, Generalunternehmer

TA

Abkürzung für: Technische Anleitung
Siehe auch: Technische Anleitungen (TA)

Tab.

Abkürzung für: Tabelle

Tafelgeschäft

Unter Tafelgeschäft versteht man Transaktionen von Wertpapieren, bei denen kein Bankdepot eingeschaltet wird. Kauf und Verkauf erfolgen gegen Bargeld am Bankschalter. Auch die Zins- und Dividendenscheine werden am Bankschalter gegen Barauszahlung eingelöst.

Tagesordnung (Wohnungs- eigentümerversammlung)

Die Tagesordnung ist ein notwendiger Teil der Einladung zur Wohnungseigentümerversammlung. Aus der Tagesordnung soll der eingeladene Wohnungseigentümer entnehmen können, mit welchen Beschlussgegenständen sich die Versammlung befassen wird.
Entscheidend für den Anspruch auf Ausführlichkeit und Genauigkeit der Tagesordnung ist das Informationsbedürfnis der Wohnungseigentümer. Allgemeine Ankündigungen in Form von Stichworten sind zu vermeiden.

Tarif (Bausparvertrag)

Je nach Wunsch kann der Bausparer beim Abschluss eines Bausparvertrags zwischen unterschiedlichen Tarifgestaltungen wählen.
Dabei variieren die Zinssätze für das Bauspardarlehen und das Bausparguthaben sowie die Voraussetzungen für die Zuteilung. Ebenso sind im Tarif der Regelsparbeitrag der Tilgungsbeitrag und die Gebühren festgelegt. Üblicherweise wird zwischen Standardtarif und Optionstarif unterschieden. Es gibt auch einen Schnellspartarif.
Siehe auch: Schnellspartarif

TC

Abkürzung für: Trockenklosett

TE

Abkürzung für: Teilungserklärung im Sinne des Wohnungseigentumsgesetzes
Abkürzung für: Teileigentum

Technische Anleitungen (TA)

Verwaltungsvorschriften des Bundes, die sich auf einheitliche Anforderungen und Regeln zur Begrenzung von Immissionen beziehen nennt man Technische Anleitungen TA.
TA Luft dient der Reinhaltung von der Luft. Sie richtet sich an Betreiber von Anlagen, bei deren Betrieb gas- oder staubförmige Stoffe entstehen. TA Lärm soll die im Bereich von Gewerbe- und Industrieanlagen entstehenden Lärmemissionen begrenzen, wobei die Art der umliegenden Nutzungen (z.B. Krankenhaus, Wohngebiet) besonders berücksichtigt wird.

TEer

Abkürzung für: Teileigentümer

Teilauszahlungszuschläge

Teilauszahlungszuschläge sind Nebenkosten der Baufinanzierung, wenn das Darlehen nicht als Ganzes auf einmal, sondern nach Baufortschritt abgerufen wird.
Dieser Posten hat keinen Einfluss auf die Höhe des Effektivzinses. In der Regel handelt es sich bei solchen Zuschlägen um verhandelbare Größen.

Teilbaugenehmigung

Will der Bauherr sein Bauvorhaben so schnell wie möglich realisieren und nicht erst den Abschluss des gesamten Baugenehmigungsverfahrens abwarten, kann er eine Teilbaugenehmigung beantragen.
Damit spaltet er das Genehmigungsverfahren in einzelne Bauabschnitte auf. Im Unterschied zum Vorbescheid aufgrund der Bauvoranfrage erhält der Bauherr mit einer Teilbaugenehmigung die Erlaubnis zum sofortigen Baubeginn für die beantragten Arbeiten.

Teilbausparsumme

Die ursprünglich vereinbarte Bausparsumme kann je nach Tarif bei Bedarf des Bauherrn in Teilsummen aufgeteilt werden. Dadurch wird ein Teilbetrag kurzfristig zugeteilt und der Bauherr kann so mit seinem Bauvorhaben beginnen.

Teileigentum

Als Teileigentum bezeichnet das Wohnungseigentumsgesetz das Sondereigentum (Alleineigentum) an Räumen, die nicht Wohnzwecken dienen in Verbindung mit einem Miteigentumsanteil am gemeinschaftlichen Eigentum zu dem es gehört (§ 1 Abs. 3 WEG).

Ebenso wie bei der gesetzlichen Definition des Wohnungseigentums wohnt dem Begriff Teileigentum eine vom Gesetzgeber vorgegebene Zweckbestimmung inne, nämlich die Nutzung für Nicht-Wohnzwecke und damit allgemein für jede gewerbliche Nutzung, sei es als Laden, Büro, als Keller oder Bodenraum oder auch als Garage.

Ausdrücklich ausgeschlossen ist aber die Nutzung für Wohnzwecke.

In den meisten Teilungserklärungen ist die generell zulässige, allgemeine gewerbliche oder berufliche Nutzung von Räumen, die als Teileigentum ausgewiesen sind, durch Vereinbarungen im Sinne von § 10 Abs. 1 und Abs. 2 WEG dadurch eingeschränkt, dass eine ergänzende Zweckbestimmung mit Vereinbarungscharakter zur Nutzung als „Büro", „Laden", „Praxisräume" etc. aufgenommen wurde. In diesen Fällen ist nur die insoweit typische Nutzung zulässig, allerdings auch hier mit der Ausnahme, dass abweichende Nutzungen dann zulässig sind, wenn die dabei auftretenden Störungen nicht größer sind als bei einer bestimmungsgemäßen Nutzung typischerweise zu erwarten ist. Unter diesem Gesichtspunkt ist allerdings die Nutzung eines „Ladens" als „Gaststätte" nicht zulässig.

Siehe auch: Wohnungseigentum, Sondereigentum, Gemeinschaftseigentum

Teileigentumsgrundbuch

Siehe: Wohnungs- und Teileigentumsgrundbuch

Teilungserklärung

Ein Grundstückseigentümer kann sein Eigentum am Grundstück in der Weise in Miteigentumsanteile aufteilen, dass jeder Miteigentumsanteil am Grundstück mit dem Sondereigentum an einer bestimmten Wohnung (Wohnungseigentum) oder an nicht zu Wohnzwecken bestimmten Räumen (Teileigentum) in einem bereits bestehenden oder erst noch zu errichtenden Gebäude verbunden wird (§ 8 Abs. 1 WEG). Die Wohnung oder die nicht zu Wohnzwecken dienenden Räume müssen in sich abgeschlossen sein (§ 8 Abs. 2 WEG).

In dieser Teilungserklärung, die gegenüber dem Grundbuchamt abzugeben ist, erfolgt die gegenständliche und räumliche Abgrenzung und Zuordnung der Grundstücks- und Gebäudeteile zum Sondereigentum und zum Gemeinschaftseigentum, sowie die Festlegung der Höhe der Miteigentumsanteile und die Abgrenzung und Zuordnung von Sondernutzungsrechten. Man spricht in diesem Fall von der Begründung des Wohnungseigentums durch Teilungserklärung. Handelt es sich bei dem Grundstückseigentümer bereits um mehrere Eigentümer (z.B. Erbengemeinschaft) erfolgt diese Begründung durch einen Einräumungsvertrag (§ 3 Abs. 1 WEG), also durch eine vertragliche Regelung der Aufteilung des Grundstücks in Miteigentumsanteile und entsprechende Verbindung mit dem Sondereigentum an einer bestimmten Wohnung oder an nicht zu Wohnzwecken dienenden Räumen eines bestehenden oder noch zu errichtenden Gebäudes.

Teilungserklärung und Einräumungsvertrag können später nur mit Zustimmung aller Eigentümer geändert werden. Änderungen bedürfen der Eintragung in das Grundbuch.

Siehe auch: Abgeschlossenheit / Abgeschlossenheitsbescheinigung, Sondereigentum, Gemeinschaftseigentum, Miteigentumsanteil, Sondernutzungsrecht

Teilungsgenehmigung

Die Gemeinde kann durch Satzung bestimmen, dass die Teilung eines Grundstücks im Geltungsbereich eines Bebauungsplanes der Genehmigung bedarf. Genehmigungsfrist ist 1 Monat, zuzüglich einer etwaigen Verlängerungsfrist von bis zu 3 Monaten. Wird die Teilungsgenehmigung nicht innerhalb der geltenden Frist abgelehnt, gilt sie als erteilt (sogenannte fiktive Teilungsgenehmigung). Die Genehmigung wird versagt, wenn die Teilung oder die mit ihr bezweckte Nutzung den Festsetzungen des Bebauungsplans widerspricht.

Teilungsmasse – Teilungsplan (Zwangsversteigerung)

Nachdem im Zwangsversteigerungsverfahren der Zuschlag erteilt worden ist, beraumt das Versteigerungsgericht einen Verteilungstermin an und stellt dort fest, wie viel die zu verteilende Masse beträgt. Zu dieser Teilungsmasse gehören der im Zuschlagsbeschluss genannte, bar zu zahlende Betrag des Meistgebots – das sog. bare Meistgebot – die Zinsen des Bargebots, der Erlös aus einer etwaigen besonderen Versteigerung oder anderweitigen Verwertung, Zuzahlungen gemäß §§ 50, 51 ZVG sowie etwaige Ansprüche auf Versicherungsgelder, die gegebenenfalls nicht zur Masse gelangen, aber mitversteigert wurden.

Im Teilungsplan wird bestimmt, wie viel und in welcher Reihenfolge der Ersteher eines zwangsversteigerten Grundstückes an wen zu zahlen hat. Er wird nach Anhörung der Beteiligten im Verteilungstermin aufgestellt. Dazu wird zunächst die Teilungsmasse festgestellt. Dann wird die Schuldenmasse ermittelt, und schließlich erfolgt die Zuteilung der Masse auf die Ansprüche. Gegen den Teilungsplan kann Widerspruch eingelegt werden. Dazu berechtigt sind alle Beteiligten, die ein Recht auf Befriedigung aus dem Versteigerungserlös haben, aber im Teilungsplan durch einen anderen ganz oder zum Teil verdrängt wurden, sowie der Vollstreckungsschuldner und – bei Eigentumswechsel nach Beschlagnahme – der neue Grundstückseigentümer.

Teilungsversteigerung

Kommt es zwischen mehreren Eigentümern einer Immobilie – z.B. einer Erbengemeinschaft – zu keiner Einigung über den Verkauf, kann jeder Miteigentümer Antrag auf Zwangsversteigerung stellen. Der Versteigerungserlös wird auf die Parteien aufgeteilt.

Teilwertabschreibung

Art der Abschreibung für Immobilien im Betriebsvermögen. Hier kann neben den anderen Abschreibungsmethoden eine Abschreibung auf den niedrigeren Teilwert erfolgen.

Durch eine Teilwertabschreibung kann beim Sinken des Verkehrswertes der Immobilienwert „bilanzmäßig" angepasst werden.

Telefon-Akquise

Siehe: Telefonwerbung, Kaltakquise

Telefonwerbung

Es ist nicht erlaubt, Privatleute zu Werbezwecken anzurufen, wenn diese nicht ausdrücklich zugestimmt haben. Beim Aufbau einer Kunden- oder Interessentenkartei sollte deshalb stets darauf geachtet werden, dass eine derartige Klausel („Ich möchte zukünftig auch telefonisch über das Immobilienangebot der Maklerfirma informiert werden.") in Auftragsformularen etc. enthalten ist. Gerichte sehen in unerwünschter Telefonwerbung einen Verstoß gegen das Gesetz gegen unlauteren Wettbewerb. Ähnliches gilt übrigens für das Versenden von Emails und Faxen zu Werbezwecken, auch an Gewerbetreibende.

Tennis- und Squash-Anlagen

Tennis- und Squash-Anlagen sind derzeit ein Beispiel für problematische Immobilien, besonders der Bereich Squash ist problematisch geworden. Teilweise wurden hier Umwandlungen in Go-Kart-Bahnen aber auch in Hallen für Flohmärkte vorgenommen. In Einzelfällen wird sogar ein Abriss ins Auge gefasst.

Teilweise wurden auch Verkleinerungen vorgenommen, indem etwa bei Fitness-Studios mit

Squash-Anlage ein Teil der Squash-Courts zurückgebaut und dem Fitness-Bereich zugeschlagen wurden. Teilweise werden Courts auch zeitweise für andere Sportangebote etwa Spinning genutzt.

Beim Squash wirkt sich negativ aus, dass die Öffentlichkeit diesen Sport unter Gesundheitsaspekten (Verletzungsgefahr, aber auch Schädigung der Gelenke) zunehmend kritisch sieht, es kaum gezielte Jugendarbeit durch Vereine gibt, die diesem Sport Nachwuchs zuführen und es hier – ganz im Gegensatz zum Tennis – keine Squash-Idole gibt, die immer wieder im Fernsehen zu bewundern sind und dieser Sportart Impulse verleihen.

TErbbR

Abkürzung für: Teilerbbaurecht

Terr.

Abkürzung für: Terrasse
Siehe auch: Terrasse

Terrasse

Unter Terrasse versteht man eine mit einem massiven Unterbau versehene Nutzungsebene über dem natürlichen Geländeniveau. Darin unterscheidet sie sich von einem Freisitz, der eine befestigte Fläche auf der Ebene des Gartens darstellt. Der Unterschied ist bauordnungsrechtlich relevant. Terrassen sind im Grenzabstandsbereich nicht zulässig, Freisitze (ohne Überdachung) jedoch schon. Terrassen werden häufig auch auf Garagendächern angelegt. Auch hier gilt, dass dies nur zulässig ist, wenn sich die Dächer nicht im Grenzabstandsbereich befinden. Als Terrassenhaus wird eine Hausanlage bezeichnet, die auf mehreren Geschossebenen über Terrassen verfügen, deren Anlage durch sukzessive Verkleinerung der jeweils darüber liegenden Geschosse ermöglicht wird. Oft wird jedoch nur dem obersten Geschoss eine „Dachterrasse" beigefügt.

TG

Abkürzung für: Tiefgarage

TG-Pl

Abkürzung für: Tiefgaragenplatz

TH

Abkürzung für: Traufhöhe

Thesaurierung

Thesaurierung bezeichnet die Erweiterung eines Kapitalanlagevolumens durch Zuführung der jeweiligen Kapitalerträge zum Kapital.

THS

Abkürzung für: Treuhandstelle

Tierhaltung in Wohnungen

Mietwohnung

Dem Mieter einer Wohnung ist Tierhaltung grundsätzlich gestattet. Dies gilt vor allem für Tiere, von denen keine Störung ausgeht. Ein in einem Formularmietvertrag vereinbartes Verbot der Tierhaltung ist unwirksam. Allerdings kann der Vermieter die Haltung von Tieren, z.B. Hund oder Katze, durch den Mieter von seiner Zustimmung abhängig machen, die er dann aber nur aus wichtigem Grund (z.B. Haltung eines Kampfhundes) verweigern darf

Eigentumswohnung

Ob die Haltung von Haustieren in Eigentumswohnungen zulässig ist, ist nach §14 (1) WEG daran zu messen, ob und inwieweit für die anderen Wohnungseigentümer hieraus Nachteile entstehen. Dies wurde z.B. bejaht bei einer übermäßigen Haustierhaltung, da hier eine störende Geruchsbelästigung und auch die Ausbreitung von Ungeziefer befürchtet werden können. Der BGH hat auch einen einstimmigen Beschluss der Wohnungseigentümer nicht beanstandet, der ein generelles Verbot der Hundehaltung zum Inhalt hatte. Sofern allerdings nach der Gemeinschaftsordnung die Hundehaltung erlaubt wäre, wäre Mehrheitsbeschluss, die diese Vereinbarung ersetzen würde, von vornherein unwirksam.

Allerdings können die Wohnungseigentümer

mehrheitlich beschließen, dass Hundehalter dafür sorgen müssen, dass ihre Hunde nicht in den Außenanlagen herumlaufen.
Siehe auch: Zitterbeschluss (Wohnungseigentümerversammlung)

Tilgung

Betrag, mit dem ein Kreditnehmer seine Schuld (meist in Raten) zurückbezahlt. Überwiegend wird im Immobilienbereich noch mit jährlichen Raten von 1 oder 2% des Anfangsdarlehens getilgt, ausser bei Bausparkassen. Hier sind es normalerweise rund 7%. Der Anfangstilgungssatz kann auch einem individuell gewünschten zeitlichen Tilgungsziel (z.B. Tilgung in 18 Jahren) angepasst werden.

Der Anfangstilgungssatz beträgt im Beispielsfall bei 6% Zins 3,25%. Bei einem Darlehen mit gleichbleibender Annuität (Annuität = Zins- + Tilgungsbetrag pro Jahr) wächst der Verzinsungsbetrag, der durch die geringer werdende Darlehensschuld erspart wird, der Tilgung zu.

Wer schnell tilgt, spart viel Zeit

Schon bei 4 % Tilgung wird die Laufzeit eines Hypothekendarlehens mehr als halbiert*

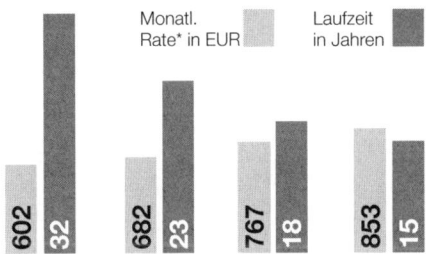

* Monatliche Belastung (Zinsen + Tilgung) bei einem Hypothekendarlehen von 102.301,79 EUR, Zinssatz 6%

Siehe auch: Annuitätendarlehen

Tilgungsaussetzung

Die Tilgungsaussetzung kann ein wirkungsvolles Instrument sein, um gefährdete Darlehen zu sichern und somit den Fortbestand der ursprünglich beabsichtigten Baufinanzierung zu gewährleisten. Meist wird die Tilgungsaussetzung im Rahmen einer besonderen Finanzierungsstrategie vereinbart, wenn ein Tilgungsersatz vorgesehen ist. Dies kann beispielsweise eine Lebensversicherung sein, die besonders bei vermieteten Objekten ein geeigneter Finanzierungsbaustein ist. Ohne die Tilgung bleibt das Fremdkapital gleich hoch, so dass die Zinsbelastung während der Finanzierungszeit bei gleichbleibendem Zinssatz ebenfalls konstant bleibt. Die Immobilienfinanzierung mit Tilgungsaussetzung, abgesichert durch eine Kapital-Lebensversicherung, bietet Vermietern durchweg attraktive Steuervorteile.

Tilgungsdauer

Die Tilgungsdauer eines Darlehens mit gleichbleibender Annuität hängt von verschiedenen Faktoren ab. Dies sind insbesondere:

- die Höhe der Tilgungsleistung,
- Tilgungsverrechnung (monatlich, vierteljährlich, halbjährlich oder jährlich),
- Höhe des Zinssatzes und
- der laufend steigende Tilgungsanteil, der sich aus der Differenz zwischen dem Anfangszins und dem durch vermehrte Darlehenstilgung verringerten Zins ergibt.

Durch Tilgungsstreckung verlängert sich die Tilgungsdauer um die Jahre, in denen von der Darlehensauszahlung an gerechnet, keine Tilgung bezahlt wird.

Dieser Effekt kann aber auch durch Reduzierung der Anfangstilgung erreicht werden. Bei Darlehen mit laufend gleichbleibender Tilgung (Abzahlungsdarlehen) ist die Tilgungsdauer der Quotient aus dem nominalen Darlehensbetrag und der Jahrestilgung.

Bei Festdarlehen richtet sich die Tilgung nach der vereinbarten Laufzeit. In Verbindung mit einer Lebensversicherung gilt dies ebenfalls, wobei im Fall des vorzeitigen Todes des Darlehensnehmers die Auszahlung an die Erben schon entsprechend vorher vorgenommen wird. Diese Formen des Darlehens werden auch als „endfällige" Darlehen bzw. Fälligkeitsdarlehen oder ... fälschlicherweise – als „tilgungs-

freie" Darlehen bezeichnet. Darlehen, die nie getilgt werden müssen, wären Schenkungen.
Siehe auch: Annuitätendarlehen, Lebensversicherung

Tilgungsstreckung
Siehe: Tilgungsdauer

Tilgungsverrechnung
Siehe: Zins- und Tilgungsverrechnung

Timesharing
Beim Timesharing handelt es sich um ein zeitlich begrenztes Nutzungsrecht (z.B. ein, zwei oder mehrere Wochen im Jahr) an einem Hotel-Appartement. Solche Objekte sind besonders in Spanien, Frankreich und Italien anzutreffen. Dabei erwirbt der Anleger/Urlauber über eine einmalige Investition – meist deutlich mehr als 10.000 Euro zuzüglich Kosten – das Recht, jedes Jahr für eine bestimmte Dauer eine (Ferien-) Immobilie zu nutzen. Neben dem Kaufpreis für die Wochen muss der zeitanteilige Eigentümer zusätzliche Kosten für die Bewirtschaftung der Immobilie berücksichtigen.

Die restlichen Jahreswochen, die der Anleger nicht erwirbt, werden von anderen Investoren gekauft, so dass, vereinfacht formuliert, das Eigentum an einem bestimmten Hotelobjekt nach Wochen auf unterschiedliche „Teilzeit-Eigentümer" verteilt wird. Geregelt wurden die Rechtsverhältnisse der „Veräußerung von Teilzeitnutzung an Wohngebäuden" im Teilzeitwohnrechtsgesetz vom 20.12.1996.

Tipp: Bei Fragen zum Bereich „Timesharing" bieten sich folgende Gesprächspartner an:
- Bundesverband für Teilzeitwohnrechte e.V., Bonn. Präsident ist Leonhard Dörr.
- Schutzvereinigung für Timesharing- und Ferienwohnrechts-Inhaber in Europa e.V., Wiesbaden. Präsident ist Dr. Hajo Gekeler.

Von Seiten der Anbieter:
Mondi Ferienclub mit Sitz in München,
Hapimag mit Geschäftssitz in CH-Basel.

Timesharing (Unternehmensbeispiel Hapimag)
Die 1963 gegründete Hapimag (Hotel- und Appartmenthaus Immobilien Anlage AG) hat heute 4500 Wohnungen an 53 Orten in 15 Ländern. Rund 120.000 Anteilseigner sind an dem Genossenschaftsmodell beteiligt und bekommen dafür jährlich zwölf „Wohnrechtspunkte", die gegen Urlaubswochen in den Hapimag-Wohnanlagen eingetauscht werden können.

Dabei gibt es durchaus Kritik an dem Modell: Bei Anteilspreisen von 8.500 Schweizer Franken ist die Wahl des Urlaubsortes nur bedingt möglich. Zudem kosten beliebte Ziele zur Ferienzeit mehr als das Dutzend jährlich ausgegebener Punkte.

TKP
Abkürzung für: Tausender-Kontakt-Preis

TÖB
Abkürzung für: Träger öffentlicher Belange
Siehe auch: Träger öffentlicher Belange (TÖB)

Total Quality Management
Total Quality Management (TQM) bietet den Ansatz für eine Managementmethode, die alle Mitarbeiter einbezieht. Das Leistungsangebot des Unternehmens sollte mit der Kundenanforderung übereinstimmen. Des weiteren sollte das Unternehmen Qualitätsversprechen gegenüber den Kunden einhalten. Auch die Motivation der Mitarbeiter ist von Bedeutung, denn nur ein motivierter Mitarbeiter, der seinen Job gerne ausübt, kann Kunden zufrieden stellen – und: zufriedene Kunden motivieren gleichzeitig die Mitarbeiter.

Dem Qualitätsmanagement kann ein Handbuch für Mitarbeiter zu Grunde liegen. Um das Qualitätsmanagement voran zu bringen werden Qualitätssicherungsprozesse, Audits und ständige Verbesserungsprozesse benötigt. Eine Strukturierung der Ziele ist wichtig, ebenso wie die Dokumentation und die Zugänglichkeit für die Mitarbeiter. Als Folge von Qualitätsmanagement kann die Verbesserung der Wettbewerbsfähigkeit gesehen werden. Qualität als Garantie ist für den Kunden wichtig.

Bei der Beantwortung der Frage „Was ist Qualität?" helfen folgende Stichwörter:

- Kundenzufriedenheit (durch Umfragen ermitteln)
- Betreuung des Kunden über den Kauf hinaus
- Produkt ohne Mängel, Zuverlässigkeit, Langlebigkeit, Alltagstauglichkeit
- Benchmarking: Vergleichbarkeit der Produkte, Dienstleistungen, Unternehmen als Anreiz der Qualitätsverbesserung
- Herkunft
- Preis-Leistungs-Verhältnis
- Marke / Image

Auf die Immobilienwirtschaft übertragen bedeutet das beispielsweise bei der Vermietung: Termine einhalten, Schlüsselservice, freundliche Beratung, Service für Mieter, pünktliche Nebenkostenabrechnungen, Sozialberatung für „Problemfälle", unverzügliche Mängelbeseitigung, Hausmeisterservice usw.

Vorteile durch das Qualitätsmanagements: Neue Kunden, Mitarbeitermotivation als Voraussetzung für das Qualitätsmanagements, Kosteneinsparung durch Fehlervermeidung von Anfang an, Wettbewerbsfähigkeit, Kundenorientierung, Imageverbesserung, Transparenz durch Systematik, Organisationszwang, Prozesskontrolle statt Ergebniskontrolle, Reduzierung von Fehlern und Reklamationen, Kosteneinsparung durch Beseitigung von Fehlerquellen, Kostensenkung, zufriedene Kunden sparen Geld, Zeit und Nerven, Mitarbeiterzufriedenheit.

Audits dienen der systematischen und unabhängigen Untersuchung einer Aktivität. Deren Ergebnisse werden durch das Vorhandensein und die sachgerechte Anwendung spezifischer Anforderungen beurteilt und dokumentiert. Dadurch sollen Schwachstellen aufgezeigt werden und Verbesserungsmaßnahmen angeregt werden, wobei die Wirkung der Verbesserung überwacht wird.

Trabantenstadt

Trabantenstädte (Satellitenstädte) entstanden in Deutschland nach 1968 als Teil von Großstädten an deren Rändern.

Als Beispiel kann das „Olympische Dorf" in München dienen. Ähnliches gilt für Neuperlach, einer „Entlastungsstadt" für 80.000 Einwohner im Münchner Südosten. Eine solche Trabantenstadt zeichnet sich durch einem sehr hohen Anteil von vielstöckigen, oft die Hochhausgrenze überschreitenden Mietshäusern und Eigentumswohnanlagen aus.

Im Volksmund wurde von „Betonburgen" oder von „Mietghettos" gesprochen. Es hat sich deutlich gezeigt, dass eine solche „Stadt in der Stadt" der Komplexität einer Stadtkultur nur in geringem Umfange gerecht werden kann. Lebendige Nachbarschaftsverhältnisse können sich kaum entwickeln.

Träger öffentlicher Belange (TÖB)

Nach dem BauGB sind bei der Bauleitplanung öffentliche und private Belange gegeneinander und untereinander gerecht abzuwägen. Das bedeutet, dass den Trägern öffentlicher Belange (TÖB) Gelegenheit zur Mitgestaltung aus ihrem jeweils zu vertretenden Fachgebiet gegeben werden muss.

Als Träger öffentliche Belange kommen unterschiedliche Bundes- Landes- Kreis- und Gemeindebehörden, sowie weitere Körperschaften des öffentlichen Rechts (z.B. Industrie- und Handelskammern, Handwerkskammern) in Frage. Neben Ämter kommen aber als TÖB auch Verbände, die öffentliche Aufgaben übernehmen in Frage sowie Versorgungsunternehmen für Strom, Gas und Wasser.

TÖB vertreten vor allem die Belange des Umweltschutzes (u.a. Naturschutz, Landschaftspflege, Bodenschutz, Klima) der Wirtschaft (u.a. Land- und Forstwirtschaft, Verkehr einschl. öffentlicher Personennahverkehr, Post- und Fernmeldewesen, Abfallentsorgung, Abwasserbeseitigung), des Denkmalschutzes, der Kirchen, der Verteidigung usw. Welche Träger im Einzelfall zu beteiligen sind, ergibt sich aus der Zielausrichtung der Planung (Art der baulichen Nutzung) und den Belangen, die durch die Planung berührt werden können. Soweit im Einzelfall kein absoluter Planungsvorrang eines Trägers zu beachten ist, kann sich die Gemeinde im Rahmen der Abwägung auch zur Nichtberücksichtigung einer Fachplanung entschließen.

Träger öffentlicher Belange kommen auch bei Planfeststellungsverfahren für Baumaßnahmen von überörtlicher Bedeutung und bei der Landschaftsplanung zu Wort.

Siehe auch: Bauleitplanung

Transshipment Center

gehören zu den Logistikimmobilien. Teilweise werden die Begriffe Transshipment Center, Cross Docking Center oder Transitterminal synonym verwendet. Es handelt sich um Warenumschlagzentren, in denen ankommende Sendungen von verschiedenen Absendern eingehen und ohne Zwischenlagerung zu Sendungen für verschiedene Empfänger neu zusammengestellt werden. Da sie lediglich dem Warenumschlag, nicht aber der Lagerung dienen, werden sie auch als „bestandslose Umschlagpunkte" bezeichnet.

Im engeren Sinne meint der Begriff Transshipment Center ein Warenumschlagzentrum, in dem artikel- bzw. sortenreine Sendungen angeliefert und erst hier empfängerbezogen kommissioniert werden. Demgegenüber werden in Cross Docking Centers bereits empfängerbezogen vorkommissionierte Sendungen angeliefert. Beispielsweise könnten in einem Transshipment Center Waren unterschiedlicher Hersteller von Käse, Schokolade und Kosmetikprodukten eintreffen, aus denen dann die Lieferungen nach den Bestellungen einzelner Supermärkte zusammengestellt werden.

Siehe auch: Cross Docking Center, Logistikimmobilien

Traufwasser

Das Traufwasser ist zu unterscheiden vom Niederschlagswasser, also dem Regen oder Schneewasser, das unmittelbar auf den Boden fällt. Fällt dieses Niederschlagswasser zunächst auf eine bauliche Anlage eines Grundstückes und von dort auf den Erdboden, so handelt es sich um Traufwasser. Bezüglich dieses Niederschlages trifft den Grundstückseigentümer gegenüber Grundstücksnachbarn eine Sicherungspflicht.

Treuhänder

Treuhänder handeln im eigenen Namen für fremde Rechnung. Bei Treuhändern handelt es sich oft um Rechtsanwälte, Vermögensverwalter, Steuerberater oder Wirtschaftsprüfer und deren Gesellschaften. Sie verwalten das Vermögen ihrer Kunden und können aufgrund ihrer Vollmacht darüber verfügen. Besteht das Treugut in Geldvermögen, ruht es auf Treuhandkonten die auf den Namen des Treuhänders lauten, über die der Treuhänder nach Massgabe vertraglicher Vereinbarungen oder nach eigenem Ermessen im Interesse des Treugebers verfügen kann. Besteht das Treugut in Immobilienvermögen, sind die Treuhänder auch im Grundbuch eingetragen, wie etwa bei geschlossenen Immobilienfonds.

Trinkwasserverordnung

Ab 1. Januar 2003 gilt die neue Trinkwasserverordnung. Sie dient dem Gesundheitsschutz. Sie verpflichtet die Hauseigentümer (als Inhaber von Wasserversorgungsanlagen), sofort die Gesundheitsbehörde zu informieren, wenn sich die Trinkwasserqualität („grobsinnlich wahrnehmbar") verschlechtert hat (z.B. braune Färbung, Geruch).

Entsprechende Meldungen von Mietern muss sofort nachgegangen werden. Gegenüber den Mietern besteht eine Informationspflicht in bezug auf das Trinkwasser. Per Aushang oder per Post müssen die alle Wasserdaten der Wasserkraftwerke bekannt gegeben werden.

Unter Trinkwasser versteht die Verordnung Wasser in ursprünglichen Zustand oder nach Aufbereitung, das zum Trinken, Kochen, zur Zubereitung von Speisen und Getränken und zu anderen häuslichen Zwecken bestimmt ist, nämlich zur Körperpflege, Reinigung von Gegenständen, die mit Lebensmittel in Berührung kommen und Gegenständen die nicht nur vorübergehend mit dem menschlichen Körper in Kontakt kommen.

Auch Betreiber öffentlicher Gebäude (z.B. Schulen, Kindergärten, Gaststätten, Krankenhäuser) sind in die Pflicht genommen. Sie müssen die Wasserqualität regelmäßig überprüfen lassen und zusätzliche Untersuchungen veranlassen, wenn Verdacht auf Verunreinigungen des Wassers besteht.

Für den Neubau und Instandsetzungsmaßnahmen dürfen künftig nur noch bestimmte vorgegebene Werkstoffe verwendet werden. Außerdem wird die Art von Zusatzstoffen für Wasseraufbereitungsanlagen mit Reinheitsanforderungen, Verwendungszweck Zugabemengen und Höchstkonzentration von im Wasser verbleibenden Restmengen und Restprodukten vorgegeben. Die Grenzwerte für mikrobiologische und chemische Inhaltsstoffe wurden zum Teil erheblich herabgesetzt. Dies gilt insbesondere für neue Hausinstallationen mit Kupfer und für Blei in alten Installationen.

Besondere Gesundheitsrisiken bestehen, wenn die Wasserversorgung über Bleirohre verläuft. Dies ist im süddeutschen Raum praktisch nicht der Fall, in anderen Gegenden Deutschlands dann nicht, wenn das Haus innerhalb der letzten 30 Jahre gebaut wurde.

T / t
Abkürzung für: Tonne

TÜV
Abkürzung für: Technischer Überwachungsverein

TWD
Abkürzung für: Transparente Wärmedämmung

Tz
Abkürzung für: Teilziffer
Abkürzung für: Textziffer

TzWrG
Abkürzung für: Teilzeit-Wohnrechtgesetz

u.E.

Abkürzung für: unseres Erachtens

UCB

Abkürzung für: Unique Consumer Benefit

UDG

Abkürzung für: Urkundsbeamter der Geschäftsstelle

Überbau

Überschreitung der Grundstücksgrenze durch eine bauliche Anlage. Nach § 912 BGB hat der Grundstücksnachbar einen Überbau zu dulden, wenn dem Bauherrn dabei weder Vorsatz noch grobe Fahrlässigkeit zur Last gelegt werden kann („entschuldigter Überbau"). Dies gilt nicht, wenn der beeinträchtigte Nachbar vor oder sofort nach Grenzüberschreitung Widerspruch erhoben hat. Er kann jedoch als Entschädigung eine jährlich im voraus zu bezahlende Rente verlangen und sie im Grundbuch des anderen Eigentümers als Reallast absichern lassen.

Die Berechnung der Rente erfolgt stets auf der Basis des Wertes des überbauten Grundstücksteils zum Zeitpunkt des Überbaues. Da spätere Wertsteigerungen des Grundstücks nicht die Rente erhöhen, ist in solchen Fällen stets zu raten, einen höheren Zinssatz für die Berechnung der Rente anzusetzen. Der BGH hat z.B. einen Zinssatz von 10% akzeptiert. Ein Überbau, bei dem die Baumaßnahme gegen geltendes Baurecht verstößt oder nicht den allgemein geltenden Regeln der Baukunst entspricht, braucht nicht geduldet zu werden.

Überbaubare Grundstücksfläche

Die überbaubare Grundstücksfläche stellt den Teil eines Grundstücks dar, auf dem Gebäude errichtet werden dürfen.

Sie wird im Bebauungsplan durch die Festsetzung von Baulinien, Baugrenzen und Bebauungstiefen bestimmt. Man spricht in der Praxis von Baufenster. Ein geringfügiges Vor- und Zurücktreten von Gebäudeteilen kann als Ausnahme zugelassen werden.

Zu unterscheiden ist die überbaubare Grundstücksfläche von der zulässigen Grundfläche, die über die Grundflächenzahl bestimmt wird. Die Festsetzungen von überbaubaren Flächen können dazu führen, dass nicht die ganze zulässige Grundfläche auf einem Grundstück baulich genutzt werden kann. Neben der überbaubaren Grundstücksfläche und der zulässigen Grundfläche sind u.a. auch Festsetzungen zur Höhe der baulichen Anlage und der Geschossflächenzahl (GFZ) bei der Beurteilung der Nutzbarkeit eines Grundstücks zu beachten.
Siehe auch: Grundflächenzahl (GRZ) Grundfläche (GR), Höhe der baulichen Anlagen, Geschossflächenzahl (GFZ) - Geschossfläche (GF)

Überbl.

Abkürzung für: Überblick

Überschussbeteiligung / Lebensversicherung

Seit Beginn der Baisse an den internationalen Aktienmärkten im März des Jahres 2000 haben die in Deutschland tätigen Versicherungsgesellschaften die Überschussbeteiligung für ihre Kunden erheblich verringert. Dies ist zum einen darauf zurückzuführen, dass die Assekuranzen einen enormen Wertberichtigungsbedarf bei ihren Aktien-Portefeuilles hatten.

Aber auch die Verzinsung von Staatsanleihen und anderen Festverzinslichen Wertpapieren sank hauptsächlich aufgrund der Turbulenzen an den Aktienmärkten auf ein rekordverdächtig niedriges Niveau, so dass es den Versicherungsgesellschaften mitunter schwer fiel, ihren Kunden auch nur den garantierten Rechnungszins von 3,25 Prozent (bis Ende 2003) zu überweisen. Seit 1. Januar 2004 beträgt der Rechnungszins nur noch 2,75 Prozent. Und die Gesamtverzinsung von Kapital- und privaten Renten-Policen ist im Branchenschnitt auf vier bis fünf Prozent zurückgenommen worden. Früher lag sie bei deutlich über sechs Prozent oder sogar bei mehr als sieben Prozent.

Folge: Wer seine Immobilienfinanzierung über die Kombination aus endfälligen Darlehen und einer Lebensversicherung realisiert hat, wird aufgrund der drastisch reduzierten Überschüsse häufig Nachfinanzierungsbedarf haben. Die bei Vertragsabschluss hochgerechneten Ablaufleistungen werden oft deutlich unter den tatsächlichen Auszahlungen liegen.

Siehe auch: Ablaufleistung, Risiko-Lebensversicherung

Übertragung von Immobilien

Immobilien können bereits zu Lebzeiten als Schenkung an Verwandte oder andere Dritte übertragen werden. Bei Übertragung fällt insoweit keine Grunderwerbsteuer an, als sie nicht mit Auflagen verbunden ist. Eine solche Auflage besteht oft darin, dass sich der Übertragende ein Nießbrauch an dem Grundstück einräumen lässt (Vorbehaltsnießbrauch). Die Übertragung unterliegt der Erbschaft- und Schenkungsteuer. Die auf den Wert des Nießbrauchrechts entfallende Steuer kann gestundet werden.

Siehe auch: Nießbrauch (an Immobilien)

Überwuchs

Wenn Anpflanzungen mit ihren Zweigen oder Wurzeln über die Grenze zum Nachbargrundstück wachsen, spricht man von Überwuchs. Gegen den Überwuchs hat der Nachbar ein Selbsthilferecht nach § 910 BGB.

UG

Abkürzung für: Untergeschoss

Umbauter Raum

Der umbaute Raum wird in der DIN 277 in der Fassung von 1950 definiert. Er ist in m³ anzugeben. Unterschieden wird dabei zwischen voll anzurechnenden Räumen (der wesentliche Teil des Baukörpers), mit einem Drittel anzurechnenden Räumen (z.B. nicht ausgebautes Dachgeschoss) und Bauteile die nicht erfasst werden (z.B. Freitreppen mit mehr als drei Stufen, Brüstungen von Balkonen und begehbaren Dachflächen usw.

Der umbaute Raum spielt auch heute noch eine Rolle im Sachwertverfahren zur Ermittlung des Verkehrswertes, obwohl andere Bezugsgrundlagen (z.B. Normalherstellungskosten 2000) in den Vordergrund treten. Unterschiede gibt es auch gegenüber den Festlegungen in der DIN 277 in der Fassung von 1973 und der neuesten Fassung von 1987, in der der Begriff des umbauten Raumes nicht mehr verwendet, sondern durch den Begriff des siehe Bruttorauminhaltes (BRI) ersetzt wird.

Siehe auch: Normalherstellungskosten (Immobilienbewertung), Bruttorauminhalt

Umfinanzierung

In Zeiten sinkender Zinssätze kann eine Umfinanzierung für den Darlehensnehmer eine beträchtliche Kostenersparnis bedeuten. Hat der Darlehensnehmer die Möglichkeit der Darlehenskündigung bzw. vertraglich vereinbarten Sondertilgung, verläuft eine Umschuldung meist reibungslos.

Das neue Darlehen wird für die Ablösung des alten verwendet. Ansonsten kann die Umfinanzierung nur durch Verhandlungen mit dem Kreditinstitut erreicht werden. Stimmt dieses einer vorzeitigen Beendigung des alten Vertrages zu, werden die Kreditinstitute hierfür in aller Regel eine Vorfälligkeitsentschädigung verlangen. Kreditnehmer sollten in jedem Fall die Zinsersparnis möglichen Zusatzkosten durch die Umschuldung gegenüberstellen.

Uml

Abkürzung für: Umlage

Umlage (Mietrecht)

Unter Umlage im Mietrecht versteht man die neben der Grundmiete zu zahlenden Betriebskostenvorauszahlungen, über die jährlich abzurechnen ist.I

m Wohnungsmietrecht des freifinanzierten Wohnungsbaus kann zwischen einer abrechenbaren Umlage und einer nicht abrechenbaren Pauschale gewählt werden. Zu den umlagefähigen Betriebskosten zählen insgesamt 17 Positionen, die in der Betriebskostenverordnung (früher in Anlage 3 zu § 27 der II. Berechnungsverordnung) aufgelistet sind.

Verteilungsmaßstab für die Umlage sind teils Wohnflächenproportionen und teils Verbrauchseinheiten, soweit die Betriebskosten verbrauchsbedingt sind. Die Abrechnung der Umlage muss innerhalb von 12 Monaten nach Ende des Abrechnungszeitraumes dem Mieter übersandt werden. Nachforderungen können später nicht mehr geltend gemacht werden, es sei denn, der Vermieter hat die Verspätung nicht zu vertreten. Anderererseits kann der Mieter ebenfalls Einwendungen gegen die Abrechnung nur innerhalb dieses Zeitraums geltend machen.

Bei preisgebundenem Wohnraum müssen die Betriebskosten stets umgelegt werden. Hinzu kommt zusätzlich noch das Umlageausfallwagnis (2% der Betriebskosten).

Bei der Vermietung von Gewerberäumen ist die Umlagefähigkeit von Nebenkosten nicht gesetzlich geregelt. Die Umlage kann sich auch auf Kosten beziehen, die keine Betriebskosten i.S.d. der Betriebskostenverordnung sind, z.B. Umlagen für einen beschäftigten Sicherheitsdienst.

Umlaufbeschluss

Beschlüsse der Wohnungseigentümer können auch ohne Versammlung im schriftlichen Umlaufverfahren gefasst werden. Das Gesetz verlangt aber zwingend die Zustimmung aller Wohnungseigentümer auch in den Fällen, in denen auf einer Wohnungseigentümerversammlung ein Mehrheitsbeschluss ausreichend gewesen wäre.

Umlegung

Siehe: Bodenordnung, Umlegungsvermerk

Umlegungsvermerk

Mit Einleitung eines Umlegungsverfahrens (Bodenordnung) hat das Grundbuchamt nach entsprechender Mitteilung der Umlegungsstelle einen Umlegungsvermerk einzutragen. Dieser Vermerk signalisiert den Grundstückseigentümer und den am Grundstück Berechtigten, dass ein Umlegungsverfahren im Gange ist mit der Folge, dass Verfügungen über das Grundstück oder werthändernde Maßnahmen am Grundstück genehmigungsbedürftig sind (Verfügungs- und Veränderungssperre).

Siehe auch: Bodenordnung

Umlegungsverzeichnis und Umlegungskarte

Die durch das Umlegungsverfahren (Bodenordnung) neu entstandenen Grundstücke sind in ein Umlegungsverzeichnis einzutragen.

Die zeichnerische Darstellung des Neuzustandes der Grundstücke ergibt sich aus der Umlegungskarte. Das Umlegungsverzeichnis ist die Grundlage für die Berichtigung des Liegenschaftskataster und des Grundbuchs.

Siehe auch: Bodenordnung

Umsatzmiete

Die Vereinbarung einer umsatzabhängigen Miete kann in der Weise geschehen, dass der Mieter als Überlassungsentgelt einen bestimmten Prozentsatz seines – in den Mieträumen erzielten – Umsatzes zu zahlen hat.

Da der Vermieter sich jedoch kaum in derartigem Umfang am Geschäftsrisiko des Mieters beteiligen und seine Kosten auch bei niedrigem Umsatz sichern will, wird üblicherweise zusätzlich eine bestimmte Mindestmiete vereinbart. Auch eine Begrenzung der Miete nach oben ist möglich.

Umsatzsteuer (bei Vermietung)

Vermietungen unterliegen nicht der Umsatzsteuer. Im Bereich der Wohnungsvermietung ist dies auch optional ausgeschlossen. Dagegen kann zur Umsatzsteuer bei Gewerbeimmobilien optiert werden. Sinnvoll ist dies dann, wenn über eine Vorsteuererstattung ein Liquiditätszufluss zugunsten des Bauherrn und späteren Vermieters stattfindet, der den Finanzierungsspielraum erweitert. Die Vorsteuerbeträge (Summe der in den Rechnungen an den Bauherrn enthaltenen Umsatzsteuern) sind bedeutend. Allerdings ist die Option nur dann sinnvoll, wenn der Bauherr das errichtete Gebäude oder Räume an Unternehmen vermietet, die ihrerseits darin während eines „Beobachtungszeitraums" von 10 Jahren umsatzsteuerpflichtige Leistungen erbringen. Dies ist beispielsweise nicht der Fall, wenn an Kreditinstitute, Versicherungen oder Ärzte vermietet wird.

Wenn zur Umsatzsteuer optiert wird, werden die Mieten zuzüglich Umsatzsteuer berechnet. Der Mieter selbst erleidet dadurch keinen Nachteil, weil er diese Umsatzsteuer seinerseits wieder als Vorsteuer bei seiner Umsatzsteuererklärung geltend machen kann. Falls in den vermieteten Räumen nicht während der ganzen 10 Jahre umsatzsteuerpflichtigen Leistungen erbracht werden, kommt es zur û Vorsteuerberichtigung, die zur entsprechend zeitanteiligen Rückzahlung der erstatteten Vorsteuer führt.

Umwandlung

Umwandlung bezeichnet einen Vorgang, bei dem Miethäuser in die Rechtsform von Wohn- und Teileigentum überführt werden, meist zu dem Zweck, bei Verkauf der einzelnen Einheiten einen höheren Gesamtpreis zu erzielen.

Die Möglichkeit der Begründung von Wohnungs- und Teileigentum durch Umwandlung führte Ende der 80-er Jahre zu einem „Umwandlungsboom" mit sozial nicht mehr hinnehmbaren Erscheinungsformen besonders im Bereich der „Entmietungen".

Erschweren wollten deshalb die Baubehörden die Umwandlung von Altbauten dadurch, dass sie die Anforderungen für die Erteilung von Abgeschlossenheitsbescheinigungen in die Höhe schraubten. Sie sollte nur noch erteilt werden, wenn alle geltenden bauordnungsrechtlichen Bestimmungen hinsichtlich Schall- Wärme- und Brandschutz erfüllt waren. Dieser Praxis hat der Gemeinsame Senat der obersten Gerichtshöfe des Bundes mit seinem Beschluss vom 30.6.1992 einen Riegel vorgeschoben.

Für die Erteilung von Abgeschlossenheitsbescheinigungen ist lediglich der Nachweis der räumlichen Abgeschlossenheit in einem physischen Sinne erforderlich.

Eine Umwandlung bewirkt, dass den zum Umwandlungszeitpunkt im Objekt wohnenden Mietern ein besonderer Kündigungsschutz zuwächst. Entsprechende Bestimmungen gab es im BGB schon längere Zeit. Sie wurden später durch das Sozialklauselgesetz verschärft.

Durch das Mietrechtsreformgesetz 2001 wurde das Sozialklauselgesetz aufgehoben.

Es gilt jetzt nach den neuen Vorschriften des BGB generell eine 3-jährige Kündigungssperrfrist. Allerdings wurden die Bundesländer ermächtigt, durch Verordnung Gemeinden oder Gemeindeteile festzulegen, in denen die Versorgung der Bevölkerung mit Wohnraum zu angemessenen Bedingungen besonders gefährdet ist und hier die Kündigungssperrfrist auf bis zu zehn Jahre zu erhöhen.

Allerdings kann der Vermieter nach Ablauf von drei Jahren auch in diesen Gemeinden auf der Grundlage eines berechtigten Interesse kündigen. Er muss dann allerdings eine vergleichbare Ersatzwohnung nachweisen. An dem gesetzlichen Vorkaufsrecht, das im Falle der Umwandlung zugunsten des Mieters entsteht, hat das Mietrechtsreformgesetz 2001 ebenfalls festgehalten. Das gesetzliche Vorkaufsrecht bei Umwandlung mit öffentlichen Mitteln geförderter Wohnungen nach dem Wohnungsbindungsgesetz, das dem Mieter eine Zeit von 6 Monaten für die Entscheidung einräumt, wurde von den Neuregelungen im BGB nicht berührt. Heute sind Umwandlungen vor allem in Ostdeutschland im Rahmen der Privatisierung des Wohnungsbestandes gewollt. Dabei stehen vor allem Bemühungen im Vordergrund, die Mieter als Käufer für das durch Umwandlung entstehende Wohneigentum zu gewinnen.

Siehe auch: Abgeschlossenheit / Abgeschlossenheitsbescheinigung

UmwBerG

Abkürzung für: Umwandlungsbereinigungsgesetz

UmweltG

Abkürzung für: Umweltgesetz

UmweltHG

Abkürzung für: Umwelthaftungsgesetz

Umweltverträglichkeitsprüfung

Mit Hilfe der Umweltverträglichkeitsprüfung wird ermittelt, welche Einflüsse die Verwirklichung eines umweltkritischen großen Bauvorhabens auf die Umwelt hat.

Diese Prüfung ist im „Gesetz über die Umweltverträglichkeitsprüfung" (UVPG) vom 5. September 2001 geregelt.

Zweck des Gesetzes ist die Sicherstellung der Ermittlung, Beschreibung und Bewertung der Umwelteinflüsse bei bestimmten großen umweltkritischen Vorhaben und deren Berücksichtigung bei allen behördlichen Entscheidungen (Umweltvorsorge). Die Prüfung bezieht sich auf die Auswirkungen von Vorhaben auf,

- Menschen Tiere und Pflanzen,
- Boden, Wasser, Luft, Klima und Landschaft
- Kultur- und sonstige Sachgüter und die
- Wechselwirkung zwischen diesen „Schutzgütern".

Im Rahmen der Bauleitplanung sind die sich aus der UVP ergebenden Erkenntnisse in die Abwägung einzubeziehen.

Das Gesetz zählt eine große Anzahl verschiedener Vorhaben auf, die der Prüfung unterliegen, vom Kernkraftwerk bis hin zu Mastschweineplätzen.

Beispiele für Vorhaben, die der Umweltverträglichkeitsprüfung unterliegen sind:

- Errichtung eines Feriendorfes, eines Hotelkomplexes oder einer sonstigen der Ferien- oder Fremdbeherbergung dienenden Einrichtung ab 300 Betten und 200 Gästezimmern
- Campingplätze ab 200 Stellplätzen
- Freizeitparks ab 10 ha Größe
- Parkplätze ab 500 Stellplätze
- Industriezonen ab einer zulässigen Grundfläche von 100 000 m²
- Einkaufszentren, großflächige Einzelhandelsbetriebe und sonstige großflächige Handelsbetriebe ab einer Geschossfläche von 5000 m²
- Windfarm mit mehr als 19 Windkraftanlagen"

UmwG

Abkürzung für: Umwandlungsgesetz

Umzugskosten

Als Werbungskosten bei Einkünften aus nichtselbstständiger Tätigkeit erkennt das Finanzamt die Umzugskosten bei Arbeitnehmern an, falls der Ortswechsel rein beruflich bzw. dienstlich begründet ist. Den steuerlichen Abzug kann das Finanzamt auch gewähren, wenn sich nach dem Einzug ins Eigenheim der Weg zum Arbeitsplatz deutlich verkürzt.

UN

Abkürzung für:United Nations

Unbedenklichkeitsbescheinigung

Bescheinigung vom Finanzamt, die der Käufer eines Grundstücks erhält, nachdem die fällige Grunderwerbsteuer gezahlt oder sichergestellt ist. Auch bei nicht grunderwerbsteuerpflichtigen Erwerben wird eine Unbedenklichkeitsbescheinigung erteilt.

Sie ist Voraussetzung dafür, dass der Käufer als neuer Eigentümer ins Grundbuch eingetragen wird.

Unfallversicherung für Helfer

Siehe: Bauhelferversicherung

Unique Selling Proposition

Unique Selling Proposition (USP) ist der einzigartige Produktnutzen, d.h. ein Vorteil, den keine konkurrierende Immobilie bieten kann. Den USP gilt es im Hinblick auf die jeweilige Immobilie zunächst zu suchen und dann in der Werbung gezielt herauszuarbeiten.

Unique Selling Proposition (USP)

Der USP ist der Produktnutzen, den keine konkurrierende Immobilie bieten kann. Diesen Vorteil gilt es, im Hinblick auf die jeweiligen Immobilien zunächst zu suchen und dann werblich gezielt herauszuarbeiten.

Allerdings ist der Begriff „Unique (=einzigartiger) Selling Proposition" etwas irreführend. „Einzigartig" bezieht sich hierbei auf den spezifischen Nutzen für eine bestimmte Zielgruppe und natürlich auf das Verhältnis zur Konkurrenz.

Ziel ist es, der angebotenen Immobilie eine Alleinstellung zu verleihen. USP können auch Immobilienmakler für ihre Dienstleistungen abstecken.

Universalmakler
Siehe: Makler

Unterlassungserklärung
Siehe: Wettbewerbsrecht

Untermakler
Siehe: Makler

Untermiete

Das Gesetz schützt das Vertrauen und die Zielsetzung, aufgrund derer der Vermieter nach Prüfung des Mieters den Vertrag abgeschlossen hat. Es gibt daher dem Mieter grundsätzlich kein Recht zur Untervermietung ohne entsprechende Erlaubnis des Vermieters.

Der Wohnungsmieter kann aber auch ein berechtigtes Interesse an der Untervermietung haben. Beispiele: Arbeitslosigkeit des Mieters, mehrmonatiger Auslandsaufenthalt des Mieters, Verkleinerung der Familie, eigene Pflegebedürftigkeit usw..

In einem solchen Fall kann der Mieter die Zustimmung des Vermieters zur Untervermietung (Gebrauchsüberlassung an Dritte) verlangen. Die gilt nur dann nicht, wenn in der Person des Dritten ein wichtiger Grund für die Versagung der Erlaubnis liegt oder es zu einer übermäßigen Belegung der Wohnung käme. Wenn dem Vermieter die Untervermietung nur gegen eine angemessene Erhöhung der Miete zuzumuten ist, kann er die Erlaubnis davon abhängig machen.

In Geschäftsraummietverträgen ist es üblich Regelungen über das Recht zur Untervermietung zu treffen.

Unternehmensbewertung

Unternehmensbewertungen sind in der Regel im Vorfeld von Unternehmensverkäufen, Fusionen und Beteiligungen an Unternehmen erforderlich. Die traditionellen Verfahren der Unternehmensbewertung beruhen auf der Vorstellung, dass es einen objektiven Unternehmenswert (Wert an sich) gibt, der als Orientierungsmaßstab fungieren könne.

Im Gegensatz hierzu steht die subjektive Unternehmensbewertung, die eine Entscheidungsgrundlage in einer konkreten subjektiven Entscheidungssituation liefern soll.

Zu den älteren Methoden zählen Multiplikatormethoden, (Unternehmenswert als Multiplikator von Gewinn, Umsatz) wobei vor allem letztere wenig aussagekräftig ist. Der Multiplikator wird als branchentypische Erfahrungsgröße aufgefasst. Wird er aus konkreten Gewinnerwartungen abgeleitet, handelt es sich um eine Ertragswertmethode.

Eine andere Methode stellt darauf ab, Werteelemente zu ermitteln und zu einem gesamten Unternehmenswert zusammenzufügen, der dann noch um wertmindernde Faktoren zu bereinigen ist.

Vor allem bei Industrieunternehmen wird oft der Substanzwert (der auf den Zeitwert reduzierten Wiederbeschaffungswert) ermittelt, der auf einer Einzelbewertung der in der Bilanz enthaltenen Wirtschaftsgüter beruht. Der immaterielle Geschäftswert (Goodwill), der sich aus verschiedenen Faktoren wie Qualitätsmanagement, Name, Ansehen, Qualität der Verkaufsorganisation, Patente, Lizenzen, Werte aus dem Stand von Forschung und Entwicklung, bestehende Verbindungen usw. zusammensetzt, wird zusätzlich berücksichtigt.

Berechnet wird der Goodwill durch Kapitalisierung des Gewinnanteils, der über eine konstante marktübliche Verzinsung des Substanzwertes hinausgeht. Dabei wird davon ausgegangen, dass dieser Geschäftswert innerhalb eines bestimmten Zeitraumes „abgeschrieben" wird, weil er durch auftretende Konkurrenz seine besondere Ertragsfähigkeit im Wettbewerb zunehmend einbüßt.

Bei Dienstleistungsunternehmen, bei denen der Persönlichkeitserfolg stark im Vordergrund steht, z.B. bei Maklerunternehmen, ist es erforderlich, hiervon zu abstrahieren und den vom Unternehmer geschaffenen und übertragbaren Geschäftswert (übertragbares Image, übertragbare Geschäftsverbindungen, vorhandene Organisation und dergl.) in den Vordergrund zu stellen. Die in den Personen der Verkäufer und Käufer solcher Unternehmen selbst steckenden unterschiedlichen Erfolgspotenziale werden auf diese Weise ausgeblendet.

Der Käufer kann eine bestimmte Zeit vom übertragbaren Geschäftswert „leben". Taugt er nicht für das Unternehmen, wird es zugrunde gehen. Der übertragene Geschäftswert ist damit verbraucht. Für den tüchtigen Käufer ist er dagegen ein immaterielles Startkapital für zusätzliche zukünftige Erfolge, die er sich selbst zuschreiben kann.

Die neuere (subjektive) Unternehmensbewertung beruht auf der Anwendung von Kapitalwertmethoden (englisch „Discounted Cash Flow Method"). Hier wird konsequent versucht, Zukunftserfolge eines bestimmten Zeitraumes (z.B. acht oder zehn Jahre), die sich in Ausschüttungen ausdrücken, auf den Bewertungszeitpunkt durch Barwertkalkulationen zu verdichten. Hinzu kommt der Restwert nach Ablauf des Prognosezeitraums, der auf den Bewertungszeitpunkt diskontiert wird.

Zwar überwiegen derzeit die traditionellen Unternehmensbewertungen. Die Discouted Cash Flow Methoden sind jedoch auf dem Vormarsch.

Unterversicherung

Wer ein Risiko versichert und dafür den Wert - um die Prämie niedrig zu halten – zu niedrig angibt, riskiert, unterversichert zu sein. Man spricht von Unterversicherung, wenn im Vertrag der Wert des versicherten Gegenstandes deutlich zu niedrig angegeben worden ist.

Nach den Bestimmungen ist es der Versicherungsnehmer, der dafür verantwortlich ist, den Wert (vom Hausrat bis zur Immobilie) richtig und zeitgerecht anzugeben. Oft wird auch einfach vergessen, den Wert nach einigen Jahren anzupassen.

Der Wille zu sparen kann zu bösen Überraschungen führen, denn im Schadensfall rechnet die Versicherung wie folgt:

Versicherungssumme x Schaden : Wiederbeschaffungspreis = Entschädigung.

Beispiel: Im Vertrag wird die Versicherungssumme mit 100.000 Euro angegeben. Der Wiederbeschaffungswert beläuft sich nach Eintritt des Versicherungsfalles lt. Gutachten auf 200.000 Euro. Der Schaden liegt bei 20.000 Euro.

Rechnung der Versicherung nach obiger Formel: 100.000 x 20.000 : 200.000 = 10.000

Die festgestellte Unterversicherung führt zu einem Verlust von 10.000,- Euro.

Bei der Hausratversicherung wird als Versicherungsstandard mit einem Versicherungswert von 600 Euro pro m^2 Wohnfläche gerechnet.

Siehe auch: Hausratversicherung

Unterwerfungsklausel (Zwangsvollstreckung)

Die Unterwerfungsklausel findet man meist in Grundstückskaufverträgen und in der Regel in Grundschuldbestellungsurkunden.

Beim Kaufvertrag unterwirft sich der Käufer wegen seiner Zahlungsverpflichtungen der „sofortigen Zwangsvollstreckung in sein gesamtes Vermögen". Voraussetzung dafür, dass der Verkäufer vollstrecken kann, ist eine vollstreckbare Ausfertigung. Bei der Unterwerfungsklausel in Grundschuldbestellungsurkunden ist zu unterscheiden zwischen der dinglichen und der persönlichen Zwangsvollstreckung.

Die dingliche Zwangsvollstreckung wirkt gegen den jeweiligen Eigentümer des Grundstücks und bezieht sich auf das Grundstück und auf dessen Zubehör. Die persönliche Zwangsvollstreckungsunterwerfung wirkt gegen den Schuldner und bezieht sich auf dessen gesamtes Vermögen, z.B. auch auf Bankguthaben. Eine vollstreckbare Ausfertigung der Urkunden darf der Notar nicht mehr erteilen, wenn er weiß, dass der Anspruch nicht entstanden oder bereits erfüllt ist.

UR
Abkürzung für: Urkundenrolle

Urban 21
Auf der Urban 21, der Weltkonferenz zur Zukunft der Städte, die am 4./6. Juli 2000 in Berlin stattfand – eine Fortsetzung von der Rio-Konferenz – wurde der von der Weltkommission Urban 21 erarbeitete „Weltbericht für die Zukunft der Städte" vorgelegt, der beim Bundesministerium für Verkehr, Bau- und Wohnungswesen über Internet abrufbar ist. Das Ergebnis der Urban 21 ist wiederum Beratungsgegenstand der Nachfolgekonferenz von HABITAT II, die 2001 in New York stattfindet.

Der Weltbericht enthält auf der Grundlage einer Typisierung von Stadtentwicklungen (von übermäßigem Wachstum, von dynamischem Wachstum und von Überalterung geprägte Stadt) Trendfeststellungen und Empfehlungen für ein politisches Handeln, das zur Trendumkehr führt.

Siehe auch: Agenda 21

Urban Entertainment Center (UEC)
Im Gegensatz zum Shopping Center, bei dem die Erlebniswelt des Einkaufens immer noch im Vordergrund steht, handelt es sich beim Urban Entertainment Center um einen Erlebnisbereich, bei dem die Freizeit- und Unterhaltungskomponenten prägend sind.

Es handelt sich um ein konzentriertes privatwirtschaftlich organisiertes Angebot für individuelle Freizeitgestaltung.

Hierzu können zählen: Kinos, Bowling, Billiard, Ausstellungen, Internet Cafés, Bühnen für Varietés und Musicals.

Die Erfahrung hat allerdings gezeigt, dass auf den in das Freizeitarrangement eingebundene Einzelhandel als Besuchermagnet kaum verzichtet werden kann. Im Vordergrund steht der Freizeit- und Unterhaltungsbezogener Handel. Aber auch themen- und erlebnisgastronomische Betriebe dürfen nicht fehlen.

Das Investitionsrisiko ist keinesfalls gering. Als Standorte kommen vor allem zentral gelegene Liegenschaften (Bahnhöfe, alte Industriekomplexe) in Betracht.

Das Frankfurter UEC liegt 5 Gehminuten vom Hauptbahnhof im Europa Viertel. Ein typisches UEC ist der Space Park, der in Bremen seiner Vollendung entgegensieht. Amerikanischen Erfahrungen zufolge besteht die Hauptbesuchergruppe aus 16 - 40-Jährigen vor allem Singles und Touristen. Die Verweildauer beträgt zwischen 3 und 41/2 Stunden.

Im Gegensatz zu UEC werden große Freizeitparks mit großem Einzugsbereich nicht in Stadtzentren, sondern – ähnlich wie bei Factory Outlet Centers in Gegenden platziert, deren Verkehrsinfrastruktur mehrere Regionen abdeckt.

Siehe auch: Factory Outlet Center (FOC), Freizeitpark

Urheberrecht – Architektenplanung
Dem Architekten steht ein Urheberrecht an den von ihm entworfenen Plänen zu. Dies gilt allerdings nur in einem eingeschränkten Umfang.

Der Entwurf von Zweckbauten, der keine besonderen schöpferisch-architektonischen Leistungen erfordert, wird vom Urheberrechtsschutz nicht erfasst. Wenn ein Bauherr allerdings die vom Architekten erstellte Planung mehrfach nutzt, kann für den Architekten ein zusätzlicher Honoraranspruch entstehen.

Urkundenprozess

Wem ein Anspruch aus einer Urkunde zusteht, der hat die Möglichkeit, statt eines langwierigen Rechtsstreites einen sogenannten Urkundenprozess zu führen. Die den Anspruch begründenden Tatsachen müssen sich unmittelbar aus der Urkunde ergeben. Als Beweismittel stehen nur Urkunden zur Verfügung, aus der sich die zugrunde liegende Forderung ergibt. Der Prozess ist damit in der Regel sehr schnell beendet.

Der Sinn besteht darin, dass dem Kläger im Urkundenprozess schnellstmöglich ein vollstreckbares Urteil zur Verfügung steht, wenn zu befürchten ist, dass möglicherweise gegen den Schuldner wegen Zahlungsunfähigkeit oder Überschuldung ein Insolvenzverfahren eingeleitet wird oder der Schuldner an einen unbekannten Ort verzieht.

Die Rechte des Beklagten werden im Urkundenprozess erst in einem sog. Nachverfahren berücksichtigt. Nach einer Entscheidung des BGH (AZ XII ZR 321/97) können auch Mietforderungen im Urkundenprozess geltend gemacht werden. Dem Urteil lag ein Gewerberaummietverhältnis zugrunde. Ob ein Urkundenprozess auch bei einem Wohnraummietverhältnis zulässig ist, ist nicht endgültig geklärt.

URNr.

Abkürzung für: Urkundenrollennummer

Ursächlichkeit

Der Makler erhält seine Provision nur dann, wenn infolge seiner Maklertätigkeit der (Haupt-) Vertrag zustande kommt. Das bedeutet, dass er zumindest zum Zustandekommen beigetragen haben muss (Mitursächlichkeit genügt). Beim Makler, der seinen Provisionsanspruch auf einen vorangegangenen Nachweis stützt (Nachweismakler), muss der Ursachenzusammenhang unmittelbar sein.

Das bedeutet, dass das vom Makler angebotene Geschäft mit dem tatsächlich zustande gekommenen hinsichtlich Objekt, Art des Vertrages und den vom Makler zusammengeführten Personen identisch sein muss. Kommt statt einem angebotenen Mietvertrag ein Kaufvertrag zustande, oder tritt als Käufer nicht der vom Makler benannte X sondern Herr Y auf, ist Ursächlichkeit nicht mehr gegeben. Gleiches gilt, wenn z.B. der Makler eine Eigentumswohnung Nr. 45 anbietet, bei der Besichtigung zeigt der Hausmeister auch die ebenfalls noch verkäufliche Eigentumswohnung Nr. 42, über die dann der Vertrag zustande kommt (fehlende Objektidentität). Denkbar aber ist auch, dass die Identität zwischen angebotenem und abgeschlossenem Geschäft gegeben ist und es dennoch an der Ursächlichkeit mangelt:

Dann liegt eine Unterbrechung des Ursachenzusammenhanges vor. Das ursprünglich vom Makler entfachte Interesse ist völlig erloschen. Ausschließlich durch einen neuen Anstoß von außen (z.B. nochmaliges Angebot eines anderen Maklers) wird neues Kaufinteresse entfacht, das dann zum Abschluss führt.

In diesem Fall geht der erste Makler leer aus. Beim Vermittlungsmakler spielt das Identitätserfordernis dann keine Rolle, wenn auf seine Bemühungen hin ein anderes als das ursprünglich vereinbarte Geschäft zustande kommt.

Urt.

Abkürzung für: Urteil

USP

Abkürzung für: Unique Selling Proposition; das ist der einzigartige, der Konkurrenz überlegene Wettbewerbsvorteil eines Produktes
Siehe auch: Unique Selling Proposition

USt

Abkürzung für: Umsatzsteuer

UStDV

Abkürzung für: Umsatzsteuerdurchführungsverordnung

UStG

Abkürzung für: Umsatzsteuergesetz

UStR
Abkürzung für: Umsatzsteuerrichtlinien

UVP
Abkürzung für: Umweltverträglichkeitsprüfung

UVPG
Abkürzung für: Umweltverträglichkeits-
prüfungsgesetz

UVV
Abkürzung für: Unfallverhütungsvorschriften

UWG
Abkürzung für: Gesetz gegen den unlauteren
Wettbewerb

V

Abkürzung für: Volumen des Gebäudes
Abkürzung für: Verkehrswert
Abkürzung für: Größe des vorhandenen Grund-
stückes
Abkürzung für: vom, von

v.H.

Abkürzung für: vom Hundert

v.T.

Abkürzung für: vom Tausend

VA

Abkürzung für: Verwaltungsanordnung

VAA

Abkürzung für: Vereinigung Angestellter
Architekten

VAG

Abkürzung für: Versicherungsaufsichtsgesetz

VAZ

Abkürzung für: Veranlagungszeitraum

VB

Abkürzung für: Verhandlungsbasis

VbF

Abkürzung für: Verordnung über brenn-
bare Flüssigkeiten

VDA

Abkürzung für: Verband Deutscher Architekten

VDE

Abkürzung für: Verband Deutscher Elektro-
ingenieure

VdH

Abkürzung für: Verband deutscher Hypothekenbanken

VDH

Abkürzung für: Verband der Hausverwalter

VDI

Abkürzung für: Verein Deutscher Ingenieure

VDM

Abkürzung für: Verband Deutscher Makler
Siehe auch: Maklerverbände

VdS

Abkürzung für: Verband der Sachversicherer

VDZ e.V.

Abkürzung für: Verband Deutscher Zeitschrif-
tenverleger e.V.

VEB

Abkürzung für: Volkseigener Betrieb/Gebäude-
wirtschaft

VEP

Abkürzung für: Vorhaben- und Erschließungsplan

Veränderungssperre

Die Veränderungssperre ist ein Instrument zur
Sicherung der Bauleitplanung.
Reichen Bauherren nach Erlass einer Veränderungssperre einen Bauantrag ein, wird dieser in
aller Regel unter Hinweis auf die Veränderungssperre abgelehnt.
Die Veränderungssperre wird aber in Verbindung mit einer zusätzlichen Verfügungssperre
auch eingesetzt zur Abwehr von Behinderun-
gen im Zusammenhang mit städtebaulichen Sa-
nierungs- und Entwicklungsmaßnahmen, Um-
legungen zur Neugestaltung der Grundstücks-
verhältnisse auf der Grundlage eines Bebauungsplanes, sowie der Einleitung von Enteignungsverfahren.
Während zur Sicherung der Bauleitplanung,
genehmigungsbedürftige oder sonstige wertsteigernde bauliche Anlagen zu errichten oder
andere wertsteigernde Veränderungen des
Grundstücks schlicht nicht zugelassen sind,
können solche Veränderungen bei Maßnahmen
der Bodenordnung genehmigt werden. Eine
Veränderungssperre tritt erst nach Ablauf von

zwei Jahren außer Kraft, sie kann jedoch bei Vorliegen bestimmter Voraussetzungen bis auf vier Jahre verlängert werden. Werden Verfügungs- und Veränderungssperren erlassen, schlägt sich dies auch im Grundbuch durch Eintragung eines entsprechenden Vermerks nieder. (Umlegungsvermerk, Sanierungsvermerk).

Veräußerungsbeschränkung (Wohnungseigentum)

Die Befugnis zur Verfügung über ein veräußerliches Recht kann nicht ausgeschlossen oder eingeschränkt werden. Von dieser allgemeinen Regelung gibt es Ausnahmen z.B. bei Veräußerung von Wohnungseigentum. Als Inhalt des Sondereigentums kann vereinbart werden, dass ein Wohnungseigentümer zur Veräußerung seines Wohnungseigentums der Zustimmung anderer Wohnungseigentümer oder eines Dritten – des Verwalters – bedarf.

Die Zustimmung zur Veräußerung darf nur aus wichtigem Grund versagt werden, wenn also der Erwerber als Mitglied der Wohnungseigentümergemeinschaft aufgrund einer gemeinschaftswidrigen Gefahr unzumutbar ist. Die Unzumutbarkeit muss ihre Ursache in der Person des Erwerbers haben, ohne dass es auf sein Verschulden ankommt. Vorliegende Umstände, die darauf schließen lassen, dass der Erwerber seine Beitragspflichten nicht erfüllen wird, rechtfertigen die Versagung der Zustimmung.

Veräußerungskosten

Aufwendungen anlässlich des Verkaufs einer Immobilie, wie zum Beispiel Renovierungskosten, Maklerprovision und Grundschuldlöschungskosten. Veräußerungskosten können steuerlich in der Regel nicht abgezogen werden. Dies gilt auch dann, wenn die Immobilie vorher vermietet war.

Verbraucher

Unter Verbraucher versteht man nach § 13 BGB jede natürliche Person, die ein Rechtsgeschäft zu einem Zweck abschließt, der weder ihrer gewerblichen noch selbständigen beruflichen Tätigkeit zugerechnet werden kann.

Verbraucher genießen einen besondern zivilrechtliche Schutz, insbesondere ein Widerrufsrecht

- bei Haustürgeschäften (§ 312 BGB)
- bei Abschluss eines Darlehensvertrages §§ 419 ff BGB,
- Teilzeit-Wohnrechtsverträgen (§§ 481 ff BGB)
- und bei Fernabsatzverträgen (§ 312e BGB.

Verbraucherschützende Bestimmungen finden sich auch im Kapitalanlagegesetz, dem Gesetz über den Vertrieb ausländischer Investmentanteile und im Fernunterrichtsgesetz.

Im weiteren Sinne haben auch die Vorschriften des BGB über das Wohnungsmietrecht verbraucherschützenden Charakter.

Öffentlich rechtliche Schutzvorschriften für Verbraucher finden sich in der Preisangabenverordnung, der Makler-Bauträger-Verordnung, dem Wohnungsvermittlungsgesetz.

Siehe auch: Makler- und Bauträgerverordnung (MaBV), Preisangabenverordnung (PangV), Wohnungsvermittlungsgesetz

VerbrKrG

Abkürzung für: Verbraucherkreditgesetz

Verbundene Wohngebäudeversicherung

Die verbundene Wohngebäudeversicherung bündelt mehrere Versicherungsrisiken in einer Versicherung. Hierzu zählen Schadensrisiken am Gebäude, Zubehör und aussen am Gebäude angebrachten Sachen, die auf Feuer, Leitungswasser, Hagel und Sturm (bei Mindestwindstärke von 8) zurück zuführen sind.

Unterversicherungen werden durch eine gleitende Neuwertversicherung vermieden, die überwiegend noch auf die Wertebasis von 1914 zurückgreift.

Die Prämie richtet sich nach Versicherungssumme, Bauartklasse und Tarifzone. Durch einzelvertragliche Gestaltung kann der Versicherungsumfang erweitert werden, z.B. auf Regulierung von Schäden durch Aquarien, Klima-, Wärmepumpen- und Solaranlagen, Gebäudebeschädigungen durch unbefugte Dritte usw.

Verdachtsflächen

Verdachtsflächen sind Bodenflächen, bei denen der Verdacht auf schädliche Bodenveränderungen besteht.

Verdachtsflächen sind zu registrieren. Gibt es Anhaltspunkte für schädliche Bodenveränderungen, hat die Behörde entsprechende Maßnahmen zu ergreifen und festzustellen, ob die Schadstoffkonzentration bestimmte – in einer Verordnung erst noch festzulegenden – Grenzwerte überschreitet. Grundsätzlich sind Bodeneigentümer, Pächter und Personen, die Verrichtungen (z.B. Bebauung) auf dem Grundstück durchführen, verpflichtet, Vorsorge zu treffen, damit es nicht zu schädlichen Bodenveränderungen kommt. Verdachtsflächen werden in das Altlastenkataster eingetragen.

Siehe auch: Altlastenkataster

Verdingungsordnung für Bauleistungen (VOB)

Siehe: Vergabe- und Vertragsordnung für Bauleistungen

Vereinbarung

Das Verhältnis der Wohnungseigentümer untereinander richtet sich nach den Vorschriften des Wohnungseigentumsgesetzes und, soweit dieses Gesetz keine besonderen Bestimmungen enthält, nach den Vorschriften des Bürgerlichen Gesetzbuches über die Gemeinschaft (§ 10 Abs. 1 Satz 1 WEG).

Als Rahmengesetz lässt das Wohnungseigentumsgesetz den Wohnungseigentümern jedoch weitestgehend Vertragsfreiheit. Es räumt ihnen die Möglichkeit ein, von den Vorschriften des Wohnungseigentumsgesetzes abweichende Vereinbarungen zu treffen, soweit nicht etwas anderes ausdrücklich – durch sogenannte unabdingbare oder zwingende Vorschriften – bestimmt ist (§ 10 Abs. 1 Satz 2 WEG).

Bei den Vereinbarungen im Sinne dieser Vorschrift handelt es sich um Regelungen, denen alle im Grundbuch eingetragenen Eigentümer zustimmen müssen. Eine nur mehrheitliche Zustimmung reicht nicht aus, um solche abweichenden oder das Gesetz ergänzende Regelungen zu treffen.

Damit diese vom Gesetz abweichenden oder das Gesetz ändernde Regelungen auch im Falle des Eigentümerwechsels Rechtswirkung gegenüber dem neuen Eigentümer entfalten, müssen diese Vereinbarungen als sogenannter Inhalt des Sondereigentums in das Grundbuch eingetragen werden (§ 10 Abs. 2 WEG).

Ohne Eintragung in das Grundbuch wirken Vereinbarungen zwar unter den jeweiligen Eigentümern, die die vom Gesetz abweichenden Regelungen getroffen haben, verlieren jedoch grundsätzlich ihre Rechtswirkung unter allen Beteiligten, wenn ein neuer Eigentümer in die Gemeinschaft eintritt.

Von einer Vereinbarung zu unterscheiden ist der Beschluss. Vereinbarungen sind immer dann erforderlich, wenn vom Gesetz abweichende Regelungen getroffen werden sollen, während Beschlüsse der Wohnungseigentümer Verwaltungsangelegenheiten regeln, für die das Gesetz den Wohnungseigentümer ausdrücklich die sogenannte Beschlusskompetenz einräumt.

Siehe auch: Sondereigentum, Beschluss / Beschlussanfechtung

Verfahrensstandschaft

Die Wohnungseigentümer können den Verwalter durch Mehrheitsbeschluss oder durch eine Vereinbarung im Verwaltervertrag ermächtigen, Ansprüche der Wohnungseigentümer in eigenem Namen geltend zu machen (Prozessstandschaft).

Verfügung über Gesamtvermögen

Gilt der gesetzliche Güterstand der Zugewinngemeinschaft, dann kann ein Ehepartner nur mit Zustimmung des anderen über sein Vermögen als Ganzes oder über den wesentlichen Teil seines Vermögens verfügen. Bedeutsam ist diese

Vorschrift vor allem dann, wenn ein Grundstück dieses Vermögen darstellt.

In einem solchen Fall muss der im Grundbuch nicht eingetragene Ehepartner dem Verkauf des Grundstücks durch den anderen Ehepartner zustimmen.

Verfügungssperre

Im Zusammenhang mit Massnahmen der Bodenordnung und städtebaulichen Sanierung können Gemeinden eine Verfügungs- und Veränderungssperre erlassen.

Die Verfügungssperre bedeutet nicht, dass das Grundstück nicht verkauft werden kann. Vielmehr wird die Verfügung von einer Genehmigung abhängig gemacht. Das gleiche gilt für eine Grundstücksteilung, eine Belastung des Grundstücks in Abt. II oder das Eingehen von Baulasten.

Siehe auch: Veränderungssperre, Bodenordnung

Vergabe

Nach der Angebotseinholung aufgrund einer Ausschreibung werden die Aufträge an Bauunternehmer und Handwerker vergeben. Entscheidend bei der Vergabe ist nicht allein der Angebotspreis, sondern auch die garantiert fachliche Ausführung bis zum vorgegebenen Termin.

Vergabe- und Vertragsordnung für Bauleistungen

Die VOB ist keine Rechtsvorschrift mit Gesetzesrang. Es handelt sich vielmehr um Normen, die vom Deutschen Vergabe- und Vertragsausschuss für Bauleistungen (DVA) in Berlin (früher Deutscher Verdingungsausschuss für Bauleistungen) erarbeitet werden und herausgegeben werden.

Die VOB A, B und C entsprechen jeweils einer DIN. Das Normenwerk muss für Bauverträge in jedem Einzelfall vereinbart werden, wenn er Vertragsinhalt werden soll.

Die letzte Fassung der VOB stammt von 2002.

Sie wurde in Zusammenhang mit der Novellie-

rung des Schuldrechts im BGB erforderlich. Ein großer Teil der Änderungen ist redaktioneller Natur, soweit es sich z.b. um terminologische Anpassungen an das neue BGB-Recht handelt (etwa Ersatz des alten Begriffs der Gewährleistung durch Mängelanspruch.

Hinsichtlich des AGB-Rechts gilt VOB Teil B (Vertragsrecht) insoweit als privilegiert, als eine Inhaltskontrolle durch die Gerichte nicht stattfindet, wenn alle VOB/B-Bestimmungen Inhalt des Bauvertrags werden.

Werden nur einzelne VOB-Bestimmungen, in den Bauvertrag eingeführt Bauvertrag sind sie der Inhaltskontrolle unterworfen. So war bisher schon klar, dass z.B. die für den Unternehmer günstiger Regelung der Verjährungsfrist (die jetzt im VOB-Vertrag auf 4 Jahre angehoben wurde) in einem BGB-Vertrag unwirksam ist.

VOB Teil A enthält die Allgemeinen Bestimmungen für die Vergabe von Bauleistungen und zwar in vier Abschnitten:

- Abschnitt 1 mit den Basisparagraphen,
- Abschnitt 2 mit zusätzlichen Bestimmungen nach der EG-Baukoordinierungsrichtlinie in der Fassung von 1989,
- Abschnitt 3 mit zusätzlichen Bestimmungen nach der EG-Sektorenrichtlinie von 1990 und
- Abschnitt 4 mit eine weiteren speziellen Richtlinie im Bereich der Wasser-, Energie- und Verkehrsversorgung.

VOB Teil B enthält das Bauvertragsrecht.

In VOB Teil C befinden sich die technischen Vorschriften.

Siehe auch: VOB-Vertrag

Vergleich

Siehe: Insolvenz

Vergleichsmiete, ortsübliche (Wohnungsmiete)

Die ortsübliche Vergleichsmiete ist ein Maßstab für Mieterhöhungsverlangen (§558 BGB) und für Neuvermietungen (§5 WiStG).

Als Bezugsgröße für den Vergleich sind Mieten heranzuziehen, die in den letzten vier Jahren neu vereinbart oder im Rahmen bestehende Mietverträge angepasst wurden. Vergleichbar müssen die Wohnungen hinsichtlich Art, Größe, Ausstattung, Beschaffenheit und Lage innerhalb der Gemeinde oder vergleichbaren Gemeinden sein. Orientierungsgrundlage sind sog. siehe Mietspiegel. Der Vermieter kann sich zur Stützung seines Mieterhöhungsverlangens aber auch auf die Mieten von drei vergleichbaren Wohnungen stützen die die Vergleichsmiete annähernd repräsentieren oder ein Sachverständigengutachten einholen.

Zu beachten ist allerdings, dass eine gesetzliche Vermutung dafür spricht, dass der qualifizierten Mietspiegel die ortsübliche Vergleichsmiete widerspiegelt.

Das bedeutet, dass mit den anderen Begründungsmitteln die Vermutung erst widerlegt werden muss.

Der Vermieter kann die Zustimmung zur Mieterhöhung grundsätzlich verlangen, wenn die neue Miete die ortsübliche Vergleichsmiete nicht überschreitet. Allerdings ist auch noch eine Kappungsgrenze von 20% zu beachten, die nicht überschritten werden darf, selbst wenn die Vergleichsmiete darüber liegt.

Vergleichswert

Der Vergleichswert spielt im Rahmen der Ermittlung von Verkehrswerten eine große Rolle. Verglichen wird das zu bewertende Grundstück mit den Preisen von Vergleichsgrundstücken die am Immobilienmarkt möglichst nahe am Bewertungszeitpunkt veräußert wurden. Ungleiche Grundstücke können, wenn die Abweichungen vom zu bewertenden Grundstück nicht zu groß sind, durch Umrechnungskoeffizienten vergleichbar gemacht werden. Da das Vergleichswertverfahren das Marktgeschehen am besten nachzeichnet, genießt es den Vorzug vor den anderen Verfahren (Ertragswert- und Sachwertverfahren).

Bei unbebauten Grundstücken ist stets der Vergleichswert zu ermitteln (siehe Bodenwert). Hier stehen Bodenrichtwerte der Gutachterausschüsse zur Verfügung (mittelbarer Preisvergleich), wenn es nicht genügend Verkaufsfälle (unmittelbarer Preisvergleich) an vergleichbaren Bodenflächen gibt. Problematisch sind in der Regel Bodenrichtwerte von Geschäftsgrundstücken im Geschäftskern, bei denen oft nur Erfahrungswerte vorhanden sind, die weit in der Vergangenheit wurzeln.

Bei bebauten Grundstücken kann der Vergleichswert auch mit Hilfe von Vergleichsfaktoren ermittelt werden. Unterschieden wird dabei im wesentlichen zwischen Gebäudefaktoren z.B. m^2-Preise, m^3-Preise und Ertragsfaktoren (siehe Ertragswert / Multiplikatoren).

Gebäudefaktoren können bei verschiedenen Gebäudearten eingesetzt werden, vor allem bei Eigentumswohnungen und Reihenhäusern, aber auch bei Lagergebäuden. Ertragsfaktoren werden vor allem bei der Bewertung von Mietobjekten eingesetzt. In der Regel kommt den Ertragsfaktoren allerdings nur eine Plausibilitätsfunktion zu. Sie sollen das Ergebnis eines im Ertragswertverfahrens ermittelten Wertes absichern.

Siehe auch: Bodenwert, Bodenrichtwert, Ertragswert

VerglO

Abkürzung für: Vergleichsordnung

Verhandlungstermin

Irgendwann in einem Rechtsstreit wird vor Gericht verhandelt. Dies soll nach dem Gesetz so früh wie möglich geschehen, so dass das Gericht entweder einen „frühen ersten Termin" bestimmt, oder das schriftliche Vorverfahren.

Verjährung

Ansprüche, von einem anderen ein Tun oder Unterlassen zu verlangen, unterliegen der Verjährung. Das bedeutet, dass die Ansprüche nicht zeitlich unbegrenzt geltend gemacht werden können. Die regelmäßige Verjährungsfrist beträgt 3 Jahre (früher 30 Jahre!). Daneben gibt ein 10- und 30-jährige Fristen. So verjähren in 10 Jahren Ansprüche auf Eigentumsübertrag an Grundstücken, auf Begründung, Übertragung oder Aufhebung von Rechten an Grundstücken. Die 30 jährige Verjährungsfrist bezieht u.a. sich auf Herausgabeansprüche aus Eigentum und anderen dinglichen Rechten, familien- und erbrechtliche Ansprüche, rechtskräftig festgestellte Ansprüche u.a.

Neben diesen allgemeinen Verjährungsregelungen gibt es schuldrechttypische, z.B. mietkauf- und werkvertragliche Verjährungsfristen. Außerdem kennen viele andere Gesetze weitere Verjährungsregelungen.

Entscheidend ist die Frage, wann die Verjährungsfrist zu laufen beginnt. Die regelmäßige Verjährungsfrist beginnt mit dem Schluss des Jahres, in dem der Anspruch entstanden ist und der Anspruchsberechtigte Kenntnis von dem die Verjährung auslösenden Umständen und die Person des Schuldners erlangt hat oder (ohne grobe Fahrlässigkeit) hätte erlangen müssen.

Ein für die Immobilienwirtschaft wichtiges Verjährungsbeispiel:

Gemäß § 438 BGB n.F. verjährt der Anspruch auf Nacherfüllung, Minderung oder auf Schadensersatz wegen Fehlens einer zugesicherten Eigenschaft bei Grundstücken in zwei Jahren von der Übergabe an.

Verkaufsfaktor

Der Verkaufsfaktor gibt an, wie vielen Jahresnettomieten der beim Verkauf einer Immobilie erzielte Erlös entspricht.

So wird beispielsweise in Prognoserechnungen von Initiatoren geschlossener Immobilienfonds der zu einem bestimmten Zeitpunkt erwartete Veräußerungserlös errechnet, indem die für diesen Zeitpunkt prognostizierte Jahresnettomiete mit dem angestrebten Verkaufsfaktor multipliziert wird.

Unter dem Aspekt der kaufmännischen Vorsicht sollte für den Verkaufsfaktor in der Regel kein höherer Wert als der Einkaufsfaktor beim Erwerb der Immobilie veranschlagt werden. Eher ist es sinnvoll, im Sinne einer konservativen Kalkulation Abschläge vom ursprünglichen Einkaufsfaktor vorzunehmen.

Siehe auch: Einkaufsfaktor

Verkaufsschilder

Während regelmäßig über sinkende Anzeigenerträge und hohe Werbekosten lamentiert wird, vergessen Makler und Bauträger häufig eine interessante Werbevariante: Verkaufsschilder an den jeweiligen Objekten.

Dies ist um so verwunderlicher, als in vielen anderen Ländern, speziell in den anglo-amerikanischen, Schilder eine große Marketing-Bedeutung haben und vielerorts bereits zum festen Stadtbild gehören – ob man das nun ästhetisch findet oder nicht. Ein solches Schild aufzustellen ist dort auch das erste, was ein Makler, nachdem er einen Auftrag akquiriert hat, angeht.

Bei uns erfreuen sich Verkaufsschilder allerdings nur bei Bauträgerobjekten großer Beliebtheit. Makler verzichten meist auf das Anbringen von Verkaufsschildern – ein Fehler, weil diese Schilder hervorragende Werbeträger für das Objekt wie auch den Makler sein können.

Verkehrsfläche

Siehe: Grundfläche nach DIN 277/1973/87, Siedlungs- und Verkehrsfläche

Verkehrssicherungspflicht

Derjenige, der eine Gefahrenquelle schafft (Haus, Schwimmbad, usw.), ist verpflichtet, alle zumutbaren Maßnahmen zu treffen, damit die Gefahrenquelle beseitigt wird. Unterlässt er diese Sicherungsvorkehrungen, kann er schadensersatzpflichtig gemacht werden. Kommt beispielsweise ein Passant vor einem Haus zu Fall, weil der Grundstückseigentümer im Winter nicht den Schnee geräumt hat, kann der Fußgänger Ansprüche gegen den Grundstückseigentümer geltend machen. Gegen solche Schadensersatzansprüche können sich Hausbesitzer durch den Abschluss einer Haushaftpflichtversicherung schützen.

Verkehrswert

Der Verkehrswert wird durch den Preis bestimmt, der zum Wertermittlungsstichtag im gewöhnlichen Geschäftsverkehr am Grundstücksmarkt im Falle eines Verkaufes am Bewertungsstichtag zu erzielen wäre. Dabei sind rechtliche Gegebenheiten (Beispiel: Wegerecht) tatsächliche Eigenschaften (Beispiel: Entwicklungszustand des Grundstücks erschlossen, nicht erschlossen) sowie die sonstige Beschaffenheit (Beispiel: großer Reparaturstau) zu berücksichtigen.

Außer Betracht bleiben persönliche und ungewöhnliche Verhältnisse, die das Marktgeschehen beeinflussen könnten. Dies ergibt sich aus der Verkehrswertdefinition des §194 Baugesetzbuch.

Denkbar ist, dass für den Wertermittlungsstichtag ein anderer als der zu diesem Tag tatsächlich gegebene Zustand des Grundstücks zu unterstellen ist.

Beispiel: Bewertung eines erst nach dem Bewertungsstichtag auf dem Grundstück zu verwirklichenden Projektes. Den Verkehrswert stellen „Sachverständige für die Bewertung von bebauten und unbebauten Grundstücken" fest. Auch der Gutachterausschuss kann hierzu beauftragt werden.

Die Anlässe hierfür können vielfältig sein: Vermögensauseinandersetzungen zwischen Erben oder Eheleuten bei Ehescheidung, Zwangsversteigerungen, Überprüfung von finanzamtlichen Wertfestsetzungen, Beleihungen usw. Zu unterscheiden ist hinsichtlich der Adressaten für solche Bewertungen zwischen Gerichtsgutachten und Privatgutachten.

Verkündungstermin

Jede Entscheidung eines Gerichtes muss in einem gesonderten Termin öffentlich verkündet werden. Damit sollen gerichtliche Entscheidungen hinter verschlossenen Türen vermieden werden. In der Regel erscheint außer dem Richter zu diesem Termin niemand, da die Entscheidung den Parteien danach auch noch schriftlich mitgeteilt wird und eventuelle Fristen erst mit schriftlicher Zustellung zu laufen beginnen.

Verluste aus Vermietung und Verpachtung (Steuerrecht)

Der Vermieter kann Verluste aus Vermietung und Verpachtung im Rahmen seiner Steuererklärung steuersparend geltend machen.

Sie kommen dadurch zustande, dass die tatsächlichen und/oder buchmäßigen Werbungskosten für die vermietete Immobilie (Abschreibung, Schuldzinsen, Reparatur- und Instandhaltungskosten) höher sind als die steuerpflichtigen Mieteinnahmen. Die Differenz aus beiden sind „Verluste aus Vermietung und Verpachtung". Allerdings können Verluste nicht unbegrenzt mit positiven Einkünften aus anderen Einkunftsarten aufgerechnet werden. Hier ist in §2 EStG ein höchst kompliziertes Berechnungsverfahren vorgeschrieben. Für nicht ausgeglichene Verluste aus Vermietung und Verpachtung besteht jedoch noch die Möglichkeit eines Verlustvor- und eines Verlustrücktrages.
Siehe auch: Vorweggenommene Werbungskosten

VermBG

Abkürzung für: Vermögensbildungsgesetz

Vermessungsingenieur

Siehe: ÖbVI

VermG

Abkürzung für: Vermessungsgesetz

Vermieterpfandrecht

Der Vermieter eines Grundstücks oder einiger Räume erwirbt ein Pfandrecht an den eingebrachten Sachen des Mieters. Dieses Pfandrecht entsteht kraft Gesetzes. Begründet wird es durch „Einbringen". Hierunter ist das bewusste Hineinschaffen in die Mieträume zu verstehen. Sachen, die in den Mieträumen hergestellt worden sind, gelten gleichfalls als eingebracht. Nicht eingebracht sind jedoch Gegenstände, die sich nur vorübergehend in den Mieträumen befinden. Stellt der Mieter regelmäßig sein Kraftfahrzeug auf dem Mietgrundstück ab, so ist es eingebracht. Das Vermieterpfandrecht geht anderen Pfandrechten vor. Allerdings müssen die eingebrachten Sachen im Eigentum des Mieters stehen und dürfen nicht dem Pfändungsschutz unterliegen. Wegen des Pfändungsschutzes hat das Vermieterpfandrecht bei Wohnraum (gegenüber Gewerberäumen) nur eine eingeschränkte Bedeutung.

Vermietung und Verpachtung
Siehe: Einkünfte aus Vermietung und Verpachtung

Vermietung zur Gefälligkeitsmiete
Siehe: Gefälligkeitsmiete

Vermietungsmanagement
Siehe: Mieter-Mix

Vermittlungsmakler
Siehe: Makler

VermKatG
Abkürzung für: Vermessungs- und Kataster gesetz

VermögensG / VermG
Abkürzung für: Vermögensgesetz

Vermögensmanagement (Assetmanagement)
Vermögensmanagement bezieht sich auf die Betreuung und Verwaltung von Kundenvermögen. Als Asset Manager (Vermögensmanager, Verwalter von Sachanlagen) werden Anlageberater und Vermögensverwalter bezeichnet, deren Aktivitäten darauf gerichtet sind, den Vermögensbestand des Kunden durch Umschichtung (einschl. Kauf und Verkauf), Refinanzierung, Herstellung eines optimalen Mietermix usw. auf einem hohen gewinnorientierten Bewirtschaftungsniveau zu halten. Die Grenzziehung zum Portfolio-Management ist fließend, teilweise damit auch identisch, wenn der portfoliotheoretische Ansatz beim Vermögensaufbau des Kunden im Mittelpunkt steht.
Ein Studiengang zum Dipl. Vermögensmanager wird von der Deutschen Immobilien Akademie angeboten.
Siehe auch: Portfoliomanagement (Assetmanagement), Deutsche Immobilien Akademie (DIA)

Vermögensteuer
Die Vermögensteuer bezieht sich auf das Vermögen. Sie kommt in den Ausgestaltungsformen einer Vermögensertragsteuer (wenn die Vermögenswerte sich aus kapitalisierten Erträgen ableiten) oder einer Vermögenssubstanzsteuer (hier wird auf einen Sachwert abgestellt) vor. Die deutsche Vermögensteuer darf nach Urteil des BVarfG ab 1997 nicht mehr erhoben werden. Nach einer Entscheidung des Bundesfinanzhofes ist es jedoch rechtens, wenn auch 1997 noch Vermögensteuer für die Vergangenheit festgesetzt oder eingezogen wird. Die prozentuale Steuerhöhe (Steuersatz) ist abhängig von der Vermögensart. Von wenigen Ausnahmen abgesehen, beträgt der Steuersatz 1%. Anzumerken ist, dass über die Wiedererhebung der Vermögensteuer politisch diskutiert wird.

Vermögenswirksame Leistungen
Siehe: Leistungen, vermögenswirksame

Versäumnisurteil
Hat ein Gericht z.B. dem Mieter, gegen den ein Mieterhöhungsbegehren rechtshängig gemacht worden ist, zum Verhandlungstermin geladen, und folgt der Mieter dieser Ladung nicht, so kann der Vermieter den Erlass eines Versäumnisurteils beantragen. In der Regel wird dem Vermieter dann alles zuerkannt, was er beantragt hat.
Gegen dieses 1. Versäumnisurteil ist das Rechtsmittel des Einspruchs gegeben. Legt der Mieter Einspruch ein, so geht der Rechtsstreit normal weiter. Ist gegen ein Versäumnisurteil Einspruch eingelegt worden und hat darauf das Gericht einen neuen Verhandlungstermin anberaumt, ohne dass die schon einmal säumige Partei erscheint, ergeht auf Antrag der anderen Partei ein 2. Versäumnisurteil. Gegen dieses ist die Möglichkeit des Einspruchs nicht mehr ge-

geben. Das Urteil ist unanfechtbar.
Siehe auch: Rechtshängigkeit

Versammlungsprotokoll

Die in der Wohnungseigentümerversammlung gefassten Beschlüsse sind in eine Niederschrift aufzunehmen. Verantwortlich dafür ist der Versammlungsleiter, der nicht zwingend mit dem Verwalter identisch sein muss. Zur inhaltlichen Gestaltung gibt es keine Vorschriften. Unterschieden wird zwischen einem Ablaufprotokoll und einem Beschlussprotokoll. Die für den Beschluss maßgeblichen Gründe sollen auf jeden Fall in das Protokoll mit aufgenommen werden. Die Beschlüsse müssen textlich einwand- und widerspruchsfrei unter Hinzufügung der Abstimmungsergebnisse (Ja, Nein, Enthaltungen) wiedergegeben werden. Soweit Ablaufprotokolle gefertigt werden (eher die Ausnahme), sind auch in ausgewogener Weise Diskussionsbeiträge über die Anträge wiederzugeben, die die Abstimmungsergebnisse beeinflussen konnten.

Das Protokoll ist nach herrschender Auffassung innerhalb von 8 Tagen anzufertigen und muss vom Versammlungsvorsitzenden, dem Vorsitzenden des Verwaltungsbeirates oder seinem Stellvertreter und von einem Wohnungseigentümer unterzeichnet werden. Jeder Wohnungseigentümer ist berechtigt, die Versammlungsniederschrift einzusehen.

In der Praxis ist es üblich, eine Kopie des Protokolls an die Wohnungseigentümer innerhalb einer 3-Wochenfrist zu versenden. Die Beschlussanfechtungsfrist beträgt 4 Wochen.

Versicherungen (Immobilienbereich)

Versicherungen, die im Zusammenhang mit der Errichtung und Bewirtschaftung eines Hauses oder dem Erwerb von Immobilieneigentum von Bedeutung sein können, sind:

- Bauhelferversicherung
- Bauherrenhaftpflichtversicherung
- Bauleistungsversicherung
- Feuerversicherung (sofern nicht in der verbundenen Gebäudeversicherung enthalten)

- Hausratversicherung
- Haus- und Grundbesitzer-Haftpflichtversicherung
- Rechtschutzversicherung
- Wohngebäudeversicherung

Versicherungspolice

Die Versicherungspolice ist eine Urkunde der Versicherungsgesellschaft, aus der sich die im Versicherungsantrag enthaltenen Versicherungsleistungen ergeben. Es handelt sich um eine Beweisurkunde für das Bestehen der abgeschlossenen Versicherung. Deckungszusagen können bereits vor Aushändigung der Versicherungspolice vom Versicherungsvertreter gegeben werden. Maßgeblich ist der Tag des Versicherungsbeginns und nicht der Urkundenausfertigung.

Versicherungssumme

Die Summe, die der Versicherer bei Eintritt des Versicherungsfalls nach dem Versicherungsvertrag zu leisten hat. Bei Kapitallebensversicherungen werden außer der Versicherungssumme auch noch die Gewinnbeteiligungen (Überschussanteile) und z.T. auch eine Schlussdividende ausbezahlt.

Die Gewinnbeteiligung ergibt sich aus dem Ergebnis der Anlage des Sondervermögens (Prämieneinzahlungen der Versicherungsnehmer) durch die Versicherungsgesellschaft.

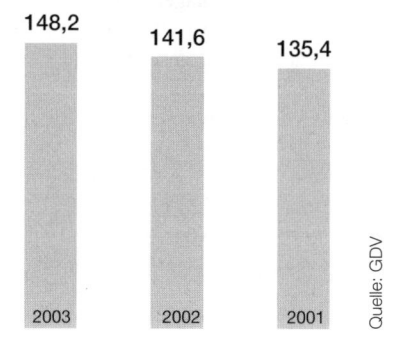

Beitrageinnahmen der Vericherungswirtschaft in Deutschland

148,2   141,6   135,4

2003   2002   2001

Quelle: GDV

Versicherungswesen (Bundesanstalt für Finanzdienstleistungsaufsicht – BAFin)

Bis 30. April 2002 war das Bundesaufsichtsamt für das Versicherungswesen (BAV) Kotrollbehörde für alle Versicherungsgesellschaften, die auf dem deutschen Markt tätig sind. Das Amt ist danach der Bundesanstalt für Finanzdienstleistungsaufsicht angegliedert worden. Die Funktionen des BAV werden nunmehr von dort im Bereich Versicherungswesen wahrgenommen. Nach der Liberalisierung des europäischen Versicherungsmarkts zum 1. Juli 1994 hatte das BAV bereits an Bedeutung verloren. Versicherungsnehmer haben jedoch immer noch die Möglichkeit, sich bei der BAFin zu beschweren, wenn Ärger und Streitigkeiten mit einer Versicherungsgesellschaft entstehen.
Sitz der Bundesanstalt ist:
53117 Bonn, Graurheindorfer Straße 108
Telefax: 0228 / 41108 – 1550
und Lurgiallee 12 in 60439 Frankfurt

Versiegelung

• Bauordnungsrecht

Wird eine Baustelle von Amtswegen stillgelegt, kann die Behörde eine Versiegelung des Gebäudes oder einzelner Räume anordnen. Es handelt sich um eine Zwangsmaßnahme, mit der ein Weiterbau (oder eine weitere ordnungswidrige Nutzung von Gebäuden und Räumen) verhindert werden soll. Die Beschädigung oder Entfernung des Siegels ist strafbar.

• Bautechnik

Bei der Versiegelung von Oberflächen handelt es sich um Anstriche, die nach Verdünstung des Lösungsmittels eine bestimmte Trockenschichtdicke aufweisen und wasserabweisend sind. Die für die Versiegelung in Frage kommenden Anstriche können farbig oder farblos sein.Zu Versiegelung des Bodens siehe Ausgleichsflächen
Siehe auch: Ausgleichsflächen

VersR

Abkürzung für: Versicherungsrecht

VersStG

Abkürzung für: Versicherungsteuergesetz

Versteigerungsgericht

Die Zwangsvollstreckung in ein Grundstück in Form der Zwangsversteigerung wird ausgeführt durch das Vollstreckungsgericht in dessen Bezirk das fragliche Grundstück liegt.
Siehe auch: Versteigerungstermin

Versteigerungstermin

Soll die Zwangsversteigerung eines Grundstückes durchgeführt werden, hat das zuständige Versteigerungsgericht nach Beschlagnahme des Grundstückes und nach Eintragung des Versteigerungsvermerks im Grundbuch einen Termin zu bestimmen. Zwischen Anberaumung und Durchführung sollen nicht mehr als 6 Monate liegen. Wenn aber das Verfahren zwischenzeitlich einstweilig eingestellt war, soll die Frist nicht mehr als 2 Monate, (sie muss aber mindestens einen Monat) betragen.
Siehe auch: Versteigerungsgericht

VersWi

Abkürzung für: Versicherungswirtschaft

Verteilungsschlüssel (Wohnungseigentum)

Die Verteilung der Lasten und Kosten der Verwaltung des gemeinschaftlichen Eigentums, seiner Instandhaltung und Instandsetzung, des gemeinschaftlichen Gebrauchs und der sonstigen Verwaltung richtet sich nach dem Verhältnis der für die einzelnen Wohnungseigentümer im Grundbuch eingetragenen Miteigentumsanteile (§ 16 Abs. 2 WEG).
Von dieser gesetzlichen Bestimmung kann durch eine Vereinbarung abgewichen werden (§ 10 Abs. 1 und 2 WEG). So kann ein Verteilungsschlüssel vereinbart werden, der sich beispielsweise nach der Größe der Wohnfläche, der Zahl der Wohnungen oder auch nach der

Personenzahl richtet.

Eine solche abweichende Regelung kann bereits in der Teilungserklärung oder der Gemeinschaftsordnung durch den teilenden Eigentümer vorgenommen werden, also durch denjenigen, der die Eigentumswohnungen errichtet. Sie kann aber auch durch die späteren Eigentümer erfolgen, vorausgesetzt, alle Eigentümer stimmen dieser abweichenden Regelung zu.

Damit sie im Falle eines Eigentümerwechsels auch gegenüber dem neuen Eigentümer gilt, bedarf sie allerdings der Eintragung in das Grundbuch. Unterbleibt die Eintragung wirkt sie zwar unter den beteiligten Eigentümern, verliert aber ihre Rechtswirkung, wenn ein neuer Eigentümer in die Gemeinschaft eintritt.

Eine Änderung des Verteilungsschlüssels durch Mehrheitsbeschluss ist nichtig, das heißt, er ist auch ohne Anfechtung rechtsunwirksam.

Siehe auch: Miteigentumsanteil, Teilungserklärung, Vereinbarung

Verteilungstermin

Der Verteilungstermin im Rahmen der Zwangsversteigerung findet in der Regel 4 bis 8 Wochen nach der eigentlichen Versteigerung statt. Am Verteilungstermin werden für den Ersteigerer die restlichen 90% des Erwerbspreises fällig.

Der erzielte Erlös wird durch den Rechtspfleger an die Gläubiger des vorherigen Eigentümers (meist Banken, Sparkassen, Versicherungen) „verteilt".

Vertikale Verlustverrechnung

Bei Immobilieninvestitionen fallen des öfteren auch steuerliche Verluste an – sei es durch Zinsen, die bei vermieteten Immobilien steuerlich geltend gemacht werden können oder durch erhöhte Abschreibungen. Durch die 1999 eingeführte Einschränkung des vertikalen Verlustausgleichs war eine Verrechnung dieser Verluste mit positiven Einkünften jedoch nur noch eingeschränkt möglich.

In Paragraf 2 Abs. 3 des Einkommensteuergesetzes war bislang geregelt worden, dass steuerliche Verluste – beispielsweise aus der Vermietung einer Immobilie – nur bis zu einem Betrag von 51.500 Euro in voller Höhe verrechnet werden dürfen. Dies hatte zu zahlreichen Klagen vor den Finanzgerichten geführt – einige Prozesse wurden bis zum BFH getragen.

Führende Verfassungsrechtler hatten die Verfassungsmäßigkeit dieser komplizierten Regelung angezweifelt. Selbst Steuerberater oder Finanzbeamte konnten die steuerlichen Auswirkungen nur noch mit sehr komplexer Software berechnen. Seit Beginn des Jahres 2004 ist die Regelung gekippt worden. Die Mindestbesteuerung nach §2 Abs. 3 EStG ist komplett gestrichen. Steuerliche Verluste können unbegrenzt verrechnet werden.

Vertragsfreiheit

Das Zivilrecht wird vom Grundsatz der Vertragsfreiheit beherrscht. Rechtsbeziehungen können von den Vertragspartnern frei gestaltet werden. Gesetzliche Regelungen greifen ein, soweit vertragliche Lücken bestehen. Die Vertragsfreiheit kann jedoch durch zwingende Vorschriften und gesetzliche Verbote außer Kraft gesetzt werden. Nichtig sind auch Vereinbarungen, die gegen die guten Sitten verstoßen. Das öffentliche Recht kennt im Rahmen des Verwaltungshandelns keine Vertragsfreiheit.

Vertragsstrafe

Vertragsstrafe ist eine Geldsumme, die der Schuldner seinem Gläubiger für den Fall verspricht, dass er mit der zugesagten Leistung in Verzug gerät, oder diese Leistung nicht mängelfrei erbringt.

Die Vertragsstrafe kann vom Gericht herabgesetzt werden.In der Bauwirtschaft handelt es sich um ein Instrument, mit dem abgesichert werden soll, dass Bauzeitenpläne eingehalten werden. Bei der Abnahme der Bauleistung ist im Protokoll gegebenenfalls zu vermerken, dass die Vertragsstrafe verwirkt ist. Fehlt der Hinweis, kann sich der Bauherr nicht mehr auf die vereinbarte Vertragsstrafe berufen. Vertragsstrafen werden auch im Zusammenhang mit einer wettbewerbsrechtlichen Unterlassungsverpflichtung versprochen, um die Wiederholungsgefahr unlauterer Handlungen zu verringern.

Verunstaltungsverbot

Jede Landesbauordnung kennt das sog. Verunstaltungsverbot (Ästhetikklausel). Danach sollen bauliche Anlagen mit ihrer Umgebung so in Einklang gebracht werden, dass sie das Straßen-, Orts- und Landschaftsbild nicht verunstalten und deren künftig beabsichtige Gestaltung nicht beeinträchtigen. Bei Beurteilung der Verunstaltung spielen Form, Maßstab, Farbe und Verhältnis der Baumassen und Bauteile zueinander eine Rolle. Auch auf Werbeanlagen und Automaten im öffentlichen Verkehrsraum ist das Verunstaltungsverbot anzuwenden.

Verwalter

Der Verwalter i.S.d. WEG ist das Organ der Wohnungseigentümer, das deren Beschlüsse auszuführen und dafür zu sorgen hat, dass die mit der Verwaltung einer Wohnungseigentumsanlage gesetzlich vorgegebenen Verwaltungsmaßnahmen durchgeführt werden.

Verwalter kann eine natürliche oder juristische Person sein, nicht dagegen eine BGB-Gesellschaft oder eine oHG. Der Verwalter kann seinen Verwaltungsbestand nicht ohne Zustimmung der Wohnungseigentümer an Dritte übertragen. In diesem Falle ist eine ausdrücklich Bestellung des Dritten durch die Wohnungseigentümer erforderlich. Der Verwalter einer neu entstehenden Wohnungseigentumsanlage wird in der Regel nicht von den Wohnungseigentümern, sondern vom Bauträger im Rahmen der Gemeinschaftsordnung bestellt. Die Bestellung kann auf Antrag eines Wohnungseigentümers auch vom Amtsgericht erfolgen, wenn z.B. ein Verwalter fehlt und deshalb eine die Eigentümerversammlung zum Zwecke der Verwalterbestellung nicht einberufen wird.

Der Verwalter hat weitreichende Kompetenzen. Dessen Aufgaben und Befugnisse können die Wohnungseigentümer weder einschränken

noch anderen Personen übertragen. Der Zeitraum der Bestellung des Verwalters darf 5 Jahre nicht überschreiten. Die wiederholte Bestellung ist möglich; sie bedarf eines erneuten Beschlusses frühestens ein Jahr vor Ablauf der Bestellungszeit. Die Abberufung des Verwalters kann auf das Vorliegen eines wichtigen Grundes beschränkt werden.

Zu den Verwalteraufgaben zählt die jährliche Einberufung einer Eigentümerversammlung, auf der regelmäßig die Abrechnung des vergangenen Kalenderjahres und der Wirtschaftsplan des gegenwärtigen Kalenderjahrs von ihm vorgelegt und erläutert wird. Die Entlastung bedeutet Einverständnis mit der Geschäftsführung des Verwalters im abgelaufenen Wirtschaftsjahr und Verzicht auf etwaige Ersatzansprüche, soweit die solche Ansprüche begründenden Umstände bekannt oder erkennbar waren.

Einen Anspruch auf Entlastung hat der Verwalter nicht. Er kann allerdings von der Wohnungseigentümergemeinschaft Offenlegung der für die Nichtentlastung herangezogenen Gründe verlangen. Im Regelfall wird der Verwalter nicht unentgeltlich, sondern gegen Vergütung tätig. Die Höhe seines Entgelts richtet sich nach der zwischen der Wohnungseigentümergemeinschaft und dem Verwalter im Verwaltervertrag getroffenen Vereinbarung.

Die Vergütung kann jederzeit durch Mehrheitsbeschluss der Wohnungseigentümerversammlung zwecks Anpassung an das Preis-/ Kostengefüge erhöht werden. Die Höhe der Verwaltervergütung ist sehr unterschiedlich; sie wird nicht nur von der Qualität und dem Umfang der Leistungen des Verwalters bestimmt, sondern auch von der Objektgröße, den jeweiligen Marktverhältnissen und der Ortsüblichkeit beeinflusst. Für die Erfüllung von Aufgaben, die dem Verwalter über das gesetzliche Maß hinaus – durch Verwaltervertrag oder Mehrheitsbeschluss – auferlegt werden, können Zusatzvergütungen vereinbart werden. Der Beschluss der Wohnungseigentümerversammlung, mit dem der Verwalter bestellt worden ist, ist zugleich ein Angebot zum Abschluss des Verwaltervertrages.

Ein Verwaltervertrag kommt bereits dadurch zustande, dass der Bestellte die Bestellung annimmt, sei es mündlich, schriftlich oder konkludent durch Aufnahme seiner Tätigkeit. Der Inhalt des Vertrages richtet sich dann nach den gesetzlichen Bestimmungen. Es ist ratsam, einen schriftlichen Verwaltervertrag abzuschließen, der als Geschäftsbesorgungsvertrag die wichtigsten Einzelheiten zwischen den Vertragspartnern regeln sollte.

Siehe auch: Hausverwalter, Zwangsverwalter

Verwaltervertrag

Grundlage für den Abschluss eines Verwaltervertrages mit einer Wohnungs-/Teileigentümergemeinschaft ist die Bestellung des Verwalters. Ohne Bestellung wäre ein Verwaltervertrag unwirksam. Übernimmt der Verwalter – ohne bestellt zu sein – Verwaltungsaufgaben, handelt er als Geschäftsführer ohne Auftrag, mit der Folge, dass ihm nur ein Aufwendungsersatz zusteht. Im Außenverhältnis kann er in die Situation geraten, dass er als vollmachtloser Vertreter handelt.

Der Abschluss eines formellen Verwaltervertrages ist nicht zwingend erforderlich. Übernimmt der Verwalter nach Kenntnisnahme seiner Bestellung die Verwaltung, kommt auf diese Weise stillschweigend ein Verwaltervertrag zustande. Regelmäßig wird ein Verwalter, der bestellt werden soll, im Vorfeld seiner Bestellung seine Vertragsvorstellungen darlegen und wenn möglich ein Angebot auf Abschluss eines Verwaltervertrages vorlegen, das dann auch Grundlage für den Bestellungsbeschluss ist.

Der Bestellungsbeschluss kann hier gleichgesetzt werden mit der Annahme des Angebots auf Abschluss eines Verwaltervertrages. Überwiegend wird aber im Bestellungsbeschluss der Verwaltungsbeirat ermächtigt, den Vertrag mit dem Verwalter auch formell abzuschließen. Ähnliches gilt auch für die erstmalige Bestellung eines Verwalters in der Teilungserklärung. Auch hier wird im Vorfeld mit dem in Aussicht genommenen Verwalter der Inhalt des Verwaltervertrags abgesprochen. Die Bestellung erfolgt hier mit Wirksamwerden der Gemeinschaftsordnung.

Da die Aufgaben und Befugnisse des Verwalters im WEG weitgehend geregelt sind und zumindest die in § 27 WEG genannten nicht eingeschränkt werden können, geht es beim Verwaltervertrag vorwiegend darum, festzulegen, ob der Verwalter noch weitergehende Verpflichtungen als im WEG genannt übernehmen soll. Dies kann sich teilweise aus der Gemeinschaftsordnung ergeben (z.B. Zustimmung zur Wohnungsveräußerung, wenn nach der Gemeinschaftsordnung eine solche Zustimmung erforderlich ist). Andere Aufgaben, die sich nicht aus dem WEG ergeben, können z.B. sein Planung und Durchführung von Um- und Ausbauten, Verfolgung von Mängelbeseitigungsansprüchen, Beschaffung fehlender Verwaltungsunterlagen usw.

Weiterer Gegenstand des Verwaltervertrages ist die Festlegung der Verwaltervergütung für reguläre und besondere Leistungen. Sofern sich aus der Gemeinschaftsordnung nichts anderes ergibt, ist Maßstab für die Verteilung der Verwaltervergütung auf die Wohnungseigentümer deren Miteigentumsanteil. Wenn die Verwaltervergütung nach Wohneinheiten umgelegt werden soll, muss dies in der Gemeinschaftsordnung so geregelt werden.

Im Verwaltervertrag ist in solchen Fällen die Höhe der Vergütung pro Wohnungs-/Teileigentumseinheit zu bestimmen. Ebenso sind im Verwaltervertrag besondere Vergütungen zu regeln z.B. Vergütung für die Zustimmungserklärungen des Verwalters bei Wohnungsveräußerungen, Höhe einer Mahngebühr (als Aufwendungsersatz), Höhe der Vergütung für die Betreuung von großen Instandsetzungs- Modernisierungs,- oder Umbauarbeiten.

Weitere Regelungen des Verwaltervertrages beziehen sich auf Pflichten des Verwalters bei Beendigung des Vertragesverhältnisses, sowie auf Haftung und Verjährung von Ansprüchen.

Verwalterwechsel

Der Verwalter hat nach Ablauf des Wirtschaftsjahres – in aller Regel das Kalenderjahr – seine Abrechnung zu erstellen. Der zum Jahresende (31. Dezember) ausscheidende Verwalter ist dann nicht mehr im Amt, so dass der neue Verwalter zur Abrechnung verpflichtet ist. Der Vorgänger hat eine Rechnungslegung – unter Beifügung sämtlicher Belege – vorzunehmen. Auch bei einem Verwalterwechsel während des Jahres ist der ausscheidende Verwalter zur Rechnungslegung verpflichtet.

Verwaltungsbeirat

Die Verwaltung des gemeinschaftlichen Eigentums obliegt den Wohnungseigentümern, dem Verwalter und dem Verwaltungsbeirat, sofern dieser bestellt ist (§ 20 Abs. 1 WEG).

Die Wohnungseigentümer entscheiden über die Verwaltung, der Verwalter ist verantwortlich für die Durchführung der Verwaltung und der Verwaltungsbeirat unterstützt den Verwalter bei der Durchführung seiner Aufgaben.

Daneben weist ihm das Gesetz besondere Aufgaben zu, nämlich die Prüfung des Wirtschaftsplans, der Jahresabrechnung, der Rechnungslegung und der Kostenvoranschläge. Vor der Beschlussfassung hierüber soll der Verwaltungsbeirat gegenüber den Wohnungseigentümern in der Versammlung schriftlich oder auch mündlich eine entsprechende Stellungnahme abgeben (§ 29 Abs. 2 und 3 WEG).

Im konkreten Einzelfall können dem Beirat auch weitere Aufgaben durch mehrheitliche Beschlussfassung übertragen werden, soweit diese Aufgaben ordnungsmäßiger Verwaltung entsprechen und dadurch die ureigenen Rechte und Pflichten der Wohnungseigentümer und des Verwalters nicht beeinträchtigt, eingeschränkt oder aufgehoben werden.

Der Verwaltungsbeirat wird von der Wohnungseigentümerversammlung gewählt bzw. bestellt. Er setzt sich zusammen aus drei Wohnungseigentümern, von denen einer als Vorsitzender und die beiden weiteren als Beisitzer fungieren. Bestellt die Wohnungseigentümerversammlung im konkreten Fall mehr als drei Mitglieder als Verwaltungsbeirat und gegebenenfalls auch einen oder mehrere Nicht-Eigentümer ist der konkrete mehrheitliche Bestellungsbeschluss nur gesetzeswidrig, nicht aber nichtig. Erfolgt also keine Anfechtung und Ungültigerklärung durch das Gericht, ist auch ein Beirat wirksam bestellt, dessen Zahl und Zusammensetzung der gesetzlichen Regelung widerspricht.

Verzug

Siehe: Zahlungsverzug

Verzugszinsen

Siehe: Zahlungsverzug

VFA

Abkürzung für: Verein Freischaffender Architekten

Vfg

Abkürzung für: Verfügung

VFW

Abkürzung für: Verband freier Wohnungsnehmer

VG

Abkürzung für: Verwaltungsgericht

vg.

Abkürzung für: vorgenannte

VGH

Abkürzung für: Verwaltungsgerichtshof (Mannheim)

vgl.

Abkürzung für: vergleiche

VglO

Abkürzung für: Vergleichsordnung

VGR

Abkürzung für: Volkswirtschaftliche Gesamtrechnung

VH

Abkürzung für: Vorderhaus

VHB

Abkürzung für: Vergabehandbuch

VHB / Vhb

Abkürzung für: Verhandlungsbasis

VHG

Abkürzung für: Gesetz über die richterliche Vertragshilfe

vhw

Abkürzung für: Volksheimstättenwerk

Villa

Siehe: Einfamilienhaus

VIP

Abkürzung für: Very important person

VM

Abkürzung für: Vorstandsmitglied

VNW

Abkürzung für: Verband norddeutscher Wohnungsnehmer

VO

Abkürzung für: Verordnung

VOB

Abkürzung für: Verdingungsordnung für Bauleistungen
Siehe auch: VOB-Vertrag

VOB-Vertrag

Die Beauftragung von Bauunternehmen zur Erbringung von Bauleistungen erfolgt durch einen Vertrag, der als Werkvertrag im Sinne des Bürgerlichen Gesetzbuchs (§ 631 BGB) klassifiziert wird. Der Beauftragung können aber durch ausdrückliche Vereinbarung die Bedin-

gungen der VOB 2002 (neuerdings Vergabe- und Vertragsordnung für Bauleistungen) Teil B zugrunde gelegt werden. Sie gelten dann vorrangig vor dem BGB-Recht.

Die Rechtsprechung hat anerkannt, dass die Zugrundelegung der VOB als Ganzes im Lichte der Vorschriften über AGB unbedenklich ist. Problematisch wird es jedoch dann, wenn nur einzelne Teile der VOB gelten sollen, im Übrigen aber BGB-Recht. Dies gilt vor allem dann, wenn isoliert nur die für das Bauunternehmen günstigeren Mängelbeseitigungsvorschriften dem Vertrag zugrunde gelegt werden. Eine solche Vertragsgestaltung widerspräche den Vorschriften über AGB im BGB mit der Folge Unwirksamkeit der entsprechenden VOB-Bedingung.

Auch beim VOB-Vertrag handelt es sich um einen Werkvertrag im Sinne des BGB. In einigen Punkten werden jedoch die gesetzlichen Bestimmungen durch die speziellen Regelungen der Verdingungsordnung (VOB) ersetzt. Wichtige Unterschiede bestehen bei der möglichen Reaktion auf Verzögerungen bei der Bauausführung:

• Die VOB enthält Regelungen über Ausführungsfristen. Werden die vertraglich vereinbarten Fristen vom Unternehmen nicht beachtet, muss der Bauherr im Gegensatz zum BGB-Recht eine weitere angemessene Frist setzen. Erst wenn diese verstreicht, kann er vom Vertrag zurücktreten, wenn er das angekündigt hat.

• Verjährung der Mängelbeseitigungsansprüche (früher Gewährleistungsansprüche):
Im Gegensatz zum BGB-Vertrag (fünf Jahre Verjährungsfrist) beträgt die Verjährungsfrist für Bauwerke und für Holzerkrankungen beim VOB-Vertrag vier Jahre. Für Arbeiten an einem Grundstück sowie für Teile des Bauwerks, die vom Feuer berührt werden (z. B. Kamin), zwei Jahre. Mängel, die nach Ablauf der Gewährleistungsfrist auftreten, muss der Bauherr (Auftraggeber) grundsätzlich aus der eigenen Tasche zahlen. Nach Untersuchungen von Experten treten die meisten Bauschäden innerhalb der ersten sieben Jahre auf. Nach seiner Geltendmachung verjährt der Anspruch auf Män-

gelbeseitigung in zwei Jahren,
• Vergütung: Der Unternehmer erhält schon vor Fertigstellung des gesamten Bauvorhabens Teilzahlungen, soweit abgeschlossene Teile des Bauwerkes abgenommen sind. Allerdings gewährt seit 1.5.2000 auch das BGB (§ 632 a) dem Unternehmer einen der VOB nachgebildeten Anspruch auf Abschlagszahlungen û Werkvertrag. Die Schlusszahlung muss der Bauherr binnen zweier Monate, nachdem der Handwerker eine nachprüfbare Rechnung vorgelegt hat, begleichen. Nach dem BGB-Recht ist dagegen die Vergütung „bei Abnahme" des Werks zu entrichten (§ 641 BGB).
Siehe auch: Werkvertrag

VOF

Abkürzung für: Verdingungsordnung für freiberufliche Leistungen

VOL

Abkürzung für: Verdingungsordnung für Leistungen

Volatilität

Als Volatilität wird die Schwankungsbreite eines Wertes im Zeitverlauf (z.B. innerhalb von 3 Monaten oder eines Jahres) bezeichnet. Es handelt sich um eine mathematische Größe (Standardabweichung) In ihr kommt das Risiko zum Ausdruck, das dem Wert anhaftet. Je höher die Volatilität, desto höher das Risiko und umgekehrt.
Die historische Volatilität zeichnet das Risikobild einer Anlage in der Vergangenheit. Die implizite Volatilität ist ein Maß der erwarteten Fluktuation des Wertes, das auf der Grundlage aktueller Marktpreise berechnet wird.

Vollfinanzierung

Unter Vollfinanzierung wird eine Finanzierung verstanden, bei der der gesamte Kaufpreis eines Objektes bzw. die gesamte Investitionssumme eines Bauvorhabens ausschließlich mit Hilfe von Fremdmitteln finanziert wird.

Vollgeschoss

Bauordnungsrechtlich ist jedes Geschoss ein Vollgeschoss. Überwiegend ist in den Landesbauordnungen eine Mindesthöhe von 2,30 m bestimmt, soweit die Räume zum dauernden Aufenthalt von Personen geeignet sein sollen. Gemessen wird von der Fußbodenoberkante zur Fußbodenoberkante des darüber liegenden Geschosses (Bayerische Bauordnung).
In der Musterbauordnung wird die „lichte Höhe" vorgeschlagen. Aufenthaltsräume in Kellergeschossen sind nach den meisten Landesbauordnungen möglich, wenn ihre Fußbodenoberkante nicht mehr als 0,7 m (teilweise sind 0,5 m vorgeschrieben) unter der natürlichen Geländeoberfläche liegt und die natürliche Belichtung durch ein Fenster einen Lichteinfallswinkel von 45° ermöglicht.
Nach der Musterbauordnung muss die Deckenoberkante mehr als 1,4 m über die festgelegte Geländefläche hinausragen, wenn das Kellergeschoss als Vollgeschoss gelten soll.
Ausnahmen sind nach den Länderbauordnungen möglich (Verkaufsräume, Räume für Gaststätten und sonstige Aufenthaltsräume, wenn sie zusätzlichen bauordnungsrechtlichen Anforderungen genügen. Aufenthaltsräume in Dachgeschossen müssen zur Hälfte ihrer Grundfläche mindesten eine lichte Höhe von 2,3 m haben (Sächsische Bauordnung). Die Darstellung zeigt, dass gerade im Bereich der Festlegung dessen, was ein Vollgeschoss ist, die Bestimmungen in den einzelnen Landesbauordnungen doch auseinandergehen. Es ist deshalb ratsam, die für das jeweils zu beurteilende Objekt oder Bauvorhaben maßgebliche Bauordnung zu Rate zu ziehen. Die Musterbauordnung hat nur empfehlenden Charakter.

Vollmacht

Die Vollmacht ermächtigt den Bevollmächtigten, für den Vollmachtgeber zu handeln. Grundsätzlich ist die Vollmacht formfrei und richtet sich nicht nach der Form, die gegebenenfalls für das Rechtsgeschäft vorgeschrieben ist. Wenn aber u.a. die Vollmacht bereits dem selben Zweck dienen soll, wie das Hauptgeschäft – so z.B. beim Grundstückserwerb oder der Grundstücksveräußerung – dann entfällt grundsätzlich die Formfreiheit der Vollmacht. Die Form richtet sich dann nach § 311b BGB. Dieses gilt immer dann, wenn die Grundstücksveräußerung oder Erwerbsvollmacht unwiderruflich erteilt ist.Unter den genannten Voraussetzungen ist die grundsätzlich ebenfalls formfreie Auflassungsvollmacht auch zu beurkunden.

Vollmachtloser Vertreter – Genehmigung

Der vollmachtlose Vertreter („Falsus Prokurator") handelt für einen anderen, ohne die erforderliche Vertretungsvollmacht zu besitzen.

Dieses kommt manchmal auch bei der Beurkundung von Kaufverträgen vor.

Diese werden erst dann wirksam, wenn der Kaufvertrag vom Vertretenen genehmigt wird. Grundsätzlich ist die Genehmigung formfrei. Ist aber die Vollmacht formbedürftig, dann ist es grundsätzlich auch die Genehmigung. Der Notar kann auch die Unterwerfung unter die sofortige Zwangsvollstreckungdurch den vollmachtlosen Vertreter beurkunden, wenn eine nachträgliche Genehmigung möglich ist.

Vollstreckungstitel

Ein Vollstreckungstitel findet Eingang in ein Endurteil, das rechtskräftig oder für vorläufig vollstreckbar erklärt ist oder in einem sonstigen vereinbarten Schuldtitel (z.B. vollstreckbare Ausfertigung eines Kaufvertrages). Diese müssen den zu vollstreckenden Anspruch des Gläubigers ausweisen.

Voraufl.

Abkürzung für: Vorauflage

Vorbehalt der Vertragsstrafe

Siehe: Vertragsstrafe

Vorbescheid

Will der Bauherr sicher gehen, dass seine Pläne über sein Bauvorhaben auch tatsächlich geneh-

migt werden, kann er dies vor dem eigentlichen Baugenehmigungsverfahren mit Hilfe einer Bauvoranfrage beim örtlichen Bauamt klären. Das Ergebnis wird dem Bauherrn in Form eines Vorbescheids mitgeteilt. Erhält der Bauherr von der Baugenehmigungsbehörde einen positiven Vorbescheid, werden alle Aspekte seines Bauvorhabens, die bereits durch das amtliche Schreiben bestätigt sind, bei einem endgültigen Genehmigungsverfahren nicht mehr geprüft. Vorsicht ist bei einer mündlichen Zusage des Baubeamten geboten. Denn die Baubehörde ist nur an einen schriftlichen Bescheid gebunden. Allerdings verliert der schriftliche Vorbescheid nach ein bis drei Jahren (je nach Bundesland unterschiedlich) seine Gültigkeit.

Vorfälligkeitsentschädigung

Eine Alternative zur teuren Vorfälligkeitsentschädigung zeigt der Bundesgerichtshof (BGH) in Karlsruhe mit einem neuen Urteil (Az. XI ZR 398/02) allen Bauherren und Wohnungskäufern auf: Man könnte seiner Bank stattdessen eine „gleichwertige Absicherung" durch ein anderes Grundstück anbieten. Bauherren brauchen ihrer Bank oder Sparkasse dann keinen Euro mehr an Vorfälligkeitsentschädigung zu zahlen, sondern lediglich die Gebühren für den Austausch der Sicherheiten. Unterm Strich sparen sie so bis zu fünfstellige Eurobeträge.

Tipp: Bauherren, die eine Immobilie mit Grundstück verkaufen und gleichzeitig eine andere bereits besitzen oder erwerben wollen, sollten ihrer Bank unter Hinweis auf das Urteil den Austausch der Sicherheiten vorschlagen.
Siehe auch: Darlehen

Vorfinanzierung

Vorfinanzierung ist die Bereitstellung von kurz- bis mittelfristigen Krediten, die zur Finanzierung der Herstellungskosten bei Bauvorhaben oder Kaufpreisen bei Häusern mit der Absicht eingesetzt werden, diese später durch langfristige Darlehen zu ersetzen. Eine Vorfinanzierung kann z.B. sinnvoll sein, um niedrigere Zinsen abzuwarten oder um die Zeit bis zur Zuteilung eines Bausparvertrags zu überbrücken.

Bei Bausparverträgen kann die Bausparsumme, wenn das vertraglich festgelegte Mindestguthaben noch nicht erreicht ist, Darlehen und Guthaben jedoch früher benötigt werden, von der Bausparkasse vorfinanziert werden. Damit wird die Zeit bis zur Zuteilungsreife überbrückt. Dies geschieht allerdings meist zu höheren, von den Marktverhältnissen abhängigen Zinsen, als sie beim Bauspardarlehen anfallen.

Ist die Mindestbausparsumme oder die für die Zuteilung erforderliche Bewertungszahl erreicht, spricht man von Zwischenfinanzierung, wenn der Auszahlung des Bauspardarlehens noch Hinderungsgründe im Wege stehen.
Siehe auch: Zwischenfinanzierung
(Zwischenkredit)

Vorhaben

Vorhaben im Sinne des Bauplanungsrechts beziehen sich auf die Errichtung, Änderung und Nutzungsänderung bauliche Anlagen. Außerdem gehören dazu Aufschüttungen und Abgrabungen größeren Umfanges, sowie Ausschachtungen, Ablagerungen sowie Lagerstätten.

Die Zulässigkeit von Vorhaben ergibt sich aus den §§ 30 sowie 33 - 35 BauGB. Sind mit Vorhaben bestimmte Eingriffe mit Beeinträchtigungen von Erhaltungszielen im Sinne des Bundesnaturschutzgesetzes verbunden, sind die Bestimmungen dieses Gesetzes zu beachten.Im Interesse der Erhaltung von Vogelschutzgebieten ist bei bestimmten Vorhaben vorher eine Stellungnahme der Europäischen Kommission einzuholen.

Vorkaufsrecht

Das Vorkaufsrecht verleiht dem Vorkaufsberechtigten das Recht, mit dem Verkäufer eines Grundstücks einen Kaufvertrag zu den Bedingungen zu schließen, zu denen vorher ein Kaufvertrag mit einem Dritten abgeschlossen wurde. Damit der Vorkaufsberechtigte in der Lage ist, sein Recht zu wahren, hat der Verkäufer die Verpflichtung, ihm unverzüglich den erfolgten

Verkauf mitzuteilen. Diese Mitteilung wird in der Regel vom Notar übernommen. Das Vorkaufsrecht wird durch eine entsprechende Erklärung gegenüber dem Verkäufer ausgeübt, die innerhalb von zwei Monaten nach Eingang der Verkäufermitteilung abzugeben ist.

Bei Vorkaufsrechten ist einerseits zwischen gesetzlichen und vertraglichen andererseits zwischen schuldrechtlichen und dinglichen Vorkaufsrechten zu unterscheiden.

Gesetzliche Vorkaufsrechte haben für eine große Anzahl von Verkaufsfällen die Gemeinden nach dem BauGB, das sie in beschränktem Umfange auch zu Gunsten Dritter ausüben kann. Überschreitet in Kaufverträgen der vereinbarte Kaufpreis den Verkehrswert in einer „dem Rechtsverkehr erkennbaren Weise" deutlich, kann das Vorkaufsrecht zum Verkehrswert ausgeübt werden (preislimitierendes Vorkaufsrecht). Dies verleiht allerdings dem Verkäufer ein Rücktrittsrecht vom Vertrag mit der Folge, dass die Gemeinde die Kosten des Vertrages (einschließlich einer etwaigen Maklergebühr) zu zahlen hat.

Weitere gesetzliche Vorkaufsrechte gibt es im Rahmen des Reichssiedlungsgesetzes (Verkauf landwirtschaftlicher Flächen über 2 Hektar Grösse) und der Denkmalschutzgesetze einiger Bundesländer. Auch die Mieter von vorher in Wohnungseigentum umgewandelten Wohnungen haben im Verkaufsfalle ein gesetzliches Vorkaufsrecht.

Soweit es sich um eine mit öffentlichen Mitteln geförderte Wohnung handelt, beträgt die Erklärungsfrist des Mieters für das Vorkaufsrecht 6 Monate. Gesetzliche Vorkaufsrechte sind nicht im Grundbuch eingetragen. In den neuen Bundesländern haben Mieter und Nutzer auch nach dem Vermögensgesetz ein Vorkaufsrecht. Schuldrechtliche Vorkaufsrechte machen nur dann Sinn, wenn mindestens eine Vormerkung im Grundbuch eingetragen ist. Dingliche – also im Grundbuch eingetragene – Vorkaufsrechte können eine bestimmte Person berechtigen (subjektiv persönliches Vorkaufsrecht), oder den jeweiligen Eigentümer eines anderen

Grundstücks (subjektiv dingliches Vorkaufsrecht).

Hat ein Makler ein mit einem Vorkaufsrecht belastetes Grundstück vermittelt, kann er nur eine etwa vereinbarte Verkäuferprovision erhalten. Die Käuferprovision entfällt.

Es kann jedoch im notariellen Kaufvertrag eine „Maklerklausel" aufgenommen werden, die dem Makler die Provision sichert (rechtlich in Form eines Vertrages zugunsten Dritter). In einem solchen Fall muss dann auch der Vorkaufsberechtigte diesen Teil des Kaufvertrages erfüllen und die Provision bezahlen.

Vorkenntnis (Maklergeschäft)

Provisionszahlungen an Maklern werden oft mit dem Hinweis verweigert, das angebotene Objekt sei bereits bekannt gewesen. In diesem Fall wird „Vorkenntnis" geltend gemacht. Die Ursächlichkeit scheint damit zu fehlen und der Provisionsanspruch entfällt. Wenn allerdings der Makler durch weitere Informationen oder Übergabe von Unterlagen die Entscheidungsbasis des Interessenten nicht unerheblich erweitert hat, bleibt die Ursächlichkeit erhalten und damit der Provisionsanspruch des Maklers trotz Vorkenntnis bestehen.

Vormietrecht

Das Vormietrecht ist gesetzlich nicht geregelt. Es bezeichnet das Recht eines Dritten (Vormietberechtigten), in einen zwischen Vermieter und Mieter geschlossenen Vertrag einzutreten. Der Vormietberechtigte kann gegenüber dem Berechtigten erklären, dass er sein Vormietrecht ausüben will. Danach kommt der Mietvertrag zu dem von den ursprünglichen Vertragsparteien vereinbarten Bedingungen nunmehr zwischen dem Vormietberechtigten und dem Vermieter zustande. Die gesetzlichen Regeln des Vorkaufsrechts sind analog anwendbar.

Vorschaltdarlehen

Kurzfristiges Darlehen mit durchweg zwei Jahren Laufzeit und einem festen Zins, das während der Laufzeit jederzeit gekündigt oder verlängert werden kann. Bei sinkenden Zinsen kann der Kreditnehmer sich schnell die günstigeren Konditionen sichern. Vorschaltdarlehen dienen besonders in Hochzinsphasen zur Überbrückung. Sie sind teurer als andere Festzinsdarlehen.

Vorsteuerberichtigung (Option zur Umsatzsteuer bei Vermietung)

Eine Vorsteuerberichtigung führt zur Rückzahlung von erhaltenen Vorsteuerbeträgen aus den Baukosten an das Finanzamt.

Innerhalb eines Zeitraumes von 10 Jahren nach der erstmaligen Verwendung kann das Finanzamt unter bestimmten Voraussetzungen Vorsteuerbeträge zurückfordern. Dies kann bei einer umsatzsteuerlich falschen Vermietung oder auch beim Immobilienverkauf passieren. Zurückgezahlt werden muss nur zeitanteilig, d.h. für jedes Jahr, in dem die Voraussetzungen nicht vorliegen. Vorteil:

Die Rückzahlungsbeträge können steuerlich als Werbungskosten bei den Einkünften aus Vermietung und Verpachtung geltend gemacht werden.

Siehe auch: Umsatzsteuer (bei Vermietung)

Vorvertrag

Vorverträge enthalten verbindliche Erklärungen, die eine oder beide Parteien verpflichten, einen bestimmten Vertrag abzuschließen. Vorverträge kommen vor allem im Geschäftsverkehr zwischen Architekten und Bauherrn vor. Der Architekt will im Vorplanungsstadium sicherstellen, dass er dann, wenn sich der Bauherr zur Durchführung des Bauvorhabens entschließt, auch eingeschaltet wird.

Solche Vorverträge sind wirksam. Im Gegensatz hierzu ist ein sog. „Letter of Intent" eine Absichtserklärung, in der zwar bestimmte Absprachen und wirtschaftliche Eckdaten eines kommenden Vertrages formuliert werden. Der Abschluss des Vertrages wird aber nur unverbindlich in Aussicht gestellt. Vorverträge zwischen Grundstückskaufvertragsparteien bedürfen zu ihrer Wirksamkeit der notariellen Form. Makler, die Vorverträge vermitteln, die nicht dieser Form genügen, verlieren selbst dann ihren Provisionsanspruch, wenn auf der Grundlage solcher nichtigen Vorverträge ein wirksamer notarieller Vertrag zustande kommt.

Vorweggenommene Werbungskosten

Vorweggenommene Werbungskosten sind Aufwendungen vor der Vermietung einer Immobilie. Die Kosten dürfen nicht zu den Anschaffungs- oder Herstellungskosten gehören. Damit die Aufwendungen steuerlich geltend gemacht werden können, muss man dem Finanzamt gegenüber nachweisen, dass man zumindest beabsichtigt hat, Einkünfte aus Vermietung/Verpachtung zu erzielen.

Beispiele für vorweggenommene Werbungskosten: Bauzeitzinsen, Finanzierungs- und Geldbeschaffungskosten, Grundsteuer sowie Kosten für Besichtigungsfahrten.

VoSt.

Abkürzung für: Vorsteuer

VRS

Abkürzung für: Verkehrsrechtssammlung

VStG

Abkürzung für: Vermögensteuergesetz

VSW

Abkürzung für: Verband der Südwestdeutschen Wohnungswirtschaft

VV

Abkürzung für: Vertreterversammlung
Abkürzung für: Verwaltungsvorschrift

VVG

Abkürzung für: Versicherungsvertragsgesetz

VW

Abkürzung für: Versicherungswirtschaft

VWA

Abkürzung für: Verwaltungs- und Wirtschaftsakademie

VwGO

Abkürzung für: Verwaltungsgerichtsordnung

VwV

Abkürzung für: Verwaltungsvorschriften

VwVfG

Abkürzung für: Verwaltungsverfahrensgesetz

W

Abkürzung für: Wohnung

WährG

Abkürzung für: Währungsgesetz

Wärmeschutzverordnung

Siehe: Energieeinsparverordnung

Wartezeit (Bausparvertrag)

Wartezeit ist die Zeitspanne zwischen Abschluss und Zuteilung eines Bausparvertrags. Einer Bausparkasse ist es laut Bausparkassengesetz verboten, verbindliche Zusagen über den Zeitpunkt der Zuteilung eines Bausparvertrags zu machen.

Wartung

Durch Wartung, die im allgemeinen in regelmäßigen Zeitabständen durchgeführt wird, soll die Betriebssicherheit von Anlagen und Einrichtungen aufrechterhalten sollen. Dazu gehören das Überprüfen, Einstellen, Reinigen der Anlage sowie das Austauschen kleinerer Verschleissteile.

Durch Abschluss eines Wartungsvertrages können diese Leistungen gegen ein pauschales Wartungsentgelt eingekauft werden. Bei maschinellen oder elektronischen Anlagen verkürzt sich die Mängelbeseitigungsfrist auf zwei Jahre, wenn VOB/B 2002 vereinbart ist und ein Wartungsvertrag nicht abgeschlossen wird. (Mit Wartungsvertrag beträgt sie vier Jahre.)

Wasserverbrauch

Die Deutschen gehen sparsam mit Trinkwasser um. Der durchschnittliche Haushaltswasserverbrauch pro Einwohner und Tag sank zwischen 1991 und 1997 um 11 auf 127 Liter. Die Ausgaben für Trinkwasser betrugen 1997 je Bundesbürger im Schnitt 73 Euro im Jahr. 1.000 Liter Trinkwasser kosteten 1,57 Euro, das waren rund 0,15 Euro pro Liter. Gegenüber dem Vorjahr war ein Preisanstieg um 3% zu verzeichnen. In Deutschland gilt seit 1.2.2003 eine neue Trinkwasserverordnung.

Betrachtet man die Wasserpreise im europäischen Vergleich, ergeben sich deutliche Preisunterschiede.

Bei der Preisbildung spielen unterschiedliche Faktoren eine Rolle: Kosten bei der Gewinnung, unterschiedliche Steuern, Abgaben und Abschreibungen, Aufbereitung und Verteilung, der Wasserverbrauch und nicht zuletzt die Qualität des Wassers. Deutsches Wasser ist zwar eines der teuersten, aber auch eines der besten.

Jährlicher Wasserverbrauch
je Einwohner
in 1.000 Liter

Luxemburg	140
Schweden	310
Irland	330
Deutschland	530
Norwegen	600
Belgien	690
Japan	720
Italien	980
Portugal	1.090
USA	1.870

Siehe auch: Trinkwasserverordnung

WaV

Abkürzung für: Warenhausverordnung

WaVU

Abkürzung für: Wasserversorgungsunternehmen

Wb

Abkürzung für: Wirtschaftlichkeitsberechnung

WB

Abkürzung für: Wertanteil des Erbbauberechtigten (Besitzers)

WBG

Abkürzung für: Wohnungsbaugesellschaft

WBK

Abkürzung für: Wohnungsbaukreditanstalt

WBS

Abkürzung für: Wohnberechtigungsschein

Wbw

Abkürzung für: Wiederbeschaffungswert

WE

Abkürzung für: Wertanteil des Erbbaurechtgebers (Eigentümers)
Abkürzung für: Wohneinheit
Abkürzung für: Wohnungseigentum

WEer

Abkürzung für: Wohnungseigentümer

WEG

Abkürzung für: Wohnungseigentumsgesetz
Siehe auch: Wohnungseigentumsgesetz

Wegerecht

Grunddienstbarkeit, die dem jeweiligen Eigentümer eines anderen Grundstücks das Recht zum Begehen oder Befahren des damit belasteten Grundstücks einräumt.
Siehe auch: Grunddienstbarkeit

Weiche Kosten

Bei den so genannten weichen Kosten handelt es sich um Aufwendungen von Fondsgesellschaften, die Anlegern im Zusammenhang mit ihrer Beteiligung an geschlossenen Fonds in Rechnung gestellt werden. Dazu gehören beispielsweise Kosten für Vertriebsprovisionen, Platzierungsgarantien oder Entgelte für Treuhänder, Steuerberater und die Verwaltung des Fonds. Je höher die Weichkosten, desto geringer ist derjenige Anteil an der Zeichnungssumme des Anlegers, der tatsächlich in das Fondsobjekt investiert wird.

WErbbR

Abkürzung für: Wohnungserbbaurecht

Werbung des Immobilienunternehmens

Bei der Kostenstruktur von Immobilienunternehmen spielen Werbekosten eine bedeutende Rolle. Hinzu kommt, dass weitere Kosten für Werbe- und Öffentlichkeitsarbeit in den Kostenblöcken „Personal" und „sonstige Kosten" speziell in Form des in der Werbe- und Öffentlichkeitsarbeit eingesetzten Personals enthalten sind.

Grundsätzlich gilt:

Werbung ist letztendlich eine Investition in das Bewusstsein von Menschen. Werbung wird in der Werbelehre oft definiert als planvoller Einsatz von Werbemitteln zur Erzielung eines bestimmten Absatzerfolges. Diese Definition trifft vor allem beim Makler nur eine Seite, wenn auch die wichtigste des von ihm abzudeckenden Werbumfeldes. Der Makler muss aber nicht nur verkaufen und damit Objekte bewerben. Er befindet sich, ähnlich wie auch der Bauträger bei der Grundstücksbeschaffung, auch auf der Einkaufsseite in einer Wettbewerbssituation, die ihn zur Werbung zwingt (Akquisitionswerbung bzw. Beschaffungsmarketing).

Worauf es bei dieser Definition der Werbung aber ankommt, ist die Einbeziehung des Werbeplanes in die Überlegungen. Werbung ist planvoller Einsatz von Werbemitteln.

Damit ist klar, dass jene in der Branche so oft praktizierte Ad-hoc-Entscheidung darüber, welches Objekt mit welchem Anpreisungstext übermorgen im Zeitungsinserat stehen soll, kaum etwas mit planvoller Werbung zu tun haben kann. Natürlich gehen die Kosten für das Inserat in die Werbungskosten ein. Ob aber das Werbeergebnis das Betriebsergebnis positiv oder negativ beeinflusst, ist eine andere Sache. Die Wichtigkeit einer solchen begrifflich auch die Öffentlichkeitsarbeit umfassenden Werbeplanung ergibt sich aus der Bedeutung der hier anfallenden Kosten für das Immobilienunternehmen – insbesondere für Makler.

So zeigt der jährlich beim Institut für Handelsforschung an der Universität Köln für die Mitglieder des RDM durchgeführte Betriebsvergleich, dass der Werbeetat eines Maklers allein für Inseratewerbung zwischen 10 % und 14 % des Umsatzes beträgt. Hinzu kommen weitere Werbeausgaben von 1 % bis 2 %. 1998 wurden 13,9% für Inserate und 2,3% für sonstige Werbekosten ausgegeben.

Werbungskosten – allgemein

Werbungskosten sind Aufwendungen, die dazu dienen, Einnahmen aus einer Einkunftsart zu erwerben, zu sichern und zu erhalten. Sie können bei den Überschusseinkünften geltend gemacht werden. Das sind Einkünfte aus nichtselbstständiger Arbeit, aus Vermietung und Verpachtung, aus Kapitalvermögen sowie sonstige Einkünfte. Steuerzahler, die die Aufwendungen in ihrer Höhe nicht einzeln nachweisen wollen, können statt dessen eine Pauschale geltend machen. Diese fällt je nach Einkunftsart unterschiedlich hoch aus und ist im Einkommensteuergesetz festgelegt. Bei der Einkunftsart Vermietung und Verpachtung wurde die erst 1996 eingeführte Pauschale ab 1999 wieder gestrichen.

Werbungskosten bei Vermietung und Verpachtung

Der Werbungskostenkatalog bei der Einkunftsart Vermietung und Verpachtung ist sehr umfangreich. Zum ihm gehören neben den Fremdkapitalzinsen und Finanzierungsnebenkosten alle Betriebskosten, Instandhaltungskosten, Verwaltungskosten sowie die AfA.
Steuerlich werden die Werbungskosten dem Jahr zugeordnet, in dem der Zahlungsabfluss stattfindet. Findet der Zahlungsabfluss innerhalb von 10 Tagen vor Jahresbeginn oder nach dem Jahresende statt und sind sie in dem Jahr zuzuordnen, auf das sich die Steuererklärung bezieht, können sie für dieses Jahr auch geltend gemacht werden.
Die Verteilung von größeren Instandhaltungskosten bei Wohngebäuden auf 2 bis 5 Jahre ist seit 1.1.1999 nicht mehr möglich.
Bei Verkauf einer Immobilie ist zu beachten, dass für Aufwendungen, die mit dem Verkauf

der Immobilie zusammenhängen, dann ein Werbungskostenabzug grundsätzlich nicht möglich ist, wenn sie nach Beendigung des Mietverhältnisses anfallen.
Das bedeutet, dass z.B. die Renovierung einer Eigentumswohnung nach Auszug des Mieters und vor Abschluss des Kaufvertrages durch den Verkäufer aus steuerlicher Perspektive uninteressant ist. Nach dem auch der Vorkostenabzug zugunsten des erwerbenden Selbstnutzers der Wohnung nicht mehr möglich ist, bleiben diese Kosten quasi in der Luft hängen.
Etwas anderes gilt jedoch, wenn die Aufwendungen z.B. noch während der Vermietung entstanden sind, aber erst nach dem Verkauf bezahlt werden. Auch ein Wohnungskäufer, der vermieten will, kann diese Renovierungskosten im Rahmen des anschaffungsnahen Erhaltungsaufwandes als Werbungskosten geltend machen.
Siehe auch: Einkünfte aus Vermietung und Verpachtung, Verluste aus Vermietung und Verpachtung (Steuerrecht), Anschaffungsnaher Erhaltungsaufwand

Werkvertrag

Mit dem Abschluss eines Werkvertrags verpflichtet der Auftraggeber (Besteller) den Unternehmer zur Errichtung des versprochenen Werks. Im Gegenzug muss der Auftraggeber das Werk abnehmen und die vereinbarte Vergütung (Werklohn) zahlen.
Wichtig ist die Erfolgsbezogenheit dieses Vertragstyps. Der Unternehmer schuldet also immer einen bestimmten Erfolg, z.B. die fachgerechte Installation der Sanitäranlagen. Ist im Werkvertrag die Erbringung von Bauleistungen vereinbart, wird der Vertrag auch als Bauvertrag bezeichnet.
Mit dem Gesetz zur Beschleunigung fälliger Zahlungen vom 30.3.2000 wurde dem Unternehmer gegenüber dem Auftraggeber ein gesetzlicher Anspruch auf Abschlagszahlungen für in sich abgeschlossene Teile des Werkes eingeräumt (§632a BGB).
Ähnliches galt bisher schon beim sog. VOB - Vertrag, einem Bauvertrag, dem die VOB/B zu-

grunde gelegt wurden. Die Rechtsposition des Unternehmers wurde gegenüber dem Auftraggeber auch dadurch gestärkt, dass bei unberechtigter Verweigerung der Abnahme durch den Auftraggeber (wegen unwesentlicher Mängel) der Werklohn auch ohne Abnahme nach der dem Auftraggeber gesetzten Frist eingeklagt werden kann.

Die Abnahme kann durch eine Fertigstellungsbescheinigung eines Gutachters ersetzt werden, in der bestätigt wird, dass die erbrachte Bauleistung frei von solchen Mängeln ist, die der Auftraggeber gegenüber dem Gutachter gerügt hat. Allerdings kann der Auftraggeber bei tatsächlich vorhandenen Baumängeln die Zahlung eines angemessenen Teils der Vergütung verweigern (mindestens in Höhe des Dreifachen der Kosten, die zur Beseitigung des Mangels erforderlich sind).

Siehe auch: VOB-Vertrag

Wertentwicklung

Ein Vergleich der Wertentwicklung für verschiedene Anlageformen über einen Zeitraum von 25 Jahren bringt es an den Tag:

Als Wertanlage ist das Eigenheim ungeschlagen. Wuchs der Wert von 1970 investierten 50.000 Euro in Sparanlagen nur auf rund 184.000 Euro, so macht die Wertsteigerung bei Aktien schon das 5-fache aus. Beim Einfamilienhaus wurden aus 50.000 Euro sogar 513.000 Euro.

Die durchgeführten Untersuchungen lassen Häuslebauer auch optimistisch in die Zukunft sehen – die Wertentwicklung von Eigenheimen wird auch in den nächsten Jahren weiter nach oben gerichtet sein. Sehr genaue und speziell auf den Immobilienmarkt ausgerichtete Miet- und Preisindizes mit Marktzahlen ab 1975 bietet die Bulwien AG, München an.

Wertentwicklung einzelner Anlageformen

Eine Investition 1970 von 50.000 Euro ergibt in der jeweiligen Anlageform 2001 diesen Vermögensbestand:

Quelle: Verband der Privaten Bausparkassen e.V.

Wertermittlungsverordnung

Die Wertermittlungsverordnung regelt die Verfahren zur Ermittlung von Verkehrswerten von Grundstücken, von Rechten an Grundstücken und grundstücksgleichen Rechten. Die Verordnungsermächtigung findet sich im Baugesetzbuch, wo auch der Begriff des Verkehrswerts definiert wird.

Bezweckt werden soll die einheitliche Anwendung gleicher Grundsätze bei der Ermittlung der Verkehrswerte und bei Ableitung der Daten, die für die Wertermittlung von Bedeutung sind. Die Anwendung dieser Grundsätze hat auch weitgehend Eingang in die Verkehrswertermittlung für private Zwecke und bei Gerichtsgutachten gefunden.

WertR

Abkürzung für: Wertermittlungsrichtlinien

Wertsicherungsklausel

Langjährige wiederkehrenden Leistungen werden normalerweise gegen den Geldwertschwund durch Wertsicherungsklauseln abgesichert. In der Immobilienwirtschaft sind sie deshalb üblich in Miet- und Pachtverträgen, Erbbauverträgen und Kaufverträgen, wenn ein Teil des Kaufpreises verrentet wird.

Unterschieden wird nach der Preisklauselverordnung zwischen genehmigungsfreien, genehmigungspflichtigen und vertragsspezifischen Klauseln die als genehmigt gelten.

Genehmigungsfrei sind vor allem sog. Leistungsvorbehaltsklauseln, bei denen die Neubestimmung der Anpassung den Vertragsparteien vorbehalten bleibt. Sie finden sich häufig in Gewerberaummietverträgen. In der Regel bestimmt im Falle der Nichteinigung ein unabhängiger Sachverständiger die neue Höhe der Leistung. Kostenelementklauseln sind ebenfalls genehmigungsfrei. Sie machen die zu leistende Vergütung oder den zu zahlenden Preis abhängig von der Kostenentwicklung (z.B. bei einem Vertrag mit einem Generalunternehmen von der Entwicklung der Löhne am Bau). Schließlich sind auch noch sog. Spannungsklauseln genehmigungsfrei. Bei ihnen wird die Höhe des geschuldeten Betrages vom künftigen Preis oder Wert eines gleichartigen Gutes abhängig gemacht. (Beispiel: Baupreis wird an der Entwicklung des Baukostenindex gekoppelt).

Die Wertsicherung von Erbbauzinsen ist genehmigungsfrei, wenn der Erbbauvertrag (siehe Erbpacht) mindestens 30 Jahre läuft. Dabei ist bei Erbbaurechten, die Wohnzwecken dienen, ohnehin die Vorschrift des §9a ErbbauVO zu beachten, wonach maßgeblich für die Erhöhungsobergrenze die Entwicklung der allgemeinen wirtschaftlichen Verhältnisse ist.

Soweit Genehmigungen erforderlich sind, ist dafür das Bundesamt für Wirtschaft in Eschborn zuständig.

Siehe auch: Erbbauzinsen, Erbpacht, Bundesamt für Wirtschaft, Spannungsklausel

WertV / WertVO

Abkürzung für: Wertermittlungsverordnung

Wesentlicher Bestandteil

Wesentliche Bestandteile einer Sache sind solche, die von ihr nicht ohne Zerstörung oder Veränderung ihres Wesens getrennt werden können.

Deshalb sind z.B. Gebäude oder Bäume wesentlicher Bestandteil eines Grundstücks, ebenso fest mit dem Gebäude verbundene Einrichtungen, z.B. eingebaute Badewannen, wesentlicher Bestandteil des Gebäudes (und damit des Grundstücks).

Das bedeutet auch, dass ein wesentlicher Bestandteil nicht gesondert veräußert werden kann. Das Erbbaurecht bildet eine Ausnahme von dem Grundsatz, dass wesentliche Bestandteile eines Grundstücks nicht Gegenstand besonderer Rechte sein können.

Siehe auch: Erwerbsnebenkosten beim Grundstückskauf, Grundstück

Wesentlichkeitsgrenze (Vermietung von Wohnraum)

Nach § 5 WiStG darf bei Vermietung von Wohnraum eine neu vereinbarte Miete bis höchstens 20 % über der Vergleichsmiete liegen. Wird diese Grenze überschritten, handelt es sich um eine Ordnungswidrigkeit, es sei denn, die Miete deckt lediglich die laufenden Aufwendungen.

Anwendung findet die Vorschrift im Übrigen nur dann, wenn der Vermieter eine Marktstellung hat, die ihn in die Lage versetzt, ein „geringes Angebot" zur Vereinbarung einer überhöhten Miete auszunutzen. Liegt das Angebot deutlich über der Nachfrage, kann davon im Regelfall nicht ausgegangen werden.

Wettbewerbsgesetze

Siehe: Wettbewerbsrecht

Wettbewerbsrecht

Grundlage des Wettbewerbsrechts im engeren Sinne ist das UWG Gesetz gegen den unlauteren Wettbewerb. Wettbewerbsrechtlich relevant sind darüber hinaus die Preisangabenverordnung und für Makler speziell noch das Wohnungsvermittlungsgesetz mit seinen öffentlichrechtlichen Vorschriften, sowie zahlreiche weitere Gesetze und Verordnungen.

Das Wettbewerbsrecht zielt darauf ab, Störungen des gesunden Leistungswettbewerbs insbesondere durch unlauteren Wettbewerb (§ 3 UWG) und irreführende Werbung (§ 5 UWG), die zu einer Benachteiligung der Mitbewerber führen, wirksam begegnen zu können. Eine vergleichende Werbung, die mittelbar oder unmittelbar einen Mitbewerber oder die von einem Mitbewerber angebotenen Produkte oder Dienstleistungen erkennbar macht, ist seit September 2000 in bestimmten Grenzen erlaubt. Sie muss sachlich und darf nicht pauschal sein. Es darf auch keine Irreführung hervorgerufen werden.

Den Mitbewerbern wird zu diesem Zweck eine eigene Aktivlegitimation (Klagebefugnis) zur Verfolgung unlauteren Wettbewerbs eingeräumt. Einzelne Branchen – so auch die Makler – haben eigene Wettbewerbsregeln mit Geboten und Verboten erlassen, die allerdings die Rechtsprechung nur eingeschränkt binden. Der Rechtsprechung dienen sie aber als Orientierungsgrundlage dafür, was innerhalb der Branche als wettbewerbsschädliche Verhaltensweise angesehen wird. Solche Wettbewerbsregeln müssen vom Bundeskartellamt genehmigt und in das dort geführte Register eingetragen werden. Sie werden dann genehmigt, wenn das Bundeskartellamt keine kartellrechtlichen Bedenken gegen die Regeln einzuwenden hat.

Neben jedem einzelnen Mitbewerber, der in einem konkreten Wettbewerbsverhältnis stehen muss, können Wettbewerbsvereine – auch Abmahnvereine genannt – wettbewerbsrechtliche Unterlassungsansprüche (§ 8 UWG) geltend machen. Sie müssen bestimmten Anforderungen genügen. Gleiches gilt für Verbauchervereine, die gegen unlauteren Wettbewerb dann vorgehen können, wenn ein Wettbewerbsverstoß auch Verbraucherinteressen berührt.

Bei beiden Gruppen tauchen immer wieder unseriöse Vereine auf, die ihre Befugnis, unlauteren Wettbewerb verfolgen zu können, zu Zwecken des Gelderwerbs missbrauchen. Wer wettbewerbsrechtlich abgemahnt wird, sollte daher grundsätzlich prüfen, um wen es sich bei dem Abmahner handelt.

Der Bundesgerichtshof hat in zwei Entscheidungen vom 5. Oktober 2000 (I ZR 210/98 und ZR 237/98) gegen einen bundesweit bekannten Münchner Abmahner entschieden. In der ersten Entscheidung wurde erkannt, dass wegen der Besonderheiten des Immobilienmarktes zwischen bundesweit tätigen Anbietern von Immobilien nicht ohne weiteres ein konkretes Wettbewerbsverhältnis besteht und die Angabe nur des Quadratmeter-Preises für eine Immobilie grundsätzlich nicht geeignet sei, den Wettbewerb auf dem Immobilienmarkt wesentlich zu beeinträchtigen.

In der zweiten Entscheidung wurde dem Abmahner, einem Rechtsanwalt, der zugleich als Bauträger und Altbausanierer tätig ist, die Klagebefugnis entzogen, weil die Abmahnbefugnis zur Erreichung sachfremder Ziele missbraucht wurde. Diese bedeutsamen Entscheidungen sollten jedoch nicht zu der Auffassung verleiten, jegliche Abmahnung im Immobilienbereich sei wegen des fehlenden Wettbewerbsverhältnisses zum Scheitern verurteilt. Es gibt nach wie vor Fallgestaltungen, bei denen Abmahnungen durchaus zulässig und auch sehr nützlich sind.

Der größte und einer der ältesten und seriösen Wettbewerbsvereine ist die Zentrale zur Bekämpfung unlauteren Wettbewerbs. Dort sind neben den Industrie- und Handelskammern auch zahlreiche Berufsverbände – auch aus dem Immobilienbereich – Mitglied. Die Zentrale ist deshalb, von der Zusammensetzung der Mitglieder her gesehen, immer klagebefugt. Die Klärung einer Wettbewerbshandlung in einem Wettbewerbsverfahren geht in folgenden Schritten vor sich:

Abmahnung

Die Abmahnung ist eine Aufforderung, eine unzulässige wettbewerbsrechtliche Handlung oder Werbung in Zukunft zu unterlassen. Hierfür wird eine kurze Frist (etwa 8 bis 10 Tage) gesetzt.

Die Abmahnung soll der schnellen außergerichtlicher Beilegung von Auseinandersetzungen über Wettbewerbshandlungen zwischen Konkurrenten dienen und eine vergleichsweise kostengünstige Möglichkeit zu ihrer Beilegung sein. Sie ist verbunden mit der Aufforderung, eine strafbewehrte Unterlassungserklärung abzugeben, worin sich der Abgemahnte zur Zahlung einer Vertragsstrafe für jeden künftigen Wiederholungsfall verpflichtet. Die Abmahnung löst einen Kostenerstattungsanspruch des Abmahnenden gegenüber den Abgemahnten aus (§ 12 Abs. 1 UWG). Die Reaktion auf eine Abmahnung sollte immer nur nach Absprache mit einem Anwalt oder dem Berufsverband innerhalb der gesetzten Frist erfolgen.

Unterlassungserklärung

Die Unterlassungserklärung hat die Verpflichtung des Abgemahnten zum Inhalt, die gerügte unzulässige Wettbewerbshandlung in Zukunft zu unterlassen.
Zur Einhaltung muss eine angemessene Vertragsstrafe versprochen werden.
Die Unterlassungserklärung hat Bindungswirkung bis zur Aufhebung des Vertrages und solange die Vertragspartner existieren. Eine Änderung der höchstrichterlichen Rechtsprechung oder einer Gesetzesänderung bewirkt nicht automatisch die Nichtigkeit der abgegebenen Unterlassungserklärung. Für diesen Fall besteht aber ein Kündigungsrecht. Man kann die Unterlassungserklärung aber auch mit einer auflösenden Bedingung für die vorgenannten Fälle abgeben. Bei einem Verstoß gegen die Unterlassungserklärung wird die Vertragsstrafe fällig.

Einstweilige Verfügung

Wird keine Unterlassungserklärung abgegeben, wird unmittelbar nach Ablauf der gesetzten Frist im Regelfall beim zuständigen Landgericht (= Eingangsinstanz) eine einstweilige Verfügung beantragt. Die einstweilige Verfügung kann vom Abgemahnten endgültig anerkannt werden, es kann aber auch Widerspruch eingelegt werden, dann kommt es zu einer mündlichen Verhandlung.

Hauptsacheverhandlung

Verweigert der Abgemahnte die Anerkennung, kommt es auf Betreiben des Abmahners zur Hauptsacheverhandlung. Dort bestehen – allerdings bei einem hohen Kostenrisiko – bessere Möglichkeiten, sich zu wehren, insbesondere bei Zweifel über die Klagebefugnis des Abmahners. Der weitere Rechtsweg verläuft über das OLG und – wenn der Mindeststreitwert hierfür erreicht wird – zum BGH.
Oft wiederkehrende Verstößen sind:
Werbung mit Quadratmeter-Preisen, Anzahlungen, monatlichen Belastungen u. dergl. ohne Endpreisangabe; das Verschweigen der Maklereigenschaft, Irreführung über Steuervorteile, fehlender Hinweis auf Miete und/oder Nebenkosten (Kalt-/Warmmiete) im Inserat eines Wohnungsvermittlers, Hinweise auf günstige Darlehen ohne Angabe des effektiven Jahreszinses, Flächenabkürzungen wie Wfl/Nfl, Deklarierung des Preises als notarieller Festpreis, fehlender Hinweis auf den anfänglich effektiven Jahreszins usw.

Hilfe und Informationen

Berufsverbände (RDM, VDM u. BFW) und Kammern können den Gewerbetreibenden Informationen und Hilfe zur Verfügung stellen. Es gibt dort sowohl Tipps für die richtige Werbung, als auch Informationen über Wettbewerbshüter.
Siehe auch: Abmahnung

WEV

Abkürzung für: Wohnungseigentümerversammlung

WFA

Abkürzung für: Wohnungswirtschaftlicher Fachausschuss des Instituts der Wirtschaftsprüfer

WFB

Abkürzung für: Wohnungsbauförderungsbestimmung

WFL / NFI.

Abkürzung für: Wohn-/Nutzfläche

WFL / Wfl.
Abkürzung für: Wohnfläche

WG
Abkürzung für: Wohngemeinschaft

WGDV
Abkürzung für: Wohnungsgemeinnützigkeits-
verordnung

WGG
Abkürzung für: Wohnungsgemeinnützigkeits-
gesetz

WGGDV
Abkürzung für: Verordnung zur Durchführung
des Wohnungsgemeinnützigkeitsgesetzes

WGH
Abkürzung für: Wohn-Geschäfts-Haus

WHG
Abkürzung für: Wasserhaushaltsgesetz

Whg.
Abkürzung für: Wohnung

Widerspruch
Abwehrmaßnahme gegen einen behördlichen
Bescheid, z.B. gegen einen Steuer-, Gebühren-
oder Baubescheid. Die Widerspruchsfrist beträgt vier Wochen nach Bekanntwerden des Be-
scheids.

Wiederholungsversammlung
Ist eine Versammlung der Wohnungseigentümer nicht beschlussfähig, können die Wohnungseigentümer eine neue Versammlung mit
den gleichen Beschlussgegenständen (Tagesordnung) durchführen. Die zweite Versammlung (Wiederholungsversammlung) ist ohne
Rücksicht auf die Höhe der vertretenen Miteigentumsanteile beschlussfähig.
Darauf ist in der Einladung zur Wiederholungsversammlung ausdrücklich hinzuweisen. Eine
Eventualeinberufung im ersten Einladungsschreiben, in der zum Ausdruck gebracht wird,
dass bei Nichtbeschlussfähigkeit der ersten ein-
berufenen Eigentümerversammlung, eine zweite, einige Zeit später terminierte, als einberufen
gilt, führt dazu, dass die dort getroffenen Beschlüsse grundsätzlich anfechtbar sind.
Siehe auch: Wohnungseigentümerversammlung

Wiederkaufsrecht
Das Wiederkaufsrecht verleiht das Recht, ein
Grundstück bei Eintritt bestimmter vertraglich
vereinbarter Voraussetzungen zurückzukaufen.
Dinglich abgesichert werden kann das Wiederkaufsrecht nur durch eine Auflassungsvormerkung.

WiKG
Abkürzung für: Gesetz zur Bekämpfung der
Wirtschaftskriminalität

Wildabfließendes Wasser
Bei wildabfließendem Wasser handelt es sich
im Gegensatz zu Niederschlags- und Traufwasser um Wasser, das nur durch das natürliche Gefälle eines Geländes oberirdisch von einem
Grundstück zum anderen abfließt. Die Wasser-
gesetze der Bundesländer regeln, wie der
Grundstückseigentümer mit dieser Art von
Wasser zu verfahren hat.

Wirtschaftlichkeitsberechnung (Wohnungswirtschaft)
Mit Hilfe einer Wirtschaftlichkeitsberechnung
wird das Verhältnis von Kosten und Erlösen eines Projektes ermittelt. In der Wohnungswirtschaft spielte die Wirtschaftlichkeitsberechnung insbesondere beim sozialen Wohnungsbau eine Rolle. Im Hinblick auf das Kosten-
deckungsprinzip wird dabei festgestellt, ob und
inwieweit die laufenden Aufwendungen eines
Wohngebäudes durch Mieterträge gedeckt werden. Für die Mieterträge war während des Geltungsbereichs des II. Wohnungsbaugesetzes als
Obergrenze die Bewilligungsmiete zu berücksichtigen. Lag sie unterhalb der Kostenmiete,

muss das Wohnungsunternehmen Aufwendungsverzichte hinnehmen, wenn es das Bauvorhaben durchführen sollte.

Die Wirtschaftlichkeitsberechnung berücksichtigt folgende laufende Aufwendungen:
Kapitalkosten, nämlich
- Fremdkapitalzinsen
- Erbbauzinsen
- Eigenkapitalzinsen
- begrenzt Tilgungsleistungen, die einen Tilgungssatz von 1% überschreiten (Tilgungen werden kalkulatorisch aus der Abschreibung finanziert)

Bewirtschaftungskosten, nämlich
- Abschreibung (Gebäudeabschreibung 1%)
- Verwaltungskosten (Pauschale)
- Instandhaltungskosten (Pauschale) und
- Mietausfallwagnis (2 von Hundert der laufenden Aufwendungen)
- Betriebskosten (Abrechnung durch Umlage)
- Umlagenausfallwagnis (2 von Hundert der Betriebskosten)"

Wirtschaftlichkeitsrechnung

Nach der allgemeinen Betriebswirtschaftslehre gehören Wirtschaftlichkeitsrechnungen zu den Investitionsrechnungen. Es soll die Vorteilhaftigkeit einer oder mehrerer geplanter Investitionen ermittelt werden. Unterschieden wird zwischen statischen und dynamischen Modellen. Investitionsrechnungen liefern Entscheidungsgrundlagen für mögliche Investitionen.

Kennzeichnend für die statischen Wirtschaftlichkeitsrechnungen ist die Ermittlung einer auf einen bestimmten Zeitpunkt oder Zeitraum bezogenen Wirtschaftlichkeit, wobei zeitliche Unterschiede im Verlauf der Einnahmen und Ausgaben innerhalb des Investitionszeitraums nicht oder nur durch Durchschnittsbildungen berücksichtigt werden.

Neben Kostenvergleichs-, Gewinnvergleichs- und Amortisationsrechnungen zählt auch die Rentabilitätsrechnung zu den statischen Verfahren. Die Kostenvergleichsrechnung wird angewandt, um für die kostengünstigere Version zweier oder mehrerer verschiedener Investitionsalternativen zu ermitteln.

In Betracht gezogen werden dabei sowohl die Betriebs- als auch die Kapitalkosten der Investition. Erstreckt sich die Nutzungsdauer des Investitionsgutes auf mehrere Perioden, geht man von Durchschnittskosten aus. Die Gewinnvergleichsrechnung stellt auf den Vergleich der sich aus zwei oder mehreren verschiedenen Investitionsalternativen ergebenden Gewinne (Erlöse – Kosten) ab. Die Ermittlung der Eigenkapitalrentabilität, der Gesamtkapitalrentabilität, des erweiterten „Return on Investment" (ROI) bezieht sich auf durchschnittliche Verzinsung des für eine Investition eingesetzten Kapitals. Die Amortisationsrechnung ermittelt die Amortisationsdauer einer Investition. Es wird keine Veränderung der Zahlungsströme im Laufe der Zeit unterstellt.

Bei den dynamischen (finanzmathematischen) Investitionsrechnungen werden hauptsächlich drei verschiedene Verfahren unterschieden, nämlich die Kapitalwertmethode, die Annuitätenmethode und die interne Zinsfußmethode. Sie berücksichtigen im Gegensatz zu den statischen Berechnungen die Unterschiede in der zeitlichen Entwicklung der sich aus der Investition ergebenden der Einnahmen und Ausgaben. Diese werden auf den Investitionszeitpunkt abgezinst.

Bei der Kapitalwertmethode wird der Kapitalwert der Überschüsse berechnet, der sich aus den abgezinsten Ein- und Ausgaben einschl. Kapitalamortisation während des Investitionszeitraumes abzüglich des Barwertes der geforderten (Mindest-)Verzinsung, ergibt. Es handelt sich also um die Feststellung des Kapitalwertes der in den künftigen Perioden über die geforderte Kapitalverzinsung hinaus entstehenden Gewinne.

Bei der Annuitätenmethode wird dieser Kapitalwert auf die Perioden des Investitionszeitraumes gleichmäßig aufgeteilt.

Die interne Zinsfußmethode stellt auf die Entwicklung einer Rentabilitätskennzahl ab. Der interne Zinsfuß ist das Ergebnis der auf den Investitionszeitpunkt diskontierten Ein- und Auszahlungen (Überschüssen) zuzüglich der Kapitalamortisation, die sich aus der Differenz zwischen den Überschüssen und den erwirtschafteten Rückflüssen ergibt.

Wirtschaftsjahr

Das Wirtschaftsjahr kann abweichend vom Kalenderjahr bestimmt werden. Damit einher gehen entsprechende Verlagerungen von Bilanzstichtagen, Abrechnungsstichtagen und dergl. Kalenderjahr und Wirtschaftsjahr können auch im Rahmen einer einheitlichen Verwaltungseinheit für unterschiedliche Bereiche festgelegt werden. (Beispiel Jahresabrechnung bei der Wohnungseigentümergemeinschaft nach Kalenderjahr, bei gleichzeitiger Abrechnung von Heizperioden, Juni – Juli.) Einer einheitlichen Abrechnung auf der Basis von Kalenderjahren sollte im Zweifel der Vorzug gegeben werden.

Wirtschaftsplan

Dem Wohnungseigentumsverwalter obliegt gemäß § 20 Abs. 1 WEG die Verwaltung des gemeinschaftlichen Eigentums nach den entsprechenden Vorschriften des Gesetzes (§§ 26 bis 28 WEG).

Um jederzeit über die zur Verwaltung des gemeinschaftlichen Eigentums erforderlichen finanziellen Mittel verfügen zu können, sind die Wohnungseigentümer verpflichtet, entsprechende Vorschüsse an den Verwalter zu zahlen (§ 28 Abs. 2 WEG). Dazu hat der Verwalter jeweils für ein Kalenderjahr einen Wirtschaftsplan zu erstellen, der folgende Mindestangaben enthalten muss:

- die voraussichtlichen Einnahmen und Ausgaben bei der Verwaltung des gemeinschaftlichen Eigentums;
- die anteilmäßige Verpflichtung der Wohnungseigentümer zur Lasten- und Kostentragung;
- die Beiträge zu der nach dem Gesetz vorgesehenen Instandhaltungsrückstellung, die jeder Wohnungseigentümer zu leisten hat.

Die konkrete Ausgestaltung des Wirtschaftsplans hängt unter anderem von den Gegeben-

heiten in der Wohnungseigentumsanlage ab und obliegt im übrigen der Entscheidung der Wohnungseigentümer. Im Einzelfall sind auch die in Teilungserklärung und Gemeinschaftsordnung getroffenen Regelungen zu beachten, so insbesondere von der gesetzlichen Regelung (§ 16 Abs. 2 WEG) abweichende Verteilungsschlüssel, Ausnahmeregelungen hinsichtlich der Beteiligung nicht aller Eigentümer an einzelnen Verwaltungskosten (z.B. Fahrstuhlkosten) oder auch Regelungen zu Terminen oder Fristen, innerhalb derer der Wirtschaftsplan zur Beschlussfassung vorzulegen ist. Die Entscheidung zur Gliederung des Wirtschaftsplans in Einzelpositionen sollte sich sinnvollerweise an den Vorschriften der seit 1. Januar 2004 geltenden Betriebskosten-Verordnung orientieren, um bei vermieteten Eigentumswohnungen dem jeweiligen Eigentümer die Abrechnung der Betriebskosten zu erleichtern.

Die Beschlussfassung erfolgt durch mehrheitliche Entscheidung in der Wohnungseigentümerversammlung und zwar über den Gesamt- und die Einzelwirtschaftspläne. Letztere legen die Zahlungsverpflichtung der einzelnen Wohnungseigentümer fest. Selbst ein falscher Wirtschaftsplan (z.B. falscher Verteilungsschlüssel) ist bindend, wenn keine Anfechtung des Beschlusses über den Wirtschaftsplan bei Gericht und dessen Ungültigerklärung erfolgt.

Sinnvoll ist es, mit der Beschlussfassung über den konkreten Wirtschaftsplan eines Kalenderjahres dessen Fortgeltung bis zu Beschlussfassung über den Wirtschaftsplan des Folgejahres zu beschließen.

Die Abrechnung über die tatsächlichen Einnahmen und Ausgaben hat der Verwalter in der ebenfalls vorzunehmenden Jahresgesamt- und Einzelabrechnung vorzunehmen und der Wohnungseigentümerversammlung zur genehmigenden Beschlussfassung vorzulegen (§ 28 Abs. 3 WEG).

Siehe auch: Jahresabrechnung (Wohnungseigentum), Verteilungsschlüssel (Wohnungseigentum), Einzugsermächtigung (Wohnungseigentum)

Wirtschaftsstrafgesetz

Das Wirtschaftsstrafgesetz regelt die Verfolgung von zu ahndendem wirtschaftlichen Fehlverhalten. Wichtig für die Wohnungswirtschaft ist § 5, wonach es ordnungswidrig ist, ein geringes Angebot an Wohnraum zur Erlangung überhöhter Mieten auszunutzen. Eine Mietüberhöhung liegt vor, wenn die geforderte oder angenommene Miete 20% der ortsüblichen Vergleichsmiete überschreitet. Wenn der Vermieter allerdings nachweisen kann, dass eine solche Miete erforderlich ist, um die laufenden Aufwendungen zu decken, greift die Vorschrift nicht. Mietpreisüberhöhung wird mit Bußgeld bis zu 50.000 Euro belegt.
Siehe auch: Wohnungsmangel, Mietpreisbindung

WiStG

Abkürzung für: Wirtschaftsstrafgesetz

WKSchG

Abkürzung für: Wohnraumkündigungsschutzgesetz

WLVO

Abkürzung für: Wohnungslenkungsverordnung

Wm

Abkürzung für: Wertminderung

WM

Abkürzung für: Wertpapiermitteilungen
Abkürzung für: Warmmiete, Bruttomiete

WNFl.

Abkürzung für: Wohn-/Nutzfläche

WoBauErlG

Abkürzung für: Wohnungsbauerleichterungsgesetz

WoBauFG

Abkürzung für: Gesetz zur steuerlichen Förderung des Wohnungsbaus

WoBauFördG

Abkürzung für: Wohnungsbauförderungsgesetz

WoBauG

Abkürzung für: Wohnungsbaugesetz

WoBauPrämienG

Abkürzung für: Wohnungsbauprämiengesetz

WoBindG

Abkürzung für: Wohnungsbindungsgesetz (Gesetz zur Sicherung der Zweckbestimmung von Sozialwohnungen)

WoEigG

Abkürzung für: Wohnungseigentumsgesetz

WoGG

Abkürzung für: Wohngeldgesetz

WoGSoG

Abkürzung für: Wohngeldsondergesetz

WoGV

Abkürzung für: Wohngeldverordnung

Wohnbauförderung durch Bundesländer

Zusätzlich zur Eigenheimzulage können Bauherren für ihr Eigenheim gegebenenfalls die Wohnbauförderung durch ihr Bundesland in Anspruch nehmen.
Im Rahmen der drei Förderwege werden zinslose oder zinsverbilligte Baudarlehen, Zusatzdarlehen für kinderreiche Familien und Aufwendungsbeihilfen (Aufwendungsdarlehen und Aufwendungszuschüsse) vergeben.
Die Förderung ist u.a. vom Einkommen des Antragstellers abhängig. Ein Rechtsanspruch auf finanzielle Förderungsmittel besteht nicht. Auskunft erteilen folgende Stellen:
- Baden-Württemberg: Landratsämter oder Landeskreditbank (Tel.: 0721/1500)
- Bayern: Landratsämter, Oberste Baubehörde (Tel.: 089/219202)
- Berlin: Investitionsbank Berlin

(Tel.: 030/2649830)

- Brandenburg: Investitionsbank Brandenburg (Tel.: 0331/6601)
- Bremen: Amt für Wohnung und Städtebauförderung (Tel.: 0421/3614012)
- Hamburg: Hamburgische Wohnungsbaukreditanstalt (Tel.: 040/248460)
- Hessen: Landratsämter, Wirtschaftsministerium (Tel.: 0611/8150)
- Mecklenburg-Vorpommern: Landesförderinstitut Schwerin (Tel.: 0385/63630)
- Niedersachsen: Landestreuhandstelle für das Wohnungswesen (Tel.: 0511/3610)
- Nordrhein-Westfalen: Ministerium für Wohnen und Bauen (Tel.: 0211/38430)
- Rheinland-Pfalz: Ministerium der Finanzen (Tel.: 06131/164207)
- Saarland: SaarLB (Tel.: 0681/30060)
- Sachsen: Sächsische Aufbaubank (Tel.: 0351/49100)
- Sachsen-Anhalt: Landesförderinstitut (Tel.: 0391/5890)
- Schleswig-Holstein: Investitionsbank Schleswig-Holstein (Tel.: 0431/90003)
- Thüringen: Landratsämter, Landesverwaltungsamt Weimar (Tel.: 03643/585).

Wohnberechtigungsschein

Der Wohnberechtigungsschein ist eine amtliche Bescheinigung, mit deren Hilfe ein Mieter nachweisen kann, dass er berechtigt ist, eine mit öffentlichen Mitteln geförderte Wohnung zu beziehen.

Die Vermietung einer solchen Wohnung setzt die Vorlage des Berechtigungsscheines durch den Bewerber voraus.

Der Wohnberechtigungsschein wird an Personen ausgestellt, deren Einkommen die Einkommensgrenzen nach dem II. WoBauG nicht übersteigen, die zum Bezug einer Sozialwohnung berechtigen.

Auch nach der Ablösung des II. Wohnungsbaugesetzes durch das Wohnraumförderungsgesetz zum 1. Januar 2002 bzw. 1. Januar 2003 müssen Personen die eine Wohnung beziehen wollen, die nach diesem Gesetz gefördert werden, einen Wohnberechtigungsschein vorlegen.
Siehe auch: Wohnraumförderungsgesetz

Wohneigentumsquote

Nur rund 43% der Privathaushalte in der Bundesrepublik leben in den eigenen vier Wänden. Damit ist die Wohneigentumsquote in Deutschland im europäischen Vergleich sehr niedrig. Der Durchschnitt innerhalb der Europäischen Union liegt nämlich bei 61%. Bei der Ermittlung der (deutschen) Wohneigentumsquote ist lediglich die Selbstnutzung des eigenen Wohnraums entscheidend.

Über die Streubreite der Vermögenswerte von Immobilien macht diese Messgröße keine zuverlässigen Angaben, da das mittlerweile breit gestreute fremdgenutzte Immobilieneigentum nicht in die Berechnung der Wohneigentumsquote einbezogen wird.

Wohneigentumsanteil in Europa, Kanada und USA

Spanien	86
Norwegen	86
Irland	78
Griechenland	74
Belgien	74
Italien	72
Luxemburg	70
Großbritannien	69
USA	69
Schweden	65
Portugal	64
Finnland	64
Kanada	63
Österreich	56
Frankreich	55
Niederlande	53
Dänemark	53
Deutschland	43
Schweiz	36

Angaben in Prozent, private Haushalte in eigenen Wohnungen oder Häusern, Quelle: Stat. Bundesamt, ifs

WohneigFG

Abkürzung für: Wohnungseigentumsförderungsgesetz

Wohnfläche

Bei der Wohnfläche einer Wohnung handelt es sich um die Summe aller Grundflächen in den Räumen, die ausschließlich zu dieser Wohnung gehören.

Diese Grundflächen werden jedoch bei bestimmten Flächen nur teilweise angerechnet. Zur anrechenbaren Grundfläche gehören:

- Wintergärten, Schwimmbäder und ähnliche nach allen Seiten geschlossene Räume. Sie werden allerdings nur zur Hälfte angerechnet, wenn sie nicht beheizbar sind
- Raumteile mit einer lichten Höhe von über 2 m Höhe werden stets ganz angerechnet, zwischen ein und zwei Meter zur Hälfte, darunter keine Anrechnung
- Balkone, Loggien, Dachgärten und Terrassen in der Regel zu einem Viertel, höchstens jedoch zur Hälfte
- Fenster- und offene Wandnischen, die mehr als 0,13 m² tief sind

Nicht angerechnet werden Treppen mit über drei Steigungen und die Treppenabsätze, sowie Mauervorsprünge mit mehr als 0,1 m² Fläche
Nicht zur Wohnfläche gehören die Flächen von Zubehörräumen (z.B. Keller, Waschküchen, Heizungsräumen), sowie Räume, die nicht den an ihre Nutzung zu stellenden Anforderungen des Bauordnungsrechts der Länder genügen (z.B. in der Regel Hobbyräume im Kellergeschoß) sowie Geschäftsräume.

Die Wohnflächenverordnung, die am 1.1.2004 in Kraft trat, knüpft inhaltlich an die außer Kraft getretene II. Berechnungsverordnung an.

Wohnfläche je Einwohner in den deutschen Bundesländern

Bundesland	Wohnfläche
Saarland	45,8
Rheinland-Pfalz	45,0
Niedersachsen	43,3
Bayern	42,5
Hessen	41,7
Schleswig-Holstein	41,5
Westdeutschland	41,1
Baden-Württemberg	40,0
Bremen	40,3
Sachsen-Anhalt	39,0
Nordrhein-Westfalen	38,7
Berlin	38,6
Brandenburg	37,7
Ostdeutschland	37,7
Sachsen	37,6
Thüringen	37,6
Mecklenburg-Vorpommern	36,5
Hamburg	35,8

Angaben: durchschnittliche Wohnfläche je Einwohner in Quadratmetern, Quelle: Stat. Bundesamt, ifs

WohnGB

Abkürzung für: Wohnungsgesetzbuch

Wohngebäudeversicherung

Siehe: Verbundene Wohngebäudeversicherung

WohnGebBefrG

Abkürzung für: Gesetz über Gebührenbefreiung beim Wohnungsbau vom 30.05.1953

Wohngebiete (nach BauNVO)

Wohngebiete können in Flächennutzungsplänen dargestellt, müssen aber – soweit eine Wohnnutzung im Vordergrund stehen soll – in Bebauungsplänen verbindlich festgesetzt werden. Wohngebietsarten sind das Kleinsiedlungsgebiet, das reine Wohngebiet, das allgemeine Wohngebiet und das besondere Wohngebiet. Art der baulichen Nutzung

• Kleinsiedlungsgebiete (WS) dienen vorwiegend dem Bau von Kleinsiedlungen mit Häusern, deren besondere Merkmal größere Nutzgärten oder landwirtschaftliche Nebenerwerbsstellen sind. Zulässig sind in diesen Gebieten auch Läden, Gastwirtschaften und nicht störende Handwerksbetriebe.

• Reine Wohngebiete (WR) dienen dem Wohnen.

Ausnahmsweise können auch Läden, nicht störende Handwerksbetriebe (z.B. Schneiderei) die zur Deckung des täglichen Bedarfs der Bewohner dienen und kleine Pensionen zugelassen werden.

Seit 1990 können auch Anlagen für soziale Zwecke (z.B. Pflegeheime) sowie für kirchliche, kulturelle und sportliche Zwecke in reinen Wohngebieten errichtet werden.

• Allgemeine Wohngebiete (WXA) dienen vorwiegend dem Wohnen. Zulässig sind wie bei den Kleinsiedlungsgebieten auch Läden, Gastwirtschaften und nicht störende Handwerksbetriebe sowie Anlagen für soziale, kirchliche, kulturelle und sportliche Zwecke.

Das allgemeine Wohngebiet kann sich dem Mischgebiete dadurch annähern, dass in Ausnahmefällen auch nicht störende Gewerbebetriebe, Pensionen, Gebäude der öffentlichen Verwaltung, Gartenbaubetriebe und Tankstellen zugelassen werden können.

• Besondere Wohngebiete (WB) haben eine Sonderstellung. Es handelt sich stets um bereits bebaute Gebiete, die den Status eines „Innenbereichs" haben. Durch entsprechende Festsetzungen soll die besondere Eigenart dieser Gebiete erhalten und noch weiter entwickelt werden. Einige nicht störender weitere Nutzungsarten sind wie beim reinen Wohngebiet zulässig. Allerdings ist der Katalog der Ausnahmen relativ groß und nähert sich dem des allgemeinen Wohngebietes.

Durch die Festsetzung als besonderes Wohngebiet soll einem Abgleiten in Richtung Mischgebiet entgegen gesteuert werden. Aus diesem Grunde kann auch bestimmt werden, dass ab einer bestimmten Geschosszahl nur Wohnungen zulässig sind oder dass ein bestimmter Mindestgeschossflächenanteil dem Wohnen vorbehalten bleiben muss.

Die Gemeinden können bei ihren Festsetzungen von den Vorgaben der BauNVO zwar abweichen, jedoch nicht in einem Umfang, der den Wohngebietscharakter gefährden würde.

Siehe auch: Flächennutzungsplan, Bebauungsplan, Art der baulichen Nutzung

Wohngeld

Das Wohngeld ist ein staatlicher Zuschuss für sozial schwache Mieter (Mietzuschuss) und Eigenheimer (Lastenzuschuss). Es differiert nach Gemeindegrößenklasse, Familiengröße und Qualitätsklasse der bewohnten Wohnung. Wohngeld wird nur gewährt, wenn und soweit die bezahlte Miete die in den Wohngeldtabellen genannten Sätze nicht übersteigt. Voraussetzung für die Wohngeldzahlung ist ferner, dass bestimmte Höhen des Familieneinkommens nicht überschritten werden.

Man nennt dieses Wohngeld „Tabellenwohngeld", weil es aus entsprechenden Tabellen ermittelt werden kann. Daneben gibt es das pauschalierte Wohngeld für Empfänger von Sozialhilfeleistungen, das sich nach einem Prozentsatz der sozialhilferechtlich anerkannten Aufwendungen für die Miete bemisst.

Auf Wohngeld besteht Rechtsanspruch, wenn die Voraussetzungen für die Wohngeldberechtigung vorliegen. Das Wohngeldsondergesetz, das nur für die neuen Bundesländer gilt, sieht gegenüber den Regelungen des Wohngeldgesetzes abweichende Wohngeldhöhen vor.

Wohngeld in West und Ost

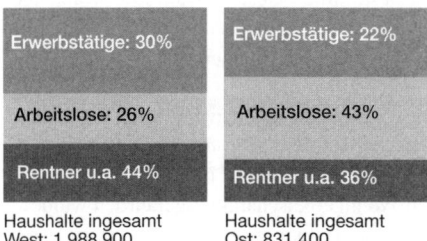

Haushalte ingesamt
West: 1.988.900

Haushalte ingesamt
Ost: 831.400

Mietbelastung:

WEST

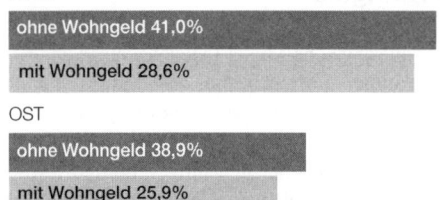

ohne Wohngeld 41,0%

mit Wohngeld 28,6%

OST

ohne Wohngeld 38,9%

mit Wohngeld 25,9%

rundungsbedingte Differenzen, Quelle: Wohngeld- und Mietenbericht

Wohnraumförderungsgesetz

Am 1. Januar 2002 trat das Gesetz zur Reform des Wohnungsbaurechts (Wohnraumförderungsgesetz) in Kraft. Nach § 9 Abs. 3 konnten die Bundesländer das Inkrafttreten dieses neuen Gesetzes auf 1. Januar 2003 verschieben.
Gleichzeitig wurde das II. Wohnungsbaugesetz im Hinblick auf die künftigen Fördermaßnahmen aufgehoben. Aufgehoben wurde auch das Modernisierungs- und Energieeinsparungsgesetz. Änderungen erfuhren u.a. das Wohnungsbindungsgesetz, die Neubaumietenverordnung das Wohngeldgesetz und die II. Berechnungs-Verordnung (II. BV). Teile der II BV sollen durch eine neue Verordnung auf der Grundlage des § 19 des Wohnraumförderungsgesetzes ersetzt werden. Dies bezieht sich auf einen neuen Betriebskostenkatalog und neue Wohnflächenberechnungsregeln. In Ausführung dieser Verordnungsermächtigung wurden am 1.1.2004 die neue Wohnflächenverordnung und die Betriebskostenverordnung in Kraft gesetzt.

Gefördert werden nach dem neuen Recht der Wohnungsbau der Ersterwerb und die Modernisierung von Wohnraum. In den Förderbereich mit einbezogen werden fernen der Erwerb von Belegungsrechten an bestehendem Wohnraum und der Erwerb bestehenden Wohnraums.
Die Förderung erfolgt durch Fördermittel, Bürgschaften und Zurverfügungstellung von verbilligtem Bauland. Zielgruppe sind nicht mehr die breiten Schichten der Bevölkerung, sondern Haushalte, die sich am Markt nicht mit angemessenem Wohnraum selbst versorgen können und auf Unterstützung angewiesen sind. Nach wie vor sind Einkommensgrenzen für die Förderung zu beachten. Neu ist das Institut des Kooperationsvertrages, den die Gemeinden mit den Eigentümern von Wohnraum abschließen können. Gegenstände sind insbesondere die Begründung von Belegungsrechten zugunsten der Gemeinde einschließlich der im Rahmen der Förderung zu vereinbarenden Bindung an eine „höchstzulässige Miete". Gegenstand kann auch die Übernahme von wohnungswirtschaftlichen, baulichen und sozialen Maßnahmen sein, die der Verbesserung des Wohnumfeldes, der Behebung sozialer Missstände und der Quartiersverwaltung dienen. Es soll damit vor allem eine Ghettobildung von sozialschwachen Bevölkerungsschichten entgegen gewirkt werden.
Siehe auch: Wohnberechtigungsschein

Wohnrecht
Siehe: Wohnungsrecht

Wohnung
Wohnung ist ein wirtschaftliches Gut, das das menschliche Bedürfnis eines Daches über dem Kopf befriedigt. Es genügt darüber hinaus kulturellen, gesundheitlichen, sozialen und technischen Ansprüchen der Wohnungsnutzer.
Teilweise sind Wohnungsstandards durch den Gesetzgeber (Bauordnungsrecht) vorgegeben, teilweise entsprechen sie einer Übereinkunft von Fachleuten, die sie definieren. So ist nach DIN 283 Blatt 1 unter einer Wohnung die Sum-

me aller Räume zu verstehen, die die Führung eines Haushalts ermöglichen. Darunter muss sich eine Küche oder ein Raum mit Kochgelegenheit befinden. Nach den Landesbauordnungen muss außerdem jede Wohnung von anderen Wohnungen und fremden Räumen baulich abgeschlossen sein und einen eigenen abschließbaren Zugang unmittelbar vom Freien, von einem Treppenhaus, einem Flur oder Vorraum haben.

Jede Wohnung, die heute gebaut wird, muss über ein WC und ein Bad mit Badewanne oder Dusche verfügen. Von den Größenverhältnissen her betrachtet, wurde in der früheren Statistik zwischen Klein- Mittel- und Großwohnungen unterschieden (klein: – 65 m² Wohnfläche, mittel: zwischen 65 m² und 90 m², groß: über 90 m²). Eine Sondergröße bildeten die „Kleinstwohnungen" bis 45 m² Wohnfläche. Diese Größeneinteilung ist überholt. Als repräsentative Normgröße, die die Gesamtheit des marktwirksamen Mietwohnungsbestandes repräsentiert, gilt nach dem RDM-Preisspiegel die 70 m² Wohnung. (siehe Normobjekt) Steuerrechtlich muss eine Wohnung 23 m² nutzbarer Fläche umfassen, um als Wohnung anerkannt zu werden.

In der Vergangenheit gab es Überlegungen, die Wohnung zu einem „meritorischen Gut" zu erklären. Das bedeutet, dass von der Befriedigung eines subjektiven Wohnbedürfnisses abstrahiert wird – das im Einzelfall sehr niedrig angesiedelt sein kann. Es kommt vielmehr auf einen definierten objektiven Wohnbedarf an, der im Interesse der Gesundheit der Bevölkerung ein bestimmtes Wohnkonsumniveau vorschreibt. Insoweit besteht Verpflichtungsanspruch an die Haushalte hinsichtlich ihrer nachgefragten Wohnnutzung. So darf eine Überbelegung der Wohnung etwa durch übermäßige Untervermietung nicht stattfinden.

Die Wohnung wurde in der Vergangenheit auch als „Sozialgut" definiert, wobei allerdings der Sinn verschwommen bleibt. Soweit die Wohnung einem Haushalt als sozialer Einheit zur Daseinsverwirklichung dient, ist dagegen nichts einzuwenden. Sofern aber damit der Gedanke verbunden wird, die Wohnnutzung sei von wirtschaftlichen Interessenlagen abzukoppeln und damit auch generell unterhalb kostendeckender Marktpreise zur Verfügung zu stellen, kann dies nur vorübergehend und in Ausnahmezeiten (etwa der Zeit kurz nach dem 2. Weltkrieg) gelten.

Die Konsequenz der aus einer solchen Haltung heraus praktizierten Wohnungspolitik zeigte sich offen im Schicksal des Wohnungsbestandes der früheren DDR. Während die Wohnung im vorindustriellen Zeitalter gleichzeitig Produktionsstätte war, fand im Zuge der industriellen Revolution eine Trennung von Wohnen und Arbeiten statt. Dies führt auch städteplanerisch zu einer funktionalen Trennung in Wohn- und Gewerbegebieten. Dies wurde vor allem durch die „Charta von Athen" (1933) als Zielvorstellung proklamiert. Heute gehen die städtebaulichen Konzepte umgekehrte Wege. Es geht zur Vermeidung bzw. Verringerung von Verkehrswegen im Interesse der Umwelt um Mischung der Funktionen. Die künftige Entwicklung wird im Rahmen der „Neuen Ökonomie" dadurch geprägt sein, daß die strenge Unterscheidung zwischen Wohnen und Arbeiten erheblich relativiert wird. Bestandteil künftiger Wohnungen wird zunehmend ein privat und geschäftlich zu nutzender virtueller Kommunikationsraum als Verbindungsstelle nach außen sein.

Siehe auch: Normobjekt

Wohnungs- und Teileigentumsgrundbuch

Auf der Grundlage einer Teilungserklärung oder eines Teilungsvertrages nach dem WEG legt das Grundbuchamt von Amts wegen sog. Wohnungs- und Teileigentumsgrundbücher an, die in Aufbau und Inhalt im wesentlichen dem herkömmlichen Grundbuch entsprechen. Es enthält auf dem Deckblatt den zusätzlichen Hinweis „Wohnungsgrundbuch" (bei Nichtwohnräumen „Teileigentumsgrundbuch"). Im Bestandsverzeichnis wird jeweils der Miteigentumsanteil an dem Grundstück eingetragen mit dem Vermerk: „verbunden mit dem Sondereigentum an der im Aufteilungsplan mit Nr. x bezeichneten Wohnung im 1. Obergeschoss.

Für jeden Anteil ist ein besonderes Grundbuchblatt angelegt (Blatt 345 – 355)".Außerdem wird vermerkt, dass der hier eingetragene Miteigentumsanteil durch die zu den anderen Miteigentumsanteilen gehörenden Sondereigentumsrechte beschränkt ist. Ebenfalls im Bestandsverzeichnis werden etwaige Veräußerungsbeschränkungen (Zustimmungserfordernisse des Verwalters) eingetragen.

Die Abteilungen I, II und III entsprechen im übrigen dem normalen Grundbuchaufbau.Der Aufteilungsplan ist Bestandteil der Grundakte des Grundbuchs.

Siehe auch: Grundbuch, Aufteilungsplan

Wohnungsabnahmeprotokoll

Kurz vor dem Auszug des Mieters aus der Wohnung schriftlich verfasster Bericht über deren Zustand. Das Wohnungsabnahmeprotokoll wird von Vermieter und Mieter unterzeichnet und gibt dem ehemaligen Mieter Rechtssicherheit gegenüber finanziellen Nachforderungen des Vermieters.

Für Schäden, die ins Abnahmeprotokoll nicht aufgenommen wurden, muss der Mieter nicht mehr einstehen. Im Abnahmeprotokoll werden auch die Zählerstände (Strom, Gas usw.) vermerkt.

Wohnungsabnutzung

Abnutzung einer Wohnung oder eines Hauses durch den normalen, vertragsgemässen Gebrauch. Der Vermieter darf den Mieter dafür nicht zur Rechenschaft ziehen oder von ihm verlangen, die Abnutzungsschäden zu beheben.

Wohnungsbauförderung

Siehe: Öffentliche Mittel

Wohnungsbauprämie

Nach dem Wohnungsbauprämiengesetz werden seit dem 1. Januar 2004 8,8% der dem Bausparkonto gutgeschriebenen Beträge als Prämie gewährt, allerdings nur bis zu folgenden Höchst-

beiträgen: Alleinstehende 512 Euro, Verheiratete 1.024 Euro pro Jahr.

Die Einkommensgrenze, bis zu der Bausparer einen Anspruch auf Wohnungsbauprämie haben, beträgt 25.600 bzw. 51.200 Euro (Alleinstehende / Verheiratete) zu versteuerndes Jahreseinkommen. Das Bruttoeinkommen darf also wesentlich höher ausfallen.

Wohnungsbauzyklus

Im Rahmen der Entwicklung einer dynamischen Theorie in der Volkswirtschaftlehre wurden in der ersten Hälfte des 20. Jahrhunderts die zyklischen Bewegungen auf verschiedenen Märkten untersucht.

Bekannt geworden ist der „Schweinezyklus" von Prof. Hanau. Ein ähnlicher Zyklus wurde für den Schiffsbau ermittelt. Erstaunlicherweise wird der von dem niederländischen Wirtschaftsnobelpreisträger Jan Tinbergen festgestellte Wohnungsbauzyklus in der Literatur kaum erwähnt. Er wies als erster mit Hilfe von Modellberechnungen nach, dass in bestimmten Abständen die Wohnungsproduktion ihre Impulse aus jeweiligen Angebotsdefiziten vorhergehender Perioden erhält.

Die zyklischen Bewegungen beim Wohnungsbau sind heute leicht an der Entwicklung der Wohnungsproduktion nachzuweisen. Was allerdings kaum zur Kenntnis genommen wird, ist die Tatsache, dass die Ausschläge nach oben und unten durch politische Einflussnahmen insbesondere im Bereich des Mietrechts und der steuerlichen Subventionen verstärkt und beschleunigt werden. Ein Umkippen des Wohnungsmarktes von einem Mieter- zu einem Vermietermarkt wurde in der Vergangenheit regelmäßig begleitet durch eine Verschärfung des Mieterschutzes, was zu weiteren Anpassungsverzögerungen führte. Diese mussten dann durch Subventionsschübe im steuerlichen Bereich wieder ausgeglichen werden. Die Subventionen führten dann wiederum zu Wohnbauaktivitäten, an deren Ende das Überangebot stand. Begleitet wird diese politisch verschärfte Sonderkonjunktur des Wohnungsmarktes regelmäßig durch erhebliche nachhinkende Kapazitätsauf- und -abbauten in der Bauwirtschaft, die per Saldo enorme volkswirtschaftliche Verluste zur Folge hatten.

Wohnungseigentümer

Wohnungseigentümer ist derjenige, der im Wohnungsgrundbuch als Eigentümer der dort bezeichneten Miteigentumsanteile, verbunden mit dem Sondereigentum an einer bestimmten Wohnung eingetragen ist. Solange der Erwerber eine Eigentumswohnung im Grundbuch noch nicht eingetragen ist, spricht man vom „werdenden" Wohnungseigentümer. Dieser kann den im Grundbuch noch eingetragenen Eigentümer in der Eigentümerversammlung als Bevollmächtigter vertreten.

Wohnungseigentümerversammlung

Die Versammlung der Wohnungseigentümer ist das Beschlussorgan einer Wohnungseigentümergemeinschaft. Die Versammlung ist beschlussfähig, wenn die erschienenen stimmberechtigten Eigentümer mehr als die Hälfte der Miteigentumsanteile vertreten. Die Eigentümer beschließen nach bestimmten Stimmrechtsregeln, wobei nach dem WEG das Kopfprinzip für die Auszählung der Stimmen gilt.

Beschlussgegenstände sind die Angelegenheiten der Gemeinschaft, die zur ordnungsgemäßen Verwaltung gehören. Dazu zählen u.a. die Genehmigung des Wirtschaftsplans und der Jahresabrechnung, die Aufstellung der Hausordnung sowie etwa erforderliche Reparaturen am Gemeinschaftseigentum. Die Einberufung muss mindesten unter Einhaltung einer Frist von einer Woche erfolgen. Im Einladungsschreiben sollen die Beschlussgegenstände hinreichend genau bezeichnet werden.

Neben der jährlich einmal stattfindenden Eigentümerversammlung, die vom Verwalter einzuberufen ist, können auch außerordentliche Eigentümerversammlung einberufen werden. Der Verwalter muss dies tun, wenn mindestens ein Viertel aller Wohnungseigentümer dies unter Angabe des Zwecks und der Gründe schriftlich verlangt. Ersatzweise kann auch der Verwaltungsbeirat die Einberufung vornehmen.

Ist eine Wohnungseigentümerversammlung nicht beschlussfähig, muss der Verwalter zur Wiederholungsversammlung einladen. Diese ist dann ohne Rücksicht auf die Zahl der erschienenen Wohnungseigentümer beschlussfähig.

In der Gemeinschaftsordnung oder durch einen Organisationsbeschluss kann der Verwalter ermächtigt werden, sich des Instruments der Eventualeinberufung zu bedienen, mit der Maßgabe, dass in der Einladung zur Wohnungseigentümerversammlung für den Fall der Beschlussunfähigkeit der (ersten) Versammlung schon die Einladung zur Wiederholungsversammlung ausgesprochen wird. Diese findet in der Regel 30 Minuten später statt.

Über jede Eigentümerversammlung ist ein Protokoll zu führen, das vom Vorsitzenden der Versammlung (in der Regel der Verwalter) einem Wohnungseigentümer und – falls ein Verwaltungsbeirat bestellt ist – von dessen Vorsitzenden oder seinem Stellvertreter zu unterschreiben ist.

Fehlt der Verwalter oder weigert er sich pflichtwidrig, die Versammlung einzuberufen, kann der Vorsitzende des Verwaltungsbeirates oder dessen Stellvertreter zur Wohnungseigentümerversammlung einladen. Ist ein Verwaltungsbeirat nicht bestellt, kann auf entsprechenden (begründeten) Antrag das zuständige Wohnungseigentumsgericht einen Notverwalter einsetzen, der die Versammlung einberuft.

Siehe auch: Verwaltungsbeirat, Wiederholungsversammlung

Wohnungseigentum

Wohnungseigentum ist nach der gesetzlichen Regelung das Sondereigentum (Alleineigentum) an einer Wohnung in Verbindung mit einem Miteigentumsanteil am gemeinschaftlichen Eigentum, zu dem es gehört (§ 1 Abs. 2 WWEG).

Mit dieser gesetzlichen Definition (Zweckbestimmung) sind grundsätzlich Art und Umfang der zulässigen Nutzung der so bezeichneten Räume festgelegt.

Räume, die in der Teilungserklärung als Wohnungseigentum bezeichnet sind, dürfen grundsätzlich nur für Wohnzwecke genutzt werden, wenn nicht bereits in der Teilungserklärung selbst oder in der Gemeinschaftsordnung eine ergänzende oder abweichende Vereinbarung getroffen wurde.

Nach herrschender Rechtsprechung sind aber von der grundsätzlichen Zweckbestimmung (Nutzung für Wohnzwecke) abweichende Nutzungen dann zulässig, wenn die von der zweckwidrigen Nutzung ausgehenden Störungen nicht größer sind als die Störungen, die sich auch bei bestimmungsgemäßer Wohnnutzung ergeben würden.

Danach können auch als Wohnungseigentum bezeichnete Räume für bestimmte berufliche Zwecke genutzt werden (Anwalts-/Architekturbüro, Steuerberaterpraxis, Arztpraxis, allerdings keine Kinderarztpraxis).

Einer besonderen Zustimmung bedarf eine solche Nutzung nicht, wenn keine weitergehenden Störungen auftreten oder die Teilungserklärung bzw. die Gemeinschaftsordnung ausdrücklich die Zustimmung zur beruflichen Nutzung vorschreibt.

Siehe auch: Eigentumswohnung, Miteigentumsanteil, Gemeinschaftseigentum, Sondereigentum, Vereinbarung, Gemeinschaftsordnung, Wohnungseigentümer, Teilungserklärung

Wohnungseigentumsgesetz

Nach den Vorschriften des Bürgerlichen Gesetzbuches können an den wesentlichen Bestandteilen einer Sache keine besonderen Rechte eingeräumt werden (§ 93 BGB).

Da Gebäude zu den wesentlichen Bestandteilen des Grundstücks zählen, kann folglich an einzelnen Wohnungen oder Räumen in dem Gebäude auch kein selbstständiges Eigentum gebildet werden (§ 94 BGB).

Da es nach dem Zweiten Weltkrieg darum ging, möglichst schnell Wohnraum für breite Bevölkerungskreise zu schaffen und Kapital für den Wohnungsneubau zu mobilisieren, wurden deshalb bereits im Jahre 1951 die gesetzlichen Grundlagen geschaffen, um die Bildung von Einzeleigentum an Wohnungen und anderen Räumen und damit gleichzeitig eine breite Eigentumsbildung zu ermöglichen.

Mit dem Wohnungseigentumsgesetz, abgekürzt WEG, vom 15. März 1951 wurde der gesetzliche Grundstein für das „Eigenheim auf der Etage" gelegt.

Als Rahmengesetz regelt dieses Gesetz neben den eigentumsrechtlichen Grundlagen u.a. die Verteilung der gemeinschaftlichen Lasten und Kosten, den Gebrauch von Sonder- und Gemeinschaftseigentum, die gemeinschaftliche Verwaltung durch Wohnungseigentümer, Verwalter und Verwaltungsbeirat, die Instandhaltung und Instandsetzung von Sonder- und Gemeinschaftseigentum sowie Abrechnungs-, Rechnungslegungs- und Zahlungspflichten.

Die weiteren Rechte und Pflichten der Wohnungseigentümer ergeben sich aus der Teilungserklärung, der Gemeinschaftsordnung, Vereinbarungen und Beschlüssen der Wohnungseigentümer sowie aus dem mit dem Verwalter zu schließenden Verwaltungsvertrag. Soweit sich im Übrigen aus diesen Bestimmungen keine Regelungen ergeben, gelten die entsprechenden Regelungen des Bürgerlichen Gesetzbuches.

Inzwischen sind nach diesen Vorschriften des Wohnungseigentumsgesetzes rund 4,5 Millionen Wohnungen in der Rechtsform des Wohnungseigentums entstanden, die etwa zur einen Hälfte von ihren Eigentümern selbst genutzt bzw. zur anderen Hälfte vermietet sind.

Siehe auch: Gemeinschaftsordnung, Vereinbarung, Beschluss / Beschlussanfechtung, Teilungserklärung, Wohnungseigentümer, Verwalter, Verwaltervertrag

Wohnungserbbaugrundbuch

Wohnungseigentum kann auch auf der Grundlage eines Erbbaurechts begründet werden. In diesem Falle wird pro Wohn-/Teileigentum ein Wohnungs / Teileigentumserbbaugrundbuch angelegt. Die Struktur entspricht dem des Erbbaugrundbuchs, wobei lediglich der Miteigentumsanteil und das damit verbundene Sondereigentum im Bestandsverzeichnis zusätzlich mit aufgeführt sind. Für den Erbbauzins haften die Wohnungseigentümer gesamtschuldnerisch, wenn nicht eine Aufteilung nach Miteigentumsanteilen mit dem Grundstückseigentümer und damit die Begründung einzelner Schuldverhältnisse zwischen Wohnungseigentümer und Erbbaurechtsgeber vereinbart wird.

Siehe auch: Wohnungs- und Teileigentumsgrundbuch

Wohnungsgenossenschaft

Wohnungsgenossenschaften sind wie die übrigen Arten von Genossenschaften Gesellschaften mit einer nicht geschlossenen Zahl von Mitgliedern (Genossen), die einen wirtschaftlichen Zweck verfolgen und sich dabei eines gemeinsamen Geschäftsbetriebes bedienen. Das Geschäftsprinzip ist Selbsthilfe der Mitglieder durch gegenseitige Förderung.

Sie entstehen mit Eintragung in das Genossenschaftsregister. Finanzielle Geschäftsgrundlage der Genossenschaften sind die von den Mitgliedern eingezahlten Geschäftsanteile. Die Geschäftsanteile vermehren sich um die Gewinne.

Je nach Art der Wohnungsgenossenschaft ist es ihr Zweck, entweder an Mitglieder Genossenschaftswohnungen zu vermieten bzw. Ihnen die Nutzung der Wohnung zu überlassen, oder bei Wohnbaugenossenschaften an Mitglieder Eigenheime zu verkaufen.

Eine Besonderheit der Genossenschaften besteht in der Identität von Träger und Kunden. Sie funktionieren auf der Grundlage genossenschaftlicher Solidarität – jedes Mitglied hilft dem anderen, zum Ziele zu gelangen. Der Vorstand hat alle Mitglieder gleich zu behandeln.

Wohnungsgrundbuch

Sowohl bei der vertraglichen Begründung von Wohnungseigentum (§ 3 WEG) wie auch bei der Begründung durch Teilungserklärung (§ 8 WEG) wird vom Grundbuchamt für jeden Miteigentumsanteil ein besonderes Grundbuchblatt angelegt, das als Wohnungsgrundbuch (bei Wohnungen) oder als Teileigentumsgrundbuch (bei nicht zu Wohnzwecken dienenden Räumen) bezeichnet wird.

Im Bestandsverzeichnis wird der jeweilige Miteigentumsanteil eingetragen mit dem zusätzlichen Vermerk „verbunden mit dem Sondereigentum an der mit Nr. xx bezeichneten Wohnung und (gegebenenfalls) dem zugehörigen Kellerraum Nr. xx und dem Kfz.-Stellplatz Nr. xx".

Ergänzend wird vermerkt, dass der eingetragene Miteigentumsanteil durch die zu den anderen Miteigentumsanteilen gehörenden Sondereigentumsrechte beschränkt ist.

Ebenfalls im Bestandsverzeichnis eingetragen sind weitere Regelungen – vielfach Beschränkungen – hinsichtlich der Veräußerung oder des Gebrauchs, ebenso vom Gesetz abweichende Vereinbarungen (§ 10 Abs. 1 und Abs. 2 WEG), beispielsweise zur abweichenden Kostenverteilung.

Diese Eintragungen sind deshalb von besonderer Bedeutung, weil vom Gesetz abweichende Vereinbarungen im Falle des Eigentümerwechsels gegenüber dem neuen Eigentümer nur dann Rechtswirkung entfalten, wenn sie im Grundbuch eingetragen sind.

Die Abteilungen I, II und III entsprechen dem normalen Grundbuchaufbau.

Siehe auch: Miteigentumsanteil, Vereinbarung, Wohnungs- und Teileigentumsgrundbuch, Grundbuch

Wohnungsmangel

Von Wohnungsmangel wird dann gesprochen, wenn die sich am Markt artikulierende Nachfrage nach Wohnraum zu angemessenen (in der Regel historischen) Bedingungen durch das Angebot nicht befriedigt werden kann.

Als allgemeine Kennzahl für Wohnungsmangel wird in der Regel das Verhältnis der Zahl der Haushalte zur Zahl bewohnbarer Wohnungen herangezogen. Allerdings hat bei der sehr differenzierten Teilmarktstruktur des Wohnungsmarktes eine solche allgemeine Kennzahl keine besondere Aussagekraft. Bei der Vielzahl der Teilmärkte kann zum gleichen Zeitpunkt in einem Teilmarkt ein Angebotsmangel, in einem anderen ein Angebotsüberschuss bestehen. Wird in Deutschland ein geringes Angebot zur Erzielung überhöhter Mieten ausgenutzt, liegt der Tatbestand der Mietpreisüberhöhung vor, die als Ordnungswidrigkeit mit Bußgeld geahndet werden kann.

Siehe auch: Wirtschaftsstrafgesetz

Wohnungsprivatisierung

Wohnungsprivatisierung handelt von der Überführung von Wohnungsbeständen der öffentlichen Hand (insbesondere Bund Länder und Gemeinden) in den privatwirtschaftlichen Bereich. Während der Bund seinen Wohnungsbestand weitgehend verkauft hat, verfügen die Bundesländer noch über einen Bestand von ca. 320.000 Wohneinheiten, die Gemeinden von ca. 2.500.000 Wohneinheiten.

Die Privatisierung kann erfolgen durch Verkauf direkt an Mieter nach Begründung von Wohneigentum (Mieterprivatisierung), durch Verkauf an eine Privatisierungsgesellschaft, die sich dann um den Einzelverkauf an die Mieter kümmert, durch Blockverkauf an einen privaten Investor oder ein Wohnungsunternehmen, durch Unternehmensverkauf oder durch Gründung einer Wohnungsgenossenschaft.

Da sich die Privatisierung sozialverträglich steuern lässt, gibt es heute kaum mehr gewichtige Argumente gegen die Wohnungsprivatisierung, die vor allem Kommunen erheblich entlasten würde. Anreize für den Kauf der Wohnungen durch Mieter bestehen in der Gewährung von Sozialrabatten auf den Kaufpreis und die Gewährung von günstigen Finanzierungskonditionen.

Wohnungsrecht

Ein Wohnungsrecht ist ein subjektiv persönliches Recht, das im Grundbuch als beschränkte persönliche Dienstbarkeit eingetragen wird.

Ein Wohnungsrecht wird dem Berechtigten meist im Gegenzug zur Übertragung, (Erbschaft oder Schenkung oder Verkauf) eines Wohnhauses eingeräumt. In der Regel ist das Wohnungsrecht unentgeltlich. Es kann aber vereinbart werden, dass der Berechtigte bestimmte Unterhaltungspflichten (laufende Instandhaltung der Wohnung) übernimmt. Die dem Eigentümer obliegenden Grundstückslasten können nicht mit dinglicher Wirkung auf den Wohnungsberechtigten im Rahmen des Wohnungsrechts übertragen werden.

Da die Zweckbestimmung des Wohnungsrechts ausschließlich das Wohnen durch den Wohnungsberechtigten ist, kann ein Wohnungsrecht nicht an einem Teileigentum nach dem WEG begründet werden. Das Wohnungsrecht kann nicht entgeltlich bestellt werden. Ausgewichen wird deshalb in seltenen Fällen auf eine schuldrechtliche Entgeltvereinbarung, in der die Verpflichtung zur Entgeltzahlung zur Bedingungen für die Ausübung des Wohnungsrechts gemacht wird. Es erlischt mit dem Tode des Berechtigten oder mit der Zerstörung des Gebäudes.

Im Gegensatz zum Wohnungsrecht steht eine Wohnungsreallast, die zum Inhalt die Gewährung von Wohnraum (nicht an einer bestimmten Wohnung) hat. Die Verpflichtung des Gebäudeeigentümers besteht in der Zurverfügungstellung von Wohnraum und seine Erhaltung.

Siehe auch: Grunderwerbsteuer, Reallast

Wohnungsunternehmen

Von Wohnungsunternehmen spricht man, wenn die Zwecksetzung des Unternehmens ganz oder überwiegend in der Errichtung und Bewirtschaftung von eigenen Wohngebäuden, der Errichtung von Eigenheimen und Eigentumswohnungen für den Markt sowie der Verwaltung fremden Wohnungsbestandes besteht. Die frühere Abgrenzung zwischen gemeinnützigen und freien Wohnungsunternehmen ist nach Aufhebung des Wohnungsgemeinnützigkeitsgesetzes hinfällig geworden.

Allerdings haben viele Wohnungsunternehmen, vor allem die kommunalen und kirchlichen die Wohnungsgemeinnützigkeit weiterhin in ihrer Satzung verankert. Wer ausschließlich für den Markt produziert wird auch als Bauträger bezeichnet. Wohnungsunternehmen sind überwiegend im GdW Bundesverband deutscher Wohnungs-unternehmen e.V. oder im Bundesverband Freier Wohnungsunternehmen e.V. (beide mit Sitz in Berlin) organisiert.

Siehe auch: Bauträger

Wohnungsvermittlung

Wohnungsvermittlung ist ein Teilbereich des Geschäftsfeldes von Maklern. Im Schnitt entfallen ca. 10% der Provisionserlöse der Maklerunternehmen auf diesen Bereich. Wohnungsvermittler müssen zusätzlich zum BGB-Maklerrecht die Spezialvorschriften des Wohnungsvermittlungsgesetzes beachten, die dem besonderen Schutzbedürfnis von Wohnungssuchenden dienen.

Der Geschäftsbereich der Wohnungsvermittlung zeichnet sich durch eine relativ hohe Erfolgsquote aus und ist wegen der schnellen Umschlagsgeschwindigkeit des Marktgutes Wohnung trotz der Provisionsbegrenzung in normalen Zeiten ein stabiles Basisgeschäft.

Siehe auch: Wohnungsvermittlungsgesetz

Wohnungsvermittlungsgesetz

Das WoVermG regelt einerseits die Beziehungen zwischen Mietinteressent und Wohnungsvermittler (Makler). Andererseits enthält es öffentliche rechtliche Vorschriften, die dem Verbraucherschutz dienen.

Die zivilrechtlichen Vorschriften sind weitgehende zwingend. Hierzu gehören hauptsächlich die sog. Provisionsverbote, also die Fallgestaltungen, in denen der Wohnungsvermittler keine Provision verlangen darf. Dies ist gegeben, wenn er gleichzeitig Eigentümer, Vermieter, Verwalter oder Mieter der Wohnung ist oder wenn zwischen dem Wohnungsvermittler einerseits und dem Eigentümer/Vermieter/Verwalter andererseits eine wirtschaftliche oder

rechtliche Beteiligung besteht.Gegenüber dem Mieter darf der Wohnungsvermittler keine Provision verlangen, wenn es sich um öffentlich geförderten Wohnraum handelt. Die Wohnungsvermittlungsprovision, die der Mieter zu zahlen hat, darf 2 Monatsmieten zuzügl. Umsatzsteuer abzüglich Nebenkosten, über die gesondert abzurechnen ist, nicht übersteigen. Zu Unrecht bezahlte Provisionen kann der Mieter innerhalb von vier Jahren zurückfordern.

Öffentlich rechtliche Vorschriften beziehen sich auf das Anbieten von Wohnungen in Zeitungen (er muss seinen Namen, seine Wohnungsvermittlereigenschaft und die Mieten der angebotenen Wohnungen mit einem klarstellenden Zusatz hinsichtlich der Nebenkosten in das Inserat aufnehmen). Verstöße gegen diese Vorschriften oder das Verlangen einer Provision von über zwei Monatsmieten sind Ordnungswidrigkeiten und werden mit Bußgeld geahndet.

Wohnungswirtschaft

Die Wohnungswirtschaft ist ein wesentlicher Teil der Immobilienwirtschaft. Sie umfasst im wesentlichen die Dienstleistungsbereiche und Marktvorgänge der wohnungswirtschaftlich ausgerichteten Immobilienentwicklung, der Errichtung von Miet- und Eigentümerwohnungen, der Bewirtschaftung, Instandhaltung, Modernisierung und Sanierung des Wohnungsbestandes.

Die nachfolgenden Zahlen für 2002 (Quelle Statistisches Bundesamt) geben einen Einblick über die Mietbelastungen und das wohnungswirtschaftliche Versorgungsniveau.

42,2% aller Haushalte sind Eigentümerhaushalte. Der Rest wohnt zur Miete. Die durchschnittliche Bruttokaltmiete, die ein Hauptmieter zu zahlen hatte, lag bei 408 Euro. Die durchschnittliche Streuung der Miete zwischen dem Einpersonenhaushalt und dem Haushalt mit 5 und mehr Personen liegt zwischen 384 und 563 Euro. In der Summe gaben für Wohnung, Wasser, Strom, Gas die Haushalte in Deutschland 2002 299,4 Mrd. Euro aus (einschließlich

Mietwerte eigen genutzter Wohnungen). Dies sind 24,0% aller konsumtiven Ausgaben der Privathaushalte im Inland.

Strukturdaten Statistisches Bundesamt

2002	Einheit	Deutschland	alte Länder	neue Länder
Wohnungsbestand				
	1000	38.957,1	31.232,4	7.724,7
Wohnungen je 1.000 Einwohner				
	Anzahl	471	461	518
Bewohner pro Wohnung				
	Anzahl	2,63	2,22	1,9
Wohnfläche je Wohnung				
	Anzahl	84,0	88,3	71,8
Wohnfläche je Einwohner				
	Quadratmeter	38,4	40,8	37,2
Räume je Wohnung				
	Anzahl	4,35	4,5	4,0

Wohnwirtschaftliche Verwendung (Bausparvertrag)

Wer die staatlichen Subventionen für Bauspar-verträge (z.B. Wohnungsbauprämie, Sonder-ausgabenabzug, Sparzulage) nutzt, muss be-stimmte Sperrfristen (7 bzw. 10 Jahre) beach-ten. Grundsätzlich kann der Bausparer erst nach Ablauf dieser Sperrfristen über das angesam-melte Guthaben verfügen. Diese Sperrfristen müssen nicht eingehalten werden, wenn der Bausparvertrag zur Finanzierung sog. wohn-wirtschaftlicher Maßnahmen verwendet wird. Dies bedeutet, dass beispielsweise ein zutei-lungsreifer Bausparvertrag bereits 4 Jahre nach Abschluss für den Erwerb eines Grundstückes oder die Modernisierung einer Wohnung ver-wendet werden kann, ohne dass dem Bausparer hierdurch Nachteile entstehen.

WoModG
Abkürzung für: Wohnungsmodernisierungsge-setz

WoP
Abkürzung für: Wohnungsbauprämie

WoPDV
Abkürzung für: Wohnungsbauprämien-Durch-führungsverordnung

WoPG
Abkürzung für: Wohnungsbau-Prämiengesetz

WoVermG
Abkürzung für: Wohnraumvermittlungsgesetz

WPO
Abkürzung für: Wirtschaftsprüferordnung

WRP
Abkürzung für: Wettbewerb in Recht und Praxis

WsGB
Abkürzung für: Wohnungsgrundbuch

WSV / WSVO
Abkürzung für: Wärmeschutzverordnung

WuH
Abkürzung für: Wohnung und Haus

www
Abkürzung für: world wide web

WWZ
Abkürzung für: Wohnungswirtschaftliches Zentrum

Wz
Abkürzung für: Wertzuwachs

Zahlungsverzug

Seit Inkrafttreten des „Gesetzes zur Beschleunigung fälliger Zahlungen" am 30. Mai 2000 kommt ein Schuldner automatisch in Verzug, wenn er nach Ablauf von 30 Tagen nach Zugang der Rechnung bzw. dem in der Rechnung ausgewiesenen Fälligkeitstermin nicht gezahlt hat. Eine etwaige zusätzliche Mahnung berührt die 30-Tagefrist nicht.

Allerdings kann in einem Vertrag abweichend von der neuen Regelung vereinbart werden, dass der Verzug mit der Mahnung einsetzt – auch vor Ablauf der 30-Tagefrist. Bei Schuldverhältnissen, die zu wiederkehrende Zahlungen an bestimmten Kalendertagen verpflichten, tritt nach wie vor Verzug bereits ein, wenn die Zahlung zu einem dieser Termine nicht erfolgt. Ab Verzug entstehen Verzugszinsen in Höhe von nunmehr 5% über dem Basiszinssatz, der von der Bundesbank in viermonatlichen Abständen (1.1., 1.5. und 1.9.) an die Entwicklung des Zinssatzes für längerfristige Refinanzierungsgeschäfte, einem der Leitzinsen der Europäischen Zentralbank, angeglichen wird.

ZASt

Abkürzung für: Zinsabschlagsteuer

ZAW

Abkürzung für: Zentralausschuss der Werbewirtschaft

ZDB

Abkürzung für: Zentralverband des Deutschen Baugewerbes

Zebra-Gesellschaft

Als Zebra Gesellschaft wird eine ausschließlich vermögensverwaltende Personengesellschaft bezeichnet, an der neben Personen, die ihre Beteiligung im Privatvermögen halten, mindestens ein Gesellschafter beteiligt ist, dessen Anteil zu einem steuerlichen Betriebsvermögen zählt.

Anteilseigner, deren Anteile sich im steuerlichen Privatvermögen befinden, beziehen Einkünfte aus Vermietung und Verpachtung. Werden die Anteile hingegen im Betriebsvermögen gehalten, so liegen Einkünfte aus Gewerbebetrieb vor.

Zeichner

Zeichner werden diejenigen Personen genannt, die Anteile an einer Fondsgesellschaft erwerben (zeichnen). Teilweise werden synonym auch die Begriffe Anleger oder – je nach Rechtsform der Fondsgesellschaft – Kommanditist bzw. Gesellschafter verwendet.
Siehe auch: Fondsinitiator, Leistungsbilanz, Immobilienfonds - Geschlossener Immobilienfonds

Zeichnungsfrist

Die Zeichnungsfrist ist der Zeitraum, innerhalb dessen sich Anleger an einem neu aufgelegten geschlossenen Fonds beteiligen oder Kaufaufträge für neu zu emittierende Wertpapiere abgeben können.
Siehe auch: Immobilienfonds – Geschlossener Immobilienfonds

Zeichnungsschein

Siehe: Beitrittserklärung

Zeitmietvertrag

Zu unterscheiden ist zwischen einem Mietvertrag der ohne Verlängerungsklausel für eine bestimmte Laufzeit abgeschlossen wurde und einem Zeitmietvertrag, dessen Terminierung zusätzlich verbunden wurde mit dem Hinweise auf eine besondere Verwendungsabsicht des Vermieters nach Ablauf der Mietzeit.

Die erste Variante des Zeitmietvertrags kann nur noch bei Mietverträgen über Gewerberäume abgeschlossen.

Die Mietrechtsreform 2001 schließt eine solche Vereinbarungsmöglichkeit für Wohnraum aus.

Bei der zweiten Variante des Zeitmietvertrages kann der Mieter frühestens vier Monate vor Ablauf der Frist verlangen, dass der Vermieter ihm binnen eines Monats mitteilt, ob der Grund für die Befristung noch besteht. Als Verwendungsabsicht kann nur geltend gemacht werden, wenn der Vermieter

- Eigenbedarf für sich, eine zu seinem Hausstand gehörende Person oder einen Familienangehörigen geltend machen will
- die Beseitigung, wesentliche Veränderung oder Instandsetzung der Mieträume vor hat und die Fortsetzung des Mietverhältnisses dieses Vorhaben wesentlich erschweren würde oder wenn
- die Räume an einen Dienstverpflichteten vermietet werden sollen.

Darüber hinaus gibt es einen Vertrag, bei dem das Kündigungsrecht für eine bestimmte Zeit ausgeschlossen wird und damit eine bestimmte vertraglich vereinbarte Dauer hat. Es handelt sich also um einen Zeitmietvertrag mit automatischer Verlängerung, wenn keine Kündigung erfolgt. Eine solche Vertragskonstruktion ist rechtlich möglich.

Siehe auch: Mietrechtsreform 2001

Zentrale Orte

Zentrale Orte sind solche Gemeinden bzw. Städte, denen im Hinblick auf das Umland eine bestimmte Versorgungsfunktion zukommt.

Es handelt sich um Versorgungsfunktionen im Bereich privater und öffentlicher Dienstleistungen, deren Angebot über die engen Gemeindegrenzen wirksam wird.

Zu solchen Versorgungsleistungen zählen Schulen, Gymnasien, Universitäten, Bibliotheken, Sportanlagen, Krankenhäuser aber auch Einrichtungen der öffentlichen Verwaltung, Banken und Versicherungsgesellschaften.

Von entscheidender Beutung für die Bewertung der Zentralität sind auch Verkehrswege, mit denen Umland und Zentrum vernetzt sind. Im Rahmen der Landesplanung unterscheidet man verschiedene Zentralitätsstufen.

Die Hierarchie der Zentralität (vom Unter- und Kleinzentrum über das Mittelzentrum bis zum Oberzentrum) kennzeichnet die zunehmende Reichweite der Versorgungsleistungen.

Orte höchste Zentralitätsstufe, auf die sich vor allem der öffentliche Verwaltungsbereich kon-

zentriert, aber auch in der Regel Kultur- und Wirtschaftszentren darstellen, sind Hauptstädte, in Deutschland Berlin und die Landeshauptstädte. Zu beobachten sind Tendenzen von Wanderungen aus den Kernstädten in das Umland, des Abbaus alter Industrien in den Kernstädten und des Aufbaus neuer Industrien im Umland und damit verbundenen eine Verdichtung der Region. Oberzentren geraten dadurch zunehmend in das Spannungsfeld, einerseits erhöhte überregional wirksamen Leistungen für das Umland erbringen zu müssen, andererseits aber mit relativ sinkenden Steuereinnahmen fertig werden zu müssen.

Das Modell der zentralen Orte wurde in den 30er Jahren des 20. Jahrhunderts von W. Christaller entwickelt und gehört zu den Ursprungsgrundlagen der heutigen Raumordnung und Landesplanung. In der Wissenschaft gehört die Zentralitätstheorie zu einem selbstständigen Theoriegebäude innerhalb der Geographie.

Zertifizierung

Unter Zertifizierung ist die Überprüfung des Unternehmens nach einer bestimmten ISO-Norm (ISO 9000 ff) zu verstehen. Dabei werden diverse Produktionsabläufe auf Effizienz und Funktionsfähigkeit untersucht.

ZFH

Abkürzung für: Zweifamilienhaus

ZGB

Abkürzung für: Zivilgesetzbuch der DDR

ZH

Abkürzung für: Zentralheizung

Zielbaummethode

Bei der Zielbaummethode handelt es sich um eine von Auernhammer Ende der 70er Jahre entwickelte Bewertungsmethode für Grundstücke, die durch fortschreitende Analyseschritte versucht, den „Globalwert" des Bewertungsobjektes (=100%) durch Definition und Gewichtung seiner Wertbestandteile mit zunehmender Verästelung zu verfeinern.

Es entsteht dabei ein System von drei bis vier Differenzierungsebenen.

Die Summe der Wertanteile auf jeder Ebene entspricht dem Globalwert=100%. Für jeden jeweils festgelegten Teilbereich (Teilziel) der über die Analyse erreicht werden soll, ist eine Entscheidung über seine Bewertung bzw. Gewichtung im Gesamtsystem erforderlich.

Globalwert		100%		
Oberwerte		60%		40%
Unterwerte	35%	25%	15%	25%

Zielbewertungszahl

Die Zuteilung eines Bauspardarlehens ist u.a. abhängig von der Bewertungszahl. Sie erfolgt in der Reihenfolge der erreichten Bewertungszahlen. Die niedrigste ausreichende Bewertungszahl wird Zielbewertungszahl genannt. Den Bausparern, die an den vorgegebenem Stichtagen die Zahl erreicht oder überschritten haben, teilt die Bausparkasse die Zuteilungsreife ihres Bausparvertrages mit.

Zielgruppenselektion

Ein wichtiger Erfolgsfaktor für einen Makler ist die Fähigkeit, sich bei seinen Werbeaktivitäten an den richtigen Zielgruppen auszurichten. Dennoch ist diese Zielgruppen orientierte Werbearbeit in der Praxis häufig leider nur ein frommer Wunsch. Oft wird geworben, koste es was es wolle; an Zielgruppen wird dabei nur am Rande gedacht. Oder es wird eine sehr große Zielgruppe, z.B. die gesamte erwachsene Bevölkerung des Großraums Dresdens, oder es werden mehrere Zielgruppen gleichzeitig gewählt.

Dabei erschwert die Wahl einer zu großen Zielgruppe die Werbearbeit ganz erheblich. Denn je kompakter, je eingegrenzter die Zielgruppe ist,

um so intensiver kann sie bearbeitet werden. Es sollten nicht möglichst viele Personen, sondern möglichst viele Zielpersonen angesprochen werden. Mit dieser Zielgruppenverdichtung sollen Personen selektiert werden, die auch wirklich interessiert oder hoch motiviert (hohe Antriebsstärke) sind, statt einer Vielzahl gering interessierter Personen, die den Makler nur unnötig Zeit und Geld in Form von Exposés und Besichtigungsterminen kosten. Gefragt ist also Qualität hinsichtlich der Zielgruppe und nicht unreflektierte Quantität um jeden Preist.

Ziff.

Abkürzung für: Ziffer

Zins- und Tilgungsverrechnung

Die Bank kann die Zins- und Tilgungsrate je nach Vereinbarung monatlich, vierteljährlich, halbjährlich oder jährlich einziehen. Je häufiger die Zinszahlung erfolgt, um so stärker wachsen der Effektivzins und die Kostenbelastung für den Bauherrn, denn ihm fehlen die Finanzmittel vorzeitig.

Bei jährlicher Zahlung liessen sich die bis dahin angesammelten Gelder anlegen und Guthabenzinsen erzielen. Tilgungszahlungen sollten von der Bank tagegenau mit der Restschuld verrechnet werden. Nur so ist sicher, dass der Kreditnehmer nicht Zinsen auf einen Darlehensanteil bezahlt, der bereits zurückgezahlt wurde.

Zinsabschlagsteuer

Seit 1.1.1993 sind Kreditinstitute verpflichtet, von allen gutgeschriebenen Zinsen einen Abschlag von 30%, bei Tafelpapieren sogar von 35%, Kapitalertragsteuer einzubehalten und an das Finanzamt abzuführen. Wer seinem Kreditinstitut einen Freistellungsauftrag erteilt bzw. eine Nichtveranlagungsbescheinigung vorlegt, dessen Kapitaleinkünfte bleiben in Höhe des Sparerfreibetrags für Ledige mit 1.534 Euro und Verheiratete mit 3.072 Euro steuerfrei. Zusätzlich kann eine Werbungskostenpauschale von 52 Euro (bei Verheirateten 104 Euro) geltend gemacht werden.

Zinsbindung – Wahl

Unter Zinsbindung versteht man die Vereinbarung im Darlehensvertrag, mit der das Kreditinstitut sich verpflichtet, den Darlehenszinssatz für eine vereinbarte Zeit unverändert zu lassen. Im Rahmen der Kaufpreis- oder Baufinanzierung empfehlen Immobilienprofis grundsätzlich, bei hohen Zinsen kurzfristige und bei niedrigen langfristige Bindungen einzugehen. Ist nun aber eine Bindung auf 5 Jahre oder auf 10 Jahre besser?

Wer weiss schon, wie es in einem halben Jahrzehnt aussieht. Rein rechnerisch gibt es Eckwerte, die zu beachten sind:

Wenn ein Darlehen mit einer Laufzeit von 5 Jahren derzeit 5,5 % kostet, eine anderes mit einer Laufzeit von 10 Jahren aber 6,5 %, dann wissen wir, dass das erste Angebot zunehmend immer günstiger wird. Nach 5 Jahren darf allerdings der nächste Vertrag nicht soviel ungünstiger sein, dass der „Gewinn" aus den erste 5 Jahren aufgefressen wird. Rechnerisch ergibt sich bei diesem Beispiel, dass der nächste Vertrag 8 % Zinsen nicht überschreiten darf.

Schließt man das neue Darlehen unter diesem Wert ab, hat man „Gewinn" gemacht; liegt man aber darüber, dann wäre es billiger gewesen, gleich das Darlehen über 10 Jahre mit einem Zins von 6,5 % abgeschlossen zu haben.

Anmerkung:
Wir haben 4 unterschiedlichen Darlehen mit einer Laufzeit von 5 Jahren jeweils 3 Angebote mit unterschiedlichen Zinssätzen als 10-Jahres-Verträge gegenübergestellt und die Grenzwerte für die neuen Verträge ausgerechnet.

Beispiel:
Bei einer 5-jährigen Zinsbindung beträgt der Zinssatz 6%, bei einer 10- jährigen Zinsbindung 6,5%; der Eckwert liegt bei 7,25%.

Liegt der Zinssatz nach Ablauf des ersten 5-Jahres-Vertrages für weitere 5 Jahre unter 7,25%, dann war der Abschluss vorteilhaft. Liegt er darüber, dann wäre ein Vertrag mit einer Laufzeit von 10 Jahren besser gewesen.

Zinsbindungsfrist

Zeitraum, in dem ein bestimmter Darlehenszins, den der Kreditnehmer mit seiner Bank vereinbart hat, fest und unabänderlich gilt.
Übliche Zinsbindungszeiten sind 5, 8, 10 oder 15 Jahre. Mit zunehmender Zinsbindungsdauer steigt im allgemeinen der Zins. Eine Umkehrung dieser Regel (inverse Zinsstruktur) gilt als Ausnahme.

Zinsen

Der Zins ist der Preis für die zeitweise Überlassung eines Darlehens, der an den Darlehensgeber zu zahlen ist. Der Zinssatz richtet sich nach den Verhältnissen am Geld- und Kapitalmarkt. Bei Baukrediten wird er meist für mehrere Jahre (5 bis 15) festgeschrieben. Bei Bauspardarlehen steht der Zinssatz bei Vertragsabschluss fest und wird durch Kapitalmarktschwankungen nicht verändert.

Der Zinsbegriff hat nicht nur als Zahlungs-, sondern auch als Rechnungsgröße (Kostenrechnung, Investitionsrechnung) eine Bedeutung. Volkswirtschaftlich gesehen, sind Zinsen Einkommen aus dem Produktionsfaktor Kapital. Eine zinsähnliche Funktion haben „Erbbauzins" und „Mietzins".
Siehe auch: Nominalzins

Zinskurve

Für unterschiedliche Laufzeiten werden regelmässig unterschiedliche Zinssätze berechnet. Die Zinskurve macht deutlich, wie sich die Zinssätze mit zunehmender Laufzeit verändern. Der Abstand zwischen kurz- und langfristigen Zinsen ist geringer geworden.

Die Folge: Langfristige Zinssicherheit kann mit relativ geringen Zusatzkosten erkauft werden. Bei einer „inversen" Zinsstruktur sinken die Zinssätze für langfristige Ausleihungen unter die Zinssätze für mittelfristige Ausleihungen. Ursache für solche (vorübergehenden) Erscheinungen sind besondere Knappheitsverhältnisse am Geldmarkt.

Zinsentwicklung

2000	2001	2002	für Jahre
5,47%	4,91%	4,56%	5 Jahre
5,83%	5,36%	5,08%	10 Jahre

ZIP

Abkürzung für: Zukunftsinvestitionsprogramm des Bundes und der Länder

zit.

Abkürzung für: zitiert

Zitterbeschluss (Wohnungs-eigentümerversammlung)

In der Praxis gebrauchter Terminus für einen „vereinbarungsersetzenden Mehrheitsbeschluss" der Bindungswirkung für alle Wohnungseigentümer und Rechtsnachfolger entfalten sollte, ohne dass er Grundbuchinhalt wurde (auch Pseudobeschluss genannt).

Solche Vereinbarungen kamen dadurch zustande, dass Mehrheitsbeschlüsse wegen Nichtanfechtung bestandskräftig werden und damit die Wirkungen einer Vereinbarung entfalten. Der BGH hat am 20.9.2000 (V ZB 58/99) entschieden, dass durch Beschlussfassung nur solche Angelegenheiten geregelt werden können, über die nach dem Wohnungseigentumsgesetz oder nach einer Vereinbarung der Wohnungseigentümer durch Beschluss entschieden werden kann.

Darüber hinaus steht den Wohnungseigentümern keine Beschlusskompetenz zu. Ein trotz absoluter Beschlussunzuständigkeit gefasster Beschluss ist von vornherein nichtig und kann auch nicht durch Nichtanfechtung geheilt werden.

Damit hat der BGH den sog. Zitterbeschlüssen den Garaus gemacht, soweit sie die Gemeinschaftsordnung („Vereinbarung") ändern. Inhalte der Gemeinschaftsordnung, können somit nicht mehr durch Mehrheitsbeschluss geändert werden. Vielmehr müssen damit stets alle Wohnungseigentümer einverstanden sein. Früher gefasste Beschlüsse sind unwirksam, die sich z.B. beziehen auf einen von der Gemeinschaftsordnung abweichenden Kostenverteilungsschlüssel (nicht aber die Genehmigung der falschen Abrechnung durch die Versammlung), über Verteilung der Kosten bei Instandsetzung von Fenstern (= gemeinschaftliches Eigentum), Aufhebung eines gegebenen Zustimmungserfordernisses bei Veräußerung des Wohnungseigentums, Beschlussfähigkeit von Wiederholungsversammlungen am gleichen Tage, von der Gemeinschaftsordnung abweichende Stimmerechtsänderungen.

Allerdings bleiben Beschlüsse, die sich auf Regelungen über den Gebrauch, die Verwaltung und die Instandsetzung beziehen, nach wie vor anfechtbar, wenn Anfechtungsgründe gegeben sind, z.B. eine nicht ausreichende Bezeichnung eines Tagesordnungspunktes im Einberufungsschreiben zur Eigentümerversammlung, über den Beschluss gefasst wird.

Um eine bestimmte Flexibilität zu gewährleisten, erscheint es aufgrund dieses Urteils ratsam, in künftigen Gemeinschaftsordnungen Änderungsvorbehalte einzufügen und für Änderungen eine bestimmte qualifizierte Stimmenmehrheit, z.B. 1/2 oder 2/3 aller Wohnungseigentümer vorzuschreiben.

ZKA

Abkürzung für: Zentraler Kreditausschuss

Zoning

Unter Zoning versteht man eine Formel für die genaue Mietpreisberechnung von Ladenflächen. Die Ladenfläche wird dabei in mietwertrelevante „Zonen" eingeteilt.

Eine Spitzenmiete betrifft in aller Regel nie die gesamte Fläche eines Geschäftes, sondern nur die besonderen Verkaufsbereiche im Frontbereich. Mit der Zoning-Methode werden Mietflächen in mehrere Mietpreis-Zonen aufgeteilt. Z.B.

- Von 7 m Ladentiefe: 100% Mietansatz bis 100 m^2, 90% über 100 m^2
- Von 7 bis 14 m Ladentiefe: 50% Mietansatz
- Über 14 m Ladentiefe: 25% Mietansatz.

Mietwertdifferenzen resultieren aus der Tatsache, dass der Umsatz in den verschiedenen Ladenbereichen unterschiedlich hoch ist. Das gleiche gilt auch bei einer Verteilung der Ladenfläche auf mehrere Etagen (ausführlich beschrieben von Kemper's Immobilien, Düsseldorf, Müller International und Comfort).

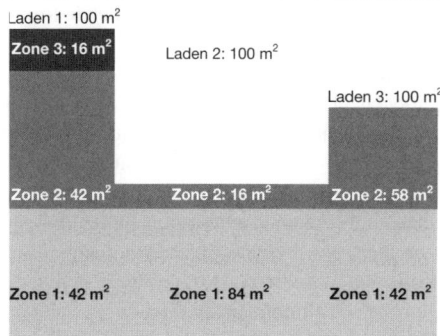

Das Zoning

anhand eines einfachen Beispiels:

Es werden drei Läden zur Vermietung angeboten. Der Hauseigentümer will nun wissen, wie hoch die Miete ist. Der Maximal-Preis liegt bei 51 Euro je m².

Mietpreisermittlung:

Zone 1	42 m² x	51 EUR =	2.147 EUR
Zone 2	42 m² x	25,50 EUR =	1.074 EUR
Zone 3	16 m² x	12,80 EUR =	205 EUR
Gesamtfläche (100 m²)			**= 3.426 EUR**
Zone 1	84 m² x	51 EUR =	4.295 EUR
Zone 2	16 m² x	25,50 EUR =	409 EUR
Zone 3	0 m²		
Gesamtfläche (100 m²)			**= 4.704 EUR**
Zone 1	42 m² x	51 EUR =	2.147 EUR
Zone 2	58 m² x	25,50 EUR =	1.483 EUR
Zone 3	0 m²		
Gesamtfläche (100 m²)			**= 3.630 EUR**

Quelle: Grabener Verlag

ZP
Abkürzung für: Zivilprozess

ZPO
Abkürzung für: Zivilprozessordnung

ZS
Abkürzung für: Zivilsenat

Zubehör
Zum Zubehör zählt man bewegliche Sachen, die, ohne Bestandteil der Hauptsache zu sein, dem wirtschaftlichen Zweck der Hauptsache zu dienen bestimmt sind und zu ihr in einem entsprechenden räumlichen Verhältnis stehen. Bei gewerblichen Betrieben gehören insbesondere Maschinen zum Zubehör, bei landwirtschaftlichen Betrieben das „lebende und tote Inventar"
Siehe auch: Grundstück

Zubehörräume
Nach der Wohnflächenverordnung sind Zubehörräume innerhalb eines Wohngebäudes solche Räume, deren Grundflächen nicht zu den Wohnräumen zählen. Dies sind Kellerräume, Abstellräume und Kellerersatzräume außerhalb der Wohnung, Waschküchen, Bodenräume, Trockenräume, Heizungsräume und Garagen.

Zuckerbäckerstil

Als Zuckerbäckerstil wurde der bürgerliche Baustil bezeichnet, der in der früheren Sowjetunion während der Stalinära bei der Errichtung von Repräsentativbauten gepflegt wurde. Vor allem in Moskau aber auch in anderen sowjetischen Großstädten (Leningrad, Tiflis, Kiew, Charkow, Minsk usw.) wurden solche Gebäude errichtet. Der Stil zeichnete sich durch überreiche Verzierungen an den Fassaden, Säulen, Säulenhallen, komplizierten Gesimsen, Turmaufbauten usw. aus.

Ins Schussfeld geriet z.B. das Hotel Leningrad auf dem Kalantscha Platz in Moskau, wo die Fläche der dort untergebrachten 1.000 Zimmer nur 22% der Gesamtfläche betrugen. Ein Verwaltungsgebäude in Tiflis erhielt einen 55 m hohen Turm. Allein die Ausgaben für die Verkleidung der Fassade verschlangen nach einem Bericht der Prawda vom 10.November 1955 33% der gesamten Baukosten. Nach dem Tode Stalins unterzog Chruschtchow im Herbst 1955 diesen Stil einer radikalen Kritik. Die Namen der missliebigen Architekten wurden veröffentlicht. Unter Chruschtchows Ägide wurden dann die Plattenbauten eingeführt.

Siehe auch: Plattenbauten

ZugVO

Abkürzung für: Zugabenverordnung

Zuschlag

Im Zwangsversteigerungsverfahren die rechtliche Übereignung einer Immobilie an den Meistbietenden im Versteigerungstermin. Mit dem Zuschlag wird der Meistbietende Eigentümer des ersteigerten Grundstücks.

Der Zuschlag muss dem Meistbietenden nicht zwingend am Ende der Bietzeit erteilt werden. Er kann auf Antrag des Gläubigers ausgesetzt und erst nach Tagen oder sogar Wochen erteilt werden. Er kann auf Antrag des Gläubigers ausgesetzt werden und erfolgt dann erst oft nach Tagen oder sogar Wochen.

zust.

Abkürzung für: zustimmend/-e/-en

Zuteilung (Bausparvertrag)

Zeitpunkt, zu dem die Bausparkasse die Bausparsumme zur Auszahlung bereithält.

Die Zuteilung erfolgt meist drei bis neun Monate nach dem Stichtag, an dem Mindestguthaben und Zielbewertungszahl erreicht sind.

Zwangsräumung

Räumung einer Wohnung oder eines Hauses, die der Vermieter nur mit gerichtlicher Hilfe durchsetzen kann. Allerdings hat der Mieter, der durch das Gericht zur Räumung verurteilt wurde, bei besonderer Härte einen sogenannten Vollstreckungsschutz (Räumungsschutz).

Das bedeutet, dass die Zwangsräumung nicht sofort stattfindet. Durchgeführt wird die Zwangsräumung durch den Gerichtsvollzieher.

Zwangsversteigerung

Die Ersteigerung einer Immobilie stellt oftmals eine interessante Alternative zum Bau oder zum Kauf eines vergleichbaren Objektes dar. Denn in der Regel erhält der Ersteigerer den Zuschlag zu einem niedrigeren Betrag als dem Verkehrswert.

Zwangsversteigerungen werden von dem Amtsgericht durchgeführt, in dessen Zuständigkeitsbereich die Immobilie liegt. Die Versteigerungstermine können daher auch beim jeweiligen Amtsgericht in Erfahrung gebracht werden. Darüber hinaus werden sie als amtliche Bekanntmachungen in der Tagespresse veröffentlicht. Manche Verlage bieten sogenannte Versteigerungskalender an, die regelmässig die aktuellen Termine mit Beschreibung der Objekte enthalten (z.B. Argetra Verlag, Ratingen).

Für die Zwangsversteigerung von Immobilien gelten besondere Regeln, über die sich Interessierte vorab informieren sollten.

Seit dem 1. August 1998 haben sich einige der gesetzlichen Vorgaben geändert.

In Stichworten hier die 3 interessantesten Neuerungen:

Die sogenannte Bietzeit (Bietstunde) dauert nicht mehr mindestens 60, sondern mindestens 30 Minuten.

Bisher waren auf Verlangen 10% des erzielten Bargebotes als Sicherheit zu hinterlegen. Jetzt wird – ganz gleich wie hoch (oder niedrig) der Zuschlag ist – die Sicherheitsleistung mit 10% vom Verkehrswert (laut Gutachten) festgelegt. Die Möglichkeit, eine Sicherheit beim Termin zu hinterlegen, ist erweitert worden. Neben Bargeld, einem sog. LZB-Scheck, werden jetzt auch von Kreditinstituten ausgestellte Verrechnungsschecks akzeptiert.

Der Erwerb des Immobilieneigentums im Zwangsversteigerungsverfahren erfolgt bereits durch Zuschlag und nicht erst mit der darauf folgenden Umschreibung im Grundbuch.Zu unterscheiden ist die Zwangsversteigerung, die ein Gläubiger betreibt, von der Zwangsversteigerung zum Zwecke der Aufhebung der Gemeinschaft. Letztere kommt vor, wenn sich z.B. eine Erbengemeinschaft nicht auf einen Verkauf des gemeinsam geerbten Hauses einigen kann. Die Aufhebung einer Wohnungseigentümergemeinschaft ist dagegen nicht möglich, es sei denn, das Gebäude wird ganz oder teilweise zerstört. Für diesen Fall muss aber das Recht auf Aufhebung der Gemeinschaft in der Gemeinschaftsordnung vereinbart sein.

Zwangsversteigerungen

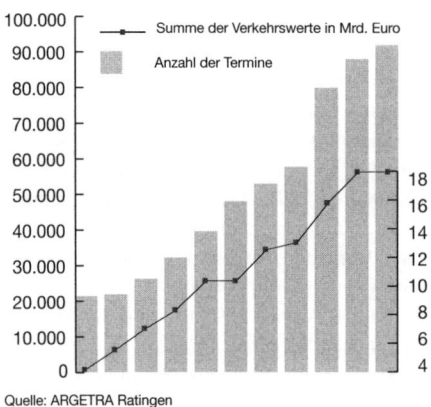

Quelle: ARGETRA Ratingen

Siehe auch: Zuschlag

Zwangsverwalter

Der Zwangsverwalter wird im Rahmen des Zwangsverwaltungsverfahrens vom Gericht bestimmt.

Er muss die Verwaltung des Grundstücks führen wie ein sparsamer ordentlicher Eigentümer und dabei ständig bemüht sein, die Gläubiger zu befriedigen. Dabei handelt er selbstständig und ist nicht an die Wünsche und Anweisungen der Beteiligten gebunden. Die Festsetzung der Vergütung und die Beaufsichtigung des Zwangsverwalters erfolgen durch das Gericht.

Dieses kann gegebenenfalls ein Zwangsgeld gegen den Verwalter festsetzen und / oder ihn entlassen. Dennoch ist der Zwangsverwalter allen Beteiligten gegenüber verantwortlich und hat diesen in regelmäßigen Abständen bzw. bei Beendigung seiner Tätigkeit Rechnung zu legen.

Siehe auch: Verwalter, Hausverwalter

Zwangsverwaltung

Die Zwangsverwaltung ist eine Art der Immobilienzwangsvollstreckung.

Der eingesetzte Zwangsverwalter soll dafür sorgen, dass aus den laufenden Einnahmen eines Grundstücks dessen laufende Kosten und darüber hinaus die Forderungen der Gläubiger gedeckt werden. Neben der Zwangsversteigerung läuft das Zwangsverwaltungsverfahren als eigenständiges Verfahren, auch wenn es Gemeinsamkeiten bei der Anordnung und der Beschlagnahme gibt.

Zwangsvollstreckung

Die Voraussetzung für eine Zwangsvollstreckung ist ein Zwangsvollstreckungstitel, der sich insbesondere aus einem Urteil, aus einem Prozessvergleich oder einer vollstreckbaren Urkunde (z.B. vollstreckbare Kaufvertragsurkunde eines Notars) ergeben kann.

Weiter vorausgesetzt wird eine Vollstreckungsklausel, mit der das Urteil bzw. die Urkunde versehen wird (vollstreckbare Urkunde). Schließlich muss durch Zustellung dafür gesorgt werden, dass der Schuldner Kenntnis von der gegen ihn eingeleiteten Zwangsvoll-streckung erhält. Die Zwangsvollstreckung in Immobilienvermögen erfolgt durch Eintragung einer Zwangshypothek und der Anordnung der Zwangsversteigerung bzw. Zwangsverwaltung. Wird die Zwangsversteigerung über ein Grund-stück angeordnet, dann gilt die Anordnung als Beschlagnahme des Grundstücks zugunsten des Gläubigers. Dadurch wird das Recht des Gläubigers begründet, seine Forderung aus dem Grundstück zu befriedigen.durch die Be-schlagnahme wird nicht nur das Grundstück selbst erfasst, sondern auch alle wesentlichen und nicht wesentlichen Bestandteile, sowie das Zubehör.

Zwangsvollstreckungsklauseln in notariellen Verträgen

In der Regel wird in notarielle Kaufvertragsur-kunden eine Zwangsvollstreckungsklausel auf-genommen. In ihr unterwirft sich der Käufer der sofortigen Zwangsvollstreckung in sein ge-samtes Vermögen, wenn er den vereinbarten Kaufpreis zum Fälligkeitszeitpunkt nicht oder nicht ganz entrichtet. Der Notar bezieht die Notargebühren – für die beide Parteien gesamt-schuldnerisch haften – in die Zwangsvoll-streckungsklausel mit ein. Schließlich kann auch für Maklerprovisionen, die zum Kaufver-tragsbestandteil gemacht werden, eine Zwangs-vollstreckungsklausel vereinbart werden. In ei-nem solchen Fall erhält auf Anforderung auch der Makler eine Vollstreckbare Ausfertigung, die sich auf die Maklergebühr bezieht.

Zweckentfremdung

In den von den Bundesländern erlassenen Zweckentfremdungsverordnungen sind die Ge-meinden aufgeführt, in denen die Bestimmun-gen über die Zweckentfremdung von Wohn-raum anzuwenden sind. In solchen Gemeinden muss jede Nutzungsänderung einer Wohnung von der Gemeinde genehmigt werden. Dies gilt auch für Mieter, die z.B. Teile ihrer Wohnung als Büros nutzen wollen. Auch das längere Leerstehenlassen von Wohnraum gilt als Zweckentfremdung. Verstöße gegen das Zweckentfremdungsgebot sind Ordnungswid-rigkeiten, die mit Bußgeld geahndet werden.

Zweifamilienhaus

Haus mit zwei abgeschlossenen Wohneinhei-ten, von denen eine in der Regel vom Eigentü-mer genutzt und die andere vermietet ist. Es kann sich dabei auch um ein Doppelhaus auf ei-nem Grundstück handeln.

Bauherren, die bei der Finanzierung eines Zweifamilienhauses Schuldzinsen in voller Höhe als Aufwand für die vermietete Wohnung geltend machen wollen, müssen besondere Re-geln bei der Finanzierung beachten. Nach der neueren Rechtsprechung des BFH (Urt. vom 27.10.98 IX R 44/95) kann nämlich ein einheit-liches auf dem Grundstück abgesichertes Darlehen nur dann ausschließlich dem fremd-vermieteten Teil zugeordnet werden, wenn der Bauherr die für das Zweifamilienhaus entste-hende Baukosten getrennt den Wohnungen zu-ordnet. Es wird ihm dadurch möglich, die Rechnungen, die sich auf den fremdvermiete-ten Teil der Wohnung beziehen mit Fremdmittel zu finanzieren und die eigene Wohnung betref-fenden Herstellungskosten mit Eigenmitteln. Zu einem anderen Ergebnis kam der BFH aller-dings in einem Fall, in dem der Bauherr die Kosten nicht den beiden von ihm errichteten Ei-gentumswohnungen getrennt zugeordnet, son-dern alle Aufträge und damit die berechneten Leistungen für das Gesamtgebäude zusammen-gefasst hatte (Urt. vom 27.10.98, IX R 29/96). Hier kam nur eine nach dem Wohn-/Nutz-flächenanteil ermittelte Zurechnung der Zinsen für die vermietete Wohnung in Betracht.

Es empfiehlt sich also in solchen Fällen stets, schon die Auftragsvergabe und damit die Be-rechnung der Leistungen so zu gestalten, dass eine Kostenaufspaltung für die beiden Wohnun-gen möglich ist. Außerdem sollte im Darlehens-vertrag klar gestellt werden, dass das Darlehen für die Finanzierung der vermieteten Wohnung verwendet werden soll. Bewohnt der Eigentü-mer eine der beiden Wohnungen und hat er die andere vermietet, dann braucht er im Falle der Kündigung kein siehe berechtigtes Interesse nachweisen. Die Kündigungsfrist verlängert sich dafür um 3 Monate.

Nicht zu den Zweifamilienhäusern zählen Doppelhäuser mit je einer Wohnung pro Doppelhaushälfte. Doppelhäuser im klassischen Sinne verfügen über zwei Vollgeschosse. Deren Merkmal besteht darin, dass sie aneinander und nicht übereinander gebaut sind. Jede Doppelhaushälfte ist ein Einfamilienhaus. Es gibt allerdings auch Doppelhäuser, bei denen jede Doppelhaushälfte zwei oder drei Wohnungen beinhaltet, also Zwei-, bzw. Dreifamilienhäuser sind.

Siehe auch: Einfamilienhaus, Doppelhaus

Zweischaliges Mauerwerk

Im Gegensatz zur einschaligen Außenmauer erhält bei einem zweischaligen Mauerwerk die tragende Außenwand im Abstand von 6 cm eine statisch nicht bedeutsame Innenwand.

An die Innenwand kann zwischen die beiden Steinreihen zusätzlich ein wärmedämmendes Material aufgetragen werden. Hinzu kann noch ein Zwischenraum für eine Luftschicht kommen, wobei für einen Luftaustausch gesorgt werden muss (Entlüftung nach außen). Die Luftschicht muss mindestens 4 cm betragen.

Zweite-Haut-Fassade - Doppelte Fassade

Bei der Zweite-Haut-Fassade ist der einfachen Gebäudehülle eine Glasfront vorgelagert. Zwischen den 2 Schichten entsteht ein Luftspalt, der mit der Aussenluft in Verbindung steht. Dieses aus Kostengründen bisher fast nur bei hochwertigen Bürohäusern angewandte Fassadensystem erzeugt ein natürliches Klima im Büroraum und senkt die Energiekosten.

Zweitmarkt

Als Zweitmarkt wird die Gesamtheit der Angebote und Kaufgesuche zu „gebrauchten" Anteilen an geschlossenen Fonds bezeichnet.

Da es hierzu keine einheitlichen Regelungen gibt, ist es für Anbieter oder Nachfrager von Fondsanteilen oft schwierig, den jeweils passenden Transaktionspartner zu finden. Einige Fondsinitiatoren organisieren deshalb für ihre Anleger einen Zweitmarkt, indem sie Angebote und Kaufgesuche sammeln und veröffentlichen, beispielsweise auf einer entsprechenden Internetplattform. Darüber hinaus gibt es Anbieter, die Handelsplattformen für Zweitmarktanteile unterschiedlicher Initiatoren unterhalten, ohne dass sie selbst Fondsinitiatoren sind.

Zentrales Problem am Zweitmarkt und zugleich wichtigstes Hindernis auf dem Weg zu einer größeren Fungibilität der Anteile an geschlossenen Fonds ist bislang die Frage der transparenten Bewertung der Fondsanteile und der Preisfindung am Zweitmarkt.

Siehe auch: Immobilienfonds - Geschlossener Immobilienfonds

Zweitwohnungssteuer

Eine Zweitwohnungssteuer wird vor allem von Gemeinden in Fremdenverkehrsgebieten erhoben. Es handelt sich um eine gemeindliche Aufwandsteuer und berechnet sich nach dem Jahresmietwert der Wohnung. Es kommt nicht darauf an, ob die Wohnung vom Eigentümer selbst genutzt ist oder ob sie vermietet wurde.

Die Einführung einer Zweitwohnungssteuer erfolgt durch Gemeindesatzung.

Zwischenfinanzierung (Zwischenkredit)

Bestehen Ansprüche auf Auszahlung langfristiger Darlehen zur Endfinanzierung im Rahmen der Erstellung eines Gebäudes, und sind die Auszahlungsbedingungen noch nicht erfüllt, (z.B. Bauvorhaben ist noch nicht fertiggestellt), kann die Zeit bis zur Auszahlungsreife durch Zwischenfinanzierung überbrückt werden. Der Auszahlungsanspruch gegen das Kreditinstitut, das die Endfinanzierung zur Verfügung stellt, wird dabei an das zwischenfinanzierende Kreditinstitut abgetreten.

ZwVbVo

Abkürzung für: Zweckentfremdungsverbotsverordnung

Jetzt sind Sie gefragt ...

Sie haben mit diesem Buch gearbeitet, haben den zusätzlichen Service im Internet genutzt und sich eine Meinung gebildet. Dieses Lexikon ist eine Gemeinschaftarbeit der Redaktion mit den Autoren, Technikern, Grafikern ... Alle Beiteiligten sind Menschen, die etwas übersehen, vergessen haben oder auch Fehler machen können. Haben Sie etwas gesucht, aber nicht gefunden? Dann schreiben Sie uns bitte. Teilen Sie uns Ihre Eindrücke und Ihre Meinung mit. Machen Sie Vorschläge für Änderungen oder für neue Stichwörter. Wir freuen uns über jede Reaktion.

Mit Ihrer Hilfe kann die nächste und dann 8. Auflage noch besser werden.

Schon jetzt möchte ich mich für Ihre Hilfe und Unterstützung bedanken.

Henning J. Grabener
Redaktionsleitung im Grabener Verlag

Grabener Verlag
Niemannsweg 8
24105 Kiel
Telefon 0431 560 1 560
Telefax 0431 560 1 580
E-Mail info@grabener-verlag.de
Internet www.grabener-verlag.de

Die Autoren

Dipl.-Volksw. Volker Bielefeld

Studium der Volkswirtschaft in Hamburg mit Abschluss als Diplom-Volkswirt, Berufseinstieg 1968 bei der GEWOS im Bereich der Stadtsanierung und Stadtentwicklung, 1969 bis 1972 beim RDM-Bundesverband bzw. Landesverband Berlin, u.a. Chefredakteur der Allgemeinen Immobilien-Zeitung (AIZ). Seit 1972 beim Zentralverband Haus & Grund Deutschland (seit 2001 in Berlin) als Referent für Wohnungswirtschaft, Wohnungspolitik, Statistik und Wohnungseigentumsrecht. Chefredakteur der Zeitschrift „DER WOHNUNGSEIGENTÜMER". Seit 1976 gleichzeitig Geschäftsführer des Josef-Humar-Institut e.V., Institut für Wohnungseigentum und Wohnungsrecht (Düsseldorf). Autor von zahlreichen Fachpublikationen zum Wohnungseigentum (u.a. „Ratgeber zum Wohnungseigentum", aktuell 7. Auflage), Autor und Mitherausgeber von Fachzeitschriften, Schriftenreihen und Festschriften, Referent und Leiter zahlreicher Seminare und Fortbildungsveranstaltungen zum Wohnungseigentum in wohnungswirtschaftlichen Verbänden und Verwaltungsunternehmen.

Peter Dietze-Felberg

Jahrgang 1968. Studium der Kunstgeschichte und der Betriebswirtschaftslehre an der Humboldt-Universität in Berlin, Magister Artium 1998. Aufbaustudium Semiotik an der Technischen Universität Berlin. Mehrjährige journalistische und redaktionelle Tätigkeit, u. a. als redaktioneller Mitarbeiter des Jahrbuches „Bau und Raum" des Bundesamtes für Bauwesen und Raumordnung sowie als Wirtschaftsredakteur bei n-tv.de. Seit 2002 Berater für Medien und Kommunikation mit Schwerpunkt Text / Redaktion.

Henning J. Grabener

Fachjournalist und Publizist, von 1986 bis Anfang 1997 Chefredakteur der „IMMOBILIEN WIRTSCHAFT heute, IWh", Autor für Wirtschaftswoche, Handelsblatt und Fachmagazine, Leiter von Vortrags- und Unterrichtsreihen, Pressesprecher verschiedener Unternehmen im Bereich der Immobilienwirtschaft. Verleger und Autor von Fachbüchern. Redaktionsleiter von betriebswirtschaftlichen Studien und Maklerbetriebsbefragungen. Als Leiter des Grabener Verlages ist er für den redaktionellen Bereich und die Entwicklung von Kunden- und Hauszeitungen für Unternehmen aus der Wohnungswirtschaft zuständig.

Prof. Dr. Stephan Kippes

Jahrgang 1963, lehrt an der Hochschule Nürtingen, Nürtingen University, und ist Inhaber der Deutschland weit einzigen ordentlichen Hochschul-Professur für Immobilienmarketing. Zudem ist er Senatsbeauftragter für Auslandsangelegenheiten. Er ist Autor zahlreicher Fachbücher und Veröffentlichungen und war Mitglied im Gründungs-Fachbeirat der Expo Real. Kippes studierte an der Ludwig-Maximilians-Universität München BWL und war bis 1994 Referent in der international agierenden Zentralabteilung für Öffentlichkeitsarbeit und Marktkommunikation der BASF AG. 1994 wechselte er zum RDM-Bayern, wo er Geschäftsführer der RDM-Bayern GmbH – Institut für Immobilienmarktforschung und Berufsbildung wurde. 1996 erhielt seine Dissertation den Forschungspreis der Bundeswehruniversität; zeitgleich wurde er Lehrbeauftragter an der FH-München. 1998 übernahm er einen Lehrauftrag an der Hochschule Nürtingen, Nürtingen University. Aktuelle Forschungsschwerpunkte: Shopping-Center, Büroimmobilien, Marketing-Controlling, Internet-Marketing, wohnungspolitische Grundsatzfragen und Bauträger-Marketing.

Rudolf Koch

Geboren 1949 in Gelsenkirchen. Studium der Rechtswissenschaften, seit 1976 Immobilienmakler im elterlichen Betrieb – Übernahme 1994. Seit 1986 Vorstandsmitglied im VDM Landesverband NRW. Seit 1990 Bearbeitung von Abmahnungen, Fachautor und Seminarleiter zum Thema Wettbewerbsrecht im Immobilienbereich. Seit 1992 Bundesrechtsreferent im VDM-Bundesverband.

Erwin Sailer

Studium der Volkswirtschaft in München, ab 1966 volkswirtschaftlicher Referent, später Geschäftsführer des RDM Bayern, Gründungsgeschäftsführer der Süddeutschen Immobilienbörse, Vorsitzender des Berufsbildungsausschusses des RDM-Bundesverband, Mitinitiator des ersten immobilienwirtschaftlichen Studienganges in Deutschland bei der VWA Freiburg, Dozent an der Deutschen Immobilien Akademie an der Universität Freiburg (DIA), wissenschaftlicher Beirat der DIA, Sachverständiger für berufliche Aus- und Fortbildung beim Bundesinstitut für Berufsbildung (Kaufmann / Kauffrau in der Grundstücks- und Wohnungswirtschaft / Immobilienfachwirt). Herausgeber und Mitautor von Fachbüchern, Veröffentlichung zahlreicher Fachaufsätze.

Heinz-Josef Simons

Geboren 1956, arbeitete unter anderen als Pressesprecher des Bundes der Steuerzahler NRW sowie als Leiter Presse- und Öffentlichkeitsarbeit eines großen deutschen Finanzvertriebs. Zuletzt hat er für die Financial Times Deutschland gemeinsam mit einer Kollegin und einem Kollegen die Anleger-Beilage "Portfolio" konzipiert und die Redaktion bis Mitte 2001 geleitet. Simons schreibt als freier Autor u.a. für BÖRSE ONLINE, Süddeutsche Zeitung, DAS WERTPAPIER, Handwerkmagazin und weitere Publikationen. Mittlerweile hat er als alleiniger Autor oder als Co-Autor mehr als 20 Bücher veröffentlicht, und zwar u.a. für die Verlage Metropolitan, Walhalla und Compact sowie einen Ratgeber zum Thema „Erben und Schenken" für die ZDF-Ratgeber-Sendung WISO.

Aktuell und mit größeren Beiträgen haben uns unterstützt:

Winfried Aufterbeck, Siegfried Bertram, René Boehm, Steffen Haase, Bernd-C. Hunneshagen, Hauke Kruse, Liane Mletzko, Manfred Mletzko, Marc Reisner, Claus Volk

Der Grabener Verlag

beschäftigt sich seit 1984 ausschließlich mit Themen rund um die Immobilienwirtschaft. Gewachsene Verbindungen zu Organisationen, Verbänden, Fortbildungseinrichtungen und Betrieben in der Immobilienwirtschaft sorgen für die nötige Praxisnähe. Der Grabener Verlag produziert Fachpublikationen, Bücher, Branchendienste und bietet Leistungen im Bereich der Pressearbeit an – wesentlicher Schwerpunkt des Verlages ist die Produktion von Haus- und Kundenpublikationen – Print und Online. Das komplette Angebot finden Sie unter www.grabener-verlag.de

Onlinebücher ...

... Der Grabener Verlag stellt einige seiner Publikation den Lesern auch als Online-Bücher bzw. -Studien zur Verfügung. Sie entsprechen den gedruckten Original-Versionen auf Papier und werden mit der gleichen Vorarbeit erstellt. Im Unterschied zu gedruckten Büchern ersetzen am Ende das Internet und der Computer des Lesers Handel und Druckerei. Diese Methode ist besonders geeignet für Fach-Bücher, deren Inhalt oft aktualisiert werden muss und für Spezialtitel. Vorteil: schnelle Verfügbarkeit, Aktualität, Preisgünstigkeit. Nachteil: keine gebundene Form. Online-Bücher können Sie online bestellen unter www.grabener-verlag.de.

Fachbücher

Der Verwaltungsbeirat in der Praxis

Wer das erste Mal an der Wohnungseigentümerversammlung teilnimmt, möchte einschätzen können, wer welche Aufgaben, Rechte und Pflichten hat. Und was ist eigentlich ein Verwaltungsbeirat? Sogar langjährige Wohnungseigentümer wissen über dieses Amt oft herzlich wenig. Über Aufgaben, Rechte und Pflichten des Verwaltungsbeirates hat der Grabener Verlag deshalb einen neuen praktischen Ratgeber herausgegeben. Ein Buch, geschrieben von einem Profi, für Verwaltungsbeiräte, Verwalter und Wohnungseigentümer, umfassend und leicht verständlich, alle Fragen beantwortend.

Steffen Haase I 1. Auflage 2004 I ca. 80 Seiten I Format 15,5 x 22 cm I ISBN 3-925573-20-8

Grabener Verlag I Preis: 19,80 Euro inkl. 7% MwSt. I zzgl. Versandkosten 1,44 Euro

Immobilienwerbung und Wettbewerbsrecht

Der Gesetzgeber hat sinnvolle Regeln für die Werbung aufgestellt, die den Verbraucher schützen sollen. In der Praxis fühlen sich wirkliche und selbsternannte Wettbewerbshüter auf den Plan gerufen, die nach Verstößen gegen das UWG regelrecht suchen. Inserenten werden schon wegen kleinster Fehler unter Androhung hoher Strafen kostenpflichtig abgemahnt. Rudolf Koch erklärt umfassend und fachkundig, was es mit dem UWG auf sich hat, zeigt, welche Aussagen erlaubt, verboten oder rechtlich umstritten sind und bietet einen „Fahrplan" an, wie Betroffene reagieren können.

Rudolf Koch I 8. Auflage 2004 I ca. 120 Seiten I Format 15,5 x 22 cm I ISBN 3-925573-22-4

Grabener Verlag I Preis: 19,80 Euro inkl. 7% MwSt. I zzgl. Versandkosten 1,44 Euro

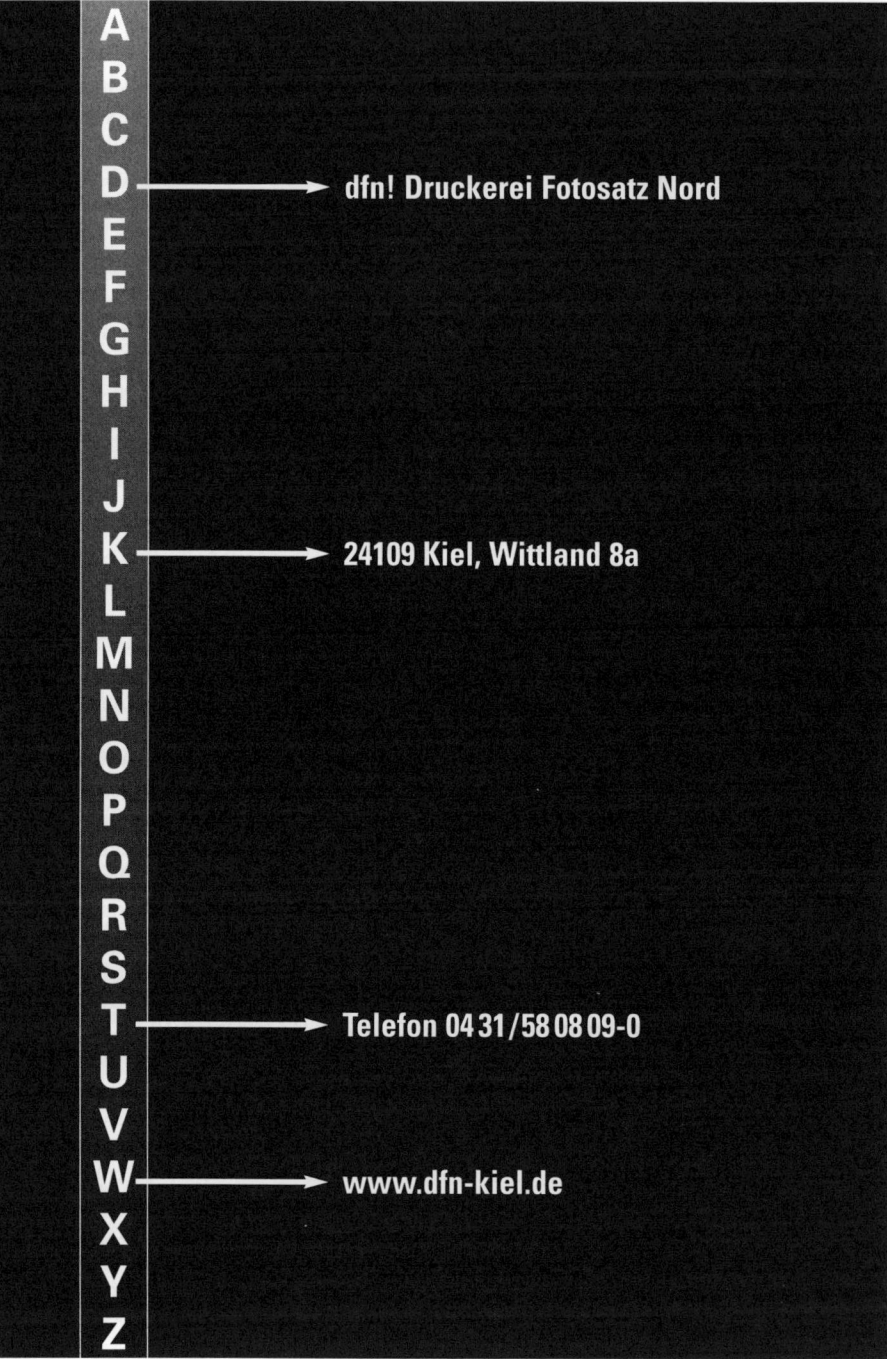

A B C D → dfn! Druckerei Fotosatz Nord

E F G H I J K → 24109 Kiel, Wittland 8a

L M N O P Q R S T → Telefon 04 31/58 08 09-0

U V W → www.dfn-kiel.de

X Y Z

DAS ERGIEBIGSTE MEETING DES TAGES.

Pläne, Projekte und Märkte in ganz Deutschland: Die Immobilien Zeitung berichtet 14-täglich umfassend über alle relevanten Ereignisse und Entwicklungen in der Immobilienwirtschaft. Mit unserem Email-Newsletter bringen wir Sie täglich auf den neuesten Stand. Und für Recherchen steht unseren Abonnenten das IZ-Archiv mit über 32.000 Beiträgen zur Verfügung.

www.immobilien-zeitung.de

Bestellen Sie jetzt Ihr persönliches Abonnement. **Info: 06 11-97 32 60**

IMMOBILIEN ZEITUNG
FACHZEITUNG FÜR DIE IMMOBILIENWIRTSCHAFT

Fachinstitut für die Immobilienwirtschaft

Unsere Seminare machen Sie fit für die Praxis

Seit **10** Jahren bieten wir Ihnen als unabhängiges Institut die besten Voraussetzungen für die Fort- und Weiterbildung in der Immobilienwirtschaft.

In kleinen Seminargruppen vermitteln wir Ihnen Grund- und Fachwissen in Dialogen. Unsere Seminare finden in Hamburg, Frankfurt/Main, Düsseldorf und Dresden statt.
Firmen, Verbände und Organisationen können alle angebotene Seminare auch an einem Ort ihrer Wahl buchen. Unabhängig davon führen wir auch Firmenseminare nach Ihren Vorgaben und Wünschen durch.

Unser Service nach dem Seminar:

Eine kostenlose **Hotline** bietet Ihnen 12 Monate lang praktische Tipps und Hilfestellungen.

Auszug aus unserem Seminarangebot:

Immobilienmakler I
Immobilienmakler II

Grundstücksbewertung

Schäden an Bestandsimmobilien

Für Immobilien richtig werben

Finanzierungsvermittlung

Geprüfter Immobilienmakler
(Zertifikatslehrgang)

Verwaltung von Mietwohnungen

Verwaltung von ETW

Eigentümerversammlung

Wohnraum-Mietrecht

Betriebskostenabrechnung

Gewerberaum-Mietrecht

WEITER-

BILDUNG
HAMBURG E.V.

Geprüfte Weiterbildungseinrichtung des Vereins „Weiterbildung Hamburg e.V."

Fordern Sie mehr Informationen an:

Heckkoppel 2a
22393 Hamburg

E-Mail: info@ml-fachinstitut.de
www.ml-fachinstitut.de
Telefon: 040 / 636 639 - 18
Fax: 040 / 6 01 42 00

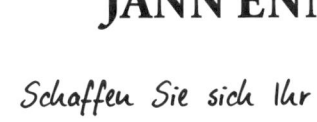

Makler
Netzwerk
Blumenauer

www.3a-makler.net
www.immobilien-karriere.de

Bundesfachverband Wohnungs- und Immobilienverwalter e.V.

Kompetenz und Qualitätsmanagement in der Gemeinschaft des BFW

Es ist ein weiter Weg vom Wohnungsverwalter bis zum professionellen Immobilienverwalter.

Kompetenz, Innovationskraft und die Fähigkeit, das eigene Unternehmen neuen Wegen und Einflüssen zu öffnen, sind Fundamente auf die BFW-Mitglieder bauen.

Die Gemeinschaft im Verband stärkt jedes einzelne Unternehmen und erlaubt damit, von der Erfahrung und Kompetenz aller zu profitieren. Wir brauchen heute das Know-how von vielen, um das Beste für den einen zu erreichen: unseren Kunden. Sein Vermögen gilt es zu erhalten und zu mehren.

Gefragt sind künftig Verwalter von Eigentums-, Miet- oder Gewerbeimmobilien, die nicht nur über ein fundiertes Fachwissen verfügen, sondern auch ausgeprägte soziale und methodische Kompetenzen vorweisen. Sie müssen in der Lage sein, die vielschichtigen Anforderungen an die Immobilie optimal zu koordinieren und in adäquate Dienstleistungen umzumünzen.

Gehen Sie gemeinsam mit uns diesen Weg.

„Werden Sie Mitglied."   Ihr Ansprechpartner: H. Michael Sparmann

Rufen Sie uns an oder senden Sie uns einfach eine eMail.

Besuchen Sie uns im Internet **www.wohnungsverwalter.de**

Schiffbauerdamm 8 · 10117 Berlin
Tel. 0 30 / 308 729 17 · Fax 0 30 / 308 729 19
eMail: service@wohnungsverwalter.de

WELTWEITE TOPLAGEN ...

... ZU HAUSE AUF IHREM SOFA

Vom Südpol bis zum Nordpol: Die schönsten Kaufimmobilien an den schönsten Plätzen

BELLEVUE – Europas größtes Immobilien-Magazin
Beste Aussichten für Ihr Traumhaus. Überall, wo es Zeitschriften gibt

www.bellevue.de